KB177580

에드워드 기번(1737~1794)　영국 역사가. 조슈아 레이놀즈 경 그림. 1770년(42세)

카피톨리누스 언덕 공공광장에서 카피톨리누스 언덕으로 이어지는 고대 거리. 1764년(27세) 10월 15일 기번은 이 폐허의 언덕에서 '로마의 쇠퇴와 멸망'에 관한 작품을 쓰겠다고 결심한다.

런던 메릴본 벤팅크 7번가 기번의 집 이 집에 사는 동안(1773~1783) 《로마제국쇠망사》를 집필, 그 첫 권을 1776년
에 출간했다.

▲기번이 살았던 (1783~1793) 레만 호가 바라보이는 로잔의 데베르댕 저택 '라 그로트' 1793년 셰필드 경 부인 부고 소식에 영국으로 돌아간 기번은 이듬해 지병으로 숨졌다.

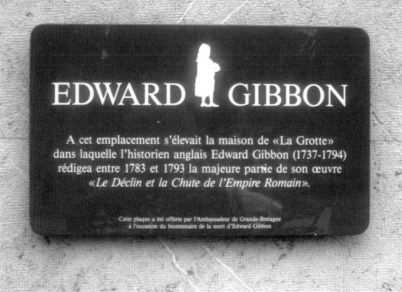

EDWARD GIBBON

A cet emplacement s'élevait la maison de «La Grotte» dans laquelle l'historien anglais Edward Gibbon (1737-1794) rédigea entre 1783 et 1793 la majeure partie de son œuvre «*Le Déclin et la Chute de l'Empire Romain*».

Cette plaque a été offerte par l'Ambassadeur de Grande-Bretagne à l'occasion du bicentenaire de la mort d'Edward Gibbon

▶명판 1896년 이 건물이 철거된 위치에 기번이 살 았다는 명판이 붙어 있다.

세계사상전집023
Edward Gibbon
THE HISTORY OF THE DECLINE AND FALL OF THE ROMAN EMPIRE
로마제국쇠망사
에드워드 기번/강석승 옮겨 엮음

동서문화사

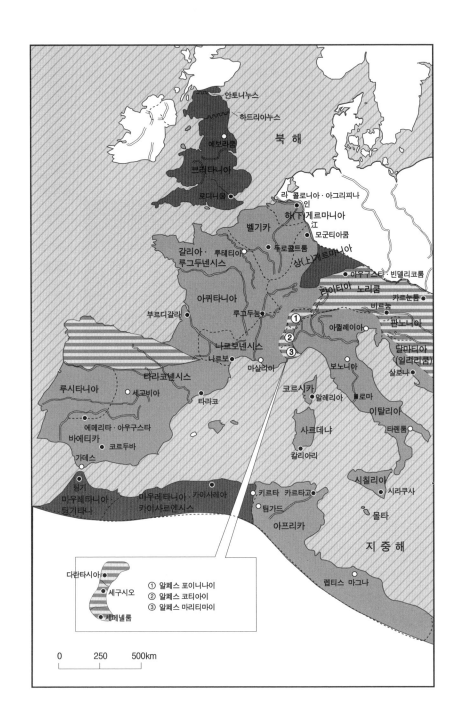

안토니누스

하드리아누스

북 해

메보라쿰

브리타니아

론디니움

라 콜로니아 · 아그리피나

코인 하(下)게르마니아

벨기카 모군티아쿰

두로코르툼

갈리아 · 루테티아 · 루그두넨시스 상(上)게르마니아

아우구스타 빈델리코룸

아퀴타니아 레티아 노리쿰 카르눈툼

루고두눔 비르둠

① 판노니아

부르디갈라 ② 아퀼레이아

나르보넨시스 ③ 달마티아 (일리리쿰)

나르보 살로나

마실리아

타라코넨시스 보노니아

세고비아 코르시카

루시타니아 타라코 알레리아 로마

에메리타 · 아우구스타 이탈리아

바에티카 사르데냐 타렌툼

코르두바

가데스 칼리아리 시칠리아

팅기 시라쿠사

마우레타니아 · 마우레타니아 · 카이사레아 키르타 카르타고 몰타

팅기타나 카이사르엔시스 팀가드

아프리카 지 중 해

다란타시아 ① 알페스 포이니나이

세구시오 ② 알페스 코티아이

세메넬룸 ③ 알페스 마리티마이

레티스 마그나

0   250   500km

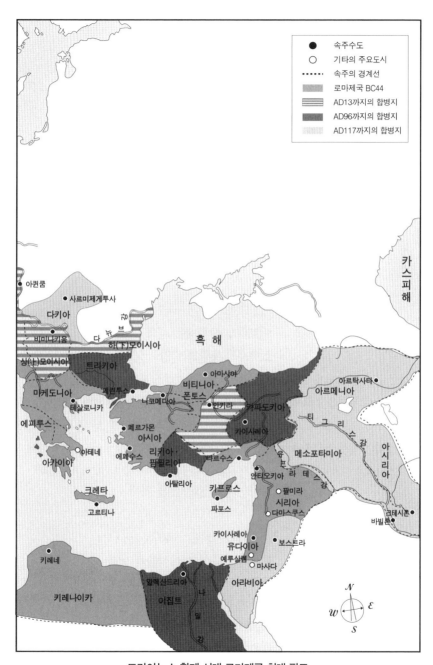

트라야누스 황제 시대 로마제국 최대 판도

로마제국쇠망사
차례

아우구스투스 황제(재위 기원전 27~서기 14) 상(부분). 그는 장군으로서의 역량은 부족하였으나 아그리파를 비롯한 여러 부장의 조력과, 나아가 전 이탈리아, 그리고 모든 속주로부터 충성의 맹세를 받아 내어, 100년에 걸친 공화정 말기의 내란을 평정하였다. 초대 황제의 굳건한 모습이 잘 표현되어 있다.

제1장
(98~180년)
두 안토니누스 황제들 시대
제국 판도와 군사력

서기 2세기, 로마제국은 지구상에서 가장 풍요롭고 문명화된 나라였다. 이 광대한 제국의 변경을 지켜 준 것은 오랜 전통과 훈련의 결과인 강력한 군사력이었다. 국내로 눈을 돌리면 법률과 풍습의 영향으로 인해 이미 오래전부터 여러 속주[1]의 통일이 견고하게 유지되고 있었으며, 사람들은 평화와 번영을 노래하면서 그 혜택을 마음껏 누렸다. 정치체제에 있어서는 공화제 이념을 존중하면서 원로원도 최고 권위로서의 체면을 유지했으며 행정권은 모두 황제에게 위임하고 있었다. 그 태평성대가 이어지기를 80여 년. 네르바, 트라야누스, 하드리아누스, 두 안토니누스 같은 뛰어난 황제들이 잇따라 등장하여, 그들의 영지와 덕망으로 국정을 이끌던 시대였다.

이 첫 장과 이어지는 2장에서는 그러한 로마가 자랑하는 영화에 대해 살펴보기로 한다. 그리고 마르쿠스 아우렐리우스 황제의 서거 뒤로 세계 여러 민족이 아직도 곳곳에서 실감하고 있고, 아마 앞으로도 영원히 기억될 위대한 변혁이라고 할 수 있는 로마제국의 쇠망에 대해 아주 중요한 몇 가지 요인을 밝혀 나가고자 한다.

로마의 정복사업은 공화제 시대에 이미 완료되어 가고 있었다. 그 배경에는 원로원 정책과 집정관들 경쟁심, 국민의 전쟁열 등이 있었던 것 같다. 제정기에 들어와서 초기 황제들은 그때까지 획득한 영토를 지키는 것에 만족해했다.

건국 초기 7세기 동안 승리의 연속이었던 로마가 국가 모든 회의에 억제 정

---

1) 이탈리아반도 외부의 로마 영토.

신을 도입하고 세계 제패 야망을 포기한 것은, 아우구스투스[2]의 공적에 의한 것이었다.

그의 성격으로 보나 시대 상황으로 보나 이미 평화주의로 기울어 있었던 아우구스투스는, 이제 로마는 절정기에 있고 더 이상 새로운 군사행동에서 얻을 수 있는 것은 거의 없다는 것을 쉽게 통찰할 수 있었다. 원격지에서 정복전을 펼칠 경우, 작전 수행은 더욱 어려워지고 전황도 점점 확인하기 힘들며, 더욱이 그것을 영유하는 것은 날이 갈수록 불확실하고 무익한 것이었기 때문이다.

그때까지 경험에 비추어 보아도 이 판단은 의심할 여지가 없었다. 그리하여 아우구스투스는, 단호한 자세로 적절하게 대처한다면 막강한 야만족으로부터도 로마의 안전과 위엄을 지키는 데 필요한 양보를 언제라도 이끌어 낼 수 있다는 확신을 가지게 되었다.

사실 그는 파르티아인들의 화살에 자신과 로마 군단을 드러내지 않고도, 명예로운 조약을 맺음으로써 크라수스[3] 장군의 패배로 빼앗겼던 군기와 포로들을 돌려받는 데 성공했다.

아우구스투스 황제 시대 초기에 로마군은 에티오피아와 아라비아 펠릭스[4] 정복을 시도했다. 그들은 북회귀선 남쪽으로 1000마일 가까이 행군했으나, 얼마 지나지 않아 이 외딴 지역의 타는 듯이 뜨거운 기후 때문에 철수하지 않을 수 없었다. 그곳의 비호전적인 원주민들은 기후 덕분에 재앙을 면하게 된 것이다.

한편, 유럽의 북쪽 나라들 가운데 비용과 노력을 들이면서까지 정복할 만한 곳은 거의 없었다. 게르마니아 삼림과 늪지대에 사는, 자유를 무엇보다 소중히 생각하는 야만족들은, 첫 번째 전투에서는 로마군 힘에 눌려 굴복하는 듯했으나, 곧 사력을 다하여 독립을 되찾음으로써 아우구스투스에게 권세의 무상함을 일깨워 주었다.

이윽고 황제가 죽자, 원로원에서 그의 유언이 공개되었다. 그는 후계자에게

---

2) 초대 황제.
3) 제1차 삼두정치의 1인.
4) 지금의 예멘.

트라야누스 황제의 문 114년. 트라야누스 황제가 파르티아와의 전투를 위하여 출발할 때, 황제를 위하여 로마 원로원과 시민들이 세웠다.

귀중한 유산으로서 값진 충고를 남겼는데, 그것은 제국의 국경선을 자연이 영구적인 방벽으로 정해 준 범위, 즉 서쪽으로는 대서양, 북쪽으로는 라인강과 다뉴브강, 동쪽으로는 유프라테스강, 그리고 남쪽으로는 아라비아와 아프리카 사막까지로 한정시키라는 것이었다.

　아우구스투스 황제가 제시한 온건한 통치 지침이 그의 뒤를 이은 후계자들에 의해 바로 채택된 것은 인류 평화를 위해 다행한 일이었다. 겁 많고 사악한 초기 황제들은 쾌락에 빠져 폭정의 나날을 보내느라, 군대나 속주민(프로빈키아) 앞에 나타나는 일이 거의 없었다. 그러나 개선의 명예가 부하 장군들에게 돌아가는 것은 마음에 들지 않아 신하가 무공을 세우고 명성을 얻는 것은 황제의 특권에 대한 불손한 침해라고 주장했다.

따라서 로마 장군들은 더 이상의 정복은 야만족보다 오히려 자신만 위태롭게 만들 뿐이며, 자기에게 맡겨진 변경의 방위에만 전념하는 것이 자신의 의무요 이익이라고 인식하게 되었다.

브리타니아 정복

서기 1세기에 로마가 새로이 얻은 유일한 영토는 브리타니아 속주 단 한 곳뿐이었다. 이 브리타니아에 한해서만은 아우구스투스의 가르침을 따르지 않고 카이사르의 모범을 따랐다고 할 수 있다.

갈리아 지방의 연안에 가깝다는 것이 무엇보다 로마군을 불러들인 요인인 듯하지만, 그 밖에 확실하지는 않지만 진주가 잡힌다는 정보도 그들의 탐욕을 부채질한 것 같다. 게다가 브리타니아는 고립된 세계로 간주되었으므로 그 정복이 대륙의 기본 정책에 저촉될 가능성은 거의 없었다.

그리하여 가장 어리석은 황제 클라우디우스에 의해 시작되어, 가장 방종한 황제 네로가 이어받아, 가장 소심한 황제 도미티아누스가 종지부를 찍은 약 40년에 걸친 전쟁 끝에, 마침내 섬의 대부분이 로마의 지배 아래 놓이게 되었다.

브리턴인의 여러 부족들은 용맹하기는 했으나 지도자가 없었고, 자유를 사랑했으나 단결 정신이 부족하였다. 그들은 사나운 기세로 무기를 들었다가도 금세 내던지거나 서로를 향해 겨누기도 했다. 그러므로 아무리 개개인이 저항해도 아무 소용 없이 차례차례 정복되어 갔다.

카락타쿠스[5]의 용기도, 보아디케아[6]의 저항도, 드루이드[7] 사제들의 광신도, 필요하면 언제라도 일어나서 제위를 수호하는 로마 장군들 앞에서는 나라의 예속을 면할 수도, 로마군의 침공을 저지할 수도 없었다.

궁전 안에 유폐된 도미티아누스 황제가 스스로 초래한 위협에 떨고 있는 동

---

5) 브리턴족의 왕자.
6) 브리턴족의 왕비.
7) 고대 켈트족의 토속종교.

안, 브리타니아에서는 명장 아그리콜라[8]가 지휘하는 로마군이 그람피아산맥 기슭에서 칼레도니아[9] 연합군을 격파했고, 로마 함대가 미지의 위험이 도사린 항해에도 아랑곳하지 않고 이 섬을 에워싸며 군사력을 과시했다.

이제 브리타니아는 정복한 거나 다름없다고 생각한 아그리콜라는 아일랜드까지 정복하여 섬을 완전히 제패할 계획이었다. 그는 아일랜드 정복에는 1개 군단과 소수의 보조 병력만 있으면 충분하다고 생각했다.

이 서쪽 끝의 작은 섬은 앞으로 귀중한 영토가 될 가능성이 있었고, 또 브리턴인들도 희망이 전혀 없다고 생각하면 그리 큰 굴욕감 없이 로마군에 굴복할 것이 틀림없었다.

그런데 아그리콜라는 자신의 뛰어난 공적 때문에 브리타니아 통치에서 배제되고 만다. 따라서 필연으로 여겨졌던 이 명장의 원대한 정복 계획도 영원히 빛을 보지 못하게 되었다.

그렇기는 하지만 아그리콜라의 선견지명과 깊은 사려는 특기할 만하다. 이 세심한 장군은 퇴임하기에 앞서 이미 안보와 통치를 위한 대비책을 강구했다. 그는 브리튼섬이 오늘날 스코틀랜드만이라고 불리는 협만을 사이에 두고 크고 작은 두 부분으로 나뉘어 있다는 데 주목하고, 약 40마일에 이르는 그 좁은 지협을 따라 둔영지를 설치했다. 즉 떨어져 있는 섬 앞에 영토의 경계를 명확히 함으로써 훗날의 불안을 대비한 것이다.

이 방어선은 나중에 안토니누스 피우스 황제 시대(138~161년)에 돌을 쌓고 그 위에 뗏장을 입힌 성벽을 세워 요새화되었다. 요즘의 글래스고와 에든버러 두 도시의 배후에 위치한 이 안토니누스 방벽이 로마 속주의 경계선으로 정해졌다.

칼레도니아 원주민들은 섬 북쪽에 원시적인 형태로 독립을 유지하고 있었다. 그러나 그것은 그들이 용맹스러웠기 때문이 아니라 빈곤했기 때문이었다고 보는 편이 더 진실에 가깝지 않을까 한다. 어쨌든 그 뒤 그들은 여러 차례 국경을 넘어 격퇴당하고 응징받았지만, 그들의 영토는 한 번도 정복당하지 않았다.

---

8) 로마의 장군·정치가. 40~93년.
9) 스코틀랜드 옛 이름.

삭풍이 몰아치는 황량한 겨울 산악지대, 푸른 안개에 휩싸인 신비로운 호수, 벌거벗은 야만족이 사슴 떼를 쫓는 차가운 히스[10]의 벌판.

(친애하는 독자여, 떠올려 보라, 이 광경을.)

이 때문에, 지구상에서 가장 아름답고 풍요로운 땅에 사는 로마인들은 이 가난한 땅을 멸시하며 거들떠보지도 않았다.

트라야누스 황제가 이룩한 영토 확대

로마 국경 지방의 이와 같은 상황은 아우구스투스 황제의 서거(14년)에서 트라야누스 황제의 즉위(98년)에 이르기까지 계속되었다. 이제부터 이러한 평화로운 시대를 가져다준 선임자들의 온건한 통치체제를 수없는 전쟁과 정복으로 중단시킨 영웅 트라야누스 황제에 대해 살펴보고자 한다.

군사교육을 받고 장수의 재능을 갖추고 있었던 그의 등장에 따라 로마 군대는 오랫동안 기다려 왔던 무인 황제를 맞이하게 되었다.

트라야누스 황제의 위업은 도미티아누스 황제 시대(81~96년)에 로마의 권위를 마음껏 욕보였던 민족 다키아[11]인의 정벌에서 시작된다. 다뉴브강 건너편에 살았던 이 민족에게는 야만족 특유의 강렬한 호전성과 아울러 생명 경시의 풍조가 있었는데, 그것은 영혼불멸과 윤회에 대한 열렬한 신앙에서 오는 것이었다.

그래서 그들과 치렀던 격전에 대해 로마군이 전하는 바에 의하면, 트라야누스 황제의 호적수로 자처했던 다키아의 왕 데케발루스[12]는 모든 기력과 술책이 다할 때까지 결코 포기할 줄 몰랐다고 한다.

이 유명한 전쟁은 짧은 휴전 기간을 두고 5년 동안 계속되었으나, 그 당시 국가의 모든 병력을 무제한으로 사용할 수 있었던 트라야누스 황제 앞에 결국 야만족이 무조건 항복함으로써 막을 내렸다.

아우구스투스 황제의 훈계를 어긴 두 번째 예외가 된 이 새로운 속주 다키아는 둘레가 약 1300마일이나 되었다. 다키아의 자연적 경계는 드네스트르

---

10) 철쭉과의 관목.
11) 루마니아 부근에 있던 고대 왕국.
12) 처음부터 로마군에 저항했으며 끝내 패하자 자살했음.

트라야누스 황제(재위 98~117)　그는 원로원과의 협조 자세를 유지하고, 빈민 자녀의 부양 정책, 이탈리아의 도시·농촌 회복 시책을 추진하였다. 다키아·나바타이·아시리아 등을 속주로 만들었고 로마제국 최대의 판도를 과시하였다.

강, 티서강, 다뉴브강 하류 및 흑해를 잇는 선이었다. 지금도 그 옛날 다뉴브강 기슭에서부터 근대사에 이름이 높은 벤데르 근교를 지나, 오늘날의 터키(튀르키예)와 러시아제국의 국경까지 뻗었던 로마 군사도로의 흔적을 더듬어 볼 수 있다.

트라야누스 황제는 명예욕이 강한 사람이었다. 그러나 역사가 건설자보다 파괴자에게 더 큰 갈채를 보내는 한, 고귀한 인물이 품는 군사적 영광에 대한 갈망만큼 인류에게 위험한 것은 없다.

시인과 역사가들에 의해 연면히 전해져 내려온 알렉산드로스 대왕에 대한 찬사는 트라야누스의 마음에 경쟁심을 불러일으켜, 그는 마침내 동방 원정에 착수했다. 이미 고령에 접어들어 그 젊은 영웅과 어깨를 견줄 만한 명성을 얻을 가능성은 거의 없다는 것을 탄식하면서도 말이다.

그래도 그 전과는 참으로 화려하여 빠르게 번지는 불길 같았다. 파르티아인들은 내분 때문에 와해되어 로마군 앞에서 달아났다. 아르메니아의 산악지대에서 티그리스강을 따라 의기양양하게 페르시아만까지 내려간 그는, 이 머나먼 바다를 항해한 처음이자 마지막 로마 장군이 되는 영예를 차지했다. 그의 함대는 아라비아 연안을 차례차례 약탈했고, 이제는 인도 국경선까지 진격하고 있다고 큰소리를 쳤다.

한편 원로원에서는 그의 진군을 알리는 귀에 익지 않은 이름의 국왕들과 그 나라에 대한 보고에 연일 놀라고 있었다. 원로원은 보스포루스, 콜키스, 이베리아, 알바니아, 오스로에네[13]의 왕들은 물론이고 파르티아 국왕까지 트라야누스에게서 직접 왕관을 받았고, 메디아와 카르두키아 산악지대의 민족도 그의 보호를 간청했으며, 아르메니아와 메소포타미아 및 아시리아 같은 부유한 나라들은 로마의 속주가 되었다는 보고를 받았다.

그러나 그것도 한 순간, 그 눈부신 사업도 이 무인 황제의 갑작스러운 죽음(117년)에 의해 먹구름이 드리워진다. 길들여지지 않은 멍에에 눌려 허덕이고

---

13) 모두 고대 아시아의 왕국들.

있던 그 먼 나라들이 그 지배자가 사라진 것을 알고, 그것을 벗어던지려 할 것이 틀림없었기 때문이다.

내정에 힘쓴 후계자들

옛 전설에 따르면, 로마의 왕에 의해 카피톨리움 신전이 세워졌을 때, 여러 하급 신들 중에서 유독 테르미누스 신[14]만은 유피테르 신에게 그 자리를 양보하지 않았다고 한다.

로마의 점복관(占卜官)들은 그 고집을 후대에 대한 하나의 길조로 보고, 로마의 국경선은 결코 축소되지 않을 거라는 확고한 증거라고 해석했다. 실제로 이 예언은 그대로 맞아떨어져 오랜 세월에 걸쳐 그대로 이루어졌다.

그러나 테르미누스 신은 유피테르의 권위에는 저항했지만 하드리아누스 황제[15]의 힘 앞에는 굴복하지 않을 수 없었다. 하드리아누스 황제가 치세 중에 취한 최초의 정책은 전 황제 트라야누스가 이룩한 모든 동방 정복지를 포기한 것이었으니 말이다.

로마는 파르티아인들에게 독자적인 군주를 선출할 권리를 되돌려 주었고, 아르메니아, 메소포타미아 및 아시리아의 각 속주에서 로마군 수비대를 철수시켰다. 또 아우구스투스 황제의 유훈에 따라 유프라테스강을 다시 제국의 국경으로 환원시켰다.

군주의 행동과 의도의 관계를 회의적인 시선으로 바라보는 자들은, 신중함과 중용에서 나온 것으로 보이는 이 하드리아누스 황제의 정책을 선망 때문이라고 말한다. 하기야 비열함과 고결함이 교차하고 있는 이 황제의 성격을 생각하면 그러한 의심도 전혀 터무니없는 것은 아니다.

어쨌든 그는 자신의 역량으로는 트라야누스의 정복지를 유지할 수 없다는 것을 밝혔다는 점에서, 선황의 탁월함을 더할 수 없이 뚜렷하게 인정한 셈이 되었다.

하드리아누스의 온건함은 트라야누스 황제의 군사적 야심과 뚜렷한 대조를

---

14) 경계선을 지배하는 신으로서 그 당시에는 거석으로 상징되었다.
15) 재위 117~138년.

이루었다. 그러나 하드리아누스의 쉼 없는 활동을 안토니누스 피우스 황제의 조용한 생활과 대비시키면, 그 차이도 역시 매우 두드러진다.

무엇보다도 하드리아누스의 생애는 항상 길 위에 있었다. 그는 군인, 정치가, 학자로서의 재능을 모두 겸비하고 있었기 때문에, 직무 수행이 곧바로 호기심의 충족으로 이어졌다고도 할 수 있다. 그는 계절과 풍토의 차이에 개의치 않고 모자도 쓰지 않은 채 걸어서 눈 덮인 칼레도니아의 산악지대와 타는 듯이 무더운 상이집트의 들판을 행군했다. 제국의 속주 중에 그가 행차하지 않은 곳은 한 곳도 없었다.

이에 비해 안토니누스 피우스 황제는, 23년 재위 기간 동안 했던 가장 긴 여행이 로마의 궁전에서 라누비움[16] 별궁까지의 이동이었다. 그는 이렇게 평생을 이탈리아 한복판에서 평온히 보냈다.

이런 차이에도 불구하고, 하드리아누스와 두 안토니누스 황제는 똑같이 아우구스투스 황제의 기본 정책을 그대로 이어받아 한결같이 추진했다. 그들은 모두 국경선의 확대보다는 황제의 위엄을 유지하는 데 치중하며 모든 명예로운 수단을 구사하여 야만인들에게 우호 관계를 요청했다. 다시 말해 로마의 힘은 정복욕에 따라 움직이는 것이 아니라, 오로지 질서와 정의의 요청에 의해서만 행사된다는 것을 만민에게 보여 준 것이었다.

이리하여 43년의 오랜 세월에 걸쳐, 그들의 고결한 노력은 빛나는 성과를 올렸다. 그들의 시대엔 국경 지방 주둔군을 훈련시킬 정도의 작은 전투는 있었으나, 대체로 제국 전체가 한결같이 태평한 시대였다.

로마라는 이름은 먼 나라들 사이에서도 존경의 대상이 되어, 사나운 야만인들도 자기들끼리 분쟁이 일어나면 황제의 중재를 요청하는 경우가 많았다. 그즈음의 한 역사가가 전하는 바에 따르면, 야만족 사절들이 찾아와서 신민의 자리에 끼워 달라고 간청했으나 기어이 거절당하는 경우를 여러 번 보았다고 한다.

---

16) 로마시 바로 남동쪽.

제위를 뒷받침한 병제와 군사력

그러면 이러한 황제들의 온건함에 범접할 수 없는 위엄을 부여한 것, 그것은 무엇이었을까? 그것은 언제나 전투태세 속에서 평화를 유지하고 있었던 로마군의 군사력이라고 할 수밖에 없다. 그들은 정의가 로마 편에 있는 한, 언제라도 주저 없이 정벌할 수 있음을 주변 국가들에게 거리낌 없이 선언했다.

그리고 마르쿠스 아우렐리우스 안토니누스 황제[17]는 하드리아누스 황제와 안토니누스 피우스 황제 때는 과시하는 것만으로 충분했던 그 군사력을 파르티아인과 게르만인에 대해 실제로 행사했다. 야만인들의 적대행위에 격분한 이 철인(哲人) 황제는 장군들과 함께 방어전을 위해 일어나, 유프라테스강과 다뉴브강 유역에서 모두 큰 승리를 거두었다.

다음에는 이렇게 해서 로마의 평화와 성공을 뒷받침한 로마제국의 군사력에 대해 살펴보기로 한다.

로마의 '공화제'가 아직 원래의 모습을 유지하고 있었던 시대, 무기의 사용은 오로지 사랑하는 나라와 지켜야 할 재산을 가지며 입법에 대한 참여가 의무이자 이익이기도 했던 계급의 시민에게 한정되어 있었다. 그러나 정복이 확대되고 시민의 자유가 상실되어 가자 전쟁은 점차 전문 기술로 발전해 갔고 또 하나의 직업으로 타락해 갔다.

먼 변경의 속주에서 징집되는 군인들도 로마 시민으로 간주되었다. 이러한 명예는 일반적으로 군인에 대한 당연한 보상 또는 법적인 자격으로 인정되었다.

그러나 그보다 더욱 중요시한 것은 나이와 체력 그리고 군사적 소질 같은 실질적인 면이었다. 따라서 징병은 제국의 남쪽보다 북쪽이, 또 기본적으로 도시보다 시골이 우선되었고, 특히 대장장이, 목수, 사냥꾼 같은 육체노동에 종사하는 사람들이 사치를 업으로 삼으며 곱게 앉아서 일하는 직업의 사람보다 당연히 체력과 기력이 왕성한 것으로 생각되었다.

로마군을 지휘한 것은 대부분 교육받은 상류계급 출신 장교들이었는데, 이

---

17) 재위 161~180년.

것은 재산에 의한 자격이 철폐된 뒤에도 변함없었다. 이에 비해 병졸은 근대 유럽의 용병들처럼 언제나 최하층에서 뽑았고, 시중의 불량배들 가운데서 뽑는 경우도 많았다.

고대인들이 애국심이라고 불렀던 시민의 덕성은, 원래 '자신이 속하는 자유로운 정체(政體)의 유지와 번영을 자신의 이익으로 여기는' 강한 인식에서 비롯된다.

그러나 공화국의 군대를 무적으로 만들었던 그러한 인식도 전제군주의 용병들에게는 그다지 통하지 않았다. 따라서 영향력이라는 점에서는 다를 바 없는 다른 동기를 부여할 필요가 있었다. 그것은 바로 명예와 종교였다.

농민이나 직공들 사이에서는 군인이 되는 것에 대해 일종의 믿음이 있었다. 다시 말해 자신의 실력으로 지위와 명성을 얻을 수 있는 이 직업을 가지는 것 자체를, 이미 명예이자 출세로 여기고 있었던 것이다. 또 무훈이 보상을 받든 안 받든 관계없이, 자신의 활약이 소속부대와 군단, 나아가서는 전군의 영욕을 좌우할 수 있다고 생각했다. 위정자에게는 모두 유리한 편견이었다고 할 수 있다.

입대할 때는 매우 엄숙한 선서식이 거행되었다.[18] 그 선서식에서는 절대로 달아나지 않고, 지휘관의 명령에 절대복종하며, 황제와 국가를 위해 목숨을 바칠 것을 서약했다.

이리하여 외경심과 명예심으로 고양된 군인들에게는, 군의 선두에서 눈부시게 빛나는 황금독수리 군기(軍旗)야말로 정열을 바쳐야 할 헌신의 대상이었다.

따라서 위기에 처하여 이 군기를 포기하는 것은 단순히 치욕이기만 한 것이 아니라, 지극히 불경한 행위로 간주되었다.

그렇지만 이러한 것은 하나의 관념적인 동기에 지나지 않았고, 실제로는 훨씬 더 강력하고 더욱 구체성이 있는 실질적인 동기가 필요했다. 그것은 바로 공포와 희망이다.

정규 봉급과 때때로 지급되는 상여금, 정해진 복무 기간 후의 포상금은 군

---

18) 선서식은 매년 1월 1일 거행되었다.

대 생활의 괴로움을 잊게 해주었다. 반면에 비겁하거나 명령에 불복하는 자는 가혹한 처벌을 면치 못했다. 백인대장(centurio)은 체형 따위의 징벌을 가할 수 있었고, 장군은 사형을 선고할 수 있었다.

'로마 병사가 두려워해야 하는 것은 적군보다 상관'이라는 것이 로마 군기의 철칙이었다. 이 철칙에 의해 제국의 군대는 용맹함과 아울러, 사납고 난폭한 야만족에게서는 볼 수 없는 안정감과 적응력을 키울 수 있었다.

또한 로마인들이 숙달된 기량이 없는 단순히 용맹하기만 한 행위가 얼마나 무의미한가에 대해 잘 인식하고 있었다는 것은, 라틴어로 군대라는 말이 훈련을 의미하는 단어에서 유래하고 있는 점에서도 알 수 있다. 실제로 끊임없는 군사훈련이야말로 로마 군기의 핵심이었다.

신병과 젊은 병사는 하루 종일 훈련받았고, 고참병들도 예외가 아니었다. 어떠한 악천후 속에서도 훈련이 중단되는 일이 없도록 겨울철 야영지에는 커다란 병사(兵舍)를 지었고, 모의전투에 쓰이는 무기는 실전 때보다 2배나 무겁게 하는 등, 참으로 용의주도하게 배려하여, 모든 병사들은 나이와 능력에 상관없이 이미 숙달된 내용을 매일같이 반복해야 했다.

로마군은 평화 시에도 실전훈련이 일상화되어 있었다. 로마군을 상대로 싸운 경험이 있는 당시의 한 역사가(요세푸스)가 실전과 훈련의 차이는 피를 보는가 아닌가에 있었다고 지적한 것은 적절하다.

이러한 훈련 때는 병사들을 격려하기 위해 장군은 물론이고 황제까지 직접 훈련장에 나가 시범을 보였다. 트라야누스 황제뿐만 아니라 하드리아누스 황제까지 몸소 미숙한 병사들을 가르치고 우수한 자에게 상을 내리는 일이 많았고, 때로는 상금을 걸고 군인들과 힘과 기량을 겨루기도 했다고 전해진다.

그래서 이 두 황제의 시대에는 전술학이 크게 진보했고, 제국에 정기(精氣)가 숨 쉬고 있었던 시대에는 군사훈련이야말로 로마 군기의 귀감으로서 칭송받고 있었다.

그러면 로마군의 진영은 어땠을까. 그 진영은 방어가 튼튼한 마을과도 닮았다. 우선 진을 칠 장소를 정하면 선발대가 지면을 주의 깊게 고르면서 방해물을 전부 제거한다. 그리고 그 자리에 정사각형 모양으로 진영을 설치한다. 로마군 2만 명을 수용하려면 한 변이 700야드는 되어야 했을 것이다. 진영 한가운데의 조금 높은 곳에는 사령관을 위한 텐트가 설치되었다. 기병, 보병, 보조군도 각각 정해진 장소에 텐트를 쳤다. 진영 내부에는 폭이 넓고 완벽한 직선인 통로가 가로놓여 있었다. 텐트는 진영을 둘러싼 네 변의 벽과 200로마피트 정도 거리를 두고 설치되었다. 벽의 높이는 보통 12로마피트였다. 튼튼한 벽 주위에는 깊이와 폭이 12로마피트인 해자가 파여 있었다. 병사들은 검이나 창과 마찬가지로 삽이나 곡괭이를 다루는 법도 훈련받았으므로 이 중요한 작업을 직접 해낼 수 있었다. 천부적인 능력 덕분에 뛰어난 무훈을 이루는 경우는 있어도, 이처럼 참을성이 필요한 작업은 습관과 훈련 없이는 도저히 해낼 수 없다.

출발 신호 나팔이 울리면 진영은 순식간에 정리되었다. 병사들은 혼란에 빠지는 일 없이 행군 대열을 신속하게 이루었다. 무기는 귀찮은 짐 따위가 아니었다. 병사들은 무기 외에도 식기와 진지 구축 도구, 며칠 분이나 되는 병량을 등에 짊어졌다. 현재의 허약한 병사들에게는 로마군의 짐이 무겁게 느껴졌을지도 모른다. 하지만 그들은 그 짐을 메고 6시간에 20마일 정도를 행군했다. 그렇게 하도록 훈련받았던 것이다. 도중에 적과 마주치면 짐을 옆에 두고 행군 대열을 전투 대열로 재빠르게 바꾸었다. 투석병과 궁병은 최전선에서 적과 싸움을 벌였으며 보조군은 제1전열을 형성하였고, 강력한 군단이 그들을 도왔다. 기병대는 양 측면에서 원호를 했으며 중병기는 군대 뒤쪽에 배치되었다.

로마 황제들이 광대한 제국을 유지할 수 있었던 까닭은 이 같은 전쟁 기술 덕분이다. 사치와 전제 때문에 모든 미덕이 빛을 잃던 시대에, 황제들은 이런 식으로 로마의 군인 정신을 지켜 낸 것이다.

이번에는 로마의 규율과 훈련에서 병사 수로 화제를 옮겨 보자. 사실 구체적인 숫자를 들기는 쉽지 않다. 일단은 로마의 한 군단이 6831명의 로마 병사로 구성된다. 이 숫자에 로마군과 버금가는 보조군의 숫자를 더해 보자. 그러면 한 부대 인원을 1만 2500명 정도라고 상정할 수 있다. 하드리아누스 황제와 후계자들이 유지했던 평화적 질서는, 이런 무시무시한 부대가 30부대 이상 모여서 이루어 낸 질서였다. 다시 말해 로마에는 약 37만 5000명의 상비군이 있었던 셈이다.

그럼 황제들이 유지했던 해군은 어땠을까. 로마의 해군은 위대한 그들에게 어울리지 않는 듯도 하다. 하지만 그들의 해군은 제국 통치의 온갖 실리적 목적을 나름대로 잘 이루어 주었다. 사실 로마인의 야심은 지상에 한정되어 있었다. 티루스(티레)인, 카르타고인, 마르세유인 등 수많은 민족은 배를 띄워 자신들의 세계를 확대하고 대해원의 가장 먼 저편을 탐험하려 했다. 그러나 이러한 모험심은 로마인이라는 호전적인 사람들의 마음을 뒤흔들진 못했다. 로마인에게 바다는 호기심의 대상이라기보다는 외경의 대상이었다. 그리고 카르타고가 멸망하고 해적이 절멸한 이후 지중해는 로마의 속주로 빙 둘러싸인 상태였다. 황제들은 이 지중해를 평화롭게 지배하는 것과, 제국 사람들의 교역 활동을 보호하는 것에만 초점을 두고 정책을 폈다.

제국의 속주

지금까지 하드리아누스와 두 안토니누스 황제의 권위를 둘러싼 온건한 정신과 그것을 뒷받침한 군사력에 대해 설명했다. 이제는 한때 그들의 정복에 의해 통합되었으나, 지금[19]은 수많은 독립국으로 분할되어 서로 대립하고 있는 여러 속주에 대해 가능한 한 정확하게 설명하고자 한다.

에스파냐—로마제국, 유럽, 그리고 고대 세계, 이 모두에서 서쪽 끝에 위치한 에스파냐는 피레네산맥과 지중해와 대서양이라는 천혜의 경계로 둘러싸여 있다.

이 커다란 반도는 그즈음 아우구스투스 황제에 의해 루시타니아, 바에티카, 타라코넨시스 등 3개의 속주로 분할되어 있었지만, 지금은 크고 작은 2개의 왕국으로 분리되어 있다. 현재의 포르투갈 왕국은 그 옛날 호전적이었던 루시타니아인의 땅을 차지하여 동부에서 상실한 것을 북부의 새로운 영토로 보충하고 있다.

지금의 그라나다와 안달루시아 지방은 고대 바에티카에 해당한다. 에스파냐의 그 밖의 지역들인 갈리시아와 아스투리아스, 비스케이와 나바르, 레온과 두 개의 카스티야, 무르시아, 발렌시아, 카탈루냐, 아라곤 등이 모두 합해서 로

---

19) 즉, 저자 기번이 이 책을 저술했던 18세기 후반.

마제국에서 세 번째로 큰 속주를 형성했는데, 그 수도의 이름을 따서 타라고나주(州), 곧 타라코넨시스라고 불리었다.

토착민 중에서 가장 세력이 강한 것은 켈트 이베리아인들이었고, 가장 통치하는 데 애를 먹었던 원주민은 칸타브리아인과 아스투리아인들이었다. 험준한 피레네산맥을 천험의 요새로 의지하며 마지막까지 로마에 저항했고, 아랍인들의 속박에서 가장 먼저 벗어난 것도 바로 그들이었다.

갈리아—고대 갈리아는 현재의 프랑스보다 훨씬 더 커서 피레네와 알프스 산맥, 라인강과 대서양으로 둘러싸인 전역을 포함하고 있었다. 그 범위는 최근에 알자스와 로렌을 획득한 강대한 프랑스 왕국의 지배지에 사부아 공국, 스위스의 여러 주들, 라인 지방의 4선제후국(選諸侯國), 그리고 리에주, 룩셈부르크, 에노, 플랑드르 및 브라반트 등의 영토까지 합친 넓이이다. 아우구스투스 황제는 양아버지인 카이사르가 정복한 이 땅에 법제를 실시하고, 로마 군단의 진출, 하천의 흐름, 100여 개의 독립국의 주요한 국민적 특성 따위를 감안하여 갈리아를 분할했다고 한다.

랑그도크, 프로방스, 도피네 같은 지중해 연안 지역의 경우, 식민시 나르본이라는 이름이 그대로 주명(州名)이 되었다. 루아르강과 센강 사이의 좁은 지역은 처음에는 켈트 갈리아라고 불렸으나, 얼마 뒤 남쪽의 유명한 식민지 루그두눔(리옹)의 이름을 따서 루그두넨시스라는 새로운 이름으로 불렸다.

센강 건너편은 벨기카 또는 벨기움(벨기에)이었다. 벨기움은 당초 라인강을 경계로 삼았는데, 카이사르 시대 직전에 용맹을 자랑하던 게르만족이 쳐들어와 그 영토의 상당 부분을 점령했다. 로마 정복자들은 이 바람직한 상황을 기꺼이 받아들여, 바젤에서 레이덴에 이르는 라인강의 갈리아 변경을 상하(上下) 게르마니아[20]라는 듣기 좋은 이름으로 부르게 되었다.

이상이 두 안토니누스 황제 시대의 갈리아 6개 속주, 곧 나르본, 아퀴타니아, 루그두넨시스, 벨기카 및 상하 게르마니아의 개요이다.

---

20) '게르마니아 수페리오르'와 '게르마니아 인페리오르'.

브리타니아—로마의 브리타니아 정복과 그 경계선의 책정에 대해서는 이미 살펴보았다. 이 영토에는 잉글랜드 전역과 웨일스 외에 에든버러와 덤버턴까지 스코틀랜드 저지대가 포함된다. 브리타니아는 자유를 잃기 전에는 30개의 야만족들 사이에서 마구잡이로 분할되어 있었다. 이 부족들 중 가장 세력이 큰 것은 서쪽의 벨게족, 북쪽의 브리간테스족, 남쪽 웨일스 지방의 실루르족, 그리고 노퍽과 서퍽 지방의 이케니족 등이었다. 참고로 풍습과 언어의 유사성에서 보아 에스파냐, 갈리아 및 브리타니아 민족은 모두 동일한 조상을 둔 용감한 민족이었던 것으로 추정된다.

이 섬에서는 서로 지배지를 둘러싼 전쟁이 끊이지 않았지만, 로마인에게 정복되자마자 결국 유럽 속주들 가운데 서쪽 지방을 형성하는 주로 정착하였다.

이탈리아—현재 롬바르디아라고 불리는 지역은 로마에 정복되기 전에는 이탈리아의 일부로 간주되지 않았다. 이 지역은 이전에 강력한 갈리아인의 식민지로 포강을 따라 피에몬테[21]에서 로마냐[22]에 걸쳐 갈리아인이 정착하면서 멀리 알프스에서 아펜니노산맥에 이르는 지역까지 용맹한 이름을 떨쳤다.

옛날 리구리아인들은 현재 제노바 공화국에 해당하는 바위투성이 해안 지방에 거주했다. 베네치아라는 도시는 아직 생기지 않았으나, 아디제강 동쪽 연안에 펼쳐진 이 지역에는 베네치아인들이 이미 자리를 잡아 살고 있었다.

오늘날 토스카나 공국과 교황령이 자리 잡고 있는 반도의 중부 지방은 이탈리아에 최초의 문명 생활을 가져다준 고대 에트루리아인과 움브리아인의 고장이었다. 로마의 일곱 언덕 기슭을 흐르는 티베리스강[23], 이 강에서 나폴리 국경에 이르는 사비니인, 라틴인 및 볼스키인의 나라들이 바로 로마가 초기에 승리를 거둔 무대였다. 이 이름 높은 땅에서 초기의 집정관(consul)들은 승리를 거두었고, 그 후계자들은 화려한 별장을 지었으며, 후손들은 수도원을 세웠다.

오늘날 나폴리 왕국이 있는 지역은 당시 카푸아족과 캄파니아족이 다스렸고, 왕국 영내의 나머지 지역에는 마르시인, 삼니움인, 루카니아인 등 여러 호

---

21) 포강 상류 지역.
22) 포강 하류 지역.
23) 지금의 테베레강.

전적인 민족이 살았으며, 해안지대에는 그 전에 그리스의 식민도시가 번영하고 있었던 것 같다. 그리고 아우구스투스 황제가 이탈리아를 11개 지역으로 분할할 때, 이스트리아라는 조그만 주가 황제 직할지로 편입되었다.

라인강·다뉴브강 주변 지방—유럽의 여러 속주들은 라인강과 다뉴브강 줄기로 보호되고 있었다. 다뉴브강은 라인강에서 30마일밖에 떨어지지 않은 곳에서 발원하여, 주로 남동쪽으로 1300마일이 넘는 거리를 흘러가면서, 항해 가능한 60개의 지류를 합치고 6개의 하구를 통해 흑해로 흘러든다.

이 다뉴브강 주변의 속주들은 얼마 지나지 않아 일리리쿰, 즉 일리리아 변경이라고 불리게 되었다. 로마제국에서 가장 호전적인 곳으로 알려져 있다. 이들 속주인 라이티아, 노리쿰, 판노니아, 달마티아, 다키아, 모이시아, 트라키아, 마케도니아 및 그리스에 대해 좀더 상세히 살펴보고자 한다.

빈델리키족이라는 옛 이름을 들을 수 없게 된 지 얼마 안 된 그즈음 라이티아주는 알프스의 정상에서 다뉴브강 연안까지 또 그 수원지부터 인강의 합류점에 이르는 평야지대에 걸쳐 있었는데, 그 위치는 현재의 바이에른 선제후국의 영토와 대체로 일치한다. 아우크스부르크시는 신성로마제국의 보호 아래에 들어가고, 그리종족은 산악지대에서 안전하게 살았으며, 티롤 지방은 오스트리아 왕가(합스부르크가)의 한 주가 되었다.

인강, 다뉴브강, 사바강 이 세 강 사이에 있는 넓은 지역, 즉 오스트리아, 스티리아, 카린티아, 카르니올라, 저(低)헝가리 및 슬라보니아는 고대인들에게는 노리쿰 및 판노니아라는 이름으로 알려졌던 곳이다.

이곳의 흉포한 주민들은 이전에는 독립 상태에 있었지만 서로 밀접한 관계를 맺고 있어서, 로마 통치하에서도 통합을 이루는 일이 적지 않았다. 그 영향에서인지 지금은 단일 왕가(합스부르크가)의 세습영토가 되어 있다. 실제로도 자신을 로마인의 황제로 자처하는 독일 국왕(신성로마제국 황제)의 거주지도 이곳에 있어 오스트리아 세력권의 중심이 되어 있다.

따라서 보헤미아, 모라비아, 오스트리아 북쪽 지방, 티서강과 다뉴브강 사이의 헝가리령 등을 제외하면 합스부르크가의 다른 지배지는 모두 로마제국 영토 안에 있었다 해도 반드시 틀린 말은 아니다.

달마티아는 오히려 일리리쿰이라는 이름으로 널리 알려져 있으며, 사바강과 아드리아해 사이에 있는 좁은 지역이다. 아직 옛 이름을 그대로 간직하고 있는 이곳 해안 지방에는 현재 베네치아 공화국의 한 주와 라구사라는 작은 공화국으로 분리되어 있다.

내륙 지방은 크로아티아와 보스니아라는 슬라브 이름으로 불리며, 현재 크로아티아는 오스트리아 총독에게, 보스니아는 튀르크의 파샤(知事)에게 각각 복종하고 있다. 그러나 이 나라에는 아직도 수많은 야만족들이 뒤섞여 있어서 그리스도교권과 이슬람교권의 경계가 그다지 뚜렷하지 않다.

다뉴브강은 티서강과 사바강이 합류하는 곳에서부터 그리스에서는 이스테르라는 이름으로 불리고 있다. 옛날에는 모이시아와 다키아의 경계선을 이루었는데, 앞서 설명한 바와 같이 다키아는 트라야누스 황제의 정복지로서 이 강 건너편에 있는 유일한 속주였다.

이 지역의 현재 상태를 살펴보면, 다뉴브강 왼쪽의 테메스바르와 트란실바니아는 여러 차례 혁명을 거친 뒤 헝가리 왕국에 합병되었으나, 몰다비아와 왈라키아의 작은 공국들은 오스만튀르크의 종주권을 인정하고 있다. 다뉴브강 오른쪽의 모이시아는 중세에 세르비아와 불가리아라는 두 야만족 왕국으로 분열되었으나, 지금은 다시 통일되어 튀르크의 지배 아래에 있다.

루멜리아 지방—튀르크인들이 지금도 루멜리아라고 부르고 있는 트라키아, 마케도니아, 그리스를 포함하는 넓은 지역에는 아직도 로마제국의 통치를 받았던 흔적이 남아 있다.

하이모스와 로도피의 두 산맥에서 보스포루스 해협과 헬레스폰투스 해협[24]에 이르는 군사 지역 트라키아는, 일찍이 두 안토니누스 황제들 시대에 하나의 속주였다. 콘스탄티누스 황제가 보스포루스 해협 연안에 건설한 도시는 그동안 통치자와 종교가 여러 차례 바뀌었지만, 늘 변함없이 위대한 왕국의 수도였다.

---

24) 지금의 다르다넬스 해협.

마케도니아가 알렉산드로스 시대에 아시아를 지배한 나라라는 것은 독자 여러분도 잘 알고 있을 것이다. 이 왕국은 두 필리포스 왕의 정책에 의해 확고한 패권을 지니고 에게해에서 이오니아해 사이에 있었던 테살리아와 에피루스, 두 나라를 속국으로 거느렸다.

이어서 고대 그리스에서 광채를 발했던 테베와 아르고스, 스파르타와 아테네 등이 등장한다. 그러나 이러한 역사상 불멸의 도시들이 로마의 일개 속주가 되어, 옛날의 아카이아 동맹[25]으로 인해 아카이아 속주라는 통칭으로 불리는 것에 대해서는, 누구나 한 순간 믿기 어려울 것이다.

이상이 로마의 제정하에서 유럽이 처한 상황이었다. 한편 아시아의 속주들은 트라야누스 황제가 일시적으로 정복했던 지역들까지 모두 포함해 현재는 튀르크의 세력권 안에 있다. 그러나 전제주의와 무지가 만들어 낸 독단적인 구분에 따르기보다는 변치 않는 자연적 특성에 주목하여 이들을 구분하는 것이 더 타당할 것이다. 따라서 먼저 타우루스산과 할리스강 서쪽 지역에 가로누워 있는 광대한 번영의 땅을 살펴보고자 한다.

아시아―로마인이 특별히 아시아라고 불렀던 이 속주[26]에는 트로이, 리디아, 프리기아 등의 옛 왕국은 물론이고 팜필리아인, 리키아인, 카리아인 등의 해양 국들, 그리고 예술에서 모국에 견줄 만한 영광을 누리고 있던 이오니아의 그리스인 식민지들이 포함된다. 반도의 북쪽 지방, 콘스탄티노폴리스[27]에서 트레비존드에 이르는 지역에는 비티니아 왕국과 폰토스 왕국이 있었고, 남쪽 해안 지방에는 킬리키아 속주가 시리아 산지까지 뻗어 있었다.

로마령 아시아와는 할리스강에서, 아르메니아와는 유프라테스강에서, 각각 경계를 접하고 있는 내륙지대에는 한때 카파도키아 왕국이라는 독립국이 있었다.

트레비존드 건너편에서 다뉴브강 앞으로 펼쳐진 흑해 북쪽 해안지대는 로마

---

25) 기원전 5~기원전 2세기의 펠로폰네소스반도의 그리스 도시국가들의 동맹.
26) 소아시아의 일부.
27) 오늘날의 이스탄불. 콘스탄티노플이라고도 한다.

황제의 종주권을 인정하여, 때로는 왕의 자리를 하사받기도 하고, 때로는 로마군 수비대를 각각 받아들이기도 했다. 부드사크, 크림 타르타리, 시르카시아, 밍그렐리아 등이 이러한 야만국들을 가리키는 지금의 이름들이다.

　시리아 지방—알렉산드로스의 후계자들 시대에 시리아는 셀레우코스 왕조의 본거지였다. 이 왕조는 파르티아인들의 갑작스런 부흥에 의해 유프라테스강과 지중해 사이의 좁은 지역으로 축소될 때까지, 상아시아를 지배하고 있었으나, 이윽고 로마에 복속하여 로마제국의 동쪽 변경이 되었다. 이후로는 그 영토의 범위가 북쪽으로는 카파도키아의 산맥, 남쪽으로는 이집트와 홍해를 넘어서지 못했다.

　페니키아와 팔레스티나(팔레스타인)는 시리아와의 사이에서 합병과 분리를 되풀이해 온 곳으로, 페니키아는 바위가 많은 좁은 해안지대를 차지했고, 팔레스티나는 땅의 비옥함이나 넓이에서 웨일스 지방과 매우 비슷하며 지리적으로 각별한 점은 없다. 그러나 이 두 나라는 아메리카와 유럽에, 한쪽은 문자를, 다른 한쪽은 종교를 전함으로써 인류 역사에 영원히 남게 되었다.

　시리아의 경계는 확실하지 않다. 그 막연한 경계를 따라 유프라테스강에서 홍해까지 물도 나무도 없는 사막이 펼쳐져 있다. 이곳 아랍인들의 독립성은 그 유목 생활 때문이었다. 이들은 조금이라도 초목이 자라는 땅을 발견하면 그곳에 정착하여 곧 로마제국의 속민이 되었다.

　이집트—이집트란 과연 어떠한 범위를 말하는 것인지, 예로부터 지리학자들도 명확하게 그 정의를 내리지 못했다. 다만 위치상으로는 광활한 아프리카에 속해 있다는 것, 그리고 어느 시대에나 아시아에서 오는 침략자가 지나온 통로였다는 것만은 확실하다.

　그즈음 로마의 장관이 프톨레마이오스 왕가의 현란한 왕좌를 차지하고 있었지만, 지금은 옛 맘루크 왕조의 철로 된 홀(笏)을 물려받은 튀르크의 파샤가 이 땅을 다스리고 있다. 북회귀선에서 발원한 나일강이 지중해에 이르기까지 500마일을 흘러내리면서 해마다 범람하여 그 유역에 비옥한 땅을 만들어 놓았다. '이집트는 나일강의 선물'이라고 일컬어지는 것도 이 때문이다.

지중해 해안 서쪽에 위치했던 키레네[28]는 처음에는 그리스의 식민지였지만, 나중에는 이집트의 속주가 되어, 지금은 바르카 사막 속으로 사라졌다.

아프리카—키레네에서 대서양까지 1500마일 이상 펼쳐져 있는 아프리카 해안 지방은 지중해와 사하라 사막 사이에 짓눌려 그 폭이 80마일에서 100마일을 넘지 못한다. 로마인들이 실제로 아프리카로 간주한 것은 비옥한 동부로, 페니키아 식민지가 출현할 때까지 그곳에는 야만족인 리비아인들이 살고 있었다. 그 뒤 카르타고의 지배 아래에서 상업과 국가의 중심지가 되었으나, 지금은 치안마저 불안정한 약소국, 트리폴리와 튀니스로 분리되어 있다.

지금 알제리의 군사정부의 압제 아래에 있는 누미디아 전역은 한때 마시니사와 유구르타에 의해 통일되었으나, 아우구스투스 황제 당시에는 범위가 축소되었고, 카이사르를 나타내는 형용사 '카이사리엔시스(Caesariensis)'가 붙는 마우레타니아라는 이름 아래 적어도 국토의 3분의 2는 로마에 복종했다. 그 마우레타니아, 즉 무어인의 나라는, 고대도시 팅기(탕헤르)의 이름을 따서 팅기타나라는 이름으로 알려진 땅으로, 근세에는 페즈 왕국이 이를 대신한다.

로마인들은 오래전부터 해적행위로 악명 높은 대서양 연안의 살레[29]를 지배권은 물론 지리상으로도 가장 먼 땅이라고 생각했다. 따라서 현재 모로코 황제라는 존칭으로 불리고 있는 야만인의 도시 메크네스 근교에서 로마인이 건설한 도시가 발견될 가능성도 없지 않다.

그러나 더 남쪽에 위치한 모로코와 세겔메사는 속주에 속한 적이 한 번도 없었다.

마지막으로, 지맥들이 아프리카의 서부를 토막토막 끊어놓고 있는 아틀라스 산맥의 아틀라스라는 이름은 원래 시인들의 시상의 산물에 지나지 않았으나, 지금은 구대륙과 신대륙 사이에 펼쳐진 대양을 가리키는 말이 되었다.

지금까지 로마제국을 한 바퀴 돌아보았다. 아프리카는 에스파냐와 불과 12마일의 좁은 해협을 사이에 두고 있는데, 이 해협을 통해서 대서양이 지중해로 흘러들고 있다.

---

28) 리비아의 일부.
29) 모로코의 항구도시.

고대인들 사이에 유명했던 '헤르쿨레스(헤라클레스)의 기둥'은 지각 변동에 의해 갈라진 것으로 추정되는 2개의 바위산을 말하며, 그 한쪽인 유럽 쪽의 산기슭에 현재 요새가 건설되어 있다.

지중해—지중해와 그 해안 지방, 그리고 섬들까지 모조리 제국의 영토였다. 중요한 섬들 가운데 발레아레스 제도의 두 섬은 그 크기에 따라 마요르카, 미노르카로 불리며, 마요르카섬은 에스파냐령이고 미노르카섬은 영국령으로 되어 있다.

코르시카섬은 지금의 상황이야 어쨌든, 그 비운의 역사를 생각하면 눈물을 금할 수가 없다. 그리고 2명의 이탈리아 군주가 분수에 넘치게도 코르시카의 왕을 자처하는 사르데냐와 시칠리아가 있다. 또 크레타[30]섬과 키프로스섬도 꼭 기억해야 한다.

마지막으로 그리스와 아시아의 작은 섬들은 대부분 튀르크의 군대에 투항했지만, 그들의 침공을 한 사람도 허용하지 않고 기사단의 통제 아래 부와 명성을 누리고 있는 고도(孤島) 몰타가 있다.

지금까지 하나하나 살펴본 로마의 여러 속주들이 오늘날 지극히 많은 강국으로 분립해 있음을 생각할 때, 우리는 고대인들의 오만함과 무지에 대해 일종의 동정심을 느끼지 않을 수 없다.

고대인들은 로마의 광대한 정복지와 무적의 군사력, 그리고 내실이야 어찌되었든 역대 황제들의 온화함, 이런 것들에 현혹되어 미개한 주변 국가들을 업신여기고 있었을 뿐만 아니라, 때로는 그 존재조차 잊고, 점차 자국과 전 세계를 혼동하기에 이르렀다.

그러나 근대의 역사가라면, 그 지식과 학문적 태도로 보아, 모든 것에 좀더 정확하고 냉정한 표현을 요구할 것이 틀림없다.

그렇다면 로마의 위대함을 나타내기 위해서는 그 영역을 오히려 객관적으로 보여 주어야 할 것이다.

---

30) 별명 칸디아.

동서는 대서양을 서변, 유프라테스강을 동변으로 하는 3000마일 남짓, 남북은 안토니누스 방벽과 다키아 북쪽 끝을 북변, 아틀라스산맥과 북회귀선을 남변으로 하는 2000마일 남짓, 즉 온대의 가장 살기 좋은 지대인 북위 24도와 56도 사이에 자리하며 추정 총면적 160만 제곱마일[31]을 차지하는, 매우 잘 개척된 풍요로운 땅이었음을 지적하는 것이 가장 적절하지 않을까?

---

31) 1제곱마일은 약 2.59제곱킬로미터.

칼럼 로마의 건국—로물루스와 레무스

전설에 따르면 로마 건국의 기초를 다진 사람은 트로이 사람 아이네이아스이다. 트로이 전쟁이 일어났을 때, 그는 그리스군과 치열하게 싸우다 간신히 살아남았다. 성곽이 붕괴되던 밤, 그는 아버지와 아들을 데리고 탈출한다. 그 뒤, 유랑 생활을 하다가 이탈리아에 도착해 마침내 라비니움이라는 도시를 세웠다. 그의 아들 아스카니우스는 새로운 땅을 찾아 알바롱가를 세우고, 여기서부터 왕통이 길게 이어졌다.

오늘날 학자들은 로마 남동쪽 24킬로미터에 위치한 카스텔 간돌포를 옛날 알바롱가였을 것으로 짐작한다.

한편, 아스카니우스 이후 알바의 왕통은 아이네이아스의 혈통과 상관없이 이어졌다. 아스카니우스로부터 13대째 왕 프로카(또는 프로카스)에게 왕자가 둘 있었다. 형 누미토르와 동생 아물리우스이다. 왕위 계승권은 당연히 누미토르에게 있었다. 또한 그것이 프로카왕의 의지이기도 했다.그러나 뜻밖에도 아물리우스가 왕이 되었다.

부당하게 형에게서 왕위를 빼앗은 아물리우스는 이제 그 왕위를 지킬 수단을 강구해야만 했다. 누미토르의 아들을 그냥 놔두면 훗날 화의 근원이 될 것이 너무나 뻔했으므로 아물리우스는 그를 없애기로 마음먹었다.

어느새 누미토르의 아들이 성인이 되었다. 아물리우스는 조카가 사냥 갈 때를 맞춰서 산속 깊은 곳에 미리 부하를 매복시켰다. 그리고 조카가 말을 타고 산속으로 들어오자, 조카를 살해하고 강도에게 당했다고 거짓 소문을 퍼뜨렸다.

한편, 왕위에서 쫓겨난 누미토르는 알바롱가의 한적한 시골에서 지내고 있었다. 그는 자신과 자식들에게 가해지는 박해의 손길을 팔짱을 낀 채 바라보고 있지 않으면 안 되었다.

누미토르에게는 레아 실비아라는 딸이 하나 있었다. 마침내 그녀에게도 마의 손길이 뻗쳐왔다.

아물리우스는 형의 아들을 극도로 경계하여 결국 살해하고 말았지만, 조카딸 레아 실비아만큼은 죽이지 않았다. 그러나 그는 갖가지 잔인한 방법을 써서 레아를 학대했다. 죽이는 것이나 별반 다를 바가 없었다.

어쨌든 아물리우스로서는 장래의 신변의 안전과 왕위 고수를 위해 만전을 기하지 않으면 안 되었다. 조카딸이 왕위를 빼앗을 염려는 조금도 없었지만, 그가 두려워한 것은 그녀가 아들을 낳을 경우였다. 이리하여 왕은 레아가 영원히 아이를 낳지 못하게 하기 위해 그녀를 강제로 여신 베스타의 제녀(祭女)로 만든다. 제녀란, 베스타를 섬기고, 그 제사 전통을 지키기 위한 모든 일을 해야만 하는 여사제를 말한다.

베스타의 제녀가 된 실비아가 어느 날 아침 제사도구를 씻기 위해 물을 푸러 나갔다. 좁은 길이 완만한 경사를 이루어 내려가는 둔덕에 다다른 그녀는 머리에 이고 있던 점토항아리를 내리고, 피곤했으므로 자기도 땅바닥에 앉아서 가슴께를 열고 미풍을 쐬고, 흐트러진 머리칼을 가다듬었다. 그렇게 쉬고 있으려는데 버드나무 그림자와 새들의 지저귐, 물이 졸졸 흐르는 소리가 처녀를 잠으로 이끌었다. 달콤한 잠의 유혹을 견딜 수 없게 된 눈꺼풀은 살며시 감겼고, 턱을 받치고 있던 손이 나른하게 풀려 비껴간다. 전쟁의 신, 마르스가 그녀를 보고 있다. 보고 있는 사이에 열정이 끓어올라 그녀를 자기 것으로 만들어 버린다. 그리고 이 사랑의 절도를 신의 힘에 의해 속인다. 잠을 깨보니 처녀는 누워 있다. 몸이 무겁다. 즉, 이미 태내에는 수도 로마의 건설자가 잉태해 있었던 것이다.

이리하여 레아 실비아는 신의 혈통을 잉태한 몸이 된다. 그녀는 자신이 바랐든 바라지 않았든 간에 베스타의 제녀로서의 계율을 깨뜨리고 말았다.

잠에서 깨어난 실비아는 녹초가 되어 몸을 일으킨다. 자기도 왜 몸이 이렇게 녹초가 되어 일어나는지 까닭을 알 수 없다. 그녀는 버드나무 그림자에 싸여 자는 동안에 꿈을 꾸었다. 나무에 기대어 그 이상한 꿈을 떠올리면서 이렇게 말한다.

"……꿈에서 본 환영이 부디 유익하고 감사한 것이기를! 하지만 꿈이라고 하기엔 너무나 확실하지 않은가. 내가 일리온(트로이)의 불을 지키고 있을 때, 내 머리에서 털실로 짠 머리끈이 미끄러져 내려와서 존엄한 불 앞으로 굴러떨어졌다. 그 머리끈에서 두 그루의 종려나무가 자라난 것은 정말로 이상한 일이다. 그중에 한 그루가 쑥쑥 자라나 그 육중한 나뭇가지가 전 세계를 뒤덮고, 꼭대기의 우듬지는 하늘, 아니 높은 별들에 닿았다. 그런데 거기서 나의 숙부가 이 두 그루의 종려나무에 도끼질을 하고 있다. 생각만 해도 소름이 끼친다. 무서워서 지금도 심장이 떨린다. 마르스 님의 새 딱따구리와 암컷 늑대가 쌍둥이 나무를 위해 싸우고, 그 덕분에 둘 다 살아났다."

제녀는 기운을 다해 물을 가득 담은 항아리를 들어올렸다. 환영을 말하면서 물을 채우고 있었던 것이다.

고대 그리스인에게는 꿈도 또한 신탁에 필적하는 것이었다. 실비아는 로물루스와 로마의 운명을 꿈이 알려주는 형태로 가르침받은 것이다.

일리온의 불이란 것은 아이네이아스가 트로이에서 베스타의 신상과 여신의 이마를 장식할 머리끈과 함께 영원한 불을 운반하여 로마에 전한 것을 가리킨다.

트로이가 함락되던 밤에 침대 곁에 서 있던 헥토르의 격려를 받은 아이네이아스는 영웅의 환영이 사당 깊은 곳에서 가져온 신상과 그 밖의 것을 제단에 소중히 모시고, 자신은 불꽃을 헤치고 탈출했다. 그가 무사히 이탈리아로 가져온 그 성화가 그 뒤에 줄곧 지켜져 지금 베스타 제녀들이 지키는 바가 된 것이다. 실비아의 꿈에 나타난 것은 이 불이다.

털실로 짠 머리끈은 베스타 제녀의 유니폼의 일부였다. 그 머리끈이 불 앞으로 굴러떨어졌다는 것은 레아 실비아가 남신(男神)과의 교합에 의해 제녀로서의 자격과 권위를 상실했음을 상징한다.

떨어진 머리끈에서 자라난 두 그루의 나무는 로물루스와 레무스 쌍둥이, 크게 자란 쪽이 로물루스임은 말할 것도 없다. 풍성한 가지와 잎으로 전 세계를 감싸고, 우듬지가 하늘에 닿는 등의 이야기는 로물루스가 로마를 일으키고 지배자가 되어 초인적인 높이에 이른다는 것을 나무에 비유하여 말하고 있다. 이 쌍둥이 형제와 아물리우스와의 갈등, 딱따구리와 늑대 등의 동물들은 각각 이 이야기를 엮어 나가는 중요한 요소로서 꿈속에서 미래의 사건으로 예고되고 있는 것이다.

한편, 베스타의 제녀로서 가장 소중한 것을 잃어버린 레아 실비아는 어떻게 되는 것일까?

디오니시오스에 따르면 마르스 신은 실비아와 교합한 뒤에 신과 언약을 맺은 것이므로 한탄할 것 없고, 또 그 결과로서 용맹함으로는 타의 추종을 불허하는 쌍둥이가 태어나리라고 말하여 이 처녀를 위로했다고 전해진다.

자기의 임신 사실을 안 뒤에 실비아는 아프다는 핑계로 의식에 참가하지 않았다. 아물리우스는 실비아의 불참이 이상하게 길어지는 것에 의심을 품는다. 평소 신뢰하던 몇 명의 의사를 조카딸에게 보냈다. 그리고 그녀 주위의 여자들이 이 병은 타인에게 알려져선 안 되는 성질의 것이라고 말했으므로 왕은 자기의 아내에게 조카딸을 감시하도록 명령했다. 왕비는 여성 특유의 섬세한 감각으로 비밀을 감지하고 왕에게 알렸다. 그래서 아물리우스는 산달이 가까운 이 처녀가 남몰래 자식을 낳는 일이 없도록 무장병들에게 감시하게 했다. 그녀는 남의 눈에 띄지 않는 비밀스러운 곳에서 출산하고, 아물리우스가 죽을 때까지는 햇빛을 볼 수가 없었다.

디오니시오스가 묘사하는 아물리우스의 궁전은 독재자가 의원 집단을 지휘하는 형태로 운영된다. 뭔가 일이 있으면 그는 의원들을 소집하여 회의를 열고, 공공장소에서 자기 생각을 주지시켰다고 한다.

레아 실비아의 일에 대해서도 왕은 회의를 열었다. 아물리우스는 이 회의에 형을 불러다 놓고 그의 딸이 종교적 규율을 어기고 순결을 잃은 사실을 먼저 알리고, 이어 형 부부가 이 사건에서 딸과 공모한 것이 틀림없다고 규정한다. 그리고 죄를 저지른 상대 남자를 인도하도록 요구한다.

누미토르에게는 모든 것이 아닌 밤중에 홍두깨였다. 그는 먼저 자기가 아무것도 모르며, 따라서 잘못이 없다고 항의하고, 진상을 밝히기 위한 시간을 요구했다. 아내는 딸에게서 들은 이야기를 남편에게 소상히 말했다.

다음 회의에서 누미토르는 자기가 새삼스럽게 알게 된 사실을 밝혔다. 딸의 임신은 신의 사랑을 받은 결과이며, 그때 신이 쌍둥이 탄생을 예고했다는 것이다. 동시에 그는 자기의 이 보고가 진실인지 아닌지는 출산 사실을 보면 확인할 수 있다고 덧붙였다.

의원 대부분은 누미토르의 필사적 변론에 수긍했다. 그러나 아물리우스는 형의 요구는 전혀 사실이 아니라고 선언했다. 이리하여 회의장에서 옥신각신하는 사이에 출산을 감시하던 자들이 달려와서 쌍둥이의 탄생을 알렸다. 로물루스와 레무스는 첫울음을 터뜨린 것이다. 그 뒤, 왕족 형제는 논쟁을 거듭했지만, 조카딸을 없애고 싶은 아물리우스의 결의는 굳어졌고, 의원들도 왕의 깊은 분노를 알고 영합했다. 즉 신분을 더럽힌 베스타 제녀는 태형에 처해져 죽고, 아기는 강물에 버리라는 법규의 실시가 결정되었다.

갓 태어난 쌍둥이에게는 이름이 없었다. 강에 버려지기로 정해진 자에게 이름을 붙일 필요는 없었으리라. 로물루스, 레무스란 이름은 그 아이들을 주워 기른 양치기가 붙인 것이다. 여기서는 이 쌍둥이 형제가 버려지고, 암컷 늑대와 딱따구리가 기르다가 이 양치기가 주울 때까지의 경위를 살펴보자.

두 갓난아이는 용모도 몸집도 수려했다. 두려움을 품은 아물리우스는 신하들에게 아기들을 내다 버리라고 명령했다.

신하들은 쌍둥이를 통에 담아서 티베리스강을 향해 걸어갔다. 그러나 마침 겨울비가 내린 뒤였으므로, 강물은 누런 소용돌이를 이루어 흐르고, 양쪽 기슭에 물이 흘러넘치고 있었다. 그래서 그들은 보통 때의 강바닥까지 내려갈 수가 없었다. 하는 수 없이 눈앞에 넘실대는 수면에 통을 띄웠다.

물결은 한동안 요동을 쳤지만, 이윽고 물이 빠져 통은 땅에 닿았다. 아기들이 버려진 곳은 팔라티누스 언덕 기슭이다. 티베리스강에서 넘친 물이 언덕 기슭을 씻어내고 있었다. 가까이에는 우거진 숲이 있고, 그 속에 샘이 솟는 동굴이 있었다. 이것이 쌍둥이를 기른 암늑대의 집, 루페르칼이다. 또한 아기들을 태운 통이 닿은 기슭에는 한 그루의 무화과나무가 서 있었다.

예쁜 쌍둥이 아기들은 울어 젖히기 시작했다.

그때, 새끼를 낳은 지 얼마 되지 않은 암늑대가 다가왔다. 암늑대는 머뭇거림 없이 잔뜩 불은 젖을 아기들에게 물리고, 동시에 그들의 몸에 묻은 진흙을 혀로 핥아 주었다. 그곳에 목초지로 가축을 몰고 나가는 양치기들이 지나간다. 그 중에 하나가 이 광경을 보고 자기 눈을 의심한다. 그는 동료에게 다가가 이 모습을 말하지만 상대해 주지 않는다. 그래서 그들을 데려와 자기 눈으로 확인하게 한다. 암늑대는 두 아기를 마치 자기 새끼처럼 애무하고, 갓난아기도 실제 엄마에게 대하는 것처럼 암늑대를 따르고 있다. 양치기들은 있을 수 없는 광경을 보고 있다는 생각에 사로잡혀 일제히 앞으로 나아가 짐승에게 겁을 주려고 소리를 친다. 암늑대는 이 도발에 개의치 않고 가축처럼 얌전하게 아기들 곁을 떠나간다.

그 근처에는 울창하게 나무들이 우거진 신성한 숲과, 샘이 솟는 바위가 있었다. 암늑대는 이 숲으로 가서 바위 동굴 속으로 자취를 감추었다.

암늑대가 사라지자 양치기들은 아기들을 안아 올린다. 두 생명을 구하는 것은 신들의 의지에 적합하다고 확신하고, 그들을 키우기로 결심한다. 그리하여 아기들은 왕가의 가축지기 파우스툴루스의 집에서 자라게 된다.

　그 뒤, 늠름하게 성장한 쌍둥이는 자신들의 출생의 비밀을 알게 되고, 양치기들을 규합하여 아물리우스 왕을 타도한다. 왕위를 되찾은 형제는 자신들이 자라난 티베리스강 기슭에 새로운 도시를 세웠다. 그것이 로마의 기원(기원전 573년)이다.

트라야누스 황제(재위 98~117) 기념주의 돌을새김 (부분). 113년, 로마. 그는 로마제국 최대의 판도를 과 시하였다. 이 기념주의 돌을새김은 다키아 전쟁의 완 전한 승리를 묘사하였다.

제2장
(98~180년)
두 안토니누스 황제들 시대
로마제국 통일과 번영

로마의 위대함은 정복 속도나 영토의 넓이에 있는 것이 아니다. 만약 그런 의미에서라면, 세계의 상당 부분을 차지하고 있는 광대한 들판으로 이루어진 러시아가 있기 때문이다. 또 알렉산드로스 대왕도 헬레스폰투스 해협을 건너고, 불과 7년 뒤에 히파시스강[1] 기슭까지 마케도니아 승전비를 세웠다. 무적의 칭기즈 칸을 비롯한 몽골의 제왕들도 마찬가지이다. 그들은 1세기도 채 되지 않는 동안 중국 연해안에서 이집트와 독일의 국경까지 석권하여 잠깐이나마 대제국을 이루었다.

이에 비해 로마제국이라는 건조물의 경우는 뛰어난 지혜에 의해 세워지고 유지되었다. 트라야누스 황제와 두 안토니누스 황제 시대, 여러 속주들은 법률로 통일되고 학문과 예술로 장식되었던 것에서도 이를 엿볼 수 있다.

이따금 중앙에서 파견된 지방관리의 전횡도 없지는 않았으나, 그래도 통치의 기본은 단순하고 현명하며 또한 자애로웠다. 속주민들은 저마다 조상 대대로 종교를 자유롭게 믿을 수 있었고, 또 사회적 명예와 혜택도 정복자와 대등하게 누릴 수 있었다.

관대한 종교 정책

황제와 원로원의 종교 정책은 이성적인 사람들과 미신을 좇는 사람들 모두의 지지를 받았다.

---

1) 지금의 베아스강. 인도 북서부.

제국 내에는 참으로 잡다한 종교가 있었으나, 그러한 모든 종교를 민중은 진실이라고 생각했고, 철학자들은 사리를 깨우치지 못했다고 여겼으며 통치자는 이용 가치가 있다고 보았다. 그리고 서로의 방종을 인정하고 있었을 뿐만 아니라, 때로는 신앙상의 연대에까지 이르렀다.

종교 논쟁이나 교의체계에 좌우되는 일 없이, 누구나 자기 민족의 종교의식을 열심히 지켜 나가는 공존 속에서 공포, 감사, 호기심, 꿈이나 징후, 기이한 병, 먼 여행 같은 다양한 일을 계기로 그들의 신앙 대상이나 수호신의 수는 끊임없이 늘어갔다.

그것은 바로 이교도의 신화라는 아름다운 직물이 갖가지 빛깔을 가지면서도 서로 조화를 이루는 다양한 소재들로 짜여진 것에 비유할 수 있을 것이다.

나라를 위해 죽은 현자나 영웅은 신으로 떠받들어져, 모든 인류가 존경해야 하는 존재로 인식되었다. 수많은 숲과 강물에도 하나하나 수호령이 있고, 저마다의 자리에서 영향력을 행사했다. 이를테면 티베리스강의 분노 같은 건 전혀 개의치 않는 로마인들조차 나일강의 수호신에게 제물을 바치는 이집트인들을 비웃지 않았다.

무릇 자연과 천체 같은 눈에 보이는 현상은 어디나 똑같았다. 또 눈에 보이지 않는 정신세계의 현상에 대해서도 이야기 따위의 형식으로 그 존재가 표현되었다.

기술과 직업뿐만 아니라 모든 좋은 일, 아니 나쁜 일조차 신성을 가지는 대표자가 있고, 그 속성은 오로지 신봉자들의 사정에 맞춘 것이었다.

그렇지만 성격도 이해관계도 다른 많은 신들로 구성된 나라의 경우, 항상 조정자가 필요했음은 물론이다. 그리하여 시간이 흐름에 따라 그러한 조정자에게는 점차 '영원하신 아버지', '전능한 군주'[2] 같은 완전성이 부여되기 시작했다. 그것은 지식의 발달에도 어느 정도 원인이 있지만, 추종의 풍조도 한몫을 했다고 할 수 있다

고대의 정신은 참으로 관대하여, 각 종교에 대해서도 사람들은 차이점보다는 유사성에 관심을 가졌다. 그리스나 로마, 또는 야만인들은 저마다 독자적인

---

2) 호메로스의 《일리아스》에 나오는 구절.

제사를 지내면서도, 비록 신의 이름과 의식은 다르지만, 내심으로는 모두 같은 신을 숭배하고 있다고 생각했다. 호메로스의 격조 높은 신화는 고대 세계 다신교에 아름답고 정연한 체계를 제공했다.

그리스 철학자들은 신보다는 인간의 성품에서 도덕을 찾았다. 그러나 그들은 큰 호기심을 가지고 '신성(Divine Nature)'에 대해 사색했는데, 이 탐구 과정에서 인간이 지닌 이성의 강점과 약점이 드러났다. 4개의 대표적인 학파 중에서 스토아학파와 플라톤학파는 이성과 신앙심을 서로 조화시키려고 노력했다. 그들은 가장 중요한 원인의 존재와 완전성을 훌륭하게 입증했으나 물질의 창조를 이용할 수 없었다. 따라서 스토아학파의 철학은 조물주를 피조물과 제대로 구별하지 못했고, 반면에 플라톤과 그의 제자들이 말하는 초자연적인 신은 신이라기보다는 이데아를 닮은 것이었다. 플라톤학파와 에피쿠로스학파의 견해는 종교적 색채가 덜했다. 플라톤학파는 겸허하게 과학적인 지식을 통해 최고 통치자의 섭리를 의심하는 데 그쳤으나, 에피쿠로스학파는 독단적인 무지로 이러한 섭리를 부인했다. 탐구 정신과 자유로운 경쟁 심리로 인해 철학자들이 여러 분파로 나뉘어 다투기는 했지만, 곳곳에서 아테네나 로마제국 학문의 중심지로 모인 순수한 젊은이들은 학파 구별 없이 대중 종교를 경멸하고 배척하도록 배웠다. 사실 철학자가 어떻게 시인이 꾸며 낸 한가로운 이야기나 이치에 맞지 않은 전설을 종교적 진리라고 받아들일 수 있겠는가! 또 그 불완전한 존재들을 인간으로서 경멸할지언정 어떻게 신으로 섬긴단 말인가! 이 무가치한 적들에 대해 키케로[3]가 몸소 이성과 웅변의 무기를 휘둘렀지만, 이때는 루키아노스[4]의 풍자시가 훨씬 더 효과적인 무기였다. 한 가지 확실한 것은 세상사에 정통한 작가라면, 자기 나라 신들이 교양 있는 지식층 사이에서 은밀한 멸시의 대상만 되지 않았다면 감히 대중의 조롱거리로 만들려고 하지 않을 것이라는 점이다.

두 안토니누스 황제 시대에는 무종교적 성향을 볼 수 있었지만, 그래도 신관의 권리나 민중의 신앙심에 대해서는 마땅한 경의를 표하고 있었다.

---

3) 기원전 106~43년.
4) 로마 제정 시대의 그리스 문인.

저술과 대화에서는 이성을 강조하고, 대중의 다양한 미신에 대해서는 연민과 관용이 어린 미소를 보여 주던 철학자들 사이에서조차, 행동에서는 법과 관습을 존중하는 모습을 보였다. 조상 전래의 의식을 부지런히 올리고 잡신을 모신 사원을 자주 참배했다. 때로는 법의 아래 무신론자임을 가리고 미신의 무대에서 자청해서 한몫을 맡았을 정도이다.

이러한 이성적인 사람에게 각종 신앙과 의식에 대해 논쟁할 기분이 일어날 리가 없었다. 그들에게 있어서 무지몽매한 대중이 고집하는 형식 따위는 아무래도 좋았다. 그래서 리비아, 올림포스, 카피톨리움, 어느 곳의 유피테르 신전이든, 속으로는 경멸하더라도 겉으로는 참으로 정중하게 대했던 것이다.

어떠한 동기에 의해 로마 여러 회의장에 박애 정신이 등장하게 되었는지를 상상해 보는 것은 쉽지 않다. 행정관들은 스스로를 철학자라고 생각했기 때문에 고지식하고 맹목적인 고집을 내세울 수 없었으며, 원로원은 아테네 여러 학파의 정신에 장악되어 있었다. 또 세속적 권한과 종교적 권한이 통합되어 있었기 때문에, 야심이나 탐욕에 의해 움직일 수도 없었다. 제사장(pontifex)은 가장 저명한 의원들 중에서 선출되었고, 대제사장(pontifex maximus)은 늘 황제가 겸임했다. 신민을 다스리는 데 있어서 종교가 여러 가지 이점을 가져다준다는 것을 잘 알고 있었던 그들은, 백성들을 교화하기 위해 공공 축제를 장려했다. 점술을 편리한 정책도구로 활용했고, 거짓말을 하면 이승이나 저승에서 복수의 신에게 반드시 벌을 받게 된다는 믿음을 존중했다. 그러나 종교가 지닌 일반적인 이익들을 인식하면서도, 그들은 여러 가지 예배 양식들이 모두 똑같이 건전한 목적을 가지며, 각 나라의 미신 형태는 저마다 그 나라의 풍토와 주민에게 가장 적합한 것이라는 확신 아래 그것을 공인했다. 피정복 민족은 정복자의 탐욕과 기호 때문에 우아한 신상(神像)과 호화로운 신전 장식품들을 빼앗기는 경우가 많았지만, 조상 대대로 내려오는 종교의식을 올리는 데에는 언제나 로마 정복자들의 관용을 경험했고 심지어 보호까지 받았다. 갈리아는 이 보편적 관용을 누리지 못한 것처럼 보였지만 사실은 그렇지 않았다. 티베리우스[5]와 클라우

---

5) 재위 14~37년.

디우스[6]는 인신공양을 금지한다는 그럴듯한 구실을 만들어 위험한 드루이드교를 억압했으나, 드루이드교의 성직자와 신상 그리고 제단은 우상숭배가 최종적으로 금지될 때까지 아무 탈 없이 보존되었다.

제국의 수도 로마는 언제나 세계 각지에서 온 속주민과 이방인들로 들끓었다. 이들은 저마다 자기 나라 미신을 섬겼다. 제국 모든 도시 중 조상 대대로 내려오는 의식을 금지하는 곳은 하나도 없었다.

그렇다고 지나친 방종을 허용한 것은 아니어서, 외래 종교의식의 범람을 막기 위해 원로원이 공권력을 발동하여 간섭한 적도 여러 번 있었다. 특히 혐오감을 불러일으키는 이집트의 미신은 자주 금지되었다. 세라피스와 이시스 신전은 파괴되었고, 이 미신을 믿는 사람들은 로마와 이탈리아 전역에서 추방당하는 고초를 겪었다.

그러나 어느 시대에나 이처럼 무른 정책으로 광신의 열기를 식힐 수는 없는 법이다. 그것은 당시에도 마찬가지였다. 이윽고 추방되었던 자들이 돌아와 이교도는 늘어나고, 신전은 더욱 호화롭게 다시 세워졌다. 이시스와 세라피스도 마침내 로마의 여러 신들 사이에 자리를 차지하게 되었다.

이와 같이 종교 정책은 관대했지만, 그렇다고 그것이 제정(帝政)의 기본 방침에 어긋나는 것은 아니었다.

순수 공화정 시대에는 정식 사절단이 키벨레 신[7]과 아스클레피오스 신[8]을 함께 초청했고, 어떤 도시를 포위하면 그 수호신을 꾀어내기 위해 그곳에서는 얻을 수 없는 높은 명예를 관례적으로 약속했다. 이렇게 해서 로마는 점차 모든 신민들에게 공동의 신전이 되어 갔고, 인류의 모든 신들에게 시민권이 허용되었다.

---

6) 재위 41~54년.
7) 프리기아 신화에 기원을 둔 소아시아 지역의 농업의 여신.
8) 그리스 신화의 의술의 신.

실용적인 로마인

아테네와 스파르타의 몰락을 앞당긴 원인은 조상의 순수한 혈통을 유지하려는 편협한 정책에 있었다. 하지만 웅대한 뜻을 품은 로마는 달랐다. 그들은 야망 앞에서 허영을 버렸다. 노예나 이방인 혹은 적이나 야만족에게도 장점과 미덕이 있으면 활용하는 것이 현명하며 명예로운 일이라고 생각했다.

아테네는 전성기에 시민 수가 3만 명에서 2만 1000명으로 점차 감소했다. 이에 반해 로마는 끊임없는 전쟁과 식민지 개척에도 불구하고, 세르비우스 툴리우스왕9) 시대에 실시된 최초 인구조사 때 8만 3000여 명에 불과했던 시민 수가 사회적 내전10)이 시작되기 전에는 군복무가 가능한 장정의 수만 해도 46만 3000명에 달했다. 동맹국들이 동등한 영예와 특권을 요구하고 나섰을 때, 로마 원로원은 수치스럽게 양보하기보다는 차라리 전쟁을 선택했다. 그 결과 삼니움인과 루카니아인은 가혹한 응징을 받았지만, 이탈리아 나머지 나라들은 충실히 의무를 다했으므로 공화국의 품에 안겼다. 민주정치 아래에서는 주권이 시민에게 있지만, 주권이 대중에게 주어지면 처음에는 그 권리를 남용하다가 나중에는 완전히 상실하는 법이다. 그러나 황제의 정책이 민회를 억압하기 시작하자 정복자들은 가장 명예로운 1급 신민으로서 피정복자들과 구별되었으며, 그 수가 아무리 빨리 증가한다 해도 위험할 것이 없었다. 아우구스투스의 가르침을 받은 현명한 군주들은 로마인이라는 이름이 지닌 위엄을 엄격히 지키기 위해 외국인에게 시민권을 부여하는 데 신중을 기했다.

로마 시민의 특권이 점차 제국의 주민들에게까지 확대되기 전까지 이탈리아와 속주들 사이에는 뚜렷한 차이가 유지되었다. 이탈리아는 국가 통일의 중심이며 체제의 확고한 기초로 간주되었다. 황제와 원로원 의원은 반드시 이탈리아 출신이거나 적어도 이탈리아에 거주해야 했다. 이탈리아인의 재산은 면세의 혜택을 받았고, 이탈리아인이 거느리는 사람들은 총독의 임의재판 관할에서도 면제되었다. 로마의 모델을 그대로 모방한 각지 이탈리아인 자치체는 최고 권력자의 직접적인 감시 아래 사법권을 가졌다. 알프스산맥 기슭에서 남쪽 끝 칼

---

9) 기원전 6세기의 로마 제6대 왕.
10) 기원전 130년 무렵부터 시작되어 약 1세기 동안 계속된 공화정 말기의 계급 전쟁.

트라야누스 황제(재위 98~117) **기념주**　113년, 로마. 트라야누스 황제의 다키아 정복을 기념하는 원기둥. '다키아' 전투를 묘사한 장면으로 세부 장식이 되어 있는 이 기둥이 포로 트라야노에서 가장 두드러진다.

라브리아에 이르기까지 이탈리아에서 태어난 사람은 모두 로마 시민이었다. 일부분의 차이는 무시되었고, 모두가 하나로 합쳐져서 언어, 풍속, 법률, 제도에 의해 통일되었으며, 강력한 제국을 만드는 데 똑같이 참여했다.

로마의 번영이 그 관대한 정책에 기인한다는 것은 앞에서 이미 말했다. 또한 그것은 새로운 시민의 공헌에 힘입은 바도 적지 않았다. 실제로 만약 로마인으로서의 특권을 성벽 안에 사는 옛 가문들에만 국한시켰더라면, 그 불멸의 영광이 이처럼 빛을 발하는 일은 없었을지도 모른다.

베르길리우스는 만토바 출신이었고, 호라티우스 같은 사람은 아풀리아인인지 루카니아인인지, 본인조차 정하기 어려워했다. 로마의 눈부신 승리를 기록한 역사가로 이름 높은 리비우스는 파도바 태생이었다. 또 애국자 카토 일족도 투스쿨룸 출신이었다.

마리우스와 키케로도 마찬가지다. 그들은 아르피눔이라는 작은 마을 출신이었다. 참고로 마리우스는 로물루스와 카밀루스[11]에 이어 로마의 '세 번째 건설자'라고 불리는 인물이고, 키케로는 로마를 카틸리나[12]의 음모로부터 구했을 뿐 아니라, 웅변술에 있어서도 아테네와 어깨를 나란히 할 수 있는 나라로 만든 인물이다.

제국의 여러 속주에는 공권력과 법적 자유가 없었다. 원로원은 에트루리아, 그리스, 그리고 갈리아에서 그 지역의 위험한 동맹 관계를 해체했는데, 로마의 술책은 상대를 분열시켜 이기는 것이었으며 상대가 단결하면 저항을 야기하게 된다는 것을 인류에게 가르쳐 주었다. 짐짓 호의와 관대함으로 가장하고 잠시 동안 왕위를 누릴 수 있었던 군주들은 피정복 민족에게 멍에를 씌우는 과업을 마치자마자 왕위에서 내몰렸다. 로마의 대의를 받아들인 자유국가와 자유도시들은 맹목적인 동맹의 혜택을 받은 게 아니라 진짜 노예 상태로 전락해 버리고 말았다. 각지의 공권력은 원로원과 황제 대행관(legatus)에 의해 집행되었는데, 이 권한은 무제한 절대적이었다. 그러나 이탈리아를 평정하는 데 쓰인 건전

---

11) 기원전 로마 공화정 초기의 장군.
12) 기원전 1세기 로마의 야심적인 정치가. 반역을 기도했다.

한 통치 방침은 머나먼 정복지들까지 그대로 이어졌다.

식민을 장려하는 한편, 충성스럽고 공이 있는 속주민에게 로마 시민의 자유
권을 부여하는 이중 정책을 통해, 각주에 점차 로마 시민이 늘어갔다. "로마인
은 어디든지 정복하면 그곳에 정주한다." 이 세네카[13]의 말은 역사를 통해 증명
되었다. 이탈리아인들은 승리의 결실로 쾌락과 이익을 얻고자 바삐 정복지로
나갔다.

정복된 지 40년 남짓한 아시아에서는, 미트라다테스[14]의 명령에 의해 고작
하루 동안 로마인 8만 명이 학살당하는 참사가 일어났다.[15]

부와 향락을 위해 앞다투어 이 땅에 쇄도한 이탈리아인은 처음에는 대부분
상업과 농업, 세금 징수 업무에 종사했다. 그러나 황제가 상비군을 둔 뒤로는
각 속주에 군인들이 자리를 잡았고, 퇴역 군인들은 병역의 보수가 땅이든 돈
이든 상관하지 않고 그들이 명예스럽게 청춘을 보낸 나라에 가족과 함께 정착
했다. 제국 전체가 그랬지만, 특히 서부 지방에서는 땅이 비옥하고 교통이 편리
한 지역은 어디든 군사적 또는 비군사적 식민시 후보가 되었던 것도 그 때문이
었던 것으로 추정된다.

이러한 식민시의 풍속과 내정은 오로지 본국을 충실하게 모방했다. 우호와
동맹 관계를 통해 현지인들의 저항을 이내 제거해 버리고, 그들의 마음속에 로
마에 대한 존경심과 함께 명예와 혜택을 누리고자 하는 욕망을 부추겼고, 또
쉽게 이루어 주었다.

격식과 번영에 있어서도 자유시와 식민시 사이에 차이가 없어졌기 때문에,
하드리아누스 황제 시대에는 로마 품에서 빠져나간 사회와, 반대로 로마 품속
에 들어온 사회 가운데 과연 어느 쪽이 바람직한가를 둘러싸고 논쟁이 벌어졌
을 정도였다.

---

13) 기원전 4?~서기 65년.
14) 소아시아의 폰토스 국왕 미트라다테스(또는 미트리다테스) 6세.
15) 기원전 88년.

라틴 시민권[16]은 그때까지도 많은 혜택을 누리고 있었던 시민들에게 주어졌다. 한편 로마 시민 자격은 임기를 마친 행정관에게만 인정되었다. 그러나 그 자리는 임기가 1년이었으므로 몇 년이 지나면 주요 가문들은 모두 한 번씩 그 자리에 앉았기 마련이었다.

속주민 가운데 군무에 종사하거나 시정에 참여한 사람들에게도 일종의 특혜가 주어졌는데, 다만 황제의 인심이 후해지면서 그 가치는 점점 떨어졌다. 그렇기는 하지만 두 안토니누스 황제 시대에도 여전히 매우 많은 실질적인 혜택이 수반되었다.

이 권리를 얻은 국민들은 대부분 로마법, 특히 결혼, 유언, 상속 따위에서 혜택을 누릴 수 있었다. 공적을 내세워 권리를 주장할 수 있는 사람들에게는 영달의 길이 열려 있었다.

이렇게 해서 알레시아[17]에서 율리우스 카이사르를 포위했던 갈리아인의 후손들이 이제는 로마군을 지휘하고 속주를 다스리며 원로원까지 진출하게 되었다. 그들의 존재가 나라의 치안을 어지럽히는 것은 아닐까 하고 로마인이 크게 우려했던 것은 옛일이 되어, 이 시대에는 오히려 제국의 위엄과 안전 유지에 크게 공헌하게 되었다.

라틴어 보급과 그리스 문화의 유산

언어가 민족의 풍습에 미치는 영향을 잘 알고 있었던 로마인에게 가장 큰 관심사는 정복지에 라틴어를 보급하는 일이었다. 그러한 사정에서 당시에 이미 이탈리아, 사비니, 에트루리아, 베네치아 등의 방언은 모두 사라졌다.

그러나 동쪽 속주들은 서쪽 속주들과는 달리 커다란 골칫거리였다. 로마 절정기에는 대수롭지 않았으나, 제국에 밤의 그림자가 드리워지면서 그 경향이 갈수록 뚜렷해져 간 것이다.

서방 나라들은 원래 정복자 로마에 의해 교화된 곳이었다. 이 지방 야만족은 일단 복종하고부터는 정복자에게서 새로운 지식과 교양을 빠르게 흡수했

---

16) 라티움은 원래 로마 동남쪽에 있었던 라틴족이 살았던 지방. 기원전 5세기경부터 로마와 동맹, 우호 관계를 맺었다. 시민권을 부여받아 로마 시민과 같은 특권, 이른바 ius Latini를 누렸다.
17) 프랑스 디종시 부근의 소읍.

다. 그 결과 어쩔 수 없이 다소 사투리가 생기기는 했지만, 베르길리우스와 키케로의 언어가 그대로 아프리카, 에스파냐, 갈리아, 브리타니아 및 판노니아에 널리 보급되었다. 카르타고와 켈트 어법이 산악지대와 농민들 사이에서밖에 남지 않은 것은 그 때문이다.

서방 속주민들은 교육과 학문을 통해 로마의 숨결을 느꼈고, 한편 라틴계 속주민은 이탈리아 법제뿐만 아니라 생활양식과 관습까지 익혔다. 이리하여 그 나라가 가진, 또는 그 나라가 주는 자유와 명예에 대한 오랜 염원을 이루었던 것이다.

반면에 로마로서는 문학이나 군사 면에서도 그러한 것들이 나라의 위엄을 뒷받침하고 있었다. 트라야누스가 황제가 될 수 있었던 것도, 따지고 보면 바로 그러한 배경이 있었기 때문이다. 따라서 만약 스키피오가 당시에 살아 있었다 해도, 그는 트라야누스를 같은 로마인으로서 인정할 수밖에 없지 않았을까?

동방 속주들, 특히 그리스는 야만족과는 상황이 크게 달랐다. 그리스인들은 이미 오래전부터 개화와 쇠퇴를 거치면서 세련될 대로 세련되어 허영심이 강했고, 모국의 언어와 제도를 끝까지 고집하려 했다. 그러한 경향은 조상의 미덕을 상실한 뒤에도 여전히 남아, 내심 로마인의 뛰어난 지혜와 힘에 압도당하면서도 겉으로는 정복자의 풍습이 천박하다며 멸시하는 척했다.

그리스의 말과 사상은 좁은 자국 내에만 영향을 미친 것이 아니었다. 그것은 식민과 정복을 통해 아드리아해에서 유프라테스강과 나일강까지 멀리 확산되었다.

아시아 곳곳에도 그리스 도시들이 있었는데, 그것은 연면히 이어 온 마케도니아 왕가 통치의 영향이었다. 그 무렵 그들의 호사스러운 궁정에서는 그리스의 우아한 기풍과 동방의 사치한 기풍이 절충되기 시작했다. 상류계급 사이에서도 신하로서 격하된 형태이기는 했지만, 이러한 양식이 마찬가지로 널리 퍼져 있었다.

이렇게 해서 로마제국은 라틴어권과 그리스어권으로 나누어졌다.

여기에 세 번째 문화권으로 시리아와 이집트, 특히 후자의 문화권을 추가할 수 있을 것이다. 시리아와 이집트를 하나의 문화권으로 묶는 이유는, 이 지역 야만족이 고대 방언을 계속 씀으로써 세계에서 고립되고, 그 진보가 현저하게 정체되어 있었기 때문이다. 그래서 정복자는 시리아를 유약하고 게으르다며 경멸했고, 이집트를 음험하고 흉포하다며 혐오했다. 이 나라들은 로마의 힘 앞에 굴복했지만 시민권 획득은 바라지도 않았고 가치 있게 여기지도 않았다. 따라서 이집트인이 로마 원로원에 처음 진출한 것은 프톨레마이오스 왕조가 망한 지 230년이나 지나서였다.

로마인은 그리스 예술과 학문에 정복당했다고 흔히들 말한다. 이것은 부정할 수 없는 사실이다. 분명 그리스가 로마 속주가 되자마자, 오늘날 유럽인들이 감탄해 마지않는 그리스 불멸의 문인들이 이탈리아뿐만 아니라 서방 속주들에서도 활발한 연구와 모방의 대상이 되었기 때문이다.

그러나 로마인은 우아한 오락을 위해 건전한 정책 원칙을 굽히는 민족은 아니었다. 그들은 그리스어의 매력은 인정하면서도 라틴어의 위엄을 고수하여, 군정뿐만 아니라 민정에서도 언제나 라틴어만 썼다.

이리하여 두 언어는 제국 내에서 저마다 다른 분야를 담당하게 되었으니, 그리스어는 학문상 용어, 라틴어는 공무상 용어로 사용되었다. 그때는 실무와 학문에 정통한 사람은 누구나 이 두 가지 언어를 모두 구사할 수 있었다. 그래서 어느 속주에 거주하든 고등교육을 받은 자 가운데, 그 양쪽을 모두 구사하지 못하는 사람을 찾는 것은 불가능한 일이었다.

로마제국의 노예들

이상과 같은 로마의 기본 정책을 통해 제국 내 여러 민족은 점차 명실공히 로마인이 되어 갔다.

그러나 모두가 예외 없이 그랬던 것은 아니었다. 각 속주와 가정에는 이러한 혜택을 누리지 못한 채 여전히 사회의 중압을 참고 사는 불행한 사람들이 있었다. 고대 자유국가의 가내(家內)노예가 그것이다.

돌아보면, 로마제국 전체에 완전한 평화가 찾아오기까지는, 몇 세기에 걸친 파괴와 약탈의 역사가 있었다. 대부분의 노예는, 이러한 전쟁에서 대량으로 포로가 되어 헐값에 팔려 온 야만족이었다.

그들은 언제든지 기회만 있으면 그 자리에서 족쇄를 끊고 탈출하여 자유로운 생활을 되찾겠다는 복수심을 항상 가슴에 품고 있었다. 실제로 필사적으로 봉기하여 이 나라를 존망의 위기에 빠뜨린 적이 한두 번이 아니었다. 그래서 항상 내부의 적으로 간주되어 자위라는 명분으로 가혹한 단속과 취급을 받았다.

하지만 유럽과 아시아 및 아프리카 주요 국가들이 한 사람의 통치자, 곧 로마에 통합되고 난 뒤로 노예 공급원이 격감하자, 로마인들은 좀더 평온하면서도 에워가는 방법에 의지해야 했다.

즉 로마인의 가정과 지방 영지, 특히 후자에서 노예끼리 결혼이 장려된 것이다. 그 뒤에는 교육 습관과 부동산 소유 따위를 통해 그들의 고통도 다소 완화되었다.

노예의 행복은 기본적으로는 주인의 인품과 형편에 달려 있었지만, 그러한 상황도 이윽고 변해 갔다. 노예 가격이 점차 올라가니 주인의 배려도 깊어진 것이다.

이러한 경향은 황제의 정책을 통해서도 장려되었다. 그것은 하드리아누스 황제와 두 안토니누스 황제가 칙령을 내려 최하층민들에게까지 보호를 확대한 사례에서도 볼 수 있다.

이를테면 그동안 때때로 남용되어 온 노예에 대한 주인의 생살여탈권을 개인 손에서 빼앗아 행정관만이 행사할 수 있도록 했다. 지하 감옥은 폐지되었고, 감내하기 어려운 학대에 대한 고발 내용이 정당한 노예는 해방되거나 좀더 온정적인 주인에게 갈 수 있게 되었다.

이 불완전한 세상에서 무릇 희망만큼 인간에게 위안을 주는 것은 없다. 노예의 경우도 예외는 아니었다. 주인에게 잘 보인 노예나 뛰어나게 일을 잘하는 노예에게는 몇 년 동안 열심히 일하면 자유라는 최고의 보상이 기다리고 있었다.

다만, 주인의 선의가 천박한 허영심이나 탐욕 같은 비천한 동기에 의한 것인 경우도 적지 않아서 노예에 대한 그러한 후대를 이윽고 법률로 제한하기에 이르렀다.

노예는 원래 모국이 없었으므로 해방과 함께 자기 주인이 속한 정치사회의 일원이 되는 것이 그 무렵 관습이었다.

여기에는 로마 시민의 특권을 잡다한 천민에게도 허용해야 한다는 우려가 섞여 있었다. 그리하여 그 방지책으로 그럴듯한 예외규정이 마련되었다. 즉 정당한 자격으로 행정관의 허가를 얻어 적법한 자유를 얻은 자만이 이러한 명예를 누리도록 한 것이다. 이렇게 해서 노예에서 해방된 사람들에게는 시민으로서의 사적인 권리만 주어졌을 뿐, 문관이나 무관이 될 수 있는 공적인 권리는 엄격히 제한되었다.

이러한 상황은 그 자식의 세대에도 마찬가지였다. 아무리 큰 공을 세우고 재산이 많아도 그들에게 원로원은 닫힌 문이었고, 비천한 출신의 영향이 완전히 사라지는 데는 3세대 또는 4세대의 세월이 필요했다.

즉 그때까지 차별당하던 자들에게 자유와 명예에 대한 희망이 인정되기 시작했지만, 계급 차이 자체는 오랫동안 엄연하게 존재했다.

젊고 소질이 있는 노예에게는 기예나 학문을 가르쳐, 그 기능과 재능에 따라 값이 매겨졌다. 부유한 원로원 의원 저택에는 학예 분야든 기능 분야든 온갖 직업 노예들이 있었다. 사치와 관능적인 생활을 위한 노예들의 수는 오늘날의 사치 관념을 훨씬 넘어설 정도로 많았다.

상인이나 제조업자는 일꾼을 고용하기보다 노예를 사는 편이 이로웠으며, 농촌에서는 노예가 가장 값싸고 일 잘하는 농기구였다. 여기에 그러한 실상을 증명해 주는 구체적인 예가 여러 가지 있다.

하나는, 참으로 끔찍한 사건[18]으로, 그때 로마 한 저택에는 400명의 노예가 있었던 것이 밝혀졌다. 또 아프리카의 한 과부는, 자기 아들에게 마찬가지로 400명의 노예가 딸린 장원을 물려준 뒤에도, 여전히 그보다 더 넓은 땅이 남아 있었다고 한다.

또 아우구스투스 황제 시대에, 어떤 해방노예는 내전 중에 재산상 큰 손실

---

18) 주인이 살해되었을 때, 그것을 막지 못했다 하여 노예 전원을 처형한 사건.

을 입고서도 유산으로 7200마리 소와 25만 마리의 작은 가축, 4116명의 가축과 다름없는 노예를 남겼다고 한다.

시민, 속주민, 노예를 가리지 아니하고 로마 신민의 수를 정확하게 산출하는 것은 오늘날 불가능하다. 알려진 바로는 클라우디우스 황제가 실시한 인구조사에서 '로마 시민'의 수가 694만 5000명으로 집계되었는데, 여기에 여자와 아이를 합하면 전체 인구는 약 2000만 명에 달했다고 한다. 다만 천민의 수는 변동이 많아서 확실하지 않았다.

그러나 전체 숫자를 좌우할 수 있는 중요한 사항을 감안하여 미루어 계산하면, 클라우디우스 황제 시대 속주민 수는 로마 시민의 약 2배, 노예 수는 적어도 로마 세계 전체의 자유민 수와 같았을 것이다.

황제들이 위신을 걸고 시행한 공공사업

국내 평화와 통일은 로마인이 채택한 융화 정책의 결실이다. 이에 비해 아시아 왕국들로 눈을 돌려보면, 완전히 다른 상황을 목격할 수 있다. 즉 중앙에서는 전제와 강권을 볼 수 있지만 변경까지는 그 위세가 미치지 않았고, 곳에 따라서는 세금 징수와 법 집행이 군대의 힘을 배경으로 간신히 이루어지는 형편이었다. 또 나라 중심부에는 위험한 야만족이 자리 잡고, 세습 태수들은 지방의 지배권을 빼앗는가 하면, 자유가 없는 신하가 반란의 기회를 엿보는 상황이었다.

로마제국의 경우는 사정이 달랐다. 그 정권 아래에서 국민들은 자발적으로 따랐고, 게다가 그것은 항구적인 성질의 것이었다. 정복당한 모든 민족이 하나의 위대한 국가 안에 녹아들어 독립에 대한 기대를 저버리고, 자국의 존재와 로마의 존재를 거의 동일시하기에 이르렀다.

황제의 권위는 곧바로 제국 전역에 미쳐서 템스강이나 나일강 유역에서도 티베리스강에서와 마찬가지로 어렵지 않게 행사되었다. 사실 국가의 적을 진압하는 것이 그 목적인 로마군의 힘을 민정관이 실제로 필요로 한 예는 거의 없었다.

이와 같은 태평성대에 군주와 백성의 재산과 여가는 국내의 개선과 장식에만 투자되고 있었다. 생각건대 로마인들이 세운 무수한 기념건조물 가운데 역사가 간과한 것은 얼마나 많고, 세월과 야만족에게 파괴되지 않고 남아 있는 것은 얼마나 적은가!

그래도 이탈리아 전역과 각 속주에는 훌륭한 유적들이 많다. 아마 그러한 유적만 보더라도 그 나라들이 옛날에는 세련된 대제국의 일부였던 것을 증명하기에 충분할 것이다.

특히 감탄을 자아내는 것은, 그러한 건조물들이 우아한 예술과 관대한 관습의 융합에 의한 것이었다는 점이다. 사실, 이런 종류의 훌륭한 건조물 가운데는 공공을 위해 개인이 돈을 내어 세워진 것이 적지 않았다.

벽돌 시가지를 대리석의 로마로 바꾸었다고 늘 호언한 아우구스투스, 검약을 기초로 하여 강력한 세력을 자랑한 베스파시아누스,[19] 천재적인 정신을 엿볼 수 있는 건조물을 만든 트라야누스, 스스로도 예술가로서 예술이 제국의 영광과 결부된다는 신념으로 모든 속주를 장식했던 하드리아누스, 그리고 나아가서는 백성의 행복을 위해 예술을 장려한 두 안토니누스, 이렇게 로마의 대부분의 건조물은 인력과 자금을 무제한 소유할 수 있었던 역대 황제들에 의해 세워진 것이다.

그러나 제국 내에 건축가가 그 황제들뿐이었던 것은 아니다. 황제가 제일인자였던 것은 말할 것도 없지만, 고귀한 사업을 구상하는 기개와 그것을 위한 재력을 아울러 가졌음을 공언해 마지않던 신하들도 널리 이를 따랐던 것이다.

그리하여 로마에 그 장엄한 콜로세움이 헌상되자마자, 카푸아와 베로나에서도 시민들을 위해 비록 규모는 작지만 동일한 양식과 재료를 쓴 건조물들이 공공자금으로 건설되었다. 또 타호강에 걸려 있는 장대한 알칸타라 다리도 그 비명에 의하면 루시타니아인들의 기부금에 의해 건설된 것이라고 한다.

로마와 여러 속주 출신의 부유한 원로원 의원들은 조국과 자신의 시대를 화려하게 장식하는 것을 영예, 아니 거의 의무로 여기는 사고방식을 가지고 있었는데, 생각건대 그러한 풍조가 있었기 때문에 그들의 씀씀이가 큰 성향과 예

---

19) 재위 69~79년.

술을 사랑하는 마음이 적절하게 채워졌다고 할 수 있다.

이와 같이 독지가는 수없이 많았다. 그중에서도 대표적인 예로 두 안토니누스 황제 시대에 살았던 아테네인 헤로데스 아티쿠스[20]를 들 수 있다. 왜냐하면 그 동기가 무엇이든 그가 보여 준 크나큰 기개와 도량이 황제들에 못지않았기 때문이다.

부호의 터무니없는 재력

이 헤로데 집안은 적어도 번영을 이룬 뒤부터는 키몬, 밀티아데스, 테세우스, 케크롭스, 아이아코스, 제우스 등 쟁쟁한 신들과 영웅들의 직계 후손이었다. 그러나 뒷날에는 형편없이 몰락하여 헤로데스 아티쿠스의 조부는 법의 심판을 받았다.

그의 아버지 율리우스 아티쿠스도 우연히 낡은 집 마루 밑에서 마지막 유산으로 추정되는 막대한 재물을 발견하지 않았더라면, 비참하게 삶을 마쳤을 것이다. 그의 경우는 지극히 행운이었다.

그즈음에는 이런 종류의 발견물에 대해서는 황제에게 청구권이 있다는 엄격한 규정이 있었던 것 같은데, 현명한 율리우스는 내통자를 앞질러 이에 대해 솔직히 고백했다. 공명정대한 네르바 황제[21]는 은전 한 닢도 받기를 거부하고, 하늘이 주시는 선물로 여기어 마음대로 쓰라고 명령했다. 그러나 이 신중한 아테네인은 끝까지 방심하지 않았다. 보물이 일개 신하에게는 너무 엄청나서 어떻게 써야 할지 모르겠다고 주장하자, 선량한 황제는 화가 나서 그렇다면 멋대로 쓰거라, 너의 재산이니라! 하고 답했다는 것이다.

이후 그는 결혼을 통해 배로 불어난 재산까지 포함하여 재산의 대부분을 공공을 위해 썼다. 황제의 마지막 말을 충실하게 따랐다고 할 수 있겠다.

이윽고 율리우스는 아들 헤로데스에게 아시아의 자유도시를 다스리는 장관직을 주선해 주었다. 장관이 된 헤로데스가 어느 날, 트로이 지방의 물 공급이 원활하지 않음을 하드리아누스 황제에게 아뢰었더니 황제는 그 자리에서 300

---

20) 그 무렵의 유명한 학자.
21) 재위 96~98년.

만 드라크마[22]를 하사했다.

젊은 장관은 그것을 자금으로 수도 건설에 착수했다. 그런데 공사 중에 비용이 견적의 배로 늘어나 재무관들이 불평하기 시작했다. 바로 그때, 율리우스가 나서서 추가 비용 전액을 자기가 부담하겠다고 허락을 청한 것이다. 불평이 당장 가라앉은 것은 말할 것도 없다.

그즈음 웅변술은 포럼(대광장)이나 원로원에서는 활용되지 않고, 단지 학교 안에서만 쓰이는 비실용적인 것이었다. 그렇지만 그리스와 아시아에서 후한 사례를 주고 초빙한 교사들에게 웅변술을 배운 소년 헤로데스는, 이윽고 그 분야의 대가로서 이름을 날리게 되었다.

그는 한때 로마 총독을 지낸 것 외에는 생애 대부분을 아테네와 그 근교 별장에서 늘 변론가들에게 둘러싸여 사색적 은둔 생활로 보냈다고 한다.

헤로데스의 재능을 보여 주는 건조물은 유감이지만 남아 있지 않다. 그러나 그 호사스러운 생활과 세련된 취향을 말해 주는 건물은 몇 군데 남아 있다. 그 가운데, 오늘날 여행자가 가장 볼만한 것은, 그가 아테네에 건설한 것으로 전해지는 경기장의 자취가 아닐까?

전체를 흰 대리석으로 지은 길이 600피트의 이 경기장은 전 시민을 수용할 수 있는 규모로, 헤로데스가 아테네 경기대회를 주최했을 때 4년의 세월에 걸쳐 완성시킨 것이라 한다. 그 밖에도 죽은 아내 레길라를 기념하여 지은 대극장도 있다. 이 건물은 매우 정교하게 조각한 삼나무만 썼는데, 아마도 그 넓은 제국에서 가장 훌륭한 극장이 아니었을까 한다.

또 건축 재료로 대부분 페르시아 군선의 돛대가 쓰였다는 점에서, 야만족의 강권에 대한 예술의 승리를 기념하는 것으로 평가되었던 음악당도 잊어서는 안 될 것이다. 이것은 옛날 페리클레스가 음악 공연과 새로운 비극의 리허설 장소로 쓰기 위해 지었던 것이다. 그 뒤 카파도키아 왕이 수리했음에도 불구하고 다시 폐허가 되었는데, 바로 헤로데스가 그 웅장함과 화려함을 되살려 냈다.

---

22) 약 10만 파운드.

그 훌륭한 시민의 선행은 아테네 성벽에만 그치지 않고, 코린토스 지협의 포세이돈(넵투누스) 신전에 바쳐진 화려한 장식, 코린토스 극장, 델포이 경기장, 테르모필레의 목욕탕, 카누시움의 수도교(水道橋) 따위에서도 볼 수 있었다. 하지만 그리고도 그 많은 재산을 다 쓰지 못했다고 한다.

에피루스, 테살리아, 에우보이아, 보이오티아, 펠로폰네소스 등 각지의 시민들도 그가 가진 부의 혜택을 입었다. 그리스와 아시아 여러 도시에 헤로데스 아티쿠스에게 보호자 또는 후원자로서 감사를 표한 비문들이 지금도 남아 있는 것이 그 증거이다.

로마의 뛰어난 건축 기술

공화정 시대 아테네와 로마에서 볼 수 있는 민가의 소박함과 공공건축물의 장려함은 뚜렷한 대조를 이룬다. 요컨대 전자는 '평등과 자유'의 상징이고, 후자는 '주권재민의 사상'의 상징이었다. 특히 후자는 각 황제들이 자신의 위세를 과시하려고 신민을 위해 공공사업에서 실력을 겨룬 결과였다.

우아한 그리스 그림과 조각으로 장식된 공공을 위한 각종 기념건조물, 호기심 왕성한 학자들을 위해 희귀도서도 열람할 수 있도록 한 평화의 신전, 또 거기서 얼마 떨어지지 않은 곳에, 중앙에 우뚝 선 대리석 원기둥과 회랑이 지금도 고대의 아름다움을 전하고 있는 트라야누스 광장이 있었다. 이 광장은 트라야누스 황제가 다키아 원정을 기념하기 위해 건설한 것이다. 이러한 환경 속에서 노병은 전장의 추억에 잠겼고, 일반 시민들은 경박한 애국심에서 승리의 영예를 나누었다.

이러한 사정은 로마시도 모든 속주도 마찬가지였다. 같은 정신에서 원형극장, 신전, 회랑, 개선문, 공중목욕탕, 수도교 등, 최하층 시민의 건강과 오락, 심지어 신앙까지 고려한 다양한 시설을 건설하여 거리 곳곳을 화려하게 장식했다.

이러한 수많은 건조물 중에서도 특히 수도교는 주목할 만한 가치가 있다. 그 대담한 착상과 견고한 시공, 그리고 그 용도로 인해 가장 고귀한 건조물로 손꼽히고 있는 수도교에는 로마인의 재능과 권력이 유감없이 발휘되어 있다.

콜로세움 정식으로는 '플라비우스 원형극장'이라 한다. 베스파시아누스 황제가 착공해 80년 그의 아들 티투스 황제 때 완성했다. 로마 시민의 오락시설로 검투사의 시합, 맹수 연기 등이 이곳에서 행해졌다.

로마의 수도교가 특별히 훌륭하다는 것은 말할 것도 없지만, 그에 비해 거의 손색없는 다른 수도교도 있다. 만약 역사 지식이 없는 여행자가 스폴레토, 메스, 세고비아 등지의 수도교를 본다면, 이 속주 도시들도 이전에는 유력한 군주가 살았던 곳이 틀림없다고 생각할 것이다.

아시아와 아프리카의 적막한 황야에도 옛날에는 군데군데 도시들이 번영을 이루고 있었다. 당시에 이러한 맑은 물을 끊임없이 공급할 수 있는 인공시설이 없었더라면, 그러한 도시가 거느리고 있었던 수많은 인구는 말할 것도 없고, 아예 도시 자체가 존재할 수 없었을 것이다.

지금까지 로마제국 인구를 추산해 보고 토목사업에 대해 살펴보았다. 로마의 도시 수와 그 크기를 조사해 보면 이 두 가지를 확인할 수 있을 것이다. 이쯤에서 이와 관련된 몇 가지 개별적인 사례들을 수집해 보는 것도 의미가 있으리라. 다만 한 가지 염두에 두어야 할 것은 여러 민족의 허영심과 언어의 빈곤 때문에 로마와 라우렌툼[23]에도 막연히 도시라는 명칭이 남발되었다는 점이다. 고대 이탈리아에는 1197개의 도시가 있었다고 한다. 여기서 고대라는 시기의 구분이 확실하지 않지만, 어쨌든 안토니누스 시대 인구가 로물루스 시대보다 적었다고 볼 수는 없다. 라티움[24]의 작은 도시국가들이 제국의 수도에 편입된 것은 수도가 이 지역에 미치는 절대적인 영향력 때문이었다. 지금까지 성직자와 총독의 폭정에 오랫동안 시달려 온 북부 이탈리아는 그 전에도 치명적인 전쟁의 참화를 입지는 않았다. 그리고 이 지역에 최초로 나타난 쇠퇴의 징후도 갈리아 키살피나[25]의 급속한 발전으로 충분히 상쇄되었다. 베로나의 화려함은 그 유적을 통해서 엿볼 수 있는데, 아퀼레이아와 파도바, 밀라노와 라벤나는 베로나보다 더욱 화려했다.

이와 같은 발전의 움직임은 알프스산맥을 넘어 브리타니아 삼림지대까지 파급되었다. 그 결과 나무를 베어 낸 자리에는 넓고 편리한 주거 공간이 마련되었다. 요크는 총독부 소재지였고, 런던은 이미 부유한 상업도시였으며, 바스

---

23) 라티움의 항구도시.
24) 로마시 동남쪽에 있는 라틴족의 나라.
25) 이탈리아 북부 지방.

는 효험이 있는 온천수로 유명했다. 갈리아에는 도시가 1200개나 되었으나, 북부 도시들은 파리까지 합하여 모두 신흥민족이 이룬 이름뿐인 초라한 도시였다. 다만 남부 지방 속주들은 이탈리아의 부와 우아함을 모방하고 있었다. 갈리아의 많은 도시들, 마르세유, 아를, 님(Nîmes), 나르본, 툴루즈, 보르도, 오툉, 빈(Wien), 리옹, 랑그르, 트레브(트리어) 등은 현재보다 같거나 더 나은 상태였다. 에스파냐는 속주였을 때는 번영하다가 왕국이 되면서 쇠퇴했다. 아메리카 문제와 미신 때문에 국력을 낭비한 오늘날 에스파냐가 만일 베스파시아누스 황제 치하에서 플리니우스가 밝힌 것처럼 360개 도시를 가지고 있었다면, 아마도 나라의 위신은 더 크게 흔들렸을지도 모른다.

아프리카에서는 과거 300개 도시가 카르타고의 권위를 승인한 적이 있었는데, 이 수는 로마 지배하에서도 감소하지 않았던 것으로 보인다. 카르타고 자체도 잿더미에서 화려하게 부흥하여 수도 카푸아 및 코린토스와 함께 독립국가의 주권을 제외한 모든 권리를 다시 누리게 되었다. 동방의 속주들에서는 로마의 장엄함과 튀르크의 야만성 간의 대비가 그대로 나타난다. 경작되지 않은 들판 여기저기에 흩어져 있는 옛 폐허들은 무지함 때문에 마술의 힘이 지배하고 있다고 생각했으며, 억압받는 농민이나 아랍 유랑민들에게 거처를 거의 마련해 주지 못했다. 그러나 카이사르 시대에는 아시아 본토[26]에만 500개의 큰 도시가 있었다. 자연의 혜택을 누린 이 도시들은 세련된 미술품으로 장식되어 있었다. 아시아 11개 도시가 티베리우스 황제에게 신전을 서로 봉헌하려고 다투자 원로원이 해당 도시의 장점을 심사한 적이 있었다. 그때 4개 도시는 부담 능력이 없다고 해서 즉시 기각되었다. 그중에는 라오디케아라는 도시도 포함되어 있었는데, 이 도시의 화려함은 지금까지 유적으로 남아 있다. 관내 목양업자에게서 거액의 세금을 받았던 라오디케아는 양모가 세계적으로 유명했고, 그 경쟁이 있기 직전에는 인심이 후한 시민으로부터 40만 파운드가 넘는 유산을 물려받았다. 이러한 라오디케아가 가난한 도시로 취급받았다면, 그즈음 신전 건축을 다투었던 도시들, 특히 오랫동안 아시아의 명목상 수장권(首長權)을 다투었던 페르가몬, 스미르나, 에페수스가 얼마나 부유한 도시였는지 짐작할

---

26) 튀르키예 일대.

수 있을 것이다. 더구나 시리아와 이집트의 수도인 안티오키아와 알렉산드리아는 여전히 로마제국 안에서 우월한 도시였으며, 다른 독립도시들을 경멸의 눈으로 내려다보면서 로마의 권위에 마지못해 복종하고 있던 터였다.

속주를 잇는 '로마길'

이러한 각 도시를 로마와는 물론이고 상호 간에도 연결해 주었던 것은, 로마 대광장을 기점으로 이탈리아를 남북으로 달리며 각 속주로 퍼져 가서, 제국 변경까지 뻗어 있던 도로, 즉 '로마길'이다.

지금 안토니누스 방벽에서 로마로, 그리고 로마에서 다시 예루살렘까지 이르는 길을 따라가 보면, 제국 북서쪽 끝에서 남동쪽 끝까지 4080로마마일[27]에 걸쳐 한 줄기 거대한 연락로가 뻗어 있음을 알 수 있다.

로마인은 이 도로를 이정표로 정확하게 구분하여, 자연의 장애물이나 사유지도 아랑곳하지 않고 도시에서 도시로 일직선으로 뚫었다. 산이 있으면 터널을 뚫고, 강이 있으면 다리를 놓았다. 특히 강폭이 넓은 급류에 놓은 대교는 그저 장관이라고밖에 표현할 수가 없다.

구조적으로는 주변이 잘 보이도록 중앙을 높게 하여 모래, 자갈, 시멘트를 몇 층으로 깐 뒤 그 위에 보통 넓적한 돌을 깔았는데, 로마 근교에는 곳에 따라 화강암으로 포장하기도 했다.

'로마길'이 얼마나 견고하게 건설되었는지는, 15세기가 지난 지금도 완전히 파괴되지는 않았다는 사실이 증명하고 있다. 이 도로망은 가장 먼 속주들끼리도 잘 이어져 있어서 서로 편리하게, 또 빈번하게 오갈 수 있었다. 하지만 도로의 원래 목적은 무엇보다 군대 이동을 편리하게 하는 데 있었다. 로마인은 그들의 무위(武威)가 상대국 구석구석까지 미치지 않는 한 정복을 완료했다고 생각하지 않았다.

발 빠르게 정보를 입수하여 신속하게 명령을 전달하는 것이 얼마나 중요한가를 인식한 여러 황제들은, 광대한 제국 전역에 걸쳐 역참제도를 시행했다. 약 5, 6마일마다 역사를 짓고 40필의 말을 상비하게 하여, 그 역마를 갈아타고

---

27) 1로마마일은 1480미터.

아피아 가도　로마의 감찰관 아피우스 카이쿠스가 기원전 312년에 건설을 시작한 길이며, 길 이름은 그 이름을 따서 붙인 것이다. 이 길은 로마와 남이탈리아를 연결하는 데 그치지 않고 그리스의 간선도로이기도 하였으며, 오늘날도 일부가 쓰이고 있다. 아우구스투스 황제도 알렉산드리아에서 안토니우스와 클레오파트라를 물리친 후 브룬디시움을 거쳐 이 길로 로마에 개선하였다.

하루에 로마길을 100마일 주파할 수 있었다. 역참은 원래 황제의 명령을 받은 자만이 이용할 수 있었으나, 때로는 민간인의 편의나 상업을 위해서도 쓰였다.

'우리 바다'—지중해

한편 해상교통도 육상교통 못지않게 활발했다. 수많은 속주들로 둘러싸여 있는 호수 지중해, 그리고 그 중앙에 돌출한 커다란 반도 이탈리아. 원래 이 반도에는 안전한 항구가 별로 없었다. 그러나 인간의 노력은 그러한 자연의 결함도 극복할 수 있다.

그 대표적인 예가 클라우디우스 황제가 티베리스강 어귀에 건설한 오스티아 항구이다. 여기서도 로마의 실용 기술에 대한 재능을 엿볼 수 있다.

참고로 로마에서 불과 16마일 떨어진 이 항구에서 출항한 배는 순풍을 타면 7일 만에 지브롤터 해협에, 9, 10일이면 이집트 알렉산드리아에 도착했다고 한다.

이상과 같은 제국의 팽창에 대해서는 각 방면에서 여러 가지로 그 폐해가 지적되고 있지만, 폐습을 퍼뜨린 자유로운 교류를 통해 동시에 사회생활에 많은 개선을 가져온 것을 생각하면 바람직한 영향도 적지 않았다.

로마 이전 고대 세계는 예부터 예술과 부의 사치를 누리고 있었던 동방과, 농업을 전혀 모르거나 멸시했던 호전적인 야만족이 사는 서방으로 양분되어 있었다.

그러나 로마의 지배는 이윽고 서방에까지 확립되었다. 그 보호 아래 따뜻한 지방 생산물과 문명국 산업이 점차 들어오게 되자, 그곳 주민들도 많은 이익을 추구하여 교역으로 눈을 돌렸다. 그 결과 외국과 무역이 배로 늘어났고, 새롭게 정착한 산업도 눈부시게 발전했다.

아시아와 이집트에서 유럽으로 수입된 동식물을 전부 열거하는 것은 거의 불가능하다. 그러나 그중 중요한 것 몇 가지를 언급하는 것만으로도 역사서의 권위를 지킬 수 있지 않을까 한다. 적어도 쓸데없는 일은 아닐 것이다.

외래품종과 농업의 발전

(1) 현재 유럽의 정원에서 볼 수 있는 화초와 과일 대부분은 외래종이다. 사

과는 이탈리아가 원산지이다. 복숭아, 살구, 석류, 시트론, 오렌지 따위를 처음 맛본 로마인은, 그 과일들에 '사과'라는 일반명을 붙이고 거기에 각 원산지명을 덧붙여 각각 구별했다.

(2) 포도는 호메로스 시대에 시칠리아섬과 그 인접 대륙에서 야생으로서 자랐던 것 같다. 그러나 현지인은 그것을 개량할 줄 몰랐고, 또 맛도 그들의 야만적인 입에 맞지 않았다. 그런데 그로부터 1000년 뒤 이탈리아는 가장 유명한 포도주 80종 가운데 3분의 2 이상을 생산하기에 이르렀다.

포도에 관한 복음은 갈리아 나르보넨시스 속주[28] 등에도 일찍부터 전해져 있었지만, 세벤산맥 북쪽은 추위가 너무 혹독했으므로 스트라본[29] 시대에는 갈리아에서 포도를 재배하는 것은 불가능한 일이라고 여겼다. 그러나 세월이 흐름에 따라 어려움이 점차 극복되어 마침내 그곳에서도 재배에 성공한다. 따라서 지금 부르고뉴에 있는 포도밭의 유래가 멀리 두 안토니누스 황제 시대까지 거슬러 올라간다고 추정하는 것도 전혀 근거 없는 얘기는 아니다.

평화의 진전과 함께 보급되었다는 점에서 그 상징이 된 서방 세계 올리브는, 로마가 건국된 지 2세기가 지난 그 무렵에는 로마나 아프리카에서도 모르고 있었다. 그러나 이윽고 이들 땅에도 이식되어, 마침내 에스파냐와 갈리아 내부에서도 재배하게 되었다. 포도나무는 특정한 온도의 해안에서 가까운 곳에서만 자란다고 했던 고대인의 그릇된 생각은 대담한 시도와 오랜 경험에 의해 타파되었다.

아마 재배 기술은 이집트에서 갈리아에 전해졌다. 재배에 따른 토양의 황폐화가 우려되기도 했지만, 결국은 이것도 제국 전역에 퍼져 나가 농민을 부유하게 만들었다.

(3) 사료작물은 이탈리아와 여러 속주, 특히 이름도 원산지 메디아에서 유래한 루체른 지방에서는 친숙한 것이 되었다. 그리하여 겨울철에도 양질의 사료를 충분히 확보할 수 있게 되자 가축 수가 크게 늘어났고 땅도 비옥해졌다.

이러한 방면의 발전 외에 광업과 어업도 무시할 수 없다. 여기에도 수많은 노동자가 종사하여, 부유층의 쾌락과 빈곤층의 생존을 지탱하고 있었다.

---

28) 프랑스 남부 지방.
29) 그리스 지리학자·역사학자. 기원전 63~서기 24년.

콜루멜라가 티베리우스 황제 시대 에스파냐 농업의 선진성을 소개한 것처럼,[30] 공화국 초창기에는 기근이 종종 발생했지만 로마가 광대한 제국이 된 뒤부터는 아주 드물거나 전혀 볼 수 없게 되었다. 왜냐하면 하나의 속주에 식량 부족 사태가 발생하더라도 주변 속주에서 남는 생산물이 신속하게 공급되었기 때문이다.

부유층을 위한 온갖 물건들

농업은 제조업의 기초이다. 그것은 바로 자연의 산물이 기술의 재료가 되기 때문이다. 로마 제정 아래에서는 연구하는 재능을 갖춘 민중의 노동력이 끊임없이 다양한 형태로 활용되었다. 그들의 그러한 근로 덕분에 부유층을 형성하는 사람들은 온갖 편리하고 우아하며 사치스러운 것을 다 동원하여 자신들의 옷과 식탁, 주택과 가구 등, 허영심을 부추기고 관능을 만족시키는 갖가지 물건들을 넉넉히 갖추고 있었다.

도덕주의자들은 그러한 사치를 강력하게 비난했다. 이것은 어느 시대에나 마찬가지이다. 만약 사람들이 사치품을 사양하고 필수품만으로 만족했더라면, 아마도 인류는 더 행복해졌을 것이고, 나아가서는 더 높은 덕성을 지니게 되었을지 모른다.

그러나 지금과 같은 불완전한 사회의 실상을 생각하면, 유감이긴 하지만, 사치야말로 불평등한 부의 분배를 시정할 수 있는 유일한 방법이라고 할 수 있지 않을까? 비록 그것이 악덕과 어리석은 생각에서 나온 것이라 하더라도.

기술자와 예술가는 아무리 부지런하고 재능이 있어도 한 뼘 땅도 가질 수 없었고, 그 대신 땅 소유자들로부터 자발적인 세금을 징수하고 있었다. 이에 비해 토지 소유자들은 토지를 개량하여 수익성을 높이고, 생산물을 시장에 내다 팔아 새롭게 쾌락을 추구할 수 있었다.

이러한 사회 구조는 어디나 마찬가지이지만, 로마 세계에서는 그 에너지가 넘쳐흘러서 멈출 줄을 몰랐다.

무력과 권위를 배경으로 로마가 속주민으로부터 거둬들인 것이 가령 사치

---

30) 콜루멜라의 저서 《농업론》을 말함.

품 제조와 교역에 의해 환원되지 않았더라면, 속주민의 부는 이내 바닥을 드러냈을 것이다. 그러나 실제로는 부의 순환이 이루어지고 있었고, 그것은 정치기구에도 신선한 활력을 가져다주었다. 따라서 그것이 제국 내에 한정되어 있는 동안은 대체로 유익하게 작용했다고 할 수 있다.

세계 여러 나라와의 교역

하지만 사치를 제국 내로 제한시키는 것은 그리 쉽지 않았다. 로마인의 사치스러운 생활을 위해, 스키타이 숲에서는 값비싼 모피, 발트해 연안에서는 호박, 이런 식으로 고대 세계의 가장 먼 변경까지 이미 약탈당한 것이 그 증거이다. 참고로 호박은 육로를 통해 다뉴브강까지 운반되었는데, 야만인들은 그 쓸모없는 물건에 그토록 큰돈을 지불하는 것을 보고 크게 놀랐다.

바빌로니아산 양탄자 같은 동방 공예품에도 상당한 수요가 있었고 그러한 교역은 매우 중요했다. 다만 직업으로서 로마인들 사이에서는 인기가 없어서, 오로지 아라비아나 인도인이 여기에 종사했다.

해마다 하지 무렵이 되면 120척으로 구성된 선단이 홍해의 항구 미오스 호르모스에서 출범한다. 이들은 계절풍을 타고 약 40일 동안 바다를 횡단했다. 그때 가장 큰 시장으로서 마르바라라는 이름으로 뱃사람들의 사랑을 받았던 세일론섬[31]에 도착했다. 그곳에서 아시아 먼 나라에서 찾아온 상인들과 거래가 이루어졌다.

이집트 선단은 보통 12월이나 1월경에 귀항했다. 뭍에 배를 대자마자, 값비싼 물건들은 이내 낙타 등에 실려 홍해에서 나일강으로 운반되고, 다시 이 거대한 강을 따라 내려가 알렉산드리아에 도착하기 무섭게 급류처럼 제국의 수도 로마로 쏟아져 들어왔다.

동방무역의 대상은 사치스럽고 값진 상품들이었다. 그중 하나가 비단이었다. 그 가격은 같은 무게의 금값과 같았다. 다른 하나는 각종 보석류로서, 그중에서 다이아몬드를 제외하면 진주가 가장 고가품이었다. 그 밖에도 예배와 장례식에 쓰인 여러 가지 향료도 있었다.

---

31) 또는 실론섬. 옛 이름 타프로바나.

항해에는 많은 노력과 위험이 따르는 한편, 그 대가로 터무니없이 큰 이익을 낳았다. 그 이익은 결국 로마 신민들 주머니로 들어갔고, 그 때문에 나랏돈으로 소수 개인들만 살찌우는 결과가 되었다.

아라비아와 인도는 자국 생산품으로 거의 충분했다. 그에 비해, 로마에는 은 외에는 이렇다 할 교역품이 없었다. 그래서 원로원에서는 여성의 장식품을 구입하기 위해 돌이킬 수 없을 정도로 나라의 부가 적국 또는 국외로 흘러 나가는 것을 심각하게 개탄하고 있었다. 사실 엄격하고 비판적인 작가 플리니우스가 계산한 바에 따르면, 연간 손실이 영국 돈으로 80만 파운드가 넘었다고 한다. 그러고 보면 그들이 점점 다가오는 궁핍에 위기감을 느낀 것도 당연했다.

그러나 플리니우스 시대의 금과 은의 교환 비율을 콘스탄티누스 때와 비교해 보면, 이 기간 중에 그 비율이 크게 높아졌음을 알 수 있다. 그동안 금의 가치가 더 높아졌다고 할 만한 근거는 조금도 없으므로, 결국 은이 흔해졌음을 보여 주는 것이라 하겠다. 요컨대 인도와 아라비아가 상당한 수출을 했다고 하더라도, 그것이 로마의 부를 고갈시킨 것은 결코 아니며, 은이 풍부하게 생산되어 상품 거래 수요를 충족시킬 수 있었음을 알 수 있다.

인간은 원래 과거를 찬양하고 현재를 경시하는 경향이 있지만, 로마가 평화 속에서 번영을 누린 것은 그즈음 로마인들뿐만 아니라 속주민들도 진심으로 느끼고 솔직히 시인한 사실이다.

"그들은 아테네 현인들이 처음 도입한 사회생활, 법률, 농업 및 학문의 참다운 원리들이 지금은 로마의 힘에 의해 확고해졌으며, 사나운 야만인들도 로마의 상서로운 영향 아래 평등한 통치와 공통어로 통일되었음을 인정했다. 기술 향상에 따라 인구가 눈에 띄게 늘어났음을 시인했고, 날로 훌륭해져 가는 도시 경관과 정원처럼 경작되고 꾸며진 시골의 아름다운 모습을 찬양하고 있다. 장기간의 평화를 기리며 수많은 민족들이 옛 원한을 잊고 장래의 위험에 대한 두려움으로부터 해방되어 이 모든 것을 누리고 있다."

이 장황한 설명은 다소 과장되어 의심스러운 점도 있지만, 설명한 내용은 역사적 진실에 완전히 부합된다.

번영의 그늘 쇠퇴의 톱니바퀴

사람이 더없이 행복한 세상에서 살 때, 그 배후에 도사리고 있는 쇠퇴의 기운을 알아채는 것은 불가능에 가까울 것이다. 그런데 바야흐로 이때 제국 중심부에는 그러한 오랜 평화와 로마의 단일 지배에 의한 해독이 서서히 퍼져 가고 있었다. 사람들의 생각은 점차 획일화하고, 천재의 불꽃은 사그라지고, 심지어 무예를 중시하는 마음도 희미해져 갔다.

국력의 중심은 에스파냐와 갈리아, 브리타니아, 일리리쿰[32] 같은 여러 속주로 옮겨 가, 주로 그런 곳이 병사 공급지가 되었다. 그러나 그 완강하고 용감한 유럽 원주민에게는 개인적인 용기는 있을지언정 민족적 자긍심이나 독립심, 위기의 도래와 통솔 습관 등에 의해 길러지는 공적인 용기 같은 것은 찾아볼 수 없었다. 다만 군주의 의지에 따라 로마 법률과 총독을 받아들일 뿐, 방위는 거의 용병에게 맡겼다.

용감했던 지도자들의 후손도 이제는 평범한 시민과 신하의 지위에 만족했다. 영달을 꿈꾸는 자들의 소망은 궁정이나 근위대에 들어가는 것이었다. 이러한 상황 아래, 인구가 줄어든 속주에서는 정치적 구심력이 사라지고, 사람들은 나태한 사생활로 점차 빠져들었다.

평화와 세련된 문화가 있는 곳에는 반드시 문학열이 있다. 하드리아누스 황제와 두 안토니누스 황제 시대에는 그들 자신부터 호기심이 왕성하고 학구열이 높아서, 신하들 사이에서도 학문의 열기가 널리 퍼져 갔다. 그것은 이윽고 제국 전역에 확산되어, 이를테면 최북단 브리턴인까지 수사학의 멋을 알았고, 라인과 다뉴브강 유역에서도 베르길리우스를 비롯하여 호메로스까지 번역, 연구되었고, 조금이라도 문학적 재능이 있는 사람은 거액의 보수를 받으며 초빙되었다.

의학과 천문학은 그리스인들에 의해서 크게 발전되었다. 지금도 많은 사람들이 프톨레마이오스[33]의 관측 결과와 갈레노스[34]의 저서를 연구하여 그 이

32) 일리리아, 곧 알바니아.
33) 2세기 그리스 천문학자·지리학자.
34) 2세기 그리스 의학자.

론을 더욱 발전시키면서 오류를 시정하고 있다. 그러나 이 침체된 시기에는 풍자작가 루키아노스를 제외하고는 단 한 명의 독창적인 천재 작가나 걸출한 문사가 나오지 않았다. 학계는 여전히 플라톤과 아리스토텔레스, 제논과 에피쿠로스의 권위가 지배적이었고, 이들 학문체계는 제자들 사이에 맹목적인 존경심으로 전해져 내려오면서, 인간 정신의 힘을 발휘하고 그 한계를 넓히려는 온갖 노력을 가로막았다. 이전 시대의 훌륭한 시와 웅변은 독창적인 정열을 불태우지 못하고 냉담하고 비굴한 모방을 부추기는 데 그쳤으며, 이 모델에서 벗어나고자 하는 사람은 분별력과 예절을 벗어난 사람으로 다루어졌다. 학문을 부흥시키는 데 있어 오랫동안 잠들었던 활력에 찬 상상력, 민족감정, 새로운 종교, 새로운 언어는 유럽적인 천재를 요구했다. 그러나 획일적이고 인위적인 제국의 교육을 받은 로마 속주민들은 이미 참다운 감정을 모국어로 표현하여 각 분야에서 명예를 독차지하고 있던 유명한 고대인들과 불평등한 경쟁을 벌여야만 했다. 시인의 이름은 거의 잊혔고 웅변가의 명성은 궤변학자들이 독차지하고 있었다. 수많은 비평가와 편찬가, 주석가들이 나타나서 학문의 얼굴에 함부로 먹칠을 했고, 고상한 정신의 퇴락은 곧 취미의 타락으로 이어졌다.

뒷날 시칠리아 여왕의 왕실에서 옛 아테네의 정신을 지킨 롱기누스[35]는 정서가 저열해지고 기백도 사라지고 재능도 억압당하여 타락한 당대 사람들을 탄식하면서 이렇게 말했다.

"마치 어린 시절 사지가 꽁꽁 묶여 평생 난쟁이가 된 사람처럼, 우리의 연약한 정신은 지금 노예의 습관과 편견에 묶여 스스로를 펼칠 수 없으며, 민주정부 아래 살면서 자유롭게 글을 쓴 옛사람들이 지녔던 균형 잡힌 위대함도 이룩할 수 없다."

이와 같이 인간의 왜소한 체구는 비유컨대 지난날의 평균 이하로 매일 내려가는 상태이다. 또한 실제로 그즈음 로마에는 왜소한 인종이 살고 있었는데, 북쪽의 사나운 거인들이 쳐들어와서 왜소한 사람들의 생김새를 바꾸어 놓았다. 그들은 씩씩한 자유의 정신을 회복시켰고, 그 결과 10세기에 걸친 혁명 이후 자유는 취미와 학문의 행복한 어머니가 되었다.

---

35) 3세기 그리스 철학자·수사학자. 《숭고론》의 저자.

두 안토니우스 황제 시대의 로마제국 정치체제

군주국이란, 개인에게서 법 집행과 세금 관리, 그리고 군대 지휘를 위임받은 국가라고 할 수 있다. 그러나 국민의 자유가 용감하고 빈틈없는 감시인들에 의해 보호받지 못하면, 막강한 행정 수장의 권위는 곧 독재정치로 타락하게 된다. 미신적인 시대에는 인간의 권리를 주장하는 데 공직자의 영향력을 잘 활용할 수도 있다. 그러나 실제로는 왕권과 교권은 매우 밀접하게 연결되어 있기 때문에 교권이 시민 편에 서는 일은 좀처럼 찾아보기 힘들다. 용감한 귀족과 강한 평민들이 군대를 장악하고, 재산을 지키며, 입헌의회를 조직할 때에 한해, 야심 찬 군주의 모험에 대항하여 자유체제를 보존할 수 있는 균형을 이룩할 수 있다.

로마 자유체제는 독재자의 야심 때문에 무너졌고, 그것을 에워싼 울타리는 삼두정치가 중 1인(triumvir)의 잔인한 손에 의해 제거되었다. 악티움 해전에서의 승리 이후 로마 세계 운명은 옥타비아누스의 뜻에 좌우되었다. 카이사르의 조카로서 양자가 되어 그의 이름을 상속한 옥타비아누스는 나중에 원로원의 추대로 아우구스투스(존엄자)라는 칭호를 받았다. 44개 군단[36]을 거느렸던 이 정복자는 자신의 강대한 힘과 로마 정치체제의 취약성을 이미 꿰뚫어 보고 있었으므로, 20년에 걸친 내전 중에 걸핏하면 피바람을 일으키며 폭력을 휘둘렀다. 그의 군단은 그에게만 충성을 바쳤으며 그에게서만 후한 보수를 받았다.

오랫동안 공화정 행정관들에게 억압받아 왔던 속주들은 소(小)폭군들의 공범자가 아니라 그들의 주인이 될 인물이 나타나서 다스려 주기를 고대했다. 로마 평민들은 귀족들의 굴욕을 내심 즐거워하면서 오직 빵과 오락만을 요구했는데, 아우구스투스 황제는 이 두 가지를 모두 제공했다.

에피쿠로스 철학을 전심으로 받아들였던 이탈리아 부유층은 그즈음 태평성대를 마음껏 누렸다. 원로원은 위엄을 잃었고 대다수의 귀족 가문은 소멸되었다. 용감하고 유능한 공화주의자들은 전쟁터에서 죽거나 추방당했다. 원로원 회의장은 고의적으로 1000명이 넘는 잡다한 사람들에게 공개되었는데, 이들은 회의에 참관함으로써 명예를 얻기는커녕 자기 신분을 더럽히고 있었다.

---

36) 정설은 25개 군단.

아우구스투스가 참주(僭主, tyrannus)를 물리치고 스스로 국부(國父)로 등장하는 과정에서 취한 첫 번째 조치 중 하나가 원로원 개혁이었다. 그는 감찰관(censor)으로 선임된 뒤, 그에게 충성하는 아그리파의 협력을 얻어 원로원 의원 명단을 심사했다. 그중 여론의 심판을 받아야 할 몇몇은 추방하고, 약 200명에게는 스스로 물러나도록 애써 권함으로써 축출당하는 수치를 면하도록 했다.

또한 원로원 의원 자격을 약 1만 파운드로 인상했고, 수많은 귀족 가문을 새로 만들었다. 그는 '선임 원로원 의원(princeps senatus)'이라는 칭호를 수여받았는데, 이것은 예전에는 감찰관들이 공적이 뛰어난 시민에게 수여하던 칭호였다. 이렇게 해서 위엄을 갖추게 된 그는 원로원의 독립성을 붕괴시켰다. 또한 행정권이 입법권자를 임명토록 함으로써 공화정의 원리가 결정적으로 상실되었다.

그는 이렇게 다시 짜여진 원로원 앞에 나가서 준비된 연설을 통해 야심을 숨긴 채 애국심을 과시했다.

"그는 자신의 지난 행동을 뉘우친다는 듯이 변명했다. 그는 자식 된 도리를 다하기 위해 아버지[37]의 암살에 복수해야만 했으며, 본연의 인간성을 버리고 엄격한 필연의 법칙에 따라 두 비열한 동료와 손을 잡을 수밖에 없었다고 말했다. 또 아우구스투스가 살아 있는 한, 그는 공화국을 타락한 로마인[38]과 야만인 여왕[39]에게 맡길 수 없었다고 했다. 이제 그는 자신의 의무와 의지에 따라 일할 수 있게 되었으므로 원로원과 시민에게 예부터 내려온 모든 권리를 엄숙히 도로 부여하는 바이며, 바라는 것은 오직 시민들과 어울려 자신이 나라를 위해서 획득한 축복을 함께 나누는 것뿐이라고 말했다."

그즈음 원로원의 복잡미묘한 감정(억압된 분위기와 감동한 척하는 분위기)을 제대로 설명하려면 타키투스의 필력이 필요할 것이다. 아우구스투스의 진실성을 믿는 것은 위험했으나, 불신하는 것은 더욱 위험했다. 학자들은 군주제와 공화제 각각의 장점에 대해서 저마다 의견을 달리했다. 로마제국의 방대한 영토, 그리고 풍습의 타락과 군인들의 방종은 군주제 옹호자들에게 새로운 논거를 제

---

37) 율리우스 카이사르.
38) 안토니우스.
39) 클레오파트라.

아우구스투스 황제(기원전 63~서기 14)**의 근위대**　아우구스투스 황제의 개인적인 경호를 위해 창설된 근위대로 그 후에 수도를 관리하는 중요한 군사조직이 되었다.

공했고, 이러한 정치관은 개개인의 희망과 공포심에 의해 더욱더 왜곡되었다. 이처럼 국민감정이 혼란에 빠져 있는 가운데, 원로원은 만장일치로 결정적인 조치를 취했다.

원로원은 아우구스투스 사임을 수락하지 아니하고, 아우구스투스에게 오히려 그가 구출한 공화국을 저버리지 말 것을 탄원했다. 그런데 이 교활한 참주는 짐짓 사양하는 척하다가 마침내 그 유명한 프로콘술(proconsul)[40]과 임페라토르(imperator)[41]라는 이름 아래 속주 통치권과 로마군 총지휘권을 맡을 것을 수락했다. 그는 이 권한을 10년 동안만 맡겠다고 했다. 또한 임기가 끝나기 전에, 내전의 상처가 완전히 아물고 공화국이 본래의 건강과 활력을 되찾음으로써 이처럼 특별한 행정관의 위험한 개입을 더 이상 필요로 하지 않게 되기를 바란다고 말했다. 아우구스투스가 생전에 여러 차례 되풀이한 이 같은 희극적 장면을 기념하기 위해, 로마제국이 끝날 때까지 황제 통치권을 10년마다 엄숙하게 다짐하는 독특한 의식이 관례화되었다.

이 로마군 총사령관은 공화정 원리를 침해하지 않고도 군대나 적 또는 공화국 시민들에 대한 독재적인 권한을 얼마든지 위임받아 행사할 수 있었다. 군대에 대해서 말하자면, 초기부터 정복 욕구와 단순한 군사적 규율에 대한 인식이 자유를 향한 선망을 앞질렀다. 집정관 또는 독재관(dictator)은 로마 젊은이들에게 군복무를 명령하고, 반항자와 비겁자는 범법자로 분류하여 시민권을 박탈하고, 재산을 몰수한 뒤 노예로 팔아넘기는 등 극히 가혹하고 수치스러운 처벌을 가할 수 있는 권한을 가지고 있었다.

포르키우스법[42]과 셈프로니우스법[43]에 의해 뒷받침된 가장 신성한 자유권은 군 입대와 동시에 정지되었다.

병영 안에서는 장군이 절대적인 생살여탈권을 행사했다. 장군의 관할권은 그 어떠한 재판 형식이나 절차에도 제한받지 않았고, 판결은 즉시 집행되었으

---

40) 속주 총독.
41) 최고 사령관. 초기에는 군통수권 보유.
42) 기원전 2세기경 제정된 법. 행정관이 로마시 밖에서 로마 시민을 죽이거나 태형을 가하는 것을 금하는 법.
43) 어떤 죄를 지은 사람도 재판을 하지 않고 상소할 기회도 주지 않은 채 형에 처하는 것을 금지한 법.

며 상소할 수 없었다. 로마의 적은 정기적으로 입법기관이 선정하였다. 가장 중요한 전쟁과 평화에 관한 결정은 원로원에서 진지하게 토론한 뒤 시민들에게서 엄숙하게 추인받았다. 그러나 군단 병력이 이탈리아에서 먼 지방으로 이동할 때는 어떤 민족과 싸울 것인가, 그리고 국가에 가장 이로운 것이 무엇인가를 판단하는 데 장군들이 재량권을 행사했다. 개선(凱旋)의 명예를 누리려면 정의에 다소 어긋나더라도, 우선 전쟁에서 이겨야 했기 때문이다. 특히 군대가 원로원 감독관의 통제로부터 벗어나 자유로워진 뒤로 장군들은 승리 뒤 한없이 전횡을 일삼았다.

폼페이우스는 동방에서 사령관으로 있었을 때 휘하 군인과 동맹군에 상을 내리는 한편, 왕들을 폐위시켜 왕국을 분할하였으며, 식민도시를 세우고 미트리다테스 국왕의 보물을 나누었다. 그는 로마로 돌아온 뒤 원로원과 민회의 단 한 번의 승인으로 이 모든 일을 추인받았다. 이상이 공화국 장군들이 병사들과 적에 대해 행사한 권한이었다. 장군들은 또한 피정복 속주의 총독으로서 민간인들을 군대식으로 통합했으며, 재정은 물론이고 사법권과 행정권 그리고 입법권도 행사했다.

이 책의 제1장에서 살펴본 바로 미루어 본다면, 아우구스투스 독재권에 위임된 군대와 속주가 어떻게 되었을지 충분히 상상할 수 있다. 그러나 그 수많은 국경 지방 군대를 직접 지휘하는 것은 불가능했기 때문에 그는 폼페이우스가 했던 것처럼 자신의 방대한 권한을 원로원 승인을 받아 여러 대행관(legatus)들에게 위임했다. 이들은 지위와 권한에서 종전의 속주 총독에 못지않았으나 지위는 불안정했으며 종속적이었다.

그들은 오직 한 사람의 뜻에 따라서 움직였고 그 공적은 상관에게 돌아갔다. 그들은 황제 대리인이었다. 오직 아우구스투스만이 공화국 장군이었고, 군인과 민간인에 대한 그의 관할권은 로마 정복지 전역으로 확대되었다. 아우구스투스가 항상 자신의 권한을 원로원 의원들에게 위임하는 것은 그나마 다행한 일이었다. 대행관들은 집정관 또는 법무관(praetor)의 직급을 가졌고, 군단 지휘관은 원로원 의원이 맡았다. 이집트 속주 지사직(praefectura)만이 로마 기사에게 위임된 유일한 직급이었다.

아우구스투스는 이 막강한 권한을 수락한 지 엿새 만에 가벼운 희생으로 원로원의 자존심을 충족시켜 주었다. 그는 원로원이 그 무렵의 암울한 상황이 요구하는 것보다 더 많은 권한을 주었다고 설명했다. 또 원로원이 그에게 속주 통치와 군대 지휘 따위의 힘든 일을 거부하지 못하도록 했다면서, 평화와 안전이 보장된 속주들을 문관의 통치로 되돌릴 수 있도록 허락해 달라고 요청했다.

아우구스투스는 속주들을 구분할 때 자기 권한과 공화국 권위를 고려했다. 원로원 관할 속주 총독, 특히 아시아, 그리스 및 아프리카 속주 총독들은 갈리아와 시리아를 지휘하는 황제 대행관들과 비교해 더 큰 명예를 누리도록 했다. 속주 총독이 릭토르(lictor)[44]를 거느리는 데 반해 대행관들은 군인들이 수행하도록 했다. 또 황제가 순행할 때는 그의 특별 명령이 총독 관할권에 우선하도록 하는 법률이 제정되었고, 새로 정복한 땅은 황제 직할지로 하는 관례가 도입되었다. 이렇게 해서 아우구스투스가 좋아하는 수식어, 곧 원수(princeps)의 권위는 제국 방방곡곡에 영향력을 미치게 되었다.

아우구스투스는 이처럼 허울 좋은 양보의 대가로 중요한 특권을 얻어 로마와 이탈리아의 주인으로 떠올랐다. 그는 예부터 내려온 관습을 깨고 군통수권을 차지했고 평화 시에도 수많은 근위병을 거느리고 수도 한복판을 지나갔다. 사실 그의 지휘권은 군복무를 서약하고 입대한 군인들에게 제한되어 있었지만, 로마인들의 노예근성은 행정관과 원로원 의원, 기사단 등이 자발적으로 서약하게 했고, 당초 입에 발린 그의 국가에 대한 충성서약은 점차 연례적인 엄숙한 충성심의 천명으로 변질되어 갔다.

아우구스투스는 가장 확고한 통치 기반은 군사력임을 알고 있으면서도, 짐짓 군사력은 가증스러운 통치수단이라면서 이를 배척했다. 존경스러운 옛 행정관의 이름으로 통치하면서 분산되어 있는 문민 통치권을 자신에게 집중시키는 것이 그의 성품과 정책에 더욱 어울리는 방법이었다. 그는 이를 위해 원로원으로 하여금 자기에게 종신토록 집정관 겸 호민관(tribunus plebis) 직책을 수여하도록 했는데, 이러한 직책은 그 후계자들에게도 그대로 이어졌다.

집정관은 로마 왕위를 물려받아 국가 권위를 대표했다. 종교의식을 관리 감독하고 군단 병력을 모집 지휘했으며, 외교사절을 접견하고, 원로원과 민회를

---

44) 집정관 수행 관원.

주재했다. 또 재정을 전반적으로 관리했고, 비록 법을 직접 집행할 만큼 한가하지는 않았지만 법과 형평성, 그리고 공안(公安)의 최고 수호자로 간주되었다. 그들의 일상적 관할권은 이와 같았으나, 원로원이 공화국 안보에 관한 권한을 부여하는 경우에는 언제든지 법을 초월하여 자유를 지키기 위해 일시적인 독재를 행했다.

호민관은 모든 점에서 집정관과 그 성격이 달랐다. 그들은 검소하고 겸손한 차림을 했으며, 신성하고 범접하기 어려운 인격을 갖추고 있었다. 그들의 힘은 행동으로 보여 주기보다는 반대하기 위해 존재했다.

호민관들은 억눌린 자들을 보호하고, 그들의 위법행위를 변호하며, 평민의 적을 심문하고, 또한 필요하다고 생각할 때는 단 한마디로 전체 통치기구를 정지시키기 위해 임명된 사람들이었다. 공화국이 존속하는 한, 집정관이나 호민관이 권한을 남용할 가능성은 몇 가지 중요한 제한으로 축소되었다. 집정관과 호민관은 모두 선임된 그해 안에 임기가 끝나도록 되어 있었고, 집정관은 2명, 호민관은 10명이 각각 권한을 분담했다. 또한 양자는 공사 간에 서로 견제했으므로, 그들의 상호 분쟁은 대개의 경우 공화정의 균형을 파괴하기보다는 오히려 강화하는 데 기여했다. 그러나 양자의 권한이 통합될 때나 그 권한이 한 사람에게 종신토록 귀속될 때, 그리고 군대의 장군이 원로원 의장과 시민 대표직을 겸임할 때, 그의 왕권과도 같은 특권 행사에 저항하는 것은 불가능했으며 그 한계를 정하기도 쉽지 않았다.

아우구스투스는 여기에 대제사장(pontifex maximus) 및 감찰관이라는 화려하고도 중요한 직책을 추가했다. 그는 대제사장 자격으로는 종교 통제권을 획득했고, 감찰관 직책으로는 로마 시민의 풍습과 재산에 관한 법적인 감독권을 획득했다. 다른 독립적 권한들이 반드시 서로 통합된 것은 아니지만, 원로원의 유화적인 양보를 통해 이런 결함을 얼마든지 보완할 수 있었다.

황제는 공화국 수석 행정관으로서 여러 가지 불편한 법령상 의무와 벌칙으로부터 면제되었다. 또 원로원을 소집한 바로 그날 제안을 발의하고, 국가 고위직 후보자를 추천하고, 수도 범위를 확대하고, 조세 수입을 임의로 사용하고, 전쟁과 평화를 선포하며, 조약을 비준할 권한을 가졌다. 황제는 또한 극히 포괄적인 법률 조항에 따라 제국 이익에 부합되거나 공사(公私)든 성속(聖俗)의 문제든 제위 존엄성에 관한 모든 사항에 대해 집행할 권한을 가졌다.

모든 행정 권한이 임페라토르에게 위임됨으로써 공화국 일반 행정관들은 의욕을 잃고 할 일도 잊은 채 무명의 존재로 전락하고 말았다. 아우구스투스는 예부터 내려오는 행정 부서의 명칭과 형태를 애써 그대로 보존했다. 일정한 수의 집정관과 법무관, 호민관이 해마다 임명되어 몇 가지 형식적인 기능을 수행했다.

이들 명예직은 아직도 로마인들의 허영심을 충족시키기에 충분했기 때문에, 심지어 종신 집정관직을 누리고 있는 황제조차 이 임기 1년의 직책을 탐낸 나머지 상류층 시민들과 함께 이 명예를 나누어 가지는 경우가 많았다. 아우구스투스 황제 시대에는 민회가 이러한 행정관들을 선출할 때, 방종한 민주주의의 온갖 폐단을 드러내도 제지하지 않았다. 그 교활한 황제는 전혀 짜증스러운 기색 없이 자기 자신과 동료들에게 투표해 달라고 간청하면서 일반 후보자로서의 모든 의무를 다했다.

이들 선거권이 모두 원로원으로 이관된 것은 그다음 황제 때였으나, 첫 단계 조치를 취한 것은 아우구스투스라고 말할 수 있다. 이로써 민회는 영원히 폐지되었으며, 자유는 길을 잃어버렸고, 황제들은 기존 체제를 어지럽히거나 위태롭게 할 수 있는 대중으로부터 해방되었다.

마리우스와 카이사르는 스스로 평민의 보호자임을 칭함으로써, 공화정체를 문란시켰다. 원로원은 기가 꺾여 무력하게 되었다. 그러자 500~600명으로 구성되는 원로원이 오히려 훨씬 더 유순하고 이용하기에 편리한 통치수단으로 부각되었다. 아우구스투스와 그 후계자들은 원로원 권위를 이용하여 새 제국을 건설했다.

그들은 기회가 생길 때마다 짐짓 귀족계급(patriciatus)의 언어와 원칙을 받아들이는 것처럼 보였다. 통치권을 행사할 때 원로원에 자문을 요청했으며, 전쟁과 평화에 관한 중요한 사항은 원로원 결정에 따르는 척했다. 로마, 이탈리아 및 국내 속주들은 원로원 직접 관할 아래 두었다. 원로원은 민사 문제의 최고 재판소였으나, 형사 문제에서는 다른 재판소를 구성하여 지위의 높고 낮음과 상관없이 모든 범법자들을 재판했다.

사법권 행사가 원로원의 가장 빈번하고 중요한 일거리가 되었고, 원로원에 제기된 소송사건이 고대 웅변가들에게 주어진 마지막 위안거리가 되었다. 원로원은 국가 자문회의이자 법원으로서 매우 큰 특권을 누리고 있었지만, 그중 가장 중요한 권한은 입법권이었다. 이를 통해서 원로원은 사실상 시민 대표기관으로 간주되었고, 국가의 주권도 원로원에 있다고 인정받았던 것이다. 모든 권력은 원로원에서 나왔고 모든 법률은 원로원 승인을 받았다. 원로원 정기회의는 매달 정해진 사흘, 즉 제1일, 제5일 또는 제7일, 제13일 또는 15일에 개최되었다. 토의는 자유롭게 이루어졌으며, 황제도 의원 자격으로 참석하여 동료들과 함께 투표했다.

간단히 말해서, 아우구스투스가 세우고 그 후계자들에 의해 유지된, 그들 자신과 신민의 이해관계와 직결된 제국의 정체는 공화제의 탈을 쓴 절대왕정이었다고 할 수 있다. 로마 황제들은 옥좌에 그림자를 드리워 자신들의 막강한 힘을 감추고, 겉으로는 원로원으로부터 위임받은 권한을 행사하는 행정관으로서 그 법령을 집행하고 복종할 뿐이라는 겸손한 자세를 취했다.

궁정의 겉모습도 마찬가지였다. 자연과 문명의 모든 법칙을 방자하게도 위반한 폭군들을 제외하고, 황제들은 백성들을 분노케 할 뿐 자신의 실질적 권력에는 아무런 보탬도 되지 않는 허례허식을 애써 멀리하려고 했다. 그들은 일상적인 공직 생활을 통해 신하들과 뒤섞여 지내며 서로 방문하고 식사에 초대했다. 황제의 의상이나 궁전, 식탁은 그저 돈 많은 원로원 의원 신분에나 어울릴 정도였다. 황실은 아무리 세도가 당당해도 가내노예와 해방노예만 부렸다. 아우구스투스나 트라야누스 황제는, 비록 비천한 로마인이라고 할지라도(영국의 가장 당당한 귀족들은 입헌군주의 궁정이나 침실에서도 그래야 한다고 간원하고 있지만) 그 보잘것없는 자신들의 집무실에서 그들을 부리려고 하지 않았다.

황제의 신격화는 그들이 신중함과 절제의 관행에서 탈선했음을 보여 주는 한 가지 사례에 지나지 않는다. 이 비굴하고 사악한 아첨을 맨 처음 시작한 것은 아시아에 진출한 그리스인들이었고, 그 첫 대상자는 알렉산드로스의 후계자들이었다. 그 뒤 대상을 아시아의 총독들로 옮겨서, 그곳 로마 행정관들은 화려한 제단과 신전, 축제와 제사에 둘러싸여 속주의 신으로 숭배되는 경우가 많았다. 속주 총독들이 받아들인 것을 황제가 마다할 리 없었다. 이러한 사실들은 로마의 노예적 상황보다는 전제주의를 말해 주는 것이었다. 이렇게 해서 오만했던 첫 번째 카이사르는 생전에 로마 수호신 반열에 오르는 것을 기꺼이 수락했다.

성품이 그보다 온화한 그의 후계자[45]는 이 위험한 야심을 사양했고, 그 뒤에도 미치광이 같은 칼리굴라[46]와 도미티아누스 황제를 제외하고는 이 문제를 거론하지 않았다. 사실 아우구스투스는 황제 숭배를 로마 숭배와 결부시키는 조건으로 일부 속주 도시에 자기를 위한 신전을 세우도록 허락했다. 자신을 숭배의 대상으로 삼는 사적인 미신을 허용했던 것이다.

그러나 그는 원로원과 백성들로부터 인간적으로 존경받는 데 만족했으며, 자신의 신격화 문제는 현명하게도 후계자에게 맡겼다. 즉 원로원은 폭군으로 군림하지 않았던 모든 황제들을 엄숙한 선포를 통해서 신의 반열에 추대하도록 하는 공식적인 관습을 도입한 것이다. 이에 따라 황제의 장례식은 신격(apotheosis) 의식을 치르게 되었다. 이 합법적이면서도 천박한 신성모독 행위는 요즈음 같으면 혐오 대상이 되겠지만, 그 시절의 너그러운 다신주의에서는 별이의 없이 받아들여졌다. 그것은 그저 종교적이라기보다는 정치적인 관습으로 여겨진 것이다.

두 안토니누스 황제의 덕망을 헤르쿨레스나 유피테르의 온갖 비행과 비교하는 것 자체가 치욕일 것이다. 심지어 카이사르나 아우구스투스조차 여러 대중적인 신들보다는 인격이 훨씬 뛰어났다. 그러나 이 두 사람은 불운하게도 문명 시대에 살았으며 그 행동은 낱낱이 기록되었으므로, 세속인의 숭배 대상이 되기가 어려웠다. 그들의 신격화는 법으로 확립되었으나, 곧 망각되어 자신의 명성에도 후계자의 권위에도 아무런 도움이 되지 않았다.

로마제국 정체를 고찰할 때, 우리는 흔히 로마 제정(帝政)은 아우구스투스라는 유명한 칭호를 가진 인물에 의해 창시되었다고 말한다. 그러나 그가 이 칭호를 받은 것은 제정체계가 거의 완성된 뒤의 일이었다.

옥타비아누스라는 그의 평범한 이름은 아리키아 어느 조그만 도시의 미천한 가문에서 유래한 것이었다. 그 이름은 추방 내력으로 얼룩져 있었으므로, 그는 가능하면 그 기억을 모두 지워 버리고 싶어 했다.

---

45) 아우구스투스 황제.
46) 작은 군화라는 뜻. 3대 황제 가이우스의 별명.

그는 카이사르의 양자가 되어 훌륭한 성을 얻었지만, 이 특출한 인물과 혼동되거나 비교되는 것도 좋지 않다고 여겼다. 그래서 그에게 새로운 이름을 부여하는 문제가 원로원에 제기되었다. 매우 신중한 토론을 거친 끝에 여러 이름들 중에서 아우구스투스(존엄자)라는 이름이 선정되었는데, 이것은 그가 애써 부각시키려고 했던 평화와 존엄의 이미지에 가장 잘 어울리는 이름이었다. 그러므로 아우구스투스는 그 개인의 이름이었고, 그 가문의 성은 카이사르였다. 따라서 아우구스투스라는 이름은 당연히 그에게 국한된 것이었다.

카이사르라는 이름은 입양과 혼인을 통해 널리 퍼졌다. 율리우스 카이사르의 가계를 계승했다고 주장할 자격이 있는 마지막 군주는 네로였다. 그러나 그가 사망할 즈음에는 한 세기 동안 계속된 관행으로 인해 이 두 가지 칭호가 황실 존엄성과 불가분의 관계를 지니게 되었고, 이 호칭은 그 뒤 로마와 그리스, 프랑크 그리고 게르만 태생의 여러 황제를 거치면서 공화정이 몰락한 뒤에도 계속 보존되었다.

그러나 곧 칭호에 구별이 생겼다. 아우구스투스라는 신성한 호칭은 군주만이 사용한 반면, 카이사르라는 이름은 군주의 친척들에게도 자유롭게 붙여졌다. 적어도 하드리아누스 황제 시대 이후에는 카이사르라는 호칭은 국가의 제2인자, 즉 후계자(부황제)로 간주되는 자의 전유물이 되었다.

아우구스투스가 자유정체를 파괴했음에도 존경을 받는 이유는 이 교활한 독재자의 성격을 세심하게 검토해 보아야만 설명할 수 있다. 천성이 침착하고 냉정하며 겁이 많은 그는 19세 때부터 위선의 가면을 쓰기 시작해서 죽을 때까지 한 번도 이 가면을 벗은 적이 없었다. 그는 똑같은 손과 침착한 마음으로 키케로 추방과 킨나[47] 사면에 서명한 사람이었다.

그의 덕망은 물론이고 사악함조차도 인위적인 것이었다. 그는 자신의 이해관계에 따라 처음에는 로마의 적이었으나 마침내 로마의 아버지가 되었다. 그가 제국의 체제를 편성할 때 중용의 입장을 취한 것은 순전히 두려웠기 때문이었다. 그는 자유시민의 이미지로 시민을 속이고 문민정부의 이미지로 군대를 속이고자 했다.

---

47) 아우구스투스에 대해 반란을 기도했으나, 사면되었던 인물.

카이사르의 죽음이 계속 그의 눈앞에 어른거렸다. 그는 자기 지지자들에게 아낌없이 부와 명예를 베풀었으나, 그의 삼촌(카이사르)에게서 혜택을 받은 친구들은 음모자가 되어 있었다. 충성스러운 군단들이 공공연한 반란으로부터 그의 권위를 지켜 주기는 했지만, 단호한 공화주의자의 단검으로부터 그의 신변을 보호해 주기에는 부족했으며, 실제로 브루투스의 행동을 존경하고 있던 로마인들은 그의 덕망을 모방하는 자에게 박수갈채를 보낼 것이 분명했다.

카이사르가 파멸한 것은 그의 권력 자체 때문이라기보다는 권력을 가지고 허세를 부렸기 때문이었다. 집정관직이나 호민관직에 머물렀더라면 평화롭게 통치할 수 있었겠지만, 왕이라는 칭호를 바랐으므로 로마인들이 무장하여 항거한 것이었다. 아우구스투스는 인간은 직책으로 다스려진다는 것을 잘 알고 있었으며, 또한 과거에 누렸던 자유를 보장해 주기만 하면 원로원과 민회가 노예 상태를 받아들이리라고 잘못 판단하고 있지도 않았다. 허약한 원로원과 무력한 민회는 아우구스투스의 후계자들이 덕망이나 분별력을 보여 주는 한, 이러한 환상을 유쾌하게 받아들였다. 칼리굴라, 네로, 도미티아누스에 대해 음모를 꾸민 자들은 자유 때문이 아니라 자기 보존 때문이었다. 그들은 황제의 권위에 대해서가 아니라 폭군이라는 개인에 대해 공격했던 것이다.

사실 원로원이 70년 동안 인내하여 오랫동안 잃었던 권리를 되찾으려고 시도했다가 실패한 획기적인 사건이 한 번 있었다. 칼리굴라의 암살로 황제의 자리가 비게 되자 집정관들은 유피테르 신전에서 회의를 소집하여 역대 황제들을 비판하고, 유약하게 군기를 지키고 있던 소수의 군대에 자유라는 표어를 주었으며, 48시간 동안 자유공화정의 독립적 지도자들로서 행동했다.

그러나 이들이 한참 회의를 하는 동안 근위대가 일어났다. 게르마니쿠스[48]의 동생인 나약한 클라우디우스는 벌써 근위대 병영 안에서 황제의 자줏빛 옷을 입었고, 무력으로 그의 선출은 기정사실화되고 있었다. 결국 자유를 향한 꿈은 허물어졌고 원로원은 어쩔 수 없이 뜻을 굽히고 복종하며 공포에 떨게 되었다. 백성들에게 버림받고 군대의 협박을 받은 원로원은 근위대의 황제 선출을 승인할 수밖에 없었다. 그 대가로 클라우디우스 황제는 그들에게 사면

---

48) 티베리우스의 조카. 나중에 그의 양자가 됨.

카이사르(기원전 100~44) 로마 공화정 말기의 정치가이자 장군. 폼
페이우스·크라수스와 함께 삼두동맹을 맺고 집정관이 되어 민중의
큰 인기를 얻었으며 지방관으로서는 갈리아 전쟁을 수행하였다. 기원
전 47년 소아시아 젤라에서 파르나케스를 물리치고, 원로원에 보낸
보고 "왔노라, 보았노라, 이겼노라(veni, vidi, vici)"는 역사에 남는 명언
이 되었다.

의 은전을 베풀었다.

　오만방자해진 군대는 아우구스투스에게 더한층 놀라운 공포의 대상이었다. 시민들이 절망 상태에서나 할 수 있는 일을 군인들은 언제든지 감행할 수 있었다. 그에게서 모든 사회적 임무를 저버리도록 배운 자들에 대한 아우구스투스의 권위는 얼마나 불안정한 것이었던가! 그들이 난동을 선동하는 구호를 들은 아우구스투스는 그들이 조용한 반성의 시간을 가지는 것이 두려웠다. 첫 번째 쿠데타도 엄청난 돈으로 매수했지만, 두 번째 쿠데타는 그 2배가 들 가능성이 있었다. 군대는 카이사르 가문에 맹목적인 충성을 표방했지만, 대중의 충성은 일시적이고 불안정했다.

　아우구스투스는 로마인의 흉포한 마음속에 남아 있는 모든 편견을 자신에게 유리하도록 활용했다. 법의 제재로 엄격한 규율을 집행했고, 원로원의 권위를 황제와 군대 사이에 놓고 공화국 원수로서 대담하게 그들에게 충성을 요구했다. 이 교묘한 체제가 확립된 뒤, 콤모두스 황제[49]에 이르기까지 220년이나 되는 긴 세월 동안 군사정권에 내재한 위험은 대부분 억제될 수 있었다. 군인들은 엄청난 근대의 힘이나 과거는 물론 장래에 끔찍한 재난을 불러일으킬 문민정부의 취약성에도 눈뜨지 못했다.

　칼리굴라와 도미티아누스 황제는 궁전 안에서 부하에게 암살되었고, 칼리굴라의 죽음이 불러온 동요는 아직은 로마 시내에만 국한되었다. 그러나 네로의 사망은 제국 전체를 파멸로 몰아넣었다. 불과 18개월 동안 4명의 황제가 살해되었고, 로마제국 전체가 군대끼리의 싸움에 휘말려 들었다. 이 짧은 기간 동안 격렬한 군대의 방자함을 제외하면, 아우구스투스에서 콤모두스에 이르는 2세기 동안은 유혈 내전과 혁명의 동요 없이 지나갔다. 황제는 원로원의 권위와 군대의 승인에 의해 선출되었다. 군단들은 충성서약을 준수했다. 로마 연대기에는 3건의 소규모 반란을 지적하는데, 그나마 이 반란들도 불과 몇 달 안에 모두 진압되어 전쟁의 위험은 사라졌다.

　선거제 군주국가에서는 황제 자리가 비게 되면 큰 위험과 혼란이 따르게 마련이다. 로마 황제들은 제위 때 공백 기간을 남겨 군대가 변칙적 선택의 유혹

---

49) 재위 180~192년.

을 받지 않도록 하려는 생각에서, 후계자로 지명된 자에게 감당하기 어려울 정도로 큰 권한을 맡겨 제국이 권력이양의 영향을 받지 않도록 배려했다. 아우구스투스 황제도 그 후계자들이 갑자기 죽음으로써 앞길을 낙관할 수 없게 되자, 자신의 양자 티베리우스에게 마지막 희망을 걸고 그에게 감찰관 겸 호민관의 권한을 주는 한편, 장래 황제에게 속주와 군대에 관해 자신과 똑같은 권한을 부여한다는 법을 제정했다.

또 베스파시아누스 황제[50]도 장남 티투스[51]의 자유분방한 정신을 잘 다스릴 수 있었다. 티투스는 동방의 군단들을 지휘하여 유대를 정복한 직후여서 자기 휘하 군단들에서 존경을 받고 있었다. 그의 세력은 공포의 대상이었고 또 젊은 혈기로 인해 덕망이 가려져 있었으므로, 그는 음모를 꾸미고 있다는 의심을 받고 있었다. 그러나 현명한 베스파시아누스는 이러한 풍문에 귀를 기울이지 않고 티투스에게 황제의 전권을 주었으며, 이에 고마움을 느낀 아들은 자신이 관대한 아버지의 겸손하고 충실한 대리자임을 입증했다.

베스파시아누스의 뛰어난 계산은 티투스에게 자신의 불안정한 승진을 지켜줄 모든 조치를 받아들이게 만들었다. 군대는 100년 동안의 관습으로 카이사르 가문에 충성과 서약을 바쳐 왔다. 비록 이 가문이 제도적 입양에 의해서 이어져 내려오기는 했지만, 로마인들은 아직도 게르마니쿠스의 외손자이며 아우구스투스의 직계 후계자인 네로를 존경하고 있었다.

근위대는 마지못해 폭군에 대한 지지를 포기하라는 설득에 손을 들었다. 갈바, 오토, 비텔리우스[52] 등 여러 황제들이 연이어 급속하게 몰락하자, 군대는 황제를 자신들 마음대로 만들고 뜻대로 다룰 수 있는 존재라고 생각하게 되었다.

베스파시아누스는 비천한 집안 출신이었다. 그의 할아버지는 사병이었고 아버지는 하급 세무관리였다. 그는 나이가 들면서 자수성가했지만, 그의 공적은 찬란하다기보다는 평범했으며, 지독하고 야비하며 인색했기 때문에 그의 덕망도 손상을 입었다. 그는 참다운 이익을 지키기 위해 아들과 함께 공동으로 통

---

50) 재위 69~79년.
51) 재위 79~81년.
52) 제6, 7, 8대 황제, 재위 기간이 도합 1년이 안 됨.

치했다.

아버지 베스파시아누스보다 탁월하고 활달한 이 아들은 대중의 관심을 플라비아누스 집안의 모호한 근본에서 미래의 영광으로 돌릴 수 있는 인물이었다. 티투스 황제의 관대한 통치 아래 로마제국은 잠깐이나마 태평성대를 누렸고, 자비로운 티투스에 대한 기억 덕분에 그의 사악한 동생 도미티아누스는 15년이 넘도록 보호받을 수 있었다.

네르바 황제는 도미티아누스의 암살자들로부터 가까스로 제위를 지키게 된 늙은 자신으로서는 선임자의 오랜 폭정으로 악화된 사회적 혼란을 수습할 수 없다는 것을 절감했다. 평범한 사람들은 그의 온후한 성품을 존경했지만, 타락한 로마인들에게는 죄인을 엄하게 다스릴 수 있는 더욱 강력한 인물이 필요했다.

그는 친척이 몇 명 있었지만, 혈연이 아닌 트라야누스를 후계자로 지목했다. 그는 당시 40세 전후의 용감한, 하(下)게르마니아 주둔군 사령관이었던 트라야누스를 양자로 삼은 뒤, 즉시 원로원 포고로 그를 공동 통치자이자 제국의 계승자로 선포했다.

네로가 저지른 죄상과 어리석은 행동에 관한 기록은 진절머리가 날 정도로 많지만, 트라야누스의 행적은 그에 관한 의심스러운 찬사를 통해서만 짐작할 수 있다. 그러나 단순한 아첨이 아닌 한 가지 찬사가 전해져 오고 있다. 트라야누스가 죽은 지 250년 후 원로원은 황제 즉위식에 즈음한 관례적인 찬사에서 새 황제가 아우구스투스의 행복과 트라야누스의 덕망을 능가하기 바란다고 천명했던 것이다.

트라야누스는 아마도 성격이 불안정한 친척 하드리아누스에게 자리를 물려주는 것을 주저했으리라고 생각된다. 그의 임종 시에 교활한 황후 플로티나가 우유부단한 트라야누스를 움직였는지, 아니면 대담하게도 거짓으로 양자권을 가정했는지, 진실을 쉽게 논의할 수는 없지만, 아무튼 하드리아누스를 입양함으로써 그를 법적인 상속자로 만들었다.

이미 말한 바와 같이 로마는 그의 시대에 태평성대를 누렸다. 그는 예술을 장려하고 법령을 개혁했으며, 군대의 규율을 바로잡고 여러 속주들을 직접 순시했다. 그러나 그의 주관심사는 호기심과 허영심에서 나온 것이었다. 그래서 하드리아누스는 뛰어난 군주인 동시에 엉뚱한 궤변론자였고, 또한 질투심 많은 폭군이었다. 하지만 그의 행위는 공정하고 온당하다는 점에서 대체로 찬양받을 만했다.

그는 황제 등극 초기에 자신의 정적인 집정관급 원로원 의원 4명을 죽였고, 나중에는 오랜 투병 생활 끝에 성격이 사납고 난폭해졌다. 원로원은 그를 신으로 선포해야 할지 폭군으로 선포해야 할지 망설였으며, 그에게 추서된 여러 가지 명예는 경건한 황제 안토니누스의 요청에 따라 수여되었다.

하드리아누스는 후계자 선정에서도 변덕을 부렸다. 그는 자신이 높이 평가하면서도 증오했던 훌륭한 사람들을 마음속으로 저울질하다가 결국은 바람둥이 아엘리우스 베루스라는 귀족을 선택했다. 베루스는 수려한 용모 덕분에 안티노우스[53]의 애인에게 천거된 자였다.

그러나 하드리아누스가 온갖 찬사와 막대한 하사품으로 매수한 군대의 승인 환호 속에서 미소 짓고 있을 때, 이 새로운 부황제는 비명에 죽었다. 베루스는 아들 하나만을 남겼는데, 하드리아누스는 이 소년을 안토니누스 집안에 맡겼다.

그는 안토니누스 피우스의 양자가 되었고, 나중에 마르쿠스 아우렐리우스가 즉위할 때 그와 함께 로마의 공동 통치자가 되었다. 이 아들, 즉 루키우스 베루스는 수많은 결점 속에도 한 가지 장점은 가지고 있었으니, 그것은 자기보다 현명한 공동 황제를 존경하며 중요한 문제는 그에게 기꺼이 맡겼다는 점이었다. 철학을 신봉하는 마르쿠스 아우렐리우스 황제는 의동생의 어리석은 행동을 눈감아 주었고 또한 그의 요절을 슬퍼했다.

하드리아누스 황제는 그의 열정이 충족될 것인지 좌절될 것인지 고심하다가 제위를 가장 훌륭한 인물에게 넘김으로써 후대의 찬양에 보답하려고 결심했다. 그는 분별력을 발휘하여 곧 두 사람의 후보자를 찾아냈는데, 한 사람은 아무런 흠 없이 공직 생활에 몸담고 있는 약 50세의 원로원 의원[54]이었고, 또 한 사람은 무한한 가능성을 가진 17세의 청년[55]이었다.

---

53) 아름다운 용모로 황제의 총애를 받은 그리스인.
54) 안토니누스 피우스.
55) 마르쿠스 아우렐리우스.

피우스는 마르쿠스를 자신의 양자로 삼는다는 조건으로 하드리아누스의 아들로 입양되어 후계자로 선포되었다. 이 두 안토니누스 황제는 합계 42년 동안 덕망과 지혜로 로마제국을 다스렸다. 피우스에게는 두 아들이 있었지만, 그는 가문보다는 로마의 복지를 중요시하여 딸 파우스티나를 젊은 마르쿠스와 결혼시켜 마르쿠스를 후계자로 삼은 것이었다. 또한 마르쿠스도 피우스를 아버지로서 존경하여 그가 죽은 뒤에는 아버지가 보여 주었던 모범대로 나라를 통치했다. 이 두 사람의 통치 기간은 역사상 유일하게 백성의 행복만을 통치의 목적으로 삼았던 기간이었다.

티투스 안토니누스 피우스를 제2의 누마왕[56]으로 일컫는 것은 당연한 일이다. 이 두 군주는 모두 종교와 정의, 그리고 평화를 사랑했기 때문이다. 안토니누스 피우스 시대의 상황은 이러한 덕망을 발휘할 분야가 훨씬 더 넓었다. 누마왕은 겨우 몇몇 부락들이 추수기에 서로 약탈하지 못하도록 방지하는 데 그쳤지만, 안토니누스는 지구상 넓은 지역에 걸쳐 질서와 평화를 베풀었다.

그의 치세는 인간의 범죄와 오류, 그리고 불행이 거의 기록되지 않은 탓에 희귀한 역사를 제공한 시대로 뚜렷한 선을 긋고 있다. 그는 사생활에서도 온후하고 선량한 사람이었다. 천성이 소박한 그는 허영이나 사치를 몰랐다. 그는 자신의 유복한 처지와 사심 없는 사회적 쾌락을 적당히 즐겼다. 그리고 자비로운 마음으로 즐겁고 평온한 생활을 영위했다.

마르쿠스 아우렐리우스 안토니누스의 미덕은 소박하고 근면하다는 데 있었다. 그것은 수많은 학자들과 만나고, 부지런히 강의를 듣는 등, 오랫동안 형설의 공을 쌓아 얻은 것이었다. 열두 살 때 깊이 빠져들었던 엄격한 스토아 철학은 그에게 육신을 정신에, 열정을 이성에 복종시키도록 가르쳤고, 또한 덕망을 유일한 선으로, 사악함을 유일한 악으로 생각하고 외형적인 것에 관심을 두지 말도록 가르쳤다.

그가 야영지에서 쓴 《명상록》이 지금도 남아 있으며, 그는 한 걸음 더 나아가 직접 철학을 강의하기도 했다. 그의 생활 자체가 제논의 가르침에 대한 해설서였다. 그는 자기 자신에게는 엄격하고 타인의 과오에는 관대했으며 모든

---

56) 로마 제2대 왕으로 알려진 전설적 명군.

백성에게 정의와 자애를 베풀었다.

그는 시리아에서 반란을 일으켰던 집정관 아비디우스 카시우스가 스스로 목숨을 끊음으로써 적을 동지로 만들 기회가 사라져 버린 것을 몹시 섭섭해 했고, 실제로 이 반역자의 지지자들에 대한 원로원의 분노를 진정시킴으로써 자신의 감정이 진실이었음을 보여 주었다.

그는 전쟁을 인간성의 수치이며 파멸이라고 혐오했지만, 일단 정의를 방어하기 위해서 출전할 필요가 생기자, 기꺼이 얼어붙은 다뉴브강으로 향해 직접 여덟 차례 동계작전을 수행했다. 그러나 이곳의 혹독한 기후는 연약한 그의 체질에 치명적이었다. 이러한 일들은 뒷날 큰 존경을 받았으며, 그가 죽고 나서 1세기쯤 지나서는 많은 사람들이 마르쿠스 아우렐리우스 안토니누스의 초상을 집 안에 수호신으로서 모시게 되었다.

제정 초기 여러 모습의 황제상

역사상 인류가 가장 큰 행복과 번영을 누린 시기를 말하라면, 누구나 서슴지 않고 도미티아누스 황제의 서거에서 콤모두스 황제가 즉위하기까지의 기간이라고 대답할 것이다. 이 기간이야말로 로마제국의 광대한 영토가 덕망과 지혜를 지닌 절대 권력의 통치를 받았던 기간이었다고 할 수 있다.

그 위엄과 덕망으로 절로 우러나는 존경을 모았던 4명의 황제들. 군대는 온건하고도 확고한 그들의 통제 아래 있었고, 문민체제도 이 4대를 거쳐 빈틈없이 유지되고 있었다. 그것은 그들이 자유를 정당하게 평가하고, 스스로를 책임 있는 법의 관리자로 자처했기 때문이다. 따라서 만약 그와 같이 그 무렵 로마인들이 정당한 자유를 누리고 있었더라면, 이 뛰어난 황제들이야말로 공화정의 재건자로서 걸맞은 명예를 얻을 수 있었을 것이다.

이러한 군주의 노력은 성공에 대한 막대한 보상과 덕행에 대한 자부심, 나아가서는 자신이 민중에게 가져다준 행복을 바라보는 더할 수 없는 기쁨을 누림으로써 충분한 보상을 받았다.

그러나 세상에서 가장 고상한 즐거움에도, 어떤 피할 수 없는 근심에 의해 그늘이 드리워지게 마련이다. 그것은 바로 모든 것이 한 사람에게 달려 있다는 불안감. 그러한 감정이 그들 가슴속을 자주 스치고 지나갔으리라는 건 상상하기 어렵지 않다. 실제로 이때, 방탕한 젊은이와 질투심 많은 폭군이 나타나 절대적 권력을 남용하는 심각한 사태가 일어나려 하고 있었다.

원로원은 황제의 미덕을 찬양하는 데는 유능해도, 그 악덕을 바로잡는 데는 무력했다. 군대는 강력한 압정의 수단으로 변하고 국민들 사이에는 퇴폐적인 풍조가 퍼져, 군주의 공포와 탐욕, 잔인성과 육욕에 찬사를 보내는 추종자와 그것을 거드는 고관에게는 더 바랄 수 없는 상황이 된 것이다.

로마인들의 경험을 돌아보면 그들이 우려하는 마음도 이해할 수 있다. 역대 황제들의 인간성을 보면 현대사에서는 찾아보기 힘든, 지극히 강렬하고 다양한 모습을 볼 수 있기 때문이다. 그러한 군주들의 행동은 우리에게 인간의 미덕과 악덕, 고결함과 타락성의 뚜렷한 대비를 느끼게 한다.

트라야누스 황제부터 두 안토니누스 황제까지, 이른바 황금시대 앞에는 타락의 시대가 있었다. 무자비한 티베리우스, 광포한 칼리굴라, 나약한 클라우디우스, 방탕하고 잔인한 네로, 혐오스러운 비텔리우스, 소심하면서도 냉혹한 도미티아누스 등, 역사에 오명을 남긴 어리석은 황제들이 있었던 것이다.

그 80년 동안—평가하기 어려운 베스파시아누스 황제의 짧은 통치는 차치하고—로마는 끊임없이 폭정에 시달렸다. 이 불행한 시대에 공화정 시대 명문가는 모조리 몰락하고 미덕과 재능을 보여 준 자들도 대부분 목숨을 잃었다.

이 잔인무도한 황제들이 통치하는 동안 로마인들의 노예 상태는 두 가지 특수한 상황을 수반했다. 한 가지는 그들의 이전 자유 상태에 의한 것이었고, 또 한 가지는 로마의 광대한 지역적 정복에 의한 것이었다. 이 때문에 그들은 어느 시대 어느 나라의 백성들보다 참담한 지경이었다. 피압박자들의 감정은 한층 더 처절해졌고, 압제자의 지배로부터 벗어나는 것은 불가능하였다.

세피[57]의 후예들이 페르시아를 통치할 때, 그 군주들은 몹시 잔인하여 궁정의 장의자, 식탁, 침대가 총신들의 피로 얼룩지는 경우가 많았다. 기록에 의하면 루스탄이라는 젊은 귀족은 술탄 앞에서 물러날 때마다 자기 목이 아직 붙

---

57) 일명 사피. 14세기 초 이란의 신비주의 성자.

어 있음을 확인하고는 안심했다고 한다.

날마다 겪는 경험을 통해 루스탄이 자기 목숨을 걱정했던 것은 당연한 일이었다. 그러나 한 가닥 실에 묶여 몸 위에 내려뜨려진 죽음의 칼도 이 페르시아 청년의 평정을 깨뜨리지는 못했던 것 같다.

그는 왕이 한 번 얼굴을 찡그리면 자기의 목숨이 위험하다는 것을 잘 알고 있었다. 그러나 어떤 이는 벼락을 맞거나 중풍에 걸려 죽기도 한다. 그러므로 현명한 사람은 피할 수 없는 재난은 아예 잊어버리고 덧없는 인생을 즐기기도 한다. 그는 왕의 충복으로서 명예를 드날리고 있었다. 그는 어쩌면 미지의 나라에 살던 비천한 부모에게서 팔려 와서 어렸을 때부터 궁정에서 엄격한 교육을 받은 사람이었는지도 모른다. 그 이름과 재산, 그리고 명예까지도 모두 왕에게서 받은 것이었고, 왕은 그것들을 언제든지 회수할 수 있는 처지였다.

루스탄이 지식을 가지고 있었다면, 그것은 그의 습성을 확인해 주는 것뿐이었다. 그는 절대왕정 이외의 어떠한 정부 형태도 생각하지 않았다. 동방의 역사와 종교는 그에게 절대왕정만이 인류 사회의 정상적인 상태라고 가르쳐 주었다. 《쿠란》은 그에게 술탄이 예언자의 후손이라고 가르쳤고, 인내야말로 이슬람교도의 으뜸가는 미덕이라고 가르쳤으며, 무조건적인 복종이야말로 신하의 가장 큰 의무라고 가르쳤다.

그러나 로마인의 정신은 절대로 노예 생활을 받아들일 수 없었다. 스스로의 부패와 군대의 폭력에 짓눌려 살면서도 그들은 자유민이었던 조상들의 기질을 오랫동안 간직하고 있었다. 헬비디우스와 트라세아,[58] 그리고 타키투스와 플리니우스가 받은 교육은 카토와 키케로가 받은 교육과 같은 것이었다. 그들은 그리스 철학에서 인간의 존엄성과 시민사회의 기원에 관한 가장 정의롭고 자유로운 생각을 수용했다.

로마의 역사는 그들에게 자유롭고 도덕적이며 상승일로(常勝一路)인 국가를 존경하고, 카이사르와 아우구스투스의 범죄행위를 증오하도록 가르쳤다. 하지만 그들 폭군에게 속으로는 반대하면서 겉으로는 복종하는 체하도록 가르쳤다. 그들은 정무관이나 원로원 의원으로, 이전에는 법령을 포고했으나 지금은

---

58) 둘 다 스토아학파 철학자.

군주의 행위를 승인해 주는 역할을 맡고 있으며, 그들의 권위는 폭군의 야비한 목적을 위해 이용당할 때가 너무나 많았다.

티베리우스와 그의 처세술을 이어받은 여러 황제들은 자신들의 살인행위를 법의 형식을 빌려 합리화하려고 시도했고, 그 과정에서 원로원을 피해자인 동시에 공범자로 만들게 된 것을 내심 기뻐했다. 원로원은 죄 없는 사람들과 덕망 있는 사람들조차 유죄판결을 내렸다. 원로원의 국사범 고소인들은 애국적인 말로 일관하면서 이른바 불령 시민을 재판에 회부했고, 그 대가로 부와 명예를 누렸다.

비굴한 재판관들은 공화정의 권위를 지킨다고 공언하면서도 황제를 대신해서 이를 어겼고, 황제의 냉혹함과 잔인함 앞에 부들거리며 떨면서 그의 자비로움을 찬양했다. 폭군은 원로원의 비굴함을 경멸했고 그들의 은밀한 반감에 대해서는 원로원 전체에 대한 노골적이고 공공연한 증오로 맞섰다.

로마의 사법권이 미치는 범위

오늘날 유럽이 다수의 독립국가로 분할되어 있으면서도 비슷한 종교와 언어 또는 풍습으로 여전히 결합되어 있는 현상은, 인류의 자유에 있어서 매우 다행한 일이다. 근대에는 아무리 폭군이 자신의 양심이나 백성들의 저항을 받지 않는다 해도, 다른 군주의 예나 비난에 대한 공포, 또는 동맹의 충고나 적에 대한 두려움 따위에서 어느 정도 자제심을 보여 주게 마련이다.

반대로 신하의 입장에서 말하면, 군주의 노여움을 사더라도 그 좁은 영토에서 빠져나와 더 나은 환경하에서 자신의 재능에 걸맞은 재물과, 불평을 호소할 수 있는 자유, 경우에 따라서는 보복의 수단까지 쉽게 얻을 수 있다.

그러나 이 무렵 로마인에게는 국가는 전 세계와 같았다. 이 대제국을 한 사람이 장악하는 순간, 그 적들의 상황은 절망적으로 변해 온 세상이 감옥이 될 수밖에 없었다.

폭정에 시달린 자에게는 로마나 원로원 안에서 금으로 된 사슬을 끌고 다니든, 에게해의 작은 섬 세리푸스의 바위산이나 얼어붙은 다뉴브강 기슭에서 유형 생활을 하게 되든, 오로지 절망뿐인 인생이 기다리고 있을 뿐이었다.

저항하면 죽음밖에 없으며 달아나는 것도 불가능하다. 사방을 에워싸는 바다와 대지. 달아나더라도 이내 발각되고 체포되어 성난 주인 앞에 끌려갈 것은 불을 보듯 뻔했다. 설령 국경을 넘을 수 있다 해도 거기서 볼 수 있는 건 끝없는 바다와 광막한 불모의 황야, 말도 통하지 않고 미개하기 짝이 없는 적대적인 야만족, 또는 황제의 비호를 얻기 위해 기꺼이 도망자를 잡아 바치려는 속국의 왕들뿐이었다.

이미 제정 시대 이전에 추방당하는 마르켈루스에게 키케로는 이렇게 말했다.

"여보게, 어디에 있든지 정복자의 손바닥 안이라는 걸 잊지 말게."

칼럼 로마인의 별장

　로마 세계의 여러 도시는 아름다운 오각형이나 사변형으로 설계되어 있었다. 브리타니아에 현재까지 남아 있는 실체스터(현재 이름) 등이 그 좋은 예이다. 이들 도시에서는 배수·하수 설비에 세심한 주의를 기울였다. 예를 들어 로마시 하수도의 본관이었던 클로아카 막시마[1]는 왕정 시대에 만들어졌다고 하지만 현재로서도 도움이 되고 있다.

　천재적인 기술자였던 로마인이 건설한 것 중에 수도교가 있다. 그것은 도시민의 공적 사적 목적을 위해 쓰였으며, 특히 공공 대목욕탕에 풍부한 물을 공급했다.

　공공목욕탕은 로마 시민의 일상생활에 매우 커다란 의미를 가지고 있었다. 로마시의 중심부를 에워싸는 이른바 세르비우스 성벽 바깥쪽에 건설된 카라칼라 목욕탕이나 티볼리에 위치한 하드리아누스 황제의 별장에 있던 목욕탕, 또는 잉글랜드의 바스 목욕탕은 개인의 위생만이 아니라 여러 사람의 모임과 사회생활에 공헌하기 위해 만들어진 것이다.

　개인의 별장에 꼭 필요한 설비로서 세워진 목욕탕도 마찬가지이다. 로마인은 목욕탕에 가면 일반적으로 제일 먼저 탈의실에 들어가고, 그다음으로 터키탕처럼 증기가 가득한 욕실에서 땀을 흘린다. 그 뒤 테피다리움(미온탕)이나 칼다리움(온탕)을 돌아 대개는 욕실 지역을 나오기 전에 냉수 욕조에서 땀을 씻어낸다. 또 마사지실에서는 노예들이 몸을 안마한 뒤 피부를 긁는 도구로 때를 밀어내고 향유나 연고를 발라 주었다. 마지막으로 다시 프리기다리움(냉탕)에서 냉수욕을 하고 목욕탕을 떠나는 이도 있었다. 대개 어느 욕실이나 자유롭게 출입할 수 있기 때문에 어느 순서로 목욕을 해도 상관은 없었다.

---

1) 가장 큰 하수도.

하드리아누스 황제의 별장 안에 지은 목욕탕은 그 구조가 특히 복잡해서 사람들의 호기심을 자극했다. 여기에는 그리스의 주랑을 본뜬 커다란 주랑 페칠레(Pecile)가 있고 그 안에 실외목욕탕 또는 수영장이 있었으며 둘레는 경마 코스였던 것 같다.

하드리아누스 황제는 명상을 위한 장소로서 페칠레의 동북쪽에 해상극장(Teatro marittimo)을 만들었다. 작은 연못으로 둘러싸인 그곳은 이동식 다리로 한가운데 있는 섬에 들어갈 수 있게 되어 있었다. 황제는 이 섬에 서고와 식당 그리고 침실을 만들었다. 이곳에서 남쪽으로 가면 목욕탕 건물로 통한다. 이 해상극장은 이탈리아 르네상스기의 유명한 별장들에 정원 건축에 관한 많은 영감을 주게 된다.

또한 하드리아누스 황제의 별장은 로마 시대 대규모 별장의 모습을 보여 주는 가장 잘 보존된 유적이다. 그곳의 정원은 유희 목적으로 만들어졌는데 여기서도 연못이나 흐르는 물을 만들어 여러 장소를 연결시키는 데 활용하고 있다. 그중 가장 볼만한 것은 카노프스이다. 하드리아누스 황제는 이것을 훌륭한 야외 연회장으로 썼다. 황제는 알렉산드리아의 세라피스 신전에서 영감을 얻어 이 카노프스를 길고 좁다란 연못이 둘러싼 형태로 설계하고 그 끝에 위치한 동굴을 연회장으로 만들었다. 흐르는 물은 바위 위에서 폭포가 되어 식사를 즐기는 손님들 곁을 작은 시내가 되어 흘러갔다.

하드리아누스 황제나 소(小)플리니우스(61~112년경), 도미티아누스 황제(51~96년)가 호화로운 별장이나 대정원을 소유했던 것은 잘 알려져 있으나, 대다수 로마의 별장은 좀더 단순한 구조였다. 이처럼 별장이나 도시 내 단독주택의 건축 계획과 그 폐허는 폼페이나 헤르쿨라네움을 통해 가장 손쉽게 접할 수 있다.

서기 79년 베수비오산의 분화로 이 두 작은 상업도시는 통째로 화산재 안에 묻혔고, 모든 것이 그대로 보존된 상태다. 방들은 그 모습이 완전히 보존되어 있으며, 정밀하게 그려진 복잡한 프레스코화가 실내 벽면을 장식하고 있다. 문은 반쯤 열린 채이고 서둘러 준비된 식사는 탁자 위에 먹다 만 채 놓여 있고, 보석류는 팽개쳐져 있으며, 정묘한 조상이 우두커니 서 있다.

폐허의 모습은 그 무렵 생활 모습을 생생히 전해 준다. 와륵을 쌓아올려 만든 부뚜막이나 조리도구나 용기를 갖춘 부엌이 마을 사람들의 가사나 생활양식을 선명하게 재현해 준다. 또한, 넓은 하늘을 배경으로 홀쭉하게 솟은 광장의 원기둥들이나 원형경기장(투기장)을 둘러싼 계단형 관객석은 도시를 움직였던 시민들의 생활 모습을 그리워하게 만든다.

집들마다 가장 넓은 자리를 차지하는 응접실은 모자이크로 장식되어 있었다. 그 모자이크 장식은 종교적인 제사 의식이나 인기 있는 검투사 경기를 풍부한 색채로 이야기해 주고 있다.

농산물 거래

로마 시대에는 상인의 활동이 활발했다. '상인'을 의미하는 '메르카토레스(mercatores)'와 '네고티아토레스(negotiatores)'라는 라틴어가 다수의 비문에서 발견되는 것을 보면 알 수 있다. 그러한 비문에 의하면, 그들은 식료, 금속, 목재, 의료, 도기 등을 취급하였다. 그중에서도 곡물, 와인, 올리브유가 가장 많이 거래되었는데, 이들 상품들은 시리아, 이집트, 북아프리카, 에스파냐, 갈리아로부터 해로를 통해 제국 각지로 운반되었다.

현재까지 지중해에서 발견된 800쌍 이상의 난파선 중 대부분이 1500년 이상 된 로마 시대의 난파선으로 알려져 있다.

배들은 대개 길이 15~37미터, 최대 적재량 100~150톤 정도의 중형 선박이다. 그러나 곡물 수송용 상선 중에는 대형선도 있었던 것으로 보인다.

2세기 풍자작가 루키아노스에 의하면, 이집트의 알렉산드리아와 이탈리아의 오스티아 사이를 왕래하던 곡물수송선 이시스호(號)가 풍랑을 피해 아테네의 페이라이에우스 항구에 기항했었다고 한다.

그때 사람들은 이시스호의 거대함에 놀라, 아마도 그 배 한 척에 실린 식량이면 아티카 국민을 1년이나 먹일 수 있을 것이라고 수군댔다고 한다. 물론 과장이 섞였겠지만, 그래도 어지간히 큰 선박이 알렉산드리아에서 로마 사이를 취항하고 있었음은 사실인 모양이다.

선박이 농산물을 운반할 때에는 가죽부대나 목재로 만든 통 등 다양한 용기가 이용되었다. 그중에서도 암포라가 가장 많이 쓰였다. '암포라(amphora)'란 '양쪽을 들고 운반한다'는 의미의 그리스어에서 유래된 것으로, 개폐부 양쪽에 손잡이가 붙은 항아리를 가리킨다. 지중해 지역에서는 와인이나 올리브유, 생선 등을 운반할 때 자주 이용되었다.

암포라는 대부분 높이는 1미터 이상, 용량은 24~30리터 정도였지만, 그중에는 80리터 정도를 넣을 수 있는 거대한 암포라도 있었다.

티베리스강 부두 근처에 오늘날 '몬테 테스타초'라고 불리는 유적이 남아 있다. '테스타초'란 '도기 조각'을 의미하는 이탈리아어로, 몬테 테스타초는 로마 시대에 버려진 암포라 조각이 마치 산처럼 쌓여 있는 유적을 가리킨다.

몬테 테스타초의 존재나 난파선에서 발견되는 많은 암포라는, 그 무렵 농산물의 거래가 얼마나 활발하게 이루어졌는가를 짐작케 한다.

암포라 표면에는 소유자의 이름, 거래 상인의 이름, 상품에 관한 정보가 기록되어 있었다. 예를 들면 남에스파냐의 바에티카산 올리브유가 들어 있던 2세기 반경의 어떤 암포라에는 암포라 소유자의 이름, 내용물을 뺀 암포라의 무게, 상인의 이름, 내용물인 올리브유의 중량, 올리브유를 수령한 사람의 이름과 수취 시의 상황이 기록되어 있다. 이것은 상품 관리가 철저하게 이루어졌음을 보여 준다. 불필요한 과정을 생략하고, 최대한의 이익을 내려는 경제인의 정신을 여기에서도 찾아볼 수가 있다.

콤모두스 황제(재위 180~192). 아버지 마르쿠스 아우렐리우스 황제가 죽자 젊어서 황제의 자리를 이었다. 그러나 그는 비도덕적인 행위와 무분별한 전제정치를 하였다. 그는 자기 현시욕이 강하여 헤르쿨레스로 분장하기를 즐겼다.

철인 황제의 인품

마르쿠스 아우렐리우스의 자비로운 성격은 스토아학파의 엄격한 단련에도 변하지 않아, 이 인물의 가장 경애할 만한 좋은 점인 동시에 유일한 결점이 되기도 했다. 남을 의심할 줄 모르는 선량함 때문에 선천적으로 뛰어난 판단력이 흐려지는 경우가 적지 않았기 때문이다.

그래서 고결함을 가장하고 접근하는 자들에게 부와 명예를 안겨 주었다. 특히 처자와 처남에게는 너무나 관대하여, 개인적인 미덕의 한계를 넘어설 뿐만 아니라, 그 친인척들의 품행으로 인해 때때로 공공의 재난을 초래하기도 했다.

안토니누스 피우스 황제의 딸이기도 했던 그의 아내 파우스티나는 미모와 함께 염문으로도 이름을 날렸다. 그것은 최하층 민중 사이에서는 일종의 매력이었을지도 모른다. 그러나 순박하고 근엄한 철인 황제에게 있어서, 그러한 그녀의 왕성한 모험심과 천박한 정열에 응하는 것은 어려운 일이었다.

고대 사랑의 신 큐피드는 지극히 관능적인 신이었고, 황후 또한 정사를 벌일 때 자기 쪽에서만 적극적으로 구애했다. 따라서 거기에는 섬세한 감정 같은 건 거의 찾아볼 수 없었다.

로마제국에서 그녀의 부정을 모르거나 무관심했던 사람은 마르쿠스뿐이었을 것이다. 어쨌든 그러한 그녀의 부정은, 어떤 시대에나 볼 수 있는 편견이라고는 하지만 이 황제에게 불명예로 돌아왔다.

사실 그는 파우스티나의 정부들에게 명리를 아울러 갖춘 높은 자리를 주고, 아내에게도 30년이라는 오랜 기간 동안 두터운 신뢰와 사랑을 표시했다. 게다가 그러한 태도는 그녀가 죽은 뒤에도 변하지 않았다. 이를테면 스토아적인 사색 속에 써 내려간 《명상록》에서도 볼 수 있듯이, 그녀가 우아하고 정숙한 반려자였음을 신에게 감사했다.

원로원에서도 황제의 간절한 요구에 별 저항 없이 그녀의 신격화를 인정했다. 즉 유노, 베누스, 케레스 같은 여신들의 덕을 여러 가지로 겸비한 여성으로서 신전에 모시고, 그때부터 모든 남녀는 결혼식 때 이 여신의 제단 앞에서 사랑을 맹세하는 것을 의무로 하는 법률까지 정했다고 한다.

황제의 권한이 못난 아들에게

그녀뿐만이 아니었다. 마르쿠스 황제에 대한 평가에 가장 어두운 그림자를 던진 것은 못된 아들 콤모두스의 품행이었다. 마르쿠스 황제는 아들에 대한 편애로 만인의 행복을 희생시킨 일이나, 후계자를 제국 안에서 고르지 않고 가족 중에서 고른 것 따위에 대해 거센 비난을 받았다.

황제를 비롯하여 교사로 초빙된 학식과 덕망을 갖춘 학자들 모두가 콤모두스의 편협한 정신을 넓혀 주고 날이 갈수록 더해 가는 비행을 바로잡아, 장차 황제가 되기에 손색없는 인물로 만들기 위해서 온갖 노력을 기울였음은 분명하다.

하지만 교육이라는 것은, 타고난 자질을 가진 자라면 몰라도 대개의 경우 큰 성과를 올리기 어려운 법이다. 콤모두스의 경우도 예외가 아니었다. 철학자들이 심각한 표정으로 얘기하는 무미건조한 강의 내용은 방탕한 자들의 부추김에 이내 허사가 되었다.

마르쿠스 아우렐리우스 황제(재위 161~180) 당시의 로마제국은 경제적·군사적으로 어려운 시기여서 변방에는 외적의 침입이 잦았으며, 특히 다뉴브강 쪽에서는 마르코만니족 및 콰디족이 자주 침입하여 그 방비에 힘썼다. 철학자이기도 한 그는 저서 《명상록》을 남겼다. 《명상록》은 진중에서 쓴 것으로 스토아적 철인의 사색과 황제의 격무라는 모순에 갈등하는 인간의 고뇌가 담겨 있다.

그렇게 애쓴 교육의 성과를 헛되이 날려 보낸 책임은 마르쿠스 아우렐리우스 황제 자신에게 있다. 그것은 14, 15세의 어린 청년을 황제의 권한에 전면적으로 참여토록 한 데서 기인한다.

이 철인 황제는 그로부터 불과 4년 뒤에 죽었는데, 그 짧은 기간을 관찰하기만 해도 자신의 경솔한 처사를 후회하기는 충분했을 것이다.

사회 치안을 어지럽히는 대부분의 범죄는 그 원인을 일종의 억제에서 찾을 수 있다. 이를테면 부동산을 둘러싼 불평등한 법률이 그러하다. 필요에 의한 것이겠지만, 다수가 원하는 사물의 소유를 소수에게 한정시키는 데서 분쟁이 일어난다.

인간의 모든 욕망 가운데 가장 위험하고 배타적인 것은 무엇일까? 바로 권력욕이다. 왜냐하면 한 사람의 만족을 위해 많은 사람의 복종을 필요로 하기 때문이다. 세상이 어지러우면 법은 사문화(死文化)하는데, 그렇다고 인도주의가 그것을 대신하는 일은 좀처럼 없다. 치열한 경쟁심, 승리에 의한 오만, 성공에 대한 갈망, 잊을 수 없는 원한, 미래의 위험에 대한 공포, 이 모든 것이 격정에 불을 붙이고, 자비의 목소리를 잠재운다. 역사를 보아도 알 수 있듯이 이러한 동기에 의해 민중이 피를 흘리지 않았던 시대는 거의 없다.

그러나 콤모두스 황제의 경우, 그러한 동기는 전혀 해당하지 않는다. 부족한 것 없이 다 가진 그는 더 이상 바랄 것이 없었기 때문이다.

마르쿠스 안토니누스 황제의 사랑스러운 아들로서, 원로원과 군대의 환호 속에 제위에 오른 이 행복한 청년 주위에는 제거해야 할 경쟁자나 처벌해야 할 적대자는 한 사람도 없었다. 그 자신도 그처럼 평온한 제위에 앉아서, 네로 황제나 도미티아누스 황제의 타기해야 할 운명보다는 5현제(賢弟)가 보여 준 온화한 영광의 생애를 원하고 있었다.

콤모두스는 처음부터 인간의 피에 굶주린 사자로 태어난 것은 아니었다. 그는 사악하다기보다 나약한 성격이었고, 그 단순함과 소심함 때문에 측근들의 노예가 되어 서서히 타락해 갔다고 이해하는 것이 사실에 가깝다. 즉 그의 잔인성은 다른 사람들이 시키는 대로 따르는 데서 시작되었으며, 그것이 점차 몸에 배어 결국 지배적인 감정이 된 것이라고 할 수 있다.

마르쿠스가 서거하자[1]마자, 콤모두스는 대군의 통수권을 맡아 콰디족과 마르코만니족을 상대로 힘겨운 정벌전을 직접 지휘하게 된 것에 당황했다.

이러한 가운데 마르쿠스 안토니누스 황제가 몰아냈던 방탕한 무리들이 속속 되돌아와 갈팡질팡하는 새 황제를 조종했다. 그들은 다뉴브강 저 멀리 있

---

1) 180년 다뉴브강 변의 진중에서 급사함.

는 야만적인 나라들에 대한 출정에 대해, 그 고달픔과 위험을 과장하면서 끊임없이 설득했다. 이미 혼란의 양상을 드러내고 있는 야만족의 평정에는 황제와 명성과 부하 부대만으로 충분하며, 경우에 따라서는 평정할 것도 없이 지금 당장이라도 유리한 조건을 이끌어 낼 수 있다는 것이었다.

한편에서는, 무기력한 황제의 관능을 교묘하게 자극하여, 평화로운 로마에서 누릴 수 있는 호사스럽고 세련된 쾌락에 비해, 판노니아 진영에는 사치를 위한 여가도 물자도 아무것도 없다는 것을 강조했다.

그러한 충고는 귀에 솔깃한 법, 콤모두스는 그들의 진언에 열심히 귀를 기울였다. 이렇게 선황제의 고문단에 대한 외경심과 자신의 비겁하고 나약한 성향 사이에서 망설이는 동안 어느덧 여름도 지나가고 로마로의 개선은 가을로 늦추어졌다.

그동안 그는 그 단정한 용모와 훌륭한 연설, 언뜻 인격자처럼 보이는 인상에 의해 민중의 인기를 끌고 있었다. 또 야만족에게 허용한 명예로운 평화는 제국 전역에 기쁨을 가져다주었다. 로마로 돌아가는 날만 묻는 그의 모습은 조국애 때문이라고 호의적으로 해석되어, 그의 방탕한 행적에 대해서도 19세의 젊은 황제라는 점이 감안되어 별로 비난받지도 않았다.

콤모두스가 즉위한 뒤 처음 3년 동안은 아버지 마르쿠스가 아들을 위해 천거한 충실한 고문단에 의해 정치체제뿐만 아니라 합당한 통치 정신까지 이전과 같이 유지되었다. 고문단의 지혜와 청렴함에는 그도 겉으로는 경의를 표했다.

이때까지는 자신을 에워싸고 있는 무리를 상대로 황제의 권한을 남용하고는 있었지만, 그 손을 피로 물들이는 일은 없었다. 오히려 그는 때때로 관대한 면모를 보여 주어, 마침내 정말로 덕망 있는 인물이 아닌가 하는 기대까지 품게할 정도였다. 그러던 중 결국 그의 성격을 운명 짓는 결정적 사건이 일어난다.

콤모두스가 폭군으로 변한 날

183년 어느 날 저녁, 콤모두스 황제는 궁전으로 돌아가기 위해 콜로세움의 어둠침침한 회랑을 걸어가고 있었다. 그때 갑자기 숨어 있던 누군가가 칼을 들고 뛰어나오면서 소리쳤다.

"원로원의 칼이다!"

근위병들이 곧 자객을 체포하여 배후를 밝혀냈다.

놀랍게도 그 음모는 궁전 안에서 꾸민 것이었다. 황제의 누나이자 루키우스 베루스의 과부인 루킬라가, 친동생의 목숨을 노린 것이었다. 제국 제3위의 지위에 만족하지 못한 그녀가 황후에 대한 질투심 때문에 저지른 잘못이었다. 파우스티나의 행실을 따라 하고 있던 루킬라에게는 정부가 다수 있었는데, 그중에는 그녀의 애욕뿐만 아니라 광기에도 봉사하기 위해 물불을 가리지 않는 야심가들이 많았다. 따라서 계획을 실행해 줄 하수인은 얼마든지 있었던 셈이다.

공모자들은 즉시 모두 엄한 처벌을 받았고, 황녀도 처음에는 추방되었다가 끝내 처형되었다. 이때 자객이 외친 말은 콤모두스의 마음속에 깊게 박히어 원로원 전체에 대해 지우기 힘든 공포와 증오의 상처를 남겼다. 그때부터 그는 지금까지 두려워했던 잔소리꾼 고관들을 숨어 있는 적으로 여기었다. 그러한 가운데 지난 몇 대에 걸쳐 거의 근절되다시피 했던 밀고자(delator)들이 황제의 속마음을 알아차리자마자 다시 두려운 존재로 대두한다.

선황제 마르쿠스가 위대한 의회라고 불렀던 원로원은 로마인 가운데서도 특히 빼어난 인사들로 구성되어 있었다. 그러나 이제는 무슨 일에서든 뛰어난 것은 바로 죄악이 되었다.

그때부터 부(富)는 밀고자들의 구미를 돋우었고, 근엄함은 황제의 방종에 대한 암묵의 비난으로 간주되었다. 요직에 오르는 것은 위험한 탁월성을 의미했고, 심지어 선황제와 친분이 있었다는 것마저 황제의 노여움을 샀다.

혐의는 즉시 확증이 되어 재판은 바로 유죄판결이었다. 유력한 원로원 의원 한 사람을 처형할 때는 그의 비운을 슬퍼하거나 복수할 만한 사람들은 모조리 죽음을 면치 못했다.

마침내 인간의 피를 맛본 흉악한 황제 콤모두스, 그는 그때부터 연민과 후회를 모르는 인간으로 변해 간다.

이러한 참상의 희생이 된 무고한 사람들 가운데 사람들이 가장 애석하게 여긴 것은 쿠인틸리아누스 집안의 형제 막시무스와 콘디아누스였다. 두 사람에 대한 추억은 그들의 지극한 형제애 때문에 사람들 가슴에 오래도록 남아, 그 이름이 후세에까지 전해 내려오고 있다.

그들은 학문과 직업뿐만 아니라 취미와 오락까지 항상 같았다. 막대한 토지를 소유하고 있는 것도 같았다. 그들 사이에 개인의 권리나 자산의 분할 같은 생각은 조금도 없었다. 저술에 있어서도 예외가 아니어서, 그들이 공동으로 집필한 논문의 단편이 지금도 남아 있다. 그야말로, 두 개의 몸이 하나의 마음으로 움직이고 있었다.

두 안토니누스 황제 시대에는 그들의 인품을 높이 평가하며 칭송했던 황제들에 의해, 어느 해에는 두 사람이 동시에 집정관에 임명되기도 했다. 나중에 마르쿠스 황제 시대가 된 뒤에도 그리스 행정과 군단 지휘가 그들의 공동 관리에 맡겨졌다. 이때 그들은 게르만인을 상대로 크나큰 전과를 올렸다.

콤모두스는 이러한 형제를 함께 죽이고 말았다. 참으로 '잔인한 친절'이라고 할 수밖에 없다.

간신 페렌니스

가장 고귀한 원로원 의원의 피마저 흘리게 한 폭군의 흉포함은 결국 그 앞잡이였던 자들에게도 돌아갔다.

인간의 피와 사치에 빠진 콤모두스 황제는 일상적인 국사는 총애하는 신하 페렌니스에게 맡겼다. 전임자를 죽이고 현재의 지위를 차지한 이 측근은 패기와 능력이 모두 상당한 자로, 귀족들을 상대로 재물을 요구하거나 마음대로 몰수하여 막대한 재산을 모은 인물이었다. 근위대가 그의 직접적인 지휘 아래 있었고, 일찍이 군사적 재능을 보인 그의 아들은 일리리쿰 지방 군단 지휘관이 되었다.

페렌니스의 가슴에는 제위 찬탈, 또는 콤모두스 입장에서 볼 때 그것과 동등한 범죄를 계획하고 있었다. 따라서 이 간악한 신하가 만약 불의의 기습을 받아 죽지 않았더라면, 그 목적을 이루었을 가능성도 있다.

제국의 오랜 역사에서 보면, 고관 한 사람의 몰락쯤은 아주 작은 일에 지나지 않을지 모른다. 하지만 그것이 다음과 같은 사건에 의해 앞당겨졌다는 것은, 이미 로마군의 기강이 심각하리만큼 해이해졌음을 말해 준다.

그것은 바로 브리타니아 주둔군 사건이다.

본국과 멀리 떨어진 그 섬에서 전부터 페렌니스에게 불만을 품고 있던 로마군은, 그것을 황제에게 직접 전하기 위해 1500명의 정예병으로 편성한 부대를 로마에 보내기로 했다.

탄원병들의 태도는 단호했다. 근위군의 모든 부대를 선동하는 한편, 브리타니아 주둔군의 세력을 과시했다. 그들은 경악하는 콤모두스 황제에게 페렌니스의 죽음만이 유일한 해결책이라며 강압적으로 요구한 끝에 마침내 그것을 실현시키는 데 성공했다.

이 사건은 이렇게 해결되었지만, 제국의 불온한 분위기는 그것으로 진정되지 않았다. 아니 오히려 이러한 변경(邊境) 주둔군의 대담한 행동과 정부의 취약성이 드러난 것은 다가올 끔찍한 격변을 예고하는 하나의 전조에 지나지 않았다.

새 간신 클레안데르

은혜를 베풀면 결코 다른 사람 편으로 돌아서지 않으리라는 생각에서인지, 시기심과 의심이 많은 황제가 보잘것없는 인품을 가진 자를 중용하는 예가 역사상 적지 않다.

페렌니스의 뒤를 이은 클레안데르는 프리기아[2]인이었는데, 이 프리기아아인들은 때리지 않으면 말을 듣지 않는 어리석고 비굴한 민족성을 가졌다고 한다.

그러한 고국에서 노예로서 로마에 온 뒤, 다시 노예로서 궁정에 들어간 클레안데르는 주인의 욕심을 채워 주는 데 매우 뛰어났다. 그 덕분에 단기간에 그 무렵 신하로서는 최고의 지위까지 올라갔다.

콤모두스 황제에게 끼치는 영향력 면에서는 페렌니스도 클레안데르를 따라가지 못했다. 그것은 이 후임자에게는 콤모두스 황제에게 질투와 불신을 불러일으킬 만한 재간이나 미덕은 하나도 없었고, 그저 끝없는 탐욕만이 지배적인 정서이자 행동 원리였기 때문이다.

집정관, 귀족, 원로원 의원 등의 지위를 잇달아 공매에 부쳐, 재산 대부분을 들여 그것을 구입하게 했다. 만약 거부하면 불충한 자라는 낙인이 찍혔다고 한다.

폭리를 거둘 수 있는 속주의 매관행위에 이르러서는, 클레안데르는 백성들

---

2) 소아시아에 있던 나라.

로부터 수탈한 것을 총독들과 나눠 가지기까지 했다.

법 집행은 독단적이었고, 게다가 금전에 좌우되었다. 부유한 범죄자의 경우는 정당하게 내려진 유죄판결을 철회시킬 수 있었을 뿐만 아니라 고발자와 증인, 심지어 재판관까지 마음대로 처벌할 수 있었다.

클레안데르는 3년 동안 해방노예로서는 누구도 가져보지 못한 어마어마한 부를 쌓았다. 그리고 콤모두스 황제의 발아래 호화로운 선물을 끊임없이 바침으로써 큰 환심을 샀다. 그뿐만 아니라, 민중의 불만을 딴 데로 돌리기 위해 황제 이름으로 목욕탕, 회랑, 체육관 등 공공시설을 활발하게 건설했다.

그는 마음속으로 이렇게 생각했다. '로마 시민들은 이 성대한 잔치에 뛸 듯이 기뻐하느라 매일 벌어지는 유혈 사건에는 거의 관심을 가지지 않을 것이다. 특히 지난번 원로원 의원 베루스의 죽음은 금방 잊어버리고, 아리우스 안토니누스 처형에 대해서도 비난하지 않겠지.'

위의 두 사람 가운데 전자 베루스는 처남인 황제에게 클레안데르의 정체를 폭로하려 한 것이 화근이 되었고, 후자인 아리우스는 아시아 속주 총독 시절에 이 간신에 대해 내린 공정한 판결이 목숨을 앗아갔다. 페렌니스가 죽은 뒤 콤모두스 황제는 앞서 발포했던 악법을 철회하고, 정부에 대한 민중의 원망을 죽은 사람에게 덮어씌웠다. 그리고 그때까지의 어리석은 행위에 대해서는 모두 간악한 신하의 잘못된 인도 탓으로 돌리는 등, 자기변명으로 일관하면서도 잠시 동안은 뉘우치는 것처럼 보였다.

그러나 이 반성도 그리 오래가지 않았다. 클레안데르의 새로운 폭정 아래에서 사람들은 오히려 페렌니스의 정치를 가끔 그리며 애석해했을 정도였다.

로마는 이러한 재난에 이어 역병과 기근이 찾아와 최악의 상황을 맞이한다. 역병은 신들의 정당한 분노로 돌릴 수도 있지만, 기근의 경우[3]는 그 직접적인 원인이 클레안데르의 부와 권력에 의한 곡물 독점이라는 것은 누가 보아도 분명했다. 이리하여 그때까지 귓속말로 속삭여 왔던 대중의 불만이 원형극장에

---

3) 189년 로마에서만 매일 2000명의 아사자가 발생했음.

서 한꺼번에 폭발한다.

군중은 복수를 위해서 그토록 좋아하는 유흥도 포기한 채, 이제는 폭도로 변하여 교외에 있는 황제의 별궁으로 몰려갔다. 그들은 공적(公敵)의 머리를 내놓으라고 절규했다.

근위대 대장이기도 한 클레안데르는 기병대에게 돌격을 명령하여 폭도들을 해산시키도록 했다. 이 강력한 힘 앞에 군중은 뿔뿔이 흩어져 시내로 달아났고, 그 와중에 몇 사람이 기병의 칼에 쓰러졌으며, 또 그와 비슷한 수의 사람들이 말발굽에 밟혀 죽었다.

그러나 추격해 온 기병대가 시가지에 들어서자, 집집마다 지붕과 창문에서 돌멩이와 화살이 빗발치듯 쏟아졌다. 여기서 기병대는 더 이상 전진할 수 없었다. 이때 전부터 근위 기병대의 특권과 전횡을 질시해 온 로마 경비 보병대가 민중 편으로 돌아선다. 소란은 정식 교전으로 발전하여 대량 학살의 가능성까지 생겨났다.

이를 기해 정세가 뒤바뀐다. 적의 수에 압도된 근위대가 후퇴하기 시작한 것이다. 민중은 여세를 몰아 분노를 더욱 폭발시키며, 황제가 쾌락에 빠져 있는 별궁 문 앞으로 성난 파도처럼 몰려갔다.

콤모두스 황제에게 다가가고 있었던 것은 흉보와 함께 죽음이었다. 따라서 만약 이때 황제의 누나 파딜라와 애첩 마르키아가 사태를 직접 털어놓지 않더라면, 그는 쾌락의 탐닉 속에서 목숨을 잃고 말았을 것이다.

두 여인은 머리를 풀어 헤치고 눈물을 흘리며 황제에게 달려갔다. 그리고 황제의 무릎에 매달려 놀라는 그에게 클레안데르의 악행과 민중의 분노, 당장이라도 이 궁전과 황제를 덮치려 하는 파국에 대해 단숨에 털어놓았다.

그제야 겨우 취몽에서 깨어난 콤모두스 황제는 진상을 알자마자 곧바로 클레안데르의 머리를 군중에게 내주라고 명령했다.

이리하여 민중의 요구가 만족되자, 그때까지의 혼란은 썰물이 빠져나가듯이 진정되었다.

이때라면 콤모두스도 아직 현제 마르쿠스의 아들로서 민중의 애정과 신뢰를 되찾을 수 있었을지도 모른다.

황제의 음행과 어리석음

그러나 애석하게도 황제 콤모두스에게는 이미 자비심도 도덕심도 없었다. 그는 국정을 변변치 않은 신하들에게 맡기고, 자신은 관능을 채우는 것 외에는 권력의 가치는 없다는 듯 오로지 쾌락에만 빠져 있었다.

300명의 미녀 외에 적지 않은 수의 미소년들이 사는 후궁에서 매일 시간을 보내며, 그들을 마음 가는 대로 유혹했다. 어쩌다 그런 유혹이 뜻대로 되지 않기라도 하면 이내 폭력을 휘둘렀다.

고대의 역사가들은 본성의 절제와 인륜의 절도라고는 눈곱만큼도 찾아볼 수 없는 콤모두스 황제의 음행에 대해 상세하게 기록했으나, 그 묘사를 현대어로 충실히 번역하려면 품성을 버릴 것 같으므로 사양해야겠다.

또 음란한 즐거움의 사이사이는 극히 저속한 유흥으로 채워졌다고 한다. 참으로 시대의 세련미도 공들인 교육도 그의 포악한 마음에는 한 조각 양식조차 불어넣을 수 없었는지, 그는 로마의 황제들 가운데 지적 쾌락에 대한 취미를 아예 갖지 못한 최초의 황제였다.

네로 황제의 경우, 폭군이기는 했지만 음악과 시 같은 예술에 뛰어났다. 적어도 그렇게 보였다. 따라서 만약 여가를 즐기는 것에 대해, 아예 그것을 생업으로 삼으려 하거나 야심의 대상으로 삼지만 않았더라면, 우리는 이 재주 많은 황제의 그런 취미 생활을 혐오하지는 않았을 것이다.

군주가 원형경기장에서

콤모두스 황제의 경우는 어렸을 때부터 양식적인 것은 까닭도 없이 싫어하는 한편, 격투기 시합이나 사냥 같은 대중적인 오락에는 굉장히 집착했다.

선황제 마르쿠스가 초빙한 우수한 교사들의 강의는 참으로 따분하여, 그것을 진지하게 듣는 일이 거의 없었다. 반면에 무어인과 파르티아인이 가르치는 창던지기나 활쏘기 같은 무술에는 매우 흥미를 나타내어, 얼마 지나지 않아 가장 실력 있는 교사와도 어깨를 나란히 할 수 있게 되었다.

주인의 악덕에 출세의 기회를 걸고 있었던 비열한 자들은, 이러한 혐오스러운 군주의 기호에 박수를 보내며, 그리스의 헤라클레스가 네메아의 사자와 에리만토스의 멧돼지를 쓰러뜨린 공적으로 신의 반열에 올라 사람들에게 영원한 명성을 남긴 것을 황제 콤모두스에게 상기시켰다.

그러나 그들은 한 가지 중요한 사실을 잊고 있었다. 인간이 맹수와 싸워 이기는 것이 영웅적 행위가 된 것은, 미개척지를 두고 맹수와 싸웠던 아득히 먼 원시 사회에서였다는 것을 말이다.

이에 비해 개화된 로마제국의 경우는, 맹수가 대도시 근교에서, 아니 인간 앞에서조차 자취를 감춘 지 이미 오랜 세월이 지났다. 따라서 맹수들을 외딴 보금자리에서 노획하여 로마로 운반해 와서 사람들을 모아 놓고 죽이는 행사는 황제에게는 어리석음의 극치요 백성들에게는 성가시기 짝이 없는 일이었다.

그러나 콤모두스 황제는 이러한 차이를 깨닫지 못했다. 그는 경기의 화려한 외관에 사로잡혀, 스스로 로마의 헤르쿨레스를 자처했다. 제권(帝權)을 상징하는 갖가지 휘장과 함께 몽둥이와 사자 가죽을 옥좌 옆에 두거나 나아가서는 제국 방방곡곡에 이 그리스 영웅을 닮은 자신의 조각상을 세우게 했다.

콤모두스 황제는 이러한 찬사에 우쭐해져서 점차 수치심을 잃어 간다. 결국 그때까지 몇몇 측근 앞에서만 보여 주던 이 행사를 로마 시민에게도 공개하게 된다. 추종과 공포, 또는 호기심 등, 다양한 동기에서 민중이 원형극장에 구름처럼 모여들어, 관객으로서는 당연히, 사람들 앞에서 무술을 선보이는 황제의 비범한 솜씨에 갈채를 보냈다.

짐승의 머리든 심장이든 노렸다 하면 일격에 쓰러뜨렸다. 질주하는 타조 앞을 앞질러 달리며 끝을 초승달처럼 뾰족하게 깎은 화살을 쏘아 그 긴 목을 부러뜨렸다. 표범 한 마리를 풀어 놓고, 이 사수는 떨고 있는 죄수를 향해 표범이 달려들 때까지 기다린다. 맹수가 뛰어오르는 동시에 화살이 날아가고, 짐승은 그 자리에서 땅에 떨어진다. 죄수는 상처 하나 없이 위기를 모면한다.

다음에는 우리 속에서 100마리의 사자가 한꺼번에 쏟아져 나온다. 그러면 실수하는 법이 없는 콤모두스 황제가 던진 투창이 포효하며 날뛰는 사자들을 어김없이 차례차례 쓰러뜨린다. 그야말로 백발백중이다. 사자뿐만이 아니다. 거대한 몸집을 가진 코끼리도, 두꺼운 갑옷을 입은 코뿔소도 그의 일격에는 속수무책이었다.

온갖 진기한 맹수들이 에티오피아와 인도에서 들어와, 그림, 아니 이야기를 통해서만 알고 있었던 동물들이 원형경기장에서 수많은 관중이 주시하는 가운데 차례차례 처참하게 살해되었다.

이러한 공연에 등장하는 자칭 로마의 헤르쿨레스를 위해 엄중한 신변 보호 조치가 취해졌다. 황제의 권위와 신격으로서의 존엄성을 알 리 없는 사나운 맹수가 황제에게 결사적으로 달려들어 해칠 가능성이 적지 않았기 때문이다.

군주가 검투사 대열에 끼어들어 국법과 관습에서 천한 일로 여기는 그러한 행위를 만족스럽게 즐기는 모습은, 가장 비천한 사람들에게조차 치욕과 분노를 불러일으켰다.

콤모두스 황제는 세쿠토르[4] 옷을 입고 그 무기를 들고 레티아리우스[5]와 싸웠는데, 그것은 원형극장에서 벌어지는 피비린내 나는 경기 가운데 최대 구경거리였다.

세쿠토르는 투구와 칼 그리고 둥근 방패로 무장하고, 상대인 레티아리우스는 벌거벗은 채 커다란 그물과 삼지창만 쓴다. 전자는 적을 베어 죽이려 하고 후자는 적을 사로잡으려 한다. 처음에 던진 그물이 실패로 끝나면, 다음 그물을 던질 준비가 될 때까지 레티아리우스는 세쿠토르의 공격을 피해 도망 다녀야 한다.

콤모두스 황제는 이 세쿠토르 역을 735회나 했다. 그 눈부신 성적은 제국 공식 행사 기록에 꼼꼼히 적혀 있다.

물론 이러한 시합에서는 황제가 언제나 승자였던 것은 말할 것도 없다. 원형경기장에서의 승리로 피를 보는 경우는 드물었지만, 검투사 양성소나 궁정 안에서 연습할 때는 콤모두스 황제에게 치명적인 일격을 당하는 명예를 입고, 자신의 피로 추종행위를 봉인해야 했던 가련한 상대도 많았다.

그의 난행은 여기서 그치지 않았다. 그야말로 파렴치한 행위를 하나도 놓치지 않겠다는 듯이, 검투사 공동기금에서 어마어마한 연금을 받기도 했다. 그것을 위해 그는 새로운 세금까지 부과했다. 아마 로마 시민에게 이보다 굴욕적인 일은 없었을 것이다.

---

4) 검투사.
5) 검투사 상대역.

이 폭군은 이제 헤르쿨레스라는 호칭에도 만족할 수 없었다. 그 무렵 유명한 세쿠토르였던 파울루스만이 그의 귀를 간질이는 유일한 이름이 되었다. 이 파울루스라는 이름은 그의 수많은 거대 조각상에 새겨진 한편, 한숨 쉬면서 박수를 보내는 원로원의 환호 속에서도 수없이 되풀이하여 들려왔다.

폭군의 최후

콤모두스 황제의 악덕과 비행은 이제 절정에 달했다.

그는 간신들로 둘러싸여 있었으나, 자기가 제국의 모든 학식 있고 덕망 높은 사람들에게 경멸과 증오의 대상이 되고 있다는 사실을 알고 있었다. 그러한 증오에 대한 의식과 모든 미덕에 대한 선망, 또 위협에 대한 두려움과 일상적인 오락으로 즐긴 살인행위, 이러한 것이 그 포악한 마음을 더욱 거칠게 부추겼다.

그러나 콤모두스 황제의 잔인성에도 마침내 종말이 찾아온다. 고귀한 로마인의 피를 마음대로 흘려 온 그에게 공포를 느낀 측근들에 의해 최후를 맞이할 때가 온 것이다.

동료와 전임자들의 운명을 보고 전율했던 애첩 마르키아, 시종장 에클렉투스, 근위대장 라에투스, 이 세 사람은 주군의 변덕스러운 광기나 그것에 분노한 민중의 궐기가 두려워, 당장이라도 그들 머리 위에 떨어질지 모르는 재난을 피하기로 결심했다.

어느 날, 맹수 사냥을 마치고 피곤해진 콤모두스 황제에게, 마르키아가 기회를 잡아 포도주를 권했다. 황제는 그것을 다 마신 뒤 침실로 들어갔다. 이윽고 독약과 술기운이 퍼져 괴로워하기 시작하자, 레슬링이 직업인 청년이 침실에 들어가 그를 단숨에 목 졸라 죽였다. 그의 시신은 아무도 몰래 궁전에서 실려 나갔다. 시민들은 물론이고 궁정 안 누구도 황제의 죽음을 눈치채지 못했다.

이것이 뛰어난 황제 마르쿠스 아우렐리우스의 후계자가 맞이한 말로이다.

개인의 역량이나 재능에 있어서 자기보다 조금도 못하지 않았던 수백만 신민들을 13년이라는 오랜 세월 동안 학대해 온 가증스러운 폭군은 이처럼 어이없게 몰락했다.

칼럼 로마법

세계적으로 유명한 '로마법'이지만, 뜻밖에도 이 법에 관해서는 1816년에 볼로냐에서 기적적으로 사본이 발견된 2세기 후반의 법학자, 가이우스가 쓴 《법학제요(法學提要)》와 6세기에 동로마 황제 유스티니아누스가 편찬을 명령한 《로마법 대전》이라는 이름으로밖에 알려져 있지 않다.

로마인은 기원전 450년에 최초의 법으로 '12표법'이라고 하는 것을 12개의 동판에 새겨서 공포했다. 이로써 로마법의 역사가 시작된다. 이 법은 현존하지 않지만, 로마인의 교양의 근간을 이루는 것으로서 어릴 적부터 암기하게 했음을 후세의 서술 여기저기에서 볼 수 있으며, 그 내용적 몇 가지는 알려져 있다. 이 법은 원리적으로는 유스티니아누스 황제 시대까지 유효했지만, 내용적으로는 시대에 뒤떨어져 폐지되다가 공화정 중기에는 이 법에 주석을 다는 일로 이미 관심이 옮겨 간 것으로 추측된다.

그 이후의 공화정 때 로마에 있어서의 입법은 주로 민회나 평민회에 의한 결의로 공포되었다. 그 이외에는 법무관, 감찰관, 재무관, 또는 속주 총독 등 고위 정무관(특히 법무관)에 의한 고시의 형태로 다양한 결정이 통달되었다. 원리적으로는 이 고시는 그것을 발표한 정무관의 재임 중에만 유효했지만, 관습적으로 후임 인물에게도 특별한 이유로 파기되지 않는 한 이어졌다. 방대하게 발표된 고시는 하드리아누스 황제 때 법학자 율리아누스에게 명령하여 개정판을 작성하게 하여(하드리아누스 영구 고시), 영구적으로 효력을 지니게 됨과 동시에 법무관은 변경할 수 있는 권한을 잃었다. 또한 원로원 결의도 법적 구속력을 지녔었다. 다만 이러한 것들은 정리된 형태로 편찬된 것이 아니고, 그때그때 제정된 것이기 때문에 내용은 나중에 편찬되는 《로마법 대전》에 수용된 것을 제외하면 여러 가지 법정 변론이나 다른 사료를 바탕으로 짐작할 수밖에 없다.

공화정 말기가 되면 법률에 대한 관심이 증가를 보인다. 그 결과, 법학자라고 불리는 사람들이 등장하고, 그중에는 이들 법률의 취급을 생업으로 하는 자도 있었다. 그들의 활동은 오늘날의 법률사무소와 비슷한 것이었다. 예를 들면 상담하러 온 사람에게 법적인 근거를 바탕으로 조언을 한다든지, 계약 또는 고시 등의 초안을 기초할 때 법률에 저촉되지 않는지 상담을 받거나, 또는 소송에 대한 조언 등을 하는 것이었다. 그들은 몇 개의 학파를 형성하기까지 한 것으로 알려져 있다.

공화정 때는 아직 그 숫자가 많지 않았던 그런 사람들이 제정기로 접어들자 법률제도의 변화 때문에 차츰 중요해지고, 숫자도 의의도 커졌다. 즉 황제의 출현에 의해 황제의 의지가 법률로서 효력을 지니게 된다. 이것은 칙법(勅法)이라고 불렸다. 또는 황제에게 한 여러 가지 문의에 대한 칙답의 형태로 공포되었다. 이런 행위들에 있어서 과거의 법률에 해박한 인재는 황제에게는 없어서는 안 될 인물이었다. 이와 같은 사태 때문에 공화정 시기의 민회에서의 입법은 이루어지지 않게 되었지만, 원로원 결의는 과거보다 증가하여 입법에 이용되기에 이른다. 이것은 원로원의 권위가 높아져서가 아니라 황제의 의지를 실행하기 위해 이용된 결과였다.

그리고 이들 법학자가 법률에 관한 여러 가지 작품을 저술한 것으로 전해진다. 그리스인이 시작한 장르인 듯한데, 로마인에게 도입되어 간결한 라틴어로 쓰인 이들 저서야말로 그리스의 것을 압도적으로 웃도는 흔적을 후세에 남겨 '법률에 능했던 로마인'이라는 평판을 받는 바탕이 되었다. 공화정 때부터 12표법의 해석을 비롯한 저서가 차례로 발표되었다. 제정기가 되자 이러한 경향은 점점 더 활발해져서 다양한 법률에 대한 자기의 해석과 다른 법률가의 회답, 과거의 사례를 책으로 간행하게 된다. 또 법률에 관한 입문서도 출간되었다. 이들 법률가를 한 사람씩 일일이 다루자면 끝이 없지만, 입문서 가운데 유일하게 현존하는 《법학제요》를 2세기 후반에 저술한 가이우스, 또 그 저서는 현존하지 않지만 후세의 법 편찬에 지대한 영향력을 미치고, 유스티니아누스 황제 때의 《학설휘찬》에 많은 부분 채택이 되고, 3세기 전반에 몇 명의 황제를 섬겼던 울피아누스 등이 대표적인 인물이다.

디오클레티아누스 황제 시대 이후에 지금까지 나왔던 방대한 수의 칙법과 칙답, 또는 칙령, 그리고 그것에 대한 해석을 편찬하려는 움직임이 생겨나 법전의 작성이 시작되었다. 이것은 난국을 벗어나 안정된 상태로의 회복을 바라고 광대한 제국의 사법을 원활하게 운영할 목적이 있었던 것 같다. 디오클레티아누스 황제 때 2개의 법전이 편찬되었는데, 오늘날 널리 알려져 있는 것은 438년에 테오도시우스 2세의 명령으로 편찬된 《테오도시우스 법전》이다. 여기에는 약 2500개의 칙법이 수집되어 있었다고 전해지지만, 유감스럽게도 현존하지는 않고 일부가 알려져 있을 뿐이다.

위의 것은 단지 칙법의 수집이었지만, 유스티니아누스 황제가 527년에 즉위하자 칙법의 수집뿐만 아니라 테오도시우스 2세가 실행을 단념했던, 지금까지의 법령의 해석과 그것에 대한 여러 학자의 의견 차이 등도 정리하게 했다. 따라서 칙법이 수집된 《칙법휘찬》[1]과는 달리 50권으로 이루어진 《학설휘찬》[2]이 편찬되었다. 이러한 것들을 총칭하여 《시민법(로마법) 대전》이라고 한다. 서고트인도 이것들을 바탕으로 한 법률을 채용하였으므로 후세로 계승되기에 이르렀다. 특히 11세기 이후의 유럽에서의 법학교육이나 행정의 기본이 되었으므로 현재에 이르기까지 이 로마법은 현실적인 의미를 유지하게 되었다.

다만 이 법전들은 현대의 체계적인 법전과는 한참 거리가 먼 것이고, 로마의 법은 원칙적으로 그 시대마다의 경우에 따라 공포된 것이었으므로 내용적으로는 모순도 있지만, 19세기의 역사가 몸젠은 고대 로마사를 연구함에 있어 이것에 강인하게 체계성을 부여하여 뒤를 잇는 연구자에게 커다란 영향을 주게 된다.

---

1) Codex. 529년 완성. 이것은 현존하지 않지만, 534년의 개정판이 현존한다.
2) Digesta 또는 Pandektai. 533년 완성.

마르쿠스 아우렐리우스 황제 기념주의 돌을새김(부분), 176~193년, 로마. 마르코만니 전쟁의 승리를 기념하여 세웠다. 서게르만의 한 부족의 마르코만니인들이 다뉴브강을 건너 로마제국령으로 침입하자 마르쿠스 아우렐리우스 황제는 이를 격퇴하여 원거리에 정착하게 하고, 재침입에 대비하여 변경 방비를 튼튼히 하였다.

데키우스, 갈루스, 아이밀리아누스, 발레리아누스, 갈리에누스 황제
여러 야만족들 대침입
30인의 참주들
클라우디우스 황제 마르쿠스 아우렐리우스 황제 치세와 승리
타키투스 황제 프로부스 황제와 카루스 황제 부자의 치세

격랑의 시대

필리푸스 황제가 거행한 대경기회부터 갈리에누스 황제[1]의 서거에 이르는 20년(248~268년)은 온갖 오욕과 재난으로 가득 찬 나날이었다. 이 기간 내내 야만족의 침입과 군인 황제의 폭정에 시달리지 않았던 적은 한 번도 없었고, 제국은 더할 수 없이 피폐해져, 와해의 순간이 머지않은 느낌이었다.

지금 이 시대의 통사(通史)를 쓰고자 하는 사람은, 그 시기의 혼란했던 사정이나 역사 자료의 부족에서 저술에 상당한 어려움을 겪을 것이다. 남아 있는 자료에 의지해 보려 해도 모두 단편에 지나지 않는다. 또 지나치게 간결하고 종종 애매할 뿐만 아니라, 때로는 모순까지 보인다.

그래도 굳이 쓰고 싶다면, 그러한 자료를 모아서 비교해 보고 미루어 판단하는 수밖에 없다. 물론 그 판단을 사실로 다루어서는 안 되지만, 그것을 바탕으로 인간의 성질과 강렬한 열정의 작용을 이해함으로써 부족한 자료를 어느 정도 보완할 수는 있다.

잇따른 황제 암살로 인해 군주에 대한 신민의 충성심에 동요가 일어난 것과,

---

1) 재위 253~268년.

필리푸스 황제의 부하였던 장군들이 그 주군이었던 자를 모방하려고 한 것, 또 그때까지 오랫동안 난폭한 짓을 일삼아 온 군대가 또다시 변덕을 부려 일개 병졸을 느닷없이 황제로 추대할 가능성이 있었다는 것 등은 짐작하기 어렵지 않다.

다만 역사적으로 확실히 있었던 일은, 249년 여름 모이시아[2]군이 필리푸스 황제에게 반기를 들고 마리우스라는 하급장교를 황제로 옹립하려 한 사건 정도일까.

이때 급보를 받은 필리푸스 황제는, 이 반란이 대규모 내란의 도화선이 될지도 모른다는 두려움에 몸을 떨었다. 그리고 자신의 죄과와 다가오는 위험에 전율하면서 이 사건을 원로원에 바로 알렸다. 반란 소식이 전해진 회의장에는 한때 무거운 침묵이 흘렀다. 의원들의 가슴에는 공포 외에도 어쩌면 황제에 대한 불만도 있었으리라.

한참 뒤, 의원의 한 사람인 데키우스가 침묵을 깼다. 고귀한 집안에 어울리는 기개를 발휘하여 대담하기 짝이 없는 발언을 한 것이다. 즉 적은 황제를 가장한 그림자에 지나지 않으며, 얼마 못 가 그 경거망동 때문에 반드시 자멸할 것이라는 얘기였다.

데키우스, 반란군에 의해 황제로 추대되다

예언은 이내 적중했다.

감탄한 필리푸스 황제의 가슴에 데키우스에 대한 존경심이 솟아났다. 마리우스가 죽은 뒤에도 불온한 움직임을 보이고 있는 군의 규율을 강화하고 제국에 평화를 가져다줄 수 있는 인물은 그밖에 없다고 생각했다.

그러나 데키우스는 그 중대한 임무를 맡는 것을 오랫동안 사양했다. 아마도, 불안과 분노에 사로잡혀 있는 병사들 앞에 뛰어난 지도자가 나타난 경우의 위험성을 그런 태도로 암시한 것이 아니었을까.

---

2) 다뉴브강 남쪽.

얼마 지나지 않아, 그의 불안, 또는 예언은 또다시 적중했다. 모이시아 군대가 249년 데키우스를 억지로 공범자로 내세운다. 이제 그에게 남겨진 선택지는 죽음이냐 보랏빛 옷이냐 둘 중의 하나였다.

이리하여 데키우스는 이탈리아 국경까지 진군했다. 아니, 병사들을 따랐다고 하는 편이 나을지도 모른다. 어쨌든 황제 즉위를 받아들인 이상 그것은 필연적인 행동이었다.

한편 필리푸스 황제도 그때까지 깊이 신뢰하던, 이 무서운 상대를 격퇴하기 위해 전 병력을 결집하여 국경을 향했다. 수적으로는 황제군이 훨씬 우세하였지만, 반란군은 정예부대인 데다 역전의 명장이 그것을 이끌고 있었다.

결국 이 싸움에서 필리푸스 황제는 전사했다. 일설에 의하면, 며칠 뒤 베로나에서 처형되었다고도 한다. 공동 황제였던 황제의 아들과 측근도 로마에서 근위대에 의해 살해되었다. 여기에 이르자, 원로원과 여러 속주도 모두 승리자 데키우스를 승인하지 않을 수 없었다. 시대의 야심가에 대한 것치고는 파격적인 특전을 그에게 부여한 것이다.

전해지는 바에 의하면, 군의 압력 앞에 정제(正帝)의 칭호를 마지못해 받아들인 직후, 데키우스는 필리푸스 황제에게 사신을 보내 자신의 결백과 충성을 주장했다. 이탈리아로 돌아가서 황제의 표장을 반환하고, 처음의 충성스런 신하로 돌아가고 싶다는 뜻을 절절하게 호소했다고 한다.

그의 고백은 진솔한 것이었는지도 모른다. 그러나 어찌하랴. 이 운명의 사생아에게는 용서하는 것도 용서받는 것도 이룰 수 없는 꿈이었다.

고트족의 등장

수개월 동안 질서 회복과 상벌 재정에 몰두하던 데키우스 황제[3]는 고트족이 침입했다는 보고를 받고 이를 토벌하기 위해 다뉴브강으로 친정을 떠난다 (250년). 이것은 나중에 로마 세력을 꺾고, 로마를 약탈한 끝에 갈리아, 에스파냐, 이탈리아에 정주하며 군림하게 되는 이 위대한 민족이 역사에 등장하는

---

3) 재위 249~251년.

최초의 중대한 사건이었다.

그때부터 '고트'라는 이름은 부적절하지만 호전적인 야만족을 두루 일컫는 말로 흔히 쓰이고 있다. 그것은 서로마제국을 전복할 때 그들이 남긴 인상이 지극히 강렬했기 때문이다.

고트족은 그들의 옛 노래를 토대로 자신들의 발상지를 광대한 스칸디나비아반도로 생각했다. 그 노래는 신뢰성은 부족하지만, 그들 자신의 기록으로서는 유일한 것이다. 그러나 고트족이 여러 세대에 걸쳐 스칸디나비아가 발상지라는 자취를 간직할 수 있었다 해도, 문자도 없었던 야만족에게 그 이동 시기와 상황에 대해 정확한 것을 기대하기는 어려운 일이다.

그들에게 발트해를 건너는 것은 아주 쉽고도 자연스러운 행위였을 것이다. 스웨덴인은 여러 개의 노를 갖춘 대형 선박으로 구성된 대선단을 이끄는 데 뛰어났고, 칼스크로나에서 포메라니아와 프로이센의 가까운 항구까지 불과 100마일 정도밖에 되지 않았기 때문이다.

이 시점부터 우리는 확실한 역사의 무대에 들어간다.

적어도 그리스도 기원 초기부터 두 안토니누스 황제 시대가 끝날 때까지, 고트족은 비스와강 어귀에 정착하고 있었다. 그 뒤 이 풍요로운 땅에는 토룬, 엘빙, 쾨니히스베르크, 단치히 같은 상업도시가 들어섰다.

고트족의 서쪽에는 오데르강과 메클렌부르크, 포메라니아의 해안을 따라 반달계 부족이 많이 살고 있었던 것 같다.

반달족과 고트족은 풍습, 피부색, 종교, 언어 따위에 두드러지는 공통점이 있는 것으로 보아 같은 조상을 가진 하나의 거대한 민족이었던 것으로 추정된다.

고트족은 그 뒤 동고트, 서고트, 게피다이로 삼분되었다. 한편 반달족도 그 뒤 분열된 것으로 보인다. 그것은 헤룰리, 부르군트, 랑고바르드인(롬바르드인) 같은 독자적인 부족명이 있었던 것과 잡다한 작은 나라들이 있었던 것을 보아도 알 수 있다. 이러한 작은 나라들이 나중에 많은 강대한 왕국들이 되었다.

이동하기 시작한 야만족들

두 안토니누스 황제 시대까지 프로이센을 본거지로 하고 있었던 고트족은, 알렉산데르 세베루스 황제 시대가 되자, 로마제국 영내에 잇따라 내습하여 다키아 속주민에게 그 존재를 알리기 시작했다. 그러므로 이 사이 약 70년 동안 발트해에서 흑해에 이르는 고트족의 제2차 이동이 있었다고 보아야 한다.

그들은 왜 이동했을까? 그 이유는 밝혀져 있지 않다. 그러나 좀처럼 한곳에 머무르려 하지 않는 야만족을 움직인 동기에 대해서는 여러 가지로 생각할 수 있다.

이를테면 전염병과 기근, 전쟁의 승리와 패배, 신들의 예언과 과감한 지도자의 웅변 등이다. 이 가운데 한 가지만 있어도 고트족으로 하여금 따뜻한 남쪽 지방으로 밀고 내려가게 하기에는 충분했을 것이다.

무를 숭상하는 신앙도 그렇지만, 고트족 전사의 수와 사기도 위험한 모험을 부추겼을지 모른다. 둥근 방패와 단검을 쓰는 그들은 백병전에서는 무서운 힘을 발휘했다. 또 세습 국왕에 대한 그들의 굳은 충성심은, 전체적인 의사 결정에 커다란 바위와 같은 단결과 안정을 가져다주었다. 그 시대의 영웅으로서 이탈리아 왕 테오도리크의 10대조인 아말라는 고트족의 반신반인 영웅 안세스의 후손이라는 특권을 최대한 이용했다.

이 장대한 계획이 성공했다는 소식에, 게르마니아 전역의 반달족 용사들이 속속 몰려들어 몇 년 뒤에는 그 대부분이 고트족이라는 공통의 기치 아래 함께 싸우게 된다.

그들은 우선 프리퍄티강[4]으로 갔다. 거기서 다시 고대인들에게 보리스테네스강[5]의 남쪽 지류로 널리 알려져 있던 폴란드와 러시아 평원을 굽이치며 흐르는 이 큰 강에 도달하여, 그 줄기를 따라 나아갔다. 그들은 엄청난 숫자의 가축 떼를 이끌고 있었는데, 이 강 덕분에 그러한 가축 떼에 필요한 물과 목초에 부족함이 없었다.

스스로의 무예 실력에 자신이 넘친 반달족은 진로를 방해할 우려가 있는 어

---

4) 벨라루스에서 우크라이나로 흐르는 드니프로강의 최대 지류.
5) 지금의 드니프로강.

떠한 세력도 개의치 않고 강을 따라 미지의 길을 나아갔다.

고트족은 우크라이나까지 수중에 넣었다. 이 우크라이나는 보리스테네스강으로 흘러 들어가는, 배가 드나들 수 있는 수많은 하천으로 둘러싸여 있고, 큰 떡갈나무가 울창하게 우거진 대삼림이 곳곳에 보이는 광대하고 풍요로운 땅이었다.

그곳에는 엄청난 수의 짐승과 물고기, 고목과 암벽 틈새에 있는 무수한 벌집,[6] 살진 가축 떼, 온난한 기후, 모든 곡물을 재배하기 좋은 토양, 우거진 초목, 이러한 모든 자연의 풍요로움이 있었다. 원래는 인간의 근면한 노동을 재촉하는 토지이지만, 고트족은 이러한 유혹을 뿌리치고 여전히 빈들빈들 게으름만 피우면서 약탈을 계속했다.

고트족이 새롭게 정착한 땅 동쪽 변두리에는 스키타이계 부족들이 살고 있었지만, 교전을 벌일 만한 상대는 하나도 없었다. 이에 비해 다키아 평원은 그들을 매료시켰다. 그곳은 근면한 원주민들이 애써 가꾸어 놓은 농작물이 널려 있어 마치 이 호전적인 외래 민족이 거두어들이기만을 기다리는 것 같았다. 틀림없이 방위도 허술했으리라. 왜냐하면 옛날 트라야누스 황제가 정복한 이 다키아 지방은 실리보다 국가 위신을 위해 유지되고 있었기 때문이다.

어쨌든 이 새로운 속주는 정주자가 적었으므로, 탐욕스러운 야만족에게 저항할 수 있을 만큼 수비가 견고하지 않았고, 또 그들을 만족시킬 만큼 풍요롭지도 않았다.

한편 모이시아 속주민은 자신들 지방은 야만족 손에서는 멀리 떨어진 곳이라 여기고, 게으름에 빠져 있었다. 사실 저 멀리 보리스테네스강을 로마 지배권의 경계로 여기고 있어서 다뉴브강 하류 지방의 방비는 등한시되고 있었다.

그러나 필리푸스 황제 시대에, 거듭되는 고트족의 침입에 의해 마침내 그 헛된 꿈은 깨어진다.

고트군은 다키아 속주는 상대할 가치도 없다고 여겨 그대로 통과하고, 진군

---

6) 이 미개한 시대에도 꿀은 이미 중요한 교역품이었다.

을 방해할 만한 강적을 만나는 일 없이 계속해서 보리스테네스강과 다뉴브강을 건넌다. 군기가 흐트러진 로마군의 중요 주둔지를 차례차례 빼앗고, 그 실책에 대한 처벌을 두려워한 병사들을 아군으로 거두었다. 그리고 마침내 그 무렵 하(下)모이시아의 수도였던 마르키아노폴리스[7]의 성벽 아래까지 몰려온다. 그곳은 일찍이 트라야누스 황제가 자기 누이의 이름을 따서 건설한 도시였다.

여기에 대해 그곳 주민들은 생명과 재산 대신 거액의 보상금을 내놓게 되었다. 그것을 받고 공격을 중지한 야만군은 원정 성공에 고무되어 의기양양하게 고향 황야로 돌아갔다.

그로부터 얼마 지나지 않아 데키우스 황제에게 야만족이 침입했다는 전령이 도착했다. 고트족 왕 크니바가 전보다 더 많은 병력을 이끌고 다시 다뉴브강을 건넜고, 모이시아 속주는 그 엄청난 파견 부대에 유린당했으며, 적의 본대는 고트인과 사르마타이인(사르마트족)으로 구성된 7만의 압도적인 세력이라는 정보였다. 그리고 이를 토벌하려면 황제가 직접 출정하는 수밖에 없다고 했다.

고트군과 교전하다

250년, 야트루스의 니코폴리스[8]를 포위하고 있던 고트군은 데키우스 황제가 도와주러 왔다는 소식을 듣자 포위를 풀고 이동한다. 하지만 그 이동의 진짜 목적은 더 큰 목표, 즉 알렉산드로스 대왕의 아버지 필리포스가 트라키아 산맥 하이모스산 기슭에 건설한 트라키아 도시 필리포폴리스[9]를 공략하기 위한 것이었다.

한편 직접 달려온 데키우스 황제는 험준한 땅을 강행군하며 그들을 추적했다. 상대가 도주하고 있다고 생각한 것이다. 그런데 적의 후위부대와 아직 상당히 거리가 있다고 생각한 지점에서, 갑자기 되돌아온 적의 맹반격을 받았다.

기습을 당한 로마 군영은 여지없이 약탈당했고, 가까스로 도망친 데키우스는 무장도 변변치 않은 야만인들에게 쫓겨 달아난 첫 번째 황제라는 불명예스러운 기록을 남기게 되었다.

---

7) 흑해 서안.
8) 트라야누스 황제가 세운 전승비의 하나.
9) 불가리아의 플로브디프.

필리포폴리스는 오랫동안 저항했으나, 고립된 상태에서 받은 갑작스런 공격에 결국 함락당한다. 이어진 시가지 약탈 때는 10만 명이 학살당했다.

참상이 진정되자, 귀중한 전리품의 일부로서 로마 귀족들이 다수 포로로 잡혀 갔고, 필리푸스의 동생인 프리스쿠스가 염치도 없이 야만족 비호 아래 제위에 올랐다.

그러나 포위가 장기화되는 동안, 데키우스 황제는 군의 사기를 회복하고 신병을 모집하여 태세를 재정비하자마자, 같은 민족의 승리에 편승하려고 달려온 카르피족 및 게르만족 몇몇 부대를 기다리다가 맞받아쳤다. 그 뒤 그는 산악지대 관문을 심복 장군에게 맡기고, 자신은 다뉴브강 변에 있는 요새의 보수와 강화에 힘쓰며, 고트족의 발을 묶어두기 위한 만반의 경계망을 펼쳤다.

정세가 역전하여, 로마군은 적을 완전히 무너뜨려 명예를 회복할 기회만 노리고 있었다.

감찰관에 추대된 발레리아누스

데키우스 황제는 전란의 사나운 폭풍우 속에서도 냉정을 잃지 않고, 두 안토니누스 황제 시대 이래 로마가 이토록 쇠퇴하기에 이른 근본 원인에 대해 깊이 생각했다. 그리고 신민의 도덕심, 예부터 내려온 전통과 풍습, 법의 권위, 이러한 것들을 회복하지 않고서는 로마의 위대함을 되찾는 것은 불가능하다는 것을 깨달았다.

그렇다면 큰일을 이루기 위해 필요한 것은 무엇일까? 그것은 오랫동안 잊고 있었던 감찰관제도를 부활시키는 길밖에 없었다. 처음에는 그 엄정함 때문에 국가의 안위에 크게 기여했던 이 직위는, 역대 황제들이 독점하게 되면서부터 점차 무시되기에 이른 것이다.

그는 감찰관 선출을 원로원의 공정한 채결에 맡겼다. 정당한 권위는 오로지 신민 전체의 존경이 있어야 비로소 성립한다고 생각한 것이다.

원로원은 협의 결과, 만장일치, 아니 열광적인 환호로 이 지고한 명예에 가장 걸맞은 인물로—당시에는 군의 요직에 있었고, 나중에 황제가 되는—발레리아누스를 선정했다. 251년 10월 27일의 일이다.

원로원으로부터 이 결정을 통보받은 즉시 황제는 병영에서 대회의를 소집하여 임관식 전에 이 대임의 어려움에 대해 발레리아누스에게 다음과 같이 일러 주었다.

"축하하오, 발레리아누스. 원로원을 비롯하여 전 국민이 한결같이 그대를 칭송하고 있소. 인류의 감찰관, 우리 풍습의 판정관으로서 이 직무를 수락해 주시오. 그 직권으로 직무에 어울리는 원로원 의원을 재임하고, 기사계급에 그 옛날의 영광을 회복시키며, 국가의 세입을 늘리되 백성의 부담을 줄이시오. 또 잡다한 시민들을 각 계층을 나누어 정리하고, 로마의 군사력, 재정, 도덕 및 자원 따위에 대해서도 다시 검토하시오. 그대의 결정 사항에는 법의 구속력이 따를 것이며, 군대, 궁정, 재판관, 정무장관, 모두 그대의 결정에 복종할 것이오. 집정관, 수도장관(首都長官), 제사장, 수석 무녀를 제외하고는 어느 누구도 예외는 없소. 그러나 그러한 예외자들 역시 로마 감찰관의 엄격함을 두려워하지는 않더라도 그 존경과 평가를 얻고자 노력할 것이오."

이처럼 선망과 의혹의 대상이 될 만한 지위에 오르기를 발레리아누스는 두려워했다. 그는 막중한 책임을 요하는 이 직책을 맡을 능력이 부족하다는 점과 부패한 당시의 상황이 치유 불가능하다는 점을 겸손하게 역설했다. 그는 감찰관의 직책은 황제의 위엄과 분리할 수 없다는 점과 보잘것없는 신하의 힘으로는 그처럼 큰 임무와 권한의 중책을 감당할 수 없다는 점을 우회적으로 암시했다.

데키우스 황제, 전사하다

그런데 얼마 안 있어 전운이 감돌기 시작하여 이 거창한 개혁안은 실현되지 못했다. 따라서 발레리아누스로서는 염려했던 앞날의 위기를 모면했고, 데키우스 황제도 거의 필연으로 여겼던 실망을 피할 수 있게 되었다.

무릇 한 사람의 감찰관이 국가의 좋은 풍속을 유지할 수는 있어도 그것을 회복시키기는 불가능했다.

무엇보다도 국민들에겐 강한 명예심과 도덕심, 감찰관에겐 국민의 목소리에 귀 기울일 수 있는 태도와 정의를 위해 싸우는 불굴의 집념이 필요했다. 이러한 굳은 신념 없는 성공을 기대하기 어렵다. 따라서 그러한 신념이 사라져 버린 시대에는 감찰관직도 허울뿐인 벼슬자리가 되거나, 압제의 도구로 전락하게 마련이다.

사실, 국가의 폐습을 시정하는 것보다 고트족을 정복하는 편이 더 쉬워 보였다. 그러나 데키우스 황제는 고트족과의 싸움, 그것도 첫 전투에서 군대뿐만 아니라 자기 목숨까지 잃게 된다.

바야흐로 고트족은 로마군에 의해 사방으로 둘러싸여 추격당하는 입장이 되었다. 고트족 정예부대는 장기간 필리포폴리스 공략 중에 모두 죽었고, 황폐해진 인근 지방에는 이제 잔존 부대에조차 식량을 공급할 힘이 없었다.

궁지에 몰린 고트족은 무사히 퇴각할 수만 있다면 빼앗은 전리품과 포로를 모두 기꺼이 내놓고 싶은 심정이었다. 그러나 승리를 확신한 황제는 어떠한 타협도 굳게 거부했다. 그는 침략자를 응징함으로써 북방 민족들을 위협하려 했다.

이에 대해 야만족 쪽은 궁지에 몰리기는 했지만 사기는 여전하여, 예속될 바에는 차라리 깨끗한 죽음을 원했다. 이리하여 모이시아 속주의 작은 마을 포럼 테레브로니에서 전투가 시작된다.

고트족은 3중의 방어선을 치고 있었는데, 계획적이었는지 우연이었는지 제3진의 전방은 습지대가 지켜 주는 형태였다. 전투가 시작되자마자 데키우스의 젊은 아들이 화살에 맞아 전사했다. 앞날이 촉망되던 이 청년은 이미 부황제의 지위에 올라 있었다.

눈앞에서 아들이 죽는 것을 본 황제는 자신도 부상당한 몸이면서 혼신의 용기를 발휘하여, 동요하고 있는 병사들을 크게 꾸짖었다. "한낱 병사의 죽음쯤은 공화국에 아무 일도 아니다!"

전투는 치열했다. 그것은 비명과 고함이 어지러이 교차하는 처절한 사투였다.

마침내 고트족의 제1진이 흩어지기 시작했고, 이를 구원하러 달려온 제2진도 무너졌다. 오직 제3진만이 아무 상처 없이 적이 무모하게도 습지를 건너려는 것을 저지하기 위해 기회를 엿보고 있었다.

"여기서 형세가 역전한다. 모든 것이 로마군에 불리하게 돌아갔다. 습지의 진창이 깊어서 밟으면 온몸이 빠져들어 갔고, 앞으로 나아갈 때마다 다리에 휘감겼다. 군장이 무거운 데다 물도 깊어 이런 불안정한 상태로는 무거운 투창을 마음대로 다룰 수가 없었다. 반면에 야만족은 늪지대에서의 전투에 익숙한 데다 키가 크고 창도 길어서 멀리서도 적을 공격할 수 있었다."

로마군은 고생하며 싸운 보람도 없이 이 습지에서 전멸했다. 황제의 시신조차 찾지 못했을 정도였다.

데키우스 황제, 향년 50세. 전시에는 용감했고 평시에는 온후했던 이 황제는, 아들과 함께 장렬하게 전사했지만 삶과 죽음 양쪽 모두 도덕의 귀감이라고 할 수 있는 명군이었다.

교체되는 제위(帝位)의 주인들

이 엄청난 타격 때문에 잠시나마 군의 전횡은 수그러들었다. 그들은 제위 계승 문제는 원로원에 결정을 일임하고, 그 결정에 잘 따랐다.

새 황제에는 죽은 이의 덕망에 대한 배려에서, 데키우스의 아들 호스틸리아누스가 추대되었다(251년 12월). 아울러 군주의 어린 나이와 황폐해진 제국을 고려하여, 경험과 능력이 풍부한 갈루스가 그 수호자로 임명되어 새 황제보다 큰 실권이 주어졌다.

새 황제가 해야 할 첫 번째 사업은 승리에 취해 있는 고트족의 중압으로부터 일리리쿰의 여러 속주를 해방하는 일이었다. 그리하여 굴욕적이기는 했으나, 빼앗긴 막대한 전리품 외에 유능한 로마인 포로를 적의 손안에 남겨 두는 데 합의하지 않을 수 없었다.

그뿐만 아니라, 자기들 나라로 돌아가고 싶다는 그들의 강력한 희망에 따라 온갖 편의를 제공하는 외에, 앞으로 절대로 제국 영내에 침입하지 않는다는 조건으로 막대한 황금을 공납하겠다고 약속했다. 야만족으로부터 그토록 불평등한 조건을 강요당한 적이 한 번도 없었던 로마인, 그때부터 이 황제를 경멸과 증오의 눈길로 바라보게 되었다.

이윽고 역병이 창궐하여 이 호스틸리아누스 황제도 죽는다.

의심 많은 사람들은 이것은 갈루스가 한 짓이 아닐까, 아니 이 일뿐만 아니라 그 전의 패배도 그가 배신할 마음으로 나쁜 조언을 한 것이 아닐까 하고 생각했다.

갈루스가 즉위한 뒤 제국 전역은 1년 정도 평온에 싸여 있었지만, 그동안 민중의 불만은 가라앉기는커녕 오히려 높아지고 있었다. 전쟁에 대한 걱정이 사라지자 평화의 대가로 돌아온 불명예가 전보다 더욱 수치스럽게 여겨졌기 때문이다.

그러나 그토록 명예를 희생시켰음에도 불구하고 정작 중요한 안전이 여전히 확보되지 않고 있는 것을 알고, 로마인들은 더욱 놀라며 한탄했다. 최근까지 숨겨져 있었던 비밀, 즉 제국의 부와 허약함은 만천하에 공개되었다.

이리하여 동족의 승리에 자극받은 새로운 야만족이, 타민족 사이의 약속에 구속될 의무는 없다는 구실로 일리리쿰 속주를 유린하고, 심지어 그곳에서 로마시 성문까지를 공포에 빠뜨린다.

이에 겁을 먹은 황제는 제국 방위를 위해 직접 나서는 것이 꺼림칙했는지, 판노니아와 모이시아의 속주 지사였던 아이밀리아누스에게 그 임무를 맡겼다.

아이밀리아누스는 사방으로 흩어진 군대를 모으고 그들의 사기를 북돋우면서 야만족을 급습한 끝에, 달아나는 적을 다뉴브강까지 추격했다. 싸움에서 승리하자, 야만족에게 공납하기 위해 징수했던 황금을 상여금으로 병사들에게 나누어 주었다. 아니나 다를까, 이에 환호하던 병사들이 전장에서 그를 황제로 추대했다.

국민의 행복에는 전혀 관심 없이 이탈리아에서 오로지 향락의 나날만을 탐하고 있었던 갈루스 황제에게, 곧바로 장군이 모반을 꾀한다는 급박한 소식이 전해졌다.

뜻밖의 사태였다. 갈루스는 즉시 스폴레티움 평야[10]까지 말을 달렸다.

그러나 양군이 서로 육안으로 알아볼 수 있는 거리까지 다가가자, 황제군 병

---

10) 지금의 스폴레토. 이탈리아반도 중부.

사들 사이에는 그때까지 억누르고 있었던 주군에 대한 경멸이 끓어올랐다. 이에 비해 적장에 대한 존경은 점차 깊어 갔다. 게다가 그 관대한 마음씨까지 커다란 매력으로 생각했다. 아이밀리아누스가 적의 도망병 모두에게는 높은 봉급을 주겠다고 공공연히 떠들었기 때문이다.

이리하여 갈루스 황제와 그 아들 볼루시아누스는 살해당하고, 내란은 종식된다.

원로원은 아이밀리아누스의 전승권(戰勝權)을 정식으로 인정했다. 이에 대해 그는 겸허함과 자부심으로 가득한 편지를 그들에게 보냈다. 내정은 의회에 모두 맡기며 자신은 장수의 지위로 만족한다는 것, 북쪽과 동쪽의 야만족을 신속하게 토벌하여 제국의 영광을 회복하겠다는 것 등의 내용이었다.

이 편지에는 원로원도 흡족했는지 아이밀리아누스의 긍지를 북돋우는 답례를 한 것 같다. 그 증거로서 헤르쿨레스와 군신 마르스의 이름과 표장이 들어간 그의 메달이 아직까지 남아 있다.

발레리아누스의 즉위

새 황제 아이밀리아누스는 유능한 인물이었지만, 그 대신 용감한 맹세를 지키려면 시간이 필요했다. 그러나 그는 승리한 지 4개월 만에 몰락하고 말았다. 갈루스 황제는 쓰러뜨렸지만 또 하나의 무서운 상대에게 굴복한 것이다.

그 상대란 바로, 갈리아와 게르마니아 주둔군에 구원을 요청하기 위해 갈루스 황제의 급사로 파견되었던 발레리아누스였다. 그는 훌륭하게 임무를 완수했지만 귀환이 늦어져서 주군을 구출하지 못했고, 그 때문에 복수를 맹세했다.

이때 아이밀리아누스 황제의 군대는 아직 스폴레티움 평원에 진을 치고 있었는데, 병사들은 존엄함의 화신이라고 할 수 있는 적장을 두려워했으며 그 이상으로 적군의 강대함에 내심 겁을 먹고 있었다.

결국 국법은 물론이고, 마지막에는 개인에 대한 충성도 지킬 수 없었던 자군 병사들에 의해 아이밀리아누스는 덧없이 스러지고 만다. 253년의 일이다.

죄는 군인들이 지었으나 그 이익은 발레리아누스에게 돌아갔다. 아이밀리아누스에게 은혜를 입은 일도 없고 그와의 사이에 맹약을 맺은 적도 없었기 때문에, 발레리아누스는 내전을 통해 제위를 차지했지만, 그 시기 사건치고는 드물게 자기 손을 더럽히지 않았다.

아들 갈리에누스를 공동 황제로

발레리아누스는 60세에 황제[11]가 되었다. 그것은 백성들의 변덕이나 병사들의 추대에 의한 것이 아니라 로마 세계 전체의 지지에 의한 것이었다.

여러 덕망 높은 황제들의 총애를 받으며 나라의 요직을 역임함으로써 두각을 드러냈고, 스스로 폭군의 적을 자처했던 발레리아누스는, 그 고귀한 태생과 온후하고 고결한 인품, 교양과 지혜 그리고 이력에 대해서도 원로원과 백성들 양쪽으로부터 모두 존경받고 있었다.

어떤 역사가는 만일 주군을 마음대로 선택할 수 있었더라면, 틀림없이 발레리아누스가 황제로 선출되었을 것이라고 말했다.

정말로 그랬을까? 그 위덕이 과연 명성만큼 대단한 것이었을까? 왜냐하면 이때 이미 고령에서 오는 무기력과 냉담함이 자주 보였기 때문이다.

발레리아누스 황제 스스로도 노쇠를 느꼈기 때문인지, 젊고 행동적인 공동 황제의 지명을 고려하고 있었던 것 같다. 게다가 무엇보다도, 사태가 위급하여 뛰어난 장수가 절대적으로 필요했다. 따라서 감찰관 선정에는 같은 감찰관 경험을 가진 자로서 원칙적으로 무훈을 기준으로 해도 무방할 것으로 생각한 것 같다. 그러나 그는 제국의 안정과 후세의 평가를 경시하고, 다른 인물이 있었을 텐데도 나약한 악덕에 물들어 있는 아들 갈리에누스에게 이 최고의 영광을 안겨 주었다. 이 젊은이의 악덕이 아직 겉으로 드러나지 않았던 까닭은 그때까지 한 개인에 지나지 않았기 때문이다.

두 황제의 공동 통치는 약 6년간 지속되었고, 그 뒤 갈리에누스 황제 단독 통치도 약 8년(260~268년) 동안 계속되었으나, 두 사람의 시대는 처음부터 끝까지 혼란과 재앙의 연속이었다. 그들 시대는, 사방에서 동시에 야만족의 침략을 받으면서, 아울러 국내에서는 역신(逆臣)에 의해 제위 찬탈의 위기에 처한 시기였다.

---

11) 재위 253~260년.

발레리아누스와 갈리에누스 시대에 가장 위험했던 로마의 적들은 프랑크족, 알레만니족, 고트족, 페르시아인이었다. 모호하고 이름이 생소한 그 밖의 작은 부족들의 모험을 일일이 열거하는 것은 독자들의 기억을 어지럽게 하고 주의력을 산만하게 할 뿐이므로 위의 큰 부족에 포함시켜 살펴보려고 한다.

프랑크족

프랑크족 후손들은 지금 유럽에서 가장 문명화된 나라들 가운데 하나를 이루고 있으므로, 아직 문자가 없었던 그 선조들에 관한 연구를 거듭하고 있다. 그중에는 터무니없는 전설에 이어 여러 가지 체계적인 공상으로 이루어진 이야기도 있다. 그들은 자신들의 기원의 희미한 흔적이나마 밝혀 보려고 모든 지형과 장소를 면밀하게 조사했다.

이 훌륭한 전사들을 배출한 지역으로는 판노니아, 갈리아 또는 북부 게르마니아라는 가설이 있다. 합리성을 추구하는 비평가들은 이 이상화된 정복민들의 허구적인 이주설을 배격하고, 더욱 설득력 있는 소박한 견해들을 수용하게 되었다. 이들은 240년쯤에 라인강 하류 지방과 베제르강의 옛 주민들이 프랑크족이라는 이름으로 새로운 연맹체를 이루었다고 가정한다.

접근하기 어려운 늪지대에 살면서 로마군에 대적한 카우키족, 아르미니우스[12]로 유명한 케루스키족, 막강한 보병대를 가진 카티족, 그리고 그 밖의 몇몇 군소 부족들은 현재의 베스트팔렌 지역과 헤센 백작령, 그리고 브룬스비크–뤼네부르크 공국들에서 배태되었다.

이 게르만족들은 무엇보다도 자유의 소중함을 역설했다. 그들에게 프랑크족(Franke), 즉 자유인(Freeman)이라는 호칭은 아주 잘 어울렸다. 이 동맹의 첫 번째 조항들은 암묵적인 승낙과 상호 이익에 관한 것들이었고, 그것은 관습과 경험을 통해 차츰 공고해졌다. 프랑크 동맹은 각 가맹 주(칸톤)가 독립 주권을 유지하며, 최고 수뇌를 둔 대표 회의를 열지 않은 채 공동의 관심사에 대해 서로 협의하는 스위스의 헬베티아 동맹과 비슷하였다. 그러나 이 두 동맹체의 근본 원리는 전혀 달랐다. 스위스인의 현명하고 올바른 정책은 200년 동안의 평화의

---

12) 케루스키족의 족장. 로마 역사가 타키투스는 그를 게르만의 민족적 영웅으로 평가함.

세고비아 수도교　에스파냐 세고비아. 17킬로미터쯤 떨어진 산에서 흐르는 맑은 물을 끌어오기 위하여 축조되었다. 아치로 이루어져 있으며 전체 길이 813미터, 최고 높이 30미터로서, 다듬은 화감암을 쌓아올렸다. 로마인의 뛰어난 토목 기술을 엿볼 수 있다.

시대를 가져왔다. 그러나 프랑크족의 경우는 무질서한 정신, 약탈에 대한 욕구, 존엄한 조약의 무시 따위로 그 이름에 먹칠을 했다.

로마인들은 오래전부터 용맹스런 하(下)게르마니아 주민들 때문에 애를 먹었다. 그들이 동맹하여 갈리아 지방을 침략할 위협이 느껴지자, 황제의 후계자이며 공동 통치자인 갈리에누스의 출정이 요구되었다. 군주와 그의 어린 아들 살로니누스가 트레브(트리어)의 궁정에서 체전을 벌이고 있는 동안, 그 휘하의 군대는 유능한 장군 포스투무스의 지휘를 받고 있었다. 포스투무스 장군은 뒷날 발레리아누스를 배반하지만, 언제나 로마의 대의를 따르는 사람이었다. 각종 고루한 찬사와 메달에 쓰여 있는 문장들은 그의 수많은 승전 사실을 전해 주고 있고, 전승 기념비와 갖가지 칭호는 그를 '게르만족의 정복자', '갈리아의 구원자' 등으로 부르고 있어 그의 명성을 뒷받침한다.

그러나 우리가 알고 있는 한 가지 사실은 허세와 아첨으로 새겨진 이 기념물들의 가치를 크게 손상시켰다. 라인강은 로마 영토의 방벽으로 불리기는 했지만, 실제로 프랑크족이 보여 준 대범함 앞에서는 불완전한 방벽에 지나지 않았다.

프랑크족은 라인강에서 피레네산맥에 이르는 지역을 재빨리 유린했다. 게르만족의 침략 앞에 에스파냐는 속수무책이었다. 갈리에누스 황제 치세의 대부분에 해당하는 12년 동안, 이 풍요로운 나라는 승산 없는 파괴적 전투의 무대가 되었다. 이 풍요롭고 평화로운 속주의 수도인 타라고나[13]는 침략당해 거의 잿더미가 되었고, 5세기의 저술가 오로시우스[14]가 살았던 때에도 이 장대한 도시의 폐허 속에 무너진 오두막집들이 여기저기 널려 야만족의 횡포가 얼마나 심각했는지 말해 주었다. 이 지방이 피폐할 대로 피폐해져 더 이상 약탈할 만한 물건이 없자, 프랑크족은 에스파냐의 여러 항구에서 배를 빼앗아 모리타니아로 갔다. 이 아프리카의 외딴 속주는 다른 세상에서 내려온 것 같은 낯설고 사나운 야만인들을 보고 놀라움을 금치 못했다.

---

13) 바르셀로나 서쪽, 지중해 연안.
14) 에스파냐 출신의 그리스도교 사학자.

알레만니족

루사티아 후작령으로 불리는 엘베강 동쪽의 상(上)작센 지방에는 성스러운 숲속에 수에비족 미신의 본거지가 자리하고 있었다. 그 누구도 경건한 자세로 이곳 터주신의 재림을 고백해야만 이 성역에 드나들 수 있었다. 애국심과 신앙이 일치를 이루어 조넨발트, 즉 셈노네스의 숲을 신성시하게 되었다. 이 민족은 이 성역에서 처음 일어난 것으로 알려져 있었다.

수에비족의 혈통을 자랑스럽게 여기는 수많은 부족들이 일정한 기간 동안 그곳에 사절을 보내 야만적인 의식과 인신 공양을 통해 그들이 한 조상의 후손임을 기념했다. 수에비(Suevi)라는 이름은 오데르강 유역에서 다뉴브강 유역에 이르는 게르마니아 내륙 지방에 널리 알려져 있었다.

수에비족은 다른 게르만족과 다르게 긴 머리를 묶어 상투를 틀고 다녔다. 그들은 또한 높은 신분을 나타내고 적 앞에서 위압감을 드러내기 위해 갖가지 장신구를 즐겨 착용했다. 게르만족은 군사적으로 이름이 드높았지만, 수에비족의 뛰어난 용맹성만은 인정하고 있었다. 그리고 대군을 동원하여 독재자 카이사르와 싸운 경험을 갖고 있는 우시페테스 부족과 텐크테리 부족은 신들조차 상대하지 못할 정도의 불멸의 무력을 갖춘 군대에게 져서 도망가는 것은 수치가 아니라고 말했다.

카라칼라 황제 시대에 수많은 수에비족이 식량을 얻기 위해서 약탈을 자행했고, 명성을 누리기 위해 마인강 유역과 그 부근의 로마 영토에 자주 출몰했다. 지원자들로 구성된 이 모험자 부대들은 차츰 통합되어 하나의 대규모 민족을 이루었다. 이들은 각기 다른 수많은 부족들로 구성되었기 때문에 알레만니(Alemanni), 즉 만인(萬人, All men)이라고 불리었는데, 이것은 그들이 지닌 여러 혈통과 공통적인 용맹성을 의미했다.

로마인들은 곧 그들의 여러 차례에 걸친 적대적 침략을 통해 알레만니족의 용맹성을 직접 체험하게 되었다. 알레만니족은 주로 말을 타고 싸웠다. 그들의 기병대는 혼성 경보병대(輕步兵隊)에 의해 더욱 막강한 힘을 발휘했다. 가장 용감하고 민첩한 청년들로 이루어진 경보병대는 기병대와 함께 장거리 행군을 하고, 재빠르게 돌격한 뒤 신속하게 후퇴할 수 있도록 계속해서 훈련을 쌓았다.

이 호전적인 알레만니족도 알렉산데르 세베루스의 막강한 군비에는 경악을 금치 못했고, 용맹함과 잔인함에서 그들과 맞먹는 (트라키아의) 야만족 출신 그 후계자(막시미누스)의 무력 앞에서 당황하기도 했다. 그러나 그들은 여전히 제국 변경 지방에 출몰하면서 데키우스 황제 서거 뒤에 일어난 전반적인 혼란을 더욱 가중시켰다. 그들은 갈리아의 부유한 속주들에 심각하게 피해를 끼침으로써, 부실한 이탈리아의 내실을 가리고 있던 가면을 벗겼다.

수많은 알레만니족 부대들이 다뉴브강을 건너 알페스 라이티아[15]를 넘어 롬바르디아 평원에 침투한 끝에 라벤나까지 진출했다. 그리하여 로마시의 바로 코앞에서 야만족의 승전기가 휘날리게 되었다.

모욕과 위험에 직면한 원로원은 옛 황제들의 덕행을 되살리기에 이르렀다. 두 황제가 모두 먼 전쟁터에 나가 있었기 때문이다. 발레리아누스는 동방에, 갈리에누스는 라인강에 출전했었다. 로마인들의 모든 희망과 의지는 원로원에 달려 있었다. 원로원은 공화국 방위를 위해서 수도 방어를 맡고 있던 근위대를 재정비했으며, 강건한 평민들 중에서 지원병을 모집하여 근위대를 보강했다. 알레만니족은 수적으로 우세한 군대가 갑자기 출현하자 전리품을 싣고 게르마니아로 퇴각했고, 전쟁을 싫어하는 로마인들은 이 퇴각을 승리로 간주했다.

수도가 야만족 손에서 구출되었다는 보고를 들은 갈리에누스는 원로원의 용기에 기뻐하기보다는 오히려 경계심을 나타냈다. 그것은 원로원이 언젠가는 외부의 침략뿐 아니라 내부 폭군의 손에서도 나라를 구해 낼 수 있다는 것을 의미했기 때문이다. 겁에 질린 갈리에누스는 신민들에게 칙령을 발표한다. 원로원 의원은 어떠한 군사행동도 하지 못하며 심지어 군단의 병영에도 접근하지 못하도록 금지시켰다. 그러나 그것은 쓸데없는 걱정이었다. 부유하고 사치스러운 귀족들은 자기들을 군무에서 제외시킨 이 수치스러운 조치를 특혜로 받아들였다. 그리고 목욕탕과 극장, 별장 따위에서 향락에 빠진 채, 국가의 안위는 기꺼이 농민과 병사들의 거친 손에 맡겼다.

규모가 더욱 크고 위협적이었던 알레만니족의 또 한 차례 침입사건에 관해서는 동로마제국의 한 역사가(조시무스)가 기록으로 남긴 것이 있다. 밀라노 부

---

15) 티롤, 바이에른, 스위스에 맞닿은 알프스산맥의 중앙 부분.

근의 전투에서 이 호전적인 민족 30만 명이 갈리에누스가 직접 이끄는 불과 1만 명의 로마군에 참패를 당한 것으로 전해진다. 그러나 이 믿기지 않는 승전 기록은 조시무스의 경솔함 때문이거나 아니면 로마 장군들의 과장된 전과보고 때문일 가능성이 크다.

갈리에누스는 이탈리아를 거칠고 사나운 게르만족으로부터 구하기 위해 지금까지와는 전혀 다른 무기를 사용했다. 바로 수에비족 마르코만니 부족 공주인 피파를 아내로 맞이한 것이다. 이 부족은 전쟁이나 정복사업에서 때때로 알레만니족과 혼동되어 온 부족이었다. 갈리에누스는 공주의 아버지에게 동맹 조건으로 판노니아 지역의 드넓은 경작지를 주었다. 이 변덕스러운 황제는 때 묻지 않은 공주의 순수한 아름다움에 이끌려서, 그 정책은 사랑의 사슬에 의해 더욱 굳건히 결합되었다. 그러나 로마는 아직도 오만한 편견에 사로잡혀, 로마 시민과 야만인의 결합을 결혼으로 인정하지 않았다. 따라서 이 게르만족의 공주를 갈리에누스의 애첩이라는 모욕적인 칭호로 불렀다.

고트족

우리는 고트족이 스칸디나비아 또는 프로이센 지방에서 보리스테네스강 어귀로 이동한 것을 이미 알았으며, 보리스테네스강에서 다뉴브강에 이르는 그들의 승전 기록도 살펴보았다. 발레리아누스와 갈리에누스 시대에 다뉴브강 변경 지방은 게르만족과 사르마트족에게 끊임없이 침략당했지만, 로마는 그때마다 성공적으로 이 지역을 방어해 냈다. 로마는 전쟁터가 된 속주들에서 강인한 군인들을 얼마든지 모집할 수 있었다. 일리리쿰 농민 출신으로 장군의 지위에 올라 능력을 발휘한 사람도 많았다. 다뉴브강 유역에 끊임없이 출몰하는 야만족 유격대들이 가끔 이탈리아와 마케도니아의 경계선을 침투했지만, 제국 군대는 거침없이 그들의 전진을 저지하거나 퇴각로를 차단했다.

그러나 타지방 고트족 침입군의 본류는 전혀 다른 곳으로 침입 방향을 변경하였다. 우크라이나 지방에 새로 정착한 고트족은 곧 흑해 북부 연안을 장악하였다. 이 내해 남부 연안에 자리한 소아시아의 온화하고 부유한 속주들은, 야만족 정복자를 유혹할 갖가지 것들을 갖추었으면서도 이들에게 저항할 수단은 어느 것 하나 갖추지 못했다.

보리스테네스강 유역은 고대인들이 케르소네소스 타우리카라고 부른 크림 타르타리반도의 좁은 입구에서 불과 60마일 떨어진 곳이었다. 에우리피데스는 옛이야기들을 정교한 기교로 재구성하면서 바로 이 황량한 해안을 그의 감동적인 비극의 무대로 삼았다. 아르테미스 여신의 피비린내 나는 제사, 오레스테스와 필라데스의 목적지에 다다름, 야만적 흉포성에 대한 덕망과 종교의 승리 등의 여러 장면은 이 반도의 원주민인 타우리족이 해안 지방에 정착한 그리스 식민지인들과의 점진적 교류를 통해 야만적 풍속을 어느 정도 탈피했다는 역사적 사실을 보여 준다.

마레오티스 호수에서 흑해로 통하는 해협에 수도를 둔 소왕국 보스포루스[16]는 타락한 그리스인과 반쯤 개화된 야만인들로 구성되어 있었다. 이 나라는 펠로폰네소스 전쟁 때부터 독립국이었으나, 야심 찬 미트리다테스 6세에 의해 합병되었다가 다른 영토들과 함께 로마군 앞에 무릎을 꿇었다.

보스포루스 역대 왕들은 아우구스투스 황제 시대부터 미약하나마 유용한 로마의 동맹자들이었다. 뇌물과 병력에 의해서, 그리고 지협을 가로지른 빈약한 방벽에 의해서 그들은 사르마트족을 효율적으로 방어하고 있었는데, 사르마트족은 그 특수한 지형과 편리한 항구들로 흑해와 소아시아를 장악하고 있는 이 나라를 떠돌고 있었다.

국왕의 정통적 계승이 이루어지는 한, 이 중요한 임무는 성공적으로 수행되었다. 그러나 나라에 내분이 생기고 사리사욕에 빠진 비천한 신분의 찬탈자들이 비어 있는 왕위를 차지하자, 고트족을 보스포루스 심장부로 끌어들이게 되었다. 이 정복자들은 남아도는 비옥한 땅을 차지했고, 동시에 군대를 아시아 해안 지방에 실어 나를 수 있는 해군력을 장악하기에 이르렀다.

흑해의 항해에 이용된 배들은 특이하게 건조된 것이었다. 이 훌쭉한 평저선(平底船)들은 쇠는 전혀 쓰지 않고 나무로만 만들어졌는데, 폭풍에 대비하여 지붕은 덮게 되어 있었다. 고트족은 이 떠다니는 집을 타고 서투른 데다 충성심도 의심스러운 뱃사공들이 노를 젓는 대로 겁 없이 미지의 바다에 나섰던 것이다. 그러나 그들은 약탈할 수 있다는 기대 때문에 모든 두려움을 떨쳐 버

---

16) 크림반도 일대에 있던 나라.

렸고, 태어날 때부터 겁낼 줄 모르는 그들의 본성은 지식이나 경험에서 나온 합리적 확신보다 우선했다.

이처럼 무모한 정신을 가진 전사들은 아마도 겁 많은 항해 안내인들을 불만스럽게 생각했으리라. 안내인들은 바다가 잠잠하지 않으면 출항의 모험을 하려 들지 않았고, 육지에서 멀리 나가려 하지 않았다. 이 점은 항해술에서 옛 보스포루스 주민들에게 결코 뒤지지 않는 근대 튀르크인들의 경우도 마찬가지이다.

고트족 함대는 키르카시아 해안을 왼쪽에 두고 처음으로 피티우스 앞바다에 나타났다. 로마 영토의 맨 끝에 위치한 피티우스는 훌륭한 항만시설을 갖추고 견고한 성벽으로 요새화된 도시였다. 고트족은 여기서 변경요새 수비대로부터 예상치 못한 완강한 저항을 받았다. 그들은 격퇴되었고, 이 뜻밖의 결과 때문에 고트족에 대한 공포심은 줄어든 것 같았다. 우수한 고급장교인 수케시아누스가 변경을 지키고 있는 한, 고트족이 아무리 노력해도 소용없었다. 그러나 발레리아누스 황제가 그를 이름뿐인 한직에 보내버리자마자 고트족은 다시 피티우스를 공격, 이 도시를 파괴함으로써 지난날의 치욕을 씻었다.

흑해 동쪽 해안을 따라 돌면 피티우스에서 트레비존드까지 항해 거리는 300마일쯤 된다. 고트족은 이 항로를 따라 옛 그리스 아르고호(號)의 원정으로 유명해진 콜키스의 나라에 나타났으며 비록 성공하지는 못했지만 파시스강[17] 어귀에 있는 부유한 사원을 약탈하려고 시도한 적도 있었다. 옛 그리스 식민도시로서 '1만 명'의 은신처로 유명했던 트레비존드는 하드리아누스 황제의 은혜로 부와 번영을 누렸다.

하드리아누스는 안전한 항구가 없는 이 해안 지방에 큰 항구를 건설했다. 인구가 많은 이 대도시는 이중 성벽으로 둘러싸여 고트족의 횡포쯤 눈 하나 깜짝하지 않았고, 더구나 병력은 평상시 수비대 외에 1만 명의 증원군에 의해 강화되었다.

그러나 군기와 경계심은 풀어질 대로 풀어져 있었다. 트레비존드의 수많은 수비대원들은 방탕과 향락에 빠져 이 난공불락의 요새를 지키려고 하지 않았다. 고트족은 곧 수비군의 나태와 태만을 알아채고 밤의 어둠을 틈타 나뭇단

---

17) 지금의 리오니강. 캅카스산맥에서 발원하여 흑해로 흘러듦.

을 높이 쌓은 다음 성벽을 기어올랐다. 그리고 손에 칼을 들고 시내로 들어갔다. 겁에 질린 군인들은 반대쪽 성문을 통해 달아났고 대대적인 양민 학살이 뒤따랐다. 장대한 신전과 화려한 건조물들이 무차별적으로 파괴되었다. 고트족은 엄청난 전리품을 손에 넣었다. 인근 속주들의 재산이 모두 피난처를 찾아 트레비존드에 쌓여 있었기 때문이다. 승리한 야만인들이 아무 거리낌 없이 드넓은 폰토스 지방을 휩쓸고 다녔기 때문에 포로의 수도 엄청났다. 트레비존드에서 빼앗은 약탈물은 이 항구에 정박해 있던 수많은 배에 가득 실렸다. 해안 지방의 건장한 청년들은 쇠사슬로 묶여 노를 저었다. 이렇게 해서 첫 번째 해군 원정에 성공한 고트족은 크게 만족하여 보스포루스 왕국에 건설한 그들의 새 본거지로 개선했다.

고트족의 두 번째 원정에는 전보다 더 많은 인원과 선박이 동원되었다. 이번에는 더 이상 빼앗을 것이 없는 폰토스 지방은 거들떠보지도 않고 흑해 서해안 쪽으로 방향을 돌려 보리스테네스강, 드네스트르강과 다뉴브강의 넓은 하구 앞을 통과했다. 그사이 많은 어선들을 나포하여 함대 규모를 늘린 고트족은 흑해와 지중해를 이으면서 유럽과 아시아 두 대륙을 갈라놓는 좁은 해협[18]으로 접근했다.

칼케돈[19] 수비대가 유피테르 우리우스 신전 근처에서 이 해협 입구를 굽어보는 곳 위에 주둔하고 있었다. 병력 수에서는 이 수비대가 고트족을 능가했다. 그러나 수비대가 앞선 것은 병력 수뿐이었다. 그들은 너무 서둘러 유리한 요충지를 버렸고, 무기와 돈이 잔뜩 비축되어 있는 칼케돈시(市)를 정복자들에게 내주고 말았다.

고트족이 여기서 다음 전쟁터로 바다를 택할 것인지 육지를 택할 것인지, 즉 유럽으로 갈 것인지 아시아로 갈 것인지 망설이고 있을 때, 한 겁 많은 패잔병이 한때 비티니아 왕국 수도였던 니코메디아를 가리키며 풍요롭고 정복하기도 쉬운 땅이라고 말했다. 그는 칼케돈 주둔지에서 불과 60마일 떨어진 그곳까지 군대를 안내하여 공격의 선봉을 맡은 뒤 약탈물을 분배받았다.

고트족은 배반자를 극도로 혐오하면서도 정책상, 보상을 주어 이들을 이용

18) 보스포루스 해협.
19) 지금의 카디쾨이. 이스탄불의 아시아 쪽에 있는 도시.

하고 있었다. 한때 니코메디아와 번영을 겨루었던 니케아, 프루사, 아파메아, 키오스 같은 여러 도시들도 똑같은 재난에 휩쓸렸고, 불과 몇 주일 만에 이 재난은 비티니아 전체로 걷잡을 수 없이 확대되었다. 이 유순한 아시아 주민들은 300년 동안 평화를 누리면서 전쟁의 위험을 잊은 채 아무 두려움 없이 살아왔다. 옛 성벽들은 모두 헐렸고, 부유한 도시들의 세입은 모두 목욕탕과 신전, 극장을 짓는 데 바쳐졌다.

키지코스시(市)는 미트리다테스의 전력을 다한 공격을 막아낼 때에는 사려 깊은 법률과 갤리선 200척으로 구성된 해군력 그리고 무기, 전쟁용 기기, 곡물을 저장하는 3개의 창고를 자랑하고 있었다. 이 도시는 여전히 부와 향락의 본거지였으나, 옛 군사력은 모두 쇠퇴하고 그저 아시아 대륙과 2개의 다리만으로 연결되는 프로폰티스해[20] 작은 섬에 위치한다는 지리적 이점만 남아 있었다.

고트족은 막 프루사 약탈을 마치고 이 도시를 파괴하고자 18마일 떨어진 곳까지 진격해 왔으나, 키지코스는 운 좋게 파멸을 면할 수 있었다. 때마침 우기에 접어들어 올림포스산[21]의 모든 계곡물이 흘러드는 아폴로니아테스 호수의 수위가 높아졌고, 그 결과 이 호수에서 시작되는 린다쿠스라는 작은 강이 크게 범람하여 고트족의 진로를 가로막았던 것이다.

고트족은 니케아와 니코메디아에 마구 불을 지르고 나서 비티니아의 약탈물을 수레에 싣고 그들 함대가 기다리고 있을 해안도시 헤라클레아[22]로 퇴각했다. 그들이 퇴각할 수밖에 없도록 만든 어떤 전투가 있었다는 기록도 있으나 믿기 어렵다. 그러나 고트족의 완전한 승리도 큰 가치는 없었다. 추분이 가까워진 탓으로 그들은 서둘러 돌아가야 했기 때문이다. 9월과 5월 사이에 흑해를 항해한다는 것은 경솔하고 어리석은 짓이었기 때문이다.

고트족은 보스포루스에서 배 500척으로 제3차 원정대를 구성했다. 현명한 스트라본에 의하면, 폰토스와 소(小)스키타이 야만족들이 쓰던 해적선은 1척에 25~30명을 태울 수 있었으므로, 이 대원정대에 참가한 전사는 1만 5000명 정도였던 것으로 보는 것이 무난할 것이다. 그들은 흑해를 답답하게 느끼며 킴

---

20) 지금의 마르마라해.
21) 그리스의 올림포스산과 이름이 같음.
22) 튀르키예의 에레얼리.

메리아 보스포루스[23]에서 트라키아 보스포루스[24]로 항해했다.

그들은 해협 한가운데를 통과하다가 갑자기 해협 입구로 되밀려났으나, 다음날은 순풍을 만나 몇 시간 만에 호수처럼 잔잔한 프로폰티스해에 들어섰다. 그들은 키지코스라는 작은 섬에 상륙하자마자 이 오래되고 고귀한 도시를 폐허로 만들었다. 고트족은 여기서 다시 좁은 헬레스폰투스 해협을 지나 바람 부는 대로 에게해에 널려 있는 수많은 섬들을 누비고 다녔다.

그들이 배를 타고 그리스와 아시아 해안 곳곳을 노략질하는 데에는 반드시 포로와 도망병들의 도움이 필요했을 것이다. 고트족 함대는 마침내 방어 준비에 여념이 없는, 아테네에서 5마일 떨어진 페이라이에우스에 정박했다. 클레오다무스라는 기술자는 황제의 명령으로 고트족에 대항하여 해안도시들의 요새화 작업을 맡았다. 그는 술라 시대 이후로 폐허가 된 채 남아 있던 옛 성벽들을 한참 보수하던 중이었다. 그러나 그 노력도 헛되이 야만족들은 이 시와 예술 발상지의 주인이 되고 말았다.

정복자들이 약탈과 방종에 흠뻑 빠져 있는 동안, 빈약한 수비대를 거느리고 페이라이에우스 항구에 정박해 있던 그들의 함대가 용감한 덱시포스의 기습 공격을 받았다. 그는 기술자 클레오다무스와 함께 아테네에서 탈출한 뒤, 군인과 농민 등으로 의용대를 규합, 조국이 당한 재난에 대해 어느 정도 복수하는 데 성공했다.

그러나 이 공로는 쇠퇴해 가는 아테네 시대에 몇 줄기 빛을 부어 주었는지는 몰라도 담대한 북방 침입자들의 기를 꺾어놓기는커녕 오히려 화를 돋우었다. 그리스 곳곳에서 일제히 거대한 불길이 치솟았다. 전에는 그처럼 서로 큰 전쟁을 벌였던 테베와 아르고스, 코린토스와 스파르타였건만, 이제는 싸움터에 군대를 보내기는커녕 폐허화한 자신들의 요새도 지키기 어려운 형편이었다. 전쟁은 육지와 바다에 걸쳐 수니움곶(串) 동쪽 끝에서 에피루스[25]의 서쪽 해안까지 번졌다.

나태한 갈리에누스 황제가 이 절박한 위기를 맞아 환락의 꿈에서 깨어났을

---

23) 아조프해의 출구, 케르치 해협.
24) 불가리아에서 이스탄불에 이르는 흑해의 서남 해안 지방.
25) 알바니아 일대.

때, 고트족은 이미 이탈리아를 육안으로 바라볼 수 있는 곳까지 진출했다. 황제가 몸소 무장을 하고 나타나자 적은 기세가 꺾이고 전력이 분열되었다. 헤룰리족 족장 나울로바투스는 유리한 항복 조건을 받아들여 수많은 동족을 이끌고 로마군에 가담하여 집정관 직위를 하사받았다. 이 직위가 야만인 손에 더럽혀진 것은 그것이 처음이었다.

대다수 고트족은 힘겹고 위험한 항해에 걸려 있었으므로, 다뉴브강을 건너 자신들의 우크라이나 정착지로 되돌아갈 생각으로 모이시아 지방으로 몰려들었다. 로마 장군들 사이에 불화가 생겨 야만족들에게 퇴각로를 열어 주지만 않았어도, 이 무모한 계획으로 인해 그들은 전멸했을 것이다. 이 사나운 군대의 나머지 소부대는 배를 타고 헬레스폰투스 해협과 보스포루스 해협을 거쳐 되돌아갔다. 귀국길에 트로이 해안을 약탈한 고트족 정복자들은 호메로스에 의해 불후의 명성을 얻은 그 트로이를 약탈한 것을 오래도록 잊지 못했을 것이다.

그들은 안전한 흑해 내해로 들어서자 곧 하이모스산 밑에 있는 트라키아의 안키알로스에 상륙하여 상쾌하고 건강에도 좋은 온천수에 몸을 담그고 오랫동안 쌓인 피로를 풀었다. 이제 짧고 쉬운 항해만이 기다리고 있었다. 이것이 고트족의 해상 원정 중에서 가장 규모가 큰 제3차 원정의 시작과 끝이다.

이 대담한 모험에서 맨 처음 1만 5000명으로 구성되었던 부대가 어느 정도의 손실과 분열을 겪었는지는 알 수 없다. 병사들이 전사하거나 배가 난파하고 무더위가 덮쳐 죽어갔다 하더라도, 한편 약탈의 기치 아래 모여든 도둑 떼와 탈주병들, 그리고 자유와 복수의 기회를 노리는 게르만과 사르마트족 출신 도망 노예들에 의해 꾸준히 보충되었기 때문이다. 이 세 차례 원정을 통해 고트족은 자신들이 명예롭고 위협적인 존재임을 드러냈다. 그러나 고트족 깃발 아래 싸운 부족들은 잘 알려진 경우도 있지만, 그 무렵의 불완전한 역사 기록 때문에 혼동된 경우가 많았다. 특히 야만족 함대들은 타나이스강[26] 하구에서 출항한 것으로 추정되기 때문에, 이 무질서한 무리에는 막연히 스키타이인이라는 낯익은 이름이 붙여지는 일이 많았다.

---

26) 지금의 돈강.

인류의 대재해를 이야기할 때에는 아무리 고귀하고 유명하다라도 개인의 사망이나 건축물의 파괴 같은 것은 무심코 지나가는 일이 많다. 그러나 에페수스에 있던 아르테미스 신전은 빼놓을 수가 없다. 일곱 차례의 재난을 겪으면서도 더욱 화려하게 복구되곤 했던 이 신전이 마침내 고트족의 제3차 원정 때 불타버리고 만 것이다. 이 장대한 신전은 그리스의 예술과 아시아의 풍요가 합쳐진 것이었다. 이오니아식 건축 양식을 따랐고, 127개의 대리석 기둥이 신전을 받치고 있었다. 신앙심이 독실한 군주들이 하나하나 헌납한 이 기둥들의 높이는 60피트에 달했다. 제단은 프락시텔레스의 걸작들로 장식되어 있었는데, 레토신의 출산, 외눈박이 거인 키클롭스를 죽인 아폴론 신의 은둔, 정복한 아마존족에 대한 디오니소스 신의 관용 등, 그 지역에서 사랑받는 신화에서 따온 것이었다.

그러나 이 에페수스 신전의 길이는 불과 425피트로, 로마 성 베드로 성당의 3분의 2에 지나지 않았고, 그 밖에 규모 역시 근대 건축물의 숭고한 산물에 비해 뒤떨어지는 것이었다. 옆으로 팔을 벌린 기독교 십자가는 직사각형의 이교도 신전보다 훨씬 더 큰 폭을 요구한다. 고대에는 아무리 대담한 건축가라도 로마의 판테온처럼 큰 돔을 세우라고 하면 놀라 뒤로 자빠졌을 것이다. 그럼에도 에페수스의 이 아르테미스 신전은 세계 불가사의의 하나로 감탄의 대상이 되었다. 페르시아와 마케도니아, 로마의 여러 황제가 이 성소를 숭배하며 그 웅장함과 화려함을 찬양했다. 그러나 발트해에서 온 이 무지하고 난폭한 야만인들은 우아한 예술을 감상할 줄 몰랐고, 이국의 미신이 주는 관념적 공포심을 경멸했다.

믿을 만한 것은 못 되지만, 고트족 침입과 관련하여 또 한 가지 주목할 만한 상황이 전해진다. 바로 고트족은 아테네를 약탈하던 중에 도서관의 책들을 모두 모아 이 아테네 학문의 업적에 불을 지르려고 하였다. 그러나 때마침 그들 중 정책에 뛰어난 한 족장이 나서서 말했다. 그리스인들이 책 읽는 일에 몰두하는 동안은 결코 군사훈련을 할 수 없을 것이라는 이야기였다. 강대한 문명국가들에서는 여러 분야에 걸쳐 거의 비슷한 시기에 천재가 나타났으며, 과학의 시대는 뛰어난 군사력으로 성공한 시대와 일치하는 것이 일반적이다.

페르시아인

페르시아에서는 이미 아르다시르[27]와 그의 아들 샤푸르[28]가 세운 새 왕조가 아르사케스 왕조를 대신하고 있었다.

이 오랜 왕가의 많은 제후들 가운데 독립을 유지한 것은 아르메니아 왕 코스로에스 단 한 사람뿐이었다. 그가 예외적인 존재가 될 수 있었던 것은, 천험의 요새, 도망병과 불평분자의 끊임없는 유입, 로마와의 맹약, 그리고 무엇보다도 자신의 용기 덕분이었다. 그러나 30년 동안 늘 승리했던 그 코스로에스도 결국 페르시아 왕 샤푸르가 보낸 밀사에게 암살되고 만다.

애국적인 아르메니아 제후들은 왕위의 독립과 위엄을 지키기 위해 어린 적자 티리다테스를 옹립하고 로마에 보호를 요청했다.

동맹국은 멀리 있는데 페르시아군은 파죽지세로 국경에 다다르고 있었다. 하지만 이제 마지막이라고 생각했을 때, 왕자는 운 좋게 한 충신에 의해 구출되었다. 그러나 이 나라는 그로부터 27년 동안 페르시아의 한 속주로 괴로움을 겪는다.

이에 기고만장한 페르시아 왕 샤푸르는 로마의 기운이 약해진 때를 틈타 카레[29]와 니시비스[30]의 강력한 수비대들을 꺾고, 유프라테스강 양쪽을 유린했다.

중요한 국경 지역의 상실, 충실한 동맹국의 몰락, 야심에 불타는 페르시아 왕의 압승, 이러한 것들은 로마 쪽에 위기감뿐만 아니라 견디기 힘든 굴욕감을 주었다.

발레리아누스 황제는 라인과 다뉴브강 유역은 충분히 경계하면 안전을 확보할 수 있을 거라고 보았지만, 유프라테스강의 방위에 대해서는 크게 우려했다. 그리하여 고령임에도 불구하고 마침내 직접 출정하기로 결심한다.

---

27) 재위 226?~241년.
28) 재위 241~272년.
29) 지금의 하란. 튀르키예 남동부.
30) 지금의 누사이빈. 튀르키예 남동부.

적의 포로가 된 로마 황제

황제가 소아시아를 진군하는 동안, 고트족의 해양 모험도 자취를 감추어 이 지방에는 잠시 평온이 찾아왔다. 그러나 로마군은 유프라테스강을 건너자마자 에데사시(市) 성벽 근처에서 페르시아 왕과 마주쳤다. 접전을 펼친 끝에 샤푸르에게 져 발레리아누스 황제는 포로로 잡히고 말았다(260년).

이 중대 사건의 상세한 진상은 밝혀지지 않았고, 역사 기록도 불완전하다. 그러나 한 가닥 빛에 의지하여 조사해 보면, 로마가 전쟁에 패한 원인은 황제의 실책이나 착오에 있음을 짐작할 수 있다.

가장 먼저 근위대장 마크리아누스에게 절대적인 신뢰를 두었던 것이 실수였다. 이 어리석기 짝이 없는 인물은, 주군을 신하에게는 공포의 존재로 만들고 적에게는 모멸의 대상으로 만들기에 바빴다.

이 근위대장의 조언에 따라 용맹함도 군사 기술도 아무 소용이 없는 상황에 몰린 황제군은 용감히도 페르시아 진영을 돌파하려고 시도했지만, 거꾸로 대량 학살을 당한 끝에 쫓겨갔고, 그것도 모자라 압도적인 병력으로 포위당한 끝에 굶주림과 역병의 맹위 속에서도 어찌할 도리가 없었다.

완전한 승리를 거머쥘 때까지 기다리는 샤푸르의 전술 앞에, 궁지에 몰린 로마군 진영에서는 황제를 재난의 원흉으로 비난하는 목소리가 높아졌고 병사들은 즉시 항복할 것을 강력하게 요구했다. 로마군은 불명예스럽기는 하지만, 퇴각 허가를 조건으로 페르시아 측에 막대한 양의 황금을 주겠다고 제의했다.

그러나 자신의 압도적인 우세를 확신한 샤푸르는 이 제의를 비웃으며 거절한다. 그뿐만 아니라 교섭을 위해 온 군사(軍使)들을 억류한 뒤, 전투 대형을 짜 로마군의 성벽 바로 아래까지 육박하여 황제와 담판을 요구했다.

발레리아누스 황제로서는 자신의 운명과 위엄을 적의 신의에 맡기는 수밖에 없었다. 그리하여 하는 수 없이 회담에 임했지만, 결국 우려했던 것이 맞아떨어지고 말았다. 황제가 포로로 잡힌 것이다.

깜짝 놀란 로마군은 그 자리에서 무기를 버렸다.

개선식에서 샤푸르는 빈자리가 된 로마 황제의 옥좌에 키리아데스라는 꼭두각시 후계자를 앉혔다. 비천하게 태어나 모든 악덕을 고루 갖춘, 안티오키아 출신의 망명자가 로마 황제의 보랏빛 옷을 더럽힌 것이다.

하지만 그것이 전승자 페르시아 왕의 뜻인 이상 로마군으로서는 거절할 도리가 없었다.

황제 자리에 앉혀졌으나 노예라 부르는 것이 더 맞을 듯한 이 남자는 샤푸르의 환심을 사기 위해 페르시아군을 이끌고 유프라테스강을 건넌 뒤 칼키스를 거쳐 동방의 도시 안티오키아까지 안내하는, 조국에 대한 배신행위도 마다하지 않았다.

페르시아군 기병대의 행동은 참으로 신속했다. 어떤 냉철한 역사가의 말을 그대로 믿는다면, 안티오키아는 전 시민이 한창 연극을 즐기던 중에 기습당했다고 한다. 이 급습으로 시내의 호화로운 건물들은 개인주택이건 공공건물이건 가리지 않고 모두 약탈, 파괴되었고, 수많은 시민들이 적의 대량 학살로 목숨을 잃거나 포로로 잡혀 갔다.

이 유린을 잠시 동안 저지한 자가 있었다. 그것은 에메사 신전 대제사장이었다. 이 성직자는 무기라고는 투석기밖에 가지지 않은 광신적인 농민들의 선두에 서서 조로아스터교도와 싸워 신전을 지켰다.

타르수스를 비롯한 수많은 도시가 파괴된 참상을 볼 때, 위의 경우는 예외적인 것이며 이를 제외하면 시리아와 킬리키아에서 페르시아군의 진군을 저지할 수 있었던 자는 아무도 없었다.

마지막에는 타우루스산맥의 좁은 통로조차 포기하는 수밖에 없었다. 사실 그곳은 기병을 주력으로 하는 페르시아군을 상대로 유리하게 싸울 수 있는 곳이었다. 그러나 현실은 그렇지가 못했다.

이리하여 마침내 40만 명의 인구를 거느렸던 것으로 추정되는[31] 카파도키아 수도 카이사레아도 샤푸르에게 포위되고 만다.

그곳은 황제의 명령에 의해서라기보다 자발적으로 방위에 임했던 데모스테네스의 지휘 아래 오랫동안 버텼지만, 끝내 한 의사의 배신으로 궁지에 내몰렸다.

---

31) 이 지방에서는 2위에 해당한다.

데모스테네스는 자신을 생포하라는 명령을 받은 페르시아군의 한복판을 간신히 돌파하여 탈출할 수 있었다. 그러나 그 대가로 수천 명의 시민들이 학살당했다.

포로에 대해 충동적인 잔인함을 보였던 샤푸르는 나중에 그 일로 집중적인 비난을 받게 된다. 물론 거기에는 로마의 민족적 증오심, 긍지에 상처를 입은 굴욕감, 보복할 수 없는 무력감 따위가 작용했을 것이다.

어쨌든 전체적으로 보면, 아르메니아에서는 관대한 입법자로서 행동했던 샤푸르도 로마인에게는 가혹한 정복자였다. 이것은 부정할 수 없다. 그가 로마제국 안에 자신의 영지를 두는 대신 로마 속주의 주민과 재산을 페르시아로 가져감으로써, 그 자리에 오직 황야만 남기는 것으로 일관한 사실만 보아도 알수 있다.

동방이 샤푸르의 이름만 들어도 떨고 있었을 때, 이 페르시아 왕에게 호화로운 선물을 바친 자가 있었다. 그 주인공은 팔미라[32]에서 가장 고귀하고 부유한 원로원 의원 셉티미우스 오다이나투스라는 인물이었다.

그는 끝없이 이어지는 낙타 행렬에 진기하고 값비싼 물건을 가득 실어 페르시아로 보냈다. 이 어마어마한 공납에는 정중하면서도 비굴하지 않은 편지가 첨부되어 있었다.

"대왕에게 이런 무례한 편지를 보내는 오다이나투스란 자는 도대체 누구인가? 만약 이자가 짐의 은사를 바란다면, 두 손을 뒤로 묶은 채 끌어내어 짐의 발밑에 엎드리게 하라. 조금이라도 주저하는 기색이 있으면 그자뿐만 아니라 그 민족과 나라까지 철저하게 파괴하리라!"

오만한 승리자는 편지를 읽자마자 이렇게 말하더니 선물들을 유프라테스강에 던져 버리라고 명령했다.

궁지에 몰린 오다이나투스는 필사적으로 행동에 나선다. 페르시아군과의 결전이었다.

---

32) 시리아 내륙 오아시스 도시.

그는 즉시 시리아의 부락들과 사막의 천막촌에서 주민들을 모아 군대를 편성하고, 그 소수의 군대에 자신의 기백을 불어넣은 뒤, 페르시아군 주변에 교묘하게 출몰하면서 그들을 공격했다. 그는 페르시아군 퇴각을 방해하고 재물의 일부를 가로챈 것 외에, 샤푸르의 애첩들도 몇 명 납치하는 전과를 올렸다.

페르시아 왕은 뜻밖의 타격을 입고, 다시 한번 유프라테스강을 건너 도주해야 했다. 이리하여 오다이나투스는 명성과 재물을 한꺼번에 얻게 되고, 페르시아 왕 한 사람에게 끊임없이 위협당했던 로마의 제위도 시리아인 한 사람, 곧 팔미라의 아랍인에 의해 보호받게 되었던 것이다.

무릇 역사라는 것은 증오와 아첨을 차례대로 적은 것에 불과한 경우가 많지만, 정복자의 권리를 남용한 샤푸르에 대한 비난은 참으로 지당한 것이라 할 수 있다. 발레리아누스에게 황제의 옷을 입힌 채 쇠사슬로 묶어, 로마의 몰락을 나타내는 본보기로서 대중 앞에 구경거리로 만들었을 뿐만 아니라, 말을 탈 때마다 그 목을 밟고 올랐다고 하니, 당연한 일이라 하겠다.

성자필멸(盛者必滅)의 진리를 잊지 말고, 로마가 다시 일어설 때를 생각해 고귀한 신분의 포로에게는 평화를 위한 볼모로서 합당한 대우를 해야 한다고 일깨우는 동맹국들의 충고에도 샤푸르는 끄떡도 하지 않았다.

발레리아누스 황제가 치욕과 탄식 속에 사망하자, 샤푸르는 그 유해 속에 짚을 채워 넣어 인형처럼 만든 다음 페르시아에서 가장 유명한 신전에 바쳤다. 그 뒤 페르시아에서는 오랜 세월 동안, 이것을 로마인이 세운 청동이나 대리석 전승비처럼 허영의 산물이 아닌 진정한 승리의 상징으로 삼았다고 한다.

이 비화는 참으로 슬프고 비참하지만, 과연 진실일지 그 신뢰성은 크게 의심스럽다. 왜냐하면 동방의 제후들이 샤푸르에게 보낸 현존하는 편지들은 모두 명백하게 위작이고, 또 아무리 상대를 질시하고 있었다 해도 한 나라의 군주가 타국의 군주였던 인물을 공개적으로 그토록 능욕한다는 것은 상식적으로 생각조차 할 수 없는 일이기 때문이다.

다만 발레리아누스 황제가 어떤 대우를 받았든, 로마 역사상 적의 포로가 된 유일한 황제로서, 절망적인 포로 생활 중에 사망한 것만은 적어도 의심할 여지가 없는 것 같다.

냉혹하고 경박한 황제

공동 황제였던 아버지의 엄격함을 견디기 힘들었던 갈리에누스 황제에게는 아버지가 당한 불행은 오히려 길보였다. 그는 아버지의 사망 소식을 듣자 속으로 은근히 기뻐하면서도 겉으로는 냉담하게 이렇게 말했다.

"아버지도 언젠가는 죽을 수밖에 없는 인간임은 알고 있었다. 따라서 나로서는 아버지가 용자답게 행동한 것만으로도 충분히 만족한다."

온 로마가 군주의 비운을 탄식하고 있었을 때, 궁정의 간신들은 그 아들의 이와 같은 냉혹함을 영웅이나 철학자가 보여 줄 수 있는 의연함의 귀감이라며 떠받들었다.

갈리에누스 황제는 제국에서 단 한 사람의 주권자가 된 뒤부터 경박하고 복잡한 성격을 본격적으로 드러냈다. 그러한 그의 인격적인 면을 설명하는 것은 좀처럼 쉬운 일이 아니다.

판단력이 부족해서인지, 정작 중요한 군사 문제나 정치에는 직접 관여하지 않았지만, 기예에 있어서는 재능을 발휘하여 모든 것을 습득했다. 즉 몇 가지 진기하지만 쓸모없는 학문에 통달했고, 즉흥연설도 뛰어났으며, 우아한 시인이었고, 요리에도 솜씨를 발휘했다.

그러나 정작 황제로서는 자질이 부족했다. 국난에도 불구하고 그는 주색잡기에 시간을 낭비하거나 철학자 플로티노스와 담론에 빠져 있었다. 또는 그리스의 비밀스러운 의식의 뜻을 깨우치려고 노력하거나, 아테네의 아레오파고스[33]에 자리를 달라고 간청하기도 했다. 그뿐만 아니라, 돈을 물 쓰듯 하면서 낭비와 사치의 나날을 보내며 세 번에 걸쳐 성대한 개선식을 열어 빈궁한 생활을 하는 민중의 마음에 상처를 주기도 했다.

야만족의 침략, 로마군의 패배와 반란, 이러한 잇따른 비보를 듣는 자리에서도 미소를 지었고, 잃어버린 속주에 대해서도 자못 경멸하는 말투로 그 특산물을 들며, 예를 들면 이집트 아마포와 갈리아 아라스 천이 없다고 로마가 멸망하느냐는 따위의 경솔한 말을 하곤 했다.

---

33) 고대 아테네 최고 법정.

물론 자존심에 상처를 받아서인지, 일시적이기는 했지만 느닷없이 무인이나 폭군으로 변신한 적도 있기는 했다. 그러나 상대의 저항에 지치거나 피에 진저리가 나면, 결국 다시 본래의 우유부단하고 게으른 모습으로 돌아갔다.

30명의 참주

통치권이 이런 사람 손안에 있었으니, 제국 곳곳에서 제위 찬탈을 노리는 자들이 일어서도 놀라운 일은 아닐 것이다. 생각건대 그 로마제국 30명의 참주를 아테네시 30명 참주와 비교한 것은 매우 흥미로운 착상이다. 아마도 로마황제사를 쓴 역사가들이 그만한 수의 인물을 들었고, 그것이 나중에 일반적인 호칭이 된 것이리라.

그러나 어떻게 보아도 이 비교는 부당할 뿐만 아니라 불완전하다. 단순히 한 도시의 압정자 집단에 지나지 않는 아테네 30인 회의[34]와 광대한 제국 전역에서 잇따라 일어났다 스러져 간, 그 수도 불확실한 참주들 사이에 도대체 어떤 유사성이 있단 말인가?

30명이라는 수에 있어서도, 황제 칭호를 받은 부녀자들까지 모두 포함시키지 않는 한 결코 그만한 숫자가 나오지 않는다. 갈리에누스 황제 시대를 두고 보아도 혼란이 극에 달했다고는 하지만 감히 스스로를 황제라 칭한 자는 19명에 지나지 않았다.

즉 동방의 속주에서는 키리아데스, 마크리아누스, 발리스타, 오다이나투스, 제노비아이고, 갈리아를 포함한 서쪽 속주에서는 포스투무스, 롤리아누스, 빅토리누스와 그의 어머니 빅토리아, 마리우스, 테트리쿠스이며 일리리쿰과 다뉴브강 유역에서는 잉게누우스, 레길리아누스, 아우레올루스였다. 그 밖에 폰토스의 사투르니누스, 이사우리아의 트레벨리아누스, 테살리아의 피소, 아카이아의 발렌스, 이집트의 아이밀리아누스, 아프리카의 켈수스 등이다.

다만 그들의 경력과 어떻게 죽음을 맞았는지에 대해서는 모호하여, 그것을 충실하게 기록하는 것조차 쉽지 않다. 어찌어찌하여 찾는다 해도, 거기서는 아무런 교훈도 흥취도 찾을 수 없다. 그렇다면 각 인물의 성품과 야심, 동기, 운명

---

34) 기원전 400년경 아테네는 30명의 참주들이 공동으로 공포정치를 폈다.

및 시대 배경, 찬탈이 가져온 파괴적인 영향 등을 특징짓는 전체적인 현상 따위를 살펴보는 것으로 충분할 것이다.

새삼스럽게 지적할 것도 없지만, 고대인들이 말하는 참주(tyrannus)란, 최고 권력을 불법적으로 손에 넣었다는 의미이지, 그 남용과는 관계가 없다.

갈리에누스 황제에게 반기를 든 자들 중에는 덕망 높은 인사들이 여러 명 있었다. 그들은 담력과 재능 면에서도 상당히 뛰어난 자들이었다.

무릇 그러한 장점이 있었기 때문에, 발레리아누스 황제의 총애를 받아 점차 제국의 요직을 차지한 것이다. 실제로 병사들 사이에서도, 어떤 자는 뛰어난 통솔력과 엄격한 군율로 인해 존경받고, 어떤 자는 전쟁터에서의 용맹스러움과 승리 때문에 칭송받았으며, 또 어떤 자는 솔직함과 관용 때문에 사랑을 받는 등, 대다수가 높은 평가를 받았던 자들이었다.

그들의 경우, 전쟁에 승리한 바로 그 자리에서 황제로 추대되는 일이 많았다. 이를테면 얼핏 보랏빛 옷이 가장 어울리지 않았던 그 마리우스만 해도 그랬다. 본래 무구를 만드는 한낱 대장장이였던 그는 그 담대함과 수많은 괴력, 그리고 순박하고 정직한 성품, 이러한 자질에 의해 우두머리로서 색다른 빛을 띤 사람이었다.

마리우스가 제위에 오른 것은, 그때까지의 그의 직업을 떠올려 볼 때, 좀 우습게 여겨질 수도 있다. 그러나 경쟁자들도 대부분 농부 출신인 데다 사병으로 입대한 자들뿐이었다. 이런 상황이고 보면, 출신상으로는 그나마 나은 편이었다고 할 수 있다.

어지러운 세상에서는 모든 활동적인 천재들이 저마다 자연스럽게 정해진 자리를 차지한다. 즉 전운이 감돌 때 무훈을 세우는 것은 입신출세 지름길이다. 사실, 앞에 나온 19명의 참주 출신을 보면, 원로원 의원은 테트리쿠스뿐이고, 귀족도 피소 한 사람뿐이었다.

칼푸르니우스 피소는 누마왕의 28대 손으로, 모계로는 크라수스와 대(大)폼페이우스의 초상을 집 안에 장식할 자격을 가진 인물이었다. 그의 조상들은 공화국이 수여하는 모든 영예를 두루 누렸고, 로마 명문 가문 가운데 황제들의 폭정에서 살아남은 것은 칼푸르니우스 가문뿐이었다.

피소 자신의 됨됨이도 이러한 그의 가문을 더욱 빛나게 했다. 마지막에는 찬탈자 발렌스의 명령에 따라 살해되었지만, 그 발렌스조차 아무리 적이라 해도 피소의 고결함은 존경하지 않을 수 없다고 깊은 애도와 함께 고백했다. 또한 원로원도 그의 높은 덕망을 기려 영예로운 기념물을 선사할 것을 갈리에누스 황제에게 아뢰었다. 그에 대해 황제도 자신에게는 반역자였음에도 불구하고 그 결의를 받아들였을 정도였다.

옥좌에 앉은 기분

발레리아누스 시대 장군들은 황제를 존경하며 그에게 감사하는 마음을 느끼고 있었지만, 그의 아들인 게으른 갈리에누스 황제를 섬기는 일을 받아들이려 하지 않았다. 그리하여 로마 세계의 왕좌를 지탱해 주는 충성스러운 신하는 이제 한 사람도 남지 않았다. 오히려, 불초한 군주에게 반역하는 것이야말로 애국심의 발로라고 생각했다.

앞에 이야기한 찬탈자의 행동을 잘 살펴보면, 야심 때문이 아니라 공포심에 쫓겨서 모반을 일으켰음을 알 수 있다. 냉혹한 갈리에누스 황제의 의심 많은 성격은 공포의 대상이었고, 군대의 변덕스러운 폭거도 마찬가지였기 때문이다.

경솔한 군인들에 의해 제위에 추대된 자에게는 반드시 파멸이 기다리고 있었다. 아무리 사려 깊은 인물이라도 일단 황제가 되고 나면, 잠시라도 제위에 앉은 기분을 맛보려 했고, 또 사형집행인의 손에 죽을 바에는 차라리 목숨 걸고 싸워 자기의 운명을 시험해 보려 했다.

자신의 의사와 상관없이 제위에 오르게 된, 희생자라고도 부를 수 있는 자들의 경우, 다가오는 비명의 최후를 남몰래 탄식한 날도 많았을 것이다. 그 한 사람인 사투르니누스는 황제로 등극한 바로 그날 신하들에게 이렇게 말했다.

"그대들은 유능한 지휘관을 버리고 대신 비참한 황제를 만들어 냈다."

사투르니누스의 우려는 적중하여, 그 뒤 혁명 소동이 자주 일어났다. 갈리에누스 황제 시대에 스스로 황제를 칭한 19명 가운데, 평화로운 생애를 보내거나 천수를 누린 자는 한 사람도 없었다.

그들 모두가 피를 흘려 얻은 황제의 보랏빛 옷을 걸치는 순간부터 자신이 모반한 동기였던 공포심과 야심을 측근에게도 심어 주어, 궁정 안의 음모와 군대의 반란, 그리고 내전 따위에 시달리며 '깎아지른 듯한 벼랑 끝에 서서 불안에 떨다가 얼마 못 가 거기서 추락'하는 것이다.

그들에게는 수많은 영예가 주어졌지만, 그것은 각자의 군대와 속주의 추종에 의한 것이었고, 또 반역에 의해 획득된 것이었다. 따라서 법과 역사의 인정을 받을 수는 없었다. 이에 비해 갈리에누스 황제의 경우는, 원로원뿐만 아니라 로마 시민도 포함한 이탈리아 전역의 신민으로부터 지지를 받고, 유일한 제국의 주권자로 인정받았다.

단 한 사람 충신 오다이나투스에 대해서는 약간 예외적인 데가 있었다.

황제 자신이 그의 무훈을 솔직하게 인정했기 때문이다. 또 나중에는 원로원도 이 용감한 팔미라인에 대해, 갈리에누스 황제 동의하에 전 로마 시민의 환호로 정제(아우구스투스)의 칭호를 수여했을 뿐 아니라, 동방의 실질적인 통치까지 맡겼다.

그것은 그가 이 땅의 통치권을 독립한 군주로서 이미 손안에 쥐고 있었기 때문이기도 하다. 그리하여 죽음을 앞두고, 그 광대한 영토를 사적인 상속물처럼 저 유명한 과부 제노비아에게 물려줄 수 있었다.

오두막집에서 옥좌로, 옥좌에서 무덤으로, 지지자와 신민을 휩쓸며 어지럽게 펼쳐지는 참주들의 흥망성쇠. 만약 이 세상 재앙의 소용돌이 속에서도 냉정할 수 있는 자가 있다면, 그자에게는 그러한 참상도 일종의 구경거리였을지 모른다.

찬탈자는 즉위하자마자, 그 대가로 병사들에게 막대한 상여금을 내렸는데, 그것은 원래 피폐한 백성들로부터 착취한 것이었다. 아무리 고결한 인물이라도, 또는 아무리 숭고한 의도에서라 해도, 빼앗은 지위를 유지하려면 수탈과 폭거에 의지하지 않을 수 없었다. 그들이 몰락하면 휘하 군대와 속주도 함께 몰락했다.

일리리쿰에서 자신을 황제라 칭한 잉게누우스를 진압한 뒤, 갈리에누스가 어느 고관에게 보낸 잔인하기 짝이 없는 명령서가 지금도 남아 있는데, 이 유약하고 냉혹한 군주는 그 속에서 이렇게 말했다.

"무기를 든 자들만 몰살하는 것만으로는 충분하지 않다. 그 정도 일은 전장에서도 가능했다. 남자는 노소를 불문하고 모두 근절해야 한다. 단, 어린이와 노인을 처형할 때에는 짐의 이름을 욕되게 하지 않는 수단을 강구하라. 황제 발레리아누스의 아들이며 모든 군주의 아버지요 형인 짐에 대해, 적대적인 말을 입에 담거나 그러한 생각을 품었던 자들도 모두 죽이도록 하라. 특히 잉게누우스에 대해서는 그자가 황제로 추대된 것을 잊어서는 안 될 것이다. 그자를 갈가리 찢어서 토막을 쳐라! 짐이 이렇게 친히 이 글을 쓰는 것은 짐의 분노를 그대에게 전하기 위함이다."

이렇게 국가를 위해 쏟아부어야 할 힘을 사사로운 일로 다 쓰는 동안, 무방비 상태 속주들은 곳곳에서 야만족의 습격을 받았다.

그리고 궁지에 몰린 끝에는 가장 용감한 찬탈자들마저, 때로는 로마 공통의 적과 굴욕적인 조약을 맺거나, 어마어마한 공납금으로 야만족의 중립과 협력을 구하기도 하고, 또 때로는 그들을 로마 세계 중심으로까지 끌어들이지 않을 수 없었다.

세태의 단면

인간은 천변지이(天變地異)를 다가올 앞날과 연관짓고 싶어 한다. 그것이 세상사이다. 이 시기도 마찬가지였다. 분명히, 이 어둡고 끔찍한 시대의 기록에는 과장과 지어낸 이야기도 포함하여, 홍수, 지진, 유성, 일식이나 월식 등 수많은 이변이 넘치고 있다.

그중에서도 특히 심각했던 것은 장기간에 걸친 대기근이었다. 그것은 약탈과 압정의 당연한 결과로, 눈앞의 농산물과 장래의 수확을 동시에 앗아가기 때문이다. 기근이 들면 식량 부족과 불결한 음식 때문에 거의 언제나 전염병이 뒤따랐다.

그러나 서기 250년에서 265년에 걸쳐 제국의 모든 속주와 도시, 그리고 거의 모든 가정을 휩쓴 맹렬한 역병에는, 위의 이유 외에도 다른 몇 가지 원인이 있었을 것이다. 어떤 시기에는 로마시에서만도 하루에 5000명씩 죽어 나갔고, 야만족에게서는 벗어났지만 인구가 전멸한 도시도 적지 않았기 때문이다. 이때의 재앙 규모를 추측하는 데 약간 도움이 될 것 같은 극히 진기한 예가 있다.

그 무렵 알렉산드리아에서 작성된, 모든 시민에 대한 정확한 곡물 배급 명부가 지금도 남아 있는 것이다.

그 명단을 보면, 40세에서 70세에 이르는 노령자 수가, 갈리에누스 황제가 죽은 뒤까지 살아남은 14세에서 80세까지의 수급자 수와 일치한다. 이 믿을 만한 숫자를 가장 정확한 사망자 등록표와 대조하면, 알렉산드리아 주민의 절반 이상이 죽었음을 분명하게 알 수 있다.

이러한 계산을 다른 속주들에도 적용해 보면, 전쟁과 역병 그리고 기근으로 인해 불과 몇 년 사이에 인류의 절반이 죽었다는 결과가 나온다. 물론 어디까지나 짐작에 의한 계산이기는 하지만.

로마 제정 초기의 군대는 군단과 보조군으로 이루어졌다. 군단은, 평시에는 농사를 짓다가도 전쟁이 일어나면 손에 호미 대신 무기를 쥐던 농민병이 바뀐 모습이다. 보조군은 로마의 피정복민으로부터 징집된 병사이다. 안토니누스 시대까지는 토지 소유와 종군 자격과의 관계가 변화하여 직업군인의 수가 증대해 있었는데 장교들은 이제까지처럼 대부분 교양 있는 계층 출신이었다.

군단은 근대의 군대와 마찬가지로 인원수로 구분되었는데, 보통 1개 군단은 4500명으로 이루어졌으며, 제정 초기에는 6000명의 중장보병을 포함하여 전체가 10개 대군으로 나뉘었다. 1세기 말의 한 사료를 보면, 군단마다 120기의 기병이 딸려 있었고 일반병 위에는 이른바 하사관과 같은 존재로서, 척후병, 서기, 군장기 기수, 공병(工兵), 측량병, 노병, 군의관이 있었다.

전장에서의 로마군은 3개 내지 그 이상의 군단과 보조군으로 이루어졌다. 군단마다 황제가 임명한 원로원 신분의 군단장, 6명의 사회적 지위가 높은 원로원 신분 내지 기사 출신의 고급장교 및 1명의 노련한 진영장관이 통솔했다. 그 휘하에 60명의 백인대장이 있었으나, 이는 현대의 군대에서는 상사나 위관 정도에 해당하는 돈을 써서 따낸 장교였다. 더욱이 나팔수 등 특별한 기술을 가진 하사관이 있었다. 일반 병사는 제정 후기에 이르기까지 중대원이라고도 불렸다.

그들은 소속부대의 일원으로서 20년간 종군하였는데 퇴역을 할 때는 퇴직연금으로 자기가 건설에 참가한 식민도시에 일정한 넓이의 토지를 받았다.

로마군의 승리의 원인은 강한 군단에 있었다. 군단에서는 제1대대가 특히 명예롭게 여겨졌으며, 테오도시우스 대제 시대 사료가 전하는 바에 의하면 1105명의 보병을 포함하며, 병사마다 주요한 방어도구로서 투구, 정강이 보호대, 가슴 보호대, 쇠가죽을 놋쇠판으로 보강한 방패로 무장했다. 제2대대부터 제10대대까지는 모두 555명의 보병으로 구성되었으며, 저마다 필룸(pilum)이라는 이름으로 알려진 로마식 투창으로 무장했다. 필룸이란 길이가 약 6피트인 목제 창으로, 길이 18센티미터 정도의 삼각형 강철 첨단을 갖고 있었다. 그 첨단이 그 무게로 인해 투창을 똑바로 날아가게 하는 원리였다. 그것은 30야드 거리부터 인간을 살상할 수 있었다. 군단병은 투창을 날린 후에 장검을 휘둘러 적과 백병전을 펼쳤다.

기병

기병은 10개의 분대로 나뉘어 있었으며, 앞의 테오도시우스 시대의 사료에서는 군단의 제1대대는 132명의 기병을 보유했고 남은 9개 대대는 약 66명을 보유했으며 모두 합쳐 726명 정도였다. 기병은 투구로 머리를 보호했고 가벼운 장화를 신었으며 사슬로 된 방호구로 몸을 지키고 주로 투창, 돌창, 창, 칼날이 넓은 검으로 싸웠다. 그들이 착용한 갑옷은 금속판을 안쪽·바깥쪽의 가죽띠·판금 등을 연결한 미늘 갑옷 또는 청동이나 철 미늘을 서로 묶은 비늘 갑옷이었다. 얇은 금속판으로 된 갑옷도 일반적으로 사용되었으며 동으로 된 갑옷도 장군들의 가슴막이로 널리 쓰였다.

보조군

보조군은 특수 기능으로 로마 군단을 도왔다. 사르마타이인은 활과 기마에 뛰어났고, 트라키아인은 숙달된 기마창병이었다. 마우레타니아인은 사막의 전쟁에 특히 뛰어났다. 보조군은 보통 간단하게 가죽으로 만든 짧은 상의를 입고, 기병·보병이 모두 타원형 방패를 가졌다. 그들의 주된 임무는 적의 첫 공격으로부터 군단병을 지키는 일이었다. 그들은 흔히 기병, 보병, 기마보병의 3종류였으며, 500명 또는 1000명 집단으로 편성되었다. 기병부대는 16분대로 이루어졌으며, 저마다 지휘관이 통솔했다. 보병부대는 9개의 대대로 나뉘어, 그 일부는 말을 탔다. 그 밖에 투석병, 궁병 그리고 일종의 곡괭이를 휘둘러 적의 성벽 등을 파괴하는 공병도 있었다.

훈장

장교들은 무훈에 대한 훈장으로서 가슴에 금속 원반 장식을 달고, 목걸이—어떤 경우에는 적에게서 빼앗은—를 목에 거는 일도 있었다. 무용에 보답하는 관으로서는 개선장군을 위한 개선관이 있었으며 또한 전쟁에서 시민의 목숨을 구한 병사에게는 졸참나무 잎 관이 주어졌다. 갖가지 관은 기념될 만한 무훈을, 구체적인 물체의 형태로 나타내고 있었다. 예를 들어 성벽을 제일 먼저 올라간 자에게는 성벽을 본뜬 관, 적함에 제일 먼저 올라탄 자에게는 뱃머리를 본뜬 관, 적진 점령에 공을 세운 자에게는 진영을 본뜬 관이 주어졌다. 또한, 순금으로 된 관도 무훈이 있는 자에게 선사되었다.

군기

사자나 호랑이의 가죽으로 만들어진 군기를 병사에게 짊어지게 하여 지휘관이 부대들을 구별하기 쉽게 했다. 더욱이 군단들은 저마다 독수리 문장이 있었고, 병사는 긍지를 갖고 이것을 지켰다. 독수리 문장을 잃는 것은 가장 큰 불명예로 여겨졌다.

공성구

병사가 갖는 보통 병기에 더하여 군단마다 일반적으로 이동이 가능한 공성용 사다리, 노, 투석기, 파성추, 그 밖에 공성용 중병기를 갖추고 있었다.

●노포

노(catapulta)는, 뿔 등으로 만들어진 가로대 부분과 짐승의 힘줄 등을 사용한 줄로 이루어진 활로 모발과 내장으로 만든 실을 합친 밧줄 묶음—그것이 꼬아진 고무 같은 역할을 한다—을 사용하는 것에서 얻을 수 있는, 비트는 힘으로 작동한다. 이 병기는 종종 말이 끄는 짐수레에 탑재되었는데, 이것은 화약이 나오기 전에는 최고의 파괴력을 가진 중병기였다.

노의 3개 가로대는 이른바 '튀르크 활'의 그것과 닮아 있어, 저마다 한쪽 끝은 모발이나 내장을 합친 밧줄이 꼬인 묶음에 박혀 있다. 2개의 꼬인 묶음은 저마다 노포 윗부분의 판 상하에 뚫린 구멍에 붙은 커다란 자릿쇠에 끼워져, 맞물림쇠로 고정되었는데 맞물림쇠의 양끝은 자릿쇠 끝에서 튀어나온 것을 감김 막대로 사용함으로써 꼬임을 더욱 강하게 할 수 있었다. 맞물림쇠가 끼워지는 자릿쇠의 안전막대가 꼬임이 반대로 되는 것을 막았다. 노포 두부에 직각으로 고정된 발사축의 끝에 있는 윈치로 2개의 가로대를 다른 한쪽 끝끼리 연결하는 활의 현에 해당하는 부분을 팽팽히 당기면 꼬인 묶임은 한층 더 강하게 꼬였다. 그리고 팽팽히 당긴 현을 맞물림쇠에서 벗기면, 발사축에 놓인 창이나 무게가 나가는 화살이나 불화살 등이 꼬임의 복원력에 의해 날아가는 장치였다.

●투석기

제정 후기에 공성구로서 사용되게 된 오나거(onager, 본래 뜻은 '야생 당나귀')라고 불린 대형 투석기 또한 꼬임의 복원력을 이용했다. 하나의 커다란 꼬임을 기본 골격을 이루는 나무틀 좌우에 뚫린 구멍에 통과시켜 노와 같은 구조로 고정시키고 감김 막대로 조임을 강하게 해 그 중앙에 직각으로 끼워진 1개의 가로대가 감아올림 장치와 연결된 밧줄에 의해 후방으로 젖혀진다. 가로대에는 투석기 뼈대의 가로장에 부딪힐 때의 충격을 완화하기 위해 완충재가 대어져 있었다. 가로대의 선단에 설치한 가죽주머니에는 무거운 돌 탄환이나 바위가 장전되어 가로대를 후방으로 젖히기 위해 밧줄을 고정한 작은 맞물림쇠가 벗겨지자마자 비행 무구가 하늘로 쏘아졌는데 그 속도는 적진의 지붕에 도달하기에 충분했다.

●파성추

성벽 파괴를 위한 추는 거슬러 올라가면 이집트인이나 아시리아인에게도 알려져 있던 가장 오래된 공성구 중 하나이며 로마인은 여러 가지 형태의 파성추를 갖고 있었는데, 잘 알려져 있는 긴 목재의 선단에 양머리형 철 덩어리를 붙인 것을 많이 썼다.

변경방위군

평시에나 전시에나 상비군이 야만족 세계와의 경계나 큰 강가에 배치하고 있었다. 변경 여러 지역에는 근대 응급치료소 정도의 역할을 하는 야전병원이 있었고 또 성곽풍의 요새가 세워져 있었다. 하드리아누스의 장성과 같은 견고한 성벽도 그것을 따라 1마일마다 규칙적으로 배치된 사각형 감시탑으로 보강되어졌는데 여기에 봉화대라고 생각되는 몇 개인가의 작은 탑이 있었으며 적이 기습해 올 때는 횃불이나 화염, 그 밖의 신호로 경보를 전달했다.

이 성벽을 보강하기 위한 해자가 장성의 남쪽에 세워졌다. 이처럼 대규모 방벽은 보통 그 지역을 복속시키기 위해 만들어졌다. 하드리아누스의 장성과 비슷한 또 하나의 성벽으로서 안토니누스 피우스 황제 시대에 브리타니아 장관 롤리우스 우르비쿠스에 의해 건설된 '안토니누스 장벽'이 있다.

로마군의 진영

로마 군대가 맨 처음 실시한 일은 진영의 구축이었다. 그것은 하룻밤을 보내기 위해서건 1년 혹은 그 이상에 걸친 전쟁을 위해서건 마찬가지였다. 현재 영국이나 유럽 대륙의 많은 도시는 그 기원을 로마군의 장기 진영에 두고 있다. 진영은 항상 네모반듯한 모양으로 구축되었으며 그 안에 텐트는 서로 일정한 간격을 가지고 정연하게 열을 이루었다. 진영 내부를 크게 구분하여 직각으로 교차하는 2개의 주요 도로 역시 직선을 이루고 있었다. 프라이토리움이라고 불리는 군사령관의 막사는 진영 중앙에 자리했다. 진영의 사방 둘레는 누벽이 둘리어 있었다.

군기는 철저했으며 모든 종류의 군사훈련에 흠잡을 데가 없었다. 나팔 소리가 높게 울려 퍼지면 이것을 신호로 병사들은 곧바로 진을 거두어 다음 행진으로 이동하기 위해 대열을 짰다. 투석병과 궁병을 선두에 두고 기병대와 보조군은 양쪽 날개에 위치하여 주력을 이루는 정규 군단의 대열을 엄호했다. 전투용 장비에서부터 식사용구에 이르는 번거로운 짐쯤 아무것도 아니라는 듯 병사들은 6시간에 20마일이라는 속도를 계속 유지해 갔다.

로마군과 야만족의 싸움, 석관 돋을새김, 3세기. 로마군은 야만족을 추적하여 무찔렀다. 로마군의 자신에 찬 표정, 야만족의 절망적인 표정이 잘 표현되어 있다.

제5장
(285~313년)
디오클레티아누스와 3명의 동료
막시미아누스, 갈레리우스 및 콘스탄티우스의 치세
제국 전역의 평화와 질서 회복
페르시아 전쟁과 그 승리 및 개선
새로운 통치체제
디오클레티아누스 황제와 막시미아누스 황제의 퇴위

디오클레티아누스, 제국을 재건하다

디오클레티아누스 황제의 치세는 역대 어느 황제 때보다 빛을 발했다. 그런 한편, 출신에 있어서는 그처럼 낮고 불분명한 자가 없었다.

이 시대는 무력이나 재주가 중시되어 귀족의 특권이 짓밟히는 일이 자주 있었으나, 그래도 자유민과 노예계급 사이에는 아직 명확한 선이 그어져 있었다.

디오클레티아누스 황제의 출신을 보면, 부모는 로마 원로원 의원을 지낸 아울리누스 집안의 노예였다. 그 때문에 그는 어머니의 출신지인 달마티아[1] 속주의 작은 도시에서 따온 이름으로 불리고 있었다.[2] 이윽고 아버지가 해방되자 가족은 자유를 얻었고, 곧이어 같은 처지에 있는 사람들 대부분이 그렇듯이 서기라는 직업을 얻은 것 같다.

그러한 해방노예의 아들인 디오클레티아누스가 군인으로서 세상에 이름을 떨치겠다고 마음먹은 데에는, 갖가지 행운의 신탁과 그 이상으로 자신의 재능에 대한 자신감이 크게 작용했다. 실제로 그의 생애를 보면, 술책과 사건이 연

---

1) 유고슬라비아 서해안 지방.
2) 도시 이름은 디오클레아. 그의 원래 이름은 디오클레스였으나, 로마식으로 부르기 위해 디오클레티아누스로 개명했다.

이어져 점차 그러한 신탁들을 이루어 냈다. 그리고 그 과정에서 뛰어난 자질을 세상에 드러냈다. 그것은 참으로 흥미로운 삶의 방식이었다.

디오클레티아누스는 모이시아 속주의 총독, 집정관, 근위대장 같은 요직을 두루 지내고, 페르시아 전쟁에서는 특히 명성을 떨쳤다. 그리하여 누메리아누스[3] 황제가 죽은 뒤에는 동료들에 의해 제위에 가장 어울리는 인물로서 황제에 추대된 것이다.

사람들 중에는 종교적인 마음에서 공동 황제인 막시미아누스의 잔혹함을 비난하는 자들이 있지만, 그들은 디오클레티아누스 황제의 개인적 자질에 대해서도 적지 않은 의문을 나타냈다. 즉 이 황제에게는 용기가 부족한 것이 아닌가 하는 것이었다.

하지만 그때까지 많은 무인 황제의 총애를 얻었을 뿐 아니라, 전 로마 군단의 존경도 얻었던 풍운아가 겁쟁이였을 거라고는 생각되지 않는다.

그렇지만, 대개 중상에도 남의 약점을 날카롭게 지적하는 현명함이 있다는 것은 부정할 수 없다. 그런 의미에서 되돌아보면, 디오클레티아누스 황제의 용기는 그가 직무를 수행하거나 중요한 일에 대처하는 데는 부족함이 없었지만, 모험과 명성을 구하고, 권모술수를 멀리하며, 경쟁자들의 동맹에도 과감하게 도전하는, 이른바 영웅으로서 갖춰야 할 호방함은 모자랐던 것 같다.

다시 말해 디오클레티아누스 황제의 재능은 탁월했다기보다는 오히려 실용적이었다. 즉 경험과 지성의 성과인 빼어난 정신, 실무적인 재능과 근면함, 관용과 절제, 온건함과 엄격함, 그리고 이들의 적절한 활용, 목적을 달성할 때까지 흔들리지 않는 마음, 수단 선택의 유연성, 그리고 무엇보다도 자신의 야심을 위해 타인과 자신의 충동적인 감정을 억제할 줄 알고, 게다가 그 야심을 정의와 공익이라는 구실로 포장하는 교묘한 술책에 뛰어났다.

아우구스투스 황제와 마찬가지로 디오클레티아누스 황제도 새로운 제국을 이루어 냈다.[4] 그도 또한, 이 카이사르의 양자(아우구스투스)처럼 계략으로 뜻을 이룰 수 있을 때는 결코 무력을 쓰지 않았다. 그러한 의미에서 전사라기보

---

3) 카리누스 황제의 동생.
4) 전자는 원수정(元首政 : principatus)을, 후자는 전제군주정(dominatus)을 정착시켰다.

다는 정치가로서 더욱 빛을 발했다.

요컨대 디오클레티아누스의 승리는 그의 독특한 융화책의 성과라는 데 커다란 특징이 있다.

그 무렵에는 정복자가 사형이나 추방, 또는 재산 몰수 같은 처벌을 가할 때 다소나마 공정함과 온정을 보여 주면 사람들은 감격하여 칭송을 아끼지 않았다. 따라서 이때 전장에서 내전의 불씨가 꺼진 것을 알고 사람들은 놀라움과 기쁨을 감추지 않았다.

디오클레티아누스는 카루스 황제의 재상이었던 아리스토불루스를 측근으로 맞아들여, 정적들의 생명과 재산뿐만 아니라 체면까지 존중하고, 심지어 카리누스 황제를 모셨던 수많은 신하들에게도 계속 그 지위를 유지할 수 있도록 했다.

동기를 파고들면, 그 이면에는 사려 깊은 타산이 있었다. 왜냐하면 그러한 가신들 중에는 그의 총애를 얻으려고 아군을 배신한 자가 상당히 많았기 때문이다.

아우렐리아누스 황제에서 프로부스 황제, 나아가 카루스 황제 시대에 이르기까지, 행정과 군사의 요직에 유능한 인물이 배치된 것은 이 세 황제의 뛰어난 통찰력에 의해서였다. 뒤집어 말하면, 만약 그러한 유능한 인재들을 제거했더라면 틀림없이 국가에 손실을 초래하는 동시에 디오클레티아누스 황제 자신의 이익도 손상되었을 것이다.

그런데 전 황제의 신하를 계속해서 채용한 이 방식은, 로마의 신민들에게 새로운 황제의 훌륭한 통치에 대한 기대를 품게 했다. 또 그 자신도 거기에 부응하듯이, 역대 황제들 가운데 특히 마르쿠스 안토니누스 황제의 인도주의적 모범을 따를 것을 공언했고, 그대로 실천했다.

공동 황제 막시미아누스

디오클레티아누스 황제의 첫 번째 시책은 사람들에게 그의 인품이 온건할 뿐만 아니라 성실하기도 하다는 것을 알려주었다. 마르쿠스 안토니누스 황제처럼, 그도 또한 막시미아누스를 공동 통치자로 내세워, 처음에는 카이사르(부황제)의 칭호를, 나중에는 아우구스투스(정제)의 칭호를 수여했기 때문이다.

그런데 행위는 같지만, 그 목적과 동기에서는 마르쿠스 안토니누스 황제의 경우와 큰 차이가 있었다. 마르쿠스가 사사로운 정에 이끌려 방탕한 아들에게 황제 자리를 물려줌으로써 국민의 행복을 해친 것에 비해, 디오클레티아누스는 친구이자 전우였던 인물을 공동 통치자로 세움으로써, 동서 양 제국을 지키는 데 성공했다.

시르미움 출신이었던 막시미아누스 황제는 아우렐리아누스 황제와 같이 본래 농부였다. 게다가 글을 몰랐을 뿐만 아니라, 법을 아랑곳하지 않는 행동도 많았고, 사회적 최고 지위에 오른 뒤에도 야비한 말과 몸가짐 때문에 비천한 출신임을 숨길 수가 없었다.

막시미아누스가 유일하게 자랑했던 것은 전쟁이었다. 그는 그 점에서는 탁월한 재능을 보여, 그때 이미 오래 군적에 몸담고 있으면서 제국 각 변경에서 화려한 무훈을 세웠다. 무인으로서 재능은 병사들을 다루는 것보다는, 아무리 어려운 작전도 틀림없이 완수하는 명령 수행 면에서 더 뛰어났다.

막시미아누스 황제에게는 수많은 악덕이 있었지만, 디오클레티아누스 황제에게 있어서 그것이 반드시 성가시기만 한 것은 아니었다. 오히려 자비심 같은 건 털끝만큼도 없으며 결과를 두려워하지 않는 이 공동 황제는 디오클레티아누스 황제에게 있어, 자신은 무관하게 보이고 싶은 잔혹한 행위를 즉석에서 실행시키는 편리한 도구였다고 해도 무방하다.

이를테면 국가를 위해서라며 막시미아누스가 피의 숙청에 나섰다고 하자. 그러면 디오클레티아누스는 기회를 보아 중재에 나서서 원래 처벌 대상이 아니었던 몇 안 되는 자들을 구제하여 온정을 과시한 뒤, 공동 황제에 대해서는 그 가혹함을 살며시 꾸짖는다. 그리고 이 두 사람의 대조적인 통치 방법을 황금시대와 철의 시대에 비유하는 세상 사람들의 평가에 내심 만족을 느끼는 것이다.

이렇듯 성격이 정반대임에도 불구하고, 두 사람은 함께 황제가 된 뒤에도 병사 시절에 키운 우정을 잃지 않았다. 막시미아누스 황제의 오만하고 과격한 성향이 자신과 국가에 치명적으로 작용하는 것은 나중 일이다. 디오클레티아누스 황제가 살아 있는 동안 그는 이 은인의 풍부한 재능을 진심으로 존경하며, 폭력에 대한 이성의 우위를 진심으로 인정했다.

그것은 다음 사실에서도 잘 드러난다.

자부심에서인지 미신에서인지는 모르지만, 두 황제는 저마다 유피테르 신에서 따온 요비우스와 헤르쿨레스에서 따온 헤르쿨리우스라는 아름다운 별칭을 가졌다. 유피테르는 세상의 운행—어용사가들이 이 표현을 썼다—을 관장하고, 장사 헤르쿨레스는 지상의 괴수와 폭군을 퇴치한다는 구도를 모방한 것이었다.

제국의 4분할 통치

통치의 중압감은 큰 것이어서, 요비우스와 헤르쿨리우스의 전능한 힘으로도 그것을 감당하기에는 역부족이었다. 현명한 디오클레티아누스의 눈에는 이제 제국 각 방면이 야만족의 침략에 직면해 있으며, 어디서나 대군의 존재와 황제의 친정(親征)이 필요하다는 것이 명백했다.

이에 그는 거대한 황제의 권력을 또다시 분할하여, 두 사람의 유능한 장군에게 부황제로서 각각 동등한 주권을 부여하기로 결정했다. 그 두 사람은 지난날 양치기였던 것에서 아르멘타리우스(외양간)라고 불린 갈레리우스5)와 창백한 얼굴색 때문에 클로루스(연한 녹색)라고도 불린 콘스탄티우스 1세6)였다.

부황제 갈레리우스의 출생지와 출신 및 행적에 대해서는 앞에 헤르쿨리우스에 대해 설명했을 때 같이 소개한 것이나 다름없다. 사실 그는 소(小)막시미아누스라고 불렸고 실제로 그 별명과 똑같았기 때문이다. 엄밀하게 말하면, 대막시미아누스에 비해 재능과 덕성이 오히려 뛰어났던 것 같다.

한편 콘스탄티우스는 다른 세 공동 황제만큼 비천한 가문 출신은 아니었다. 아버지 에우트로피우스만 해도 다르다니아7)의 명문 귀족이었고, 어머니는 클라우디우스 황제의 조카였다. 콘스탄티우스는 젊은 시절을 군대에서 보내기는 했지만, 성품이 지극히 온화하고 참으로 존경할 만한 인품이었다. 그래서 일찍

---

5) 재위 305~311년.
6) 재위 305~306년.
7) 상(上)모이시아 속주의 한 지방.

부터 제위에 오를 만한 인물이라는 평을 들었다.

두 황제는 부황제를 지명하는 동시에 정치적 결속을 강화하기 위해 각자 그들을 양자로 삼았다. 즉 디오클레티아누스는 갈레리우스의, 막시미아누스는 콘스탄티우스의 양부가 된 것이다. 그리고 두 양자에게 이혼을 강요하여 대신 자신들의 딸과 결혼시켰다.

이리하여 광대한 로마제국은 이 4명의 군주가 분할 통치하게 되었다(테트라키아). 이에 따라 콘스탄티우스는 갈리아, 에스파냐 및 브리타니아의 방위를 맡고, 갈레리우스는 일리리쿰 속주들의 방위를 맡았다. 한편 두 황제 가운데 막시미아누스는 이탈리아와 아프리카를 맡고, 디오클레티아누스는 트라키아와 이집트, 그리고 풍요로운 아시아 여러 나라들을 영토로 차지했다. 이 4명의 연대는 제국 전역에 미쳤으며, 조언 또는 친정(親征)을 통해 서로 돕는 구조가 되었다.

두 부황제(副皇帝)는 두 정제(正帝)에게 더없이 높은 권위를 가지고 경의를 표했다. 특히 디오클레티아누스 황제에 대해서는 젊은 세 공동 황제 모두 은인으로 여겨 감사와 복종의 뜻을 아끼지 않았다. 그들 사이에 권력을 둘러싼 질서나 의심은 있을 수 없는 일이었으며, 그 결속은 세상에 보기 드문 것이었다. 음악에 비유한다면, 지휘자의 능숙한 지휘에 따라 절묘한 화성을 울리는 사중창 같은 것이었다.

그러나 이러한 디오클레티아누스 황제의 정책적 노력에도 불구하고 20년이라는 오랜 기간 동안 수백 마일에 달하는 광대한 변경 전체가 완전히 평온하기란 불가능했다. 실제로 야만족은 이따금 국내의 대립을 중단하고, 변경의 주둔부대가 경계를 완화한 틈을 타서, 어떨 때는 힘으로, 또 어떨 때는 술책으로 제국 영내에 침입했다.

이에 비해 디오클레티아누스는 속마음은 어떻든 적어도 겉으로는 의연한 태도로 냉정히 대처했다. 섣불리 자신의 생명과 명성을 위험에 빠뜨리는 일 없이 가능한 수단을 다 써서, 성공을 거두면 그 성과를 화려하게 과시하곤 했다.

사실 어렵거나 성과가 의심스러운 전쟁에는 막시미아누스 황제의 무분별한 용맹함을 이용하곤 했는데, 이 충실한 무인 황제도 승리를 은인인 공동 황제의 슬기로움과 빼어난 덕으로 돌리며 만족하고 있었다.

그러나 각각 부제(副帝)를 양자로 삼은 뒤부터는 두 황제도 전투에서 한발 물러나, 다뉴브강과 라인강 유역의 방위는 두 양자에게 일임했다.

갈레리우스 황제는 야만족 군대를 로마제국 영토 안에서 토벌해야 하는 경우가 한 번도 없었지만, 콘스탄티우스 황제는 알레만니족에게 갈리아를 침략당한 적이 있다. 결과적으로는 이를 과감하게 물리쳤으나, 랑그르[8]와 빈도니사[9]에서 승리했을 때는 상당한 위험과 무훈이 따랐던 것 같다.

거기에는 다음과 같은 이야기가 전해지고 있다. 소규모의 호위를 받으며 평원을 통과하던 중, 갑자기 적의 대군에 포위되었을 때였다. 콘스탄티우스 황제는 간신히 랑그르까지 퇴각했으나, 공황 상태에 빠진 시민들이 성문을 여는 것을 거부하여 부상을 입은 콘스탄티우스 황제는 밧줄로 몸을 묶어 성벽으로 끌어 올려졌다. 그러나 황제가 곤경에 처했다는 소식을 들은 로마군이 사방에서 달려와 해가 지기 전에 알레만니족 병사 6000명을 살육하여 보복할 수 있었다고 한다.

사르마트인과 게르만인에게 승리한 적이 그 밖에도 몇 차례 있었음을 그때의 기념비에서 희미하게나마 찾아볼 수 있다. 그러나 그러한 탐색은 지루할 뿐만 아니라 재미와 교훈도 없을 것이므로 이 정도로 해두겠다.

로마 영토 내에 정착한 야만족

디오클레티아누스와 그의 공동 황제들은 피정복민들을 처리하는 데 프로부스 황제가 취했던 방식을 따랐다. 싸움에 져서 포로가 된 야만인들은 목숨을 건진 대신 노예가 되어 전쟁으로 황폐해진 지방, 이를테면 갈리아에서는 아미앵, 보베, 트리어, 랑그르 및 트루아 등지로 보내져, 그곳에서 양치기나 농부로 부려졌다.

병역이 요구될 때 외에는, 그들에게 군사훈련은 허용되지 않았다. 반면에 로

---

8) 프랑스 북동부.
9) 지금의 빈디쉬. 스위스 북부.

디오클레티아누스 황제하의 4분 통치를 보여 주는 상　현재 베네치아의 산마르코 교회 정면에 있다. 막시미아누스·콘스탄티우스·갈레리우스와 함께.

마의 보호를 요청한 자에게는 비교적 가벼운 예속 조건으로 토지의 소유를 인정했다.

사르마트와 카르피, 바스타르나이족에게는 몇 군데 정착지를 주어, 어느 정도의 자치와 자국 풍습을 유지하는 것도 허용해 주었다.

생각건대 속주민으로서는, 바로 조금 전까지 공포의 대상이었던 야만족이 이제는 자기들을 위해 밭을 갈고 인근의 시장으로 가축을 몰고 가는 등, 속주의 번영을 위해 일하는 모습은 생각지도 못했던 광경이었을 것이다.

속주민들은 이러한 상황을 가져다준 군주의 업적을 찬양했다. 그러나 제국의 내부 깊숙이 불러들인 이들 대집단이, 실은 호의를 보이면 이내 불손해지고, 억압하면 자포자기하여 언제 반항으로 돌변할지 모르는 위험한 이민족이라는 사실은 모두 잊고 있었다.

고난의 아르메니아

앞에서 살펴보았듯이, 발레리아누스 황제 시대에 아르메니아는 페르시아의 간계와 무력에 의해 정복되었고, 아르메니아 왕 코스로에스가 암살된 뒤 어린 후계자인 티리다테스는 충신들에게 구출되어 로마 황제들의 비호 아래서 자랐다.

그 티리다테스는 망명 생활 중에 아르메니아 왕좌에 있었으면 결코 얻을 수 없었을 수많은 교훈, 즉 역경과 인간, 로마식 훈련 따위에 대한 실질적인 지식을 일찍부터 충분히 배울 수 있었다.

청년 시절 그는 용맹함이 뛰어나, 군사훈련은 말할 것도 없고 세속적인 올림피아 경기에서도 누구보다 강하고 탁월한 기량을 보여 주었다. 그것은 어느 날 그의 은인 리키니우스를 구출했을 때도 크게 발휘되었다.

프로부스 황제를 죽음으로 이끈 반란 때, 광기 어린 병사들이 리키니우스의 천막에 밀어닥치는 것을 그 강한 완력만으로 저지한 것이다. 이때의 공으로 그는 얼마 뒤 아르메니아 왕으로 복귀하게 되었다.

군직에서의 모든 승진 단계에서 언제나 리키니우스와 함께했던 갈레리우스는, 부황제가 되기 훨씬 전부터 그 뛰어난 무훈이 디오클레티아누스 황제의 눈에 들어 높은 평가를 얻고 있었다.

이러한 인연으로 티리다테스에게는 디오클레티아누스가 즉위한 지 3년 만에 아르메니아 왕국이 주어졌다. 로마 측에 있어서 이 조치는 당연한 배려인 동시에 제국을 위한 편법이기도 했다.

그것은 네로 황제 이후 로마 황제 보호 아래 아르사케스 가문의 후계자가 아르메니아를 계승하는 것이 관례였던 것은 물론이거니와, 그 이상으로 로마로서는 이 중요한 영토를 이제야말로 페르시아 왕에게서 빼앗아 해방할 좋은 기회로 여겼기 때문이다.

티리다테스가 아르메니아 변경에 모습을 드러내자, 26년 동안 타국의 지배 아래 온갖 고초를 겪고 있었던 국민들은 열렬한 환호로 그를 맞이했다.

페르시아의 역대 군주들은 이 지배지에 웅장한 건축물을 수없이 세웠다. 그러나 그 건축물들은 아르메니아 주민의 혈세로 지어진 것이어서 그들에게는 예속의 상징이자 증오의 대상이었다.

반란이 일어날 것이 두려워 극히 가혹한 예방조치가 취해지자 민중은 저항했고, 그것이 한층 더 엄격한 탄압을 불러왔다. 증오의 대상이라는 자각이 새로운 탄압을 낳았고, 그 탄압은 증오를 더욱 부채질했다.

조로아스터교의 편협성에 대해서는 이미 살펴본 바 있다. 이때도 상황은 마찬가지였다. 정복자들은 신격화된 아르메니아 왕들의 조각상들과 해와 달을 나타낸 성도(聖圖)를 철저하게 파괴했다. 그 대신 바가반산 꼭대기에 세운 제단에 오르마즈드(아후라 마즈다) 신의 성화를 피워 밤낮없이 타오르게 했다.

이 같은 굴욕을 강요당한 국민이 자기 나라의 독립과 종교, 그리고 세습 군주를 위해 무기를 들고 일어선 것은 당연한 일이었다. 깊은 원한은 이제 행동의 거센 물결이 되어 모든 장애를 삼켜 버렸고, 그 격류에 밀려 페르시아군 수비대는 퇴각했다.

티리다테스 깃발 아래로 앞다투어 달려온 아르메니아 귀족들은 저마다 과거의 공적과 무훈을 들며 충성할 것을 약속하고, 외국인 지배 아래 누리지 못했던 명예와 보수를 그에게 요구했다.

그리하여 아버지가 어린 티리다테스를 구출한 죄로 일족이 학살당한 아르타바스데스에게는 군대 지휘권이 주어지고, 그 동생에게도 한 주의 태수 자리가 주어졌다.

이러한 사정을 배경으로 태수 오타스도 군의 요직에 임명되었는데, 강건하고 충직했던 이 태수는 페르시아의 지배를 받는 동안 외딴 성채에 숨겨 놓았던 자신의 여동생을 막대한 재물과 함께 이 새 국왕에게 바쳤다.

이러한 변경의 혼란 속에서, 그 기구한 운명 때문에 눈여겨보지 않을 수 없는 한 인물이 있었다. 티리다테스와 굳은 맹세를 나눈 이 아르메니아 귀족은 맘고라는 이름의 스키타이인이었다.

그 무렵 스키타이족은 소그디아나 부근까지 영토를 넓히고 있었던 중국[10]의 변경지대에서 야영 생활을 하고 있었는데, 맘고는 그 부족의 우두머리였다.

그러나 어느 날, 맘고는 중국 황제의 노여움을 사서, 그 지배로부터 달아나야만 했다. 그래서 부하들과 함께 옥수스강[11] 유역으로 이동하여, 페르시아 왕 샤푸르 1세에게 보호를 요청했다.

중국 황제는 주권을 주장했지만, 왕은 망명자 보호 관례를 방패로 도망자의 인도를 거부했다. 그러나 중국과의 전쟁은 피해야 했기에, 맘고를 서방의 가장 먼 변경으로 추방할 것—왕의 표현에 의하면 그것은 사형이나 다름없는 징벌이었다—을 약속했다. 그 유형지로 아르메니아가 선정되었고, 이 스키타이족에게는 이 광대한 지역에서 방목을 하며 계절에 따라 야영지를 이동할 수 있도록 허락했다.

한마디로 말해, 스키타이족은 티리다테스를 물리치는 데 이용된 것이었다. 그것을 깨달은 맘고는, 페르시아 왕에게서 입은 은혜와 굴욕을 저울질하며 앞으로 어떻게 해야 할지 생각한 끝에, 동족을 떠나 혼자가 되기로 결심했다.

그리하여 그가 찾아간 것이 앞에 말한 티리다테스였다. 맘고가 도착하자, 그의 재능을 잘 알고 있었던 이 아르메니아 왕은 그를 따뜻하게 맞아들여 측근으로 삼았다. 그리하여 왕위 찬탈에 크게 공헌하는 용감하고 충실한 신하를

---

10) 당시의 중국은 삼국시대–서진시대(西晉時代)였는데, 그 세력이 중앙아시아까지 미치지는 못했을 것이다.

11) 지금의 아무다리야강.

얻게 된 것이다.

티리다테스는 눈 깜짝할 사이에 왕실과 국가의 모든 적을 아르메니아 전역에서 몰아내고, 나아가서 보복으로서 아시리아 중심부까지 나아갔다. 그것은 마치 승천하는 용을 보는 듯한 쾌거였다.

이 잊혔던 아르마니아 왕의 이름을 다시 세상에 알린 한 역사가는, 애국적인 정열에 불타 씩씩한 무사로서의 그의 모습을 높이 찬양하며, 그의 강한 힘 앞에 거인과 코끼리들이 차례차례 쓰러져 가는 모습을 동양 전설처럼 묘사했다.

다른 자료에 의하면, 그 무렵 페르시아 국내는 내부 대립으로 혼란스러웠다. 따라서 티리다테스가 이기고 있던 것도 그러한 적의 사정 때문이었을 가능성이 크다. 즉 페르시아 왕가의 형제 사이에 왕좌를 둘러싼 싸움이 일어났고, 패한 동생 호르무즈가 위험하게도 카스피해 연안에 사는 야만족에게 지원을 호소한 것이다.

그러나 결전에 의한 것인지 교섭에 의한 것인지 확실하지 않은 이 내전은 곧 종식되었고, 페르시아 왕으로서 널리 지지를 얻은 형 나르세스[12]가 전군의 선두에 서서 외적과 맞서게 되었다.

그 결과 전력에 큰 차이가 생겨, 용맹한 티리다테스도 페르시아 왕의 대군 앞에서는 꼼짝달싹할 수가 없었다. 티리다테스는 화를 피하기 위해 또다시 로마 황제의 궁정으로 향해야 했다.

이리하여 다시 아르메니아 전역을 지배 아래 넣은 페르시아 왕 나르세스는 반역자와 도망자들을 보호하고 있는 로마를 강력하게 비난하면서 동방 정복을 기약했다.

페르시아 전쟁과 로마군의 참패

로마 측은 정책상으로도 체면상으로도 아르메니아 왕의 대의를 무시할 수 없어서, 로마군을 페르시아전에 투입하기로 결정했다.

디오클레티아누스 황제는 언제나처럼 냉정한 위엄을 잃지 않았다. 그는 안

---

12) 재위 293~302년.

티오키아시에 본진을 두고 그곳에서 전선을 지휘하는 한편, 전장에서의 직접적인 지휘는 맹장 갈레리우스 황제에게 맡기었으며, 다뉴브강 유역에 있던 부황제에게 급히 유프라테스강으로 이동할 것을 명령했다.

로마와 페르시아 양군은 메소포타미아 평원에서 대치했다. 두 차례의 교전은 우열을 가리기 힘들었지만 세 번째 싸움에서는 결국 승패가 판가름 났다. 로마군의 대패였다. 패인은, 적은 병력으로 직접 대군을 상대한 갈레리우스의 경솔함에 있었다.

하지만 이 싸움터의 지형을 살펴보면, 이 패배에는 다른 요인도 작용했으리라는 것을 알 수 있다. 갈레리우스가 패배한 지역은 일찍이 크라수스 장군이 이끄는 로마군 10개 군단이 페르시아군에 의해 섬멸되었던 바로 그 장소였다.

카레의 언덕에서 유프라테스강에 이르기까지 60마일 남짓 펼쳐진 이 평원은 작은 산 하나 없는 불모의 사막으로서 더더구나 나무나 샘은 기대도 할 수 없었다.

아무리 굳건한 로마 보병대라도 뜨겁게 내리쬐는 태양 아래 타는 듯한 갈증으로 정신이 혼미해지지 않을 수 없다. 이러한 상황 아래에서는 대열을 지킨다 해도 승산이 없고, 대열이 흐트러지면 곧바로 위험에 노출된다.

사실 로마군은 점차 이 황야에서 적에게 포위되어, 빠르게 변하는 전투 대형에 시달리다가 결국 페르시아군 기병부대의 화살 공격을 받아 차례차례 쓰러져 갔다.

이 대패 속에서 홀로 온 힘을 다해 싸워 이름을 날린 사람은 다름 아닌 티리다테스였다. 유프라테스강까지 쫓기던 그는, 마침내 말이 부상을 입어 더 이상 달아날 길이 없다고 체념하려던 순간, 눈앞에 큰 강을 발견하여 말을 버리고 강물에 뛰어들었다. 갑옷은 무거운 데다 강폭이 적어도 반 마일이나 되었음에도 그는 뛰어난 체력과 능숙한 수영으로 무사히 강을 건널 수 있었다.

한편 갈레리우스 황제는 어떻게 달아나 돌아갔는지 알려진 바가 없다. 어쨌든 가까스로 안티오키아에 당도하자, 디오클레티아누스는 그를 친구나 공동 황제로서의 동정이 아니라, 주군으로서의 분노로 맞이했다. 그리하여 평소에는 오만하기 짝이 없었던 이 남자는 참을 수 없는 굴욕을 느끼면서, 마차에 탄

디오클레티아누스 황제를 따라 1마일이 넘는 길을, 황제 옷을 입은 채 걸어서 따라간다는 불명예스러운 모습을 대중 앞에 보여야 했다.

설욕을 이룬 갈레리우스

개인적인 원한을 풀고 자기 권위를 새로이 과시한 디오클레티아누스는 곧 갈레리우스의 탄원을 받아들여 로마군의 명예는 물론이고 부황제의 명예도 회복할 기회를 주었다. 그리고 이번에는 패배한 제1차 원정군의 주력이었던 아시아의 나약한 부대를 대신하여 일리리쿰 변경 지방에서 뽑은 고참병과 신병들로 군대를 편성하고 여기에 상당수의 야만족 보조군을 보탰다.

이리하여 약 2만 5000의 병사로 구성된 정예군을 이끌고 다시 유프라테스강을 건넌 갈레리우스 황제는, 메소포타미아 평원을 피해 아르메니아 산악지대를 통해 진군했다. 도중에 주민들의 협조를 얻어, 이 나라가 페르시아군 기병부대의 전개에는 불리한 지세이며, 로마군 보병부대에는 유리한 지세라는 것을 알았다.

게다가 역경을 통해 군기를 다잡은 로마군에 비해 페르시아군은 승리에 취해 경계를 게을리하고 있었다. 갈레리우스 황제는 겨우 두 기병만 거느리고 직접 적의 동태를 살핀 뒤, 적이 가장 방심하고 있는 기회를 노려 기습을 가했다.

기습, 특히 밤의 기습은 페르시아군에게는 거의 치명적이었다.

"페르시아군의 말은 도망가지 못하도록 묶여 있는 데다 대부분 쇠고랑까지 채워져 있었다. 그래서 비상사태가 일어나는 경우, 아무리 날랜 기병이라 해도 말에 오르기 전에 먼저 마구를 채우고, 재갈 끈을 두른 다음, 자신도 갑옷을 입어야만 했다."[13]

로마군의 갑작스러운 맹공격에 페르시아군 진영은 대혼란에 빠져, 저항다운 저항도 하지 못한 채 처참하게 살육당하여 완전히 무너졌다. 나르세스왕은 부상을 입고 메디아 사막 쪽으로 달아났다. 그와 태수들이 남기고 간 호화로운 천막에서 나온 막대한 전리품은 로마 쪽에 넘어갔다.

---

13) 크세노폰의 《페르시아 원정기》에서 인용.

그때 이 우아하고 사치스러운 물건들을 접한 로마 군인들이 얼마나 촌스럽고 무지했는지 보여 주는 한 가지 일화가 있다. 한 병사가 진주가 가득 든 멋진 가죽주머니를 손에 넣었다. 그는 가죽주머니는 쓸모가 있을 것 같아서 잘 챙겼으나 안에 든 것은 가치를 몰라 내버렸다고 한다.

하지만 이 패전에서 페르시아 왕이 입은 심각한 타격은 그러한 것보다 훨씬 더 딱했다. 군에 동행했던 그의 처첩 여러 명과 누이들, 그리고 자녀들까지 포로로 잡힌 것이다.

그런데 성격상 알렉산드로스 대왕과 닮은 점이 별로 없었던 갈레리우스 황제가, 이때는 일찍이 알렉산드로스 대왕이 페르시아군을 무찌른 뒤 다리우스 집안에 대해 보여 준 것과 같은 태도를 보였다. 나르세스왕의 처자들을 로마군 병사의 폭력과 능욕으로부터 보호하기 위해 안전한 장소로 옮기게 한 뒤, 그곳에서 그들의 신분에 맞춰 정중하게 대우한 것이다.

하루라도 빨리 전쟁이 끝을 맺기를 바라는 페르시아 측에 비해, 디오클레티아누스 황제는 시리아에 대군을 집결시켜 놓고 멀리서부터 로마군의 위세를 과시했다. 그리고 새로운 교전에 대해서도 만전의 태세를 갖추고 있었다.

승전보를 접하자 즉각 변경까지 행차한 디오클레티아누스 황제의 의도는, 갈레리우스의 자만심을 억제하는 데 있었다. 그러나 사실, 니시비스에서 열린 두 황제의 회견을 보면, 한쪽은 진심으로 경의를 표하고 다른 한쪽 또한 진심으로 공을 평가하는 참으로 화기애애한 분위기였다.

그 뒤 두 사람이 바로 페르시아 왕의 특사를 접견한 것도 다름 아닌 이 도시에서였다.

페르시아 왕의 힘, 혹은 기력만큼은, 이번 패전으로 이미 쇠약해져 있었다. 나르세스로서는 로마의 진격을 저지할 수 있는 방법은 즉시 강화를 맺는 것밖에 남아 있지 않았다.

그래서 조약에 대해 교섭한다기보다 로마 측이 제시하는 조건을 즉각 수용할 용의가 있다는 뜻을 전하기 위해, 나르세스는 심복인 아파르반을 특사로 적의 진영에 보냈다.

교섭에 임한 아파르반은 회담 첫머리에 왕실 가족에 대한 로마의 관대한 처우에 대해 주군의 깊은 감사를 전하는 동시에 그들의 석방을 간청하고, 이어서 주군의 명성을 떨어뜨리지 않는 범위 안에서 갈레리우스 황제의 용맹함을 칭송했다. 페르시아제국 역대 군주들 중에서 가장 위대한 왕을 이긴 이 로마 부황제의 탁월함을 인정해도 불명예가 되지는 않을 거라고 생각한 것이리라.

아파르반은 말을 마치면서 로마와 페르시아는 세상의 두 눈과 같아서 어느 한쪽이라도 없으면 세상은 크게 불편해진다는 동양풍의 비유를 들었다. 페르시아 측의 정당성은 제쳐놓더라도, 제아무리 권세 절정에 있는 로마라 해도, 성자필쇠(盛者必衰)의 이치를 잊지는 않았을 거라는 생각에서였다.

"참으로 페르시아인다운 말이로군!"

갈레리우스 황제는 머리끝까지 화가 나서 이렇게 응수했다.

"참으로 페르시아 사람다운 말이로군! 성쇠의 이치를 장황하게 늘어놓으면서 우리 로마인에게 관대함의 미덕에 대해 태연히 훈계하다니! 저 발레리아누스 황제에게 그대들이 어떠한 관대함을 보였는지 기억하고 있겠지. 비겁한 술책으로 이겨 그 권위를 더럽히더니, 죽는 순간까지 굴욕적인 감옥 생활을 강요하고, 심지어 죽은 뒤에는 유해까지 욕보이지 않았는가!"

말을 마치자 어느 정도 분노가 가라앉았는지 부황제는 조금 언성을 낮추고, 엎드린 적을 짓밟는 것은 로마인의 방식이 아니지만, 이번만은 페르시아 측 주장보다는 로마의 위신을 우선한다고 말했다. 마지막으로 어떠한 조건으로 항구적인 평화를 인정하고 포로로 잡힌 왕족의 안전을 보장할 것인가에 대해서는 추후에 통지하겠다면서 회담을 끝냈다.

이 회담에서 우리는 갈레리우스 황제의 불같은 성품과 디오클레티아누스 황제에 대한 그의 경의를 엿볼 수 있다.

야심만만한 갈레리우스 황제는 동방의 지배를 바라며 페르시아의 속주화를 제안했다. 이에 대해, 신중한 디오클레티아누스 황제는 아우구스투스 황제와 두 안토니누스 황제가 취한 온건한 방침을 따라, 이 정벌전을 명예롭고 유리한 강화로 종결시키고자 애썼다.

마지막 강화와 그 뒤 동방 변두리

로마 측은 약속대로 즉시 비서관 시코리우스 프로부스를 페르시아 궁정에 보냈다.

그곳에 도착한 프로부스는 평화사절로서 최상급 예우를 받았지만, 페르시아 측은 그가 기나긴 여행으로 지쳤을 것이라는 구실로 접견을 자꾸 미루었다. 겨우 알현이 허락된 것은, 메디아 사막을 흐르는 아스프루두스강 근처에서 왕의 더딘 이동을 한참 동안 따라다닌 끝이었다.

마음속으로 강화를 바라던 나르세스왕이 이처럼 접견을 늦춘 것은, 그동안 군대를 최대한 집결시켜 위세를 과시함으로써 조금이라도 유리하게 협상을 이끌기 위해서였다.

이 회의에는 페르시아 측 특사 아파르반과 근위대장, 그리고 아르메니아 변경군사령관, 이 세 사람만이 배석했다.

프로부스 대사가 제시한 첫 번째 조건은 니시비스시를 두 제국 간의 주요 교역지로 정하자는 것이었다. 그러나 무슨 이유에서 그런 조건을 내세웠는지는 오늘날까지 그 진의가 분명하지 않다. 로마 측이 교역에 일정한 제한을 두어 수입의 증대를 꾀하려 한 것이라 생각할 수도 있다. 하지만 원래 니시비스는 로마 영토 안에 있는 도시인 데다 수출입도 이미 로마인 관리 아래 있었다. 그렇다면 그런 제한은 국제조약이 아니라 국내법으로 처리해야 할 문제가 아닐까.

어쨌든 그 제한 사항의 실효를 거두기 위해 페르시아 측에 어떤 형태의 요구를 제시했지만, 나르세스왕에게 있어 그것은 이해 면에서나 위신 면에서나 받아들이기 힘든 것이었다. 그리하여 그 점에 대해서만은 끝까지 받아들이려 하지 않았다. 로마는 더 이상 강요하지 않고, 교역을 자연의 흐름에 맡기거나, 자국의 재량에 따라 가능한 범위의 제한을 가하는 선에서 매듭을 지었다.

이렇게 하여 장애가 제거되자, 엄숙히 화해의 약속을 맺고 양국 사이에 동의가 이루어졌다. 이 조약은 그 뒤 티리다테스가 죽을 때까지 잘 준수되어, 동방 세계는 40년이라는 긴 세월 동안 평화를 누린다.

그러나 시대가 바뀌면서 세계관과 정서가 다른 새 세대가 통치자가 되면서, 역사에 이름 높은 페르시아와 로마 사이의 오랜 전쟁이 새롭게 시작된다.

쇠퇴해 가는 로마의 지위

황폐한 제국을 폭군과 야만족의 손아귀에서 구해 내는 것은 어려운 일이었지만, 마침내 일리리쿰 농민 출신 황제들에 의해 완전하게 달성되었다. 디오클레티아누스 황제는 즉위에 오른 지 20년째가 되자, 로마식으로 성대하게 개선식을 거행하여 자신의 눈부신 치세를 축하했다.

이때 거행된 개선식의 영광을 누린 사람은 그와 동등한 자격의 공동 황제인 막시미아누스 단 한 사람이었다. 물론 2명의 부황제에게도 무훈이 있었던 것은 말할 것도 없지만, 그들의 공적은 예로부터의 엄격한 관습에 따라 모두 아버지인 정제들의 위엄과 권위에 의한 것으로 돌려졌기 때문이다.

이 의식은 아우렐리아누스 황제와 프로부스 황제 경우에 비해서 성대함은 덜했지만, 행운과 명성에 있어서는 훨씬 뛰어났다.

행렬에서는 아프리카와 브리타니아, 그리고 라인강과 다뉴브강 그리고 나일강 같은 큰 강 유역 지방에서 보내온 전승 기념비를 볼 수 있었다. 그중에서도 사람들의 눈길을 끈 것은, 페르시아 전쟁에서의 승리와 그에 뒤따른 정복을 말해 주는 것들이었다. 즉 포로가 된 페르시아 왕의 처자와 누이들을 본떠 만든 조상만큼, 오랜만에 로마 시민의 허영심을 만족시키면서 식전을 충족하게 장식해 준 것이 없었다.

후세 사람들이 볼 때 이 개선식은 그다지 명예로운 것이 아니었다는 점이야말로 주목할 만하다. 왜냐하면 이것이 로마인이 구경한 마지막 개선식이었기 때문이다. 사실, 이 시대가 지나자마자 여러 황제들의 정복전은 별안간 중단되었으며, 로마시도 제국의 수도라는 지위를 점차 잃어 간다.

그때까지 로마의 발상지는 수많은 의전(儀典)과 기적에 관한 이야기들로 신성시되고 있었다. 거리 구석구석이 수호신이나 영웅과 연관이 있었고, 특히 카피톨리누스 언덕에 있는 유피테르 신전은 제국의 중심으로 여겨졌다.

순수한 로마인이 이렇게 마음을 들뜨게 하는 상상을 하며 그것을 사실로 믿었던 것은 그들이 오랜 전통으로서 어릴 때부터 그러한 분위기 속에서 자라왔기 때문만은 아니다. 정책적인 면에서 그러한 환경이 조성되어 있었던 것에도 원인이 있었다. 정치 형태와 그것을 시행하는 장소에는 서로 밀접한 관련이 있어서 한쪽을 파괴하지 않고는 다른 쪽을 옮길 수 없었다.

그러나 정복지의 확대와 함께, 로마의 주권은 점차 약해지고, 그를 대신하여 여러 속주가 동등한 지위를 차지한다. 정복된 민족들은 로마인의 애국심을 흡수하지는 않았다. 다만 로마인의 호칭과 특권을 누릴 뿐이었다.

그래도 예로부터 내려오는 법제와 관습의 영향으로, 로마시의 위신은 꽤 오랫동안 지켜졌다. 생각건대, 그것은 아프리카와 일리리쿰 출신 황제들이, 이 로마시에 대해 제권(帝權)의 상징이자 광대한 영토의 중심으로서 경의를 표했던 것이 크게 작용한 것 같다.

야만족을 물리치기 위해 때때로 변경으로 향해야 했다지만 평시에도 속주를 상주지로 정한 것은 디오클레티아누스 황제와 막시미아누스 황제가 처음이었다. 거기에는 사적인 이유도 있었을 것 같지만, 어쨌든 그들은 제법 그럴듯한 정책적인 이유를 들어 그 행동을 정당화하려 했다.

서로마 황실은 주로 밀라노에 거주했는데, 그것은 알프스산 기슭에 위치한 이 도시가 게르마니아 야만족들의 움직임을 살피는 데 로마보다 훨씬 편리했기 때문이었다. 얼마 가지 않아 밀라노는 제국의 수도로서의 위엄을 갖추게 되었다. 기록에 의하면, 가옥의 수도 늘어나고 집도 잘 지어졌으며, 시민들의 풍속도 세련되고 대담해졌다. 건설자인 막시미아누스의 이름을 딴 원형경기장, 극장, 조폐국, 궁전, 목욕탕이 세워졌으며, 로마와 견주어도 결코 흠이 없을 정도로 회랑들과 이중 성벽 등이 갖가지 석상으로 장식되어 새 수도의 아름다움을 더해 주었다.

로마의 장엄함과 경쟁하는 것은 동로마의 니코메디아를 세우기 위해 돈과 시간을 쏟아부은 디오클레티아누스의 야심이기도 했다. 유럽과 아시아의 경계에 위치했던 이 도시는 다뉴브강과 유프라테스강의 중간쯤에 자리 잡고 있었다. 황제의 지대한 관심과 시민의 세금으로 니코메디아는 몇 세기가 지나야 완성할 수 있는 위용을 불과 23년 만에 이루었는데, 그 크기와 인구에서도 로마, 알렉산드리아, 안티오키아에 버금갈 정도였다.

디오클레티아누스와 막스미아누스는 정력적으로 살면서 인생의 대부분을 야영이나 장기간의 행군으로 보냈지만, 나랏일을 돌보다 잠시라도 틈이 생기면 언제든지 그들이 좋아하는 니코메디아와 밀라노의 거처에 머물면서 여가를 즐겼던 것으로 보인다. 디오클레티아누스는 즉위 20년 만에 로마에서 개선식을 거행할 때까지 단 한 번도 제국의 이 옛 수도를 돌아본 적이 없었던 듯하다. 이 경사스러운 행사 때조차 그가 로마에 머문 기간은 두 달을 넘지 않았다. 이곳의 거칠고 무례한 시민들에게 질려 버린 그는 원로원에 출두하여 집정관직을 수여받기로 되어 있던 날로부터 13일 전에 급히 로마를 떠나고 말았다.

디오클레티아누스가 로마시와 로마인의 무례함에 대해 표시한 이와 같은 불쾌감은 일시적 기분에서 나온 것이 아니라 심오한 정책의 결과였다. 책략에 뛰어난 이 황제는 나중에 콘스탄티누스 가문에 의해 완성되는 새 제국의 통치 체제를 이미 구상해 놓고 있었는데, 원로원이야말로 구체제의 상징이었기 때문에 그는 원로원의 얼마 남지 않은 권력과 중요성마저도 박탈해 버리고자 했다. 돌이켜보면, 디오클레티아누스가 제위에 오르기 약 8년 전까지만 해도 로마 원로원은 적으나마 권력과 야망이 있었다. 이와 같은 열망이 지배하는 동안 수많은 귀족들이 자유민권을 얻기 위해 열정을 쏟고, 프로부스의 후계자들이 공화파를 지지하지 않자 원로원 의원들은 무력한 분노를 터뜨렸다.

막시미아누스는 이탈리아의 통치자로서 자질구레한 이런 정신을 말살하는 일을 맡았는데, 잔인한 그의 기질은 이 과제에 꼭 들어맞았다. 디오클레티아누스가 늘 존경하는 척했던 원로원의 최고 지도자들에게 음모를 꾸몄다는 혐의가 씌워졌다. 고급 별장이나 좋은 농장을 소유하고 있다는 사실조차 죄목이 되었다. 그러자 오랫동안 억눌려 온 근위대가 드디어 로마의 권위를 지키기 위해 나섰다. 이 오만한 군대는 자기들의 세력이 점차 약화되고 있음을 깨닫고 자연스럽게 자신들의 힘을 원로원의 권위와 결합시키려고 했다.

그러나 디오클레티아누스의 빈틈없는 조치로 근위대의 규모는 빠르게 축소되었고 그들의 특권도 폐지되었으며, 그 자리는 요비우스와 헤르쿨리우스라는 새로운 이름 아래 황실 근위대의 업무를 수행하도록 지명된 일리리쿰의 충성스러운 2개 군단이 차지했다.

하지만 원로원이 디오클레티아누스와 막시미아누스에게서 받은 겉으로 드러나지 않는 가장 치명적인 상처는 두 황제의 부재에서 오는 필연적 결과였다.

황제가 로마에 거주하는 동안은, 원로원이 비록 탄압을 받기는 해도 무시당하는 일은 거의 없었다. 아우구스투스 황제의 후계자들은 무슨 법률이든지 마음대로 집행할 수 있는 권한을 가졌으나, 그래도 이러한 법률은 원로원에 의해 추인을 받았다. 원로원의 심의 및 판결 과정에는 예부터 내려온 자유 모범이 있었으며, 로마 시민의 의사를 존중하는 현명한 황제들은 어느 선까지는 공화국 장군이나 수석 행정관에 어울리는 어휘나 태도를 취할 수밖에 없었다. 그들은 군대나 속주들에서는 군주의 위엄을 과시했고, 수도로부터 멀리 떨어진 곳에 거처할 때는 아우구스투스가 후계자들에게 권했던 점잖은 척하는 태도마저 벗어 내던졌다. 이 통치자들은 입법권과 행정권을 행사할 때에도 국가 회의 기관인 원로원과 협의하지 않고 자기 손으로 뽑은 장관들과 상의했다. 원로원이라는 이름은 로마제국의 마지막까지 명예로운 이름으로 언급되었고, 원로원 의원들에게는 그 허영심을 채워 줄 만한 온갖 명예가 주어졌다. 그러나 그 오랜 기간 동안 권력의 원천이자 수단이었던 원로원은 겨우 체면치레만 할 뿐 점차 망각 속으로 사라져 갔다. 로마 원로원은 황실 및 현실적인 국정 운영에 있어서 모든 관계를 상실한 채, 안타깝게도 쓸모없는 카피톨리누스 언덕 위의 골동품적 기념비로 전락하고 말았다.

로마 황제들은 원로원과 옛 수도의 모습을 더 이상 보지 않게 되자, 그들이 장악한 합법적 권력의 기원과 성격을 쉽사리 잊어버렸다. 집정관, 지방총독, 감찰관, 호민관 등의 여러 직책들은 서로 힘을 모아 문치 권력을 만들어 내던 것으로 공화제적 기원을 주민에게 보여 주는 것이었다. 그러한 겸손한 칭호들은 이제 폐기되었다.

그들은 아직 임페라토르라는 칭호로 그들의 높은 신분을 나타내고 있었으나, 이제 이 칭호는 새롭고 좀더 한정적인 의미로 해석되어, 단순히 로마군 최고 사령관을 가리키는 단어가 아니라 로마 세계의 군주, 최고 주권자를 지칭하는 단어가 되었다. 처음에는 군사적 성격을 지녔던 임페라토르라는 칭호에 이제는 한층 더 복종적인 의미가 더해졌다. 도미누스(Dominus), 즉 주인이라는 칭호도 원래 신하에 대한 군주의 권위나 병사들에 대한 지휘관의 권위를 나타내는 것이 아니라 가내노예에 대한 주인의 가장권을 나타내는 것이었다. 이 칭호를 이처럼 불유쾌한 뜻으로 이해했기 때문에 초기 황제들은 이를 배척했다.

그러나 이 칭호에 대한 거부감이 점차 희박해져서 나중에는 '우리의 주인이시며 황제'라는 칭호가 단순히 아첨을 위해서만 쓰이는 것이 아니라 정식으로 법률이나 국가적 기념비에도 쓰이게 되었다.

이 같은 고귀한 칭호는 그 어떤 허영심도 충분히 충족시키고도 남았다. 따라서 디오클레티아누스의 후계자들이 여전히 '렉스(rex : 왕)'라는 칭호를 사양한 것은 겸손함 때문이기보다는 오히려 무턱대고 그것이 싫기 때문이었다고 할 수 있다. 라틴어를 쓰는 모든 지역에서[14] '임페라토르'라는 칭호는 다소 낯설지만, 국왕이라는 이름보다 한층 더 존귀한 느낌을 전할 수 있었다. 왕이라는 칭호는 수백 명에 달하는 야만족 추장들도 쓰고 있었을 뿐 아니라, 그 기원도 기껏해야 로물루스나 타르퀴니우스[15]에서나 찾을 수 있는 칭호였다.

그러나 동양에선 서구와 느낌이 상당히 달랐다. 아시아의 군주들은 유사 이래로 그리스어로 바실레우스(basileus), 즉 국왕이라는 칭호로 불렸다. 그것은 사람 중의 가장 높은 사람이라는 의미였다. 따라서 동방 로마 속주국들은 로마 황제를 공경하는 호칭으로 이 단어를 사용했다. 디오클레티아누스와 막시미아누스는 심지어 '신'이라는 호칭까지 마다하지 않았으며 이를 나중에 가톨릭 교황들에게 물려주었다. 그러나 이처럼 터무니없는 경칭은 얼마 가지 않아 본래의 의미를 잃어버림으로써 그들의 불경성도 함께 사라졌다. 또 차츰 귀에 익숙해진 다음에는 그저 막연한 경칭으로 대수롭지 않게 받아들여졌다.

아우구스투스 시대부터 디오클레티아누스 시대에 이르기까지 로마의 역대 군주들은 시민들과 친밀하게 대화를 나눌 때 보통 원로원 의원이나 행정관들과 똑같은 수준의 경칭으로 불렸다. 중요한 차이점은 군주는 군을 상징하는 자주색 옷이나 군복을 입는 데 반해, 원로원 의원은 명예의 상징으로써 폭 넓은 자주색 띠를 두르고, 그리고 기사계급은 웃옷에 폭이 좁은 자주색 띠를 둘렀다는 점이다. 자존심이 강하고 책략이 그보다 뛰어난 디오클레티아누스는 페르시아 궁정의 현란한 장식을 도입했다. 그는 과감하게 다이아뎀을 썼는데, 로마인들은 다이아뎀을 쓴 것을 미치광이 칼리굴라 황제의 가장 가증스러운 행동으로 여겨왔다. 다이아뎀이란 진주를 박은 흰색의 폭 넓은 머리띠였다. 디

---

14) 라틴어는 제국 전역에 걸쳐 공용어로 통용되었다.
15) 기원전 6세기에 로마에 이주한 에트루리아계 왕가.

오클레티아누스와 그 후계자들의 호사스러운 겉옷은 비단과 금으로 만든 것이었고, 그들의 신발에도 값비싼 보석이 박혀 있었다. 또한 갖가지 새로운 형식과 의식이 제정되어 이 신성한 인물에게 다가가기는 날로 더 어려워졌다.

황궁 입구에는 가신들, 이른바 경호대가 삼엄한 경비를 폈다. 황실 내부의 경비는 의심 많은 환관들이 맡았다. 이 환관의 수가 날로 늘어나고 영향력도 더욱 커졌다. 그것은 전제주의의 성장을 보여 주는 가장 뚜렷한 증거였다. 신하가 황제를 알현할 때는, 그는 지위 여하를 묻지 않고 동방의 풍습대로 바닥에 엎드려 주군의 신성에 대한 존경을 표시해야만 했다.

디오클레티아누스 황제의 통치수법

디오클레티아누스 황제는 분별력이 매우 높아서 공사(公私) 어느 쪽 생활에 있어서도 자기 자신과 세상 사람들을 올바르게 평가할 수 있는 인물이었다. 그런 면에서 본다면 그가 로마식 풍습을 페르시아식 풍습으로 바꾼 것을 단순히 허영심 때문으로 생각하기는 어렵다.

그러나 호화찬란함을 보여 줌으로써 백성을 압도하고 조종할 수 있다고 생각한 것만은 분명하다. 또 군주가 일반 대중 앞에 나타나는 일이 적으면 그만큼 민중과 병사들의 방종에 휘말리는 일도 줄어들 것이고, 일단 신민의 예종이 습관화되면 점차 이것이 군주에 대한 존경심을 불러일으키게 될 것이라는 계산도 있었을 것이다.

요컨대 아우구스투스 황제가 겸손함을 가장했던 것과 마찬가지로, 디오클레티아누스 황제도 일종의 연극을 한 것이라고 할 수 있다. 다만, 이 두 사람이 연기한 희극 속에서 전자는 후자에 비해 훨씬 도량이 넓으며 남자다운 면모를 지니고 있었다. 아우구스투스 황제의 경우는 그 의도가 절대적 권력을 숨기는 위장이었던 데 비해, 디오클레티아누스 황제의 경우는 허영심을 채우기 위한 과시였다는 이야기이다.

권세의 '과시'. 바로 이것이야말로 새로운 디오클레티아누스 체제의 첫 번째 원칙이었다.

그렇다면 두 번째는 무엇이었을까? 그것은 분권(分權)이었다. 제국, 속주, 심지어 문무 양쪽의 각 기구까지 모조리 분할하는 이 정책에 의해 통치기관의 톱니바퀴가 늘어남으로써 그 움직임이 복잡하고 더뎌지기는 했지만, 전체적인 기능에서는 훨씬 안정성을 얻을 수 있었다.

이미 살펴본 것처럼, 그는 지극히 높은 권력을 행사함에 있어서 세 사람의 공동 황제를 두었다. 지금까지의 체제로는 제국을 방위할 수 없다고 확신했기에, 로마 세계를 넷으로 분할하여 공동 통치하기에 이른 것이다. 이것은 일시적인 편법이 아니라 항구적인 원칙이었다.

그것은 연장자인 두 사람이 정제가 되어 저마다 한 사람씩 부황제를 임명하고, 나중에 이 두 사람을 정제로 승진시킴으로써 제위 계승이 중단 없이 이루어지도록 한다는 것이었다.

그리하여 제국은 4개 구역으로 분할되었다. 그 4구역 가운데 동방과 이탈리아는 명예로운 영지로서 정제의 관할이 되고, 다뉴브강과 라인강 지방은 통치하기 어려운 영지이므로 부황제의 관할이 되었다.

제국의 군사력에 대해서는 황제와 부황제가 모두 연대하여 장악하기로 했다. 아무리 야심적인 장군이라도 4명의 막강한 적을 잇달아 제압하기는 거의 불가능하다는 것을 생각하면, 그러한 폭거로 치닫는 것을 틀림없이 주저할 것이라는 생각에서였을까.

민정 면에서는 넷이 힘을 합쳐 절대군주의 최고 권력을 행사하기로 했다. 칙령은 전원이 연대 서명함으로써 네 사람의 합의와 권위에 의해 전 속주에 공포되었다.

그러나 이러한 정책에도 불구하고 로마 세계의 정치적 통일, 즉 일체성은 점차 와해되어, 몇 년 뒤에는 분할 원칙이 동서 양 제국의 항구적인 분리로 이어지게 되었다.

디오클레티아누스의 체제에는 오늘날에 와서도 결코 간과할 수 없는 또 한 가지 커다란 결함이 있었다. 그것은 체제 유지에 막대한 비용이 들어, 필연적으로 세금이 늘어나 압정으로 이어졌다는 점이다.

소박한 아우구스투스와 트라야누스 황제가 노예와 해방노예들의 검소한 신변 봉사만으로 만족했던 것에 비해, 이 시대에는 여러 황제들이 제국 각지에 저마다 호화로운 궁전을 짓고, 자기들끼리, 그리고 페르시아 왕과도 누가 더 화려하고 사치스러운가를 경쟁하는 어리석은 모습을 보였다.

그리하여 장관과 행정관, 일반관리와 하인 등, 모두가 관례의 범위를 훨씬 넘게 늘어났고, 그 결과 그 시대에 살았던 어떤 사람은 이 상황을 다음과 같이 표현했다. "세금을 받는 자의 수가 세금을 내는 자의 수를 웃돌아서 모든 속주는 공납의무 때문에 황폐해졌다."

이때부터 제국이 멸망할 때까지 민중 사이에서 거센 비난과 불만의 목소리가 끊이지 않았을 것은 쉽게 짐작할 수 있다.

자신의 의사에 의한 퇴위

디오클레티아누스가 제권을 이양한다는 역사적 결단을 실행에 옮긴 것은 재위 21년째(305년)의 일이었다. 원래 이러한 행동은 철학적 자기 성찰과는 거리가 멀었던 이 황제보다, 오히려 현제로 알려진 두 안토니누스 황제에게나 어울리는 것이었다.

그러나 퇴위라는 칭찬할 만한 모범을 맨 처음 세상에 보여 준 것은 바로 이 디오클레티아누스 황제였다. 그렇다고 그 뒤의 군주들이 때때로 이 모범을 따른 것은 아니지만.

그러나 우리는 이와 비슷한 사례로 당연히 신성로마제국의 카를 5세[16]를 마음속에 떠올린다. 그것은 단순히 현대의 한 역사가가 그의 이름을 부르짖으며 영국의 독자들에게 친숙하게 만들었기 때문이 아니라, 이 두 군주의 성격이 매우 비슷하기 때문이다.

두 사람 모두 군사적 역량보다 정치적 능력이 뛰어났으며, 눈에 드러나는 미덕은 타고난 성품에서 나온 것이 아니라 스스로 꾸민 것이었다.

카를 5세는 운명의 변화로 쉽게 퇴위한 것으로 보인다. 그가 열정을 가지고 추진하던 계획이 좌절되자 자신의 야심을 이룰 수 없음을 자각하고 권력을 포기하게 되었던 것이다.

---

16) 1500~58년. 에스파냐 국왕 카롤루스 1세. 1556년에 이미 양위하고 수도원에서 생을 마쳤음.

하지만 디오클레티아누스의 치세는 성공의 연속이었다. 그리고 그가 퇴위 문제를 진지하게 생각하게 된 것은 그의 모든 적을 제압하고, 자신의 모든 계획을 이미 달성한 뒤의 일이었다.

또 카를 5세는 55세였고, 디오클레티아누스는 59세에 불과했다. 그러나 두 군주는 모두 전쟁과 원정, 국정 관리 등의 노고로 인해 건강을 해쳐 나이에 비해 너무 일찍 늙어 버린 것이다.

디오클레티아누스 황제는 개선식을 마치자마자, 비 내리는 매서운 추위 속에서 서둘러 이탈리아를 떠나, 일리리쿰의 여러 속주를 순행하며 동방을 여행했다.

그런데 고르지 못한 날씨와 여행 중의 피로로 어떤 만성병에 걸린 그는, 그때부터 거의 가마를 타고 천천히 길을 나아갔음에도 불구하고, 여름이 끝날 무렵 니코메디아에 도착했을 때는 이미 용태가 급변하여 위독한 상태에 빠져 있었다.

그 뒤로는 죽지만 않았다 뿐이지 특별히 호전되는 기색도 없이, 그해 겨울 내내 궁중에서만 지냈다. 사람들은 황제의 용태를 곁에서 모시는 신하들의 안색이나 거동을 통해 이래저래 추측할 수밖에 없었다. 한때는 황제가 서거했다는 소문도 퍼졌지만, 사람들은 갈레리우스 부황제의 부재중에 일어날지도 모르는 혼란을 예방하기 위해 사망 사실을 숨기는 것이라고 생각했다.

그러나 디오클레티아누스 황제는 3월 1일(305년)에 다시 한번 공개석상에 나타났다. 하지만 그때의 황제는 안색이 죽은 사람처럼 창백해서 가까이 지내던 측근들조차 잘 알아보지 못했을 정도로 수척해진 모습이었다.

건강에 대한 배려와 제위 유지, 이 둘 사이를 오가며 보낸 1년 이상의 고통스러운 투병 생활에도 마침표를 찍을 때가 왔다.

건강을 회복하려면 편안한 휴식이 필요했지만, 위신을 생각하면 병상에서도 정무를 지휘해야만 했다. 그는 심사숙고한 끝에, 나머지 생애를 명예로운 휴식 속에서 보내고 자신의 영광을 영원한 것으로 만들기 위해 세상의 무대를 공동 황제들에게 물려주기로 결심했다.

퇴위를 선언한 두 황제

퇴위식은 니코메디아에서 3마일쯤 떨어진 넓은 들에서 이루어졌다. 황제는 높이 설치된 옥좌로 올라갔다. 그리고 모여든 군중과 병사들 앞에서 위엄과 사려가 넘치는 연설로 퇴위할 의사를 밝혔다.

그리고 보랏빛 옷을 벗어 제권의 이양을 선언한 뒤, 군중 앞에서 자취를 감추었다. 그는 덮개가 있는 마차를 타고 니코메디아 시가지를 빠져나가, 미리 약속한 고향 달마티아의 은둔지를 향해 떠났다.

같은 날, 즉 5월 1일, 미리 협의한 대로 막시미아누스 황제도 밀라노에서 퇴위했다.

디오클레티아누스 황제는 자신의 퇴위를 구상해 두었을 뿐만 아니라 막시미아누스 황제도 이에 따르기를 바라고 있었다. 그래서 진퇴를 자신에게 맡길 것인지, 아니면 자신의 모범에 따라 스스로 퇴위할 것인지, 둘 중에 하나를 선택할 것을 종용했다.

카피톨리누스 언덕의 유피테르 신전에서 엄숙히 선서하기는 했으나, 이 약속은 거친 성격의 막시미아누스 황제에게 있어 진정한 의미에서는 거의 구속력이 없었다. 왜냐하면 막시미아누스 황제는 미래의 명성이나 현재의 평안보다 오로지 권력을 사랑했기 때문이다.

디오클레티아누스 황제의 권위에 굴복하여 마지못해 제위에서 물러난 그는 즉시 루카니아의 별장으로 들어갔다. 성급하고 사려 깊지 못한 이 인물에게 평온한 은둔 생활을 기대하는 것 자체가 무리한 것이었는지도 모른다.

퇴위한 뒤의 나날

비천한 신분에서 황제의 자리까지 올라갔던 디오클레티아누스가 다시 평범한 시민의 삶을 누릴 수 있었던 것은, 세상을 떠나기까지 9년 동안이었다.

그는 심사숙고 끝에 내린 자신의 은퇴 결심을 결코 후회하지 않았던 것으로 보인다. 퇴위한 뒤에도 자기의 지배권을 물려받은 황제들로부터 크나큰 경의로 대접받았기 때문이리라.

오랫동안 세속의 일에 쫓기며 살아온 자가 은둔 생활에 들어간다고 해서 쉽게 자기 성찰에 몰두하기는 어려운 법이어서, 권력을 상실한 뒤에는 대개 할 일이 없어 오히려 은퇴를 후회하게 마련이다.

디오클레티아누스 황제도 고독한 생활에 위안과 기쁨을 주는 문예나 신앙만으로는 만족할 수 없었다. 그러나 그는 건축이나 원예를 즐기게 되어, 그것을 위해 날마다 오랜 시간을 보냈다.

그 무렵 아직 패기 왕성했던 늙은 막시미아누스가 다시 즉위를 요구했을 때, 그에게 보낸 답신을 보면 흥미롭다. 그때 디오클레티아누스 황제는 옛날의 공동 황제에게 연민을 느꼈는지 홀로 미소 지으며, 이 살로나[17]에서 자신이 손수 재배한 양배추를 보여 줄 수 있다면, 그대도 감탄하여 권력을 위해 이러한 행복을 포기하려는 마음은 들지 않을 것이라고 말했다.

그가 친지들과 대화를 나누는 가운데 때때로 지적한 것은, 통치의 어려움이었다. 그는 통치를 지극히 어려운 기술이라고 말했다. 이런 화제가 나오면 언제나 적극적으로 이야기했다고 한다. 그가 그토록 열심이었던 것은 자신이 직접 겪어 보았기 때문이리라. 그것은 그가 자주 다음과 같은 말을 한 것을 보아도 알 수 있다.

"여러 명의 고관이 함께 일을 꾸며 군주를 속이는 일이 얼마나 많은가! 권위로 인해 신민들로부터 격리된 황제는 그 진실을 알 수가 없다. 무슨 일이든 신하의 눈을 통해서만 볼 수 있고, 그들이 지어낸 말만 들을 수 있다. 그래서 국가의 중요 직책을 악하고 나약한 자들에게만 주고, 덕망 높고 유능한 신하에게는 치욕을 주게 된다. 참으로 뛰어났던 현제들마저 그러한 간사한 꾀에 넘어갔다."

무릇 황제가 즐거운 은퇴 생활을 보내려면 '위대함'의 의미를 잘 이해하고 '불후의 명성'에 대한 확신이 있어야 할 것이다.

그러나 디오클레티아누스 황제의 경우는, 그 존재가 너무나 컸기 때문에 개인으로서의 위안과 안전을 마음껏 누릴 수는 없었다. 퇴위한 뒤에 일어난 제국의 혼란을 모른 척하는 것이 불가능했기 때문이다.

---

17) 아드리아해 연안에 있는 항구도시.

이 늙은 황제는 속세를 벗어나 살로나에 살면서도 불안, 슬픔, 불만 같은 감정이 덮쳐 온 적이 많았다. 그의 온화한 마음, 적어도 자존심은 아내와 딸이 당한 불행 때문에 큰 상처를 입었고, 나아가서 죽기 얼마 전 마지막 날들도 리키니우스 황제와 콘스탄티누스 황제의 무례한 행동으로 말미암아 씁쓸히 보내게 된다.

후자의 사건에 대해서는 디오클레티아누스가 위의 두 황제의 은인이기도 하고, 또 그 뒤를 이은 많은 황제들에게 아버지 같은 존재였던 것을 생각하면, 어쩌면 피할 수 있는 일이었는지도 모른다.

믿기 어렵지만 한 자료에 의하면, 디오클레티아누스 황제의 죽음은 리키니우스 황제와 콘스탄티누스 황제의 독수(毒手)로부터 벗어나기 위한 자살이었다고 한다.

문예와 학문은 돌아보지 않고

이 시대에는 잦은 내전과 군의 횡포, 야만족의 침입과 전제정치의 확대, 이러한 사태에 의해 위대한 재능뿐만 아니라 일반 학예까지 심각한 영향을 입었다.

일리리쿰 출신 황제들에 의해 제국은 재건되었지만, 학문의 부흥은 이루어지지 않았다. 여러 황제들이 받은 군사교육에는 문학에 대한 기호를 키워 주려는 의도는 조금도 없었으며, 디오클레티아누스 황제조차 세속적인 일에는 뛰어났으나, 학문과 사색과는 완전히 거리가 멀었다.

의학과 법률은 어느 세상에서나 쓰이고, 또 어느 정도 실리를 가져다주기도 해서, 이러한 분야의 전문가는 많이 있었다. 그러나 그들이 이 시대 석학의 관심을 끈 것 같지는 않다.

시인들은 붓을 놓고 침묵했고, 역사가는 지루하고 단편적인 역사적 사실만 늘어놓았다. 그나마 약간 의욕을 냈던 황실 웅변가들도 황제에 대한 변호나 찬양만 할 뿐이었다.

대체로 학문과 인간 정신의 쇠퇴기에는 언제나 신플라톤학파가 융성을 보인다. 사실, 이 시대에도 알렉산드리아학파가 아테네학파를 침묵시키고, 최신 학설이라는 주장 아래 구학파 사람들을 그러모으며 참신한 내용과 엄격한 생활 태도로 이 학문체계의 이름을 높이 끌어올리고 있었다.

이 학파의 저명한 학자들, 이를테면 암모니우스, 플로티노스, 아멜리우스, 포르피리오스 등은 모두 깊은 사색을 즐기는 사람들이었지만, 철학의 참목적을 잘못 이해했기 때문에 지성(知性)의 개선에 공헌하기보다는 그 타락에 기여하는 결과를 낳았다.

인간의 상황과 능력에 알맞은 지식, 즉 윤리학, 자연과학, 수학 등을 경시한 신플라톤학파는 형이상학적 논쟁에 열을 올리며 눈에 보이지 않는 세계의 비밀을 탐구하기 위해 일반인은 물론이고 자신들도 전혀 이해하지 못하는 주제에 대해, 아리스토텔레스학파와 플라톤학파를 양립시키려고 노력했다.

바꿔 말하면, 깊다고는 하지만 아무 의미가 없는 사색에 이성을 낭비하여, 공상, 아니 거의 망상에 빠져 있었다. 마지막에는 육체의 속박에서 영혼을 해방하는 비법을 발견했다고 믿고, 악령이나 성령과 친밀하게 교류할 수 있다고 주장하며, 철학적 연구를 마술적 탐구로 바꿔 버렸다.

고대의 현자들은 민중의 미신을 비웃었다. 그런데 플로티노스와 포르피리오스의 제자들은 우화라는 얇은 천으로 그 방종함을 덮어 버리더니, 이윽고 열렬한 옹호자가 되었다. 또 신앙에 대해서도, 몇 가지 신비적인 요소에 대해 그리스도교도들과 타협하고, 다른 신학설(神學說)은 맹렬하게 공격했다.

아마도 앞으로 신플라톤학파가 과학사에서 차지하는 비중은 그리 크지 않을 것 같다.

율리우스 카이사르는 죽은 뒤에 신이 된 첫 사례이다. 카이사르 이전에도 로마 시조 아이네이아스, 건국자 로물루스 등의 신격화가 이루어졌다고 전하는 사료는 있으나, 그중에 실존했던 인물들만 이야기한다면, 역시 카이사르가 첫 사례가 될 것이다.

카이사르를 신격화하는 움직임은 대(大)폼페이우스가 쓰러졌을 무렵부터 이미 보이기 시작했으나 원로원에 의해 정식으로 카이사르의 신격화가 결의된 것은 암살 후의 일이다. 신이 된 카이사르에게는 신전과 제단이 바쳐졌고, 거기에 카이사르를 위한 제의가 창설되어 안토니우스가 신관에 취임했다.

마치 이 사례가 계기가 된 것처럼 카이사르의 후계자들은 스스로를 신에 견주어 패권을 두고 서로 경쟁하게 되었다. 유신에 의해 카이사르의 양자가 된 옥타비아누스는 기원전 40년 브룬디시움 협약 시기부터 스스로를 '디부스(divus)의 아들'이라고 칭했다. 라틴어로 '신'을 뜻하는 표현은 '데우스(deus)'지만 그 파생어인 디부스에도 또한 신이란 의미가 있으며 디부스의 아들이라는 칭호는 신의 아들을 연상시키기에 충분했다. 이후 시대에는 신격화된 황제의 이름에 디부스를 붙여 부르는 것이 관례가 되어 '인간 중에서 신의 반열에 오른 자' 또는 '신군(神君, 위대한 군주)'을 지칭하였다.

또한 수에토니우스가 전하는 바에 의하면, 아우구스투스 황제는 향연에 참석한 자들에게 신들의 분장을 시킨 '12신의 향연'을 개최하고 그 자신은 아폴로 신을 연기하였다고 한다. 이것은 그의 어머니 아티아가 아폴로 신전에서 깜빡 졸고 있을 때 갑자기 큰 뱀이 그녀 안으로 기어들더니, 열 달 후에 옥타비아누스가 태어났다는 이야기에서 유래하는 것이다. 악티움 해전에서 디오니소스, 곧 로마의 바쿠스 신을 자칭하는 안토니우스에게 대항하기 위해 옥타비아누스가 아폴로 신을 자칭한 이야기는 일찍부터 유명했지만, 실은 그 이전부터 옥타비아누스와 아폴로 신은 친숙했던 것이다.

섹스투스 폼페이우스는 스스로를 해신 넵투누스의 아들이라고 주장했다. 이 배경에는 그의 아버지인 대폼페이우스가 동지중해의 해적을 토벌한 대위업의 기억이 있었다. 섹스투스는 바다색 의복을 즐겨 입었고, 넵투누스 신의 제사를 지내며 화폐에도 이 해신을 새겼다. 호라티우스가 그를 가리켜 '넵투누스 신의 장군'이라고 표현한 것은 이 때문이다.

안토니우스는 디오니소스 신과 인연이 깊다. 기원전 41년에 소아시아의 에페수스에 입성한 안토니우스는 사람들로부터 디오니소스의 화신으로서 환영받았다고 한다. 또 아테네 시민은 안토니우스를 새로운 디오니소스 신으로 받들고 거기에 더해 이시스 여신을 모방한 클레오파트라상(像)과 디오니소스 신과 오시리스 신을 모방한 안토니우스상을 세웠다.

이처럼 카이사르 사후의 권력 항쟁을 벌인 사람들은 종교적 권위를 전략적으로 이용하기 위해 스스로를 신에 견주게 되었다. 기원전 31년에 옥타비아누스 군과 안토니우스·클레오파트라 연합군 사이에 벌어졌던 악티움 해전은 아폴로 대 디오니소스·이시스라고 하는 신들의 싸움을 방불케 했다.

그 뒤 원로원은 옥타비아누스 아우구스투스의 탄생일을 축일로 정하고 연회 자리에서는 아우구스투스의 게니우스[1]에 헌주하도록 요청했다. 또한 살리이 신관단[2]이 신들을 찬양하며 부르는 성가 안에 아우구스투스의 이름을 넣기로 결정했다. 이러한 아우구스투스 신격화 움직임은 군주 숭배가 침투해 있던 제국 동부에서 두드러진 진전을 보였으며, 여러 장소에서 아우구스투스를 신으로 칭송하는 조상이나 비문이 세워졌다.

한편 황제가 된 후의 아우구스투스는 자신을 신으로 숭배하는 세상의 동향에 대해 신중한 태도를 고수했다. 이탈리아와 로마에 대해서는 특히 그러했다. 그러나 아우구스투스 황제가 죽자 원로원은 재빨리 그를 신의 반열에 올릴 뜻

---

1) genius는 일종의 수호령과 같은 존재.
2) 군신 마르스를 모시는 로마의 신관단.

을 결의했다. 14년 9월 17일의 일이다. 장례식 때에는 하늘을 향해 독수리를 날렸는데 한 원로원 의원은 아우구스투스 황제가 승천하는 모습을 보았다고 증언했다. 이리하여 아우구스투스의 신격화가 이루어지고 제국의 여러 곳에서 신군 아우구스투스의 신전이 세워져 제사 의식을 행하게 되었다. 과부인 리비아가 신관장이 되었다. 이 사례가 이후 황제들에게도 계승되어 황제의 신격화와 황제예배의 습관으로 로마에 정착해 갔던 것이다.

제6장
(305~330년)
디오클레티아누스 퇴위 뒤의 혼란
콘스탄티우스(1세) 사망
콘스탄티누스와 막센티우스 즉위
6황제의 동시 재위
막시미아누스 황제와 갈레리우스 황제의 사망
막센티우스, 리키니우스 두 황제에 대한 콘스탄티누스 황제의 승리
콘스탄티누스 황제의 제국 통일
새로운 제도(帝都) 콘스탄티노폴리스 건설

디오클레티아누스 황제가 퇴위한 뒤 혼란

교활한 디오클레티아누스가 강대한 권력을 배경으로 확립한 세력 균형체제
는, 그가 물러나자마자 힘없이 무너진다. 이 체제를 잘 유지하기 위해서는 유례
가 드문 조건이 구비되어야 했기 때문이다. 그 조건이란, 질투심이 없는 두 사
람의 정제(아우구스투스)가 야심이 없는 두 사람의 부황제(카이사르)의 보좌를
받아 공통 목표를 추구하는 것이었다. 그것은 곧 기질과 능력의 절묘한 조합을
의미했다.

디오클레티아누스와 막시미아누스, 두 황제가 퇴위한 뒤의 상황을 보면, 그
로부터 18년 동안 제국에는 불화와 혼란이 계속되었다. 로마제국은 그동안 다
섯 차례의 내전을 겪었고, 이렇다 할 내전이 없을 때도 적대적인 군주들 사이
의 분쟁이 잠시 중단된 것일 뿐 평온한 상태는 아니었다. 여러 군주들은 서로
를 공포와 증오의 눈으로 바라보면서 군대 증강을 위해 백성들을 희생시켰다.

두 황제가 퇴위한 즉시 새로운 전범에 따라, 콘스탄티우스(1세)와 갈레리우

콘스탄티누스 황제(재위 306~337)의 개선문, 315년, 로마. 콘스탄티누스 황제의 막센티우스에 대한 역사적 승리(밀비우스 다리의 싸움, 312년)를 기념하여 원로원이 세웠다. 그는 군인·통치자·입법자로서 뛰어난 인물로 꼽히고, 디오클레티아누스와 더불어 로마제국의 재건자로서 높이 평가되고 있다.

스 두 부황제가 그 뒤를 이어 정제가 되었다.

이 두 황제 가운데 콘스탄티우스가 상위를 차지하여 갈리아, 에스파냐, 브리타니아 등, 이전의 서부 속주들을 새로운 호칭 아래 계속 통치했다. 이 풍요로운 속주들을 통치하는 것은 그의 재능을 발휘하고 야심을 만족시키기에 충분했다.

자비롭고 절도가 있으며 사람을 대하는 태도도 온화했던 콘스탄티우스 황제의 통치 아래에서, 사람들은 가혹한 성격의 막시미아누스 황제와 간교한 꾀에 능했던 디오클레티아누스 황제 시대와 비교하여, 신하로서 행운이라고 생각했다. 그러나 그가 두 번째 아내인 막시미아누스의 딸과의 사이에서 낳은 어린 자녀들을 남겨 둔 채 건강이 쇠약해지자 사람들은 크게 걱정했다.

콘스탄티우스 황제가 온화했던 것에 비해 갈레리우스 황제는 무척 과격했다. 또 신하들로부터 존경은 받고 있었지만, 자기 쪽에서 다가가 사이를 돈독히 하려는 일은 거의 없었다. 특히 페르시아 전쟁에서 거둔 승리로 매우 오만해져서, 자신을 능가하는 자에 대해서는 말할 것도 없고 대등한 자까지도 용납하지 못했다.

콘스탄티우스와 갈레리우스가 함께 정제의 자리에 오르자, 새롭게 두 부황제를 임명해 빈자리를 메움으로써 제정 전체를 보완할 필요가 있었다.

갈레리우스 황제가 부황제로 천거한 두 사람을 보면, 그 인선이 그의 야심에는 더할 나위 없이 편리했을 것임을 짐작할 수 있다. 아마, 그들에게는 미덕이 하나도 없다는 것이 오히려 천거의 동기였을지도 모른다.

그 가운데 한 사람이 다자, 즉 훗날의 막시미누스[1]이다. 그는 갈레리우스 황제의 손자로, 당시에는 아직 세상 모르는 젊은이였다. 디오클레티아누스 황제의 천거로 부황제가 되어 이집트와 시리아를 통치하게 되었을 때, 세상은 물론이고 본인조차 그 지명에 놀랐을 정도였다. 그 언어와 행동에 황실의 일원이 되기에 어울리는 세련된 곳이 하나도 없는 인품이었기 때문이다.

그와 동시에 쾌락적인 충신 세베루스[2]를 밀라노로 보내, 내키지 않아 하는

---

1) 재위 309~313년.
2) 재위 306~307년.

막시미아누스 황제로부터 부황제의 표장과 함께 이탈리아와 아프리카의 통치권을 물려받게 했다.

짐작건대, 콘스탄티우스 황제의 죽음이 임박하자, 그가 죽은 뒤에는 자신이 제국 전역의 주권자가 될 거라고 생각했던 갈레리우스 황제의 가슴에는 다가올 영광스러운 치세와 그 뒤의 당연한 제위 상속, 공직에서의 은퇴 등, 온갖 생각이 교차했을 것이다.

그런데 불과 18개월도 지나지 않아, 뜻밖의 사태가 두 가지나 일어나서 갈레리우스의 야심 찬 계획을 뒤집어 놓았다. 서부 속주들을 통합하려던 그의 계획이 콘스탄티누스의 등극으로 물거품이 되고, 막센티우스[3]의 봉기로 이탈리아와 아프리카까지 잃은 것이다.

콘스탄티누스 등장

훗날 대제라고 칭송받는 콘스탄티누스의 생애와 업적에 대해서는 아주 상세한 부분까지 수많은 역사가들이 기록으로 남겼다.

그의 어머니인 헬레나의 출신은 물론이고 그의 출생지까지 문학적 논의의 대상이 되었을 뿐만 아니라, 국민적 논쟁거리가 되어왔다. 최근에는 헬레나의 아버지가 브리타니아 왕이었다는 설까지 나와 있다. 그러나 우리로서는 그녀는 한 여관 주인의 딸이었다고 볼 수밖에 없다. 한편 그녀가 콘스탄티우스의 애첩이었다고 주장하는 사람들도 있지만, 그녀가 합법적인 결혼을 했다는 사실은 인정해야 할 것이다.

콘스탄티누스 황제는 다키아 속주의 나이수스[4]에서 태어난 것으로 추정된다. 환경을 살펴보면, 가문이나 지역적으로 군인 이외에 특별히 이름을 날린 사람은 없다. 그런 의미에서 이 젊은이가 학문적 지식을 습득하여 자신을 갈고 닦는 데에는 별 관심이 없었다 해도 그리 놀라운 일은 아닐 것이다.

아버지 콘스탄티우스가 부황제로 임명되었을 때, 그는 18세 전후였다. 그러나 이와 같은 경사에 뒤이어 어머니 헬레나가 이혼당함으로써 그는 아버지가 보랏빛 옷의 광채 속에 휩싸여 있을 때 굴욕을 맛보게 된다.

---

3) 앞선 정제 막시미아누스의 아들.
4) 지금의 니시. 세르비아의 동남부.

그 뒤 콘스탄티누스는 서방 정벌에 나서는 아버지를 따라가지 않고 디오클레티아누스의 휘하에 남아 이집트와 페르시아 전쟁에서 용맹스러운 이름을 떨치더니 차차 승진하여 수석 호민관의 자리에 오르게 되었다.

키가 크고 체격이 우람한 콘스탄티누스는 모든 수련에서 뛰어난 기량을 발휘했다. 싸움터에서는 용감무쌍했고 평화 시에는 온후했다. 진취적 기상이 풍부한 한편, 절묘하게 조화를 이룬 사려성도 있었다. 또한 그 신중함으로 인해 마음속은 야심으로 가득 차 있으면서도 겉으로는 냉정해 보였고, 쾌락에도 무관심해 보였다.

신민과 병사들은 이 콘스탄티누스를 부황제로 추대했다. 이에 비해 갈레리우스 황제는 그러한 그의 인기에 질투심만 높아가고 있었다.

무릇 절대적 군주라면 분별심을 가지고 쓸데없는 무력행사는 자제해야 할 것이다. 그러나 은밀한 복수는 말리기도 어려운 데다 방법 또한 너무나 많다.

콘스탄티누스에게 신변의 위험은 시시각각 닥쳐오고 있었다. 사태를 염려한 그의 아버지 콘스탄티우스는 갈레리우스에게 여러 차례 편지를 보내 아들을 불러들이고 싶은 마음을 표시했다.

얼마 동안은 갈레리우스도 온갖 이유를 내세우며 시간을 끌었지만, 공동 황제의 너무나도 당연한 간청을 계속 거절하는 것은 불가능한 일이었다.

그리하여 마침내 여행 허가를 내려야만 했다. 그러나 콘스탄티누스의 귀국은 갈레리우스 황제가 가장 두려워한 사태였던 만큼, 아마 이를 저지하기 위해 남몰래 백방으로 조치를 취했을 것이다. 그러나 이 젊은이는 놀라울 만큼 눈치가 빨라서 그러한 모략을 잘 따돌렸다.

그는 밤중에 니코메디아 궁전을 출발하여 비티니아, 트라키아, 다키아, 판노니아, 이탈리아를 질풍처럼 달려, 아버지가 브리타니아 출정을 준비하고 있던 바로 그때, 민중의 환호 속에 블로뉴 항구[5]에 도착했다.

이 브리타니아 원정과 칼레도니아 제압은 콘스탄티우스 황제의 마지막 위업이었다. 그는 정제 칭호를 얻은 지 15개월, 부황제로 승진한 지는 약 14년 반 만

---

5) 프랑스 북부 지방의 영국 도항 항구.

콘스탄티누스 황제(재위 306~337) 황제를 정상으로 하는 계급적 관료제도를 완비하고 각
종 세금제도를 신설하였다.

에 요크에 있는 궁전에서 생애를 마쳤다.

서부 로마군의 정예부대는 콘스탄티우스 황제를 따라 브리타니아에 와 있었다. 거기에 알레만니 세습 족장의 한 사람인 크로쿠스라는 자가 대장으로 있는 야만족 대군이 가담하게 되었다.

갈레리우스의 성격을 잘 아는 자로서, 오래 살기를 바란다면, 정제로서 군림하는 길밖에 없다는 것을 콘스탄티누스 황제는 잘 알고 있었다. 그가 겉으로는 온화한 척하면서도 실은 완강하게 저항한 것도 자신의 찬탈을 정당화하기 위한 계략이었다.

그래서 동방의 황제에게 급히 보내려던 편지에 대한 실질적 증거를 얻을 때까지 군의 환호를 거부하고 있었다.

그러나 이제 그것을 얻은 것이다. 그래서 그는 갈레리우스 황제에게 먼저 아버지의 부고를 전하고, 이어서 자신의 제위 계승권을 공손한 어조로 이야기한 뒤, 병사들의 행동 때문에 규범에 따라 정식으로 제위를 청원할 수 없다는 뜻을 정중하게 표시했다.

이에 대해 갈레리우스 황제는 놀라움과 실망, 분노 같은 격렬한 감정 변화를 보였다. 그리고 늘 그렇듯이 감정을 억제하지 못하고, 편지와 그것을 가져온 사자를 함께 불태워 버리겠다고 호통쳤다.

그러나 분노가 점차 가라앉자, 전쟁이 일어날 가능성이 다시 한번 뇌리를 스쳤다. 먼저 상대의 성품과 실력을 저울질해 보고 나서, 콘스탄티누스가 제시한 타협안을 받아들이기로 결정했다.

브리타니아군의 이번 선택을 부인도 승인도 하지 않은 채, 콘스탄티누스를 알프스 이북 속주들의 주권자로 인정한 것이다. 단, 칭호에 대해서는 부황제만으로 하고, 서열에 대해서는 제국 제4위에 두는 한편, 공석이 된 정제의 지위는 그가 총애하는 신하 세베루스[6]에게 수여했다.

이리하여 네 황제 사이의 제국 통치 협력체제는 표면상 간신히 유지되었다. 그러나 이미 실권을 쥐고 있던 콘스탄티누스로서는 이 상태를 인정할 수 없었

---

[6] 플라비우스 발레리우스 세베루스.

다. 그는 최고 권력의 영예를 손에 넣을 기회를 엿보고 있었다.

콘스탄티우스는 두 번째 아내에게서 아들딸 각각 3명씩 모두 6명의 자녀를 두었는데, 이들은 모두 황실의 혈통이었기 때문에 비천한 신분을 지닌 헬레나의 아들 콘스탄티누스에 대해서 우선권을 요구할 수도 있었다. 그러나 여섯 자녀 중 맏아들의 나이가 불과 13세였던 것에 반해, 콘스탄티누스의 나이는 32세에 이르러 활동력이 한창 왕성할 때였다. 따라서 황제는 죽음을 눈앞에 둔 상태에서 그의 우선권을 허용하고 승인했던 것이다.

콘스탄티우스는 임종에 이르러 그의 맏아들에게 가문의 안전과 존엄성을 지켜 주도록 유언했으며, 테오도라의 자녀들을 권위와 애정을 가지고 돌봐 달라고 부탁했다. 그 뒤, 그 자녀들이 훌륭한 교육을 받고 좋은 가문의 배필과 결혼하고 황족으로서의 생활을 보장받고 국가의 가장 높은 영예를 수여받았다는 것은 콘스탄티누스의 형제애를 입증하는 것이다. 그리고 이 동생들은 모두 온화하고 의리가 깊었기 때문에, 콘스탄티누스의 뛰어난 재능과 행운에 주저 없이 복종했다.

황제가 사라진 지 오래인 로마시

갈리아 속주들에 대한 기대가 좌절되었을 뿐만 아니라 뜻밖에도 이탈리아까지 잃게 된 것은, 야심만만한 갈레리우스 황제에게는 더할 수 없이 중요한 지방에서 자기의 세력이 후퇴한 것을 의미할 뿐만 아니라, 자존심까지 깊이 상처 입는 일이었다.

황제들이 로마를 떠난 지 오래되자 시민들 사이에는 분노가 팽배해졌다. 사람들은 점차 니코메디아[7]와 밀라노[8]에 대한 특별 대우는 단순히 디오클레티아누스 황제의 개인적인 편애에서가 아니라 그가 만든 통치체제 탓이었음을 깨닫게 되었다.

그가 퇴위한 지 몇 달 뒤, 후계자들은 디오클레티아누스 황제의 이름을 딴 화려한 목욕탕을 잇달아 지었다. 오늘날 그 옛터에는 그즈음의 그러한 건조물

---

7) 동로마 황제 거주지.
8) 서로마 황제 거주지.

의 자재를 이용하여 건설된 교회와 수도원을 수없이 볼 수 있다.

목욕탕 자체는 우아하고 쾌적했으나, 시민들이 속삭이는 불만 때문에 그곳은 편안한 휴식처가 될 수 없었다. 더구나 얼마 가지 않아서 이 건축물들의 건설 비용이 곧 세금 형태로 로마 시민에게 청구될 것이라는 소문이 나돌기 시작했다.

그즈음 갈레리우스는 탐욕 때문이었는지, 아니면 국고 사정 때문이었는지, 토지세와 인두세에 관한 엄격한 재산조사를 실시했다.

부동산에 대한 조사는 특히 철저했다. 정직한 신고가 엄격히 요구되어, 은닉 의심이 조금이라도 있으면 가차 없이 고문이 가해졌다.

그때까지 이탈리아 속주들에만 허락되었던 수많은 특전도 없어졌으며, 한쪽에서는 세관들이 이미 로마시의 인구조사와 새로운 세율의 검토 작업에 들어가 있었다.

무릇 자신의 토지에 침입하는 행위에 대해서는 아무리 순종적인 신민이라도 저항의 목소리를 높이게 마련이다. 하물며 이때는 사유재산의 침해였을 뿐만 아니라 로마 시민에 대한 모욕까지 더해져 상처가 더욱 깊어갔다. 사적 분노와 공적 분노가 손을 맞잡는 사태가 일어난다 해도 조금도 이상한 일이 아니었다.

마케도니아를 정복[9]하고 나서, 로마시의 주민은 인두세의 부담으로부터 해방되었다. 온갖 형태의 전제정치를 겪는 동안에도 이 면세만큼은 약 500년에 걸친 관행이 되어 있었다.

따라서 그들은 일리리쿰 농민 출신인 황제가 멀리 아시아(니코메디아)의 궁전에서 로마시를 제국의 수많은 하급도시들과 동등하게 취급하는 오만함을 그저 보고만 있을 수는 없었다.

성난 로마 시민들의 분노는 원로원의 지지 또는 묵인에 의해 더욱 불붙어 갔다. 해산될 위기에 처해 있던 얼마 남지 않은 근위대 병사들은 이를 기회로 압정 아래 있는 모국을 위해 언제든 칼을 뽑겠다고 했다.

로마 시민들의 한결같은 희망은 외국 출신 폭군들을 이탈리아에서 몰아낸

---

9) 기원전 167년.

뒤, 로마를 본거지로 제국 전체를 통치할 인물을 뽑는 것이었다. 사실 그러한 인물은 없는 것일까?

이 바람은 얼마 가지 않아서 가능성이 있는 기대로 발전해 간다. 막센티우스가 민중의 신망을 모으게 된 것이다.

막센티우스의 봉기

막센티우스는 막시미아누스 황제의 아들이자 갈레리우스 황제의 사위였다. 따라서 출신으로 보아 원래대로라면 제위 계승권의 첫 번째 후보였다. 하지만 그는 부황제의 자리에서 멀어져 있었다. 무능했을 뿐만 아니라, 수많은 악덕에 물들어 있었기 때문이다. 이 점에서는 콘스탄티누스가 그 비범한 재능 때문에, 마찬가지로 그 지위에서 멀어졌던 것과 뚜렷한 대조를 이루고 있다.

갈레리우스 황제가 노린 것은 자신의 지시와 명령을 충실하게 따르는 인물을 공동 황제 자리에 앉히는 것이었다. 그런 생각에서 출신도 모르는 이방인을 이탈리아 군주 자리에 앉히는 한편, 죽은 서방 쪽 황제의 아들에게는 공직도 주지 않고, 제도에서 몇 마일 떨어진 곳에 있는 별장지에서 호사스러운 사생활만 누리도록 했다.

어쩔 수 없이 이러한 처지에 빠진 막센티우스로서는 마음이 편할 리가 없었다. 그는 콘스탄티누스의 눈부신 활약에 굴욕과 초조감, 나아가서는 질투심마저 느끼고 있었다.

하지만 이제 사람들의 불만 속에서 자신의 희망을 발견하고, 자기의 야심과 로마의 대의를 관련짓는 것을 생각해 냈다.

음모를 꾸미는 데는 근위장교 두 사람과 병참장교 한 사람이 참여했다. 그들은 연대심이 강했으며 일을 수행하는 데 망설임이나 지장이 전혀 없었다.

이리하여 세베루스 황제의 충신이었던 로마장관을 비롯하여 고관 여럿이 근위병들에게 살해되자, 원로원과 민중은 막센티우스에게 부황제의 표장을 수여하고, 그를 로마시의 자유와 권위의 옹호자로 환호 속에 맞이했다.[10]

---

10) 306년 10월 28일.

그의 아버지 막시미아누스 황제가 이 음모를 사전에 알고 있었는지 여부는 확실하지 않다. 그러나 디오클레티아누스의 강요로 하는 수 없이 은퇴 생활을 하던 이 늙은 선황제는, 로마 시민들이 반란의 기치를 올리자마자 곧 은둔처에서 뛰쳐나와, 되살아난 야심을 자애로운 부성애의 가면 아래 감추고 아들과 원로원의 요청에 응하여 다시 제위에 오른다.

한편 세베루스 황제는 공동 황제의 충고, 아니 오히려 명령에 따라 급히 로마로 귀환했다. 그의 가슴에는 전광석화 같은 행동으로, 한낱 방탕아가 지휘하는 민중의 반란쯤은 쉽게 진압할 수 있다는 확신이 있었을 것이다.

그런데 막상 로마에 도착해 보니 성문은 굳게 닫혀 있고, 성벽에는 병사와 병기가 철벽처럼 버티고 늘어서 있는 게 아닌가. 게다가 반란군의 선두에는 역전의 용사가 서 있는데, 자신의 군대는 사기와 충성심이 떨어져 있었다.

이런 가운데 어마어마한 하사금 약속에 눈이 먼 무어인 병사들의 대부대가 적 쪽으로 돌아섰다. 설사가상으로 근위대장 아눌리누스마저 막센티우스에 대한 지지를 표명하고, 전부터 자신의 지휘 아래 있었던 근위대의 대부분을 이끌고 그의 곁으로 달려갔다.

한 웅변가의 말을 빌리면, "로마시는 이제 그 옛날의 무위(武威)를 회복했다." 결국 불운한 세베루스는 군대와 신하를 잃은 채 급히 라벤나로 후퇴했다. 아니, 그것은 오히려 도주에 가까웠다.

이때에 세베루스 황제는 잠시 동안 기다렸는지도 모른다. 라벤나 성채는 이탈리아군의 공격에 충분히 견딜 수 있을 만큼 견고했고, 게다가 주위를 에워싸는 늪지대가 적의 접근을 막아주고 있었기 때문이다. 또 그에게는 강력한 함대가 있었고, 그에 따라 제해권을 쥐고 있었기 때문에, 병참 보급이 끊어질 염려도 없었다. 게다가 봄이 오면 일리리쿰 속주와 동방에서의 원군도 기대할 수 있었다.

직접 진두지휘에 나선 막시미아누스는, 포위작전은 시간과 병사를 헛되이 낭비할 뿐, 무력과 보급 차단을 통해서도 이길 가망이 없다는 것을 깨달았다.

그는 차라리 디오클레티아누스에게나 어울릴 술책을 써서 공격의 화살을 라벤나 성벽이 아니라 세베루스의 마음을 향해 돌렸다. 심리작전이다. 반역행위를 경험한 것 때문에 가장 진실한 친구와 충실한 측근마저 믿지 못했던 이 불운한 황제의 약점을 찌른 것이다.

막시미아누스가 보낸 특사는 라벤나 성안에 배반을 획책하고 있는 자들이 있다고 믿게 하여 세베루스 황제를 별 어려움 없이 설득할 수 있었다. 경악하는 황제에게 시가 함락될 것은 틀림없으니, 그때 가서 분노한 상대에게 굴복할 바에야, 차라리 지금 명예로운 항복을 받아들이는 것이 좋다고 설득한 것이다.

세베루스 황제는 처음에는 관대하게 맞이되어 정중한 대우를 받았다. 이어서 막시미아누스와 함께 로마로 가서, 그곳에서 황제의 자리에서 물러나면 생명과 안전을 보장하겠다는 약속을 받았다. 그러나 마지막으로 세베루스가 얻은 것은 안락사와 황제로서의 장례식뿐이었다.

사형이 선고되자, 집행 방법은 황제 자신의 선택에 맡겨졌다. 그가 선택한 것은 옛사람들이 즐겨 사용하던 혈관 절개에 의한 죽음이었다. 그렇게 자해하여 숨을 거두자마자, 유해는 황제 갈리에누스 일족을 위해 만들어져 있던 묘소로 운반되어 그곳에 매장되었다.

콘스탄티누스와 막센티우스 사이에 성격적 유사점은 거의 없었지만, 두 사람은 처지와 이해관계의 일치에서 협력하여 눈앞의 적에게 대항하기로 했다.

정력적으로 지칠 줄 모르는 체력의 막시미아누스 황제는 그 나이와 권위에도 불구하고 콘스탄티누스 황제와의 회견을 위해, 자기 쪽에서 알프스를 넘었다. 그때 새로운 맹약의 증거로 황녀인 파우스타를 데리고 갔다.

결혼식은 아를에서 성대히 치러졌고, 서방 제국의 주권을 다시 요구한 막시미아누스 황제로부터, 사위이자 맹우인 콘스탄티누스에게 정제 칭호가 내려졌다.

부황제 콘스탄티누스가 정제 막시미아누스로부터 그 영예를 얻은 것에 대해서는, 이 대제국과 원로원의 대의를 옹호하기 위한 것처럼 생각되었다. 하지만 그의 말은 분명하지 않았고, 지원은 자꾸만 늦어졌으며 게다가 실속도 없는 것이었다. 콘스탄티누스는 이탈리아 군주들과 동방의 황제가 머지않아 전쟁을 시작할 것을 예측하고, 그때의 신변 안전 또는 숙원을 위해 남몰래 준비를 해 나갔던 것이다.

사태가 긴박해지자 갈레리우스가 직접 원정에 나서야 할 필요를 느꼈다. 그는 일리리쿰과 동방에서 모집한 대군을 이끌고 세베루스 황제의 원수를 갚고 반역한 로마 시민을 응징하기 위해, 아니 과격한 야만인의 표현을 빌리자면, 원로원과 민중을 하나도 남김없이 요절을 내기 위해, 이탈리아에 진입했다.

그러나 막시미아누스도 만만치 않은 인물이어서, 그는 이미 충분한 방어태세를 준비해 놓았다. 갈레리우스 황제는 예상과는 달리 공격하지도 물러나지도 못한 채 그야말로 사면초가 신세가 되고 말았다.

그러다가 로마에서 60마일 안에 있는 나르니까지 강행군했으나, 이탈리아 안의 그의 영역은 자기 진영 주변의 얼마 되지 않는 땅이 전부였다.

오만한 갈레리우스도 일이 여기에 이르자, 결국 융화책을 강구하지 않을 수 없었다. 그래서 두 사람의 고관을 적측에 파견하여, 회견을 제안하고 장인으로서 막센티우스에 대한 안부를 물으며 적의 군주들을 회유했다. 사실, 상대방으로서도 승패 전망이 불투명한 싸움에 기대를 걸기보다는, 동방 황제의 관대함에 기대하는 편이 훨씬 이익이었을지도 모른다.

하지만 이 제안은 냉소와 함께 일축되었다.

자신의 의도가 완전히 빗나간 갈레리우스 황제에게는 퇴각의 시기를 놓치면 세베루스 황제와 같은 운명에 처하게 되는 중대한 사태가 되었다.

한편 로마 시민들은 탐욕스러운 폭군으로부터 숨겨 놓았던 재산을 폭군 타도를 위해 아낌없이 내놓았다. 막시미아누스의 명성과 그 아들(막센티우스)의 대중적 인기 조작, 은밀한 거액의 금전 살포, 그리고 더욱 많은 포상금의 약속 따위가 효과를 거두어 일리리쿰 군단의 사기는 떨어지고 충성심도 사라졌다.

이렇게 된 이상 갈레리우스 황제로서도 마침내 퇴각 명령을 내리지 않을 수 없었다. 더욱이 그때는 이미 승리와 명예를 수없이 함께 해온 고참병들 사이에서조차 전선을 이탈하려는 기색이 짙어져, 그들을 저지하기만도 힘겨운 상황이었다.

매우 한심스럽게도, 갈레리우스의 원정부대는 퇴각 도중에 약탈을 자행했다. 그들은 살인을 저지르고, 강간하고, 약탈을 일삼으며 이탈리아인들의 가축 떼를 몰고 갔다. 그들은 가는 곳마다 촌락을 불살랐고, 그들에게 복종하지 않는 지방을 파괴했다.

그들이 퇴각하는 동안 막센티우스는 배후를 추격하기만 할 뿐, 현명하게도 이 용맹스럽고 필사적인 역전의 용사들과의 전면전을 회피했다.

한편 막시미아누스는 다시 갈리아로 가서, 이미 변경 지방에 군대를 집결시켜 놓았던 콘스탄티누스를 설득하여 갈레리우스 군대를 함께 추격, 승리를 완결 짓자고 했다. 그러나 콘스탄티누스는 이성적인 사람이었다. 그는 분할된 제국의 세력을 균형 있게 유지해야 한다는 생각을 고수하고 있던 터라, 이미 공포의 대상에서 제외된 갈레리우스를 더 이상 증오하지 않았다.

갈레리우스 황제, 친구 리키니우스를 공동 황제로

황제 갈레리우스는 불같은 성격의 소유자였다. 그러나 진실하고 영원한 우정을 전혀 모르는 사람은 아니었다. 성격이나 행동 면에서 자기와 매우 비슷한 점이 있었던 리키니우스[11]에 대해서는 우정뿐만 아니라 존경심까지 보이고 있었다.

두 사람의 교우 관계는 아직 이름이 알려지지 않았던 행복한 젊은 시절부터 시작되었다. 이 우정은 자유롭고 위험한 군대 생활 중에 더욱 굳어졌으며, 두 사람은 군복무 중에 거의 같은 속도로 승진했다.

갈레리우스는 제위에 오르자마자 이 동료를 언젠가는 자기와 동등한 지위로 끌어올릴 생각이었던 것 같다.

황제로서의 갈레리우스의 전성기는 짧았지만, 그동안 부황제의 지위는 리키니우스의 나이와 업적에 미흡하다고 생각하고 콘스탄티우스 황제의 지위와 서방 제국을 친구를 위해 준비해 두었다고 한다.

갈레리우스 황제는 이탈리아 전쟁을 수행하는 동안 다뉴브강의 방어를 리키니우스에게 맡겼다. 그리고 원정에서 달아나듯 귀환한 즉시, 빈자리였던 세베루스 황제의 후임에 이 친구를 앉히고 일리리쿰 속주 통치권을 주었다(308년).

---

11) 재위 308~324년.

동시에 재위한 6명의 황제

리키니우스가 즉위했다는 소식이 동방에 전해지자, 당시 이집트와 시리아를 통치하고 있던 막시미누스는 질투와 불만을 견딜 수가 없었다. 그래서 이미 카이사르라는 칭호에 열등감을 느끼던 그는 갈레리우스의 반대와 간청을 뿌리치고 새로운 황제 리키니우스와 같은 정제의 칭호를 강력하게 요구했다. 그것은 거의 우격다짐에 가까웠다.

그리하여 로마제국은 6명의 황제들[12]이 난립하는 전무후무한 상황에 돌입하게 되었다. 서쪽에서는 콘스탄티누스와 막센티우스가 막시미아누스에게 부제(父帝)에 대한 경의를 표하고 있었다. 한편 동쪽에서는 리키니우스와 막시미누스가 갈레리우스를 진정한 후원자로서 우러러보고 있었다.

이처럼 로마제국은 각자의 이해관계와 전쟁의 기억 때문에 2개의 적대적인 진영으로 분열되어 제국을 양분했다. 그러나 서로에 대한 두려움 때문에 겉으로는 평온이 유지되었고, 때로는 화목해 보이기까지 했다.

하지만 그것도 막시미아누스와 갈레리우스 두 황제가 살아 있는 동안뿐이었다. 특히 갈레리우스 황제가 서거하자[13] 남은 네 군주는 각자가 다른 공동 황제들의 견해와 행동에 새로운 전개를 가져왔다.

막시미아누스가 처음 타의로 제위에서 물러났을 때, 당시의 황실 웅변가들은 그의 철학적 겸양에 칭찬을 아끼지 않았다. 그런 그가 야심으로 인해 내전을 유발하고, 적어도 이를 지지했을 때는 애국심의 발로라고 감사의 뜻을 표명했다. 그때까지의 유유자적한 은퇴를 거꾸로 완곡하게 비난하는 태도로 돌변한 것이었다.

그러나 막시미아누스 황제와 그의 아들 막센티우스, 이 두 사람이 대립하지 않고 공동으로 제국을 다스린다는 것은 그들의 성격으로 보아 도저히 불가능한 일이었다.

막센티우스만 해도 자신이야말로 원로원과 민중에 의해 선출된 이탈리아의 정당한 군주라는 자부심이 있었다. 그는 또 거만한 아버지의 감독도 참을 수가 없었다. 사실 막시미아누스 황제의 거만함은 하늘을 찌를 것 같았다. 젊은 아

---

12) 막시미아누스, 갈레리우스, 리키니우스, 콘스탄티누스, 막시미누스, 막센티우스.
13) 막시미아누스는 310년, 갈레리우스는 311년.

들이 즉위할 수 있었던 것은 아버지인 자기의 명성과 수완 덕분이라고 노골적으로 공언했을 정도였다.

그래서 문제를 근위대의 판단에 맡기자, 막시미아누스 황제의 가혹함에 두려움을 느끼던 병사들은 막센티우스 지지파로 돌아섰다.

이리하여 막시미아누스 황제는 생명과 자유만 보장받고 이탈리아에서 일리리쿰으로 은퇴하지 않을 수 없게 된다.

그러나 지난날의 행동을 뉘우치는 모습을 보여 주면서, 실제로는 은밀하게 새로운 술책을 꾸미고 있었다. 그러한 그의 성품을 너무나 잘 알고 있던 갈레리우스는 즉각 퇴거를 명령했다.

실의에 빠진 막시미아누스는 마지막 피난처로 사위 콘스탄티누스의 궁정으로 향했다. 책략가인 콘스탄티누스는 의탁해 온 장인을 정중하게 맞이했고 황후 파우스타는 육친에 대한 정으로서 아버지를 위로했다.

이에 대해 막시미아누스 황제는 주위의 모든 의혹을 떨쳐 버리기 위해, 야심과 영광의 허망함을 깨달았노라며 다시 제위에서 물러났다.

만약 그가 이 결심을 끝까지 지켰더라면, 첫 번째 은퇴 때보다는 위엄이 다소 손상되었더라도, 적어도 편안하게 명성을 유지하면서 생애를 마칠 수 있었을 것이다. 그러나 제위를 차지할 가능성이 다시 눈앞에 어른거리자 과거의 영광이 마음에 되살아나 흥하든 망하든 마지막 도박에 나서기로 한다.

이때 콘스탄티누스 황제는 프랑크족의 침입에 맞서 군의 일부를 이끌고 라인강 지역으로 출정하고 없었으며, 나머지 부대도 갈리아 남부 속주에 주둔하고 있었다. 따라서 이탈리아의 군주에 대해서는 전혀 무방비한 상태였다. 게다가 아를시에는 막대한 자금이 쌓여 있었기 때문에, 상황으로서는 공격군을 스스로 불러들이고 있는 것이나 마찬가지였다.

막시미아누스 황제는 다시 제위에 올라 지체 없이 그 보물을 차지하고, 지난날의 방식대로 그것을 병사들에게 뿌려 환심을 삼으로써 자신의 옛 위엄과 무훈을 일깨우려고 했다.

그러나 그가 미처 권위를 확립하기도 전에, 또 이미 자신의 아들 막센티우스와의 사이에 추진되었던 것으로 추정되는 협상이 타결되기도 전에, 콘스탄티누스 황제의 전광석화 같은 행동에 의해 그 꿈은 완전히 분쇄되고 만다.

콘스탄티누스 황제의 행동은 정말 민첩했다. 막시미아누스 황제가 배신했다는 소식을 접하자마자 즉시 라인강에서 손강으로 군사를 되돌려, 샬롱시(市)에서 배를 타고 내려가 리옹에서부터는 론강의 급류를 타고 무서운 속도로 아를시 성문에 이르렀다.

막시미아누스 황제는 적의 압도적인 군세에 대적하는 건 불가능하다고 판단하여, 가까운 마르세유로 피난했다. 이 도시는 대륙과 이어지는 지협지대가 요새화되어 있는 반면 바다 쪽은 열려 있어서 달아나는 데 아무런 어려움이 없었다. 또 만일 막센티우스 황제가 아버지를 구원하러 달려온다 해도 충분히 받아들일 수 있었다.

막시미아누스, 갈레리우스 두 황제의 죽음

한시라도 지체하면 치명적인 결과를 초래할 수 있음을 걱정한 콘스탄티누스는 곧바로 급습 명령을 내렸다. 그러나 공성용(攻城用) 사다리가 너무 짧아서 성벽 맨 위까지는 닿지 않았다.

이때 예기치 않은 일이 일어났다. 수비대가 자기들의 잘못을 깨달았든지, 아니면 신변의 위험을 느꼈든지, 어쨌든 막시미아누스의 신병과 함께 성을 내주는 조건으로 사면을 청한 것이다. 아마 이 일이 없었다면 마르세유는 전과 마찬가지로 상당히 오랫동안 포위에 견딜 수 있었을 것이다.

제위 찬탈자에게는 은밀하게 사형이 선고되었다. 그것은 지난날 그 자신이 세베루스 황제에게 내린 것과 같은 처우였다. 대외적으로는 그가 자신의 거듭된 죄를 뉘우쳐 스스로 목을 매어 자살했다고 발표되었다(310년).

디오클레티아누스의 후원을 잃은 뒤 그가 보낸 인생의 후반은, 공인으로서는 재난이 이어졌으며 개인적으로는 굴욕의 연속이었다. 그것도 마지막에는 자업자득이었다고는 하지만, 참으로 불명예스러운 죽음으로 삶을 마쳤다.

콘스탄티누스 황제가 아버지의 은인이자 자신의 장인이었던 이 늙은 황제의 목숨만이라도 구했더라면, 제왕의 덕성에 대해 좀더 칭송받았을 것이다. 이 비극적인 사건에서 파우스타는 친아버지에 대한 딸의 정을 희생하고 아내로서의 의무에 충실했던 것 같다.

한편 갈레리우스의 말년은 그다지 불운하지 않았다. 그는 정제로 있었을 때보다 부황제로 있었을 때 더 큰 영광을 얻기는 했지만, 그래도 죽는 순간까지 로마제국의 필두에 선 군주로서 위엄을 지켰다.

이탈리아 친정에서 퇴각한 뒤 4년 동안, 제국 통일의 오랜 소망을 버리고 한가로이 지내며 여생을 국민 복지를 위해 바쳤다. 그가 시행한 공공사업 중에서도, 펠소 호수의 남는 물을 다뉴브강으로 끌어들이는 치수사업과 그 주변의 광대한 삼림을 벌채한 개간사업은 주목할 만하다. 특히 후자는 판노니아의 넓은 지역에 걸쳐 광대한 농경지가 확보되었다는 점에서 군주의 사업으로서도 손색이 없다.

갈레리우스 황제는 끔찍한 고통을 동반한 지병 때문에 죽었다. 그의 몸은 무절제한 생활 때문에 무척 뚱뚱해졌으며, 고름이 온몸을 뒤덮어 나중에는 구더기가 수없이 들끓었다. 그의 병이 전생의 죄값이라는 소리를 들은 것도 그 때문이다. 그리스도교를 박해했으므로 사람들은 그를 동정하기는커녕 오히려 천벌을 받은 것이라고 좋아했다.

그가 니코메디아 궁전에서 숨을 거두자, 그의 권고로 즉위한 2명의 황제, 리키니우스와 막시미누스는 주인 없이 남겨진 영토의 주권을 놓고 대립한 채 상대와의 싸움에 대비하여 서로 병사를 모으기 시작했다.

그러나 이윽고 그들은 영토를 분할하기로 합의하고, 아시아 속주들은 막시미누스가, 유럽 속주들은 리키니우스가 갖기로 했다. 헬레스폰투스 해협과 트라키아 보스포루스 해협을 잇는 선을 경계로 하여, 로마 세계를 둘로 나누는 이 해협의 양쪽 해안에 각각 요새가 지어지고 군대가 배치되었다.

패권 다툼을 벌이는 네 황제

막시미아누스와 갈레리우스의 서거로 황제는 4명이 되었다.

각자의 이해관계에 따라 리키니우스와 콘스탄티누스가 손을 잡았고, 이에 대해 막시미누스와 막센티우스 사이에도 은밀하게 동맹이 맺어졌다.

이리하여 갈레리우스 황제에 대한 외경심에서 그때까지 억제되어 왔던 대립이 바야흐로 표면화하여, 모든 신민들에게 유혈 사태가 닥쳐오고 있음을 느끼게 했다.

이탈리아와 아프리카가 압정에 시달리고 있을 때, 갈리아의 속주들은 그 무렵 가장 행복한 시대를 누리고 있었다. 그래서 사람들 사이에서는 군주 콘스탄티누스의 좋은 성품이 막센티우스의 나쁜 행동과 대비되어 더욱 빛을 발하고 있었다.

어느 시대에나 세상은 당파심과 추종에서 승자의 영광을 찬양하기 위해 패자의 명성을 지나치게 헐뜯는 경향이 있다. 그러나 막센티우스의 경우는 아니었다. 콘스탄티누스의 결점을 찾아내며 기뻐했던 역사가들조차 막센티우스가 잔인하고 탐욕스러우며 방탕한 인물이었음을 지적한다.

그에게는 한번, 아프리카에서 일어난 사소한 반란을 진압한 경험이 있다. 사건의 주모자는 총독과 그 지지자들이었지만, 고통을 겪은 것은 해당 속주였다. 한창 번영했던 키르타와 카르타고를 비롯하여 풍요로운 이 지방 전체가, 전쟁뿐만 아니라 그 뒤 승자의 횡포와 나아가서는 법과 정의의 남용으로 완전히 폐허가 되고 말았다.

아프리카 땅으로 한꺼번에 몰려든, 추종과 밀고로 먹고사는 자들 때문에, 부유층과 귀족계급 인사들이 반란자들과의 연관을 이유로 차례차례 고발되어 너무나 간단하게 유죄판결을 받았다. 그들 중에는 특사를 받은 사람도 있었으나 그들도 재산 몰수만은 피할 수가 없었다.

막센티우스는 승리를 자축하며 성대한 개선식을 올렸고, 로마 속주에서 빼앗아 온 전리품과 포로들을, 민중 앞에서 과시했다.

로마시의 사정도 동정받을 만하다는 점에서 아프리카보다 나을 것이 없었다. 막센티우스 황제의 낭비 때문에 로마시의 부가 한없이 새어 나가고 있었다. 그 이면에서는 세입 담당 고관들이 민중으로부터의 수탈을 경쟁하는 형편이었다.

이를테면 원로원에서 '자유기증'이라는 것을 강요하는 수법을 생각해 낸 것도 그의 시대였다. 그 금액은 해마다 늘어났고, 전쟁 승리와 집정관 취임, 결혼과 탄생 등, 그 구실과 기회도 마찬가지로 늘어갔다.

원래 막센티우스 황제도 로마의 대부분의 폭군들이 그랬던 것처럼 원로원을 마음속 깊이 증오하고 있었다. 자기를 황제로 추대했을 뿐만 아니라, 즉위한 뒤에도 모든 면에서 지지해 주었음에도 불구하고, 감사는커녕 반대로 그들의 충성을 항상 의심의 눈으로 바라보았다.

이윽고 많은 원로원 의원들이 목숨을 빼앗기고, 심지어는 그들의 처자까지 치욕을 당했다. 후자의 경우, 아마 황제의 구애가 거절당하는 경우는 드물었을 것이다. 어쨌든 유혹이 통하지 않으면 이 폭군은 어김없이 권력을 행사했다. 이러한 군주에 대해 정절을 지키려고 자결한 귀부인도 있었다는 유명한 이야기가 전해지고 있다.

콘스탄티누스, 막센티우스와 대결하다

콘스탄티누스가 막센티우스의 말과 행동을 몹시 싫어하여 로마 시민이 처한 상황을 동정했던 것 같지만, 그렇다고 무력을 써서 폭군을 응징하고 민중을 구하려 했다고는 보기 어렵다. 오히려, 정의보다는 신중함에서 야심을 억누르고 있었다고 보는 것이 정확할 것이다.

그런데 막센티우스는 곧 경솔하게도 이 강적에 대해 자기 쪽에서 도발한다.

막시미아누스 황제는 사망한 후, 관행에 따라 생전 칭호를 모두 박탈당하고, 모든 조상(彫像)도 파괴되었다. 그런데 뜻밖에도 살아 있을 때는 아버지를 그토록 박해했던 막센티우스가 이제는 그를 추모하며, 이탈리아와 아프리카에 세워진 콘스탄티누스 황제의 조상에 대해서는 즉각 모조리 처분하라는 명령을 내린 것이다.

충심으로 전쟁만은 피하고 싶었던 콘스탄티누스로서는 군사행동의 어려움과 큰 영향력을 충분히 알고 있었으므로, 처음에는 굴욕을 견디며 협상이라는 온건한 수단으로 보상을 끌어내려 했다. 그러나 그런 노력도 헛되이, 결국 상대의 야심 앞에는 무력을 통한 자기방어 외에는 길이 없다는 것을 깨닫는다.

서쪽 제국 전역에 걸친 주권의 요구를 숨기지 않게 된 막센티우스는 이미 라이티아 지방을 통해서 갈리아를 침공할 수 있는 대군을 대기해 놓고 있었다. 리키니우스의 지원은 기대할 수 없는 상황이었다. 그러나 막센티우스는 자만심에서 일리리쿰 군단이 특별 상여금과 각종 약속에 끌려 곧 아군에 붙을 것이라고 생각했다.

일을 결정하기까지는 신중에 신중을 기하는 콘스탄티누스 황제였지만, 일단 행동에 나서면 조금도 주저하지 않았다. 원로원과 로마 시민의 이름으로 파견된 사절을 은밀하게 접견한 그는, 로마 해방에 대한 탄원을 듣자 소심한 중신회의의 간언을 뿌리치고 이탈리아의 중원을 향해 진격을 결의했다.

이 계획은 분명 장대했다. 또한 그만큼 상당한 모험이기도 했다. 그 전에 있었던 두 차례의 침공이 모두 실패한 것을 생각하면, 당연히 위험한 사태에 빠질 가능성이 예상되었기 때문이다.

죽은 막시미아누스 황제의 뜻을 좇아 두 차례 전쟁에서 그의 아들 편에서 싸운 고참병들이, 이해관계에서는 물론이고 명예상으로도 다시 배반할 리가 없었다.

막센티우스는 근위대를 옥좌를 지키는 중심으로 여기고, 이미 군역에 복무하고 있는 이탈리아인 병사 외에도 장정들을 8만 명이라는 왕년의 규모로까지 증강하고 있었다. 거기에 아프리카에서 승리한 것을 계기로 창설한 무어인과 카르타고인 부대가 모두 4만이었다. 게다가 시칠리아에서도 병사들을 뽑았다.

따라서 막센티우스군은 모두 17만 명의 보병과 1만 8000명의 기병으로 이루어진 대군이 되었다. 필요한 비용은 이탈리아의 부로 충당하고, 곡물과 그 밖의 식량은 인근 속주에서 징발하여 막대한 양이 비축되었다.

이에 비해 콘스탄티누스군 쪽은 보병 9만 명에 기병 8000명이었다. 게다가 이때는 라인강 방위에 특별한 배려가 필요했기에, 국가의 안전을 사적인 항쟁에 희생시킬 각오 없이는 이탈리아 전쟁에 군의 반 이상을 할애할 수는 없었다. 그리하여 콘스탄티누스가 이끈 군대는 약 4만뿐이었다.

그러나 로마군에는 패기가 없었다. 그때까지 위험에서 멀리 떨어져서 목욕탕이나 극장을 드나들며 사치와 게으름에 빠져 나약해진 상태였다. 싸움터로 향하는 병사들의 발걸음은 무거웠고, 그 주력은 무기 사용법과 전투 방법을 거의 잊어버린 고참병과, 그러한 것을 전혀 모르는 신병으로 구성되어 있었다.

한편 갈리아군 쪽은, 오랫동안 북방 야만족으로부터 제국 변경을 지켜 오는 가운데 용맹함을 갈고닦으며, 군기를 확립한 정예군이었다.

양쪽은 병사들뿐 아니라 우두머리들 사이에도 차이가 있었다. 막센티우스가 정복욕에 사로잡힌 것은 한때의 변덕이거나 주위의 부추김 때문이었다. 그러한 충동이 오래 계속될 리가 없다. 아니나 다를까, 그것은 이윽고 쾌락에 자리를 양보했고, 또 자신이 아무런 경험도 없다는 것을 의식하게 되면서 곧 시들해지고 말았다.

이와는 대조적으로 콘스탄티누스는 성격이 과감한 데다 일찍부터 온갖 행동과 전투를 경험하고 있었다. 따라서 지휘관 자리에도 익숙하여 무엇에든지 자신감이 넘쳤다.

한니발[14]은 갈리아에서 이탈리아로 진군할 때, 우선 산맥을 넘고 야만족들이 지나는 길을 찾아 개척해야만 했는데, 어느 정규군도 역사상 그 진군로를 통과해 본 적이 없었다. 알프스산맥은 그즈음 천험의 요새였지만, 이제는 인공적인 요새가 되어 있었다. 노력과 돈뿐만 아니라 뛰어난 기술까지 총동원하여 건설해 놓은 성채들이 평야로 나가는 모든 통로를 굽어보고 있어 사르데냐 왕의 적이 이 방면을 통해서 이탈리아에 진입한다는 것은 거의 불가능했다.

그러나 한니발 이후의 장군들은 이 통로를 넘는 데에 그리 어려움을 겪지 않았다. 콘스탄티누스 시대에는 이 산악 지방의 농민들은 개화하여 아주 온순하였고, 지방에는 군수물자가 풍부하게 비축되어 있었으며, 로마인들이 건설한 넓은 알프스 도로는 갈리아와 이탈리아를 잇는 여러 갈래의 교통망을 열어 놓고 있었다. 콘스탄티누스는 그중에서 지금은 몽스니라고 불리는 알페스 코티아이(코티안 알프스)의 도로를 택했다.

이리하여 콘스탄티누스는 코티안 알프스, 즉 지금의 몽스니산을 지나는 가도를 진로로 잡고 피에몬테 평원으로 우르르 몰려갔다. 그 진격은 그야말로 질풍노도 같아서, 이때도 막센티우스 쪽에서는 적이 라인강 유역에서 출발했다는 정보조차 제대로 입수하지 못하고 있었다.

몽스니산 기슭에 자리한 수사는 성벽으로 에워싸여 있는 데다 침략자의 전진을 충분히 저지할 수 있는 규모의 수비대가 지키고 있었다. 조급한 콘스탄티

14) 제2차 포에니 전쟁을 일으킴. 기원전 247~183년.

누스군에게는 시간이 많이 걸리는 포위작전은 너무나 지루했다.

그래서 그들은 수사에 도착한 바로 그날, 성문에 불을 지르고 공성사다리를 걸쳐 놓고 성벽을 기어올랐다. 그들은 비 오듯 쏟아지는 돌과 화살 속에서 칼을 휘두르며 입성하여 수비대 대부분을 살육했다. 전투가 끝나자 불길은 콘스탄티누스의 배려로 진압되어 시가지가 완전히 파괴되는 것은 면했다.

그러나 격전은 그때부터 벌어졌다. 그곳에서 약 40마일 떨어진 토리노 평원에 막센티우스 쪽 장군들이 이끄는 대군이 집결해 있었던 것이다.

이때 이탈리아군은 선두가 앞으로 튀어나오고 양 날개가 좌우로 펼쳐진, 이른바 쐐기형 밀집대형을 취하고 있었다. 이 전법으로 적진을 어려움 없이 돌파하여 콘스탄티누스의 군대쯤 손쉽게 짓밟아 버릴 수 있을 거라고 계산한 것이다.

이에 대해 콘스탄티누스 황제는 일찍이 비슷한 상황에서 아우렐리아누스가 사용한 것과 동일한 방어전술을 채택했다. 그렇지 않았더라면 어쩌면 이탈리아 쪽이 계산한 대로 되었을지도 모른다.

콘스탄티누스군의 교묘한 전술 앞에, 움직임이 무겁고 둔한 이 기병부대는 우왕좌왕하다가 허리가 잘리고 만다. 막센티우스군은 혼란에 빠져 토리노를 향해 도주했으나 시민들이 성문을 열어 주지 않아, 단 몇 명을 제외하고는 추격해 온 적의 칼날에 죽음을 면치 못했다.

토리노시는 이때의 공을 인정받아 승리자로부터 관대한 처분은 물론이고 은혜로운 특전까지 받았다.

콘스탄티누스 황제가 밀라노의 궁정에 입성하자, 북쪽으로는 알프스부터 남쪽으로는 포강에 이르기까지 거의 모든 도시가 그의 권위를 인정하고, 그 군대를 열렬히 환영했다.

밀라노에서 400마일쯤 떨어진 로마까지는 아이밀리아 도로와 플라미니아 도로를 통해서 쉽게 행군할 수 있었다. 그러나 콘스탄티누스는 폭군과의 결전의 시간을 초조하게 열망하면서도 아주 신중하게 군대 규모와 지리적 측면에서 그의 전진을 가로막거나 일단 유사시에 퇴로를 차단할 가능성이 있는 다른 이탈리아 부대를 향해서 작전의 예봉을 돌렸다.

그즈음 용맹하고 유능한 장군 루리키우스 폼페이아누스가 베로나시에 거점을 두고 베네치아 지방에 주둔한 모든 군대를 통솔하고 있었다. 그는 콘스탄티누스가 진격해 온다는 보고를 받자마자 곧 대규모 기병대를 내보냈으나, 이 부대는 브레시아 부근에서 갈리아 군단에게 패배하여 베로나 성문 앞까지 추격당했다.

총명한 콘스탄티누스는 베로나 공성작전이 얼마나 필요하고 중요한가를 이미 꿰뚫고 있었다. 그러나 그는 그 작전을 수행하는 것이 또한 얼마나 곤란한 것인가도 간파했다. 베로나시는 서쪽의 협로를 통해서만 접근이 가능했고 나머지 삼면은 아디제강으로 둘러싸여 있었다. 수비군은 베네치아 지방을 관통해서 흘러가는 이 급류를 통해서 막대한 인력과 군수품을 조달할 수 있었다.

콘스탄티누스는 큰 곤란을 무릅쓰고 몇 차례 실패를 거듭한 끝에 마침내 도시 위쪽의 얼마쯤 떨어진 곳에서 강물의 흐름이 비교적 완만한 지점을 찾아내고 도강(渡江)을 감행했다. 이어서 그는 강력한 대형으로 베로나를 포위하고 과감하게 공격하여 폼페이아누스의 필사적인 방어를 일시에 무너뜨렸다.

이 용감무쌍한 장군은 지형과 요새가 가지는 이점을 모두 활용하여 방어수단을 강구한 뒤, 자기 자신을 위해서라기보다 국가의 안전을 위해서 몰래 베로나에서 도주했다. 그는 불굴의 투지를 발휘하여 군대를 모집하기 시작하더니 콘스탄티누스와 맞서 싸우거나 그가 포위망을 풀지 않을 경우 그를 공격할 수도 있는 대규모의 군대를 편성하였다.

적의 움직임을 하나하나 면밀히 살피고 있던 콘스탄티누스는 막강한 적군이 접근하고 있다는 보고를 듣자 휘하 군대의 일부를 시켜 공성작전을 계속토록 하고, 자신은 용맹과 충성심이 특히 뛰어난 정예부대를 이끌고 몸소 막센티우스의 장군과 싸우러 나갔다.

갈리아군은 관례처럼 2중의 대형으로 전개했다. 그러나 갈리아군의 노련한 지도자는 이탈리아군이 수적으로 크게 우세한 것을 간파하자 갑자기 군대의 배치를 변경하였다. 제2진의 규모를 줄이고 전방에 나가 있는 제1진의 규모를 적군의 제1진과 같은 규모로 확대한 것이다. 위기에 처했을 때, 노련한 고참병들만이 혼란 없이 수행할 수 있는 이러한 대형 전개는 결전을 앞두고 취하는 것이 보통이다. 그러나 이날의 전투는 해질 무렵 시작되어 밤새도록 끈질기게 계속되었으므로, 장군들의 지휘보다는 병사들의 용기가 승패를 가름했다.

　날이 밝자 콘스탄티누스의 승리가 명백해졌고, 싸움터는 수천 명의 이탈리아군 시체로 덮여 버렸다. 살육당한 시체 중에는 폼페이아누스 장군도 있었다. 베로나시는 무조건 항복했고, 수비대는 포로로 잡혔다. 전승군의 장교들은 황제에게 이 커다란 승리를 아뢰면서 아무리 허영심이 강한 군주라도 불쾌하게 듣지 않을 정도의 불평 몇 마디를 정중하게 덧붙였다. 그들은 콘스탄티누스가 지휘관으로서의 임무 수행에 만족하지 않고 무모할 정도의 지나친 용맹심으로 자신을 드러냈다고 주장하면서, 앞으로는 로마제국의 안전에 매우 중요한 그의 생명을 지키는 데에 각별히 유념해 달라고 간청했다.

　콘스탄티누스가 전장에서 그 웅장함을 드러낼 때, 막센티우스는 자기 영토의 심장부에서 일어나고 있는 전쟁과 위험에는 전혀 무관심한 채, 여전히 쾌락만 즐기고 있었다. 아마도 자기 군대가 당한 패배를 숨기거나, 적어도 숨기고자 하는 망념에 사로잡혀, 닥쳐오는 위험에 대응하지 못했던 것은 아닐까?

　콘스탄티누스의 거센 진군 앞에, 막센티우스는 신변의 위험을 느낄 새도 거의 없었다. 이 어리석은 군주는 지난날 두 번의 내습을 물리친 로마의 명성과 이미 잘 알려진 자신의 후한 인심으로, 이번에도 마찬가지로 갈리아군을 격퇴할 수 있으리라고 과신했던 것 같다.

　일이 여기에 이르자 장군들, 일찍이 막시미아누스 황제의 지휘 아래 싸웠던 유능한 역전의 용사들도, 결국 이 나약한 막센티우스에게 사태를 솔직하게 호소하지 않을 수 없었다. 그리고 남아 있는 세력을 모아서 파멸을 막아야 한다고 진언하자 막센티우스도 망념에서 깨어날 수밖에 없었다.

　막센티우스의 세력은 인적 자원과 자금이라는 두 가지 측면에서 여전히 막강했다. 근위대는 자기들의 이해와 안전을 위해서는 막센티우스와 긴밀히 손을 잡아야 한다는 것을 잘 알고 있었다. 그래서 토리노와 베로나에서 잃은 것보다 더 많은 병사들을 징집하여 급히 제3의 군대를 편성했다.

　그럼에도 불구하고 전쟁 경험이 없는 이 황제는 선두에 서서 군대를 지휘할 생각이 털끝만큼도 없었다. 오히려 장수의 몸이면서도 생사를 건 싸움 앞에서 그저 떨고만 있을 뿐이었다. 공포는 미신을 낳게 마련이어서, 자기의 운명이나 제국에 대한 불길한 예언에 기운을 잃고 귀만 쫑긋 세우고 있는 꼴이었다.

그러나 대경기장에서 화를 참지 못해 고함을 치던 민중이 궁전 문 앞으로 몰려와, 아직도 전장에 나가지 않는 주군의 소심함을 성토하고, 콘스탄티누스의 용맹을 칭송하며 외치자, 마침내 그는 굴욕감에 출진을 결심한다.

이때의 콘스탄티누스의 빠른 진격은 일찍이 율리우스 카이사르가 이탈리아를 정복했을 때 보여 준 신속함과 흔히 비교된다. 실제로 베로나 함락에서 전쟁 종결까지 불과 58일밖에 걸리지 않은 것만 보아도 그것이 과장이 아님을 알 수 있다.

콘스탄티누스가 걱정한 것은 공포심, 아니 신중함에서 막센티우스가 결전을 피하고 농성에 들어가지 않을까 하는 것이었다. 로마시의 풍부한 비축을 생각하면 굶주릴 가능성은 전혀 없었다. 콘스탄티누스는 한시도 지체할 수 없는 상황이었다. 그에게는 가장 고귀한 승리의 보상이 될 로마시를 잘못하면 쑥대밭으로 만들 수도 있기 때문이다.

그런데 뜻밖에도 로마에서 9마일쯤 떨어진 삭사루브라에 도착하자, 막센티우스군이 전투태세를 갖추고 기다리고 있다는 것을 알았다. 이탈리아군의 전선이 광대한 평야를 가득 메우고, 후미는 멀리 티베리스강 둑까지 닿아 있었다. 퇴각 가능성을 미리 생각한 포진이었다.

막센티우스의 비참한 최후

이 싸움에서, 콘스탄티누스는 훌륭한 지휘력을 발휘하였고, 가장 명예로우면서도 위험한 위치를 몸소 맡았다. 실제로 그는 남보다 화려한 무구를 갖추고, 앞장서서 적의 기병부대를 향해 돌격했다. 그 담대하며 매서운 기세는 싸움의 판정자인 신의 마음까지 크게 사로잡았으리라.

이탈리아군은 기동성이 뛰어나고 사기도 높은 갈리아군 기병부대에는 상대도 되지 않아서, 바로 양 날개가 무너졌고, 그 뒤를 따르는 보병부대는 측면이 무방비 상태가 되었다.

내심 혐오하고 있던 폭군이 더 이상 두렵지 않게 되자, 군기는 문란한 데다가 훈련도 제대로 받지 않은 이탈리아 병사들은 미련 없이 도망쳤다. 다만 근위대 병사들만은 자기들이 저지른 잘못이 중대함을 자각하고 이미 용서받을 수 없음을 생각했는지, 필사의 반격을 시도했다. 그러나 상황을 회복하려는 거듭된 노력에도 불구하고 끝내 모두 명예로운 죽음을 맞이했다.

이리하여 조금 전까지 근위대가 차지하고 있던 진지가 그들의 시체로 뒤덮였다.

혼란은 막센티우스군 전체로 확대되어 계획에 실패한 수천 명의 병사들이 가차 없는 적의 추격을 받고 강 쪽으로 쇄도하기 시작했다.

티베리스강은 깊고 흐름도 빠른데, 다리는 하나밖에 없다. 막센티우스도 로마시로 달아나기 위해 이 다리를 건너려 했지만, 좁은 다리 위에서 다투는 패잔병 무리에 떠밀려 강물에 추락하고 말았다. 그는 갑옷 무게 때문에 가라앉아 그대로 익사하고 말았다. 그의 시신은 강물 속 진흙에 깊이 박혀 그다음 날에야 간신히 찾아낼 수 있었다.

그의 목이 민중 앞에 공개되었을 때, 사람들은 비로소 자신들이 해방되었음을 실감하고 충성과 감사의 환호로 콘스탄티누스를 맞이했다. 이렇게 하여 콘스탄티누스는 그 용맹과 능력으로 생애 최대의 위업을 달성했던 것이다.

콘스탄티누스는 이탈리아 진격에 앞서 일리리쿰의 리키니우스 황제에게 누이동생 콘스탄티아를 시집보내기로 약속하고, 이 황제의 우호 또는 적어도 중립을 보장받아 두었다.

하지만 결혼식은 내전 때문에 연기되었고, 두 황제가 밀라노에서 회견한 것은 그 내전이 끝난 뒤의 일이었다.

잔치가 한창일 때, 두 황제가 갑자기 떠날 수밖에 없는 상황이 벌어졌다. 콘스탄티누스는 프랑크족의 침입을 무찌르기 위해 라인강으로 향해야 했고, 리키니우스는 아시아의 황제 막시미누스의 내습에 대처해야 했다.

그때까지 막센티우스와 몰래 내통하고 있었던 이 동방의 군주가, 동맹자의 비운에도 기가 꺾이지 않고 자신의 운명을 이 결전에 걸기로 결심한 것이었다.

막시미누스는 혹독한 추위 속에 시리아를 출발하여 비티니아의 변경으로 향했다.

도중에 만난 매서운 추위와 거친 날씨에 사람과 말이 모두 눈 속에 쓰러지고, 줄기찬 빗줄기에 도로가 무너져 상당량의 군수품을 할 수 없이 후방에 남겨 두었다.

그러나 이러한 어려움에도 불구하고 막시미누스의 대군은 눈부신 속도로 진군하여, 리키니우스 측이 그의 의도를 눈치채기도 전에, 트라키아 보스포루스 해협에 이르렀다.

막시미누스는 포위한 지 11일 뒤에 비잔티움을 함락하고, 이어서 며칠 뒤에는 견고한 성벽을 자랑하던 헤라클레아도 점령했다.

그러나 이때 리키니우스 군대가 불과 18마일 지점까지 육박했다는 보고를 듣고 그는 동요한다. 양군은 곧바로 협상에 들어가, 서로 상대편 장군들을 포섭하려 했지만, 결국 담판은 결렬되어 전쟁이 벌어지기에 이른다.

리키니우스 황제의 승리

막시미누스군이 정예 약 7만 명이었던 것에 비해 리키니우스가 일리리쿰에서 징집한 병사는 약 3만 명에 지나지 않았다. 숫자만 놓고 보면 상당한 차이가 있다. 그렇지만 리키니우스는 그 군사적 재능과 강건한 장병들 덕분에 이 열세를 뒤집어 결정적인 승리를 거두었다.

그로부터 24시간 뒤, 패배한 황제는 전장에서 160마일 떨어진 니코메디아에 있었다. 창백한 얼굴로 부들부들 떨고 있었고, 황제의 표장도 지니고 있지 않았다.

비록 최고의 정예부대는 잃었지만, 아시아의 부와 자원까지 다 잃은 것은 아니었다. 시간만 벌 수 있다면 그에게는 아직도 시리아와 이집트에서 대규모의 신병을 모집할 힘이 남아 있었다.

그런데 막시미누스는 그로부터 불과 4, 5개월밖에 더 살지 못했다. 그는 타르수스에서 사망했는데(313년), 사망 원인으로는 절망, 독살, 또는 천벌 등의 여러 가지 설이 전해지고 있지만 확실하지는 않다. 어찌 되었든 군주로서의 덕망과 능력을 갖추지 못한 인물이었기 때문에, 백성들도 병사들도 그의 죽음을 애도하지 않았다.

이리하여 동방의 속주들은 내전의 공포에서 해방되어 환호 속에 리키니우스의 주권을 승인했다.

이제 로마제국은 콘스탄티누스와 리키니우스가 둘로 나누어, 콘스탄티누스는 서로마를 리키니우스는 동로마를 지배하게 되었다. 승리한 두 황제는 이제 내전에 지쳐 있었고, 또 사적으로나 공적으로나 서로 동맹을 맺고 있었다. 따라서 더 이상 야심을 품거나 야심의 실현을 앞당길 필요가 없었다.

그러나 상황은 생각지 않은 방향으로 전개된다. 막시미누스가 죽은 지 1년도 되지 않아 두 황제의 무력 대결로 발전한 것이다.

사건의 발단은 유복한 명문 출신의 바시아누스라는 인물이었다.

그보다 얼마 전 이 인사에게 누이동생 아나스타시아를 시집보낸 콘스탄티누스는 이어서 그를 부황제로 지명했다. 디오클레티아누스 황제가 창설한 통치 형태에 따르면, 부황제가 된 바시아누스에게는 이탈리아, 아니 어쩌면 아프리카까지 그 통치령이 될 예정이었다.

그런데 이 약속의 이행이 너무 오랫동안 지연되었을 뿐 아니라, 간신히 이행되었을 때의 조건도 지극히 불만족스러웠기 때문에 바시아누스는 아내의 오빠에 대해 충성을 다짐하기는커녕 오히려 원한을 품게 되고 말았다.

교활한 리키니우스는 거기에 주목했다. 앞서 바시아누스의 부황제 지명을 승인한 그는 이것을 좋은 기회로 이 부황제에게 밀사를 보내 모략을 충동질하고 불만을 부추기며 궐기를 촉구했다. 얻어야 할 것을 얻지 못했으면 무력으로라도 빼앗아야 하지 않겠느냐는 것이었다.

그러나 빈틈없는 콘스탄티누스는 두 사람의 모의를 사전에 간파하여, 즉각 바시아누스와의 동맹 관계를 해소하고 그의 지위를 박탈하여, 반역과 배은망덕에 대해 합당한 형벌을 가했다.

이에 대해 바시아누스와 그 측근은 리키니우스 곁으로 피신했다. 콘스탄티누스는 그들의 인도를 요구했지만 동로마 황제는 이를 오만하게 거절했다.

이러한 리키니우스의 태도는 그렇지 않아도 우려하고 있던 배신의 의혹을 더욱 강화했다. 게다가 하필이면 그때 이탈리아 변경의 아에모나에서 콘스탄티누스의 조각상을 훼손하는 사건이 일어나, 두 군주 사이의 결별은 마침내 결정적인 것이 되고 말았다.

콘스탄티누스 황제의 최후 승리

이와 같은 영광의 절정에서 콘스탄티누스가 로마제국의 분할 통치를 더 이상 인정하지 않으려고 한 것은 당연하다. 자신의 천재적인 자질과 막강한 군대에 대한 흔들림 없는 자신감은, 늙은 나이와 악덕으로 인해 인기를 잃은 리키니우스와의 싸움을 참으로 간단한 것으로 생각하게 했다.

그리하여 콘스탄티누스는 자기 쪽에서 병사를 일으키기로 결의한다.

콘스탄티누스는 즉각 비잔티움을 포위하고 공격하기 시작했으나 이 작전의 어려움은 심상치가 않았고 성공할 가능성도 불투명했다. 앞의 내전을 겪으면서 성벽이 복구, 보강되었을 뿐만 아니라 제해권을 리키니우스가 장악하고 있어서, 성 밖에 있는 자들이 굶주리는 일은 있어도 성안에서 굶주리는 것은 거의 있을 수 없기 때문이다.

그래서 콘스탄티누스는 함대사령관을 본영에 소집하여 헬레스폰투스 해협의 강행 돌파를 명령한다. 그동안 리키니우스의 함대는 빈약한 적의 함대를 적극적으로 공격하는 일 없이, 수적 우세가 무의미한 좁은 해협 안에 계속 머물고 있었다.

이 돌파작전의 지휘는 황제의 맏아들 크리스푸스에게 맡겨졌다. 그는 이 작전을 아버지도 질투할 만큼 훌륭한 솜씨로 해치웠다.

해상전투는 이틀 동안 계속되었다. 첫날에는 양쪽 군사 모두 커다란 손실을 입고, 저녁이 되자 유럽과 아시아 각각의 항구로 돌아갔다. 그러나 둘째 날 정오가 되어, 남쪽에서 강풍이 불어오자 크리스푸스가 이끄는 함대는 이 바람을 타고 적을 향해 돌진했다. 뜻밖의 순풍에 능숙함과 과감함까지 더해져 콘스탄티누스 황제 쪽은 단번에 대승을 거두었다.

이때 파괴된 함선이 330척, 적의 전사자 수는 5000명이었다. 리키니우스 함대의 제독 아만두스는 천신만고 끝에 칼케돈 해안으로 도주했다.

헬레스폰투스 해협이 열리자, 포위작전에 착수한 콘스탄티누스 진영에는 대량의 군수품을 실은 수많은 함선들이 몰려왔다. 이에 기세를 얻은 성 밖의 군사들은 비잔티움 방벽과 같은 높이로 토성을 쌓았다. 그 위에 높은 탑을 세우고 거기서 발사기로 성을 향해 바위와 화살을 퍼부어 수비대를 괴롭히는 한편,

파성추로 거듭 타격을 가하여 성벽 곳곳을 무너뜨렸다.

더 이상 성안에만 있다가는 리키니우스 자신도 다가오는 성의 함락과 같은 운명에 처할 두려움이 있었다. 이 늙은 황제는 포위되어 옴짝달싹할 수 없게 되기 전에 보물을 가지고 아시아 쪽의 칼케돈으로 피신했다. 아울러 이 사이에, 관례대로 지도층의 한 사람인 마르티니아누스에게 부제(카이사르)의 칭호를 수여했다.

콘스탄티누스가 비잔티움 공략에 정신이 팔려 있는 동안, 리키니우스는 잇따른 패배에도 불구하고 비티니아에서 새로이 5만에서 6만 명의 새 군사를 모았다. 놀랍게도 얕잡아 볼 수 없는 저력이 아직 남아 있었던 것이다. 그런 점이 리키니우스의 재능이기도 했다.

그러나 콘스탄티누스도 역시 빈틈없는 사람이었다. 그는 상당수 병사를 작은 배에 태워 아시아 쪽으로 수송하여 전군이 크리소폴리스[15] 고지에 집결하기를 기다렸다가 결전에 나섰다.

최근에 편성한 리키니우스군은 훈련이 제대로 되어 있지 않고 무장도 허술했지만 마지막까지 필사적으로 싸웠다. 하지만 어차피 헛된 노력에 지나지 않아서, 결국 완패하여 2만 5000명의 전사자를 낸다.

운명은 결정되었다. 리키니우스는 니코메디아로 퇴각한다. 그것은 방위 때문이 아니라, 협상 시간을 벌기 위해서였다.

여기서 리키니우스의 아내이자 콘스탄티누스의 누이동생인 콘스탄티아가 남편을 위해 중재에 나선 결과, 오빠에게서 한 가지 약속을 얻어 낸다. 그 약속은 콘스탄티누스의 동정심보다는 오히려 정략에서 나온 것이었다. 그것은 리키니우스가 마르티니아누스를 희생시킨 뒤에 퇴위하면, 그에게 여생을 편안히 누릴 수 있도록 허용한다는 약속이었다.

리키니우스는 자신의 잘못에 대해 용서를 빌었다. 그것이 받아들여지자 그는 콘스탄티누스 앞에 엎드려 절했다. 그대로 엎드려 있던 리키니우스는 잠시

---

15) 지금의 슈코더르. 알바니아 북부.

뒤 경멸과 연민의 정에 의해 일으켜 세워진 뒤, 같은 날 황제가 주최하는 연회에 초대받았다.

연회가 끝나자, 그는 곧 테살로니카로 호송되어 그곳에 유폐되었다. 그 유폐 생활은 그의 죽음으로 이내 막이 내렸다. 떠도는 소문에 의하면 처형 이유는 병사들이 소동을 피워서라느니, 또는 원로원의 명령 때문이라느니 여러 가지 말들이 있지만 확실치는 않다.

야만족과 내통하고 음모를 획책했다는 것이 콘스탄티누스가 내린 단죄의 이유였다. 그러나 그 자신의 행동으로 보나 법적 증거로 보나 그런 흔적은 없었다. 아마도 그 약한 성격으로 보아 있지도 않은 억울한 죄가 아니었나 한다.

진위야 어찌 됐든, 리키니우스가 죽은 뒤 그의 이름은 불명예의 낙인이 찍히고, 그의 조각상들은 모조리 파괴되었다. 그가 치세 중에 만든 법령과 마련한 모든 재판절차도 포고에 의해 무효화되었다. 하기는 이 포고는 너무나 성급하게 내려진 것이어서 곧 철회되었다.

디오클레티아누스 황제가 공동 황제 막시미아누스와의 사이에서 제국의 권력과 지배권을 양분한 지 37년 만에, 콘스탄티누스 황제의 최종적인 승리에 의해 로마 세계는 다시 한 사람의 황제 아래 통일되었다(324년).

이 정점에 이르기까지의 콘스탄티누스의 융성, 즉 요크에서 부황제로 즉위한 뒤 니코메디아에서 리키니우스를 퇴위시키기까지의 여러 과정에 대해서는 하나하나 상세히 전해지고 있다. 그것은 단순히 그러한 사건 자체가 흥미롭고 중요하기 때문만은 아니다. 오히려, 그보다는 거기에 따르는 사람의 목숨과 재산상의 손실, 나아가서는 상비군과 과세의 영속적인 증가 따위에 의해, 제국의 쇠망이 가속화되었기 때문이다.

그리고 로마 쇠망이라는 관점에서 본다면, 특히 콘스탄티노폴리스의 건설과 그리스도교의 공인이야말로 그 직접적인 산물이었다고 할 수도 있을 것이다.

새로운 제도(帝都) 콘스탄티노폴리스의 건설

리키니우스 황제가 패전에 의해 퇴위하자, 콘스탄티누스 황제는 자기의 제국과 종교의 영속을 위해 새로운 제도 건설에 착수했다.

일찍이 디오클레티아누스 황제가 은거를 위해 도입한 여러 제도는, 그 뒤를 이은 역대 황제들도 본받게 되어, 40년이 지났을 무렵에는 가벼이 여길 수 없는 관례가 되어 있었다.

로마시의 상황은 이전과는 달라져 이제는 지난날의 속국이나 다름없었다. 콘스탄티누스 황제만 해도 다뉴브강 유역에서 태어나, 아시아의 궁정과 군대에서 교육을 받고, 또 브리타니아에 주둔하는 로마 군단에 의해 황제로 추대되었으므로, 이 옛 도시에 대해서는 냉담한 태도를 보이고 있었다.

이탈리아 본토의 로마인은 그를 해방자로 맞이하여 조금의 반감 없이 칙령에 잘 따르고 있었다. 그러나 사람들의 그러한 순종에도 불구하고 그가 이 땅을 방문하는 일은 지극히 드물었다.

콘스탄티누스 황제는 그 활동기에 때로는 위엄이 있는 태연함으로, 때로는 질풍노도처럼 신속하게 광대한 영토를 이 끝에서 저 끝으로 이동하며, 안팎의 적에 대해 언제나 전투태세를 취하고 있었다.

그런 그도 권세가 정점에 달하고 육체에서도 쇠약의 기운이 느껴지자, 옥좌에 어울리는 항구적인 장소에 대해 생각하기 시작했다.

제도의 입지로는 유럽과 아시아의 경계가 좋을 것 같았다. 그곳에서라면 다뉴브강과 타나이스강, 두 강 사이에 사는 야만족을 견제할 수 있고, 또 이를 갈면서도 굴욕적 조약을 준수하고 있는 페르시아 왕의 동향도 쉽게 감시할 수 있기 때문이다.

앞서 디오클레티아누스 황제의 경우도, 같은 의도에서 일찍이 니코메디아를 거주지로 정하고 그 황궁을 화려하게 장식했다. 그러나 그리스도교를 옹호한 콘스탄티누스 황제로서는 이 선제에 대한 기억은 참으로 끔찍한 것이었다. 그리고 무엇보다도 그의 가슴에는 새로운 제도를 건설함으로써 후세에 이름을 남기고 싶은 소망이 불타고 있었다.

리키니우스와의 전쟁 후반에 이르러, 그는 병사로서 또는 정치가로서 비잔티움의 더할 나위 없는 입지 조건을 이미 깨닫고 있었다. 분명 이곳은 천연의 요충지로 보호되는 한편, 교역을 위해서는 어느 쪽에서도 접근이 가능했다.

더욱이 이미 몇 세대 전에, 한 뛰어난 역사가도 이 작은 그리스 식민시가 그 지리(地利) 덕분에 해상을 제압하며 번성했던 공화국이었음을 지적한 적이 있다.

　이 도시가 지리적 요충지라는 것은 오늘날 우리도 쉽게 인정할 수 있다. 이곳은 위치적으로는 북위 42도에 있으며, 7개의 언덕에서 유럽과 아시아 양 해안을 내려다볼 수 있다. 기후는 온난하고 쾌적하며 토양은 비옥하다. 또 항만도 안전하고 광대하며, 대륙과 연결되는 통로가 좁아서 방위 면에서도 전혀 문제가 없었다.

　보스포루스와 헬레스폰투스, 두 해협은 이 도시의 양쪽 문이라고 할 수 있으며, 이 중요한 해상 통로만 장악하면 적의 함대를 쉽게 저지할 수 있었고, 한편으로 상선이 들여오는 물자는 얼마든지 받아들일 수 있다. 원래 동방 여러 속주를 유지하는 것은 처음부터 어느 정도 콘스탄티누스의 계획에 들어가 있었던 것으로 추정된다. 그것은 바로 전 시대에 지중해로 몰려온 흑해 연안의 야만족이, 그 성벽의 견고함 때문에 약탈행위를 일찌감치 포기했다는 것과, 도시의 양쪽 문을 닫아도 주민의 생활필수품에서 사치품에 이르기까지 그 안에서 모두 자급자족할 수 있었던 것을 그가 잘 알고 있었기 때문이다.

　그 무렵 이 해협이 교역을 위해 개방되자 온갖 물건들이 사방에서 쏟아져 들어왔다.

　타나이스강과 보리스테네스강의 수원까지 펼쳐져 있는 게르마니아와 스키타이 삼림지대에서 수집된 천연물, 게다가 아시아와 유럽의 기술이 낳은 생산물 따위는 말할 것도 없었다. 또 이집트에서는 곡물이, 머나먼 인도에서는 보석과 향료가, 저마다 계절풍을 타고 콘스탄티노폴리스 항구로 수송되었다. 이 도시는 그야말로 몇 세기에 걸쳐 고대 세계의 활발한 상업의 중심지였다.

　이곳은 풍광이 아름답고, 부가 넘치며, 지극히 안전하다는 점에서 콘스탄티누스 황제의 선택은 당연하고도 탁월한 것이었다.

　이토록 위대한 도시의 경우, 어느 시대든 그 기원에 대해 얼마간의 신비함이나 전설을 끌어내어 권위를 부여해 왔다. 물론 그도 이 장대한 계획을 인간의 지혜가 아닌 변함없고 완벽한 신의 뜻에 바탕을 둔 것으로 만들고 싶었다.

후대의 설명에 의하면, 콘스탄티누스 황제가 여기에 새로운 제도를 세워야겠다고 생각한 것은, 비잔티움 성벽 안에서 잠을 자다가 꾼 꿈 때문이었다고 한다.

꿈속에서 이 도시의 수호신이 금방이라도 쓰러질 것 같은 노파의 모습으로 나타나더니, 곧 다시 젊디젊은 처녀로 변신하여, 황제가 그 처녀에게 황제의 모든 표장을 친히 휘감아 주었다는 것이다. 꿈에서 깨어난 황제는 그것을 매우 상서로운 조짐으로 해석하고 주저 없이 실행에 옮겼다고 한다.

그 무렵 로마인에게는 도시나 식민지의 창설 기념일이 오면, 민간신앙에 따른 온갖 의식을 거행하여 축하하는 관습이 있었다. 콘스탄티누스 황제도 이교적인 냄새가 아주 심한 것 외에는 그러한 식전을 개최하여 시민들에게 희망과 존경심을 심어 주고자 했다.

그래서 황제 스스로 한 손에 창을 들고 앞장서 걸으며 엄숙히 행렬을 이끌어, 새로운 제도의 경계로 정해질 선을 긋도록 지시하며 돌았다.

그러다가 경계가 크게 확대되어 가는 데 놀란 신하가 용기를 내어 대도시의 한계를 이미 넘었음을 진언하자, 콘스탄티누스 황제는 이렇게 말했다고 한다.

"검 앞에 걸어가고 계시는 신께서 적당하다고 생각하시는 곳까지 나아갈 뿐이네."

참으로 유례를 보기 힘든 선도자였다고 할 수 있다.

자신의 영광스러운 치세를 다음 세대에 전하는 기념비를 세우고 싶어 한 콘스탄티누스 황제. 그는 그 위대한 사업을 수행하면서, 수백만 명에 달하는 순종적인 신민의 재물과 노력 외에 그때까지 여전히 남아 있던 모든 재능을 구사했다.

황실에서 추렴한 금액이 약 250만 파운드에 이르렀다고 하니 참으로 손이 컸다. 이는 모두 성벽, 회랑, 수도 따위의 건설에 쓰였다.

건축 자재는 흑해 연안의 깊은 삼림과 유명한 프로콘네소스섬의 흰 대리석 채석장에서 끝없이 공급되었으며, 배에 실려 빠르고 쉽게 비잔티움으로 옮겨졌다.

장인과 인부도 여럿이었는데, 그들은 잠시 쉬는 것도 아까워하며 일했다. 그러나 위업 달성에 마음이 설레는 황제에게는 장인의 수도 그 기술도 마음에 차질 않았다. 그것은 이 시기에 공예가 쇠퇴해 있었기 때문이었다.

그는 변경 속주도 포함, 각 속주의 관리들에게 칙령을 내려 학교 창설을 명령했다. 학교 건물이 완성되자 교수를 임명하고 고등교육을 받은 재능 있는 젊은이를 여럿 모아, 포상과 특전을 마련하여 건축학을 연구하고 실습도 하게 했다.

새 제도의 건축물 자체는 모두 콘스탄티누스 황제 시대 최고의 장인들이 지은 것이었다. 그러나 그것을 장식한 것은 다름 아닌 페리클레스와 알렉산드로스 대왕 시대 저명한 장인들이었다. 로마 황제의 힘으로도 옛날 페이디아스나 리시포스[16]의 천재적인 작품에 필적할 만한 작품을 만들게 하는 것은 불가능했으므로, 대신 고대의 명품을 각 도시에서 빼앗아 와야만 했다.

이리하여 그리스와 아시아의 여러 도시에 세워져 있었던 전승 기념비, 종교적 숭배의 대상물, 신과 영웅, 성자와 시인들의 훌륭한 조각상 등, 최고의 보물이라고 할 수 있는 도시의 장식품들이 칙령에 의해 공출되었다.

그 무렵의 역사가 케드레누스는 그 모습을 보고 감동하여 이렇게 말했다.

"이 새로운 제도(帝都)에는 각 역사적 건조물이 상징하는 위대한 사람들의 영혼 외에는 아무것도 부족한 것이 없다."

새 도시가 건설된 지 약 100년 뒤에 기록된 문헌에 따르면, 카피톨이라고 불렸던 학문기관 하나, 대경기장 하나, 극장 둘, 공중목욕탕 8개와 개인 목욕탕 153개, 회랑 52개, 창고 5동, 수도 또는 저수지가 모두 8곳, 원로원과 법정을 위한 큰 홀이 4개, 교회 14곳, 마찬가지로 궁전이 14곳, 또 규모와 미관 면에서 민중의 주거와 뚜렷한 차이를 보였던 저택이 4388호를 헤아렸다.

도읍을 옮길 경우, 대체로 군주와 고관, 재판관과 궁정시종, 이러한 사람들

---

16) 둘 다 고대 그리스의 대표적 조각가들.

에 의한 국가 세입의 막대한 소비가 뒤따르게 마련이다. 속주민이라 해도 부유층은 의무에서뿐만 아니라 이익에 있어서도, 또 호기심과 향락 면에서도 새로운 도시에 매력을 느끼지 않을 수 없다. 그들 외에, 상류계급의 필수품과 사치품을 조달하고 봉사함으로써 생활을 영위하는 하인과 장인, 상인 등으로 구성된 제3종의 부류가 많이 있었다.

새 제도에는 위생과 편리를 배려하지 않은 가옥이 빽빽하게 들어섰고, 그 사이사이의 골목길은 끊임없는 사람과 말 그리고 짐수레의 왕래로 소란스럽기 짝이 없었다. 새로운 사람들의 유입도 끊이지 않았다. 그래서 처음에 할당된 면적으로는 모든 인구를 수용하기 어려운 상황이 되었다.

만일 그런 이유에서 시가지의 어느 한쪽이 바다 쪽으로 발전했더라면, 그 부분만으로도 어쩌면 거대한 도시가 완성되지 않았을까 하는 생각이 든다.

콘스탄티누스 황제는 젊은이가 연인을 기다리는 애타는 마음과 비슷한 심정으로 공사를 독려했다. 그래서 성벽, 회랑과 그 밖의 중요한 건조물은 몇 년, 아니 다른 설에 의하면 불과 몇 달 만에 완성되었다. 그런데 다음 세대가 되자 그 가운데 많은 건물들이 일찌감치 무너질 기미를 보였다고 한다. 그렇다면 공사 때의 막대한 노력도, 유감이지만 그리 칭송할 만한 것이었다고 하기 어렵다.

콘스탄티누스 황제는 창건자로서, 이 도시가 새롭게 태어나 생기를 지니고 있을 때 헌도식(獻都式)을 거행하기 위해 그 준비를 추진한다.

이 기념할 만한 제전에는 물론 갖가지 경기와 특별한 축하 행사가 뒤따랐다. 그 가운데 주목할 만한 것으로는 항구적 의미를 가진 다음과 같은 행사가 있었다. 즉 해마다 건도(建都) 기념일이 되면, 금박으로 장식된 콘스탄티누스 황제의 목상(木像)이 오른손에 토지의 수호신상을 잡고 개선용 전차 위에 서서 행렬을 따라간다. 그 뒤에 화려한 예복을 입은 근위병이 하얀 양초를 들고 대경기장을 엄숙하게 나아간다. 이윽고 옥좌 앞에 다다르면, 황제가 천천히 일어나 선제의 위덕에 정중하게 경의를 표하는 것이다.

이 헌도식에서 새로운 제도에 '제2의 로마' 또는 '신로마'라는 칭호를 부여한다는 칙령이 내려졌고, 그것은 대리석 기둥에 새겨졌다.

그러나 사실은 그러한 명예로운 칭호보다는 콘스탄티노폴리스라는 이름이 사람들 사이에 널리 쓰였으며, 그 때문에 14세기나 지난 오늘날에도 창건자의 위업이 잊히지 않는 것이다.

알프스를 넘어 로마로─명장 한니발

　고대 도시국가 카르타고는 현재의 튀니지 수도 튀니스 부근에 있었으며, 지중해 무역으로 발전한 부국이었다. 로마는 처음에는 이 카르타고와 동맹을 맺고 오랫동안 우호 관계를 유지하였다. 그런데 로마가 이탈리아반도를 통일한 뒤 지중해로 관심을 뻗기 시작하자, 양자의 이해가 대립하게 된다.

　기원전 3세기 무렵, 지중해의 패권은 그리스와 카르타고에 의해 양분되어 있었다. 시칠리아섬에서 동쪽은 그리스가, 서쪽은 카르타고가 제해권과 상권을 장악하여, 섬의 동안(東岸)은 그리스가, 서안은 카르타고가 분할 지배하고 있었다.

　시칠리아섬 안의 그리스 식민지 시라쿠사에는 오래전부터 카르타고에 대항하기 위해 이탈리아 전역에서 모집한 용병 군단이 주둔하고 있었다. 이윽고 로마와 카르타고의 조약에 의해 용병 군단은 해산하게 되었는데, 용병들은 고향으로 돌아가지 않고 게릴라 같은 병단이 되어 메시나라는 도시를 점거한 뒤, 그곳을 본거지로 약탈행위를 일삼게 된다. 그러자 그리스 측의 시라쿠사는 게릴라 병단을 토벌한다는 명분으로 메시나를 공격했다.

　게릴라 병단은 그리스와 대립하고 있는 카르타고에 도움을 청했지만, 원군으로 달려온 카르타고는 그리스와 게릴라 병단 사이에서 어부지리를 얻을 호기라고 보고, 그대로 메시나를 점거하고 말았다. 난처해진 게릴라 병단은 이번에는 로마 본국에 도움을 요청했다. 그즈음 로마에서 군대 파견의 결정권을 쥐고 있었던 것은 왕정 시대부터 이어져 오던 백인대 위원회였다. 위원회에는 상공업자를 중심으로 한 애국주의자들이 모여 있었기 때문에, 즉시 원래 이탈리아인 부대인 게릴라 병단의 원호를 결정한다.

　그때 마침 로마가 시칠리아섬에 관심을 가지기 시작했기 때문에, 호민관 클라우디우스는 영토 확장의 기회가 될 거라고 보고, 기원전 264년 봄에 소함대를 메시나에 파견한다. 그리고 게릴라 병단과 함께 카르타고군을 급습하여 대장 한노를 체포했다. 이것이 제1차 포에니 전쟁의 시작이다.

로마는 적장 한노에게 '노예로서 갤리선을 젓든지, 전군을 철병하든지' 양자택일을 촉구한다. 그는 마지못해 전군의 철병을 결단하지만, 로마의 강압적인 태도에 카르타고 정부는 격분한다. 철수한 한노 대장을 그 자리에서 책형에 처하고 같은 성의 다른 한노를 대장으로 삼아 역습에 나섰다.

카르타고군은 다시 시칠리아섬에 상륙하여, 이번에는 그리스 식민지인 시라쿠사와 동맹을 맺고 로마에 맞선다. 그러나 로마군은 그 동맹군을 깨끗이 격파하고 시칠리아섬의 동쪽 반을 수중에 넣었다.

위기감을 더욱 느낀 카르타고는 군대를 증강하여 다시 로마에 대항한다. 여기서도 로마가 우세하게 싸움을 이끌지만, 양군 모두 결정적인 전과를 올리지 못한 채 싸움은 20년 이상 계속되어, 기원전 241년에 가서야 화평이 성립되었다. 그 결과, 로마는 거액의 배상금을 받는 동시에 시칠리아를 영유하여 최초의 해외 속주를 두기에 이르렀다.

로마에는 카르타고와 제1차 포에니 전쟁을 치르기 전까지 본격적인 해군이 없었다. 이탈리아에서 최강을 자랑하던 중장보병은 물론 육군이다.

전쟁이 시작된 뒤 서둘러 군함을 건조했지만, 그즈음 해전은 철로 새의 부리처럼 만들어 뱃머리에 장치한 무기로 적함의 옆구리에 구멍을 내거나 노와 키를 부러뜨리는 것으로, 전과를 올리는 데는 고도의 조정 기술이 필요했다. 물론 그러한 기술은 하루아침에 터득할 수 있는 것이 아니었다.

한편 카르타고가 교역에서 번영을 누리며 서지중해의 패권을 장악하고 있었던 것은 강력한 해군을 거느리고 있었기 때문으로, 해상전에서 로마가 이길 수 있는 전망은 거의 없었다. 그런데도 제1차 포에니 전쟁에서 승리할 수 있었던 것은, 로마가 '까마귀(코르부스)'라고 불리는 새로운 전술을 고안해 낸 덕분이다.

그 전술은 뱃머리에 장치한 도개교(跳開橋)를 상대의 갑판에 내려, 그 도개교를 통해 병사들이 적함에 옮겨 타는 것이었다. 요컨대 해전이면서도 로마가 자랑하는 육전과 비슷한, 함상에서의 백병전으로 유도하는 작전이었다. 이 새로운 전술을 고안해 내지 않았으면 로마는 아마 카르타고에 완패했을지도 모른다.

전쟁터가 된 시칠리아섬은 구릉이 많은 섬인 데다 지리적인 장애가 많아서 육상전을 벌이기는 어려운 장소였다. 실제로 육상전은 작은 마찰만 일어났을 뿐 대규모 회전은 전혀 없었다.

그래서 로마는 바다에 강한 그리스 이민들이 많은 동맹국에서 군선을 공출한 뒤 대함대의 건조에 착수한다. 일설에는, 로마는 조선 기술이 낮았기 때문에, 나포한 카르타고 배를 모방하여 건조한 것으로 보고 있다.

어쨌든 해전에서 로마가 유리하게 설 수 있었던 것은, '까마귀'라는 이름의 새로운 전술을 고안해 냈기 때문으로, 실제로 로마가 해전에서 처음으로 승리한 밀레 해전과 에크노무스곶의 해전에서는 이 전술이 효과를 발휘했다. 이에 비해 카르타고는 그것에 대항할 수 있는 전술을 고안해 내지 못했다.

다만 '까마귀'를 사용하려면 뱃머리에 도개교를 장착할 필요가 있었기 때문에, 선체의 균형이 나빠지고 악천후를 만나기라도 하면 배가 불안정해져서 침몰하기 쉬운 단점도 있었다. 따라서 로마가 해전에 익숙해지자 이 새로운 전술은 폐기되고 만다.

또 로마의 승리 뒤에는 카르타고의 국내 사정도 한몫하고 있었다.

실은 로마는 자금난 때문에 배를 건조할 수 없게 되어, 한때 전황이 카르타고에 유리하게 기울었던 적이 있었다. 그런데 카르타고 내부에서 전쟁에 반대하는 일파가 세력이 커져서, 그 일파가 실권을 장악하자 함대를 차례차례 해산시키고 말았다.

그 호기를 놓치지 않은 로마는 부호들에게서 기부금을 모아 새로운 함대를 건조한다. 그 직후, 아이가테스[1] 해전에서 승리함으로써 마침내 전쟁에 종지부를 찍는다.

제1차 포에니 전쟁 결과, 카르타고는 시칠리아섬을 로마에 할양하고 지중해

---

1) 지금의 에가디 제도. 시칠리아섬의 서쪽.

에서의 제해권을 크게 제한받게 되었다. 그래서 이번에는 그 창끝을 돌려, 로마에 대항할 수 있는 실력을 비축하기 위해 이베리아반도의 에스파냐 정복과 식민지화를 추진한다.

그 중심인물은 하밀카르 바르카로, 그가 죽은 뒤에는 사위인 하스드루발이 뒤를 이었다. 이 사위마저 암살당하자, 그다음에 뒤를 이은 것은 하밀카르 바르카의 아들인 한니발 바르카이다. 어렸을 때부터 로마에 대한 증오심을 주입받으며 자란 한니발은 로마를 공격할 기회를 노리고 있었다.

기원전 219년, 한니발은 사군툼을 공격한다. 사군툼은 이베리아반도에 있는 로마의 동맹도시였다. 로마는 당장 공격 중지를 요구하는 사절단을 카르타고에 파견했다. 그러나 교섭 도중에 사군툼이 함락되었다는 소식이 전해지자 로마는 카르타고에 선전포고를 한다. 제2차 포에니 전쟁의 발발이다.

그러나 이 단계에서 로마는, 카르타고 본국이 아닌 식민지 이베리아반도에서 자란 한니발에 대해서는 거의 아무것도 모르고 있었다. 따라서 로마 측은 지중해를 향해, 카르타고 본국에서의 침공이 예상되는 이탈리아 서부와 남부의 수비를 강화하고 있었다.

한편, 한니발은 로마가 제해권을 장악하고 있는 지중해에서 침공하는 것은 불가능하다고 생각했다. 그리하여 그가 내린 결단은 알프스를 넘는 것이었다. 이베리아반도에서 지금의 프랑스 남부를 지나 알프스를 넘어 이탈리아를 침공한다는 엄청난 계획이었다.

그러나 9월의 알프스는 이미 겨울이나 다름없이 춥다. 더욱이 그곳에 거주하는 켈트인과도 싸워야 해서 행군은 고난의 연속이었다. 그래도 한니발은 천신만고 끝에 2만 6000명의 병사와 37마리의 전투코끼리를 이끌고 북이탈리아에 도착했다.

"카르타고인이 북이탈리아에 나타났다"

이 소식은 로마에 큰 충격을 주었다. 원로원은 서둘러 집정관 푸블리우스 코르넬리우스 스키피오[2]에게 30만 명의 병사와 1만 4000마리의 말을 주어 요격

---

2) 대(大)스키피오의 아버지.

하게 한다. 기원전 218년 11월, 양군은 티키니스강 부근에서 격돌했는데, 누미디아 기병을 중심으로 하는 카르타고가 로마군을 일축한다. 누미디아 기병은 한 사람이 두 마리의 말을 다루는데, 한 마리가 지치면 말을 바꿔 타고 싸우는 전술에 익숙하여, 병사 한 사람 한 사람의 전투력은 매우 높았다.

다음 달인 12월, 스키피오에게 또 한 사람의 집정관인 셈프로니우스가 2만 명의 군사를 이끌고 지원하러 달려왔다. 카르타고는 남진하여 트레비아강을 사이에 두고 대치한다.

한니발은 먼저 기병으로 로마군을 강 건너편으로 유인한다. 건너편에는 동생 마고가 지휘하는 기병대가 잠복하고 있었다. 얼어붙은 트레비아강을 건넌 로마군의 배후를 마고가 지휘하는 기병대가 덮친다. 후방에서 기습을 당한 로마군은 또다시 완패의 쓰라림을 맛보지 않을 수 없었다.

이 승리에 한니발의 명성이 높아져서, 북이탈리아의 부족이 잇따라 한니발을 지지한다. 그들의 합류로 카르타고군은 5만으로까지 불어났다.

이듬해 2월, 로마군이 새로 진용을 정비하여 반격에 나서자, 한니발은 그 의표를 찔러 아펜니노산맥을 넘어 남하한다. 로마는 5만 명의 병사를 둘로 나눠 협공작전을 펼쳤지만, 한니발은 트라시메누스 호반의 지형을 교묘하게 이용하여 로마군을 매복해 기다리는 작전으로 나갔다. 그리하여 로마군을 충분히 유인한 뒤 단숨에 공격했다. 로마군은 도리어 역습을 당하여, 또다시 천재적인 전략가 한니발에게 패배한다. 그 결과, 로마는 제3속주 갈리아 전역을 제압당하고 말았다. 한니발의 막강한 전력에 새파랗게 질린 로마는 퀸투스 파비우스 막시무스를 독재관으로 선출하여 그에게 모든 권한을 맡긴다. 파비우스는 한니발 군과의 정면 대결을 피해 억지로 상대의 진격을 저지하려 하지 않고, 원정군(遠征軍)인 적군의 소모를 기다리는 지구전을 펼치기로 결정했다.

그러나 로마 시민들은 그렇게 하다가는 이탈리아 전역이 제압당하게 될 거라며 크게 반발했다. 파비우스는 '쿤크타토르³'라는 비웃음만 사고 시민들의 지지를 잃어버린다.

---

3) 굼벵이, 굼뜬 사람이라는 뜻.

원로원은 결전을 원하는 시민들의 목소리를 받아들여, 루키우스 아이밀리우스 파울루스와 가이우스 테렌티우스 바로를 집정관으로 선출한다. 두 사람은 8만 명의 병사를 이끌고 한니발군을 맞이해 싸웠다.

양군이 격돌한 것은 기원전 216년 8월, 아풀리아 지방의 칸나에 근교, 이것이 바로 그 유명한 '칸나에 전투'이다.

로마군 8만 명에 대해 한니발이 이끄는 것은 고참병 2만, 최강의 기병 1만, 나머지는 그리 미덥지 않은 갈리아 병사 1만 5000명이었다. 로마군이 정규군을 중앙에 배치하고, 양 날개에 기병대와 각 속주의 소대(小隊)를 두는 진형을 취한 것에 비해, 한니발은 중앙을 돌출시킨 역 V자형으로 포진했다.

로마군은 먼저 중앙의 중장보병대가 카르타고군의 돌출부인 갈리아 부대를 습격한다. 그러자, 그리 미덥지 않은 갈리아군 부대가 슬금슬금 후퇴하니 진형은 V자로 바뀌었다. 로마군은 중앙 돌파를 위해 더욱 맹렬하게 공세를 가한다.

그러나 이것이 바로 지장 한니발의 작전이었다. 양 날개에 전개해 있던 리비아 병사를 중심으로 한 기병이, 좌우에서 로마군을 덮친 것이다. 진형은 로마군을 가운데 두고 에워싼 '◎' 모양이 되어, 포위망에 갇혀 버린 로마 병사 2만 5000명은 거의 전원이 전사한다.

로마군 전사자는 모두 약 4만 명. 이에 비해 카르타고군은 갈리아 병사들이 주를 이루는 6000명에 지나지 않았다. 고대 역사상 최대의 것으로 일컬어지는 칸나에 전투는 이리하여 로마의 참패로 끝났다.

한니발의 천재적인 전략에 의해 괴멸적인 타격을 입은 로마는 공황 상태에 빠졌다. 시민들은 신들에게 도움을 청하고, 인신공양을 바치기 위해 노예를 죽여 포럼에 묻었다고 한다.

한편, 냉정한 시민들 사이에서는 수비를 강화하고 절대로 정면으로 대결하지 않는다는 파비우스의 지구전을 평가하는 사람이 늘어났다.

한니발군을 분석해 보면 가장 큰 약점은 본국에서 멀리 떨어져 싸우고 있다는 것을 알 수 있다. 식량과 물자와 무기 등의 보급은 약탈에 의지하고 있었고,

후방에서의 증원도 기대할 수 없었다. 파비우스가 주장한 대로 수비를 강화하고, 식량과 무기를 빼앗기지 않도록 하면서 장기전으로 이끌고 가면, 적은 틀림없이 항복할 거라고 생각되었다.

그래서 파비우스와 마르쿠스 클라우디우스 마르켈루스 두 사람이 집정관에 선출되어, 지구전을 중심으로 한 전략을 다시 구상하게 되었다.

참고로, 그 무렵 파비우스에게 주어진 '쿤크타토르'라는 말의 의미는 '굼벵이, 굼뜬 사람'에서 '세심함, 주도면밀함'이라는 의미로 바뀌었다고 한다.

그때부터 로마군은 수비를 강화하고, 작은 타격을 입히고는 퇴각하는 것을 되풀이했다. 이윽고 파비우스가 예상한 대로 한니발군은 약화되기 시작하여 아프리카로 철수하지 않을 수 없게 된다. 로마 시민들은 방어를 중시하는 전략을 높이 평가하여 파비우스를 '로마의 방패'라고 찬양했다.

로마는 이탈리아에서 한니발군과 지구전을 펼치는 한편, 공격 대상을 시칠리아섬과 에스파냐 등, 카르타고 주변으로 옮겨 간다. 이미 우세해진 해군력을 활용하여 카르타고 본국에서 한니발군에 보내는 해상 보급을 차단하는 작전이었다.

기원전 211년, 2년에 걸친 포위 끝에 로마는 시칠리아섬의 시라쿠사와 남이탈리아의 카푸아를 제압한다. 이 시라쿠사 함락 때 시라쿠사의 참모였던 수학자 아르키메데스가 로마군에게 살해되었다.

한편 로마군은 한니발의 본거지인 에스파냐도 공격하여, 반도의 동쪽 해안에서 서서히 세력을 확대하기 시작했다.

이윽고, 훗날 '대스키피오'라고 불리는 푸블리우스 코르넬리우스 스키피오 아프리카누스 마요르가 새롭게 사령관으로 투입되자, 로마군은 그 무렵 에스파냐의 수도라고 할 수 있는 카르타고노바[4]를 제압한다. 이로써 에스파냐에서의 카르타고의 권위는 크게 실추되었다.

4년 뒤에는 대스키피오가 에스파냐를 완전히 제압한다. 카르타고의 패배를 확신한 마케도니아도 카르타고와의 동맹을 파기하고, 로마와 강화를 맺는다.

---

4) 지금의 카르타헤나.

이제 이탈리아반도 남쪽 끝에 내몰린 한니발은 옴짝달싹 못 하게 되었다.

그래서 카르타고는 한니발을 카르타고로 불러들여 군비를 재정비하는 한편, 로마에 휴전을 타진했지만, 교섭은 결렬되고 만다. 기원전 202년 10월, 대스키피오군과 한니발군은 자마[5]에서 격돌했다.

한니발은 보병을 3열로 세우고, 먼저 앞 2열을 싸우게 했다. 이 전투에서 로마군의 전력이 소모되면 3열째 예비대를 투입한다는 작전이었다. 하지만 이미 카르타고군의 앞 2열은 전의를 상실하여, 예정보다 빨리 예비대를 투입하지 않을 수 없었다. 게다가 카르타고 기병을 격파한 로마 기병이 전장으로 달려오자, 카르타고 보병은 완전히 무너지고 말았다. 보병의 반이 살해되고, 나머지 반은 항복했다고 한다.

이 '자마 전투'에서 한니발의 무패 신화는 마침내 무너졌다. 카르타고는 패배를 인정하고 로마에 화평을 제안했다. 조약은 겉으로는 대등한 동맹을 표방하고 있었지만, 로마는 거액의 배상금과 볼모를 요구하는 동시에, 카르타고에 대해 군비의 보유를 허용하지 않고 실질적으로 지배하에 두는 데 성공했다.

최종적으로 제2차 포에니 전쟁에 패한 카르타고는, 해외 영토를 잃고 군비의 보유도 포기하지 않을 수 없었다. 그러나 교역의 이익을 통해 거액의 배상금을 마련하여 지불하면서 조금씩 국력을 회복해 나갔다. 그 때문에 로마 원로원에서는 "카르타고가 재기하기 전에 완전히 괴멸시켜야 한다"는 의견이 끈질기게 거론되었다.

한편 제2차 포에니 전쟁에서 50년 정도 지난 무렵, 이웃 나라인 누미디아가 카르타고에 침입하여 약탈행위를 하기 시작했다. 누미디아는 현재의 알제리 부근에 있어서 카르타고와 거리적으로 가까운 곳이었다. 한니발의 이탈리아 원정 때, 누미디아는 카르타고 측에 붙어서 정예부대가 활약했지만, 이 무렵에는 로마의 동맹국이 되어 있었다.

카르타고는 누미디아가 침공해 올 때마다 로마 원로원에 해결을 요청했지만,

---

5) 지금의 튀니지 북부.

원로원의 결정은 항상 누미디아에 유리한 것이었다. 결국 카르타고는 스스로 군비를 재건하여 누미디아에 저항한다. 하지만 결과는 카르타고의 참패로 끝났고, 카르타고는 누미디아에 대해서도 거액의 배상금을 물게 되었다.

이에 대해, 로마는 카르타고의 조약 위반을 비판하고, 카르타고를 토벌하기 위한 군대를 소집한다. 그런 동시에 로마와 카르타고 사이에 절충이 거듭되었고, 카르타고는 양가의 자녀 300명을 볼모로 로마에 보내는 굴욕적인 조건을 받아들이고서야 국가로서의 존속을 인정받는다.

그런데 막상 카르타고에서 볼모가 도착하자, 로마군은 곧장 카르타고를 침공하여 모든 무기를 인도하라고 요구했다. 그리고 무기 인도가 끝나자 로마는 다시 카르타고의 도시를 불태울 것을 선언한다. 이에 반발한 카르타고와의 사이에 제3차 포에니 전쟁(기원전 149년)이 일어난다.

비록 전쟁이라 하지만, 카르타고는 조약에 의해 오랫동안 군비 보유를 금지당하고 있었다. 긴급하게 소집된 군대도 이미 누미디아와의 전쟁에 패배한 뒤여서 카르타고는 눈 깜짝할 사이에 로마군에 포위되고 만다.

그런 가운데서도 카르타고 시민들은 가옥을 성채로 삼아 모든 생활용구로 무장한 뒤 투석 공격을 중심으로 저항한다. 투석 공격에 의해 로마군의 대열이 무너지자, 조국 방위를 위해 모여든 카르타고 보병대가 덮쳤다. 이어서 기병대까지 숨 돌릴 틈도 없이 뒤쫓아와 공격하여 로마군을 몇 번이나 물리쳤다.

이윽고 여름이 되자, 로마 병사들은 아프리카 북쪽 해안의 고온다습한 기후 속에서 잇따라 역병에 걸려 쓰러져 갔다. 이렇게 하여 카르타고는 3년 가까이 버틸 수 있었다. 하지만 대스키피오의 양손(養孫)인 스키피오 아이밀리아누스(소스키피오)가 사령관으로서 등장하자, 형세는 단숨에 역전된다.

스키피오는 카르타고 기병대를 통솔하는 장군을 매수하여 카르타고군 내부의 분열을 공작한다. 나아가서, 카르타고 시내를 에워싸는 거대한 성벽을 쌓고, 시내로 통하는 교통을 완전히 차단했다. 이에 의해 카르타고 시내에서는 식량이 부족해지기 시작한다.

또 스키피오는 현재까지 '스키피오 제방'이라는 이름으로 일부가 남아 있는,

전체 길이 720미터의 해상(海上) 제방을 건설하여 카르타고의 무역항과 군항을 봉쇄했다. 카르타고 시내에서는 마침내 식량이 바닥을 드러냈고, 굶어 죽는 사람이 속출했다. 그리고 마지막 엿새 동안의 장렬한 격전 끝에, 기원전 146년 카르타고는 마침내 함락된다.

그 뒤 17일 동안 로마군은 카르타고 시내의 모든 것을 파괴하고 약탈하고 불태웠다. 전쟁 전에는 20만 명이었던 카르타고 시민 가운데 살아남은 사람은 5만 명으로, 그 5만 명도 모두 노예로 팔려 갔다.

그리하여 700년에 걸쳐 번영을 자랑했던 카르타고는 멸망이라기보다 아예 완전히 소멸되고 말았다. 그때부터 카르타고의 모든 영토는 로마의 새로운 속주 '아프리카'라 불리게 된다.

콘스탄티누스 황제에게 기사 작위를 수여받고 있는 마르티누스. 1320년 무렵 시모네 마르티니 제작, 아시시 대성당. 콘스탄티누스 황제는 그리스도교에 깊이 기울어 그 자신도 그리스도교도가 되었다. 313년 밀라노에서 리키니우스와 함께 밀라노 칙령을 공포하여, 신앙의 자유를 인정하였다.

제7장
(그리스도교의 발전)
원시 그리스도교도의 신앙과 습관
이단 박해
아리우스파 논쟁
아타나시우스
콘스탄티누스 황제 및 그 아들들의 치세에서
비제국과 그리스도교회의 혼란
이교에 대한 관용

그리스도교 발전에 관한 연구는 로마제국사의 가장 중요한 부분을 이루고 있다. 로마라는 거대한 조직체가 안팎의 여러 문제들로 피폐해지는 가운데, 이 순수하고 검소한 신앙은 사람들의 마음을 사로잡고 소리 없이 퍼져 가더니, 박해에서 새로운 활력을 얻어 마침내 카피톨리누스 궁전의 폐허 위에 승리의 십자가를 세웠다.

게다가 그 영향은 로마제국의 시대나 영토 안에서 그치지 않고, 13세기 혹은 14세기를 거친 뒤 오늘날 군사와 문예 면에 있어 인류 역사상 가장 뛰어난 지역인 유럽의 모든 백성들이 신봉하고 있다.

그뿐만 아니라 그들의 열정적인 노력에 의해 머나먼 아시아와 아프리카 땅끝까지 널리 전파되었으며, 심지어는 고대에는 미지의 땅이었던 캐나다에서 칠레에 이르는 넓은 지역에서도 식민지 형성에 의해 토착신앙으로 뿌리내렸다.

그리스도교에 대한 연구는 매우 가치 있고 흥미로운 일이지만, 한편으로 다음과 같은 문제가 늘 따른다.

첫째, 교회사 자료가 부족한 데다 현존하는 자료 중에도 신빙성이 의심스러운 것이 많아서, 원시 그리스도교회의 모습을 정확하게 파악할 수 없다는 점이다. 둘째, 객관성을 유지하려 하면 이따금 성직자나 일반 신자들의 완전하지 않은 모습을 백일하에 드러내야 한다는 것이다. 더욱이 후자의 경우 부주의한 관찰자의 눈에는 그리스도교도의 신앙고백이 의심스럽게 비춰질 때가 적지 않다.

이 종교에 대해 연구하는 것은 그것을 순수한 계시로 여기는 신학자에게는 즐거운 일일지도 모른다. 그러나 역사가에게는 지극히 우울한 것일 수밖에 없다. 왜냐하면 퇴폐한 인류의 오랜 역사 속에서 그 계시에는 섞여 들게 마련인 오류와 변조를 밝혀야만 하기 때문이다.

그리스도교는 도대체 어떤 방법으로 기존의 여러 종교에 대해 이다지도 화려한 승리를 거둘 수 있었는가? 이 질문은 아마 누구나 하고 싶었을 것이다. 그에 대한 분명하고도 만족스러운 해답이 있다면 그것은 아마 다음과 같은 것이 아닐까? 즉 교리 자체가 가지는 확고한 실증성과 위대한 '창조주'의 섭리 때문이라는 것이다.

그러나 이 세상에선 진실과 이성이 환영받는 일은 드물며, 지혜로운 하느님도 목적 달성을 위해 인간의 격정과 인류의 상황을 자주 이용하신다. 그렇다면 그리스도교회의 급속한 발전에 대해 생각할 때, 불경으로 흐르지만 않는다면, 근본적인 원인이 아니라 오히려 이차적인 원인에 눈을 돌리는 것도 좋지 않을까 싶다.

우선 이 종교가 보여 준 발전의 중요 요인으로서 다음의 다섯 가지를 들 수 있다.

(1) 그리스도교도들 불굴의 정신과, 또 이렇게 표현해도 될지 모르겠지만 편협한 종교적 열정(그것은 유대교에서 유래한 것이나 그리스도교의 경우, 이교도에 의한 모세 율법의 신봉을 받아들이지 않았던 유대교와는 달리 비사회성은 제거되었다).

(2) '내세'의 관념(이 중요한 진리를 지지하는 것은 무엇이든 모조리 이용되었다).

(3) 원시 그리스도교회가 보여 준 기적의 힘.

(4) 그리스도교도의 도덕적으로 근엄한 행적.

(5) 그리스도교도 집단의 결속과 규율(그들은 독자적인 결속과 규율을 통해 로

마제국의 심장부에서 점차 수를 늘려가, 마치 하나의 신흥 독립국민처럼 되어 갔다).

신도들의 열정

고대 세계에서 볼 수 있었던 종교적인 다양성 외에, 다양한 민족이 서로의 신들에 대해 보여 준 관용에 대해서는 이미 앞에서 대강 살펴보았다.

그러나 여기에 그러한 여러 민족 간의 일반적인 교류를 외면했던 인종이 있다. 유대인이다. 아시리아와 페르시아 지배 아래에서 오랫동안 고통받은 이 민족은 알렉산드로스 대왕의 후계자들 시대에 두각을 드러내더니, 처음에는 동방, 그 뒤 서방에서 각각 급속히 수를 늘림으로써 다른 민족의 호기심과 경탄을 불러일으켰다.

기묘한 의식과 비사교적인 습관, 그 특이성에 대한 고집, 이러한 것들로서 유대인은 특수한 민족관을 나타내며, 타민족에 대해서는 격렬한 증오심을 감추려 하지 않았다.

자신의 상을 예루살렘 신전에 세우려 했던 칼리굴라 황제의 어리석은 시도는 우상숭배를 죽음보다 두려워한 유대인들의 불굴의 결속력 앞에 좌절되었다.

모세의 율법에 대한 유대인의 깊은 믿음은 바꿔 말하면 바로 다른 나라 종교에 대한 증오였다. 그것은 마치 종교적 열광이라는 물줄기가 좁은 물길을 만나 통제할 수 없는 사나운 격류를 이루는 것과 흡사했다.

그러나 그리스도교도의 신앙에는 항상 공포가 함께 했다. 만약 아주 조금이라도 이교를 숭배하는 조짐이 보이면, 그것은 곧 악마에 대한 굴복으로 간주되었기 때문이다.

그렇기 때문에 그리스도교도로서의 첫 번째 의무는 우상숭배로부터 철저하게 자신을 지키는 것이었다. 하지만 그것은 좀처럼 쉽지 않았다.

어떠한 민족의 경우에도 종교는 단순히 학교에서 강의하거나 교회에서 설교하기 위한 사변적인 교리가 전부는 아니다. 하물며 무수한 신들과 의식들이, 공사를 불문하고 모든 사람과 밀접한 관계를 맺었던 당시 상황을 생각하면, 인간의 교류, 그리고 사회적인 의무와 오락마저 모조리 물리치지 않는 이상, 이런 무수한 신들이나 의식을 피하기란 불가능했을 것이다.

전쟁과 평화에 관한 중요한 협의는 엄숙한 제사로 시작되거나 종결되었다. 이때는 행정장관이나 원로원 의원, 장군 등이 주관하거나 참여해야 했다. 이와 같은 공개적 행사는 이교도들의 쾌활한 종교 생활 중 가장 중요한 부분을 차지했다. 이때 신들은 군주나 백성들이 특정한 축제일에 거행하는 경기를 가장 흡족한 제물로 받아들인다고 여겼다.

그러나 그리스도교도들에게 서커스나 극장은 외면해야 하는 곳이었다. 그들은 두려움에 떨면서 그런 장소를 애써 피해 갔다.

하지만 지옥의 함정은 이곳저곳에 널려 있었다. 이를테면 친구들이 모이는 연회도 예외는 아니었다. 그러한 자리에서는 신들에게 서로의 행복을 기원하면서 술잔을 나누었기 때문이다.

또 혼례복으로 잘 차려입은 새색시가 얌전을 빼며 신혼방의 문지방을 넘어설 때나 슬픈 장례 행렬이 숙연하게 화장터를 향해 나아갈 때처럼 특별한 때에도, 그리스도교도는 이런 경건치 못한 의식에 내재된 죄악에 물들기보다는, 그것이 가장 사랑하는 사람들일지라도 차라리 멀리하는 쪽을 택했다.

우상을 만들거나 꾸미는 일에 조금이라도 관련된 기술이나 직업은 모두 우상숭배의 죄를 짓는 것이었다. 자유인의 일이든 직공의 일이든 그러한 관련을 가짐으로써 사회 대부분을 영원한 참화에 휘말리게 한다는 이유에서였다.

이제 눈을 돌려 수많은 고대 유적을 살펴보자. 그곳에서는 이교의 신들을 표현한 형상이나 그 예배를 위해 쓰인 성스러운 기물 외에도, 그리스인의 상상력이 만들어 낸 아름다운 조형과 유쾌한 허구가 집과 의복 그리고 가구 등, 이교도의 생활 구석구석을 최고의 장식품으로서 화려하게 꾸미고 있음을 발견할 것이다.

아니, 그러한 사물뿐만 아니라 음악과 미술, 웅변과 시작(詩作) 같은 예술 분야까지 그와 같은 사교(邪敎)에 뿌리를 두고 있음을 알게 될 것이다.

이교도들은 교육이나 습관에서부터 공적 사적인 제사를 미신처럼 지켜 왔다. 그에 비해 그리스도교도는 그러한 제사 때마다 철저한 반항심을 드러내며

승리의 그리스도 9세기, 로마 산타프라세데 성당. 그리스도교의 기점과 근거는 바로 예수 그리스도로서, 예수를 하느님의 아들이며 이 인류의 구원자로 믿는 것을 신앙의 근본 교의로 삼는다.

믿음을 확인했다. 즉 거듭되는 항의를 통해 신앙심을 더욱 불태웠고, 그 뜨거운 열정에 비례하여 악마와의 성전(聖戰)에 대한 의욕도 높였다.

영혼불멸에 대한 신앙

그리스도교도에 의하면 복음의 신앙을 받아들이고 그 가르침을 준수하는 자에게는 영원한 행복이 약속되었다. 따라서 종파, 계급, 속주를 가리지 않고, 수많은 사람들이 이 매력적인 제의를 환영했음은 말할 것도 없다. 초기 그리스도교도들은 현세의 존재를 업신여기고 영혼불멸에 대한 믿음에 위안을 얻었다. 신앙심이 부족하거나 표면적인 근대인이 이런 심리를 이해하기란 좀처럼 쉽지 않을 것이다.

이른바 원시 그리스도교들에게 이 진리가 퍼진 것은 어떤 한 가지 사상에 의한 바가 크다. 그것은 전통이나 편의 면에서는 존중할 만한 생각인지도 모르지만, 경험으로서는 결코 유쾌한 것은 아니었다. 즉 세계의 종말과 천국의 도래가 가까워졌다는 믿음이 보편화한 것이다.

분명히 사도들이 확신하고 있었던 이 '종말사상'은 초기 제자들에게도 계승되었으며, 나아가서는 다음 세대로 전해졌다. 그리스도의 가르침을 모두 글자 그대로 이해한 사람들은 구름과 빛에 싸인 '사람의 아들'의 재림이 머지않았다고 믿었다. 즉 그가 이 세상에서 받은 모욕을 목격했고, 또 베스파시아누스 황제와 하드리아누스 황제 치하에서 유대 민족이 겪었던 온갖 수난을 증언할 수 있는 세대가 사라지기 전에 실현될 것이라고 생각했다.

이교도의 현자와 덕망 높은 자들을, 하느님의 성스러운 진리를 모르거나 믿지 않는다는 이유로 처벌하는 것은 현대인의 이성과 인도주의에서 보면 도저히 인정하기 어렵다. 그러나 원시 그리스도교회는 그 강렬한 신앙 때문에, 인류의 대부분을 영겁의 고통 속에 빠뜨리는 데 추호의 망설임도 없었다.

복음 이전에 이성에 따라 행동했던 소크라테스를 비롯한 고대 현인들에 대해서는 어느 정도 참작은 기대할 수 있다. 그러나 그리스도가 탄생한 뒤에도 악마적 신앙을 굳게 지킨 자들은 신의 노여움을 면할 수도 없고 그럴 자격도 없다는 것이 그리스도교도들의 공통된 인식이었다.

원시 그리스도교도들 중에 신앙고백을 할 때 읊조리는 자비의 정신을 직접 실천한 사람들이 많았던 것은 말할 것도 없다. 실제로 동포들에게 닥쳐온 위험을 생각하고 진심으로 동정하여, 가엾은 그들을 파멸로부터 구하려고 열심히 노력한 사람들이 적지 않았다.

이에 비해 이교도 중에는 예상치 않은 새로운 공포에 사로잡혀, 사제와 철학자로부터 아무런 보호도 받지 못한 채, 영원히 고통받는다는 말에 겁을 먹어 그것에 압도되는 자를 많이 볼 수 있었다.

그러나 공포는 흔히 신앙과 이성의 발전에 기여한다. '그리스도교야말로 진정한 종교가 아닐까?' 이런 생각이 들기 시작한 자에게 "그리스도교야말로 참으로 이치에 합당하고 안전한 종교다"라고 설득하는 것은 손쉬운 일이었다.

원시 그리스도교회의 기적

그리스도교도에게는 특별히 현세에서도 갖가지 초자연적 은혜가 주어졌다고 여겼다. 이것은 그들에게 위안이 된 동시에 이교도를 설득하는 데 큰 힘을 발휘했을 것이다.

사실, 하느님의 직접 개입에 의해 종종 일어났을 가능성이 있는 이적 외에, 그리스도교회에는 사도들과 초기 제자들의 시대부터 기적, 설교 능력, 환시, 예언, 퇴마, 치료, 소생 등 수많은 신비로운 현상이 항상 따라다녔다.

신으로부터의 영감은 그것이 환상으로 전달되건 꿈으로 전달되건 주교를 비롯하여 남녀노소, 모든 계층의 신도에게 넘칠 듯이 베풀어지는 은혜라고 일컬어졌다. 사실, 기도와 단식, 철야기도 같은 일련의 수행을 통해 경건한 마음이 갖춰지면, 마치 속이 빈 대나무나 피리처럼, 정령이 통과하는 기관으로 변하여 황홀경에 빠지는 현상을 볼 수 있었다. 이러한 환각의 대부분은 교회의 앞날을 예견하거나, 현재의 운영 방향을 이끌어 주는 내용이었다.

사람들의 몸에서 마귀를 몰아내는 것은 종교적 효험 가운데 최고로 손꼽히는데, 오늘날에도 그리스도교 옹호론자들은 이것을 진정한 종교의 증거라고 거듭 주장하고 있다.

그 무렵 이 의식은 보통 여럿이 지켜보는 가운데 엄숙하게 거행되었다. 거기서는 퇴마사가 병자를 치료하면, 그 순간 자기가 사람들의 신앙심을 빼앗고 있었던 가짜 신의 하나라고 고백하는 악마의 목소리가 들려왔다고 한다.

순수하고 준엄한 도덕

원시 그리스도교도는 덕행을 쌓아 신앙의 증거로 삼았다. 또 당연히 그러한 성스러운 신념이 인간의 오성을 계발하거나 억제하는 동시에, 마음을 정화하고 행동을 이끌어 주어야 한다고 생각했다.

세계의 풍속이 복음의 선교에 의해 크게 개선된 것은 사실이었다. 그것에 대해서는 동포의 무지를 정당화한 초기 그리스도교 옹호론자나 조상의 존엄한 삶을 찬양한 역사가가 참으로 생생하게 묘사했다.

그래서 계시의 영향을 강화한 인간 쪽의 요인에 대해 소개하고 싶은 저자로서는, 원시 그리스도교도가 생활 태도를 깨끗하고 엄격하게 유지해야만 했던 두 가지 동기, 즉 과거의 죄업에 대한 회개와 자신이 속한 집단의 평판에 공헌하고자 하는 마음에 대해 간단히 언급하고자 한다.

아주 오래된 옛날 일이지만, 믿음이 없는 자의 악의나 무지에서 나온 비난의 말에 다음과 같은 것이 있다. 그리스도교도는 조금이라도 회개할 마음이 있는 자를 발견하면, 이교의 교회에서는 인정받을 수 없지만 자신들의 교회에서는 세례에 의해 그 자리에서 속죄할 수 있다는 말로 흉악한 범죄자들까지 신도로 끌어들이고 있다는 것이다.

그러나 이런 종류의 비난은 허위의 주장만 뺀다면, 그리스도교의 발전뿐만 아니라 명예에도 크게 기여할 수 있다.

사실, 대표적인 성자 중에는 세례를 받기 전까지는 극악무도한 범죄자들이 적지 않았다. 이 점은 그리스도교도들도 솔직히 인정할 것이다.

착하고 올바른 길만 걸어온 사람들은, 설령 그것이 불완전한 것이라 해도 자신의 결백함에 은근히 만족해했다. 그러나 뒤집어 말하면, 바로 그렇기 때문에 그들은 후회, 비탄, 공포 같은 감정이 가져다주는 그 기적적이며 갑작스런 회개를 경험하는 일은 없었다.

복음 전도자들은 예수의 모범에 따라, 죄의식과 그 응보에 괴로워하는 사람

열광의 그리스도와 12제자 12세기 초기, 라세우두르헬 성당 제단화의 전면도, 에스파냐 바르셀로나의 카탈루냐 국립미술관 소장. 예수는 산상 설교를 하였으며, 또한 12제자를 선발하였다. 안식일에 회당으로 가서 이사야 예언서의 다음과 같은 대목을 낭독하였다. "주님의 성령이 나에게 내리셨다. 주께서 나에게 기름을 부으시어 가난한 이들에게 복음을 전하게 하셨다. 주께서 나를 보내시어 묶인 사람들에게는 해방을 알려주고 눈먼 사람들은 보게 하고, 억눌린 사람들에게는 자유를 주며 주님의 은총의 해를 선포하게 하셨다." (《누가복음》 4 : 18~19)

들, 특히 그러한 여자들을 보아도 경멸하지 않았다.

　이리하여 죄악과 미신에서 벗어나 빛나는 영원의 삶에 대한 희망을 얻은 자들은, 덕행의 생활에만 머물지 않고 더욱 엄격한 참회의 삶을 살 것을 굳게 결심한다. 이제 완전함을 갈망하는 마음이 지배적인 감정이 된 것이다. 이성이 냉정한 중용을 지키고자 하는 데 비해, 열정은 사람을 내몰아 저 반대편으로 단숨에 날아오르게 한다는, 널리 알려진 현상이다.

　남녀의 교제에 관한 성직자들의 엄격한 태도 또한 경건한 믿음을 해칠 우려가 있는 즐거움은 모두 피해야 한다는, 동일한 사고방식에서 비롯되었다. 그들은 입버릇처럼 이렇게 말했다.

　"만일 아담이 하느님 말씀을 어기지 않았더라면 그는 순결한 동정(童貞)을 유지한 채 영원한 생명을 누릴 수 있었을 것이고, 낙원 또한 무해한 식물과 순수하고 영원히 죽지 않는 인류로 넘쳐났을 것이다."

결혼은 인류라는 종을 존속시키기 위한 임시방편일 뿐이고, 또한 분방한 자연의 욕망에 대한 억제책으로서, 타락한 아담의 자손에게 허락되어진 것으로 생각되었다.

이 흥미로운 문제에 대해 정통파 결의론자[1]들이 보여 준 망설임은 인정하고 싶지 않은 제도를 인정해야만 하는 난처함을 말해 주고 있다.

그들이 신혼부부의 첫날밤에 대해 부과한 온갖 기묘한 규칙들을 열거하면, 신랑은 쓴웃음을 짓고 신부는 얼굴을 붉힐 것이다.

신혼은 자연과 사회의 목적에 합당하다는 것이 성직자들의 한결같은 견해였다. 육체적 결합은 그리스도와 교회 사이의 비교적(秘敎的)인 일체화와 유사한 것으로까지 승화되었다. 또 이 결합은 이혼이나 사망 등으로 끊어지는 것이 아니었다.

이에 비해 재혼에는 합법적 간음이라는 낙인이 찍혔고, 순수해야 하는 그리스도교도에게는 말도 안 되는 죄악이었다. 따라서 이것을 범한 자들은 교회의 중책은 말할 것도 없고 군대에서도 즉시 추방되었다.

욕정을 범죄시하고 결혼은 결함으로 받아들여졌다. 독신 생활이 하느님의 완전성에 가장 가까운 길이라고 생각한 것도 같은 사고방식에서 비롯되었다.

이러한 사정을 이야기해 주는 것으로서, 열성적인 그리스도교도들 사이에는 육욕에 무감각한 사람과 그 공격에 무너지지 않았던 자들의 이야기가 전해지고 있다. 이를테면 아프리카에서는 도망을 수치로 여기어 적과 정면으로 맞서서 영적(靈的) 백병전을 벌인 처녀들의 예가 있다. 처녀들은 사제와 집사들을 침실로 불러들여 불타는 정염 속에서도 하나의 오점도 남기지 않고 완전하게 순결을 지켰다고 한다.

그리스도교도는 세상의 쾌락을 외면했다. 그 자세는 속세의 사업에 대해서도 마찬가지였다.

---

1) 결의론(決疑論)은 사회적 관습이나 교회, 성서의 율법에 의해서만 옳고 그름을 판단해야 한다는 주의.

그들은 순박하여 선서의 남용이나 정부 고관직의 허영, 또는 공적 생활에서 일어나는 치열한 경쟁을 싫어했다. 또 그 자비로운 마음으로 인해, 설령 범죄 행위나 적대행위로 사회의 치안이 위협에 처하더라도, 사법이나 전쟁으로 같은 인간의 피를 흘리는 것은 인정할 수 없었다.

나태함, 아니 범죄라고까지 할 수 있는 사회의 안녕에 대한 무관심 때문에 그리스도교도는 이교도로부터 모욕과 비난을 받았다. 이교도들은 자주 이렇게 물었다.

"모든 사람들이 이 신흥종교의 신도들처럼 나약한 생각에 빠져 있다면, 사방에서 야만족의 침략을 받을 경우, 이 나라의 운명은 어떻게 되겠는가?"

이 굴욕적인 질문에 대한 그리스도교 옹호론자들의 대답은 애매했다. 거기에는 나름대로 은밀한 이유가 있었지만, 그 이유를 밝히고 싶지 않았다. 즉 그들은 전 인류가 개종하기 전에 전쟁도, 정부도, 로마제국도, 아니 이 세상 전체가 멸망할 거라고 생각한 것이다.

단결과 규율

인간의 마음은 때로는 고양되고 때로는 소침해진다. 그러나 이윽고 느리게라도 자연스러운 본래의 위치로 되돌아가, 그때의 상황에 가장 적합한 정서로 진정되기 마련이다.

그리스도교도의 경우도 마찬가지였다. 그들은 현세의 일과 쾌락에 대해 한없이 무디었지만, 활동욕이 완전히 사라진 것은 아니었다. 그것은 곧 되살아나서 교회정치 분야라는 활약의 장을 찾았다.

제국의 국교라고도 할 수 있는 이교에 저항하는 특이한 집단으로서 어느 정도 내부제도가 필요했기 때문이다. 다시 말해 그리스도교 공동체에 있어서 종교적인 직무뿐만 아니라, 현세적인 지도도 맡길 수 있는 관리자가 적당히 필요했다.

자기들이 소속된 교단의 안전과 명예를 바라는 마음은, 신앙심이 깊은 자들에게마저 초기 로마인의 애국심과 비슷한 마음을 심어 주었다. 때로 목적 완수를 위해서 수단을 가리지 않는 냉담함도 갖게 했다. 자기 자신이나 친구를 교회의 높은 자리에 앉히려는 야심은 듣기 좋은 구실로 위장되었다. 즉 오로지 공익을 위해 그러한 직권이 필요하다는 주장이다.

따라서 직무를 수행하면서 때때로 그들에게 요구된 것은 이단의 오류나 각 당파의 책모 적발, 교우끼리의 배신적인 음모에 대한 반대, 또는 공동체의 질서를 어지럽힌 자들의 추방 등이었다.

"뱀처럼 지혜롭고 비둘기처럼 순결하라." 이것이 바로 교회정치를 맡은 신도에 대한 가르침이었다. 하지만 집무 경험에 따라, '뱀 같은 지혜'는 점차 노련해져 갔으나 '비둘기 같은 순결함'은 점차 때가 묻어 갔다.

공직을 차지한 자들은 속세는 말할 것도 없고, 그리스도교 사회에서도 다양한 자질을 통해 일반 신도보다 훨씬 뛰어났다. 그리고 행위 뒤에 숨은 진정한 동기에 대해서는 타인뿐만 아니라 아마 자기 자신에게도 숨긴 채 날마다 숨 가쁘게 활동하며 보내게 되었으며, 이윽고 그 생활에는 종교적 열정에서 오는 노력과 완고한 분위기를 더해 갔다.

교회 행정권은 종교적 다툼의 대상이 되었고 그 노획물이 되었다. 또한 초기 그리스도교 사도들은 로마, 파리, 옥스퍼드, 제네바 지역에 거주하는 종교 논쟁자들의 정책적 표준이 되었다. 이 문제를 비교적 공정한 입장에서 연구한 사람들에 따르면, 사도들이 율법 제정을 거부했으며, 장차 그리스도교도들에게 시대와 환경의 변화에 맞춰 교회의 행정 형태를 변화시킬 수 있는 자유를 갖게 하기 위해 어느 정도의 잡음과 분열을 묵인하려 했다는 것이다.

1세기에 사도들의 승인을 얻어 채택된 정책적 체계는 예루살렘, 에페수스, 코린토스 등의 관행에서 그 모습을 찾아볼 수 있다. 로마제국 곳곳에 세워진 교회들은 오직 신앙과 사랑으로 맺어진 공동체였으며, 그들의 내부는 독립과 평등을 기초로 하여 구성되어 있었다. 규율과 학식의 모자람은 수시로 예언자들의 도움을 받았다. 이 예언자들은 나이나 성별, 천부적인 재능에 관계없이 초빙되어 성령에게서 영감을 받을 때마다 신자들의 모임에 성령의 말을 전해 주었다.

그러나 그들은 이러한 신비로운 천부의 능력을 남용하거나 오용할 때가 많았다. 그들은 좋지 못한 때에 이런 능력을 드러냈고, 회중의 예배를 방해했으며, 자만심과 잘못된 신앙으로 가득 차서, 특히 코린토스의 사도 교회에서는 오랫동안 분란을 일으켰다. 예언자들이 무익할 뿐만 아니라 해마저 끼치는 것으로 판명되자, 그들의 권한을 빼앗고 그 직책도 폐지했다.

이에 따라 종교의 공공적 기능은 교회가 인정하는 성직자들, 즉 '주교(episcopus)'와 '장로(presbyter)'에게 맡겨졌다. 이 두 명칭은 원래 똑같은 직무와 지위를 가리켰던 것으로 보인다. 장로라는 명칭은 나이보다는 위엄과 지혜를 나타냈다. 그리고 주교라는 명칭은 교구(敎區)에 속한 신도들의 신앙과 풍습을 감독하는 사람을 말하였다. 신자 수에 따라서 교회의 장로 수도 증감했으나, 이들은 저마다 똑같은 권한을 갖고 공동회의를 통해 새로 들어온 신도들을 지도했다.

그러나 완전한 자유와 평등이 이루어지려면, 상급자의 지도가 필요했다. 따라서 얼마 뒤 회중의 협의제도에는 최소한 회중의 의견을 수집하고 그 결의를 집행할 권한을 가지는 당회장(president) 직책이 도입되었다. 그리고 해마다 또는 수시로 실시되는 선거 때문에 자주 일어나는 회중의 혼란을 피하기 위해 초기 그리스도교회는 장로들 중에서 가장 현명하고 덕이 높은 사람을 뽑아 명예로운 종신직으로 교회를 다스리도록 했다.

이와 같은 사정에서 주교라는 칭호가 장로라는 겸손한 칭호보다 더 높은 자리를 차지하기 시작했던 것이다. 결국 장로는 그리스도교 원로회 구성원의 자격에 그대로 머물렀으나, 주교는 새로 만들어진 당회장의 칭호가 주어졌다. 1세기 말 이전 도입된 것으로 보이는 이 같은 교회 통치 형태는 여러 가지 장점을 지녔고, 그 무렵 그리스도교의 평화와 미래 발전을 위해서도 매우 중요한 것이었기 때문에 지체 없이 로마제국 곳곳에 흩어져 있던 모든 교회에서 채택되기에 이르렀다. 이것은 일찍부터 전통적인 제도로 자리를 굳혀 지금까지도 동방과 서방의 유력한 교회에서 원시적이며 신성한 제도로서 존중받고 있다.

물론, 맨 처음 교회의 직책을 얻은 경건하고 겸손한 장로들은 오늘날 로마교황의 삼중관(三重冠)이나 게르만 대주교의 주교관이 상징하는 것과 같은 권력과 위엄을 가질 수는 없었으며, 아마 주었더라도 거부했을 것이다. 그러나 장로들이 행사하던 원래의 관할권은 한정된 것이므로 몇 마디로 간단하게 정의할 수 있다. 그것은 세속적일 때도 있었으나, 주로 영적인 것이었다. 이를테면 교회 제사와 계율의 관리, (점차 종류가 늘어난) 각종 종교의식의 감독, 교회 성직자들의 임명(그 기능은 주교가 부여했다), 교단 기금의 관리, 그리고 신자들이 이교도들의 재판소에서 드러내기 싫어하는 모든 종류의 분쟁 해결 등이었다. 이러한 권한은 금세 장로단의 자문을 거쳐 신도집회의 동의와 협력을 얻어 집행되었다. 초기 그리스도교의 주교는 오직 동등한 신도들 중의 수석이자 영예로운 심부름꾼이었다. 당회장이 사망하여 공석이 되면 전체 회중의 투표를 통해 장로들 중에서 새 당회장을 선출했고, 이때 모든 구성원은 신성한 사제 자격이 주어진 것으로 생각했다.

그리스도교는 사도들이 사망한 뒤 100년이 넘도록 이상과 같은 온화하고 평등한 헌법에 의해 통치되었다. 교회는 저마다 나누어져 독립공화국을 이루고 있었다. 그리고 이런 국가는 멀리 떨어진 교회들과도 서로 서신과 대표단을 보내어 우호 관계를 지속했지만, 아직 세계 전체를 하나로 묶는 최고 권위나 입법회의는 존재하지 않았다. 그러나 신자의 수가 자연스레 증가하면서, 그들은 서로의 이해관계와 계획을 한층 긴밀히 하는 것이 이롭다는 것을 깨닫게 되었다.

2세기 말 무렵 그리스와 소아시아의 교회들은 지역별로 공의회(synodus, 종교회의)라는 유용한 제도를 도입했다. 공의회는 그리스의 인보동맹(隣保同盟), 아카이아 동맹, 이오니아 도시회의 등 각국의 유명한 대표자 회의를 본떠 만든 것이었다. 독립 교회의 주교는 해마다 봄가을의 정해진 기간에 각 지방의 수도에서 모임을 가지는 것이 관습과 법으로 정해졌다. 공의회의 심의에는 고명한 장로들이 참석하여 자문했으며, 많은 청중이 참석하여 심의 과정을 조절했다. 여기서 채택된 교회법(ius canonicum)은 신앙과 규율에 관한 모든 중요한 쟁점을 다루었다. 그리스도교도들의 대표자가 모이는 이 통합회의에는 당연히 풍요한 성령이 내려진다고 생각했다. 이 공의회 제도는 개인적인 야심과 공공의 이익에 매우 적합했기 때문에, 불과 몇 년 만에 로마제국 전체에 채용되었다. 각 지방의 회의기구들은 정기적으로 서신을 교환했고 각기의 의사록을 교환하고 승인했다. 이윽고 공교회(公教會, ecclesia catholicus)가 만들어져 거대한 연방공화국 형태의 힘을 획득하게 되었다.

개별 교회들의 입법 권한이 점차 공의회에 의해 대체되면서 주교들은 서로 동맹을 맺어 훨씬 더 강력한 집행권과 자유재량권을 가지게 되었다. 또한 주교들이 서로 공동의 이해관계에 의해 결속되자 그들은 힘을 모아 본래의 성직자 및 신도들의 권리를 침해할 수 있게 되었다. 3세기에 이르자 수장(주교나 대주교)들은 어느새 권고조에서 명령조로 어투가 바뀌어 미래 찬탈의 씨를 뿌렸으며, 그들의 부족한 설득력을 성서의 비유와 웅변조의 수사학으로 보충했다.

그들은 주교직권(主敎職權, episcopal office)으로 대표되는 교회의 통일과 권능을 찬양했다. 주교직권에 대해서는 모든 주교가 동등한 불가분의 권한을 가지고 있었다. 이들은 군주나 행정관들은 세속적 영역에 대해서 현세적 권리를 자랑할 수 있지만, 신에게서 나와 현세와 내세에 걸쳐 권한을 행사하는 것은 오직 주교뿐이라는 점을 거듭 강조했다. 주교들은 그리스도의 대리인이자, 사도들의 후계자이며, 모세 율법에 따른 제사장을 대신했다.

사제 자격을 부여하는 특권을 독점한 주교들은, 성직자와 평신도들 모두의 선거의 자유를 침해하게 되었다. 그리고 교회 행정에서 장로단의 판단력과 신도들의 뜻을 헤아리는 경우가 있다고 하더라도, 그것은 이와 같은 자발적 겸양의 미덕을 매우 조심스럽게 가르친 결과였다. 주교들도 최고 권위는 신도들의 회의에 있음을 인정했다. 그러나 저마다의 교구를 다스릴 때는 마치 양치는 목자의 비유가 (문자 그대로) 옳다는 듯이, 그리고 목자는 양 떼보다 한층 뛰어난 존재라는 듯이 신도들에게 절대적인 복종을 요구했다.

하지만 복종이 제대로 이루어지려면 한편에는 노력이 필요했고 그리고 다른 한편에는 틀림없이 저항이 따르기 마련이었다. 교회 헌법의 민주적 부분은 여러 지역에서 이해관계에 얽힌 하급 성직자들의 반대 세력에게 매우 열렬한 지지를 얻었다. 그러나 그들의 충의심은 분파주의라는 수치스러운 이름을 가져왔다. 그리고 실제로 사제제도가 급속히 발전한 것은, 카르타고의 키프리아누스처럼, 야심만만한 정치가의 책략과 성자나 순교자에게 어울릴 법한 그리스도교적 미덕을 적절히 조화시킬 수 있었던 여러 주교들의 적극적인 노력에 크게 힘입은 것이었다.

처음 장로들 사이의 평등을 깨뜨린 바로 그 원인 때문에 주교들 사이에도 서열의 높고 낮음과 관할권의 우열이 생겨났다. 봄, 가을 공의회가 열릴 때마다 회중들 사이에 각 주교의 개인적 재능과 명망의 차이가 분명히 드러났고,

결국 대중은 지혜와 웅변이 뛰어난 소수에게 지배되었다. 그러나 공식적인 절차는 더욱 보편적인 외부 형식을 갖출 필요가 있었다. 각 지방 주요 도시의 주교들은 종신 당회장의 직위를 부여받았고, 출세욕이 강한 주교들은 이윽고 '대주교(metropolita)'나 '수좌주교(primas)'와 같은 고위직함을 얻은 뒤, 최근에 장로단의 권한을 빼앗은 것처럼 이번에는 동료 주교들에게서 권한을 강탈하려고 은밀히 준비 공작을 진행시켰다. 또한 오래지 않아 대주교들 사이에서도 서열 경쟁이 일어났다. 이에 따라 각 대주교들은 갖가지 말로 허풍을 떨면서 자기 관할 도시의 세속적 명예와 이권을 과시하고, 자기 교구의 신도 수와 재력, 그들 중에서 나온 성자와 순교자들을 자랑했으며, 그 지방 교회를 창설한 사도 또는 사도의 제자로부터 이어지는 정통파 주교들에 의해 전승된 신앙 계통의 순수성을 자랑했다.

도시나 교회가 가진 성질 면에서 볼 때 로마제국이 각 속주의 존경을 받으며 그 복종을 요구하리라는 것은 쉽게 예견할 수 있었다. 그리스도교회는 로마제국의 수도에서 가장 큰 규모로 성장했다. 로마 교회는 가장 큰 규모와 가장 많은 신도 수를 자랑하는 서방에서 가장 오래된 그리스도교단이었다. 서방의 여러 교회는 로마의 경건한 선교사들에게서 종교를 이어받았다. 안티오키아, 에페수스, 코린토스 교회의 자랑은 각각 창립자 중에 사도가 한 사람씩 들어 있었다는 것이다. 그에 반해 티베리스강 지방(로마)은 가장 저명한 두 사람의 사도[2]가 전도하고 순교한 곳이라는 명예를 보유하고 있었다. 따라서 로마의 주교들은 성 베드로의 인품이나 직위에 주어졌던 모든 특권을 상속받았다고 계속적으로 주장했다.

이탈리아와 그 속주의 주교들은 그리스도교의 귀족정치에서의 수좌권(首座權, primatus)을 로마 주교에게 허용해 줄 생각이었다. 그러나 군주의 권한은 단호하게 거부되었고, 따라서 로마의 야심 많은 주교들은 아시아와 아프리카의 여러 나라에서 이전의 세속적 지배권에 대한 저항보다 더욱 격렬한 영적 지배권에 대한 저항에 부딪혔다. 절대 권력을 가지고 카르타고 교회와 그 지방 공의회를 지배한 키프리아누스는 로마의 고위 성직자들의 야심에 강하게 반대

---

2) 베드로와 바울로(바울).

했다. 그는 동방 주교들과 협력을 꾀하여 아시아의 심장부에 한니발이 그랬던 것처럼 새로운 동맹 세력을 구축하고자 했다. 이 신판 포에니 전쟁은 유혈 없이 수행되었지만, 그것은 싸움을 벌인 주교들이 온전했기 때문이라기보다 무력했기 때문이었다. 그들의 무기는 비난과 파문(破門)뿐이었고, 그들은 항쟁 내내 이 무기를 사납게 휘둘러댔다. 그즈음 종교의 수호자들이 로마 원로원이나 전쟁터에나 어울릴 격렬한 정열로 몰두했던 그 분쟁의 전말을 이야기할 때마다, 불가피하게 교황 측이나 성자와 순교자 측의 어느 한쪽을 비난해야 한다는 것은 오늘날 가톨릭교회의 고민거리이다.

교회의 세력이 커지면서 종전의 그리스인과 로마인들에게는 알려지지 않았던 평신도(laicus)와 성직자(clerus)의 구별이 뚜렷이 나타나게 되었다. 그중 평신도라는 명칭은 그리스도교도 전체를 나타내는 것이었다. 성직자라는 명칭은, 그 무렵 종교의식을 위해서 특별히 선정된 사람을 가리키는 말이었다. 그들은 근대사에 있어 가장 유익한 사람은 아니었지만, 그래도 가장 중요한 신민들을 배출했다. 그들끼리의 적대 관계가 때로 초기 교회의 질서를 어지럽히기는 했지만, 그들은 공동의 목적을 위해 열성과 활동력을 모았다. 또한 주교와 순교자들의 마음속에 교묘한 탈을 쓰고 저절로 스며든 권력욕이 작용하여 그들의 신민의 수가 증가한 결과로 그리스도교 국가의 영토가 확대되기에 이르렀다. 그들에겐 세속적 권력이 주어지지 않아서, 오랫동안 행정관의 도움을 받지 못하고 오히려 제한과 핍박을 받았다. 그러나 그들은 포상과 처벌이라는 두 가지 가장 유효한 통치수단을 획득하여 저마다의 교회에서 그것을 누렸다. 즉 포상은 신도들의 경건한 기부에, 처벌은 신도들의 신앙상의 의구심에 기반을 둔 것이었다.

포상—초기 그리스도교회는 앞에서 설명한 플라톤의 상상력과 유사하며, 엄격한 에세네파(Essenes)[3] 사람들 사이에서 어느 정도 존재한 재산 공유제를 한동안 채택하고 있었다. 열광적인 초기 개종자들은 그들이 경멸해 마지않던 세속의 재산을 모두 팔아 그 돈을 사도들의 발아래 바치고 자기들은 일반 배

---

3) 기원전 1세기 무렵의 사해(死海) 주변 유대인 집단. 신비적 금욕주의 아래 공동생활을 했음.

급을 똑같이 나누어 받는 데 만족했다. 그리스도교가 진보하면서 이 자기희생적인 제도는 점차 흐지부지해져 결국 폐지되었다. 사도들보다 덜 순수한 사람들에게 맡겨지면서 이 제도는 곧 타락하여 인간 본래의 이기심 때문에 남용되었고, 새 종교를 받아들인 개종자들은 저마다 세습재산을 소유하고 상속받으며 합법적인 상공업을 통해 각자의 독립 재산을 늘릴 수 있도록 허용되었다. 복음을 전파하는 성직자들도 절대적 희생이 아닌 적당한 몫을 받았다. 각 신도는 매주 또는 매월 열리는 집회에서 그때그때 필요에 따라, 그리고 각자의 재산과 신앙의 정도에 맞춰 공동기금으로 사용할 자발적인 헌금을 냈다. 아무리 하찮은 푼돈이라도 기꺼이 받아들여졌다. 그러나 아직은 모세 율법에 의한 십일조가 신성한 의무로서 계속 강조되었고, 계율이 철저하지 않은 유대인들조차 소유의 10분 1을 바치도록 계명을 받았던 만큼 예수의 제자들이라면 그 이상의 도량을 발휘하여 이 세상과 함께 썩어 없어질 불필요한 재물을 기부함으로써 신앙의 덕을 쌓기를 권장했다.

당연한 일이겠지만, 각 교회의 수입은 그 성격상 불확실하고 변동이 심했으며, 신도들의 빈부의 차에 따라 달라졌다. 데키우스 황제 시대의 행정관들의 견해로는 그 무렵 상당한 재산을 소유했던 로마의 그리스도교도들은 종교의식에 금은 그릇을 사용했으며, 새로 개종한 사람들 중에는 교회의 공공재산을 늘리기 위해 조상 때부터 전해져 온 토지와 집을 파는 사람들이 많았다. 이러한 행위로 부모들이 성자가 되는 대신 자녀들은 거지가 되는 경우가 많았다.

국외자와 적들의 억측은 의심을 가지고 들어야 한다. 그러나 위의 경우는 다음 두 가지 사실에 비추어 매우 그럴듯하고 가능성 있는 이야기라고 생각된다. 거의 같은 시기에 로마 교회보다 부유하지 못한 카르타고 교회 주교는 사막 야만족에게 포로로 잡혀간 누미디아 신도들의 몸값을 조달하기 위한 자선모임에서 10만 세스테르티우스[4]를 모금했다. 또한 데키우스 황제 시대의 약 100년 전에 로마 교회는 로마에 정착하려는 한 폰토스인으로부터 한 번에 20만 세스테르티우스의 헌금을 받은 적이 있었다.

이러한 봉헌은 거의 현금으로 이루어졌다. 그것은 그리스도교회가 토지 등

---

4) 영국 돈으로 약 850파운드.

을 받는 것을 거추장스럽게 여겼을 뿐만 아니라 또 그렇게 될 수도 없었기 때문이다.

오늘의 부동산 영구 소유법(mortmain)[5]과 비슷한 목적으로 제정된 그 무렵의 법률에 따르면, 황제나 원로원의 특별 인가 또는 명령이 없는 한 어떠한 단체에도 부동산을 증여하거나 유증할 수 없도록 되어 있었다. 황제나 원로원은 처음에는 경멸감 때문에, 나중에는 두려움과 질투심 때문에 종교단체에는 이와 같은 인가를 내려주지 않았다. 그러나 알렉산데르 세베루스 황제가 다스리던 무렵의 한 거래행위를 보면, 이 규제가 때로는 제대로 지켜지지 않았으며, 그리스도교도들이 로마 시내에서도 토지를 소유할 수 있었음을 알 수 있다. 그리스도교가 발전하고 로마제국이 혼란에 빠지면서 이 법은 어느 정도 완화되었다. 그 결과 3세기 말이 되기 전에 로마, 밀라노, 카르타고, 안티오키아, 알렉산드리아 등 이탈리아와 속주의 대도시에 있는 부유한 교회들은 상당한 규모의 토지를 소유하게 되었다.

주교가 교회의 재산을 관리했다. 공유재산은 아무런 조건이나 제한 없이 그에게 위탁되었다. 장로단은 영적인 일만 맡았고, 비교적 종속적인 부제(diaconus)에게만 교회 수입의 관리와 분배를 맡겼다. 키프리아누스는 아프리카 주교들 중에는 맡은 직분을 수행할 때 복음을 전하는 자로서 가져야 할 인품은 물론이고 윤리적 덕성에 관한 계율마저 지키지 못하는 자가 많다고 열변을 토했다. 이 불성실한 관리인들 때문에 교회 재산은 성적 쾌락에 낭비되거나 사기성 짙은 매매나 악랄한 고리대금업 등을 위해 유용되는 경우가 허다했다. 그러나 그리스도교도들의 헌금이 자유롭고 제한이 없었던 동안은 관리인들의 남용도 그리 자주 발생하지는 않았으며, 헌금은 주로 교회의 명예를 위해 아낌없이 쓰였다.

헌금의 일부만이 주교와 성직자들의 생활비로 책정되었고, 상당 부분은 공공 예배의 비용으로도 할당되었다. 그중에는 사랑의 잔치―그들은 이를 아가페(agape)[6]라고 불렀다―가 매우 즐거운 행사가 되었다. 나머지는 모두 빈민을 위한 자선기금으로 쓰였다. 이 기금은 주교의 재량에 따라서 과부와 고아, 불

---

5) 부동산을 종교단체나 자선단체에 넘기면 이후 결코 다른 사람에게 넘길 수 없다는 영국법.
6) 교회에서 신도들이 모여 공동으로 식사하는 것.

구자, 병자, 노인들을 부양하고 이방인들과 순례자들을 위로하며, 죄수와 포로들의 불행을 덜어주기 위해 배정되었고, 특히 이런 고통이 종교를 지킨 결과로 생긴 것일 때는 더욱 많은 헌금을 배정했다. 관대한 사랑의 교류는 아주 먼 지방과도 결합시켰고, 더욱 부유한 교회들은 의연금을 보내 작은 교회들을 기꺼이 도와주었다.

지원 대상자의 공로보다는 곤궁과 결핍의 정도에 중점을 둔 이 제도는 그리스도교의 발전에 크게 기여했다. 인도주의 정신에 따라 행동한 이교도들은 그리스도교의 교리를 비웃으면서도 그 자비로움만은 인정하지 않을 수 없었다. 세상에서 버림받은 수많은 빈민, 병자, 노인들이 당장의 구제와 미래의 보호를 바라고 교회의 너그러운 품 안으로 찾아들었다. 그 무렵 비인도적인 관행에 따라서 부모로부터 버림받은 수많은 어린이들은 자애로운 그리스도교도들의 공공의 재산을 통해 죽음에서 구출되어, 세례를 받고 양육되었다.

초기 교회의 처벌—어떠한 사회단체도 일반적 합의로 제정된 규정을 거부하거나 위반하는 구성원에게서 친교 관계나 혜택을 박탈할 수 있었다. 이 권한을 행사할 때 그리스도교회는 주로 살인, 사기, 간음을 범한 파렴치범, 주교단이 이단이라고 판정한 교리의 주창자와 추종자, 그리고 세례를 받은 뒤 임의 또는 강제로 우상을 숭배하여 타락한 불행한 신도들을 문책했다.

파문은 영적인 영향은 물론이고 세속적인 영향도 미쳤다. 파문당한 그리스도교도는 봉헌물에 대한 신도들의 모든 권리를 박탈당했다. 종교적인 친교 관계와 개인적인 친교 관계가 모두 단절되어, 지금까지 자신을 가장 존경하고 가장 따뜻하게 사랑해 주던 사람들에게 더러운 혐오의 대상으로 전락했다. 그리고 사회로부터도 외면당하여 불명예스러운 낙인이 찍히기 때문에 대다수 사람들에게 그는 기피 또는 의혹의 대상이 되었다. 이렇듯 추방이나 다름없는 처지는 매우 고통스럽고 비참했지만, 앞날에 대한 두려움은 그 고통을 더 심하게 자극했다. 그리스도교 사회가 주는 혜택은 영생의 혜택이었다. 또한 그들은 자신을 파문한 성직자들이 하느님으로부터 지옥과 천당의 열쇠를 위탁받은 사람이라는 두려운 생각을 떨쳐 버릴 수 없었다. 사실 이단자들은 자기 마음속을 들여다보면서 용기를 얻고 자기들만이 진정한 구원의 길을 알고 있다는 자부심을 지니고 있어, 큰 그리스도교회에서는 얻을 수 없는 영적이며 세속적인 위안을 자기들만의 특별한 모임에서 찾으려고 노력하기도 했다. 그러나 마지못해 악습이나 우상숭배의 권력에 굴복했던 사람들은 거의 모두 자신들의 타락 상태를 깨닫고 다시 그리스도교 사회의 일원이 되어 혜택을 받을 수 있기를 간절히 바랐다.

이 같은 회개자들을 어떻게 처리할 것인가에 대해 상반된 두 가지 의견이 나와 초기 그리스도교회를 분열시켰다. 어떤 이들은 강력한 처벌을 주장했고, 또 다른 이들은 자비심을 베풀어야 한다고 설득했기 때문이다. 엄격하고 고지식한 결의론자(決疑論者)들은 교회를 욕보이거나 버린 회개자들에게 교회의 어떠한 자리도 주기를 거부했는데, 예외라고는 없었다. 다만 회개자들에게는 죄를 참회할 수 있는 기회를 주면서 혹시 목숨을 걸고 회개하면 하느님이 이를 불쌍히 여기실지 모른다는 한 줄기 희망만으로 위안을 삼도록 했다.

그리스도교회의 가장 순수하며 존경받을 만한 사람들은 이론에서나 실천에서나 가장 온당한 주장을 펼쳤다. 다시 돌아온 회개자에게 화해의 문과 천국의 문을 열었으며, 고행 수련의 계율을 제정하여 속죄를 돕는 한편 일반 신도들이 그의 죄를 모방하지 못하도록 방지하는 것이었다. 회개자는 금식으로 초췌해진 몸에 상복을 걸치고 회당 문 앞에 엎드려 자기 죄를 용서해 줄 것을 눈물로 탄원하며 신도들의 기도를 호소했다. 만일 그가 극악무도한 죄인이라면, 여러 해 동안 속죄의 고행을 하더라도 하느님의 정의를 충족시킬 수 없다고 생각되었다. 따라서 죄인이나 이단자 또는 배교자들은 장기간 고행의 단계를 거쳐야만 다시 교회의 품 안으로 받아들여질 수 있었다. 그러나 매우 심각한 중대범죄를 지은 사람들, 특히 한 번 회개하여 주교들의 자비를 입고서도 이를 남용한, 변명의 여지가 없는 재범자들에게는 영원한 파문이라는 선고가 내려졌다.

그리스도교 계율은 죄를 저지른 상황이나 죄의 횟수에 따라 주교들의 재량에 의해 여러 가지로 집행되었다. 안키라와 일리베리스[7]의 공의회는 각기 갈라티아와 에스파냐에서 비슷한 시기에 개최되었으나, 두 공의회의 교회법은 매

---

7) 각각 지금의 앙카라, 그라나다.

우 다른 정신을 나타내고 있었다. 갈라티아인은 세례를 받은 뒤 또다시 우상을 숭배하더라도 7년간 고행을 행하면 용서받을 수 있으며, 만일 타인을 유혹하여 자기를 모방하도록 한 경우라도 자신의 파문 기간에 3년만 더 추가하면 되었다. 그러나 에스파냐인은 달랐다. 그들은 똑같은 죄를 범하더라도 죽기 직전까지 사면받지 못했다. 우상숭배는 가혹한 선고가 내려지는 17개 계명 중에서도 으뜸가는 죄였다. 이 17개 계명 중에서 주교, 장로 또는 심지어 부제에 대한 비방도 극악죄에 해당했다.

관용과 엄격함의 적절한 배합, 정의와 정책의 행동 원리에 따른 상벌의 현명한 시행 등이 교회의 교화력을 이루고 있었다. 지상과 천상에서 모두 정권을 장악한 주교들은 이런 특권들의 중요성을 잘 알고 있었다. 또한 그들은 질서 존중이라는 베일 아래 저마다 야심을 숨기고 있었으므로 계율의 집행에서 어떠한 경쟁자도 용납하지 않았다. 이러한 계율은 십자가의 깃발 아래 모여 그 수가 날로 늘어나고 있었던 무리들의 이탈을 방지하는 데 필수적이었다. 키프리아누스의 장엄한 연설문에서 얻을 수 있는 결론은 파문과 고행의 교리가 그리스도교의 가장 근본적인 부분을 형성하고 있었다는 것과 그리스도교도들에게는 도덕적 의무를 게을리하는 것보다 주교들의 견책과 권위를 무시하는 것이 훨씬 더 위험하다는 것이었다. 우리는 때때로 땅이 열려 제사장 아론에게 복종하기를 거부한 반항적인 민족을 불길 속에 처넣어 버리라고 명령하는 모세의 목소리를 듣는 착각에 빠진다. 그리고 때때로 공화정의 위엄을 주장하면서 법을 엄격하게 집행하고자 단호한 결의를 천명하는 로마 집정관의 목소리를 듣기도 한다.

이 카르타고의 주교는 자기 동료들의 관용을 꾸짖으면서 이렇게 말했다.

"그 같은 반역행위를 처벌하지 않으면, 주교제도의 엄정성은 끝이다. 그것은 교회 통치의 숭고하고 신성한 권한의 종말이며 그리스도교 자체의 종언이다."

키프리아누스는 자신이 획득할 가망이 전혀 없는 세속적인 명예를 단념했다. 그러나 한 집단의 이성과 양심을 좌우하는 그 절대적 지배권을 획득한 것은, 비록 그 자체는 모호하고 이 세상에서 경멸받는 것이라고 하더라도, 마지못해 복종하는 백성들을 무력으로 다스리고 장악하는 전제 권력보다는 인간의 교만함에 있어 한층 더 달가운 것이었다.

지금까지 로마의 정복이 그리스도교의 정복을 예비하고 촉진시켰다는 인식이 존재했는데, 그것은 타당하고도 옳은 관찰이다. 앞에서 나는 유럽, 아시아 및 아프리카의 문명 지역들이 어떻게 해서 단일 주권의 통치 아래 하나가 되어 법률, 풍습, 언어 등에서 가장 친밀한 관계가 되었는지를 설명하려고 시도한 바 있다. 팔레스타인의 유대 민족은 세속의 구세주를 변함없이 기다렸기 때문에 영적 예언자의 기적을 받아들이는 데는 냉담했으며, 히브리 성서를 출간하거나 보존할 필요를 느끼지 않았다. 따라서 예수의 행적에 관한 믿을 만한 기록은 이방인 개종자들이 크게 증가한 뒤 예루살렘에서 멀리 떨어진 곳에서 그리스어로 작성되었다. 이 기록은 라틴어로 번역되자마자 로마의 모든 신민들에게 철저히 숙지되었다. 다만 시리아와 이집트의 농민들은 나중에 번역판을 통해 깨우치게 된다. 로마 군대가 건설한 국도를 통해 그리스도교 선교사들은 다마스쿠스에서 코린토스로, 이탈리아에서 에스파냐와 브리타니아의 벽지로 손쉽게 통행할 수 있었다. 또한 이 영적인 정복자들은 낯선 종교를 이국에 소개할 때 이를 지연시키거나 방해하는 어떠한 장애도 만나지 않았다.

　바로 이런 이유 때문에 우리는 디오클레티아누스와 콘스탄티누스의 시대 이전에 그리스도교 신앙이 이미 로마제국의 모든 속주와 대도시에 전파되었다고 굳게 믿는 것이다. 다만 그즈음 몇몇 교회의 창건 시기와 신도 수 그리고 비신자에 대한 신자의 비율 등에 관해서는 오늘날 지극히 모호하거나 각색과 과장으로 가려져 있다. 그러나 아시아와 그리스, 이집트, 이탈리아 및 서방에서의 그리스도교의 진전에 관한 우리의 지식이 이처럼 불완전한 만큼 로마제국 변경 밖에서 나타났던 실제적 또는 허구적 상황들도 잊지 말아야 할 것이다.

　유프라테스강에서 이오니아해에 이르는 비옥한 지역은 이방인 사도(바울로)가 열성과 신념을 기울여 활동한 주요 무대였다. 그가 이 비옥한 땅에 뿌린 복음의 씨앗들은 그 제자들에 의해 정성껏 가꾸어졌기 때문에 맨 처음 2세기 동안 그리스도교도들의 가장 큰 교회들이 이 지역에 있었다. 시리아에 세워진 많은 교회들 중에 가장 오래되고 유명한 것은 다마스쿠스, 베로이아,[8] 안티오키아 교회였다.

---

8) 지금의 알레포.

〈요한계시록〉의 서두에는 불멸의 아시아 7개 교회로 에페수스, 스미르나, 페르가몬, 티아티라, 사르디스, 라오디케아 및 필라델피아가 나열되어 있는데, 이 교회들의 지부는 곧 인구가 많은 다른 지역으로 퍼져 나갔다. 그리스도교 초기에 키프로스섬과 크레타섬, 그리고 트라키아와 마케도니아 속주들이 이 새 종교를 따뜻하게 맞아들였고, 곧 코린토스와 스파르타, 그리고 아테네에도 그리스도교 공동체가 생겼다. 그리스와 아시아의 교회들은 오랜 역사를 바탕으로 충분한 시간적 여유를 가지고 신도를 늘려갈 수 있었으며, 심지어 그노시스파 같은 이단파들도 정통 교회가 번성하는 데 도움을 주었으니, 이단이라는 명칭은 항상 소수파에게만 적용되었기 때문이다.

이런 내부적인 증명 외에도 이방인들의 고백과 불평, 그리고 의구심 등을 덧붙일 수 있다. 여러 민족의 다양한 풍습을 매우 생생하게 묘사한 바 있는 철학자 루키아노스는, 콤모두스 황제 시대에 그의 고국 폰토스에는 에피쿠로스학파 사람들과 그리스도교도들이 매우 많았다고 기록하고 있다. 예수가 죽은 지 채 80년도 되지 않아 관대한 소(小)플리니우스는 자신의 노력에도 불구하고 악이 커지고 있음을 탄식했다. 그는 트라야누스 황제에게 보낸 편지에서 신전들에는 사람들의 발길이 뚝 끊어졌고, 신에게 바칠 희생물을 사려는 사람이 좀처럼 없으며, 그리스도교라는 새 미신이 도시들을 감염시켜 나가더니 이제는 폰토스와 비티니아 시골 마을에까지 퍼져 가고 있다고 말했다.

동방에서의 그리스도교의 성장을 찬양하거나 탄식한 저술가들의 표현이나 동기를 대강 훑어보면, 그 지방들의 그리스도교 신자 수를 제대로 계산할 수 있는 아무런 근거도 남아 있지 않다. 그러나 다행히도 이 모호하면서도 흥미로운 문제에 대해 더욱 분명한 시사를 던져주는 한 가지 사례가 전해져 오고 있다.

그리스도교가 로마 황제의 은총을 입은 지 60년이 지난 테오도시우스 황제 시대에 오래되고 유명한 안티오키아 교회는 구성원이 10만 명이었고, 그중 3000명이 교회의 봉헌으로 생계를 유지했다. 그 무렵 동방의 여왕으로 불리던 안티오키아의 호사와 위엄, 널리 알려진 카이사레아, 셀레우키아, 알렉산드리아 등의 번영, 그리고 유스티누스 1세[9] 시대의 지진으로 안티오키아에서 25만

---

9) 동로마 황제. 재위 518~527년.

명이 사망했다는 사실 등은 그곳 전체 주민 수가 50만 명을 넘었으리라는 것과 함께 그리스도교도들은 비록 맹렬하게 세력이 늘어나기는 했지만, 그 수가 이 대도시 인구의 5분의 1을 넘지 않았음을 말해 준다.

그러나 박해받은 교회와 승리한 교회를 비교할 때, 그리고 서방과 동방, 시골 구석과 대도시, 나중에 개종한 나라들과 맨 처음 그리스도교도라는 명칭이 생긴 안티오키아를 비교할 때, 그 숫자는 얼마나 크게 달라졌겠는가! 우리에게 이 유용한 정보를 제공한 크리소스토무스[10]는 문헌에서 그리스도교도의 수가 유대인이나 이교도의 수보다 더 많다고 보고한다. 얼핏 복잡해 보이는 이 보고는 사실 쉽고도 분명하다. 이 달변의 설교자는 안티오키아의 시민 구성원과 교회 구성원, 즉 세례를 받아 천국에 들어갈 수 있는 그리스도교도의 수와 공민의 자유권을 누리는 시민의 수를 대조하고 있다. 노예와 외국인 및 유아들이 전자에는 포함되었지만, 후자에서는 제외되었다.

알렉산드리아는 광범위한 통상을 전개한 데다 지리적으로 팔레스타인에 가깝기 때문에 이 새로운 종교가 손쉽게 진출할 수 있었다. 마레오티스 호수의 테라페우타이파 교도들, 즉 에세네파 교도들 중 대다수가 처음으로 이 종교를 받아들였다. 이 교파는 모세의 종교의식을 소홀히 생각하는 유대교 교파였다. 이 에세네파의 금욕적인 생활, 그들의 금식과 파문, 재산의 공유, 독신생활 애호, 순교에 대한 정열, 그리고 순수하다고는 할 수 없지만, 열성적인 신앙들은 이미 초기 그리스도교의 계율과 매우 흡사한 것이었다. 그리스도교 신학이 정식으로 학문적 형식을 갖추게 된 것도 알렉산드리아학파에서였다. 그렇기 때문에 하드리아누스 황제가 이집트에 행차했을 때, 유대인과 그리스인으로 구성된 이 교회는 호기심 많은 황제의 관심을 끌기에 충분했던 것이다.

그러나 그리스도교의 성장은 오랜 시간 이 한 도시에만 한정되었고, 2세기 말까지는 데메트리우스[11]의 선임자들만이 이집트 교회의 고위 성직자가 될 수 있었다. 데메트리우스는 3명의 주교를 임명하였고, 그의 후임자 헤라클라스 때엔 20명으로 늘어났다. 내성적이고 완고하기로 유명한 이곳 원주민들은 이 새 종교를 냉담한 태도로 마지못해 받아들였으며, 오리게네스의 시대에 이르

---

10) 4세기 말의 콘스탄티노폴리스 대주교.
11) 2세기 말~3세기 전반기의 알렉산드리아 주교.

러서도 자기 나라의 신성한 동물을 숭배하는 편견을 극복한 이집트인은 만나보기가 힘들었다. 그러나 그리스도교가 국교가 되자마자 이 야만인들의 감정은 강력한 압력에 복종했고, 이때부터 이집트의 여러 도시는 그리스도교도들로 넘치고 테베의 황야에는 은자들이 모여들게 되었다.

외국인과 속주민들은 끊임없이 로마의 드넓은 품으로 흘러 들어왔다. 아무리 낯설고 혐오스러운 자라도, 죄인이나 용의자라도, 이 거대한 수도의 그늘 아래로 숨어들면 어렵지 않게 법망을 피할 수 있었다. 이처럼 여러 민족이 모인 곳에서는 진정한 선생이건 가짜 선생이건, 고매한 단체의 창설자건 범죄집단의 창설자건, 누구나 제자나 공범자들을 손쉽게 늘려갈 수 있었다. 타키투스는 네로의 돌발적이고 광포한 박해가 가해질 그 무렵에 로마의 그리스도교 사회가 이미 매우 큰 규모에 이르렀다고 썼다. 이 위대한 역사가의 말은 바쿠스 의식의 도입과 억압을 이야기한 역사가 리비우스의 문체를 방불케 한다. 그무렵 바쿠스 신도들의 광태는 원로원의 탄압을 야기했고 한 걸음 더 나가서 수많은 사람들, 말하자면 다른 백성이 이 혐오스러운 종교에 빠진 것을 우려했다.

좀더 자세히 살펴보면, 범법자가 7000명을 넘지 않았음을 곧 알 수 있지만, 실은 이 숫자만 해도 재판 대상으로서는 놀라운 규모였다. 기존의 다신교를 버린 어리석은 광신도들의 수를 과장한 타키투스의 막연한 표현이나 이에 앞서 있었던 소(小)플리니우스의 표현을 해석할 때도 우리는 이 점을 공정하게 감안해야 한다. 로마 교회는 의심할 여지 없이 제국에서 신도 수가 가장 많은 교회였다. 그리고 우리는 3세기 중엽 38년 동안[12]의 평화 시기가 끝난 뒤의 이 도시 종교 상태에 관해서 확실한 기록을 가지고 있다. 그 무렵 성직자들은 주교 1명과 장로 46명, 부제 7명, 부제보 7명, 복사(服事) 42명, 그리고 50명의 낭독자, 기도사 및 잡급 직원들로 구성되어 있었다. 신자들의 봉헌물로 부양되는 과부, 불구자, 빈민의 수는 1500명에 달했다. 사리를 따져보고 또 안티오키아의 상황을 유추해 볼 때, 로마의 그리스도교도를 약 5만 명으로 추산할 수 있다. 이 대도시 인구를 정확하게 알 수는 없지만, 대강 계산해 보더라도 100만 명은

---

12) 212~250년.

될 것이 확실하므로, 그리스도교도의 비율은 기껏해야 20분의 1 정도였을 것이다.

서로마의 속주민들은 로마의 언어, 정서, 풍습을 전해 받은 동일한 원천으로부터 그리스도교에 관한 지식을 얻었다. 아프리카도 갈리아처럼 점차 수도 로마를 모방하게 되었다. 그러나 로마의 선교사들은 충분히 라틴 속주들을 방문할 수 있었음에도 불구하고, 실제로 훨씬 지난 뒤에야 지중해를 건너고 알프스산맥을 넘었다. 또한 이 광대한 지방에서는 두 안토니누스 황제들 시대를 능가하는 어떠한 신앙이나 박해의 확실한 흔적도 찾아볼 수 없다.

추운 갈리아 지방에서의 완만한 복음의 전개는 아프리카의 뜨거운 사막지대에서 복음이 열광적으로 수용되었던 것과는 매우 대조적이다. 곧 아프리카의 그리스도교도들은 초기 그리스도교회의 주요한 한 부분을 이루게 되었다. 이 지방에서는 주교들을 작은 마을까지, 때로는 머나먼 시골 구석까지 파견하는 관행이 도입되었다. 이러한 관행은 이 교단들의 위용과 가치를 증대시키는 데 크게 기여했다. 3세기 중엽에는 이 종교단체들이 테르툴리아누스의 열성으로 활기를 되찾아, 키프리아누스의 역량에 의해 지도되고 또 락탄티우스의 웅변으로 장식되었다.[13]

이에 반해 갈리아 지방에는, 기껏해야 마르쿠스 안토니누스 시대에 있었던 리옹과 빈의 빈약한 교회만이 세워져 있었다. 데키우스 시대로 내려오더라도 일부 도시들—아를, 나르본, 툴루즈, 리모주, 클레르몽, 투르, 파리—에서만 몇몇 교회들이 산재하며 소수 그리스도교도들의 신앙에 의해서 유지되었다.

침묵은 신앙과 매우 잘 어울리지만, 열정과는 함께하기 힘들다. 따라서 우리는 켈트어를 라틴어로 바꾸고서도 처음 3세기 동안 단 한 사람의 교회 저술가도 배출하지 못한 이 지방 그리스도교회의 무력한 힘 앞에 한탄한다. 알프스 북쪽 모든 지방에서, 스스로 학문과 권위에서 가장 뛰어나다고 주장한 갈리아로부터 에스파냐와 브리타니아의 머나먼 지방들로 번져 갔던 복음의 빛은 극히 미약한 것이었다. 더구나 테르툴리아누스는 열렬히 주장한다. 그가 세베루스 황제의 행정관들에게 그의 《호교서(護敎書)》를 보냈을 때(197년), 이미 이 지

---

13) 세 사람 모두 아프리카 출신임.

방들은 신앙의 서광을 받은 바 있었다. 그러나 유럽 서부 교회의 모호한 기원에 관한 기록이 매우 간략하기 때문에 그 창설 시기나 정세를 말하려면, 후대수도사들이 음울한 수도원 안에서 물욕이나 미신 때문에 적어 내려온 것들로 고대의 침묵을 보완하는 수밖에 없다. 이런 종교적 전설들 중에서 성자 야고보에 관한 전설만이 유례없는 과장으로 인해 주목을 끈다.

그는 게네사렛(갈릴리) 호수의 평화로운 어부였다. 그러나 용감한 기사로 변신하여 무어인들과의 전투에서 에스파냐 기병대를 선두에서 이끌었다. 가장 중후한 역사가들이 그의 무훈을 찬양하고 있으며, (산티아고 데) 콤포스텔라의 기적의 성당은 그의 용맹함을 발휘시켰다. 군령의 칼은 공포의 종교 재판소와함께 모든 불경한 비판과 반대를 없애기에 충분했다.

그리스도교의 발전은 로마제국에 한정되지 않았다. 모든 사실을 예언으로풀이한 초기 교회의 교부(敎父)들에 따르면, 이 새 종교는 신성한 창시자가 사망하면서 1세기도 지나기 전에 이미 세상 곳곳에 전해졌다. 순교자 유스티누스는 이렇게 말했다.

"그리스인이든 야만인이든 또는 그 밖의 어떤 종족이든, 그들이 어떠한 명칭이나 풍속에 따라 구별되어지든, 또 예술이나 농경에 무지한 사람들이든 천막을 치고 사는 사람들이든, 아니면 포장마차를 타고 떠돌아다니는 사람들이든, 십자가에 못 박힌 예수의 이름으로 만물의 아버지이며 창조주이신 하느님에게 기도드리지 않는 민족은 단 하나도 없었다."

그러나 지금도 인류의 상황과 일치시키기가 참으로 힘든 이 장대한 과장은, 독실하지만 조심성 없는 한 저술가의 경솔한 말솜씨에 불과할 뿐이다. 이러한사람에게는 소망이 곧 신앙심의 척도이다.

그러나 교부들의 신앙심이나 소망으로도 역사의 진실을 바꿀 수는 없다. 나중에 로마제국을 정복하는 스키타이와 게르마니아 야만인들이 이때까지는 이교의 어둠 속에 둘러싸여 있었다는 것, 그리고 이베리아나 아르메니아, 또는에티오피아조차 정통파 황제가 즉위한 뒤에야 어느 정도 성공적인 개종이 이루어졌다는 것은 확실한 사실이다. 그 이전 시기에도 전쟁과 상업 등 여러 가지 우연한 기회들을 통해 칼레도니아의 야만족들과 라인강, 다뉴브강, 유프라테스강 등 변경 지방 주민들에게 불완전한 복음의 지식이 전파되었을 가능성이 크다.

특히 유프라테스강 건너편 에데사는 초기에 확고한 신앙을 지킨 것으로 유명하다. 이곳 에데사에서부터 아르타크세르크세스[14]의 후계자들에게 복종한 그리스와 시리아 여러 도시까지 그리스도교 원리가 소개되었다. 그러나 그 무렵 그리스도교의 원리가 페르시아인들에게 큰 감명을 주지는 못한 것 같다. 왜냐하면 페르시아인들의 종교체계는 잘 훈련받은 사제단의 노력 덕분에 불확실한 그리스와 로마의 신화보다 훨씬 더 교묘하고 진실하게 짜여 있었기 때문이다.[15]

그리스도교의 발전 상황에 관한 이상과 같은 불완전하나마 공평한 관찰로 미루어 볼 때, 새 개종자의 수는 한편으로는 이교제도에 대한 공포심 때문에, 다른 한편으로는 독실한 신앙심 때문에 실제보다 크게 과장되었으리라고 본다. 오리게네스의 공정한 증언에 따르면, 신자의 수는 방대한 비신자 측에 비하면 보잘것없었다. 그러나 지금은 명확한 자료가 없기 때문에 초기 그리스도교도의 수를 단정하거나 어림잡기가 불가능하다. 다만 안티오키아와 로마를 볼 때, 콘스탄티누스의 역사적인 개종이 있기 전에 십자가의 기치 아래 모였던 사람들의 수는 제국 신민의 20분의 1을 넘지 않았을 것이다. 다만 그들의 신앙, 열성, 단결의 풍습 때문에 그 숫자가 과장되었을 뿐이다. 또한 훗날 그리스도교도를 증가시킨 여러 원인들이 그들의 세력을 실제보다 더욱 뚜렷하고 막강하게 보이도록 하는 데도 도움을 주었을 것이다.

어느 시대에나 소수의 사람들이 부와 지식에 의해 특권을 누리는 반면, 대부분의 사람들은 비천하고 무지하며 가난하게 살다가 생을 마친다. 이것이 인간 사회의 실정이다. 그리스도교도 처음에는 전 인류를 대상으로 했지만, 이윽고 상류층보다 하류층에서 훨씬 많은 개종자들을 모아야 했다.

그런데 이렇듯 자연스러운 과정으로 보이는 것이, 그 뒤 교회의 적들에게 맹렬한 비난의 여지를 주고 만다. 그리스도교에 입문하는 신자의 대부분이 그즈음 사회에서 가치 없게 여겨지던 인종, 즉 농민과 장인, 여자와 어린이, 거지

---

14) 페르시아 아케메네스 왕조의 왕. 재위 기원전 465~424.
15) 에우세비우스의 《복음에의 준비》에 의하면 2세기 말에는 다소의 개종자가 있었다.

와 노예로 구성되어 있었다는 것이다.

참고로, 마지막에 든 노예의 역할을 간과해서는 안 된다. 왜냐하면 그들을 통해 선교사가 부유층을 방문하는 일도 때로는 있었을 것이기 때문이다. 이렇게 노예를 중상하는 자들이 넘쳐났다.

"이 비천한 교사들은 공공장소에서는 말이 없지만, 자기네들끼리 있을 때는 말을 많이 할 뿐 아니라 독선적이다. 철학자들과의 만남은 벌벌 떨며 피하는 한편, 무식한 대중과는 기꺼이 어울리면서 그럴듯한 말로 그들을 속이고 있다. 그들이야말로 미신적인 공포에 가장 영향받기 쉬운 인종이기 때문이다."

사도들 자신도 신의 섭리에 따라 갈릴리 호수의 어부 중에서 선택된 것을 생각하면, 출신이 낮은 자일수록 더욱더 그들의 장점과 성공을 찬양하지 않을 수 없었다.

분명히 우리는 마음이 가난한 자에게는 천국이 약속되어 있다는 것을 마음에 깊이 새겨둘 필요가 있다. 또 불행한 자들이 천국을 약속하는 신의 말에 열심히 귀를 기울이는 데 비해, 운이 좋은 자들은 이 세상에서의 소유에 만족한다. 그리고 이른바 현자들도 이성과 지식을 의심하는 한편으로 그것을 남용하며, 결국은 그 우위성을 다투며 공허한 경쟁까지 하게 된다. 이러한 것도 잊지 말지어다.

그럼 이러한 반성이 왜 필요할까? 그것은 하늘의 복을 가장 많이 받았다고 여겨지는 뛰어난 인물들조차 하느님의 구원을 받지는 못한다는 것에서 우리로서는 약간의 위로를 찾을 수 있기 때문이다.

세네카, 플리니우스 부자, 타키투스, 플루타르코스, 갈레노스, 노예 에픽테토스, 황제 마르쿠스 아우렐리우스, 그들은 때로는 활동적 생활에서 때로는 사색적 생활에서 저마다 자신이 살았던 시대를 장식하고, 인간의 존엄성을 높임으로써 각자가 그 지위 신분을 영광으로 가득 채웠다. 원래 뛰어난 지성을 학문으로 더욱 갈고닦았고, 철학을 통해 편견으로 가득 찬 세속적인 미신에서 정신을 보호했으며, 진리의 탐구와 덕행의 실천에 삶을 바친 인사들이다.

그러나 이러한 현자들 모두가, 그리스도교의 완전성을 간과하거나 거부한 사실은 참으로 유감인 동시에 놀라운 일이다. 그들의 발언이나 침묵은, 그 무렵 이미 제국 전역에서 교세를 확장하고 있던 이 신흥종교를 그저 모멸하는 것뿐이었다.

물론 그들 중에는 그리스도교도에 대해 기록한 자가 전혀 없지는 않으며, 몇몇 사람은 분명히 언급한 적이 있다. 하지만 이 신흥종교의 신도들을, 학식이 있는 사람들에게는 일고의 가치도 없는, 오로지 절대적으로 믿고 따르기를 강요하는 완고한 광신도 집단으로 여긴 것에 불과하다.

콘스탄티노폴리스의 창건

불운한 리키니우스는 위대한 콘스탄티누스에게 대적한 마지막 경쟁자였으며 그의 승리를 장식해 준 마지막 포로였다. 이 정복자는 평화와 번영의 통치 기간을 끝낸 뒤, 황실에 로마제국 즉 새로운 수도, 새로운 정책, 새로운 종교를 유산으로 물려주었다. 그가 이룩한 개혁들은 그 뒤 여러 세대에 걸쳐 수용되고 존중되었다.

콘스탄티누스 황제와 그 아들들의 시대엔 중요한 사건들이 많이 일어났다. 그러나 시대순으로만 정리되어 있는 여러 가지 사건들을 엄밀하게 서로 구분 짓지 않으면 방대하고 복잡한 사건들에 주눅이 들 것이다. 역사가는 제국에 힘과 안정을 되찾아 준 정치제도에 대해 쓴 뒤, 제국의 쇠퇴를 가져온 전쟁과 혁명에 관해 언급할 것이다. 또 옛사람들은 알지 못했던 정치 문제와 교회 문제를 구분하는 방법을 써서, 그리스도교도들의 승리와 그 내부에서 생긴 불화에 대해 좋은 의미에서건 나쁜 의미에서건 귀중한 교훈적 자료를 풍부하게 제공하려고 한다.

리키니우스가 패배하여 물러난 뒤,[16] 승리한 그의 경쟁자는 장차 동방의 여왕으로 군림하여 콘스탄티누스의 제국이나 종교보다 오래 존속하게 될 하나의 도시를 창건한다. 디오클레티아누스가 처음 자부심에서건 정책적 이유에서건 유서 깊은 통치의 본거지인 로마에서 철수했던 동기는 그 후계자들이 보여 준 40년 동안의 관례로 더한층 깊은 의미를 지니게 되었다.

---

16) 322~324년.

로마는 어느덧 한때 그 발 아래 엎드렸던 종속적인 왕국들 중 하나로 혼동되기에 이르러, 역대 황제들을 배출한 이 도시는 이제 다뉴브강 부근에서 태어나서 아시아의 궁정과 군대에서 교육받고 브리타니아의 군단들에 의해 황제로 옹립된 군인 출신 군주에게는 별다른 관심의 대상이 되지 못했다. 콘스탄티누스를 구세주로 받아들였던 이탈리아인들은 그가 때때로 로마의 원로원과 민회에 직접 나타나서 발표하는 칙령에 순순히 따르기는 했지만, 이 새 주권자의 거동을 영광스럽게 생각지는 않았다. 콘스탄티누스는 한창 활동적인 나이에 전시와 평시의 형편에 따라, 그 광대한 영토의 변경 지방을 유유자적하게 또는 적극적으로 순행했고, 항상 국내외의 적을 맞아 대항할 수 있는 만반의 준비를 갖추고 있었다. 그러나 번영의 절정기에서 몸이 노쇠해져, 그는 황제의 권세와 위엄을 더욱 영구적인 장에서 누리려는 계획을 생각하게 되었다.

지리적 이점을 가진 장소를 물색하던 그는 유럽과 아시아의 경계 지방을 선호했다. 그것은 다뉴브강과 타나이스강 사이에 거주하는 야만족을 강대한 군사력으로 누르고, 수치스러운 조약의 멍에를 짊어진 채 분노하는 페르시아 국왕의 행동을 빈틈없이 감시하기 위해서였다. 디오클레티아누스도 이런 생각으로 니코메디아를 상주 도시로 선택한 바 있었다.

그러나 교회의 보호자, 콘스탄티누스는 당연히 디오클레티아누스를 추억하기 싫어했고, 자신의 명성을 영원히 유지할 수 있는 도시를 창건하려는 야심이 충만했다. 그는 리키니우스를 상대로 한 마지막 군사행동 중에 군인으로서, 그리고 정치가로서 비잔티움이 갖춘 비할 데 없는 입지 조건을 충분히 관찰할 기회를 가졌고, 이 도시가 교역에 편리하고 중개지로서 사통팔달의 위치에 있으면서도 적의 공격에 대해서는 천혜의 요새로 방어되고 있음을 알 수 있었다. 콘스탄티누스보다도 몇백 년 전 고대의 가장 현명한 역사가[17]도 이미 이곳이 취약한 그리스 식민도시이면서도 제해권을 장악하고 독립국가로서 번영하는 영예를 누릴 수 있는 지리적 이점을 가졌다고 기술한 바 있다.

우리는 지금 충분히 수도 콘스탄티노폴리스의 지리적 이점을 관찰할 능력을 갖추고 있다. 대제국의 중심지이자 수도로서 천혜의 조건을 갖춘 북위 41

---

17) 기원전 2세기경 그리스 역사가 폴리비오스.

유니우스 바수스의 석관 359년, 바티칸 성 베드로 대성당 보물실 소장. 예수 그리스도가 창도한 가르침은 신흥종교로서 팔레스타인에서 로마제국 전역으로 퍼져 나갔다.

도에 위치한 이 제도(帝都)는 그 일곱 언덕 위에서 유럽과 아시아의 두 해안을 굽어보았고,[18] 온난한 기후와 비옥한 토지, 넓고 안전한 항구를 가지고 있었을 뿐 아니라 대륙에서 접근하는 길은 몹시 협소하여 방어하기가 쉬웠다. 보스포루스 해협과 헬레스폰투스 해협은 콘스탄티노폴리스의 두 관문에 해당하는데, 이 중요한 통로를 관장하는 황제는 항상 적의 해군에게는 이를 봉쇄하고 상선들에게는 개방할 수 있었다. 동방 속주들을 유지할 수 있었던 것은 어느 정도까지는 콘스탄티누스의 정책 덕분이었으니, 이전에 지중해의 심장부로 군대를 몰고 왔던 흑해의 야만인들도 곧 해적행위를 중단하고 이 난공불락의 방벽을 돌파할 생각을 꿈도 꾸지 못했던 것이다.

이 도시는 헬레스폰투스와 보스포루스 해협의 문이 닫혀 있을 때도 그 넓은 프로폰티스해 주변에서 수많은 주민들에게 필수품은 물론 사치품까지 충분히 공급할 수 있었다. 지금 튀르크의 지배 아래 있는 트라키아와 비티니아 해안 지방은 아직까지도 넓은 포도밭과 풍부한 곡물 수확을 자랑하고 있다.

---

18) 로마를 모방하여 일곱 언덕을 택했음.

프로폰티스해에서는 어획 철이 되면 별다른 기술과 노력을 들이지 않고도 물고기를 끝없이 잡을 수 있다. 그러나 이 두 해협의 통로가 문을 활짝 열면 남쪽과 북쪽의 천연물품 및 가공품과 흑해나 지중해의 물품을 마음대로 교환할 수 있었다. 멀리 타나이스강에서 보리스테네스강에 이르는 게르만 및 스키타이 삼림에서 채취된 특산품, 유럽이나 아시아에서 정교하게 만든 공산품, 이집트의 곡물, 그리고 멀리 인도에서 생산된 보석과 향신료 등 온갖 물품들이 순풍을 타고 콘스탄티노폴리스 항구로 모여들었기 때문에, 이곳은 여러 세기 동안 고대 상업의 큰 중심지였다.

경치가 좋고 안전이 확보된 데다가 부가 이처럼 한곳에 집중되어 있었으니, 콘스탄티누스의 선택은 당연한 것이었다. 그러나 어느 시대에나 대도시의 기원에는 그에 어울리는 위엄을 부여하기 위해 어떤 기적과 전설이 적당히 결합되어 왔다. 콘스탄티누스도 그의 결심이 불확실한 속세의 정책에서 나왔다기보다는 절대 오류를 범하지 않는 영원한 신의 지혜에서 나온 것이라고 주장했다. 그는 한 법령을 통해서 자기가 하느님의 명령에 따라 콘스탄티노폴리스에 영원한 기초를 닦았음을 후손들에게 간곡히 훈시했다. 그는 하늘의 영감이 그의 마음속에 어떻게 떠올랐는지에 대해 직접 말하지 않았다. 그가 말을 아낌으로써 부족해진 부분은 후세 역사가들의 풍부한 창의력으로 보충되었다. 즉 그가 비잔티움의 성에서 자고 있을 때 환영이 나타났다고 설명한다. 늙고 병들어 쓰러져 가던 이 도시의 수호신 노파가 갑자기 꽃다운 처녀로 변신했고, 콘스탄티누스는 그녀를 온갖 황제의 상징물로 장식해 주었다. 꿈에서 깨어난 황제는 이 상서로운 징조를 해석한 뒤 주저 없이 하늘의 뜻에 따르기로 했다는 것이다.

로마인들은 도시 또는 식민지가 탄생한 날을 예로부터 전해 오는 의식에 따라 축하했다. 콘스탄티누스는 이단 종교의 냄새가 너무 강하게 풍기는 의식은 피했는지 모르지만 구경꾼들의 마음속 깊이 희망과 존경의 인상을 남겨 주고자 열망했다. 황제는 한 손에 창을 들고 스스로 장엄한 행렬을 이끌고 다니면서 수도 예정지의 경계선을 가리켰다. 그 둘레가 점점 커지자, 신하들은 놀라며 경계선이 이미 대도시의 크기를 넘어섰다고 말했다. 황제는 이렇게 대답했다.

"짐은 짐 앞에서 길을 인도하는 보이지 않는 안내자가 그만 멈추라고 할 때까지 계속 나아갈 것이다."

이 보이지 않는 안내자의 본성이나 동기를 주제넘게 논하기보다는 콘스탄티노폴리스의 크기와 경계에 관해서만 몇 가지 설명하겠다.

황실의 궁전과 정원은 일곱 언덕의 첫 번째인 동쪽 고지대를 차지하고 있는데, 그 면적은 오늘날로 계산하여 약 150에이커[19]에 이르렀다. 현재 튀르크의 국방과 전제정치의 본거지는 그리스인이 세운 소국(小國)을 기초로 하고 있으나, 그 무렵 비잔티움 사람들은 항구의 편리함에 이끌려 근대 술탄 궁전의 경계선 바깥쪽으로 거주지를 확대했던 것 같다. 콘스탄티누스가 건설한 새 성벽은 옛 요새로부터 15스타디움[20] 떨어진 삼각형의 긴 밑변을 가로질러 항구에서 프로폰티스해까지 뻗어 있다. 그리고 비잔티움시에서 보면 7개의 언덕 중 5개를 아우르고 있어 도시로 다가오는 사람들 눈에는 아름다운 언덕들이 첩첩이 솟아 있는 것처럼 보인다. 이 도시의 창건자가 사망하고 약 1세기가 지난 뒤에는 새로 지어진 집들이 한쪽으로는 항구까지 뻗어 갔고, 다른 한쪽으로는 프로폰티스해까지 이르러 이미 일곱 번째 언덕의 좁은 능선과 여섯 번째 언덕의 널찍한 정상을 뒤덮었다.

이 교외 주택 지역을 야만족들의 끊임없는 침략으로부터 보호하기 위해, 테오도시우스 2세[21]는 수도를 효과적이고 영구적인 성벽으로 둘러싸는 일을 시작했다. 콘스탄티노폴리스 성벽의 최대 길이는 동쪽 언덕으로부터 금문(金門) 해협에 이르기까지 약 3로마마일이었고, 둘레는 10~11로마마일, 전체 면적은 2000에이커 정도였을 것으로 추정된다. 그 무렵 콘스탄티노폴리스의 경계선이 가까운 유럽은 물론 심지어 아시아 쪽 해안의 촌락까지 확장되었다고 생각하는 근대 여행가들의 과장은 믿을 수가 없다. 그러나 페라와 갈라타의 교외 주택지구는 비록 항구 건너편에 있기는 하지만, 도시의 일부였다고 생각해도 무방할 것이다. 그렇다면 이 도시의 둘레를 16그리스마일[22]이라고 본 비잔

---

19) 1에이커는 약 4047제곱미터.
20) 1스타디움은 약 190미터.
21) 재위 408~450년.
22) 약 15마일.

티움 역사가의 계산도 틀린 것은 아니다. 이만한 크기라면 어엿한 제국의 수도로서 흠이 없었겠지만, 콘스탄티노폴리스는 바빌론과 테베, 옛 로마, 런던, 그리고 심지어 파리보다도 작았다.

자기 치세의 영광을 기릴 영원한 기념비를 세우고자 열망한 로마제국의 황제는 이 거대한 공사를 진행하면서 순종적인 만민의 부와 노동력, 그리고 가지고 있던 모든 능력을 총동원했다. 성벽과 주랑, 수도를 건설하는 데 약 250만 파운드가 들어갔다는 사실로 미루어 볼 때, 콘스탄티노폴리스 건설에 황실이 얼마나 아낌없이 돈을 썼는가를 추측할 수 있다. 흑해 연안의 우거진 삼림과 조그만 프로콘네소스섬의 유명한 흰 대리석 채석장은 어마어마한 자재를 공급했으며, 더욱이 근거리 해상운송을 통해 손쉽게 비잔티움 항구로 운반할 수 있었다. 수많은 노동자와 기술자들이 부단한 노력으로 완공을 서둘렀다. 그러나 초조한 콘스탄티누스는 얼마 지나지 않아 전반적인 건축술이 퇴조한 데다 건축가도 부족하고 그들의 기술도 서툴러서 도저히 그의 위대한 계획을 감당할 수 없음을 깨달았다. 그는 먼 변경 지방 속주의 행정관들에게까지, 학교를 세워 교사를 임명하고 후한 보상과 특전을 주어 고등교육을 받은 많은 재능 있는 젊은이들이 건축학을 연구하고 실습에 종사하게 하라고 촉구했다.

새 도시의 건축물들은 콘스탄티누스 시대 기술자들에 의해 완성되었지만, 건물의 장식은 페리클레스와 알렉산드로스 시대 가장 유명한 거장들의 손으로 꾸며졌다. 아무리 로마 황제라도 페이디아스나 리시포스와 같은 천재를 부활시킬 수는 없는 일이었다. 그러나 이들이 후손에게 남긴 불멸의 작품들은 탐욕스러운 전제군주의 허영심 앞에 무방비 상태로 방치되었다. 그는 그리스와 아시아 도시들의 가장 값비싼 장식물들을 빼앗았다. 유명한 전쟁의 전승기념비, 종교의식의 대상물들, 고대 신, 영웅, 현인, 시인 등의 아주 뛰어난 조각상들이 콘스탄티노폴리스의 화려한 위용을 장식하는 데 보태졌다. 11세기 역사가 케드레누스는, 감탄할 만한 작품을 모두 갖추었으며, 여기에 빠진 것은 오직 이러한 기념물들이 보여 주려 했던 위대한 인물들의 영혼뿐이라고 말했다. 그러나 우리가 호메로스나 데모스테네스의 영혼을 찾아야 할 곳은 콘스탄티누스의 신도시도, 인간 정신이 정치적 그리고 종교적으로 노예 상태로 억압받던 어느 제국의 쇠망기도 아니다.

정복자 콘스탄티누스는 비잔티움을 공략할 때, 주변을 굽어볼 수 있는 두 번째 언덕 위에 진을 친 적이 있었다. 그는 자신의 승리를 영원히 기념하기 위한 제1포럼의 건설 장소로 동일한 곳을 선정했는데, 이 포럼은 원형 또는 타원형이었던 것으로 보인다. 마주 보는 두 출입구는 개선문의 아치를 이루었고, 사방을 둘러싼 주랑은 한쪽 면이 조각품들로 가득 차 있었으며, 포럼의 중앙에는 높은 원형 기둥이 있었으나, 지금은 그 파편만 남아 불탄 기둥이라는 이름으로 불리는 꼴이 되고 말았다. 20피트 높이의 흰 대리석 받침대 위에 세워진 이 원형 기둥은 각각 높이 10피트, 둘레 33피트가량의 반암(斑岩) 기둥 10개를 쌓아올려 만든 것이었다. 지상에서 120피트 높이인 기둥 꼭대기에는 거대한 아폴로상이 서 있었다. 아테네나 프리기아의 한 도시에서 운반해 왔다는 이 동상은 페이디아스의 작품으로 생각된다. 이 예술가는 태양신을 나타낸 것이었는데, 나중에는 콘스탄티누스 황제를 나타내는 것으로 여기게 되었다. 이 동상은 오른손에 왕홀(笏)을, 왼손에 지구를 들고, 머리에는 번쩍거리는 왕관을 쓰고 있다. 원형경기장(Hippodrome)[23]은 가로 400보, 세로 100보가량의 웅대한 건물이었다. 2개의 '메타'[24] 사이는 갖가지 조각상과 오벨리스크로 채워졌으며, 지금도 청동으로 된 3마리 뱀을 꼬아 하나의 기둥을 만든 옛 작품들의 단편들이 남아 있다. 3개의 뱀 머리는 크세르크세스를 물리친 뒤 그리스인들이 델포이 신전에 봉헌했던 금빛 세발솥을 받치고 있었다. 이 경기장의 아름다움은 튀르크 정복자들의 거친 손에 오래전부터 훼손되었지만, 그래도 아직까지 아트메이단이라고 불리며 그들의 승마연습장으로 사용되고 있다. 황제가 경기를 관람하기 위해 만든 옥좌와 궁전까지 이어지는 구불구불한 계단이 있어, 로마의 황궁에 견주어도 뒤지지 않는 이 건물은 그 밖에도 작은 궁전과 정원, 주랑과 함께 원형경기장과 성 소피아 성당 사이의 프로폰티스 해안의 광활한 지역을 차지했다. 또 감탄을 자아낼 만한 여러 개의 대형 목욕탕이 있었다. 이 목욕탕들은 콘스탄티누스가 하사금을 내려 높은 원형 기둥과 갖가지 대리석 장식, 그리고 60여 개 이상의 청동상으로 꾸몄다. 그러나 이 도시의 건축 양식이나 명칭을 상세하게 기술한다면, 이 책의 본래 의도를 벗어나게 된다. 그러

---

23) 전차경기장으로, 로마의 키르쿠스에 해당.
24) 결승점 또는 반환점을 표시하는 기둥.

므로 여기서는 콘스탄티노폴리스의 성벽 안에는 대제도의 위엄을 장식하고 수많은 시민들의 복리나 쾌락에 도움이 될 만한 것이면 무엇이든 다 갖추어져 있었다는 점만 지적하는 정도로 충분할 것이다. 이 도시가 창건되고 약 1세기가 지난 뒤의 어떤 특별한 기록은 주요 시설로서 학교 1개, 원형경기장 1개, 극장 2개, 공중목욕탕 8개와 사설 목욕탕 153개, 주랑 52개, 곡물 창고 5동, 수도 또는 저수지 8개, 원로원이나 재판소의 집회를 위한 넓은 공회당 4동, 교회당 14동, 궁전 14동, 그리고 그 규모나 미관을 볼 때, 평민용 주택인 듯한 4388채의 주택 등을 열거하고 있다.

콘스탄티누스가 아낀 이 도시의 인구는 그가 가장 많은 관심을 기울인 문제 중 하나였다. 제도 이전 후에 이어진 암흑시대에는 이 주목할 만한 사건의 직간접적인 결과들이 허영심이 많은 그리스인들이나 남의 말을 쉽게 믿는 라틴 민족에 의해 많이 혼동되었다. 로마의 모든 귀족과 원로원, 기사단이 수많은 식솔들을 거느리고 황제를 따라 프로폰티스해 연안으로 이주했다고 하거나, 텅 빈 옛 수도 로마는 잡다한 이방인과 평민들에게 점령된 채 내버려 두었고 오래전부터 정원화되었던 이탈리아 땅은 곧 농사도 짓지 않고 사람도 살지 않는 땅으로 변했다고 했다. 이런 과장은 역사 진행 과정에서 바르게 시정되겠지만, 원래 콘스탄티노폴리스의 생장을 인구 증가와 산업 발달 탓으로 볼 수는 없으므로, 이 인위적인 식민지가 로마제국 옛 도시들의 희생 위에 세워졌다는 점은 인정할 수밖에 없다. 로마와 동방 속주들의 부유한 원로원 의원들은 콘스탄티누스의 부름을 받아 황제가 거주지로 선택한 이 행운의 장소를 고향으로 삼았을 것이다. 군주의 이 초대는 명령이나 다름없었고, 황제의 후한 하사금 때문에 신하들은 기꺼이 복종했다. 그는 충신들에게 시내 곳곳에 지은 궁전들을 하사했고, 그들이 위엄을 지킬 수 있도록 토지와 은급을 주었으며, 수도에서 간단한 조건으로 집을 세습적으로 유지할 수 있게 폰토스와 아시아 지방의 영지를 주었다. 그러나 이러한 장려책이나 은전도 곧 쓸모없어져 점차 폐지되었다.

수도가 정해지면 군주와 대신, 재판관, 조신들이 국가 세입의 가장 큰 부분을 소비하게 마련이다. 각 속주의 부자들은 이해관계와 일, 또 쾌락과 호기심 때문에 큰 매력을 느껴 몰려온다. 주민들 중에 가장 수가 많은 제3계급은 하인, 기술자, 상인 등으로 구성되는데, 이들은 자신들의 노동으로, 또는 상류층의 수요나 사치를 충족시킴으로써 생계를 유지한다. 1세기도 지나지 않아 콘스탄티노폴리스는 부와 인구 면에서 로마와 우열을 다투었다. 위생이나 편의 시설을 고려하지 않은 수많은 집들이 점차 들어섰고, 좁은 거리에는 늘 사람과 말과 마차가 붐벼서 발 디딜 틈도 없었다. 정해진 지역만으로는 늘어나는 인구를 수용하기에 부족해졌고, 바다 양쪽으로 뻗어 나간 추가 지역만으로도 상당한 규모의 도시를 형성하기에 충분했다.

콘스탄티누스가 마치 연인을 기다리는 것 같은 조급한 마음으로 공사 진행을 재촉했기 때문에 성벽, 주랑 등의 주요 건물들은 2, 3년 만에 완공되었다. 어떤 기록에 의하면 채 1년도 걸리지 않았다고 한다. 그러나 이와 같은 비범한 근면성은 그다지 큰 감탄을 불러일으키지 못했으니, 그것은 수많은 건물들이 너무나 급하게 지어져 후대에 와서 붕괴되지 않도록 보수하는 데 어려움을 겪었기 때문이다. 하지만 이 건물들이 갓 완성되었을 때는 신선한 활기가 넘쳐흘러, 콘스탄티누스는 도시의 축성식을 거행하려고 준비했다.

이 기억에 남을 축제에서는 여러 가지 경기가 펼쳐지고 화려한 선물들이 오갔다. 그러나 또 한 가지 간과해서는 안 될 특이하고 영구적인 성격을 띤 사실이 있다. 도시의 창건 기념일이 돌아올 때마다,[25] 그의 명령에 따라 오른손에 도시의 소형 수호신상을 쥐고 있는 금빛으로 번쩍이는 콘스탄티누스의 목상을 개선 행진 전차 위에 세웠다는 것이다. 가장 좋은 옷을 차려입고 손에 하얀 양초를 든 근위병들을 거느린 장엄한 행렬이 원형경기장으로 들어섰다. 황제는 행렬이 옥좌 앞에 이르면 자리에서 일어나 선황들의 기념상에 깊은 감사를 표했다. 이 축전에서 원형의 대리석 기둥에 새겨진 칙령에 의해 콘스탄티노폴리스에 '제2의 로마' 또는 '새 로마(Nova Roma)'라는 칭호가 부여되었다. 그러나 이 영예로운 명칭보다는 콘스탄티노폴리스로 널리 쓰였고, 1400년이 지난 지금까지도 창건자의 이름으로 불리고 있다.

새 수도의 창건은 자연히 새로운 형태의 정치, 군사 행정을 불러일으켰다. 디오클레티아누스가 시작하고 콘스탄티누스가 수정하여 후계자들이 완성한

---

25) 5월 11일.

복잡한 정치체제를 잘 살펴보면, 대제국의 특이한 모습이 흥미로울 뿐 아니라 로마가 급속도로 멸망하게 된 내적 원인들을 이해할 수 있을 것이다. 어떤 주목할 만한 체제의 성쇠를 연구하기 위해서 우리는 로마 초기 고대사 또는 더욱 최근의 시대로 들어서야 할 경우가 많지만, 이 책의 범위에 합당한 시기는 콘스탄티누스의 등극에서 테오도시우스 법전의 반포(438년)에 이르는 약 130년간으로 잡아야 할 것이다. 이 법전은 동서 로마제국의 《노티티아(Notitia)》[26]와 함께 로마제국의 상태에 관한 가장 풍부하고 믿을 만한 자료의 원천이다. 이 복잡한 문제에 대한 고찰은 아주 나중으로 미루겠지만, 이와 같은 중단을 비난하는 독자가 있다면, 아마도 궁정 안의 잡다한 음모나 우발적인 전쟁을 큰 호기심을 가지고 읽으면서도 법과 관습의 중요성은 깨닫지 못하는 독자들일 것이다.

실질적 권력을 지닌 로마인들의 남성적 자부심은 동방의 허례허식에 물들어 허영심으로 바뀌었다. 로마인들이 자유정신으로부터 얻은 미덕을 모조리 상실하자, 검소한 로마의 풍습도 점차 아시아 궁정의 호화로운 겉치레로 타락하고 말았다. 공화정에서 매우 두드러지게 나타났던 개인의 능력이나 영향력은 역대 황제들의 전제정치로 완전히 사라졌다. 황제들은 그러한 개인적인 특징 대신 황실의 노예는 물론 권력의 말단 관리인들에 이르기까지 직책과 계급에 따른 엄격한 복종체제를 도입했으며, 낮은 계급에 속하는 수많은 하인들은 변혁이 일어나면 자기들의 희망이 사라지고 봉사에 대한 보수가 중단될 것을 염려하여 현 정권을 지지했다.

이 신성한 위계체제에서는 모든 관직이 빈틈없이 정확하게 구별되고 그 위엄이 다양하면서도 장엄한 의식으로 표현되었기 때문에, 이를 배우는 것은 하나의 연구였으며 이를 게을리하면 신성모독이 되었다. 자만심과 아첨이 뒤섞여 툴리우스(키케로)도 알아듣지 못하고 아우구스투스라면 화를 내며 거절했음직한 여러 경칭이 채택되어 라틴어의 순수성이 훼손되었다. 제국의 고위 공직자들은 심지어 황제에게마저 여러 가지 경칭으로 불렸는데, 예를 들면 귀관이나 고관, 대관 또는 각하 등이 그것이다.

---

26) 고위관직표.

그들의 관직 표시는 그 성격과 높은 위엄을 가장 적합하게 나타내는 세련된 말들로 정성 들여 꾸며졌으며, 현 황제의 초상화, 개선 행진 마차, 화려한 양탄자를 덮고 4개의 촛불을 밝힌 탁자 위에 올려놓은 칙령집, 황제가 통치한 속주들을 나타내는 상징적 표장, 황제가 지휘하는 군대의 명칭과 군기 등을 장식했다. 이러한 관직 표장 중 어떤 것은 실제로 공직자들의 접견실에 전시되었고, 어떤 것은 외출할 때 화려한 행렬의 선두에 게양되기도 했다. 그들의 태도와 복장, 장식, 행렬 등은 모두 황제에 대해 깊은 존경심을 가지도록 꾸며졌다. 철학자가 보기에 로마 정부의 체제는 여러 성격과 등급의 배우들이 총출연하여 각본대로 똑같은 말을 반복하고 감정을 흉내 내는 화려한 연극 정도로 착각될 정도였다.

제국 안에서 요직을 맡은 행정관들은 모두 3종류의 계급으로 정확하게 구분되었다. 즉 '일루스트레스(illustres/illustrious)', '스펙타빌레스(spectabiles/respectable)', '클라리시미(clarissimi/honounable)'가 바로 그것이다. 로마가 소박하던 시대에는 클라리시미라는 호칭은 막연한 경칭으로만 사용되었으나, 이윽고 원로원 의원들과 원로원에 의해 속주 통치자로 선출된 총독들을 가리키는 경칭이 되었다. 자신이 다른 원로원 의원들보다 관직이 높다고 주장하는 사람들은 나중에 스펙타빌레스라는 새로운 경칭을 좋아했다. 그러나 일루스트레스라는 경칭은 다른 두 하위직 사람들의 복종과 존경을 받는 몇몇 고위층에 대해서만 쓰여졌다. 즉 (1) 집정관과 귀족, (2) 로마 및 콘스탄티노폴리스의 근위대를 거느린 근위대장들, (3) 기병대 및 보병부대의 총사령관, (4) 황제 곁에서 신성한 직무를 수행하는 궁내의 일곱 장관들만이 일루스트레스라는 경칭으로 불리었다. 서로 동격에 해당하는 일루스트레스 행정관들 사이에서는 겸임자가 우위를 차지했다. 은혜 베풀기를 좋아하는 황제들은 현 상태에 만족하지 못하는 신하들의 야심은 충족시켜 주지 못하더라도, 명예를 수여하는 방법으로 그들의 허영심은 충족시켜 줄 수 있었다.

집정관과 귀족
로마의 집정관들은 자유국가의 제1행정관으로서 그들의 권력은 인민의 선거를 통해 획득되었다. 황제들이 실질적으로 관직을 임명한 뒤에도 집정관은 여전히 표면적으로는 원로원의 투표로 선출되고 있었다. 그러나 디오클레티아누스 시대부터는 이와 같은 자유민권의 흔적마저 사라졌고, 후보로 나서 1년 동안 집정관이라는 명예를 누리게 된 사람들은 짐짓 선임자들이 겪었던 굴욕적인 상황에 탄식하는 척했다. 옛날 스키피오나 카토처럼 2대에 걸쳐 집정관을 낸 집안의 후보자들도 평민들의 표를 간청하며 평민 선거라는 지루하고 값비싼 형식을 거쳐야만 했고, 자신의 위엄이 평민들에게 거부당하는 수치를 각오해야만 했다. 그러나 이제 집정관들은 운이 따르면 지혜롭고 인자한 군주를 만나 장기간 정권에 참여하여 공적을 인정받을 수도 있었다. 콘스탄티누스는 직접 선출한 2명의 집정관들에게 편지를 보내 그들은 황제 자신의 권위로 뽑힌 것이라고 선언하고 있다. 그리고 그들의 이름과 얼굴을 새겨 금박을 입힌 상아 조각품을 제국 각 속주, 도시, 행정관, 원로원, 민회에 선물로 배포했다.

집정관의 장엄한 취임식은 새 제도 아래에서 거행되었고, 로마는 120년 동안 내내 이 특권을 빼앗겼다. 집정관들은 1월 1일 그 직권을 나타내는 문장을 수여받았다. 그들은 금실로 수놓은 보랏빛 비단 예복을 입었는데, 거기에 값비싼 보석으로 장식하는 경우도 있었다. 이 장엄한 의식에서는 원로원 의원 복장을 갖춘 문무 고관들이 그들을 수행했다. 그리고 그 앞에 관리(lictor)들이, 전에는 막강한 권위를 상징했으나 이제는 무용지물이 된 도끼를 몇 개의 막대기들로 싸서 묶은 권표(權標, fasces)[27]를 집정관에게 바쳤다.

행렬이 궁정을 떠나 포럼에 이르면 집정관들이 재판석에 올라가 옛 풍습대로 만든 고관용 의자에 앉았다. 그들은 곧 판결을 집행하고, 끌려온 노예를 석방해 주었다. 이 의식은 자유권과 집정관직의 창안자인 대(大)브루투스[28]가 옛날 타르퀴니우스 왕가의 음모를 폭로한 충실한 증인 빈디키우스를 노예 신분에서 해방시켜 로마 시민으로 받아들였던 유명한 재판을 상징하는 데 목적이 있었다.[29]

---

27) 파시즘(fascism)의 어원.

28) 기원전 6세기 로마의 전설적 영웅.

29) 고대 로마 왕정은 Tarquinius Superbus(재위 기원전 534~510년, 오만한 왕이라는 뜻)가 실정을 거듭하자 귀족들에 의해 폐지됨. 수페르부스는 복위를 꿈꾸었으나 빈디키우스의 고발로 좌절됨.

이 국가적 축제는 제국의 모든 중요 도시에서 며칠간 계속되었다. 로마에서는 관습에 따라, 그리고 콘스탄티노폴리스에서는 그것을 본떠서 축제를 거행했고, 카르타고, 안티오키아, 알렉산드리아 등지에서는 일종의 유흥으로서 부를 과시하기 위해서 거행했다. 동서 두 수도의 극장, 원형경기장에서 거행되는 연례 축제에는 황금 4000파운드, 즉 영국 화폐로 16만 파운드의 비용이 들었다. 이 무거운 비용이 담당 행정관의 능력이나 의지를 넘어섰다고 판단되는 경우에는 황실 재정에서 충당되었다.

집정관들은 이와 같은 관행상의 의무를 다한 다음에는 자유의 몸이 되어 은거하면서 그해 나머지 기간 동안은 조용히 자신의 직위를 생각하며 사생활을 즐길 수 있었다. 그들은 더 이상 국가적 회의를 주재하지도 않았고, 전쟁과 평화에 관한 결정을 집행하지도 않았다. 그들의 능력은 좀더 중요한 관직을 위해 사용되지 않는 한 거의 쓸모없는 것이었으며, 그들의 이름은 그들이 마리우스와 키케로의 의자를 차지했는지 정확한 날짜를 알려주는 의미밖에 없었다. 그러나 노예 상태로 전락한 로마제국 말기에도 이 한직은 다른 실질적인 권력을 장악하는 것과 다를 바 없었고, 심지어 그런 권력보다 더 선호하는 경향이 있었다. 아직도 집정관이라는 칭호는 가장 화려한 야망의 대상이었고, 덕망과 애국심에 대한 가장 고귀한 보상이었다. 황제들은 공화제를 하찮게 여겨 혐오하면서도, 해마다 집정관직의 서임을 주재함으로써 자신의 영예와 위엄을 더할 수 있다고 생각하고 있었다.

어느 시대 어느 국가를 막론하고 역사상 그 구별이 가장 분명하고 완벽했던 것은 로마 공화정 초기에 확립된 귀족과 평민이었을 것이다. 부와 명예, 관직, 종교의식 등을 거의 독점하다시피 한 귀족들은 혈통의 순수성을 보존하는 데 집착했고, 자기들의 보호 아래 있는 평민을 허울 좋은 가신의 신분으로 묶어 두었다. 그러나 자유민의 정신과 양립할 수 없는 이 같은 차별제도는 호민관들의 끈질긴 노력에 의한 오랜 투쟁 끝에 폐지되었다. 성공한 일부 평민들은 재산을 모아 명예를 구하고 무훈을 세워 유력층과 인척 관계를 맺었으며, 몇 세대가 지난 뒤에는 옛 귀족들과 같은 권세를 누렸다.

반면에 귀족 가문은 공화정 말기까지 원래의 수에서 변함이 없었으며, 자연적으로 몰락하거나 여러 차례의 국내외 전쟁 중에 소멸되었다. 또 공적을 세우지 못하거나 재산이 없으면, 점차 평민과 뒤섞이기도 했다. 로마의 초창기부터 순수한 혈통을 이어 온 귀족 가문은 희박하였고, 카이사르, 아우구스투스, 클라우디우스, 베스파시아누스 등은 그 무렵 영예롭고 신성하다고 여겨졌던 귀족계급을 영속화하기 위해 원로원 의원들 중에서 상당수의 새 귀족 가문을 일으켰다. 그러나 이 같은 인위적인 공급[30]은 폭군들의 횡포, 잦은 혁명, 풍습의 변화, 그리고 민족 혼합 등에 의해 빠르게 사라져 갔다. 콘스탄티누스가 즉위할 무렵에 남은 것이라고는 귀족들이 한때는 로마의 제1계급이었다는 막연하고 불완전한 전통뿐이었다.

귀족의 영향력을 남기는 한편 군주의 권위를 지키는 것은 콘스탄티누스의 성격과 정책에는 어울리지 않았다. 그러나 비록 그가 진심으로 이러한 생각을 가지고 있었다 하더라도, 시대와 여론의 지지를 요구하는 어떤 제도를 자의적인 칙령으로 만드는 것은 그의 권한을 벗어나는 일이었다. 그는 실제로 파트리키우스(patricius, 귀족)라는 칭호를 부활시켰으나, 그것은 세습적이 아닌 한 개인 세대의 칭호로서의 부활이었다. 귀족들은 임기 1년인 집정관의 일시적 권력에 복종하는 대신 황제 곁에 가장 가까이 접근할 수 있었기 때문에 국가의 모든 고위 관리들보다 우위에 섰다. 이 영예로운 지위는 종신제였는데, 그들은 대부분 궁정 안에서 성장한 총신들이었기 때문에 이 칭호의 참다운 뜻은 무지와 아첨에 섞여 콘스탄티누스 시대 귀족들은 황제와 국가의 '의부(義父, pateri)'로서 존경받았다.

근위대장

근위대장(praefectus praetorio)은 신분상 집정관이나 귀족과는 그 뿌리가 달랐다. 집정관이나 귀족들은 예부터 내려온 자신들의 권위가 공허한 칭호만 남기고 사라졌다는 생각을 하고 있었다. 그러나 근위대장의 경우는 비천한 신분에서 점차 승진하여 로마제국의 치안과 군권을 장악한 사람들이었다. 세베루스 황제에서 디오클레티아누스 황제에 이르는 기간에는 근위대와 궁정, 법률과 재정, 군대와 속주들이 근위대장의 감독 아래 있었다. 그들은 동방의 재상

---

30) 그중에는 당연히 집권한 가문이 포함되어 있었다.

들처럼 한 손에는 제국의 국새를 쥐고 다른 한 손에는 군기를 잡고 있었다. 이들은 야심에 차서 때로 그들이 섬기는 군주를 위협하여 죽음으로 이끌었는데, 근위대의 실력이 그 배경이 되었다. 그러나 이 오만한 군대는 디오클레티아누스 황제에 의해 약화되고 콘스탄티누스 황제에 이르러서는 억압당했다. 그 뒤에도 명맥은 유지했으나, 근위대장들은 변변한 저항도 하지 못한 채 유용하면서도 온순한 장관 신분으로 전락했다. 그들은 황제의 신변을 지키는 책임에서 벗어나자, 종전에 궁정 안의 모든 부서에 대해 행사했던 관할권도 반환했다. 그들은 로마 군대의 정예부대를 지휘하여 전장에 나갈 수 있는 권한을 빼앗겼으며, 콘스탄티누스에 의해 모든 군사 지휘권도 박탈당했다. 마침내 근위대장들은 속주의 민정행정관으로 탈바꿈했다.

디오클레티아누스 황제가 제정한 통치 계획에 따르면, 4인의 황제가 저마다 1명씩의 민정총독[31]을 두었다. 콘스탄티누스는 제국을 다시 통일한 뒤에도 계속해서 같은 수의 총독을 임명하여 그들이 종전에 다스리던 속주를 맡겼다. (1) 동방의 민정총독은 나일강 중류의 대폭포에서 파시스강 유역까지, 그리고 트라키아의 산맥에서 페르시아 변경에 이르는, 로마제국의 4분의 3에 해당하는 지역을 관할했다. (2) 판노니아, 다키아, 마케도니아, 그리스 등 중요 속주들은 한때 일리리쿰 총독의 지휘 아래 있었다. (3) 이탈리아 총독의 권한은 이탈리아 지역에 국한되지 않고 멀리 다뉴브강 유역에 이르는 라이티아까지, 지중해의 섬들에까지, 아프리카 대륙의 키레네 변두리에서 팅기타니아 변두리 지역까지 추가로 관장했다. (4) 갈리아 총독은 브리타니아와 에스파냐까지 관장했으며, 그 권한은 안토니누스 방벽에서 아틀라스산 기슭에까지 이르렀다.

민정총독들은 모든 군사 지휘권을 박탈당했지만 다른 수많은 나라들에 대해 행사하던 여러 행정권만으로도 그들 최고 고관들의 야심과 능력은 충분히 만족될 수 있었다. 사법과 재정에 관한 최고 행정이 그들의 능력에 맡겨지게 되었다. 이 두 가지 업무는 평화 시에는 군주와 시민 모두에 대한 의무를 포함했는데, 전자의 경우 법률에 순종하는 시민들을 보호할 의무, 후자의 경우는 국가예산에 소요되는 부담의 몫을 분담하는 의무였다. 통화, 도로, 우편, 곡물

---

31) 근위대장.

창고, 제조 공장 등 국가의 번영에 도움이 되는 것은 모두 그들의 권한에 의해 조정되었다. 그들은 황제의 직접 대리인으로서 저마다 임의적 선포에 의해서 일반적 칙령을 공포, 시행하고 경우에 따라 일부를 수정할 권한을 가지고 있었다. 그들은 또한 속주 지사들의 행동을 감시하여 태만한 자를 면직시켰으며 죄를 지은 자는 처벌했다. 하급 관할구역으로부터는 민사, 형사상 모든 중요 사건이 총독의 재판을 받기 위해 상소되었다. 그의 판결은 최종적이고 절대적이었으며, 황제들도 일단 그들에게 무제한의 신임을 준 이상 그의 판결이나 공정성에 대해 불복할 수 없었다. 그의 수당은 위엄을 갖추기에 적절했으며, 만약 그가 욕심 많은 사람이라면 각종 벌금, 선물, 뇌물 등을 얼마든지 거두어들일 수 있었다. 황제들은 이 민정총독들의 야심을 두려워하지는 않았지만, 그러면서도 그 임기를 단축시키거나 불확실하게 만드는 방법으로 이 중요한 직책이 가지는 권력을 견제하려 했다.

민정총독의 관할권이 미치지 않는 지역은 더욱 높은 지위와 위엄을 지닌 로마와 콘스탄티노폴리스뿐이었다. 도시의 규모가 방대해지고 법률 운용 경험이 비효율적이라고 여겨지자, 일찍이 아우구스투스는 새 행정장관을 도입하는 정책을 취하였는데, 행정장관은 강력한 전권을 휘둘러 비굴한 데다 불온한 시민들을 단속할 수 있었다. 이 직책은 사람들의 미움을 사기 쉬웠기 때문에, 어느 정도 위엄을 갖추어 주기 위해 발레리우스 메살라를 로마 초대 시장에 임명했다. 그러나 이 훌륭한 시민은 브루투스의 친구다운 정신을 발휘하여 며칠 뒤 자기는 시민의 자유와 양립할 수 없는 권력은 집행할 수 없다고 선언한 뒤 사퇴했다. 자유에 대한 관념이 희박해지면서 계급질서의 필요성이 더욱 분명해졌다. 이에 따라 원래 노예와 부랑자를 위협하기 위해 만들어진 총독직은 로마 기사계급과 귀족들에 대해서도 민사, 형사 재판권을 행사하는 것이 허용되었다. 이렇게 되자 1년 임기로 법과 자유평등을 보장하기 위해서 임명되던 집정관(praetor)은 활발한 움직임을 보이는 상설 행정장관과 포럼의 관할권을 다툴 수 없게 되었다. 그들의 법정은 한산해졌고, 한때 12~18명 선을 오르내리던 집정관의 수는 점차 2~3명으로 감소했으며, 그들의 주요 사무는 시민의 여흥을 위해서 비용이 높은 축제를 준비하는 일에 한정되었다.

집정관이라는 직책이 한낱 껍데기로 전락하여 수도에서 거의 쓰임이 없어지자, 로마 시장이 원로원에서 그 자리를 물려받아 이 존경받아 마땅한 원로원 회의의 상임의장이 되었다. 시장은 100마일이나 떨어진 먼 지역에서도 탄원을 접수했고, 자유도시의 모든 자치권은 오직 시장에게서만 나온다는 것이 법의 원칙으로 인정되었다. 로마 시장은 그 바쁜 업무를 수행하기 위해 15명의 보좌관을 두었는데, 그들 중에는 출신상 시장과 동급이거나 심지어 상급인 사람도 있었다. 주요 부서들은 감시 업무의 지휘와 관련된 것으로서 화재, 도난, 야간 질서에 대비한 치안 부서, 곡물과 일용품의 관리 및 배급 부서, 항만, 수도, 하수도, 티베리스강의 항해 및 보호, 시장, 극장, 개인 및 국가 토목사업의 감독 부서 등이었다. 이들의 감시 업무는 정규 경찰의 3대 목적, 즉 치안, 재산, 청결이 대상이 되었다. 그리고 로마의 미관과 위업, 그리고 기념조각품들의 보전을 위해 감독관을 임명했다. 이 감독관은 말하자면 로마의 생명 없는 주민들의 보호자인 셈이었는데, 이런 주민은 로마의 생명 있는 주민보다 수적으로 결코 적지 않았다. 콘스탄티노폴리스에서도 창건 약 30년 뒤에 행정장관 1명이 같은 목적으로 임명되어 같은 권한을 행사했다. 이 두 시장의 권한, 그리고 4명의 민정총독의 권한은 완전히 대등한 관계였다.

제국의 위계체계는 '스펙타빌레스'라고 불리는 사람들을 '일루스트레스'인 민정총독과 '클라리시미'인 속주 행정장관들 사이의 중간계급으로 인정했다. 이 계급에 속하는 사람들 중에서 아시아, 아카이아 및 아프리카 속주 총독(proconsul)들은 예부터의 위업을 지키면서 높은 지위를 유지했다. 그들의 종속적 지위를 나타내는 유일한 표시는 그들의 재판소에서 민정총독의 재판소로 상소를 올린다는 점뿐이었다. 제국의 대민 행정은 그 하나하나가 강력한 왕국 규모인 13개 대(大)관구(dioecesis)로 나누어져 있었다. 이 관구들 중 첫 번째 관구는 동방 코메스(comes)의 관할에 속했다. 그 기능이 얼마나 중요하고 다양한 것이었는가는 그의 직속으로 지금의 비서, 서기, 의전관, 전령 등에 해당하는 속관(apparitor)이 600명이나 배속되어 있었다는 점만 보아도 짐작할 수 있다. 이집트 아우구스투스 관구[32]에는 이미 로마의 기사를 임명하지 않았고, 다만 그 이름만 남아 있게 되었다. 그 지방의 상황과 주민들의 특성으로 인해 불가결해

---

32) 직할 관구.

진 특수 권한은 여전히 지사가 장악하고 있었다. 나머지 11개 관구들, 아시아, 폰티카, 트라키아, 마케도니아, 다키아, 판노니아 또는 서부 일리리쿰, 이탈리아, 아프리카, 갈리아, 에스파냐, 브리타니아는 12명의 비카리우스(vicarius), 즉 총독 대리에 의해 통치되었는데, 총독 대리라는 직명으로 보아 그 직책의 성격과 종속성을 잘 알 수 있다. 한 가지 덧붙일 것은 로마군의 고급장교들, 즉 군대의 코메스(comes)와 둑스(dux)에게는 '스펙타빌레스'라는 호칭이 주어졌다는 점이다. 그것에 대해선 나중에 설명하겠다.

황제들의 내각에 질투와 과장이 만연하자, 황제들은 권력을 세분화하고 그 칭호를 늘리려고 애썼다. 역대 로마 황제들이 동일한 통치 방식 아래 통일했던 광대한 지방들은 어느새 수많은 지역으로 분리되었고 마침내 제국 전체가 116개 속주로 분할되었으며, 각 주마다 막대한 돈을 써서 거대 체제를 유지했다. 그중 3개 속주는 속주 총독에 의해서, 37개의 속주는 집정관급 지사(consularis), 5개 속주는 코렉토르(corrector), 71개 속주는 프라이시덴스(praesidens)에 의해서 통치되었다. 이 행정관들의 칭호는 다양했으며, 직급도 순위가 매겨졌다. 그 직위를 나타내는 문장도 달랐고, 지위도 상황에 따라 마음에 드는 경우와 그렇지 않은 경우가 있었다. 그러나 그들은 모두(총독을 제외하고) '클라리시미' 계급에 속했으며, 황제의 신임을 받는 동안은 총독 또는 그 대리의 권위 아래 각 관구별로 사법과 재정의 권한을 부여받았다.

방대한 《칙법휘찬(Codex)》과 《유스티니아누스 법전(Pandectae)》은 그 무렵 지방 행정체제를 자세히 알 수 있는 풍부한 자료들을 제공하고 있는데, 이 체제는 6세기에 걸쳐 로마 정치인과 법률가들의 지혜로 개선되었다. 역사가들은 권한 남용을 억제할 목적으로 마련된 두 가지의 독특하고도 유익한 규정을 살펴보는 것으로서 충분하다.

(1) 속주 지사들은 평화와 질서 유지를 위해 사법권이라는 무기를 사용하였다. 그들은 체형을 부과했으며 중죄인에 대해 생살여탈권을 행사했다. 그러나 이미 유죄판결을 받은 자에게 자신의 처형 방법을 선택하도록 허가하거나 명예로운 유배지로 추방할 권한은 가지지 못했다. 이 권한은 오직 총독만이 가지고 있었고, 총독만이 황금 50파운드의 무거운 벌금형을 내릴 수 있었으며, 그 대리인은 불과 몇 온스의 소액 벌금형만 언도할 수 있었다. 작은 권한

은 주지 않고 큰 권한만 부여하는 듯한 이 규정은 매우 합리적인 동기에 근거하였다. 작은 권한일수록 남용되기 쉽다는 이유에서였다. 지방 행정장관들은 감정에 휩쓸려 신민의 자유와 재산을 침해하는 위압적 행위를 저지를 가능성이 높았다. 그들이 분별력과 인도주의적 사상을 바탕으로 무고한 사람의 피를 흘리기를 꺼렸을 가능성도 있긴 하다. 게다가 추방, 거액의 벌금, 편안하게 죽는 방식의 선택 등은 주로 부자나 귀족에게 관계되었던 것으로 볼 수 있다. 그러므로 지방 행정장관들의 탐욕이나 원한의 대상이 된 사람들이 그들의 잘 드러나지 않는 박해를 피해서 더욱 공명정대한 민정총독의 재판에 회부되기를 바랐던 것이다.

(2) 재판관의 정직성은 개인적인 이해관계나 애정 관계가 개입되면 당연히 더럽혀질 위험이 있기 때문에 엄격한 규제가 뒤따랐다. 이 규제는 황제가 특별히 허가하지 않는 한, 누구든지 자기 출생지의 행정장관이 되지 못하도록 하고, 지사나 그 아들이 원주민 또는 거주민과 결혼하지 못하도록 하며, 자기 관할구역 안에서는 노예, 토지 또는 주택을 구입하지 못하도록 하는 내용이었다. 이 같은 엄격한 예방조치가 있었음에도, 콘스탄티누스 황제는 자신의 치세 25년이 지난 뒤에도 여전히 재판관과 재판소 하급관리들이 재판 업무의 졸속 처리, 심리의 적당한 지연, 최종 언도 등을 둘러싸고 뇌물을 받고 있다며 격분했다. 그 뒤에도 중대한 법령과 효력 없는 위협이 계속 발포된 것을 보면, 이 같은 범죄가 법망을 벗어나 계속되었음을 알 수 있다.

민간 행정장관들은 모두 법률가들 중에서 선임되었다. 유명한 《유스티니아누스 법전》은 로마법 연구에 뜻이 있는 전국의 젊은이들을 위한 것이었다. 그리고 황제가 몸소 젊은이들이 법률에 대한 숙련과 재능을 얻게 되면 국가 행정상 적재적소의 기관에 배치될 것이라고 다짐함으로써, 그들의 면학을 고무하고 있었다. 동서 로마의 대도시들에서는 모두 이 수익성 높은 학문의 기초 과정을 가르쳤다. 그중 페니키아 해안에 있는 베리투스 법률학교가 가장 유명했다. 이 학교는 알렉산데르 세베루스가 창설한 때부터 3세기가 넘도록 번영을 구가했다. 학생들은 5년간의 정규교육 과정을 마치면, 행운과 명예를 찾아 각 지방으로 흩어져 갔다.

광대한 제국은 수많은 법률, 책략, 악덕으로 이미 부패해 있었기 때문에, 일

자리는 얼마든지 있었다. 동방 총독의 법정만 해도 150명의 변호사에게 일자리를 공급할 수 있었는데, 그중 64명은 별도의 특권을 누리고 있었고, 2명은 국고를 보호하기 위해 해마다 선임되어 연봉으로 황금 60파운드를 받았다. 그들의 법률적 재능은 행정장관의 보좌관으로 임명되면서 첫 시험을 받았다. 여기서 발탁되어 재판장이 되는 경우도 많았다. 그들은 한 지방의 행정을 맡게 되면 재능, 명망 또는 황제의 은총에 힘입어 점차 국가의 일루스트레스로 승진했다.

그들은 변호 업무를 집행할 때 이성을 변론의 수단으로 삼았고, 개인적 이해관계에 맞춰 법률을 해석했는데, 국가 행정을 담당할 때도 이 같은 나쁜 습관을 버리지 못했을 것이다. 예나 지금이나 순수한 정직성과 뛰어난 지혜를 바탕으로 중요한 직책을 맡는 변호사들에 의해 그 직업의 명예를 지켜 오고 있지만, 로마법 쇠퇴기 법률가들의 승진에는 으레 불신과 치욕이 가득했다. 일찍이 귀족계급의 신성한 유산(遺産)으로 여겨졌던 이 고귀한 직업이 이제는 해방 노예와 평민의 손안에 놀아나며 숙련보다는 간계로서 일하는 비열하고 해로운 직업이 되고 말았다. 어떤 변호사들은 불화를 조장하고 소송을 일으켜 자신과 동료들의 돈벌이를 마련하기 위해 여러 가정을 들락거리기도 했다. 또한 자기 사무실에 편히 앉아 부유한 고객을 교묘한 말로 혼란시키고 부당한 구실을 합리화시킬 논거를 제공함으로써 법률학자의 위엄을 유지하는 사람도 있었다. 포럼에서는 이 화려하고 인기 있는 계급을 구성한 변호사들의 과장되고 요란한 연설이 울려 퍼졌다. 그들은 명망이나 정의는 아랑곳하지 않고 대체로 고객에게 엄청난 비용을 청구하고 소송을 지연시켜 실망의 미궁 속으로 밀어 넣고, 몇 년의 지루한 시간이 지나 의뢰인들의 인내심과 재산이 바닥나면, 결국 손을 떼어 버리는 무지하고 탐욕스러운 안내자들이었다.

기병대와 보병부대 총사령관

아우구스투스가 도입한 정치체계에 따르면 행정장관들, 적어도 황제 직할 속주의 지사들은 황제의 전권을 위임받고 있었다. 전쟁과 평화의 집행이나 상벌의 수여는 오로지 행정장관들에 의해 좌우되었으며, 그들은 문관의 옷을 입고 재판소에 나타나기도 하고, 완전군장으로 로마 군단을 지휘하기도 했다. 국고 수입에 대한 영향력, 법률 집행의 권한, 그리고 군사 지휘권을 가진 그들은 최고 권력과 절대 권력을 장악했기 때문에, 혹시 황제에 대한 충성을 배반하고자 하더라도 그들의 반란에 말려든 충성스러운 속주 주민들은 그 정치적 상황의 변화를 거의 느낄 수 없을 정도였다. 콤모두스 시대에서 콘스탄티누스 치세에 이르는 기간 중[33]에 반란의 깃발을 들어 여러 가지 결과를 얻은 속주 행정장관의 수는 100명에 가까웠다. 무고한 속주 행정장관이 황제의 의심을 받아 잔인하게 희생당하는 경우가 많았는데, 실제로 죄가 있는 자의 경우는 오히려 벌을 피할 수 있었다.

콘스탄티누스는 이 같은 강력한 신하들로부터 황제의 자리와 국가의 안녕을 지키기 위해 민정으로부터 군대를 분리시키고, 이제까지 일시적 방편으로만 쓰였던 이 방법을 항구적, 전문적인 구별로 제정하기로 했다. 근위대장이 제국 군대에 대해 행사하던 최고 관할권은 콘스탄티누스가 창설한 2명의 사령관, 즉 기병 총사령관과 보병 총사령관에게 이양되었다. 이들 일루스트레스급 장군들은 저마다 자신의 직접적인 관장 아래에 있는 군대의 규율에 대해서 특별한 책임을 졌지만, 실전에서는 두 사람 모두 똑같은 군대 안에 통합된 보병이나 기병 몇 개 부대를 차별 없이 지휘했다. 동서 로마가 분할되면서 이 사령관의 수는 배로 늘어났다. 그리고 똑같은 직급과 칭호를 가진 별도의 사령관이 라인강, 상(上)다뉴브강, 하(下)다뉴브강, 유프라테스강 4개 강의 주요 변경 지방에 임명되어 마침내 기병, 보병 사령관 8명에 의해 로마제국의 방어되었다.

이들의 지휘 아래 모두 35명의 군사령관이 속주에 배속되었다. 곧 3명은 브리타니아, 6명은 갈리아, 1명은 에스파냐, 1명은 이탈리아, 5명은 상다뉴브강, 4명은 하다뉴브강, 8명은 아시아, 3명은 이집트, 그리고 4명은 아프리카였다. 그들의 신분은 코메스 또는 둑스라는 칭호로 적절히 구분되었다. 이 칭호들은 근대어에서는 의미가 매우 달라 그 쓰임의 변화에 놀랄지도 모른다.[34] 그러나 기억할 것은 이 두 가지 칭호 중에서 둑스는 원래 군대의 장에게 무차별적으로 적용되던 라틴어 단어(dux)에서 비롯된 것이라는 점이다. 따라서 속주의 모

---

33) 약 150년.

34) comes → count, dux → duke로 전와됨.

든 장군들은 둑스였다. 그러나 콘스탄티누스 궁정에서 새로이 창안된 것으로서 명예의 칭호인 동시에 은총의 칭호인 코메스라는 직급에 해당하는 사람은 10명에 불과했다. 두 직급을 표시하는 상징물은 금으로 된 허리띠였다. 그들은 봉급 외에도 하인 190명과 말 158필을 유지하기에 충분한 수당을 받았다. 그들은 사법과 재정에 관한 문제에는 간섭할 수 없었으나, 군대와 관할 부서에 대한 지휘권은 행정장관들의 권위에서 벗어나 독립적으로 행사했다.

콘스탄티누스는 교회체제에 대해 법적인 재가를 내린 것과 같은 시기에 로마제국 내 민정과 군정 권력 간에 미묘한 균형을 도입했다. 상반된 이해관계와 양립되기 어려운 풍습을 지닌 이 두 직종 간에 일어나는 경쟁의식과 불화는 유익하기도 하고 유해하기도 한 갖가지 결과를 낳았다. 어느 한 속주의 군사령관과 민정장관이 짜고서 한바탕 난리를 일으키거나 힘을 모아 그 지방을 위해 일할 가능성은 매우 드물었다. 한쪽이 원조 간청을 수치스럽게 생각하고 다른 한쪽은 이를 제공하기를 꺼리는 상황에서, 군대는 질서를 잃거나 보급품을 제대로 받지 못해 아무것도 할 수 없는 처지였다. 그러는 사이에 사회 치안은 엉망이 되고 백성들은 무방비 상태에서 사나운 야만족들에게 꼼짝없이 당해야 했다. 콘스탄티누스가 구사한 이 같은 분할 통치는 황제의 권력은 보장했으나, 반면에 국가의 활력을 이완시키는 결과를 가져왔다.

콘스탄티누스를 떠올릴 때, 그가 또 한 가지 개혁을 시도하여 군대의 기강을 흐트러뜨리고 제국의 멸망을 촉진했다는 생각을 하게 된다. 그가 리키니우스와 대항하여 최종적으로 승리를 거두기까지 19년 동안의 로마는 어지러운 내전 기간이었다. 로마제국의 소유권을 둘러싸고 서로 다른 수많은 경쟁자들은 국경 수비대로부터 대부분의 병력을 빼돌렸고, 그들 각자의 관할구역 경계를 이루는 주요 도시들에는 자국 내 인민을 불구대천의 원수로 간주하는 군인들로 가득 차게 되었다. 쟁탈전 때문에 이 국경 수비대들이 제 역할을 못하자, 정복자(콘스탄티누스)는 디오클레티아누스의 엄격한 군율을 부활시키고 군대 안에 고질적인 습관이 된 위험스러운 정실주의를 타파할 지혜와 결단력을 가지고 있지 못했다. 콘스탄티누스 시대부터 '궁정군(palatini)'과 '변경군(limitanei)' 사이, 즉 궁정군이라고 부적당하게 불린 군대와 변경 지방의 군대들 사이에 통상적이고 심지어 법률적인 구별이 도입되었다. 더 나은 봉급과 특전으로 사기가 높은 궁정군은 전쟁 같은 비상시를 제외하면 각 속주의 중심부에서 평화로이 사는 것이 허용되었다. 따라서 번영하는 도시는 군대 막사의 무거운 짐에 짓눌리게 되었다.

군인들은 점차 직업군인으로서의 미덕을 망각하고 그저 시민 생활의 악덕에만 물들었다. 그들은 제조업 직공으로 타락하거나 목욕탕과 극장에서의 사치로 나약해졌다. 그리고 얼마 뒤에는 군사훈련에 무관심해졌을 뿐만 아니라 음식과 의복에도 까다로워져서, 제국 내 백성들에게는 공포를 불러일으키면서도 야만족의 침입 앞에서는 몸을 떨었다. 디오클레티아누스와 그의 동료 황제들이 큰 강들을 따라 확장해 놓았던 요새들이 이제는 전처럼 잘 관리되지도, 제대로 방어되지도 못했다. 변경군이라는 이름 아래 남은 병력은 평범한 국방용으로는 충분한 규모였을지 모르지만, 그들의 사기는 떨어졌으니, 그것은 그들이 끊임없이 전쟁의 고난과 위험을 겪으면서도 사치스러운 궁정군의 약 3분의 2밖에 안 되는 봉급과 수당을 받고 있다는 데에 굴욕을 느끼고 있었기 때문이다. 능력도 되지 않는데 혜택받는 자들(궁정군)과 비슷한 수준으로 봉급이 높은 부대나 군단들조차도 궁정군에 허용된 명예로운 칭호 때문에 어느 정도 수치심을 느꼈다. 콘스탄티누스가 감히 탈영을 시도하거나 야만족의 침입을 묵인하고 약탈에 가담하는 변경군 부대원들에게 불과 칼로 거듭 엄하게 경고했지만, 모두 허사였다. 편파적인 형벌로는 공정치 못한 대우에서 싹튼 불신을 제거할 수 없었다. 뒤를 이은 황제들이 국경 수비대의 전력과 인원을 회복하려고 노력하기는 했으나, 로마제국은 마지막 붕괴의 순간까지 콘스탄티누스 황제의 경솔함과 어리석음 때문에 입은 치명적인 상처로 계속 고통받아야 했다.

통일된 것은 무엇이든지 분할하고, 뛰어난 것은 모두 낮추고, 모든 능동적인 세력을 겁내고, 가장 나약한 사람이 가장 잘 복종하리라고 기대하는 획일적이고 겁 많은 정책은 여러 황제들, 특히 콘스탄티누스 황제의 제도 곳곳에 침투되어 있었다. 일찍이 전쟁에 이긴 뒤 때때로 반란을 일으킨 적이 있는 로마군의 자존심은 과거의 무훈에 대한 기억과 현실적인 무력에 대한 자신감 때문에 더욱 높아졌다. 디오클레티아누스 황제 시대에는 1개 군단을 6000명으로 하는 편제가 유지되었기 때문에 각 군단 하나하나가 로마제국 군대 역사에서 유력하고 중요한 존재였다. 그 몇 년 뒤에는 이 거대한 편제가 한꺼번에 작은 규모로 축소되어, 7개 군단과 약간의 지원부대가 페르시아에 대항하여 아미다[35]를 방어하게 되었을 때, 수비대의 총병력은 남녀 주민과 근처 산간 마을에서 도망쳐 온 농민들까지 모두 합해도 2만 명을 넘지 못했다. 이 사실과 이와 비슷한 몇 가지 사례에 비추어 볼 때, 로마군의 용맹성과 규율을 뒷받침했던 군단 편제는 콘스탄티누스 황제에 의해 붕괴되었고, 로마의 보병부대는 종전과 동일한 명칭과 명예를 지니면서도 실제로는 불과 500명 내지 1000명으로 편성되었으리라고 추측하기에 충분하다. 각 부대가 자신들의 힘이 약해진 것을 자각하고 있었기 때문에, 부대끼리 힘을 합쳐 음모를 꾸미는 것은 쉽게 방지할 수 있었다. 그리고 콘스탄티누스의 후계자들은 132개나 되는 군단에 대해 명령을 발포함으로써 자신들의 허영심을 충족시킬 수 있었을 것이다.

나머지 부대들은 수백 개 보병대대와 기병대대로 나누어졌다. 이 부대들의 무기, 호칭, 표지 등은 공포심을 불러일으키는 동시에, 황제의 깃발 아래 행군하는 여러 민족을 나타낼 수 있도록 고안되었다. 일찍이 로마군의 전투 대형을 아시아 국왕[36]의 오합지졸 군대와 차별했던 자유와 승리의 시대의 그 엄격하고 단순한 특징은 하나도 남지 않았다. 《노티티아(고위관직표)》에 근거하면, 고사 애호가의 구미에는 맞을지 몰라도, 역사가들은 제국의 변경 지방에 설치된 상설부대 또는 수비대의 수가 무려 583개에 이른다는 것, 그리고 콘스탄티누스의 후계자들 시대에는 상비군의 총병력이 64만 5000명으로 계산되었다는 사실만 밝혀두어도 충분할 것이다.

군대를 모집하는 동기는 사회의 여러 계급에 따라 크게 다르다. 야만족들은 전쟁을 즐기기 때문에 모집할 것이고, 자유공화국의 시민들은 의무감 때문에 모집할 것이며, 군주국의 백성들, 아니 적어도 귀족들은 명예심 때문에 모집할 것이다. 그러나 쇠망해 가는 제국의 겁 많고 사치스러운 주민들은 어떤 이득을 기대하거나, 아니면 처벌이 두려워 군대에 들어갔다고 보아야 한다. 로마의 국고는 봉급 인상, 잦은 하사품의 수여, 그리고 각종 새로운 수당과 봉급 등으로 바닥났다. 그 무렵 속주 청년들에게 이러한 대우는 군대 생활의 고

---

35) 티그리스강 상류 인근에 위치함. 지금의 디야르바키르.
36) 페르시아의 샤푸르 2세.

생과 위험을 보상해 주기에 충분한 것이었다. 그러나 입대 기준을 낮추고, 암묵적 승인 아래 노예마저 차별 없이 군대에 받아들였음에도 불구하고, 규정을 채울 만큼의 지원병을 확보하기는 어려웠으므로 황제들은 더욱 효과적이고 강제적인 방법을 동원할 수밖에 없었다. 용맹성에 대한 무조건적인 포상으로 은퇴한 노병에게 하사되었던 토지가 이제는 봉건적 토지 소유제의 기초가 되는 한 가지 조건 아래에서 하사되었다. 즉 토지를 상속받는 아들들은 성년에 이르면 즉시 군에 입대해야 한다는 것, 겁을 내어 이를 거부할 경우에는 명예와 재산, 심지어는 목숨까지 잃게 된다는 것이 그 조건이었다.

그러나 노병들의 아들만으로는 해마다 병력 수요의 극소수밖에 충원할 수 없었기 때문에 각 속주에서 병력을 징집하는 경우가 잦아졌고, 모든 토지 보유자는 직접 무기를 들거나 다른 사람을 대신 군대로 보내고, 그렇지 않으면 거액의 벌금을 물고 병역 면제를 받아야만 했다. 비록 나중에 금화 42개까지 인하되기는 했지만, 이 벌금액은 매우 비쌌으며 정부도 이와 같은 대납을 반기지 않았음을 알 수 있다. 군복무에 대한 공포심이 쇠퇴기 로마인들의 정신 상태에 얼마나 크게 영향을 미쳤는지는, 이탈리아와 각 속주 청년들 중에는 군복무를 피하기 위해 오른손 손가락을 자르는 경우가 많았던 것을 보아도 알수 있다. 이런 불행한 일이 매우 흔하게 일어나자 이를 엄하게 다스리는 법률 조항이 나오고, 이를 가리키는 라틴어의 특수한 명사가 나올 정도였다.

시간이 흐를수록, 로마 군대의 야만족 수용은 보편화되었고, 필요해졌으며, 중요해졌다. 스키타이족, 고트족, 게르만족 중에서 가장 용맹한 자들은 전쟁을 즐기는 데다 로마의 속주를 약탈하는 것보다 방어하는 것이 더 이롭다는 사실을 알게 되자 각 민족으로 구성된 보충부대에만 입대하는 것이 아니라 정규 군단에 직접 들어가고, 나아가서 최정예 궁정군 부대에도 입대하였다. 그들은 제국의 신민들과 자유롭게 어울리면서 점차 로마인의 풍습을 경멸하고 그들의 기술을 모방했다.

그들은 무지 때문에 오만한 로마에 대해 가지고 있던 맹목적 존경심을 버리는 한편, 쇠퇴기의 로마가 위대함을 유지하는 유일한 무기였던 지식과 여러 이권을 소유하게 되었다. 군사적 재능이 뛰어난 야만족 군인은 예외 없이 중요 지휘관으로 승진하였고, 이제는 트리부누스, 코메스, 둑스, 사령관 등의 이름에도 외국인의 이름이 등장했으며, 그들 스스로도 이를 숨기려고 하지 않았다. 야만족 군인들은 동족에 대항하여 싸우는 경우도 많았다. 대부분은 동족과의 유대보다 황제에 대한 충성을 택했다. 하지만 적(야만족)과 내통하거나 적의 침입을 안내하고 퇴각을 모르는 척하는 죄, 그러한 혐의를 항상 피할 수는 없었다. 콘스탄티누스의 아들[37]의 병영과 궁전은 강력한 프랑크족 일파에 의해 관리되었는데, 이들은 자기들끼리는 물론이고 본국과도 긴밀한 관계를 유지하면서 모든 개인적 모욕을 민족적 모욕으로 받아들여 분노했다.

폭군 칼리굴라가 게르마니아의 가장 고귀한 대장에게 집정관의 지위를 부여하려 할 때에는 그것이 마치 말에게 주어지기라도 했다는듯 로마 시민을 선동하여 신성모독이라는 구호를 외치게 했다. 그러나 3세기라는 세월이 지나는 동안 사람들의 심정에 큰 변화가 일어났다. 콘스탄티누스는 사회적인 승인 아래 로마의 제1급 시민이 되기에 부족함이 없는 공적을 세운 야만족에게 집정관의 명예를 수여하는 모범을 그 뒤 후계자들에게 보여 주었다. 그러나 법에 대해 무지하며 경멸하도록 교육받은 이 사나운 고참병들은 민정직을 맡을 능력이 없었기 때문에, 그들의 능력은 재능과 직업이라는 융화하기 힘든 대립에 의해 두 가지 방면에서 제한받게 되었다. 그 대신 변호사, 원로원, 군대 또는 학교에 적응할 수 있는 자질을 가진 그리스 및 로마의 교양 시민들은 동일한 정신과 동등한 능력으로 쓰고 말하고 행동하도록 배울 수 있었다.

조신(朝臣)들

궁정에서 멀리 떨어진 각 속주나 군대를 상대로 위임받은 권한을 행사하고 있던 행정장관과 사령관들 외에도, 황제는 7명의 심복들에게 일루스트레스라는 칭호를 주어 황실의 안전, 자문 또는 재정의 책임을 맡겼다.

(1) 궁전의 내전은 그즈음 말로 프라이포시투스(praepositus), 즉 궁내부장관이라고 불리던 한 사람의 환관이 관리했다. 그는 황제의 국사와 여흥에 시중을 들고, 황제 주변의 모든 사소한 일들을 충성을 다해 돌보는 임무를 맡았다. 통치 능력을 갖춘 황제 밑에서 이 시종장[38]은 이롭고 겸손한 하인 노릇을 했다.

---

37) 콘스탄티누스 2세. 재위 337~340년.
38) 요즘 말로 이렇게 부를 수 있을 것이다.

그러나 권모술수에 능한 시종장은 그 무한정한 황제의 절대 신임을 이용하여 천박한 지혜와 미숙한 수완으로는 도저히 얻을 수 없는 큰 세력을 어리석은 황제에게서 얻어내곤 했다. 테오도시우스 황제의 어리석은 손자들은 백성들에게는 모습을 드러내지 않고 적에게는 경멸의 대상이 되었다. 그들은 시종장을 황실 안 모든 장관들의 우두머리로 올려놓았다. 그의 대리인으로서 황제를 측근에서 섬기는 노예들의 우두머리조차 스펙타빌레스인 그리스나 아시아의 총독보다 더 높은 지위를 얻고 있었다. 시종장은 황실의 의상과 식탁의 두 중요한 분야를 담당하는 코메스 신분의 감독관들도 관할했다.

(2) 중요한 국사의 관리는 근면하고 유능한 총무장관에게 위임되었다. 그는 궁중의 최고 장관으로서 민간 및 군대의 규율을 감독하고 제국 곳곳에서 올라오는 청원을 수리했다. 그가 처리하는 사건은 궁정관리로서 일반 재판관의 권위를 거부할 권리가 있는 수많은 특권층과 그 가족들이 관련된 공소 사건들이었다. 황제와 신하들 사이의 서신은 총무장관 직속의 4개의 문서부(scrinia)가 관리했다. 그중 첫 번째는 상소를, 두 번째는 황제의 교서를, 세 번째는 청원서를, 네 번째는 갖가지 문서와 명령서를 담당했다. 이들 각 직책은 스펙타빌레스가 지휘했으며, 그 전체 사무는 148명의 서기가 집행했다. 서기들은 주로 법률가 중에서 뽑았는데, 그들이 수행하는 업무에는 여러 종류의 보고서와 문헌을 발췌하는 업무가 많았기 때문이다. 이러한 필요에 의해 그때까지 로마의 권위에 어울리지 않는다고 배척되었던 그리스어를 전담하는 서기도 한 사람 임명되었고, 야만족 사신들을 접견하기 위한 통역관도 임명되었다. 그러나 현대 정치에서 중요시되는 외교 사무에 대해 총무장관은 크게 관심을 두지 않았다. 총무장관의 주 관심사는 제국 안의 파발과 병기고들을 전체적으로 관리하는 일이었다. 동로마의 15개 도시와 서로마의 19개 도시 등 모두 34개 도시에 노동자들을 상시 고용하는 상설 공장들이 있어 갖가지 방어용 갑옷과 공격용 무기, 군사 장비들을 끊임없이 제조했는데, 이 무기들은 병기고에 보관되었다가 수시로 각 부대에 인도되었다.

(3) 재무관(quaestor)이라는 직책은 9세기 동안에 걸쳐 매우 기이한 변화 과정을 겪었다. 제국 초기에는 해마다 민회에서 2명의 하급 행정장관을 선출하여 집정관을 대신하여 국고를 관리하는 번잡스러운 업무를 맡겼다. 이와 유사

한 보좌관은 군사 지휘권 또는 속주의 지휘권을 행사하는 모든 속주 총독과 지방군 대사령관에게도 1명씩 허용되었다. 정복한 영토가 확대되면서 처음 2명이었던 재무관의 수가 4명, 8명, 20명으로 늘어났고, 얼마 뒤에는 40명 정도까지 늘어났다. 그러자 귀족들도 다투어 이 자리를 탐내게 되었는데, 그것은 이 자리를 차지하면 원로원 의석도 얻을 수 있고, 공화국의 명예를 누릴 기회도 많았기 때문이다. 아우구스투스 황제는 겉으로는 자유선거제도를 유지하는 척하면서 해마다 몇몇 후보자를 추천하는, 아니 사실은 지명하는 특권을 행사했다. 그리고 그는 관례상 이 유능한 청년들 중 한 사람을 선정하여 원로원에서 자신의 연설문이나 교서를 대신 읽게 했다. 아우구스투스의 이 관행을 후대의 황제들도 따라 함으로써 이 임시직은 점차 종신직이 되었다. 황제의 총애를 받은 재무관은 더욱 중요한 직권을 갖게 되어 종전의 동료 재무관들이 모두 무용지물이 되어 방치되는 동안에도 홀로 남아 세력을 유지했다. 그가 황제의 이름으로 작성하는 연설문은 칙령과 같은 효력을 가졌고, 나중에는 절대적인 칙령이 되었기 때문에 그는 결국 입법권의 대행자, 최고 자문회의의 신탁자, 민법의 원천으로 여겨졌다. 그는 때때로 민정총독 및 총무장관과 함께 어전회의의 최고 재판관 판석에 앉도록 요청받았으며, 하급 재판관들의 의혹을 풀어주도록 부탁받기도 했다. 그러나 여러 가지 잡다한 실무에서 제외되었기 때문에 한가한 시간과 재능을 활용하여 품격 높은 명문장을 더욱 세련되게 가다듬었으며, 품위와 언어가 타락한 가운데서도 로마법의 위엄을 지속해 나갔다. 이 황실 재무관은 몇 가지 점에서 현대의 대법관에 비유할 수도 있다. 그러나 국새는 무식한 야만족들이 썼던 것으로 로마 황제가 공식행위를 증명하기 위해 이를 사용한 적은 없었다.

(4) 재무장관은 '어사관(御賜官, comes sacrarum largitionum)'이라는 특이한 칭호를 부여받았다. 아마도 국고의 모든 지출이 황제의 임의적인 하사금에서 나오는 것임을 강조하기 위해서였을 것이다. 방대한 대제국의 각 지방 민정과 군사 행정에 필요한 연간 및 일일 경비 지출 내용을 세목별로 짐작해 보는 것은 풍부한 상상력을 가지고 있다고 하더라도 불가능한 일이다. 실제 회계 업무에는 11개 부서에 수백 명의 인원이 배치되었으며, 각 부서별 운영 상황은 심사 감독할 수 있도록 정교하고 복잡하게 편성되었다. 이 같은 근무요원의 수는 당연

히 증가하게 마련이었다. 그래서 저마다 착실한 직업을 버리고 돈벌이가 잘되는 이 직책에 지나치게 달려드는 불필요한 보조요원들을 고향으로 돌려보내야겠다고 생각한 적이 한두 번이 아니었다. 재무장관 밑에는 29개 속주의 세리가 있었는데, 그 가운데 18명은 코메스라는 칭호를 가지고 있었다. 그들은 재무장관의 관할 아래 있었으며 재무장관은 귀금속을 생산하는 광산들, 이를 통화로 만드는 조폐 공장들, 국사를 위해 이 통화들을 보관해 두는 주요 도시의 금고들을 관장했다. 재무장관은 로마제국의 대외무역을 주관했고, 주로 여자 노예들을 시켜 실을 뽑고 천을 짜고 염색하여 황실과 군대에서 사용할 아마와 모직물을 생산하는 공장들도 관리했다. 직조 기술이 더욱 늦게 도입된 이러한 공장이 26개소가 있었는데, 동로마의 선진 산업 지역에는 이보다 더 많았을 것으로 짐작된다.

(5) 황제들은 절대군주로서 마음대로 국고 세입을 징수, 지출할 수 있었을 뿐만 아니라 부유한 시민의 자격으로 매우 방대한 재산을 소유하고 있었기 때문에 이를 황실 재산관리인인 재무장관에게 관리토록 했다. 그 재산은 예부터 내려오는 사유지 및 공화국 시대의 사유지였을 것이며, 역대 황실 가문에서 유래한 고대 왕정 재산도 있었을 것이다. 하지만 대부분은 재산 몰수와 압류 등의 불순한 방법으로 획득한 것이었다. 황실 재산은 모리타니아에서 브리타니아에 이르는 각 속주들에 흩어져 있었다. 그러나 황제의 소유욕을 가장 크게 자극한 곳은 카파도키아의 풍요롭고 비옥한 토지였기 때문에, 콘스탄티누스는 물론이고 그의 후계자들도 신앙이라는 미명 아래 이곳에서 탐욕을 정당화시킬 기회를 포착했다. 황제들은 전쟁의 여신을 섬기는, 대사제가 군주 역할을 하는 코마나[39]의 부유한 신전을 억압하고, 그 여신과 사제들에게 속한 6000명의 백성과 노예들이 거주하는 신전의 토지를 황실 재산으로 만들었다. 그러나 황제들이 귀하게 여긴 것은 주민들이 아니었다. 아르가이우스산 밑에서 사루스강 유역에 이르는 평야지대에서 생산되는 명마는 그 당당하고 비할 데 없는 자태로 고대 세계에서 가장 유명한 말이었다. 황실의 기마용과 경기용으로 선택된 이 명마들은 일반인들이 사용하지 못하도록 법으로 보호되었

---

39) 지중해 연안의 신전(神殿)도시.

다. 카파도키아의 황실 재산은 매우 중요했기 때문에 코메스 신분의 감독관을 두었으나, 제국의 다른 지방에는 보다 지위가 낮은 공무원들을 상주시켰다. 그리고 황실 재산관리인과 국고관리인의 대리인들은 저마다 독자적으로 업무를 수행하는 한편, 각 속주 행정관들의 권한을 견제하는 임무도 맡았다.

(6), (7) 황제의 신변을 경호하기 위해 선발한 기병과 보병 부대들은 2명의 황실 시종무관이 직접 지휘하였다. 3500명의 총병력은 각 500명씩 7개 부대로 나뉘었는데, 동로마에서는 이 명예로운 임무를 아르메니아인들이 전담했다. 공식 행사가 개최될 때마다 궁정 안과 주랑에 도열한 그들의 당당한 체격, 침묵의 대열, 금빛과 은빛의 찬란한 무장은 로마의 위용에 손색이 없는 장관을 이루곤 했다. 이 7개 부대 중에서 친위대로 선발된 기병 2개 중대는 군인의 명예에 해당되었으며, 정예 군인들의 희망이자 보람이었다. 이들은 평상시 황궁 내전의 경비를 맡았으며, 유사시에는 황제의 명령을 신속하고 정확하게 집행하기 위해서 지방으로 파견되기도 했다. 친위대의 지휘관들은 이전의 근위대장의 직무를 계승했는데, 군부 출신의 총독과 마찬가지로 처음에는 궁중에서 근무하다가 군사령관으로 승진되었다.

황실과 속주들 사이의 교류는 도로 건설과 역참제도가 확립됨으로써 더욱 촉진되어 끊임없이 이어졌다. 그러나 이 유익한 시설들은 때로는 악의적으로 남용되곤 했다. 총무장관의 관할 아래 200~300명의 파발꾼이 채용되어 해마다 선출되는 집정관의 이름과 황제의 칙령이나 승전 보고 등을 알렸다. 이들 파발꾼들은 점차 각 속주의 행정관들이나 일반 시민의 행동을 파악하여 보고하는 일을 하게 되었고, 이윽고 황제에게는 눈으로, 백성들에게는 채찍으로 간주되기에 이르렀다. 정부의 기강이 해이해진 틈을 타서 파발꾼은 무려 1만 명으로 늘어났다. 이들은 빈번히 발포되는 미지근한 법률적 제재를 비웃으며, 역참제도의 관리권을 이용하여 돈벌이를 하면서 탐욕스럽고 오만한 압제를 행사하게 되었다. 이들 국가의 밀정들은, 황실과 정규적으로 연락하면서 특혜와 보상에 고무되어 황실에 대한 사소한 불만의 징후에서부터 실제로 일어난 공공연한 반란에 이르기까지 온갖 역모의 진전 상황을 열심히 감시했다. 그들은 충성이라는 가면을 쓰고 진실과 정의를 왜곡하고 침해했다. 그들은 평상시 미움을 산 자나 밀고하지 않은 데 대한 대가를 지불하지 않은 자가 있으면, 죄가 있건 없건 가리지 않고 은밀하게 독화살을 겨누었다. 시리아나 브리타니아의 양민들은 언제든지 쇠사슬에 묶여 밀라노나 콘스탄티노폴리스의 법정에 끌려가서 특권층 밀정들의 악의적인 고발로부터 자신의 목숨이나 재산을 지켜야 하는 위험에 놓이곤 했다. 통상적인 행정 방식에 따라 웬만큼 필요성이 인정되지 않는 한, 형벌이 완화되는 일은 없었고 증거 부족은 고문으로 얼마든지 보완되었다.

로마법에서는 기만적이고 위협적인 고문(이렇게 강변했다)이 인정되었다기보다는 오히려 용인되었다. 이 잔학한 고문 방법은 노예에게만 적용되었다. 오만한 공화국 시민들은 정의와 인도주의를 저울질할 때 천민들의 고통은 생각지 않았지만, 자유시민의 신성한 신체를 침해하는 데 대해서는 죄를 입증할 명백한 증거가 없는 한, 이를 승인하지 않았다. 그러나 티베리우스에서부터 도미티아누스에 이르는 폭군들의 연대기를 보면, 수많은 무고한 희생자들의 처형 집행 내용이 상세하게 적혀 있다. 하지만 시민의 자유와 명예가 조금이라도 존중되던 시기의 로마인은 목숨이 달린 치욕스러운 고문의 위험에서 완전히 보호되었다. 속주 행정장관들의 가혹한 행위는 중앙정부의 관행이나 문관의 엄격한 행동 원리에 따라 규제받지 않았다. 그들은 동방 전제국의 노예들에게뿐만 아니라 제한군주에게 복종한 마케도니아인들, 상업으로 번영한 로도스[40] 사람들, 심지어 인간의 존엄성을 주장하고 찬미한 지혜로운 아테네 사람들에게까지도 관행적으로 고문을 적용했다. 처음에 총독들은 부랑자나 평민인 범인들로부터 자백을 얻어내거나 강요하기 위해 고문대를 사용할 자유재량권을 가졌다. 그러나 속주민들의 묵인 속에 점점 계급을 혼동하고 로마 시민의 특권까지 무시하게 되었다.

고문을 두려워하는 신민들을 보고 속주 행정장관들은 고문을 장려하게 되었고, 황제는 이해관계에 따라 이를 허용했다. 그것은 사실상 일반적인 고문을 묵인하고 심지어 공인한 것이었다. 이에 따라 일루스트레스 또는 클라리시미 계급, 주교와 사제, 학자, 군인 및 그 가족, 지방관리 그리고 이들의 3대 후손에 해당하는 모든 사람들과 미성년자들이 보호를 받았다. 그러나 제국의 새로

---

40) 에게해 동남쪽 끝에 있는 그리스령 섬.

운 법체계에 한 가지 중요한 원리가 도입되었는데, 법률가들의 군주나 공화국에 대한 적대적 의도를 추정할 수 있는 모든 범죄를 포함하는 반역죄의 경우에 그들도 일체의 특권이 정지되어 파렴치범으로 격하된다는 것이다. 황제의 안전이 정의나 인도주의보다 우선했기 때문에 점잖은 노인이나 철없는 청소년도 모두 똑같이 고문의 대상이 되었다. 따라서 로마제국의 일반 신민들은 항상 악의적인 무고로 조작된 범죄의 공범자나 증인으로 지목될지도 모른다는 두려움 속에서 살았다.

이러한 해악은 정말 끔찍했지만 사실은 소수의 로마 신민들에게 한정되었으며, 이들의 위험한 상황은 황제의 질투를 자아낼 만한 가문상, 재산상의 특권을 누림으로써 어느 정도 보상을 받았다. 로마제국의 대다수 신민들은 군주의 욕심에 대해서는 그들의 잔혹행위에 대해서만큼 두려워하지 않았다. 그들의 평범한 행복에 큰 영향을 미친 것은 과세로 인한 고통이었다. 이것은 부유층에게는 별것이 아니었으나, 궁핍한 사람들에게는 엄청난 중압으로 느껴졌다. 어떤 통찰력 있는 철학자는 국세의 부담률에 있어서 자유와 예속의 정도를 국가 과세의 보편적 척도로 평가하면서, 한 걸음 더 나아가 그것은 불변의 자연법칙에 따라서 항상 자유민에게는 무겁게, 노예에게는 예속에 정비례하여 경감되어야 한다고 주장한 바 있다.[41] 그러나 전제정치의 해악을 경시하는 이러한 경향은 적어도 로마제국의 역사와는 일치하지 않는다. 로마의 역사는 원로원의 권한을 빼앗아 간 바로 그 군주들이 각 속주의 부도 빼앗아 갔음을 비난하고 있기 때문이다. 콘스탄티누스와 그의 후계자들은 외형상 구매자들이 자기도 모르게 지불하는 여러 가지 세금을 폐지하지 않은 채 전제정치의 정신에 더욱 적합하고 간단한 직접세를 선호하는 정책을 폈다.

중세의 연대를 확인하는 자료로 쓰는 '15년 주기 포고집(indictioines)'이란 이름과 관행은 바로 로마의 정기적 납세제도에서 기원한 것이다.[42] 콘스탄티누스 황제는 9월 1일 이전의 2개월 동안 몸소 붉은 잉크로 'indictio(15년 주기 포고)'라는 칙령에 서명하여 각 관구의 수도에 공시했다. 그래서 '인딕티오'라는 단어는 자연스럽게 그 칙령에 의해 정해진 과세 방법과 그 납부 기간(15년)을

---

41) 몽테스키외의 《법의 정신》.
42) 로마에서는 15년마다 재산을 평가하여 세금을 부과했음.

뜻하는 용어로 바뀌어 갔다. 이 일반적 세출예산은 국가의 실제 세입 또는 예상 세입을 기준으로 하여 이루어졌으며, 때로는 지출이 세입을 초과하거나 세입이 추산액에 미치지 못했기 때문에 백성들에게 '수페르인딕티오'라는 이름의 추가세를 부과했다. 국가의 가장 중요한 이 업무는 민정총독들에게 위임되었는데, 그들은 경우에 따라 국사를 위해서 예상하지 못했던 특별 임시비용을 징수할 수 있었다.

이 법령들의 집행은 두 가지 다른 업무로 구성되었으니, 그것은 전체 부과액을 지역별로 나누어 로마의 각 주, 도시 및 개인에게 할당하는 업무와 각 개인, 도시 및 주별로 개개의 납세액을 징수하여 규정의 총액이 제국의 국고에 채워질 때까지 공납을 징수하는 업무였다. 그러나 군주와 신민들 사이의 금전 계산은 항상 해결되지 않은 채 있었고, 요구액에서는 미납된 세금의 완납이 전제되었기 때문에, 이 무거운 재정의 수레바퀴는 해마다 동일한 궤도에서 동일한 사람들에 의해 돌아갈 수밖에 없었다. 세입 관리 업무는 모두 속주 총독과 속주 총독 대리인의 재량에 맡겨졌다. 그 결과 수익이 많은 징수 업무는 수많은 하급관리들이 관장하게 되었는데, 재무관과 속주의 총독에게 배속된 이 하급관리들은 불가피하게 관할권 분쟁에 휩싸여 백성들에게서 노략질한 재산을 둘러싸고 다투는 경우가 많았다. 오로지 질투와 비난만을 불러일으키고 비용이 드는 데다가 위험하기 짝이 없는 고된 업무는 지엄한 제국의 법령에 의해 시민사회의 부담을 담당하는 도시자치위원(decuriones)에게 맡겨졌다.

제국의 모든 토지 재산(황실의 세습재산도 예외가 아니었다)은 통상적인 과세 대상이었으며, 새 토지 구매자는 전 소유주의 의무를 이어받았다. 각 시민이 국가에 봉사하기 위해 납부해야 할 의무와 부담의 비율을 확정하는 가장 공정한 방법은 정확한 호구조사(census)를 필요로 했다. 그리고 '15년 주기 포고'라는 말에서도 알 수 있듯이 이 어렵고 비용이 많이 드는 조사는 15년마다 반복되었다. 토지는 각 속주에 조사관을 파견하여 측량했으며 이들은 토지가 경작지인가 목초지인가, 포도원인가 삼림인가를 구별하여 보고하였다. 그리고 5년 동안의 평균생산액을 기준으로 하여 그 공정가격이 정해졌다. 보고서에는 노예와 가축의 수가 기본 항목으로 포함되었고, 토지 소유주들에게는 실태를 사실대로 밝히겠다는 선서를 하도록 했으며, 거짓말을 하거나 입법관의 의도를 회피하거나 속이는 행위는 반역죄와 신성모독죄를 범하는 이중 범죄로서 중벌에 처했다.

공납의 대부분은 현금으로 납부되었다. 제국의 통화 중에서 오직 금화만이 법적으로 인정되었다. 나머지 세금은 '15년 주기 포고'로 정해진 비율에 따라서 좀더 직접적이고 강제적인 방법으로 징수되었다. 토지의 생산물에 따라서 포도주, 기름, 밀, 보리, 목재, 철 등 각종 품목의 실제 생산물이 속주민들의 노동 또는 비용 부담으로 일단 황실 창고에 운반되었다가 황실과 군대, 그리고 로마와 콘스탄티노폴리스 2개 수도에 수시로 배분되었다. 세입징수관은 현물로 징수되는 공납물을 현금이나 대납의 형태로 받는 것이 엄격하게 금지되었기 때문에, 대량으로 물품을 구입해야 하는 경우가 자주 발생했다.

소박한 규모의 원시 부족사회에서는 이러한 현물 납부 방법이 공납물 징수에 매우 적합했을 것이다. 그러나 부패한 절대왕정 아래에서는 이 방법이 극도의 관대함과 극도의 가혹함을 동시에 일으켰기 때문에, 억압적 권력과 기만술 사이에서 부단한 항쟁이 이루어지게 되었다. 로마 속주의 농업은 점차 황폐해졌으며, 황제들은 전제정치의 과정에서 징수에 차질을 빚자 신민들이 도저히 납부할 수 없는 미납물을 탕감해 주거나 경감해 주는 미덕을 발휘하기에 이른다. 이탈리아의 새 행정 구분에 따라서 옛 승전의 무대였고 로마 시민의 쾌적한 별장지대가 된 비옥한 캄파니아주는 북쪽 티베리스강에서 남쪽 실라루스강에 이르는 해안지대와 아펜니노산맥의 사이에 위치해 있었다. 그런데 콘스탄티누스 서거 60년 뒤에 이 주에서는 실제 조사를 바탕으로 전체 면적의 8분의 1에 해당하는 33만 에이커의 토지가 불모지 및 미경작지로서 조세가 면제되었다. 그 무렵 이탈리아는 아직 야만족의 발길이 닿지 않았으므로, 이 같은 놀라운 황폐화 현상이 나타난 것은 로마 황제들의 행정 탓이었다고 볼 수밖에 없다.

의도적이든 우연이든 세액 평가 방법은 인두세의 형식을 일률적으로 적용했던 것으로 보인다. 각 속주 또는 지역에서 보내온 보고서에는 공과금 부과액과 납세자의 수가 기재되었다. 총 과세액을 납세자 수로 나누면, 그 지방의 인구(납세자)가 몇 명이나 되는지, 1인당 할당액이 얼마나 되는지를 알 수 있었는데, 이 같은 추산 방법은 일반인들 사이에서 널리 사용되었을 뿐 아니라 법정 계산 방법으로도 인정되었다. 1인당 납세액은 여러 가지 변수에 따라 달라졌다. 그러나 한 가지 특이한 사실이 지금까지 전해지고 있다. 그것은 로마제국에서 가장 부유했던 주로서 오늘날의 유럽 열강 중 가장 큰 번영을 누리고 있는 지방과 관련된 사실이기 때문에 더욱 관심을 모은다. 콘스탄티우스 2세 치하의 탐욕스러운 장관들은 1인당 연간 세액으로 금화 25개를 착취함으로써 갈리아 지방을 피폐시켰다. 그의 후계자(율리아누스)는 관대하여 인두세를 금화 7개로 인하했다. 그러므로 극도의 억압과 일시적 관용이라는 두 극단의 중간값을 계산하면 금화 16개, 즉 영국 화폐로 약 9파운드가 그즈음 갈리아 지방 신민에 부과된 통상적인 과세 표준액이라고 할 수 있다.

그러나 토지 소유자가 내야 했던 이 같은 세금 또는 인두세는 수많은 자유 시민들에게 탈세를 허용했다. 황제들은 기술이나 노동을 통해서 얻는 부, 즉 화폐나 상품으로서 존재하는 각종 부에 대해 세금을 부과할 생각으로 상업에 종사하는 신민들에게 별도의 인두세를 부과했다. 그리고 토지의 생산물을 처분하는 소유주에게는 시간과 장소를 엄격히 제한하는 조건으로 예외를 인정했다. 학예에 종사하는 사람들에게는 약간의 관용이 베풀어졌으나, 그 밖의 모든 영리적 산업 부문에 대해서는 엄격히 법률을 적용했다. 서방 세계의 수요에 의한 인도산 보석과 향신료를 수입한 알렉산드리아의 지체 높은 상인은 물론이고 돈놀이를 해서 은밀하게 수치스러운 이윤을 남기는 대금업자, 발명에 의한 제조업자, 근면한 직공, 그리고 심지어 외딴 마을의 비천한 소매상조차 징세관에게 소득의 일부를 바쳐야만 했다. 게다가 로마제국의 군주는 매춘의 영업을 용인해 주고 그 수치스러운 수입에서 일부를 받았다.

산업에 부과되는 일반 조세는 4년마다 징수되었기 때문에 '4년 주기 축의금(collatio lustralis)'이라고 불렸다. 역사가 조시무스는 개탄했다.

"납세 철이 되면 할당된 세금을 마련하기 위해서 지극히 혐오스럽고 부자연스러운 방법을 동원해야만 했던 시민들은 눈물과 공포심으로 이 치명적인 기간을 맞이했다."

사실 조시무스의 이 증언은 격정과 편견에 사로잡힌 면이 있다. 그렇더라도 이 공납의 성격을 미루어 볼 때, 세금의 배정 방법이 자의적이고 그 징수 방법이 매우 가혹한 것이었다고 결론지어도 무리는 없을 것이다. 상인의 은밀한 소득이나 기술자와 노동자의 부정기적인 수입은 일률적인 평가 대상일 수 없었으며, 이 같은 평가가 국고의 이익을 불리하게 만드는 경우는 좀처럼 없었다. 그리고 상인의 신체는 눈에 보이는 영구적인 보증을 할 수 없기 때문에, 그 세금의 납부는 부동산의 압류로 보장되는 토지세의 경우와 달리 체형(體刑) 이외의 방법으로는 거의 착취할 수 없었다. 콘스탄티누스가 인간적인 칙령을 내려 세금 미납자에 대해서 고문도구와 태형의 사용을 금하고 구금 장소로 널찍한 감옥을 마련해 준 것을 보면, 체납자에 대한 처벌이 얼마나 잔인했는가를 알 수 있다.

이와 같이 일반 조세는 군주의 절대 권한에 의해 부과되고 징수되었다. 그러나 가끔씩 바치는 '왕관의 황금(aurum coronarium)'은 여전히 명목상 백성들의 동의를 얻도록 되어 있었다. 예부터의 관습에 따르면, 로마 공화국의 동맹국들은 로마 군대의 승리가 자국의 안전을 보장해 준다고 생각했으며, 이탈리아의 도시들까지 개선장군의 무공을 찬양하여 황금의 왕관을 스스로 헌납했다. 이 왕관은 의식을 치른 뒤 그 영광을 후세에 영원히 기리기 위해 유피테르 신전에 봉헌되었다.

열성과 아첨이 계속되면서 통속적인 기증품은 그 수와 크기에서 점점 늘어났다. 예를 들면 율리우스 카이사르의 개선 당시에는 2822개의 거대한 금관이 바쳐졌는데, 그 무게가 무려 2만 414파운드에 이르렀다.[43] 그 뒤 현명한 전권 집정관[44]은 황금이 신에게보다는 자기 휘하의 군인들에게 더 도움이 되기를 바라며 황금을 녹여서 썼다. 이와 같은 선례를 후계자들도 모방했다. 이 화려한 장식물 대신 제국에서 통용되는 금화를 선물로 받는 관행이 도입되었다.

이 자발적인 헌납은 마침내 의무적인 세금으로 바뀌어 징수되었고, 그 기증 시기도 확장되어 개선식에만 제한되지 않고 황제의 즉위나 집정관 취임, 황태자의 탄생, 부황제의 즉위, 야만국에 대한 승전, 그 밖에 황제의 치세 기록을 장식하는 온갖 실제 사건이나 조작된 사건이 있을 때마다 바쳐졌다. 로마 원로원이 바치는 특별 선물은 관례적으로 황금 1600파운드, 즉 영국 화폐로 약 6

---

43) 기원전 46년의 일로 사흘 동안 초호화판 행사가 벌어졌다. 그러나 이 계산대로라면 금관 하나의 무게가 무려 5킬로그램쯤 나가는 것으로 보아 착오가 있는 듯하다.
44) 아우구스투스 황제.

만 4000파운드로 정해졌다. 억압받는 백성들은 보잘것없는 것을 자발적인 충성과 감사의 표시로서 군주가 받아주시다니 이것이야말로 우리들의 진정한 행복이라며 경축했다.

자만심으로 날뛰거나 불만을 품은 자들은 자기들의 실제 형편을 바르게 평가받을 자격을 갖지 못했다. 콘스탄티누스 황제의 신민들은 정신력과 남성적 미덕을 실추시켰음을 인식하지 못하고, 자신들이 과거의 고결했던 선조들보다 열등한 존재로 타락했음을 판별하지 못했다. 오직 폭군의 횡포와 해이해진 기강, 그리고 세금의 증가만 실감하고 탄식했다. 이 같은 불만의 타당성을 인정하는 공정한 역사가라면 그들의 참상을 완화시킬 만한 몇 가지 유리한 상황도 찾아냈을 것이다. 위대한 로마의 기초를 너무나도 빠르게 붕괴시켜 버린 야만족들의 위협적인 내습도 아직은 국경지대에서 격퇴되거나 저지되고 있었다. 지구의 상당 부분을 차지하는 로마 주민들은 사치스러운 학문의 기교를 발전시키며 우아하게 사회적 쾌락을 즐기고 있었다. 문민주의의 형태, 위용, 비용은 그래도 군인들의 변칙적인 횡포를 억제하는 데 기여했다. 그리고 법률이 권력에 의해 침해되고 교묘히 악용되기는 했지만, 그래도 로마법의 현명한 원칙은 동양의 전제정치에서는 찾아볼 수 없는 질서와 형평을 유지하고 있었다. 인간의 권리는 종교와 철학을 통해서도 어느 정도 보호받을 수 있었다. 그리고 이미 당연한 것으로 인정된 자유의 이름으로 아우구스투스 황제의 후계자들에게 그들이 다스리는 나라가 노예나 야만족으로 이루어진 나라가 아니라는 것을 기회 있을 때마다 훈계할 수 있었다.

콘스탄티누스는 오랫동안 도전을 받지 않은 그의 치세 말년에 잔인하고 방종한 군주로 타락했고, 그의 상반되면서도 연결되어 있던 탐욕과 방종이라는 두 가지 악덕이 제국 전체에 걸쳐 나타난 은밀하면서도 보편적인 타락을 유발시키는 데 기여했다. 이는 콘스탄티누스가 그의 첫 번째 부인에게서 얻은 장자이자, 리키니우스와의 전투를 승리로 이끄는 데 결정적 역할을 한 크리스푸스를 처형하고, 자신의 조카인 리키니우스의 아들도 처형했으며, 자신의 두 번째 부인인 파우스타를 살해했을지도 모른다는 사실에 의해 뒷받침된다.

콘스탄티누스는 오랜 통치를 끝내고 서거하기 직전 2년 동안은 남다른 역량을 발휘하여 먼저 고트족을 정벌하고 이어서 로마 변경 지방을 약탈한 야만족 사르마트족을 정벌하기도 했다. 64세에 서거한 그는 혈족으로 7명의 왕자를 남겼다. 즉 두 번째 부인 파우스타 소생인 3명의 아들 콘스탄티우스 2세, 콘스탄스와 콘스탄티누스 2세, 그리고 그 4명의 조카, 달마티우스, 한니발리아누스, 갈루스, 율리아누스가 그들이었다. 로마제국은 그의 3명의 아들과 2명의 큰 조카[45]에게 분할되었으며, 이들에게는 모두 카이사르의 칭호가 주어졌다.

그러나 콘스탄티누스의 시신이 채 식기도 전에 이 여러 명의 후계자들은 다투기 시작했다. 아버지의 장례식을 맡은 콘스탄티우스 2세는 가짜 유언장을 만들어 그것을 근거로 '무차별 학살'을 자행했다. 이 학살에서 그의 삼촌 2명과 달마티우스와 한니발리아누스를 비롯한 사촌 7명, 그리고 그들의 친구와 지지자 다수가 살해되었다. 그리고는 콘스탄티우스의 3형제가 제국을 재분할하여 장자인 콘스탄티누스 2세[46]는 새 수도 콘스탄티노폴리스를, 콘스탄스[47]는 서부 지방을, 콘스탄티우스 2세[48]는 동부 지방을 저마다 차지했다. 콘스탄티우스는 곧바로 페르시아 왕 샤푸르 2세의 침입으로부터 자신의 세습재산을 지키기 위해 전쟁에 나섰다. 콘스탄티우스는 그의 긴 생애의 대부분에 걸쳐 승패를 거듭하며 계속된 이 전쟁에서 아홉 차례 대전투를 벌였다. 대개의 경우 로마 군대가 패했지만, 두 가지 상황이 얽혀 부유한 동부 속주들이 위기에서 구출되었다. 샤푸르는 메소포타미아의 요새도시 니시비스를 공략했으나, 힘만 소모했을 뿐 번번이 실패했다. 마지막으로 성을 공격했을 때 그는 때마침 쳐들어온 야만족에게서 그의 왕국부터 지켜야 하는 처지가 되었다.

그러나 콘스탄티누스의 혈통은 가차 없이 자멸의 길을 걸었다. 3형제가 로마제국을 분할한 지 3년 만에 장자[49]는 동생 콘스탄스를 상대로 '전쟁보다 약탈에나 적합한 오합지졸'을 이끌고 쳐들어갔으나, 패배와 죽음을 자초한 꼴이 되고 말았다. 그 10년 뒤에는 콘스탄스 자신도 야심 찬 장군 마그넨티우스가

---

45) 달마티우스와 한니발리아누스.
46) 재위 337~340년.
47) 재위 337~350년.
48) 재위 337~361년.
49) 콘스탄티누스 2세.

갈리아에서 일으킨 반란으로 인해 몰락했다. 마그넨티우스는 그 뒤 제국 전체를 분할하여 소유하기 위해서 콘스탄티우스와 화전(和戰) 양면의 교섭을 벌였다. 마그넨티우스는 먼저 동부 지방을 콘스탄티우스에게 양보하고 자신은 서부 지방을 차지하겠다고 제의했으나 거절당했다. 이어서 계속된 내전의 와중에서 콘스탄티우스가 동일한 제안을 내놓았지만, 이번에는 마그넨티우스가 거절했다. 이 문제는 5만 4000명이 살육된 것으로 추정되는 헝가리의 무르사 전투에서 효과적으로 타결되었다. 비록 이 전쟁의 결과로 로마제국이 콘스탄티우스의 단일 체제 아래 재통일되기는 했지만, 내전 중 수많은 역전의 용사들을 잃은 여파는 수십 년 동안 이어졌다.

콘스탄티누스 황제의 두 어린 조카 갈루스와 율리아누스는 나이가 어린 탓으로[50] 달마티우스와 한니발리아누스의 생명을 앗아간 대학살에서 살아남았다. 콘스탄티우스는 통치의 부담을 덜기 위해 마침내 그들의 반연금 상태를 해제하고, 갈루스를 카이사르로 올려 동로마의 3개 큰 주와 관구를 관할하도록 했다.

그러나 갈루스는 '고독과 역경으로 찌든' 성격의 소유자인 데 반해, 그의 아내 콘스탄티나는 '사람의 피에 굶주린 지옥의 여자'였다.[51] 이렇게 해서 동부 속주들은 마그넨티우스와의 내전이 종식되기까지 갈루스의 지배 아래 신음했으나, 내전이 끝나자 콘스탄티우스는 갈루스를 꾀어 자멸토록 했다.

또 한 사람의 조카인 율리아누스[52]는 (모든 점에서) 후기 로마 황제들 중에서 가장 호감을 살 만한 인물이었다.

그는 형 갈루스가 사망한 뒤 아테네로 추방되어 그곳에서 그리스인 교사들과 철학자들에게 훌륭한 교육을 받았다. 황후 에우세비아의 지극한 사랑 덕분에 아테네에서 다시 소환된 그는 카이사르에 취임하여 야만족 문제로 시끄러운 갈리아 지방에 주둔하였다. 그는 군사적 지식과 경험이 전혀 없었음에도 (약간의 정규 훈련을 엉성하게 마친 뒤, 그는 이렇게 탄식했다고 한다. "오, 플라톤, 플라

---

50) 12세와 6세.
51) 그녀는 진주 목걸이가 하나 때문에 알렉산드리아의 한 귀족을 살해했다고 전해지는데, 그 귀족의 유일한 죄는 '자기 장모의 소원을 들어주지 않은 죄'였다.
52) 재위 361~363년.

톤이여, 철학자가 이게 무슨 짓입니까!") 엄청난 난관을 극복한 끝에 먼저 알레만
니족을, 이어서 프랑크족을 패배시켰다. 율리우스 카이사르는 라인강을 두 번
건넜다고 자랑했지만, 율리아누스는 그러한 원정을 세 차례나 단행한 끝에 제
위에 올랐다.

한편 그리스도교는 콘스탄티누스 황제 때부터 국교로 확립되어 제국 사회
체제를 급속도로 변화시켰다. 콘스탄티누스가 마지막 병에 걸릴 때까지 세례
를 받지 않은 것으로 보아, 그의 개종은 점진적으로 이루어졌던 것 같다.[53] 그
러나 콘스탄티누스가 갈리아를 통치하면서부터는 그의 신앙이 확고해졌다.

이 같은 황실의 편애 덕분에 그리스도교 주교와 선교사들은 언제나 황제에
게 쉽게 접근할 수 있었고, 교회는 디오클레티아누스의 박해로 상실했던 모든
토지와 재산을 되찾아 완전한 소유권을 누렸다. 모든 신민들은 자기 재산을
교회에 기증할 권리를 가졌고, 국고는 급속도로 성장하는 교회를 후원하기 시
작했다. 예부터 이교도 신전에만 인정되었던 성역 원리가 그리스도교 교회로
옮겨졌으며, 주교들은 마음에 들지 않는 고급관리를 견책하고 파문할 수 있을
정도로 강력해졌다. 콘스탄티누스 이후 로마제국은 국사와 종교 문제가 밀접
하게 얽히게 되었기 때문에 한쪽을 이해하지 못하면 다른 한쪽도 이해하기 매
우 힘들었다.

이단에 대한 박해

그리스도교회를 관용의 정신으로 대하며 그 이권을 옹호한 황제 콘스탄티
누스는, 사후 그에게 감사하는 마음을 가진 성직자들에 의해 신성화되어 지금
에 이른다.

콘스탄티누스 황제 시대에 그들이 입은 은혜에는 부와 명예뿐만 아니라 복
수의 기회까지 있었으니, 그것 때문에 이 시기의 행정관에게는 '정통파'라는
종파에 대한 지원이 가장 중요한 직무였다. 이른바 종교적 관용의 대헌장, 즉
'밀라노 칙령(313년)'으로 보장받았던 '종교의 자유'라는 기본적인 권리가 그 뒤

---

53) 기번은 콘스탄티누스가 하늘에서 커다란 십자가를 보았다는 전설을 일축한다.

얼마 지나지 않아 침해당하게 되었다. 그것은, 콘스탄티누스 황제 스스로 진리를 인식하고 박해의 원리를 깨우친 것으로 보여, 그리스도교의 승리를 경계로 이단 분파를 탄압하기 시작한 것에 기인했다.

가톨릭교회에서 떨어져 나간 여러 교파에 대한 황제의 생각은 직선적이었다. 즉 자신의 의견이나 명령을 거역하는 고집 세고 어리석은 자들은 범죄자와 같으며, 따라서 제때에 적절한 엄벌로 다스림으로써 다가올 '영원한 죄악'의 선고로부터 구원해 주어야 한다는 것이었다.

이렇게 확신하자 황제는 그때까지 정통파 성직자를 대상으로 후하게 인정해 주었던 갖가지 특권에서 분리된 여러 교파의 선교사와 교사들을 제외했다. 그래도 생존 가능성이 있다고 생각했는지, 동로마 정복 직후에 그들의 완전한 근절을 지시하는 칙령을 내렸다. 그것은 콘스탄티누스의 격렬한 규탄으로 시작하여, 그들의 집회를 금지하는 동시에 그 공적 자산을 몰수하여 국고에 넣거나 가톨릭교회에 기증한다는 것을 전하는 포고였다.

이때 황제가 의도한 금지 대상으로서, 확실한 것들은 사모사타의 바울로 신봉파, 예언의 계속성을 주장한 프리기아의 몬타누스파, 회개의 현세적 효험을 부정한 노바티아누스파, 그리고 아시아와 이집트의 여러 그노시스파를 점차 휘하에 규합한 마르키온파와 발렌티누스파가 있었다. 그 밖에 페르시아에서 조금 앞서 전해진 동방의 신학과 그리스도교 신학을 교묘하게 절충한 마니교도 아마 이 안에 들어 있었던 것 같다.

이리하여 각 이단파를 말살하거나 아니면 적어도 규제하려는 정책이 적극적으로 추진되어 성과를 올렸다. 처벌 규정에는 디오클레티아누스 황제의 칙령에서 빌려온 조항도 있었다. 그뿐만 아니라 이러한 강제 개종 방법은 일찍이 같은 탄압 아래 열렬하게 인권을 주장했던 바로 그 그리스도교 주교들의 갈채를 받았다.

신학 논쟁
콘스탄티누스의 화술과 총명함은 옛날부터 쭉 찬양의 대상이었지만, 특별히 종교 문제에 있어서는 그 지식에 적지 않은 의문이 있다.

분명히 이 점에 한해서, 그는 어디까지나 일개 로마의 장군 또는 군주에 지나지 않았으며 학문과 영감에 있어서도 높은 경지에 이르렀다고는 할 수 없다. 따라서 형이상학적인 문제와 교리 문제에 대해 그리스어로 토론할 수 있었는지 상당히 의심스럽다.

그는 니케아 공의회에서 의장을 역임했던 총신 오시우스에 대한 신뢰 때문에 정통파 지지로 기울어졌던 것으로 추정된다. 또 이단파를 보호하고 있던 니코메디아의 주교 에우세비우스가 그 참제 막센티우스를 지원했다는 이야기를 듣고 반대파에 대한 감정이 더욱 악화되었을 가능성도 있다.

어느 쪽이 되었든 콘스탄티누스 황제는 니케아 교리를 인정하고, 공의회의 판단에 저항하는 자는 즉각 유형에 처한다고 단호하게 선언했다.

이에 따라 처음에 저항했던 17명의 주교 가운데 15명이 탈락하고, 나머지 두 사람의 가느다란 반대의 목소리도 이윽고 완전히 사라지고 말았다. 그나마 카이사레아의 에우세비우스까지 마지못해 본질설(호모우시온)을 받아들였고, 니코메디아의 에우세비우스는 태도를 분명히 하지 않다가 3개월 뒤 유형에 처해졌다.

아리우스 자신도 일리리쿰의 변경으로 추방되고, 아리우스파 전체에 포르피리오스파[54]라는 불쾌한 낙인이 찍혔다. 그의 저서는 모두 불 속에 던져졌고, 이를 감추고 있던 자는 극형에 처해졌다.

그런데 콘스탄티누스 황제는 앞의 자신의 행동이 일시적인 격정에 의한 것이었던 것처럼, 니케아 공의회가 끝난 지 3년이 채 못 되어 아리우스파에 대해 자비와 관용의 태도를 보이기 시작했다.

추방된 자들은 모두 다시 소환되었다. 황제가 가장 사랑하는 누이동생이 은밀하게 보호하고 있었던 에우세비우스도, 황제에 대한 옛날의 영향력을 점차 회복하여 나중에는 주교의 자리에 복귀했다.

아리우스도 궁정 사람들에게 무고하게 박해받은 자가 받을 만한 정중한 대우를 받으면서, 신앙도 예루살렘 공의회에서 인정받았다.

---

54) 포르피리오스는 3세기 후반의 대표적인 신플라톤주의 철학자.

기도하는 사람 로마 산티조반니 에 파올로 교회 지하 벽화. 하느님께 전폭적인 믿음을 바치는 그리스도교도의 새로운 정신 자세를 구체적으로 묘사하였다.

황제는 과거의 잘못을 보상하기 위해서인지, 콘스탄티노폴리스 대성당의 성찬에 이 사제를 참여시키라는 칙령을 내리기도 했다.

하지만 운명의 장난이라고 해야 할까, 사제 아리우스는 자신의 승리가 확정된 바로 그날 세상을 떠났다. 기괴한 죽음이었다.

그러한 사정에서, 정통파 성자들이 교회를 지키기 위해 기도보다 강력하고 효험이 뚜렷한 어떤 수단을 사용한 것이 아닌가 하는 억측도 있었다. 반드시 부정할 수만은 없을 것 같다.

그 뒤 가톨릭교회의 주요 지도자 세 사람인 알렉산드리아의 아타나시우스, 안티오키아의 에우스타티우스, 그리고 콘스탄티노폴리스의 파울루스는 일련의 공의회 결과, 온갖 죄상에 의해 저마다 자리에서 물러났고 그 뒤에는 변경으로 추방되었다.

그 명령을 내린 황제 콘스탄티누스는 임종 때 니코메디아의 아리우스파 주교한테서 세례를 받았다.

콘스탄티누스 황제의 교회 정책은 경솔하고 역량이 모자랐던 점에서 당장 정당화할 수는 없다. 신학 논쟁에 서툴렀고, 믿음도 깊지 않았다는 점에서 보면, 이단파의 그럴듯한 교리에 속아 넘어갔을 가능성도 있다.

확실하게 그것을 암시하듯이, 이단파가 된 사제 아리우스를 보호하고, 정통파가 된 주교 아타나시우스를 박해했다. 한편으로는 니케아 공의회를 그리스도교 신앙의 보루로 간주하고, 그것을 자신의 위업이라고 생각했다.

콘스탄티누스의 뒤를 이은 아들들은 어린 시절부터 세례를 지원했던 것으로 추정되지만, 실제로는 세례를 늦게 받았다. 비밀스런 의식(秘儀)에 대해서도 사정은 아버지와 다를 바가 없었다. 당연한 의식을 거치지 않았음에도, 각자가 자신의 견해를 당당하게 말했다.

이러한 상황이었기 때문에, 삼위일체설을 둘러싼 논쟁의 행방은, 후계 황제 콘스탄티우스(2세)의 생각에 크게 달려 있었다. 그는 동방의 여러 속주를 계승하고, 그것으로 제국 전역을 장악하고 있었다.

하지만 새 황제의 국무와 관련된 판단은 모두가 측근의 의견에 좌우되었다. 그래서 죽은 대제의 유언장을 남몰래 입수해 두었던 아리우스파가 그에게 교묘하게 접근하여 이 절호의 기회를 맘껏 이용한 것이었다.

이리하여 문제의 영적 해독은 먼저 환관과 노예들에 의해 궁정 안에 퍼졌고, 그 감염은 시녀들한테서 근위병으로, 그리고 결국에는 황후에게서 부제(父帝)로까지 퍼져 갔다.

아리우스파를 옹호한 콘스탄티우스 2세

콘스탄티우스 2세는 이성으로 자신의 마음을 억제할 줄도 몰랐고, 그렇다고 신앙심으로 흔들림 없는 마음을 보여 주지도 못했다.

다만 반대파에 대한 극단적인 두려움 때문에, 어둡고 공허한 심연의 양끝을 공연히 왔다 갔다 했을 뿐이었다. 그는 아리우스파와 반아리우스파를 지지하다가도 금방 이를 배척하고, 또는 유형에 처했다가도 이내 다시 불러들이곤 했다.

국사를 돌보거나 축제 때도 하루 종일, 아니 때로는 밤을 새우며 자기의 신조를 나타낼 단어를 고르는 데 심혈을 기울였으며, 보통 때라면 기분 좋게 잠을 잘 시간에도 이 문제에서 헤어나지 못했다.

그러다가 종잡을 수 없는 꿈을 날마다 꾸고는 그것을 하늘의 계시로 해석하기도 했다. 또 황제의 환심을 사기 위해 성직자들이 자파의 주장도 잊고 바친 '주교 중의 주교'라는 칭호를 더할 수 없이 기쁘게 받아들였다.

교리 통일을 위해 갈리아, 이탈리아, 일리리쿰, 아시아 등, 각지에서 여러 차례 공의회를 소집했지만, 자신의 경솔한 언동과 아리우스파의 내부 대립, 나아가서는 가톨릭파의 저항 때문에 번번이 좌절되었다. 이렇게 되자 그는 마지막 수단으로서 칙령에 의한 공의회 소집을 결의하지 않을 수 없었다.

그런데 니코메디아에서 지진이 일어나, 그 피해 때문에 마땅한 장소를 찾지 못하고, 아울러 정책상의 내밀한 이유도 있어서였는지, 어쨌든 회의 소집령을 일부 변경할 수밖에 없게 되었다.

이리하여 동방의 주교는 이사우리아[55]의 셀레우키아시(市)에서, 서방의 주교는 아드리아해 연안의 리미니시에서 각각 회의를 열게 되었고, 이 회의에는 각 속주의 모든 주교가 참석하라는 명령이 내려졌다.

꺼지지 않는 신학 논쟁

동방의 공의회는 나흘 동안 열띤 논쟁을 벌였지만, 아무런 결론도 내리지 못한 채 해산하였다. 한편 서방의 회의는 무려 7개월 동안 계속되었다. 서쪽

---

55) 아나톨리아 중남부 지방.

의 민정총독 타우루스에게는 의견의 일치를 볼 때까지 해산시키지 말라는 칙명이 내려져 있었기 때문이다. 그리고 그 칙명에는 가장 완고한 주교 15명을 추방할 수 있는 권한과 이 어려운 일을 성공시키면 그를 집정관에 임명하겠다는 황제의 약속까지 딸려 있었다. 그러니 적극적으로 명령을 따르지 않을 수가 없었다.

민정총독의 간청과 협박, 황제의 권위, 발렌스와 우르사키우스의 궤변, 추위와 굶주림, 그리고 유형과 같은 언제 끝날지도 모르는 암울한 나날 등이 복합적으로 작용하여 리미니 공의회의 주교들은 마지못해 전원 동의하고 말았다 (360년).

이리하여 동방과 서방의 대표자들이 콘스탄티노폴리스의 궁전에 배석한 가운데 황제는 '하느님의 아들'에 대해 '호모우시온(동질성)'이라는 말도 사용하지 않고, 유질성(類質性)을 주장한 신앙고백을 온 세상에 강요할 수 있었던 것에 만족감을 느꼈다.

그러나 정통파 주교들을 추방함으로써 아리우스파에게 승리를 안겨준 것과, 위대한 아타나시우스를 부정한 방법으로 박해하고도 여전히 소기의 목적을 이루지 못한 것, 이러한 일들은 콘스탄티누스 2세의 치세에 커다란 오점이 되었다.

'정통파' 아타나시우스

활동적 생활이든 사색적 생활이든, 한 점에 집중하여 그것을 계속한다면 이루지 못할 일이 거의 없다. 이러한 사례가 드문 것은 부정할 수 없지만, 그래도 그러한 사례가 있는 것은 틀림없다.

가톨릭교회의 삼위일체설과는 떼려야 뗄 수 없는 불멸의 이름을 남긴 아타나시우스가 그런 경우이다. 그도 자신의 생애와 모든 재능을 교리를 위해 바쳤다.

알렉산드리아의 주교 알렉산드로스의 문하에서 교육을 받고, 아리우스파가 융성할 때 철저하게 그것에 반대했던 그는, 그 뒤 이 노주교의 서기관이라는 중요한 직무를 수행하게 되었다. 그리고 얼마 되지 않아 그의 학문과 덕망이 니케아 공의회에 참석한 주교들의 눈에 띄어, 그들의 경탄과 존경심을 불러일으켰다.

어느 세상이든 사회가 위기에 처하면 임기응변이 부족한 늙은 고관의 주장은 흔히 무시되기 일쑤이다. 이것은 당시에도 마찬가지였다. 부제(副祭)였던 아타나시우스도 예외가 아니어서, 니케아에서 돌아온 지 5개월 뒤에 이집트의 수좌주교에 임명되었다.

그는 이 중책을 56년이 넘도록 맡았는데, 그 오랜 기간을 줄곧 아리우스파와 싸우는 데 보냈다.

그러는 사이 아타나시우스는 수좌주교의 자리에서 두 번이나 쫓겨났고, 20년 동안 망명자 또는 추방자로 생활했다. 그동안 로마제국의 거의 모든 속주에 발자취를 남겨 본질설을 위해 수많은 고난을 이겨내는 자신의 모습을 사람들에게 강하게 각인시켰다.

박해의 폭풍이 닥쳐왔을 때도 신변의 위험을 돌아보지 않고 끝까지 노력하는 아타나시우스. 사실 그에게 광신의 경향이 없었던 것은 아니지만, 그가 그동안 보여 준 대담하고 위대한 재능은 참으로 경탄할 만한 것이었다.

만일 그 대상이 대제국의 통치였다 해도, 콘스탄티누스 황제의 불초한 후계자들보다 이 주교가 훨씬 더 적임자였을 것이라고 생각될 정도로 그는 비범했다.

학식에 있어서는 카이사레아의 에우세비우스에 비해 훨씬 떨어졌고, 웅변에 있어서도 그레고리우스나 바실리우스[56]만큼 유창하지는 않았지만, 설득력이라는 점에서는 누구보다 뛰어났다. 그는 자기의 견해와 행동의 정당성에 대해 해명해야 할 필요가 있을 때는, 글이든 웅변이든 자기가 생각하는 바를 명료하고 당당하게 표현함으로써 사람들의 신뢰를 얻었다.

아타나시우스는 가톨릭 교계에서 그리스도교 신학의 가장 권위 있는 사람 중의 한 사람이었다. 동시에 그는 성직자에게 어울리지 않는 두 가지의 속세적 학문, 법학과 점복술에도 정통했다고 한다. 이 아타나시우스의 예견은 때때로 적중하곤 했는데, 공정한 이성인이라면 그의 경험과 판단력으로 돌렸을 그러

---

56) 카파도키아의 신학자들.

한 기량을, 동료들은 타고난 영감(靈感)에 의한 것이라고 말했고, 적대하는 자들은 악마의 마법에 의한 것이라고 말했다.

그러나 아타나시우스의 자원은 그러한 것만이 아니었다. 오히려 탁발승에서 황제에 이르기까지 모든 계층의 사람들에 관하여 그 거동을 끊임없이 관찰했던 것을 고려하면, 인간성에 관한 지식이야말로 그의 최고의 학문이었던 것이 아닐까 한다.

그리고 끊임없이 변화하는 세상사에 있어서도, 본질을 즉시 파악하여 모든 호기를 놓치지 않았고 그것을 항상 유용하게 활용할 줄 알았다.

어느 정도 대담하게 명령하고 어디서 교묘하게 뜻을 비춰야 하는지, 어느 정도 박해에 맞서고 어디서 몸을 숨겨야 하는지에 대한 판단에서도 실수가 없었다. 또한 그는 이단과 반란의 무리에 대해 교회로서 철퇴를 가하면서도 자신의 교파 안에서는 현명한 지도자로서 유연성과 관용을 보여 주었다.

아타나시우스의 수좌주교 서임에 대해서는 위법과 경솔한 결정이라는 비난이 일부에서 있었다. 그러나 그의 인품을 본 성직자와 시민들은 한결같이 나중에는 그에게 호의를 보내게 되었다. 그것은 알렉산드리아 도시 전체가 이 인물을 위해서라면 무기를 들고 일어서는 것도 마다하지 않을 정도였다고 한다.

역경에 처했을 때, 아타나시우스가 자기 교구의 성직자들로부터 지지, 또는 적어도 위로를 받지 않았던 적은 한 번도 없었다. 이집트 속주의 100명의 주교들이 그를 강력하게 지지했다.

한편으로는 과시욕에서, 또 한편으로는 정치적 고려에서, 그는 조촐한 일행과 함께 수시로 나일강 하구에서 에티오피아 변경까지 관구 내의 모든 속주를 방문하여 하층민들과 친밀하게 대화를 나누고, 때로는 사막의 성자와 은둔자들에게까지도 찾아갔다.

그 타고난 비범한 자질은 오로지 그와 같은 교양과 습관을 가진 인종, 즉 성직자들이 모이는 회의에서만 발휘되는 것은 아니었다. 황궁에서도 아타나시우스는 의연한 가운데 지극히 정중하고 편안한 태도를 보였다.

그런 이유로 그는 순경과 역경이 어지러이 교차하는 생애에서, 마지막까지 동료들의 신뢰와 반대파의 존경심을 한 번도 잃은 적이 없었다.

아타나시우스 체포 명령 내리다

다음은 이 비범한 인물이 겪은 극적인 모험 이야기이다.

어느 날 밤 시리아누스의 군대가 성 테오나스 교회를 포위했을 때, 아타나시우스는 대주교의 자리에 권위를 갖추고 앉아 침착한 태도로 죽음을 기다리고 있었다. 성난 외침과 비명 때문에 예배가 중단되자, 무서워서 떨고 있는 회중을 향해 시편을 암송하여 하느님에 대한 신뢰를 보이도록 격려했다. 오만불손한 이집트 폭군에 대한 이스라엘의 신의 승리를 찬양한 다윗의 시편이었다.

그러나 결국 문은 파괴되었고 회중을 향해 화살이 비 오듯이 쏟아졌다. 병사들이 칼을 뽑아 들고 예배소로 난입했다.

제단 주위에서 타고 있던 촛불에 갑옷과 무기가 번쩍거렸다.

그동안 아타나시우스는 미동도 하지 않고 그 자리에 있었다. 대피하라는 주변의 요청에도 꿈쩍하지 않고 회중의 마지막 한 사람까지 무사히 탈출할 때까지 자리를 떠나지 않겠다고 의연하게 버텼다.

그러나 결국 탈출할 수밖에 없게 되었을 때는, 어둠과 소란이 아타나시우스를 도왔다. 그는 허둥대는 인파에 밀려 넘어져 기절한 것처럼 꼼짝할 수도 없었지만, 잠시 뒤 다시 용기를 갖고 씩씩하게 일어나 병사들의 집요한 추격을 따돌리고 탈출하는 데 성공했다.

이리하여 아타나시우스는 적 앞에서 자취를 감추고, 6년이 넘도록 위정자의 눈길이 미치지 않는 곳에서 숨어 살았다.

분노한 황제는 즉각 에티오피아의 그리스도교도 제후들에게 칙서를 보내 아타나시우스를 그 영내의 어떤 곳에도 살지 못하도록 멀리 추방하라는 명령을 내리는 등 로마 전역에 전제적 권력을 휘둘렀다.

한 사람의 주교, 한 사람의 도망자를 체포하기 위해 코메스, 총독, 군단사령관 이하 온 군대가 투입되었고 문무 양관 모두가 이 칙령의 수행에 부심했다. 죽이든 살리든 아타나시우스를 잡아오는 자에게는 후한 보상금이 약속되었지만, 숨겨주는 자에게는 극형이 예고되었다.

아타나시우스의 도피 생활

아타나시우스가 피신한 테베 들판은 군주의 명령보다 수도원장의 명령에 복종하는 열광적인 신도들이 사는 곳이었다. 그러한 신도들은 안토니우스[57]와 파코미우스[58]를 스승으로 따르고 있었다.

이집트의 수도원은 대체로 마을에서 떨어진 황량한 들판이나 산꼭대기, 또는 나일강에 있는 섬들에 세워졌다. 아타나시우스는 그런 곳에 숨어 있었다.

타벤니시섬에서 울리는 성스러운 뿔피리 소리가 들려오면 그것을 신호로 수천 명의 수도사들이 사방에서 모여들었다. 그들은 대부분 인근의 농촌 출신으로, 모두 건강한 신체와 불굴의 정신을 소유하고 있었다.

이를테면 수도원이 군대의 공격을 받아 더 이상 저항할 수 없게 되면 그들은 스스로 목을 내밀어 처형에 응함으로써, 이집트인은 심한 고문을 당해도 입을 열지 않는다는 민족성을 입증했다고 한다.

아타나시우스는 이렇게 통제와 훈련이 잘된 수도사들의 헌신적인 보호를 받고 있었다. 그는 위험이 닥쳐올 때마다 한 은신처에서 다른 은신처로 계속 전전했다. 그러다가 마침내 악령과 괴물이 산다는 오지의 사막에까지 이르게 되었다.

이 알렉산드리아 대주교는 콘스탄티우스 2세가 죽을 때까지 이렇게 수도사들과 함께 은거 생활을 하면서 그들의 온갖 섬김을 받았다.

그렇다고 해서 아타나시우스가 항상 사막에 몸을 숨기고 있었던 것만은 아니다. 가톨릭교회와의 긴밀한 연락도 지극히 중요했기 때문에, 수색의 고삐가 느슨해질 때마다 사막을 나와 알렉산드리아에 잠입해 친구와 제자들의 배려에 몸을 맡기기도 했다.

아타나시우스가 겪은 수많은 모험 중에는 재미있는 소설의 주제가 될 만한 것이 적지 않다. 어떤 때는 빈 물통 속에 숨어 있다가 여자 노예의 배신으로 궁지에 빠졌으나 간신히 도망간 적도 있었다. 또 기상천외한 은신처에 몸을 숨기기도 했는데 그곳은 뛰어난 미모로 도시 전체에 소문난 스무 살 처녀의 집

---

57) 은수사(隱修士) 성 안토니우스라고 불린 이집트의 수도사.
58) 나일강 오지 수단에 수도원을 창설한 은수사.

이었다. 몇 년 뒤 그녀가 들려준 이야기에 의하면 대주교는 한밤중에 옷도 제대로 갖춰 입지 않고 나타나 숨겨달라고 간청했다고 한다. 그는 하늘의 계시를 받고 그녀의 집을 찾아왔노라고 했다고 한다.

신앙심이 깊은 이 처녀는 자기를 믿고 찾아온 이 성스러운 볼모를 받아들여 보호해 주었다. 그녀는 누구에게도 알리지 않고 아타나시우스를 내실로 즉시 안내하여 위험이 계속되는 동안 책과 음식을 갖다주고, 발도 씻어주고, 서신 연락도 도와주면서, 교우로서의 배려와 하인으로서의 봉사를 다했다고 한다.

엄격한 정결이 요구되는 성자와 위험한 정염을 불태울 수 있는 미녀가 이렇게 격리된 환경에서 친밀한 생활을 하고 있는 것을 눈치챈 사람은 아무도 없었다.

박해와 추방의 6년 동안 아타나시우스는 여러 차례 그녀의 집을 찾아갔고, 심지어는 리미니 공의회와 셀레우키아 공의회를 직접 봤다는 공식적인 발언으로 미루어 볼 때 그는 이들 회의에도 은밀하게 참석했던 것으로 보인다.

계속되는 저항

신중한 정치가의 경우, 동료와 친밀하게 협의하고 적의 분열은 즉각 이용하는 수완만 있으면 아무리 위험하고 대담한 시도라도 정당화할 수 있다.

아타나시우스의 경우도 그랬다. 그는 지중해의 모든 항구와 무역 및 항해로 연결되어 있던 알렉산드리아를 지나, 마을에서 떨어진 오지의 은신처에서 아리우스파를 비호하는 황제를 집요하게 공격했다.

그의 논문은 널리 유포되어 경쟁하듯 읽혔으며, 정통파를 고무하고 결속하는 데 기여했다. 콘스탄티우스 2세에게 보낸 공개 사죄문에서는, 황제의 온건 정책을 찬양하는 태도를 보였지만 남몰래 회람된 탄핵 문서에서는, 황제를 어리석고 비열한 군주, 친족의 살해자, 제국의 폭군, 반그리스도교도 등으로 부르고 있다.

이에 비해 콘스탄티우스 2세는 정말 가련했다. 갈루스의 실정을 응징하고, 실바누스의 반란을 진압했으며, 베트라니오한테서 왕관을 빼앗고, 심지어 마그넨티우스의 군단도 분쇄한 황제가, 그 전승 뒤 절정의 시기에, 보이지 않는 상대로부터 화해와 보복이라는 뜻하지 못한 타격을 입은 것이다. 그는 그리스도교 군주로서 신앙을 위해서라면 어떠한 무모한 권력에도 굴하지 않는 강력한 존재를 경험해야 했던 최초의 황제였다.

이교도 위에 내리는 희망

그리스도교 세계의 분열은 이교의 붕괴를 늦췄다. 그것은 교회 내부의 반란에 대한 위기감에서 이교도에 대한 성전(聖戰)의 사기가 느슨해진 데 그 원인이 있었다.

문제가 단순히 우상숭배의 박멸뿐이었다면, 그때까지의 비관용 원칙에 의해 모든 것이 정당화될 수 있었을지도 모른다. 그러나 현실적으로 황궁 내에 대립이 있고, 그 대립하는 두 파가 교대로 패권을 장악하고 있었다. 한쪽이 열세가 되었다고는 해도 아직은 강력했다. 따라서 그 상대에 대해 인심의 이반책을 취하는 것은 서로가 꺼리고 있는 상황이었다.

권위이든 추세든, 어쩌면 이해든 도리든, 모든 동기가 이제 그리스도교도 쪽에 유리하게 작용하고 있었지만, 그렇다고 제국 전체가 당장 이 종교에 감화되는 것은 아니었다. 완전히 그렇게 될 때까지는 2, 3세대의 세월이 필요했다.

다신교는 로마제국에서 그렇게 오랫동안, 그렇게 최근까지 국교가 되어 있었던 종교인 만큼, 다수의 국민에게 그것은 여전히 깊은 숭배의 대상이었다. 그들은 이론적인 설교보다 옛날부터의 관습에 더욱 친밀감을 느끼고 있었다.

돌이켜 보면 콘스탄티누스 황제 시대에도, 또 그 아들인 콘스탄티우스 2세의 시대에도 정치적인 것이든 군사적인 것이든 영광의 기회는 모든 신하에게 차별 없이 주어졌다. 또 지식, 부, 용기 같은 자원도 그 상당 부분이 다신교를 지키는 데 바쳐지고 있었다. 바로 그러한 상황이었기 때문에 원로원 의원, 농부, 시인, 철학자들은, 그 미신에 근거의 차이는 있을지언정, 모두가 한결같이 경건한 마음으로 함께 신전에 모였던 것이다.

그러나 바야흐로 지난날에는 금지되어 있었던 하나의 종파(그리스도교)가 승리를 차지하기에 이르렀다. 이교도들 사이에 굴욕감이 높아졌다.

바로 이러한 때, 뜻밖의 풍문이 들려왔다. 갈리아를 야만족의 무력에서 해방한 젊은 영웅, 즉 제위의 계승자로 지목되고 있는 율리아누스 부황제가 조상 전래의 종교를 남몰래 신봉하고 있었다는 것이었다. 그것을 안 그들의 가슴에는 또다시 희망의 불길이 타오르기 시작했다.

칼럼 동방계 밀의(密儀)종교

동방에서 서방으로 유입된 것은 사람과 물건만이 아니었다. 동방에 기원을 둔 여러 종교가 서방 세계로 들어오고, 특히 개인의 구원을 강조하는 밀의종교가 사람들의 신앙을 모으게 되었다.

바쿠스 신의 밀의로 대표되는 그리스 기원의 밀의종교는 일찍부터 로마에도 알려져 있었는데, 이윽고 로마의 동방 진출이 활발해짐에 따라 그리스 이외의 지역에서도 여러 신들이 로마 세계로 영입되기에 이른다. 기원전 204년에는 소아시아의 프리기아에서 키벨레 여신의 밀의가, 기원전 1세기 후반에는 이란에서 미트라 신의 밀의가 각각 로마로 들어왔다. 또 기원전 1세기 초반에는 이집트에서 이시스 여신의 밀의가 로마로 들어와 1세기 중반에는 제국 전체로 퍼져나갔다.

밀의종교의 대부분은 입신(入信)의 의식을 치른 신도에게만 깊은 뜻을 밝힌다는 비밀성을 특징으로 하며, 도취나 열광을 수반하는 과격한 제례의식을 통해 얻어지는 종교감정의 고양에서 개인의 구원과 만족감을 찾으려는 경향이 강했다. 이러한 비밀성과 과격성 때문에 밀의종교는 위험한 컬트[1]로 간주되어 종종 국가에 의한 단속의 대상이 되었지만, 쇠퇴하기는커녕 점점 확대했다.

지신(地神)적 성격이 강한 로마의 옛 신들과는 달리 동방계 밀의종교의 신들은 신앙 장소나 신자의 출신지를 따지지 않는 보편적인 존재였으므로 제국의 확대에 수반한 인구 이동과 무(無)국경화에 빠르게 적응할 수 있었다. 또한 로마의 전통종교가 오로지 국가를 대상으로 한 것인 데 반해 밀의종교는 개인을 대상으로 하고, 삶의 고통과 죽음의 불안에 떠는 사람들의 마음을 강하게 붙잡고 놓지 않았다. 이러한 동방계 밀의종교의 특색을 전면에 내세우면서 훗날 로

---

1) cult. 일부 광신자들에 의해 조직화된 종교적 소집단.

마의 국교로까지 성장한 것이 그리스도교였던 것이다.

⑴ 바쿠스 신[2]을 숭배하였다. 그 제례의식은 종종 시끄럽고 어수선한 혼잡함을 수반했다. 컬트화한 교단에 의한 흉악사건을 계기로 기원전 186년, 원로원의 결의로 엄격히 제한되었지만, 원수정(元首政) 시기에 다시 세를 회복했다.

⑵ 키벨레 여신[3]을 숭배했다. 산 제물로 소나 양의 생피를 뒤집어쓰는 의식과, 신관이 스스로 거세하는 관습이 위험하다고 여겨져 한때 제한되었지만, 클라우디우스 황제 시대에 금지가 풀려 국가종교의 하나로 인정되었다.

⑶ 조로아스터교의 흐름을 따랐다. 아후라 마즈다에 보내진 미트라 신이 죽이는 소의 피에서 다시 생명이 태어난다고 믿었다. 상인이나 병사들 사이에 인기가 있었다.

⑷ 이시스 여신과 그녀의 남편이자 오빠이기도 한 오시리스 신,[4] 그리고 아들 호루스 신[5]을 숭배한다. 이시스 여신의 신화는 죽음과 재생, 복수와 가족애를 주제로 하여 인기가 있었다.

---

2) 그리스에서는 디오니소스 신.
3) 프리기아에서는 아그디스티스 여신.
4) 로마에서는 세라피스 신.
5) 로마에서는 하르포크라테스 신.

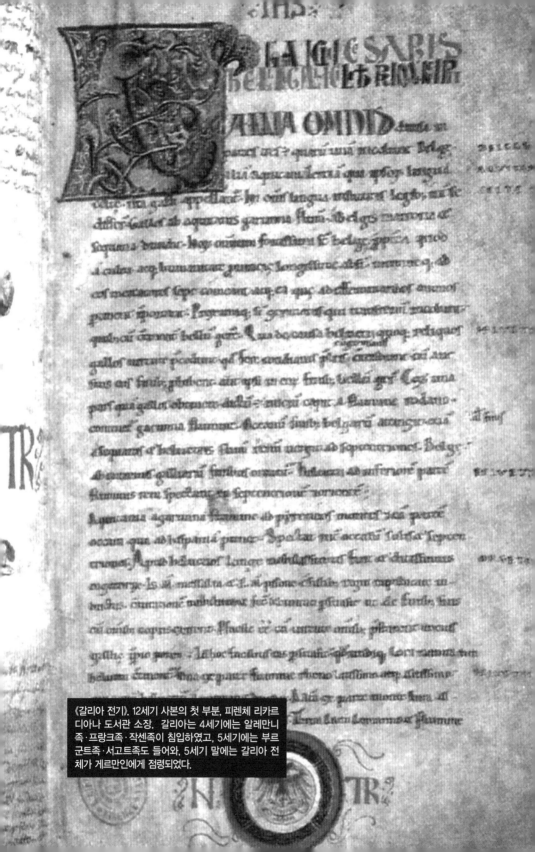

《갈리아 전기》. 12세기 사본의 첫 부분, 피렌체 리카르디아나 도서관 소장. 갈리아는 4세기에는 알레만니족·프랑크족·작센족이 침입하였고, 5세기에는 부르군트족·서고트족도 들어와, 5세기 말에는 갈리아 전체가 게르만인에게 점령되었다.

제8장

(360~363년)
갈리아 군단의 율리아누스 황제 추대
율리아누스의 진격과 승리
콘스탄티우스(2세) 죽음
율리아누스 민정
페르시아 전쟁 중 율리아누스 사망
후계자 요비아누스의 굴욕적 강화에 의한 로마군 구출

율리아누스 명성을 떨치다

로마인이 성직자와 환관들의 폭정에 시달리는 동안, 제국 곳곳에서는 율리아누스를 찬양하는 목소리가 퍼져 나갔다.

이 젊은 부황제(副皇帝)는 일찍이 그의 무력을 경험한 게르마니아의 야만족에게는 여전히 두려움의 대상이었지만, 로마군 병사에게는 이른바 승리의 동료이고, 속주민들에게는 자비로운 위정자였다. 제국 안에서는 다만 율리아누스의 즉위에 반대한 콘스탄티우스(2세) 황제의 총신들만이, 그 훈공이 비위에 거슬려 그를 황실의 적으로 간주했다.

율리아누스의 명성이 아직 다져지지 않았을 무렵, 악의적인 풍자에 뛰어난 궁정의 익살꾼들은 그에 대해 온갖 중상을 하고 있었다. 이를테면 그 순박함에는 가식적인 데가 있다고 하고, 인품과 복장에 대해서는 털북숭이 야만인, 또는 황제의 옷을 걸친 원숭이라고 비꼬았다. 또 그의 겸허한 보고서에 대해서도, 아카데메이아에서 겨우 군사학이나 배운 젊은 장군이 외치는 탁상공론에 지나지 않는다는 말로 매도했다.

이러한 악의에 찬 비방도, 프랑크족과 알레만니족의 정복자 앞에서는 침묵할 수밖에 없었다. 그뿐만 아니라, 이제는 황제까지 그의 명예에 질투심을 느끼면서, 자기도 그것을 차지하고 싶다는 생각을 품기에 이르렀다.

그래서일까, 옛 관례에 따라 월계수 관으로 장식하여 각 속주로 내려보낸 서신에는 진정한 공로자 율리아누스의 이름은 어디에도 보이지 않았다. 더욱이 그 서신에는 "이번 야만족 토벌은 오로지 친히 최전선에서 용기를 발휘한 콘스탄티우스(2세) 황제의 전공에 의한 것이며, 포로가 된 야만족의 왕도 바로 그 싸움터에서 황제 앞에 끌려 나왔다"고 적혀 있었다.

그런데 실제로는 그때, 콘스탄티우스(2세) 황제는 싸움터에서 40일 이상 걸리는 먼 곳에 떨어져 있었다.

간신들의 책략

아무리 얕잡아 보는 민중이라 해도 거짓말로 백성을 속일 수 없었고, 황제 자신의 자존심도 만족시킬 수 없었다.

이처럼 모든 로마인이 율리아누스의 위업을 찬양하며 지지하는 것에 불안감을 품게 된 콘스탄티우스(2세) 황제의 마음은 아첨꾼들의 교묘한 독약을 받아들이게 되었다.

간신들의 간계는 실로 그럴듯했고 그 감언이설은 참으로 교묘했다. 그들은 율리아누스를 깎아내리는 대신 그의 미덕과 대중적 명망, 뛰어난 재능과 그의 중요한 업적을 인정하고 한 걸음 더 나아가 과장까지 했다. 그런 다음 서서히 불길한 암시를 시작했다. 만일 변덕스러운 군중들이 율리아누스에게 달려가거나, 그 자신이 독자적인 야심에서 충성심을 버리기라도 하면, 황제에게 즉각 심각한 사태가 초래될지도 모른다는 것이었다.

중신회의에서는 콘스탄티우스(2세) 황제의 개인적인 염려를 국가 안전을 생각하는 군주로서 찬양받을 만한 우려라고 생각했다. 그러나 황제는 나무랄 데 없는 율리아누스의 미덕에 대해 속으로 품고 있던 증오와 질투의 감정을, 겉으로는 국가에 대한 염려로 가장했다.

표면상 갈리아 지방이 평온을 되찾자마자, 이번에는 동부의 여러 속주에 위기가 찾아왔다. 그것은 황제의 막료들의 책략에 그럴듯한 구실을 마련해 주었다.

즉 율리아누스의 군대를 해산하고, 지금까지 라인강 유역에서 게르만인을 수없이 제압해 온 율리아누스의 정예군을 소환하여, 훨씬 멀리 떨어진 페르시아와의 전쟁에 내보내기로 한 것이다.

파리의 겨울 야영지에서 행정 업무를 보고 있던 율리아누스에게 두 사람의 정부 고관이 황제로부터의 칙명을 가지고 느닷없이 들이닥쳤다.

이 두 사람이 하명받았다는 거역할 수 없는 칙명에 따르면, 명성을 떨치던 켈트, 페툴란트, 헤룰리, 바타비 부족 4개 군단과 나머지 부대들로부터 용사 300명씩을 선발하여 페르시아 변경을 향해 즉시 출발, 전쟁이 발발하기 전에 도착하도록 강행군하라는 것이었다.

율리아누스는 이 칙명이 불러올 결과를 내다보고 탄식했다. 왜냐하면 야만족으로 구성된 이 보충병들은 대부분 알프스 이북으로는 결코 파견되지 않을 것을 조건으로 자원입대한 자들이었기 때문이다. 따라서 로마의 국가적 신용과 율리아누스 자신의 명예가 이 조건을 지키는 데 달려 있었다. 그런데 페르시아 전투에 파견하라는 것이다.

신의를 중시하고 자유를 최대의 재산으로 여기는 독립심 강한 게르만 전사들을 배신하는 행위는, 로마에 대한 신뢰를 무너뜨리고 격분시킬 것이 분명했다.

로마인이라는 신분과 특권을 누리고 있는 정규군 병사라면 몰라도, 용병에 지나지 않는 외국인 병사들은 국가나 로마 따위에는 아무 관심이 없었다.

하지만 그들은 거기서 출생하거나 오래 체재하는 동안 갈리아의 기후와 풍습에 애착을 갖고 있었으며 율리아누스에게만은 사랑과 존경심을 느끼고 있었다. 그러나 콘스탄티우스(2세) 황제는 그들에게 경멸의 대상, 아니 증오의 대상이었다. 거기에 힘든 행군과 페르시아군의 화살, 아시아의 불타는 사막이라니 생각만 해도 진저리가 처지는 일이었다.

병사들은 칙명에 반대했다. 자신들이 구출한 나라가 이제 조국이고, 가족과 친지를 보호하는 것이야말로 신성하고도 중요한 의무라고 변명했다.

갈리아인들은 전쟁이 임박했음을 알고 있었다.

게르만인에게는 강요된 조약인 만큼, 갈리아 지방의 군사력이 빠져나가고 나면 그들은 조약을 깰 것이 뻔하다. 또, 율리아누스가 아무리 유능하고 용기 있다 해도 이름뿐인 장군이라면 나라의 모든 재앙의 책임을 뒤집어쓸 게 분명하다. 그렇게 되면 그는 야만족의 포로로 잡히거나 황궁에 죄인으로서 잡혀가게 될 것이었다. 그렇다고 명령에 복종하면, 그것은 바로 스스로의 파멸, 아니 그가 사랑하는 백성들의 파멸을 의미한다. 하지만 거부는 반역행위, 곧 선전포고나 마찬가지이다. 황제의 질투심으로 보아 칙명에 대해서는 변명이나 해명의 여지가 없었다. 부황제라는 종속적 지위로는 주저할 시간도 허락되지 않았다.

고민에 빠진 율리아누스

고립무원의 율리아누스는 날이 갈수록 당혹스러운 처지가 되어 갔다. 절친한 친구 살루스티우스가 환관들의 농간으로 자리에서 물러났기 때문에, 그 친구에게 자문을 구할 수도 없는 처지였다. 대신들의 지지를 얻어 황제에게 항의할 입장도 아니었다. 대신들은 갈리아의 붕괴를 시인하기 꺼렸기 때문이다.

때마침 기병대 사령관 루피키누스는 스코트족과 픽트족을 물리치기 위해 브리타니아에 파견되어 부재중이었고, 행정총독인 플로렌티우스도 라벤나에서 공납물 사정 작업에 매여 있었다.

위의 두 사람 가운데, 나이 많고 교활한 플로렌티우스는 이 위급한 사태에 책임을 져야 하는 상황을 피하기 위해 거듭되는 율리아누스의 귀환 요청을 교묘하게 피하고 있었다.

그동안 궁정에서는 연달아 사절을 보내 부황제에게 명령 수행을 독촉했다. 황실 사자들은 관료들의 귀환을 기다리게 해서 이행을 지연하는 죄를 면치 못한다, 만약 즉시 이행하지 않으면 자신들이 대행하겠다고 말했다.

거절은 불가능하고 그렇다고 수락할 수도 없는 진퇴양난에 빠진 율리아누스는 부황제의 자리를 명예롭게 지킬 수 없을 바에야 차라리 퇴위하겠다는 의사를 밝히기에 이르렀다. 하지만 퇴위하고 나서도 위험한 사태를 부르게 될 것이 예상되었다.

신하로서의 미덕을 보이다

고통스러운 갈등 끝에 율리아누스는 복종이 신하로서의 가장 큰 미덕이며, 국사를 판단하는 권한은 오로지 군주에게 있다는 결론을 내리지 않을 수 없었다. 그는 콘스탄티우스(2세) 황제의 명령을 수행하는 데 필요한 일련의 지시를 내렸다.

그의 군대 일부가 알프스산맥을 향해 행군을 시작했고, 몇몇 수비대에서 선발된 수비대는 각기 집결 장소로 이동하기 시작했다.

병사들이 무거운 걸음으로 행진하기 시작하자, 그것을 본 사람들은 불안과 공포에 질려 입을 다물거나 어떤 자는 비통한 소리를 질렀다. 그중에서도 어린 아이를 품에 안은 병사의 아내들은 분노와 슬픔으로 가득 찬 말로 가족을 버리고 떠나는 남편들을 원망했다.

이 고통스러운 광경이 인정 많은 부황제의 마음을 움직였다. 그는 병사들에게 많은 역마차를 준비하게 하여 군인의 아내와 가족들을 수송할 수 있도록 했다. 자신이 어쩔 수 없이 불러들인 고난을 덜어 주기 위한 노력이었다.

그러나 그것이 다시 한번 그의 명망을 높여 주었고 병사들의 불만을 더욱 부채질했다.

무장 집단의 슬픔은 곧 분노로 변했다. 군인들의 원성이 병영에서 병영으로 전달됨에 따라, 그 내용은 점점 대담해져서 반역도 불사할 태세가 되었다.

바로 그때 사령관들의 묵인하에 율리아누스가 당한 굴욕과 갈리아군에 대한 강압, 소심한 콘스탄티우스(2세) 황제의 악덕 따위를 생생하게 기록한 격문이 병사들 사이에 은밀히 유포되었다.

콘스탄티우스의 사자들은 반역의 분위기가 퍼져 가는 것에 위기감을 느꼈다. 그들은 율리아누스에게 군의 이동을 서두르라고 재촉할 뿐이었다. 율리아누스로서는 군을 파리 시내에 들이지 말 것을 제안하고, 또 자기가 마지막으로 군대를 열병함으로써 일어날 수 있는 위험한 사태를 끊임없이 암시했지만 콘스탄티우스의 신하들은 그의 이 성실하고 사려 깊은 충고에 귀를 기울이려 하지 않았다.

친애하는 병사들이여!

군대가 도착했다는 보고를 받고, 율리아누스는 병사들을 맞이하기 위해 성문 앞 광장에 마련된 열병대에 올라갔다. 그는 직위와 무공에 따라 특별히 언급할 만한 장병들을 치하한 뒤, 자신을 둘러싼 전군의 병사들을 향해 신중하게 작성해 두었던 명연설을 시작했다.

그는 먼저 감사와 절찬의 말로 그들의 공적을 찬양했다. 이어서 콘스탄티우스(2세) 황제를 위대한 황제라 부르고, 이 위대한 황제 밑에서의 병역을 영광으로 받아들이라고 격려한 뒤, 마지막으로 황제의 칙명에는 받은 즉시 그 자리에서, 그것도 기쁜 마음으로 복종해야 한다고 훈시했다.

이에 대해 병사들은 그저 침묵을 지킬 수밖에 없었다. 만약 야유를 하면 율리아누스 장군의 심기를 건드리게 되고, 그렇다고 환호를 하는 것은 자신을 속이는 것이 되기 때문이었다. 그들은 잠시 휴식을 취한 뒤 각자 막사로 돌아갔다.

율리아누스는 고급장교들에게 연회를 베풀어 따뜻하고 부드러운 말로 자기에게 승리를 가져다준 용감한 동지들을 공로에 따라 포상하지 못하는 미안한 심정을 절절하게 전했다. 장교들은 비탄과 당혹한 마음으로 연회장을 나서면서 존경하는 장군과 고향을 떠나게 된 자기들의 괴로운 운명을 깊이 한탄했다.

저항할 수 없는 물살 속에서

이러한 이별을 면할 수 있는 유일한 방법에 대해 병영 안에서 대담하게도 의견이 나왔고 동조를 얻었다.

이러한 병사들의 분노는 점차 본격적인 모의로 발전하여 정당한 불만은 격정으로 고조되었고, 그 격정은 출발하기 전날 밤에 열린 격의 없는 술자리의 술기운으로 더욱 불이 붙고 말았다.

밤이 깊어지자 미친 듯이 일어난 병사들은 칼과 횃불을 들고 성 아래로 몰려와 궁전을 에워싸고 "율리아누스 황제 만세!"를 외쳤다.

불안한 마음에 제대로 눈도 붙이지 못하고 있던 부황제는 바깥의 소동에 잠이 깨어, 즉시 사태를 파악했지만, 궁전 문을 굳게 걸어 잠그고 병사들의 난입을 저지했다. 그리하여 그날 밤은 무사히 넘어갔다.

그러나 날이 밝자 초조해진 병사들은 궁전에 돌입, 정중하게 율리아누스의 신변을 확보하였다. 그들은 칼을 빼어 들고 율리아누스를 호위하며 파리 거리를 행진한 뒤, 그를 단상에 세우고 그를 향해 "황제 만세"를 연호했다.

신중하고 충성스러운 율리아누스로서는 모반에 끝까지 저항했지만 어쩔 수 없이 뜻을 굽힐 수밖에 없었다는 변명의 구실을 마련해 두어야 한다고 생각했다.

그는 군중을 상대로, 때로는 한 사람 한 사람에게 이해를 구하거나 때로는 분노를 표시하면서, 지금까지 이룩한 불멸의 승리를 더럽히지 말라고 타일렀다. 이어서 즉시 콘스탄티우스(2세) 황제의 충성스런 군인으로 돌아간다면, 황제로부터 자유와 용서는 물론이고, 칙명의 철회까지 받아내겠다고 약속했다.

그러나 이미 자신들이 범한 죄상의 중대함을 자각한 장병들은 황제의 자비심을 기대하기보다는 율리아누스의 보은(報恩) 쪽에 기대를 걸었다. 그들의 열정은 점차 초조감으로 바뀌었고, 그 초조감은 분노로 변했다. 하지만 율리아누스의 태도는 여전히 완강했다.

그러나 제3시[1]가 되자, 즉위냐 죽음이냐 가운데 어느 하나를 선택할 수밖에 없게 되었고, 그는 마침내 굴복하기에 이르렀다. 전군의 환호와 주시 속에 방패에 올려진 그는 제관 대신 그들이 내민 군복용 깃을 둘렀다.

이 의식이 뭔가 특별한 상여금을 내리겠다는 공약으로 끝나자, 새 황제는 단상에서 내려와 슬픈 표정으로 서둘러 궁전으로 돌아간 뒤 자기 방에 들어가 두문불출했다.

율리아누스가 슬퍼했다는 것은 그의 결백함을 드러내는 것이지만, 군주들의 진심 어린 발언을 의심하는 데에 익숙해진 사람들에게 그의 결백은 회의적으로 보였다. 활달하고 적극적인 그의 성격은 희망과 두려움, 감사와 원한, 의무와 야망, 공명심과 비난에 대한 우려 등 여러 감정에 매우 민감하게 반응했다. 지금 우리가 이런 감정 상태를 하나하나 짐작해 본다는 것은 불가능하므로, 율리아누스를 이끈 구체적인 행동 원리를 단언할 수는 없다. 군대의 불만

---

1) 오전 9시.

은 정적들의 악의에 의한 것이었으니, 군대의 반란은 어쩌면 당연한 결과였다. 그러므로 율리아누스가 우연을 가장하여 자신의 속셈을 감추려 했더라면, 그는 여유 있게 가장 좋은 계략을 꾸밀 수 있었을 테고, 그랬다면 아마도 성공하지 못했을 것이다. 그는 자신이 즉위하기 전날 밤까지는 전혀 군대의 계획을 몰랐다고 유피테르, 태양신, 마르스, 미네르바 등 모든 신들 앞에서 엄숙히 밝히고 있다. 이런 면에서는 한 영웅의 명예와 철학자의 진실을 무조건 불신하는 것은 너무 가혹한 처사라 할 수도 있다. 그러나 콘스탄티우스는 신들의 적이며, 자신은 신들의 총애를 받고 있다는 미신에 가까운 확신이 그로 하여금 인류의 오랜 종교를 부활시키기 위해 자신의 황제 즉위를 원하고 설득하고 촉진하도록 부추겼을 수도 있다.

율리아누스는 장병들이 모의를 하는 동안 잠시 눈을 붙였다. 나중에 친구들에게 털어놓은 바에 의하면, 꿈속에 제국의 수호신이 나타나 침실 문 밖에 서서 끊임없이 방에 들어오려고 하면서 그에게 용기와 야심이 없는 것을 나무랐다고 한다. 놀라고 당혹스러워하면서 유피테르 신에게 기도를 올렸더니, 신은 그 자리에서 하늘의 뜻, 즉 군의 뜻에 따르라고 분명하게 신탁을 했다고 한다.

통상적인 이성의 원칙을 벗어나는 이런 언동은 우리에게 더 큰 의혹을 불러일으키는 동시에 우리의 탐색을 방해한다. 아무리 고귀한 정신이라도 이토록 경솔한 믿음, 이토록 교묘한 종교적 열정에 한번 빠져 버리면, 중요한 윤리 원칙, 즉 덕망과 진실까지 점차 망각하게 되는 것인가.

아군의 열광을 가라앉히고 적의 신변을 보호하는 동시에 자기의 생명과 위신을 해치려는 은밀한 계책을 버리게 하는 것이 새 황제의 첫 번째 과제였다. 그래서 율리아누스는 획득한 지위를 지키기로 굳게 결심하는 한편, 제국을 내전의 참화로부터 구출하기 위해 콘스탄티우스(2세) 황제와의 싸움을 피하고 배신자라는 자신의 불명예를 여전히 회복하고 싶어 했다.

황제의 옷차림으로 마르스 광장에 모습을 드러낸 율리아누스는 지금까지의 수많은 승리에 대해 얘기한 뒤 현재 직면하고 있는 군인들의 불행을 동정하고 그 결의를 칭송하며 희망을 안겨주려고 노력했다. 동시에 그들이 격정에 사로잡히는 것을 금했다. 그리고 만약 동방의 황제가 협정에 응할 경우에는 토벌이니 하는 생각은 버리고, 다만 갈리아 속주의 영유와 안정만으로 만족하라고 설득했다. 이러한 약속을 엄숙히 받아내고서야 해산을 허락했다.

이를 바탕으로 그는 자신과 군대의 이름을 빌려 그럴듯한 내용이 담긴 편지를 썼다. 그는 총무장관 펜타디우스와 시종장 에우테리우스로 하여금 편지를 가지고 콘스탄티우스에게 가서 회답을 받고 한편 그의 심중을 살피고 오라고 명했다. 편지에서 그는 겸손하게 카이사르라고 서명했지만, 정중하면서도 단호한 어조로 자신의 아우구스투스 칭호를 인정할 것을 요구하고 있다. 그는 자신의 황제 선출이 변칙적이었다고 밝히면서도, 한편으로 자신에게 승낙을 강요한 군인들의 분노와 폭력이 정당했다고 비호했다. 그는 자신의 사촌인 콘스탄티우스의 우월성을 인정하면서, 매년 공물로 에스파냐산 말들을 보내고 황제의 군대를 야만족 청년들로 구성할 것이며, 황제가 자신이 신임하는 충신을 행정총독으로 임명하면 따르겠다고 약속했다. 그러나 그는 알프스산맥의 북쪽지역에 대해서는 자신이 군권과 세무행정 그리고 주권과 관리 임명권을 행사하겠다고 했다. 또한 황제에게 정의의 길을 따르고 군주들을 농락하는 간신배들을 믿지 말라고 하면서, 국가와 콘스탄티누스 가문에게 이롭도록, 공정하고 명예로운 조약 체결을 받아들여 달라고 간청했다.

율리아누스는 이 협상에서 이전부터 자신의 소유였던 것 이외에 대해서는 주장하지 않았다. 오래전부터 갈리아, 에스파냐, 브리타니아에서 그가 행사했던 위임통치권은, 훨씬 독자적이고 장엄한 자의 권위에 의해 여전히 그에게 속했다. 군인들과 시민들은 피를 흘리지 않고 쿠데타가 성공한 것을 환호했다. 콘스탄티우스가 보냈던 플로렌티우스는 도망가고 루피키누스는 사로잡혔다. 새 정부에 반대하는 자들은 무기를 빼앗기고 감금되었으며, 공석인 관직은 황실 내의 음모와 군인들에게 흔들리지 않는 군주에 의해서 능력에 따라 임명되었다.

내전에 대한 대비

강화 교섭을 진행하는 한편, 전쟁 준비도 부지런히 이루어져 군대는 비상사태에 돌입했다. 그와 아울러 시국의 혼란을 틈타 새로운 병력의 증원도 이루어졌다.

앞의 마그넨티우스파에 대한 학대로 갈리아에 넘쳐나고 있었던 부랑자와 도적들도 신뢰할 수 있는 군주의 대사면을 감사한 마음으로 받아들이고는 엄격한 군기에도 복종하며, 콘스탄티우스(2세) 황제와 그 정부에 대한 증오를 불태우고 있었다.

그러는 동안 계절이 바뀌어 출진이 가능해졌다. 율리아누스는 군의 선두에서서 플레베 근교에서 라인강에 다리를 놓은 뒤 강을 건넜다. 제국의 내분을 이용하여 변경을 약탈하려는 움직임을 보이고 있던 프랑크족의 한 지족인 아투아리족의 토벌 준비에 착수했다.

율리아누스는 난공불락으로 여겨지던 이 지방을 마침내 함락시켰다. 율리아누스는 클레베에서 바젤에 이르는 라인강 변의 방어시설을 시찰하고, 알레만니족으로부터 탈환한 지역을 특히 세심하게 조사한 뒤, 일찍이 그들에게 유린당했던 브장송[2]을 통해 빈으로 들어가, 그곳에 다가올 겨울을 위한 본영을 설치했다.

필요한 곳 몇 군데가 보강되었고, 갈리아 경계선은 요새가 증설되어 강화되었다.

율리아누스는 이번의 방비 강화뿐 아니라 일찍이 여러 차례 정복당한 적이 있는 게르만족이 이제는 자기의 이름을 두려워하여 자신이 없는 사이에 불온한 움직임을 보일 일은 없을 거라고 생각했다.

다만 완강한 알레만니족에 한해서는 싸움의 가능성이 예견되었다. 왜냐하면 그들은 조약을 준수하는 척하며 군비를 증강하고 있었기 때문이다.

율리아누스는 기발한 술책을 궁리해 내어 알레만니족의 왕 바도마리우스를 놀라게 해주었다.

로마 지방장관의 초청을 받은 왕은 아무 경계심 없이 거기에 응했다가, 분위기가 고조되었을 때 체포되어 즉시 포로로서 에스파냐의 오지로 압송되었다.

걱정거리를 제거한 율리아누스는 당황한 야만족들이 혼란을 수습하고 다시

---

2) 쥐라산맥 북쪽.

일어서기 전에, 즉각 병사를 이끌고 라인강 변에 나타나, 다시금 강을 건너, 이미 네 번의 원정에서 보여 준 그 위세를 다시 한번 강하게 과시했다.

화해를 도모하다

율리아누스의 사신들은 서둘러 임무를 수행하라는 지시를 받았지만, 이탈리아에서 일리리쿰을 통과하는 동안 속주 지사들의 고의적인 지연 공작으로 발이 묶이게 되었다. 그 때문에 콘스탄티노폴리스에서 카파도키아의 카이사레아에 이르는 그들의 여행은 참으로 긴 여정이 되었다.

더욱이 간신히 제도에 입성하여 콘스탄티우스(2세) 황제를 알현할 수 있게 되었을 때는 이미 황제의 가슴에 분노가 타오르고 있었다. 직속 부하들로부터 잇따른 보고서에 의해 율리아누스와 갈리아군의 행동이 이미 황제의 심기를 어지럽히고 있었던 것이다.

율리아누스의 친서를 읽는 동안 콘스탄티우스(2세) 황제는 점점 짜증스런 표정을 짓더니 마침내 격분했다. 그리고 두려움에 부들부들 떨고 있는 사신들을 쫓아 버렸다.

이때의 황제의 표정, 몸짓, 언동은 혼란에 빠진 그의 마음을 대변하고 있었다. 만약 황녀 헬레나[3]가 살아 있었더라면, 자신의 남편과 동생에 해당하는 두 사람 사이가 이처럼 단절되지는 않았을 것이다. 그러나 그녀는 거듭되는 유산으로 괴로워하다가 끝내 죽고 만 것이다.

생전에 율리아누스에게 각별한 애정을 보였던 황후 에우세비아라도 살아 있었더라면 아마 틀림없이 황제의 분노를 누그러뜨려 주었을 것이다. 콘스탄티우스(2세) 황제가 이렇게 자신의 격정과 환관들의 책략에 휘둘리게 된 것은 이 황후가 죽은 뒤부터였다.

그러나 지금 야만족의 내습이 우려되는 사태에서 사사로운 적에 대한 응징은 뒤로 미룰 수밖에 없었다. 콘스탄티우스(2세) 황제는 페르시아 변경으로 진군 중인 율리아누스와 그 군대에게 자신의 자비에 대한 조건을 제시하면 충분할 거라고 생각했다.

---

3) 율리아누스의 아내, 콘스탄티우스의 막내 여동생. 355년 율리아누스의 부제 임명 직전에 정략결혼했음.

그래서 그는 주제넘은 부황제에게 다음과 같이 요청했다. 반란군한테서 받은 아우구스투스(정제) 칭호와 지위를 내놓고, 국가와 군대에 대한 권한을 궁정이 임명한 고관에게 넘겨주고, 신변의 안전을 보장받고 싶으면 아리우스파의 한 사람인 갈리아의 주교 에픽테토스가 전달하는 특별사면에 따르라는 것이었다.

파리와 안티오키아 사이의 3000마일. 이 먼 거리를 오가며 강화 교섭을 하느라고 여러 달이 허비되었다. 율리아누스는 곧 자신의 온당하고 정중한 태도가 완고한 적의 자존심만 부추기고 있다는 것을 깨닫고, 마침내 내전은 피할 수 없게 되었다는 결론에 이르렀다.

그는 곧바로 민중과 병사들에게 소집 명령을 내리고, 모여든 전원 앞에서 황제가 보낸 사자인 재무관 레오나스를 접견했다.

콘스탄티우스(2세) 황제의 오만한 편지가 낭독되는 동안 일동은 주의 깊게 귀를 기울였다. 낭독이 끝나자 율리아누스는 아첨이라도 하는 듯한 은근함으로 자신을 추대한 병사들이 승낙한다면 그 자리에서 정제 칭호를 포기할 의향이 있음을 밝혔다.

그러나 이 발언은 금세 분노의 함성에 묻혀 사라지고, 이어서 "율리아누스 아우구스투스여, 군과 인민, 그리고 당신이 구한 공화국과 민중과 군대의 권위로 계속하여 통치하시기를!" 하고 누군가가 소리치자, 광장 전체가 이에 호응하여 이미 안색이 창백해진 황제의 사자를 더욱 두려움에 떨게 했다.

그 뒤 다시 편지가 낭독되었는데, 그 내용은 율리아누스의 배은망덕을 비난하는 소리로 가득했다. 고아였던 그를 구해 주고, 정성을 다해 키워 주었을 뿐만 아니라 보랏빛 옷까지 하사한 것은 대관절 누구인가 하는 것이었다.

인종(忍從)의 끝

"무엇이! 고아라고?" 율리아누스가 분을 이기지 못하며, 행동의 정당성을 주장했다. "짐의 일가를 멸망시킨 남자가 짐을 가리켜 고아였다고 말하는 거냐? 오랫동안 잊으려고 노력해 온 수많은 처사에 대해 놀랍게도 암살자 자신이 그 보복을 촉구하다니!"

이렇게 해서 집회는 해산되었다. 레오나스는 간신히 군중의 분노를 피해 율리아누스의 답장을 가지고 황제에게 돌아갔다. 이 답장에서 율리아누스는 매우 격렬한 웅변조의 문체로 20년 동안 은인자중하며 억눌러 왔던 경멸과 증오와 분노의 감정을 있는 그대로 표현했다. 그보다 몇 주 전에 그리스도 공현축일(公現祝日)[4]을 경축했던 율리아누스는 선전포고와 다름없는 이 편지를 보낸 뒤, 자신의 안전을 불멸의 신들에게 의탁한다고 선언함으로써 콘스탄티우스(2세) 황제와의 친선 관계는 물론이고 그 종교까지 공개적으로 부정했다.

촌각의 지체도 허용되지 않는 상황, 단호한 행동이 필요했다. 콘스탄티우스(2세) 황제가 야만족에게 보낸 친서를 압수한 결과, 황제 자신이 국가의 이익을 희생시켜 가며 야만족으로 하여금 서방으로 다시 침공하도록 부추기고 있다는 사실을 알아냈다.

콘스탄스호[5]의 호반과 코티안 알프스 산록에 군수품 저장소가 있어서, 두 군대가 움직이고 있는 것을 확인할 수 있었다. 각기 밀 또는 밀가루 60만 쿼터[6]가 저장되어 있는 그 규모가 포위망을 구축하려 하는 적병의 강대함을 말해 주고 있었다.

그러나 황제의 군대는 아직 멀리 아시아에 주둔하고 있었고, 다뉴브강 일대의 방위는 허술했다. 따라서 율리아누스는 기습을 가해 일리리쿰의 중요한 지방들을 점령할 수만 있다면, 그곳의 다수의 병사들이 자신의 군기 아래 모여들 것이 틀림없고, 또 그 땅에서 나는 풍부한 금은으로 군자금도 충당할 수 있을 것으로 생각했다.

그는 이 대담한 작전 계획을 군사회의에 내놓았다. 그는 군인들에게 각 장군과 자기를 신뢰하도록 격려했고 마지막으로 적에게는 위협을 가하고, 동포 시민에게는 겸허하게 대하며 상관에게는 복종을 다하여 그때까지의 명성을 잃는 일이 없도록 하라는 경고로 연설을 끝맺었다.

군인들은 그의 감동적인 연설에 일제히 환호하면서 유럽이든 아시아든 지구

---

4) 1월 6일. 동방박사 세 사람이 아기 예수를 경배하러 왔던 일을 기념하는 날.
5) 지금의 보덴호. 스위스와 옛 서독의 국경에 위치함.
6) 1쿼터는 8부셸, 1부셸은 약 30리터.

끝까지 종군할 것을 앞다투어 선언하였다.

이어진 충성의 서약식에서는 군인들은 방패를 두드리고 칼끝을 목에 대면서, 갈리아의 해방자이며 게르만인의 정복자인 자신들의 황제에 대한 충절을 맹세했다.

오직 한 사람, 콘스탄티우스(2세) 황제에 의해 민정총독에 임명된 네브리디우스만은 황제의 권리를 주장하며 이 맹세에 반대의 뜻을 표시했다. 그 바람에 에워싼 무장병사들을 격분시켜 하마터면 개죽음을 당할 뻔했다.

칼을 맞아 한쪽 팔이 떨어져 나간 뒤 자기 무릎에 의지해 간신히 몸을 지탱하고 있던 이 민정총독에게 입고 있던 망토를 둘러 준 율리아누스는, 그를 병사들로부터 보호하여 무사히 집으로 돌려보냈다.

갈리아군의 호쾌한 진격

율리아누스의 희망은 군대의 규모보다 그 민첩성에 달려 있었다. 그래서 그는 대담한 작전을 짜고 최대한 신중하게 모든 대책을 강구한 뒤, 나머지는 자신의 용기와 행운에 맡겼다.

그는 바젤 부근에 일단 군대를 집결시킨 뒤 이를 둘로 나누어, 기병대 사령관 네비타가 지휘하는 부대에게는 라이티아, 노리쿰의 중앙부를 빠져나가도록, 요비우스와 그가 지휘하는 부대에게는 알프스와 이탈리아 북부 경계를 통과하는 국도를 진격하도록, 각각 명령을 내렸다.

장군들에게 주어진 율리아누스의 훈령은 주도면밀하게 세워진 계획이었다. 그것은 언제나 전투 대형을 바꿀 수 있도록 지형에 맞는 밀집대형으로 행군하고 전초대와 경비대를 두어 적의 야습에 대비하는 동시에 기습공격으로 적의 저항을 봉쇄하고 불시 진군으로 적의 정찰을 피하라는 것이었다. 한편, 진군 중에 자군이 얼마나 무서운 군대인지 소문을 퍼뜨리면서 목적지 시르미움 성벽 아래 전군이 합류한다는 것이었다.

율리아누스 자신은 더욱 힘든 역할을 수행했다. 그는 용감한 지원병 3000명을 골라 배수진에 대해 설명하고 그들의 결의를 촉구한 뒤 직접 선두에 서서 다뉴브강의 원류지인 마르키아누스 대삼림(슈바르츠발트) 깊숙이 돌입했다.

생사조차 알려지지 않은 수십 일 동안 율리아누스 부대는 모든 장애를 극복하면서 강행군을 계속했다. 산을 넘고 늪지대를 지나 다리를 건너고 강물을 헤엄치면서 로마 땅이건 야만족의 땅이건 가리지 않고 앞만 보고 나아갔다. 그리고 라티스본과 빈의 중간, 즉 전부터 배로 다뉴브강을 내려가기 위한 승선 장소로 점찍어 두었던 지점에 갑자기 모습을 드러냈다.

아울러 마침 정박 중이던 소형 범선단을 나포하여 식탐 많은 갈리아군 병사들을 충분히 만족시킬 만큼의 식량과 물자를 확보한 뒤, 즉시 다뉴브강을 따라 내려가기 시작했다.

뱃사공들은 밤낮을 가리지 않고 부지런히 노를 저었고 게다가 순풍까지도 그들을 도왔다. 그렇게 11일 동안 700마일 이상을 항해한 끝에, 율리아누스가 라인강을 떠났다는 정보를 적군이 채 입수하기도 전에 이미 시르미움에서 불과 19마일 떨어진 보노니아에 상륙했다.

이 신속한 장거리 항행 동안 줄곧 작전의 최종 목표에만 온 신경을 집중한 율리아누스는, 일찌감치 항복하는 것이 상책이라고 판단한 몇몇 도시의 대표단을 접견했을 뿐 쓸데없이 만용을 부리지 않고 강변에 산재해 있는 적의 주둔지들을 그대로 통과했다. 다뉴브강 양변을 가득 메운 수많은 구경꾼들은 이 화려한 군대의 위용을 바라보며 사태의 중요성을 짐작하고, 서방의 대군을 이끌고 질풍 같은 속도로 진군하는 이 젊은 영웅의 명성을 인근에 널리 퍼뜨렸다.

기병대 사령관으로서 일리리쿰 군단을 지휘하던 루킬리아누스는 이 믿기 어려운 보고를 받고 놀라서 어찌할 바를 모르고 허둥댈 뿐이었다. 그가 군대를 규합하기 위해 어물거리고 있는 동안 율리아누스 측 용장 다갈라이푸스에게 기습을 당했다. 보노니아 상륙에 성공한 율리아누스가 약간의 보병을 딸려 보낸 것이다.

여지없이 패하여 포로가 된 루킬리아누스는 생사도 예측하지 못한 채 말에 태워져 율리아누스에게 끌려갔다. 율리아누스는 땅에 엎드려 떨고 있는 이 패장을 손수 부축하여 일으켜 주면서 안심시키려고 했다.

그런데 공포와 경악으로 정신을 차리지 못했던 루킬리아누스는 정신이 들자마자 경솔하게도, 얼마 안 되는 군대를 이끌고 적진 한가운데로 뛰어든 율리아누스의 행동은 성급한 모험이라고 간언했다.

율리아누스는 경멸 어린 미소를 지으면서 이렇게 대답했다.

"그런 소심한 충고는 그대의 주인 콘스탄티우스에게나 하시오. 짐이 그대에게 제의(帝衣)에 입을 맞추도록 허락한 것은 그대를 충고자가 아니라 애원자로 생각해서였소."

성공만이 계획을 정당화할 수 있고 용단만이 성취를 가져다준다. 이렇게 믿었던 율리아누스는 계속해서 3000명의 병력을 이끌고 일리리쿰 지방에서 가장 크고 인구가 많은 도시 시르미움의 공략을 목표로 진격을 개시했다. 그가 멀고 먼 이 시르미움의 교외에 들어섰을 때, 뜻밖에도 머리에 화관을 쓰고 촛불을 밝힌 민중과 병사들이 그를 환호하면서 궁전으로 안내했다. 새 군주를 맞이한 이 도시에서는 그로부터 이틀에 걸쳐 축제가 열렸고, 대경기장에서는 경기대회가 성대하게 치러졌다.

3일째 되는 날 이른 아침, 율리아누스는 하이모스산의 험로에 위치한 수키[7] 고개를 점령하기 위해 시르미움을 출발했다. 시르미움과 콘스탄티노폴리스의 중간쯤에 위치한 이 고개는 트라키아 지방과 다키아 지방과의 분수령을 이루는 곳으로, 트라키아 쪽은 급경사, 다키아 쪽은 완만한 내리막길로 되어 있었다.

이 수키 고개를 점령하자, 이 중요한 거점의 방위는 용장 네비타에게 맡겨졌다. 그는 이탈리아 군대의 명장들 못지않게 지시받은 진군과 합류 계획을 성공리에 완수함으로써 주군의 기대에 부응했다.

공포심에서든 애정에서든 율리아누스에 대한 시민들의 존경심은 그의 군대가 보여 준 위세보다 훨씬 더 광범위하게 확산되었다.

---

7) 불가리아 수도 소피아의 서쪽 지방.

이때 이탈리아와 일리리쿰을 다스리고 있었던 것은 총독직 외에도 이름뿐인 집정관직을 겸임하고 있었던 타우루스와 플로렌티우스였다. 이들은 적군이 접근했다는 보고를 받자마자 당황하여 아시아의 궁정으로 달아나 버렸다.

이 일에 대해 율리아누스는 평소의 근엄함을 잊었는지, 연차법령집 속에서 두 사람의 이름 옆에 '도망자'라는 단어를 덧붙여 두 집정관의 '빠른 발'을 야유했다.

수석 행정관으로부터도 버림받은 속주들과 다뉴브강 변의 군영, 그리고 그리스의 도시들에서도 똑같이 이 새 황제를 존경하고 사랑하며 그 권위를 받아들이게 되었다.

율리아누스는 궁전에서, 더 정확하게는 시르미움과 나이수스의 본진에서 각 주요 도시로 자신의 행동에 대한 해명서를 보내, 야만족을 불러들인 콘스탄티우스(2세) 황제의 비밀문서까지 공표하고, 이를 격퇴한 자신의 공적을 정당하게 평가해 달라고 호소했다.

은혜도 모르는 자라는 비난으로 마음에 상처를 받은 율리아누스는 무력과 언변에 있어 자신의 정신적 우월성을 유지하기 위하여 전술과 문장력에 있어서도 지지 않으려 노력했다. 그는 우아한 열정에 사로잡혀 아테네 원로원과 민회에 편지를 보냈다. 그는 마치 자기가 아리스티데스 시대 아레오파고스 법정에 탄원하기라도 하는 것처럼 겸손함과 존경심을 가지고 자기 시대의 타락한 아테네인들에게 자신의 행동과 동기를 밝혔다. 그가 그때까지 황제 칭호 부여권을 가지고 있던 로마 원로원에 보낸 청원서는 무너져 가는 공화국의 위신을 그런대로 세워 주었다. 로마 시장 테르툴루스는 집회를 소집하여 율리아누스의 편지를 낭독했다. 그는 이미 이탈리아의 통치자였으므로, 그의 주장은 어떤 반대에도 부딪히지 않고 수락되었다. 그는 콘스탄티누스의 개혁에 대한 그의 우회적인 비난과 콘스탄티우스의 여러 악덕에 대한 그의 열렬한 비난은 탐탁지 않게 받아들여졌으나, 결국 원로원은 마치 율리아누스가 출석이라도 했다는 듯이 만장일치로 "당신에게 행운을 가져다준 장본인을 존경하기를 바라오"라고 선언했다. 이 교묘한 말은 전쟁의 결과가 어떻게 나오느냐에 따라 배은망덕한 찬탈자를 꾸짖는 표현으로 해석될 수도 있었고 또는 국가에 이익을 가져다준 그 한 가지 행위 때문에 모든 콘스탄티우스의 잘못을 보상하는 것이 마땅하다는 아첨으로 해석할 수도 있다.

율리아누스의 빠른 행군과 확장에 관한 정보가 계속해서 콘스탄티우스에게 속속 전해졌는데, 때마침 샤푸르의 퇴각으로 그는 페르시아 전쟁에서 한숨을 돌릴 수 있었다. 콘스탄티우스는 속으로는 염려가 되었으나 겉으로는 경멸하는 체하며 유럽으로 돌아가 율리아누스를 벌하겠다고 했다. 그는 이 군사작전에 관해 결코 사냥놀이 이상의 의미를 담아 얘기하지 않았다. 그는 이 계획을 시리아 히에라폴리스 야영지에서 군대에 전하면서 부황제의 죄와 경솔함에 관해 몇 마디 한 후, 만일 갈리아의 폭도들이 전쟁에 응한다면, 공격군의 반짝거리는 눈빛과 함성에 견딜 수 없을 거라고 단언했다. 군대는 황제 연설을 환호로 맞이했고, 히에라폴리스 시의회 의장인 테오도투스는 아첨의 눈물까지 흘려 가며 그의 도시를 장식할 반역자의 머리를 원했다. 파견대가 뽑혀 마차를 타고 떠났다. 그들의 임무는 가능한 한 수키 통로를 장악하라는 것이었다. 페르시아 전투를 위해 징집했던 병사들과 말, 무기, 그리고 식량 따위가 내전 수행을 위해 쓰이게 되었다. 콘스탄티우스가 이제까지 내전에서 거둔 여러 승리에 비추어, 그의 지지자들은 이번에도 그의 승리를 의심치 않았다. 비서관 가우덴티우스가 황제의 이름으로 아프리카 속주들을 점령하자 로마의 식량 공급이 중단되었다. 더구나 율리아누스는 하마터면 치명적인 결과를 가져올 수 있었던 예기치 않은 한 사건 때문에 더욱 곤경에 빠졌다.

율리아누스는 시르미움에 주둔해 있던 2개 군단과 궁술부대의 귀순을 허락했다. 하지만 그는 황제에게서 표창까지 받았던 이 군대의 충성심을 의심할 수밖에 없었으므로, 갈리아 변경지대가 위험하다는 핑계로 일찌감치 그들을 중요 작전 현장까지 멀리 쫓아 버리는 것이 낫다고 여겼다. 하는 수 없이 그들은 이탈리아 경계선까지 진군했지만, 갈 길은 먼 데다 사나운 게르만인이 겁났다. 마침내 군단 사령관 가운데 한 사람의 선동으로 아퀼레이아에서 행군을 멈추고 이 도시에 콘스탄티우스의 깃발을 세우기로 결정했다. 율리아누스는 사태가 여의치 않음을 눈치채고 곧바로 필요한 조치를 취했다. 그의 명령을 받은 요비우스는 약간의 군대를 이끌고 이탈리아로 되돌아가서 빈틈없이 아퀼레이아를 에워싸고 공격했다. 그러나 이에 저항하는 군인들은 군율로부터 자유로워진 탓인지 그 성벽을 교묘하고 완강하게 방어했고, 이탈리아 다른 지역에 대해서도 자기들의 용기와 충성심을 따르기를 권유했다. 사태가 이 지경에 이르자 율리아누스는 수적으로 우세한 동방 군대에 밀릴 경우 퇴로마저도 위험한 처지에 놓였다.

콘스탄티우스(2세) 황제 서거

그러나 율리아누스에게는 여전히 인도적 정신이 살아 숨 쉬고 있었다. 그로서는 적을 파멸시키느냐 자기가 파멸하느냐 하는 잔인한 선택에서 해방되기를 원했다.

그런데 놀랍게도 바로 이때 콘스탄티우스(2세) 황제가 갑자기 서거한다.

이로써 로마 세계는 생각지도 않게 내전의 참화에서 벗어나게 되었다.

겨울이 가까워 오자 안티오키아 시내에 더 이상 체류하지 못하고, 또 총신들 가운데에는 복수심에 불타는 황제를 만류할 만한 용기가 있는 사람이 아무도 없었다. 정신적인 고뇌가 화근이 되어 가벼운 열병에 걸리더니 여행의 피로로 더욱 악화된 것이리라.

콘스탄티우스 황제는 하는 수 없이 타르수스시(市)에서 12마일 떨어진 모프수크레네라는 작은 마을에서 발길을 멈추었다. 그리고 그곳에서 병상에 눕자마자 곧 숨을 거두고 말았다. 향년 45세, 재위 24년[8]이었다.

자존심과 소심함, 미신과 잔인함, 이러한 콘스탄티우스(2세) 황제의 성격은 앞서 민정 및 교회정치 편에서 설명한 바와 같다. 장기간에 걸친 권력의 남용에 의해 그 무렵 사람들 눈에는 큰 인물로 비쳐졌고, 후세 사람들에게는 개인적인 자질 면에서는 주목을 끌었지만 대제 콘스탄티누스의 아들로서 아버지의 뛰어난 자질은 물려받지 못하고 결점만 물려받았다는 평가를 받았다.

황제는 죽기 전에 율리아누스를 후계자로 지명했다고 전해진다. 아마 젊고 아름다운 아내(에우세비아)와 그녀가 잉태할 자식의 앞날에 대한 걱정 때문에 증오와 복수 같은 격정도 침묵하지 않을 수 없었으리라.

---

8) 부황제 재위 기간 포함.

시종장 에우세비우스와 그 막료들이 다른 황제를 옹립하려는 기도도 있었다. 환관정치의 연장을 노린 것이었다. 그러나 그 음모는 내전에 지쳐 있던 군에 의해 일축되었다. 그뿐만 아니라, 군대는 즉시 고급장교 2명을 율리아누스에게 파견하여, 제국의 모든 군대가 그에게 충성을 바칠 것임을 다짐했다. 이렇게하여 다행히도 트라키아 지방을 위해 준비되어 있었던 3개 방면에서의 공격작전도 중지되었다.

이렇게 율리아누스는 동포의 피를 흘리지 않고, 승패를 예측 못 하는 싸움을 하지 않고도 소위 말하는 완전한 승리의 열매를 얻게 된 것이다.

고향과 새로운 제도(帝都)로 달리는 마음을 억누를 수 없었던 율리아누스는 나이수스를 출발하여 하이모스 산악지대를 넘고 트라키아의 여러 도시를 통과한다. 콘스탄티노폴리스에서 60마일 떨어진 곳에 있는 헤라클레아에 도착하자, 콘스탄티노폴리스의 모든 주민들이 쏟아져 나와 그를 영접했다. 황제의 개선군은 군대와 시민 그리고 원로원의 정중한 환호를 받으며 입성했다.[9] 수많은 군중이 열렬한 경의를 표하기 위해 그의 주위에 몰려들었다.

그러나 아마도 그를 본 사람들은 작은 체구에 허술한 옷을 입은 이 젊은 황제가 게르마니아의 야만족을 제압하고 지금 대서양 연안에서 보스포루스 해협 연안까지 전 유럽 대륙을 거침없이 달려왔다는 것을 믿기 어려워했다.

율리아누스의 인간성
며칠 뒤 콘스탄티우스(2세) 황제의 유해가 항구에 도착했을 때 진심에서 우러났는지 어떤지는 몰라도 율리아누스가 보여 준 인간적인 애도는 사람들의 갈채를 불러일으켰다. 그는 제관을 쓰지 않고 상복을 입은 채 시신이 안치될 성(聖) 사도 교회까지 장례 행렬을 따라 걸었다.

물론 이와 같은 존경의 표시는 황실 혈통과 위엄에 대한 이기적인 복종이라고 해석할 수도 있다. 그러나 율리아누스가 흘린 눈물은 그가 콘스탄티우스에게서 입은 상처는 모두 잊고 오직 은혜만 기억하고 있음을 보여 주는 것이었다.

---

9) 361년 12월 11일.

아퀼레이아 시내의 농성군도 황제의 죽음을 확인하자 곧 성문을 열어 반역의 주모자들을 내놓음으로써 율리아누스의 특사를 얻었다. 이 처우가 깊은 배려에 의한 것인지 아니면 자비에서 나온 것인지는 분명하지 않지만, 어쨌든 그는 32세의 나이에 마침내 로마제국의 확고한 통치권을 손에 넣었다.

활동이냐 은둔이냐는 철학을 통해 율리아누스는 양쪽의 이점을 비교해야 한다는 것을 알고 있었다. 그러나 애석하게도 그의 고귀한 출신과, 그의 생애 동안 일어난 여러 가지 사건은 그에게 선택의 자유를 허락하지 않았다.

그는 아카데메이아의 숲이나 아테네 사회를 진심으로 사모하고 있었던 것 같다. 그러나 그는 처음에는 콘스탄티우스(2세)의 의향에 의해, 나중에는 그의 부정으로 스스로를 제위 다툼에 몰아넣었고, 수많은 인민의 행복을 위해 그 시대와 후손에 대해 책임을 질 수밖에 없는 입장에 몰리게 되었다고 할 수 있다.

플라톤은 가축 떼의 관리는 언제나 고등한 생물이 맡아야 하는 것처럼 모든 국민을 지도하는 데에도 신들이나 모든 수호신들의 천부적인 자질이 어울리고 또 필요하다고 말했다. 율리아누스는 이 철학자의 말을 떠올리며 두려움에 몸을 떨었다.

그런 한편, 그와 같은 원칙에서 나라를 다스릴 사람은 성스러운 자질을 육성하고, 모든 인간적, 지상적인 것을 버리고 영혼을 정화해야 하며 육욕을 끊고 학문을 갈고닦아 아리스토텔레스가 아주 적절하게 표현한 것처럼 일반적으로 독재자로 이어지는 성향, 즉 수성(獸性)을 극복해야 한다는 결론에 도달하게 되었다.

율리아누스의 식탁에 자주 초대받았던 한 친구[10]에 의하면, 그는 조식(粗食) ― 보통 채식이었다 ―을, 그것도 조금밖에 먹지 않았다고 한다. 언제나 건강한 심신을 유지했으므로, 황제로서의 의무 외에 저술가, 제사장, 행정관, 장군 같은 다양한 역할을 해낼 수 있었다고 한다.

---

10) 수사학자인 리바니우스.

그는 하루에 여러 명의 사절을 접견하고 장군, 민정관, 개인적인 친구들과 제국의 여러 도시에 보내는 수많은 편지들을 구술하거나 직접 쓰기도 했다. 또 각지에서 올라오는 청원에도 귀를 기울이고, 내용을 꼼꼼하게 심사한 뒤 서기관들의 부지런한 속기로도 따라가지 못할 속도로 민첩하게 지시를 내렸다. 그는 손으로는 글을 쓰고 귀로는 보고를 들으면서 입으로는 구술을 하는, 세 가지 일을 동시에 하면서도 주저하거나 실수를 하는 법이 없었다.

그 유연한 사고와 정확한 주의력은 참으로 경탄할 만한 것이었다.

율리아누스는 측근 고관들이 휴식을 취하는 동안에도 잇따라 정무를 처리하고, 점심 시간이 되면 급히 식사를 마친 뒤 곧장 서재에 틀어박혀, 예정된 저녁 일로 중단할 수밖에 없을 때까지 학문에 몰두했다.

저녁은 점심보다 더 적게 먹었기 때문에 소화불량으로 밤잠을 설치는 법이 없었다. 또 애정보다 정략적으로 맺어졌던 짧은 결혼 기간을 제외하고는 여성과 잠자리를 함께 한 적이 없었다.

그는 전날 밤 충분히 잠을 잔 서기관들이 출근하면 일어나 하루를 시작했다. 이러한 신하들이 몇 번이나 교대되는 동안에도 지칠 줄 모르고 일에 매달렸다. 일거리를 바꾸는 것을 유일한 기분 전환 수단으로 삼을 뿐이었다.

단기간이었던 그의 통치 기간이 의외로 길게 생각되는 것은 시간에 대한 이 탐욕스러움 때문이 아닐까. 그리고 날짜가 부정확하기는 하지만, 콘스탄티우스(2세)가 사망한 뒤 불과 16개월 만에 그의 후계자가 페르시아 전쟁을 위해 출정했다는 것은 믿기 어려운 일이다.

율리아누스의 행적에 대해서는 역사가의 펜을 의지할 수밖에 없지만, 지금까지 남아 있는 그의 방대한 저서 가운데 현존하는 것만 보아도 그 천성과 열정을 충분히 짐작할 수 있다. 《미소포곤(Misopogon)》, 《황제의 향연(Caesares)》[11]과 연설문집, 그리고 그리스도교를 비난한 긴 논문 《갈릴리 공박론》 같은 뛰어난 저서들은 그가 콘스탄티노폴리스와 안티오키아에서 두 차례의 겨울을 지내면서 기나긴 밤 동안 집필한 것들이다.

---

11) 이 두 권의 책은 풍자적 산문으로 361~362년 집필.

배교자(背敎者) 황제

군주나 또는 황제를 발가벗겨 알몸으로 세상에 내놓으면 이내 사회 최하층으로 떨어져 다시는 햇빛을 보지 못하게 될 것이다.

그러나 율리아누스의 경우, 그 뛰어난 자질은 반드시 운명에 좌우되는 것이 아니었다. 그가 어떠한 길을 선택하든 불굴의 용기와 번뜩이는 기지, 그리고 능력이 있었으므로 자기 분야에서 최고의 명예를 얻을 그럴 가치가 있는 사람이었다. 만약 평범한 시민으로 태어났더라도 그는 충분히 대신이나 장군으로 출세했을 것이다.

또한 비록 변덕스러운 권력자의 질투로 소망을 이루지 못하거나, 현명하게도 스스로 영달의 길을 버렸다 해도, 그 같은 재능을 고독한 학구 생활에 바침으로써 왕조차도 얻지 못할 현세적 행복과 불멸의 명성을 누렸을 것이다.

율리아누스의 초상화를 자세히, 아니 짓궂으리만큼 꼼꼼히 들여다보면, 거기에는 품격이나 완전성 면에서 약간 부족한 데가 있다는 느낌을 받게 될 것이다.

즉 재능에 있어서는 카이사르만큼 강렬하거나 고매하지 않았고, 신중함에 있어서는 아우구스투스 황제만큼 철저하지 않았다. 또 덕성에서는 트라야누스만 한 자연스러움이나 견실함을 볼 수 없었고, 질박함에서도 마르쿠스 아우렐리우스 황제에 미치지 못했다.

그러나 율리아누스는 역경에 처했을 때는 의연하게 극복하고, 융성할 때는 중용을 유지했다. 로마인들은 알렉산데르 세베루스가 사망한 지 120년 만에 비로소, 의무와 쾌락을 구별하지 않고 신민의 생활을 살피면서 그들을 돕고 격려하며, 항상 권위와 장점, 행복과 미덕, 이러한 요소를 겸비하고자 하는 황제를 비로소 맞이하게 된 것이다.

전시나 평시에 그가 발휘하는 뛰어난 재능에 대해, 정치든 종교든 적대자들조차 한결같이 인정했다. 그리고 이 배교자가 진정으로 애국자이고 또한 세계 제국 로마의 황제에 어울리는 인물이라는 것을 누구나 고백하지 않을 수 없었다.

칼럼 로마 시대 기후와 인구

　인구 변동은 기후의 변화와 연동한다. 평균기온이 높고 온난한 시대에는 인구도 증가한다는 것이 일치된 견해이다. 지구 규모에서 보았을 경우에 기원전 500년에서 서기 500년의 평균기온은 높고 온난했던 것으로 추측되고, 로마가 존속한 기간과도 거의 일치한다는 점에서 흥미롭다.

　그러나 좀더 미세한 시점에서 로마 시대의 기후 변화를 살펴보면 공화정 말기부터 원수정(元首政) 시기에 걸쳐서는 평균기온이 높고 온난했지만, 전제군주정 시기에는 기온이 서서히 내려가는 시기라고 한다.

　따라서 거기서 도출되는 것은, 공화정 시기에서 원수정 시기에 걸쳐서는 인구 증가의 시기에 해당하고, 전제군주정 시기는 인구 감소기에 해당한다는 대체적인 도식이다.

　존스의 연구에 따르면, 중세 유럽은 1200년경에 평균기온의 정점을 맞이하고, 1310년경부터 소빙하기라고도 할 수 있는 장기 한랭화의 시대가 되었다고 한다. 그리하여 온난했던 1200년경의 브리타니아에서는 표고가 높은 지역에서도 농사가 행해지고, 정주지도 확대되었지만, 한랭화가 시작된 14세기 이후는 농경지도 정주지도 모두 축소되어 갔다고 한다.

　한편, 존스가 지적하는 바에 따르면 로마 시대의 브리타니아에서도 마찬가지의 기온 변화가 생겨났다고 한다. 즉 원수정 시기의 브리타니아는 온난했지만, 4세기 중반에 한랭화가 시작되어 아마도 정주지도 축소되지 않았을까 하는 것이다.

　로마제정 시대의 브리타니아의 기후를 둘러싼 존스의 예측에 대해 그것의 옳고 그름을 여기서 논의할 수는 없지만, 그러나 한 가지 주의해야 할 것은, 로마는 고위도의 한랭지대에서 저위도의 사막지대까지 아우르는 광대한 제국이었다는 것이다. 브리타니아의 사례가 보여 주는 것처럼 전제군주정 시기의 로마가 대체로 한랭화의 경향에 있었다 해도 더위가 극심한 사막지대 같은 곳에선 한랭화는 오히려 인구 증가를 촉구했을지도 모른다.

게르만인. 석관에 묘사된 돌을새김, 로마 국립미술관 소장. 마르쿠스 아우렐리우스 황제(재위 161~180) 때 게르만 민족은 로마제국의 변경에서 로마군과 싸웠다. 굶주림과 추위로 단련된 그들은 약해진 로마군 수비대를 경멸하고, 로마제국의 풍요함을 노려서 연이어 침범하였다.

제9장
(365~398년)
고트족 다뉴브강을 넘어오다
고트 전쟁
발렌스 황제의 패배와 사망
그라티아누스 황제, 동부 제국을 테오도시우스에게 이양하다
테오도시우스 황제의 인물과 승리
고트족의 평화와 정착
정통파 승리 이단파 소멸
테오도시우스 황제 두 아들에 의한 제국 최종 분할

게르만 민족의 대이동

발렌티니아누스, 발렌스 두 황제가 공동 통치한 지 2년째 되는 해 6월 20일 아침, 격렬한 지진이 로마제국의 대부분을 휩쓸었다. 그 진동은 점차 바다로 파급되어 지중해 연안에서는 바닷물의 수위가 낮아져 수많은 물고기를 손으로 건져 올렸고 개펄에는 큰 배들이 뒹굴었다. 전대미문의 일이었다. 사람들은 이 경천동지할 광경에 자신의 눈을 의심하면서, 지구가 탄생한 이래 한 번도 햇빛을 본 적이 없는 골짜기와 산기슭의 출현에 경악하며 마음껏 상상력을 펼쳤다.

그러나 피해는 거기서 끝나지 않았다. 밀물을 맞아 바닷물은 무서운 쓰나미가 되어 들이닥치면서 항구에 매어 두었던 배들이 떠밀려 가 가까운 민가의 지붕 위에 올라앉기도 하고, 그중에는 기슭에서 2마일이나 떨어진 지점까지 떠내려간 것도 있었다. 한편 수많은 사람들이 집을 잃었고, 시칠리아, 달마티아, 그리스, 이집트, 각지의 연안에서도 막대한 피해를 입었다.

이 쓰나미로 5000명의 사망자를 낸 알렉산드리아에서는 매년 그날이 돌아오면 희생자 추도의식이 열린다고 한다.

이 대지진에 대한 소식은 속주에서 속주로 전해지면서 규모가 점차 과장되어 사람들을 깜짝 놀라게 했으며 그들의 상상력이 더해져 그 영향을 터무니없이 큰 것으로 확대시켰다.

그리고 그 전에 팔레스타인과 비티니아의 대부분의 거리를 파괴했던 지진의 기억이 그들 사이에 되살아나, 이런 끔찍한 천재지변은 다가올 훨씬 큰 규모의 재앙을 예고하는 전주곡에 불과하다고 생각했다. 이러한 공포심은 로마제국의 쇠퇴와 세계의 멸망을 알려 주는 징조로 더욱 확대되었다.

발렌스는 고트 전쟁을 종식시켜 얼마간의 영광과 전과를 얻은 뒤, 아시아의 영토를 두루 순시하다가 마침내 시리아의 수도(안티오키아)에 자리를 잡았다. 그는 안티오키아에서 5년 동안 머물면서 먼발치에서 페르시아 왕의 전쟁 준비 상황을 지켜보고, 사라센족과 이사우리아족[1]의 약탈을 견제하는 한편 내정에서는 아리우스파의 교리를 강요하여 이에 반대하는 의심이 드는 자들은 닥치는 대로 처형했다.

고트족의 정착 요청

그동안 발렌스가 가장 관심을 기울인 것은 다뉴브 지방의 방위를 맡은 문무 관리들이 보내오는 중요 정보들이었다. 훈족이라고 하는 무서운 야만족의 출현에 의해 고트족의 세력이 무너지고, 다뉴브강 연안은 몇 마일에 걸쳐 로마의 보호를 요구하는 고트인들이 떠돈다는 소식이었다.

고트족은 두 손을 내밀며 애처롭게 최근에 겪은 재앙과 또다시 다가올 위험을 호소하며 로마 황제에게 구원을 요청했다. 만약 트라키아 황무지의 경작이 허락된다면, 그 대가로 맹세코 로마의 법률을 지킬 것이고 변경의 방위에 진력하겠다는 것이었다.

발렌스 황제에게 파견된 고트족의 사절은 이러한 약속을 다짐하고, 황제의 입에서 당장 동포의 운명을 결정짓는 대답이 나오기를 기다렸다.

---

1) 기원전 4세기 무렵 소아시아 남부, 타우루스산맥의 북쪽에 살면서 도적질을 일삼았던 야만족.

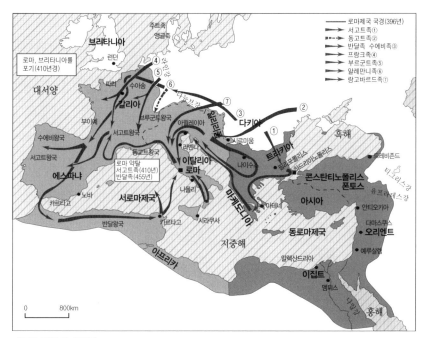

게르만 민족의 대이동

이 무렵 발렌스 황제는 그때까지 의지하고 있었던 형 발렌티니아누스 황제의 조언은 더 이상 들을 수 없었다. 이 서부의 황제는 지난해 연말 갑자기 사망했기 때문이다. 고트족의 상황은 단호한 즉결을 재촉하고 있었다. 이럴 때 흔히 쓰는 애매한 지연책은 이미 쓸 수 없었다.

국가의 안전과 관계하는 이 중요한 문제는 발렌스 황제 측근 고관들의 심의에 부쳐졌다. 처음에는 의견이 분분했지만 곧 그들 사이에 암묵의 양해가 성립되었다. 그것은 군주의 허영과 탐욕을 둘 다 채우는 선택이었다.

민정총독과 장군 같은 신하들은 이번 사건이 종전에 제국에서 가장 먼 변경에서 볼 수 있었던 부분적이고 우발적인 식민지의 형성과는 전혀 다른 위험한 것임을 알면서도, 그것을 무시하거나 모르는 척하며 그보다 막강한 이방인의 대군이 머나먼 곳에서 찾아온 것을 행운의 여신의 배려라며 추켜세웠다. 그것은 새로운 속주민한테서 해마다 병역의 대가로 막대한 황금이 황실의 금고에 들어오게 될 거라는 계산에서였다.

제9장 고트족 다뉴브강을 넘어오다… 369

이리하여 고트족의 간청은 수락되었고, 황실은 그 봉사의 맹세를 받아들였다. 이에 따라 거주지의 확보보다 더욱 시급한 문제인 고트족 대집단의 도하와 생활물자의 확보에 필요한 조치를 취하라는 칙명이 내려졌다.

그러나 황제의 이 관대한 조치에는 로마 측으로서는 당연한 일이지만 고트족에게는 가혹한 조건이 두 가지 붙여졌다. 그것은 다뉴브강을 건너기 전에 무장을 해제하고 어린이들을 맡기라는 것이었다. 그 어린이들은 아시아의 여러 속주에 보내 그곳에서 문명국의 교육을 받게 할 것이며, 이들을 볼모로 삼겠다고 했다.

원거리를 사이에 둔 교섭이 난항을 거듭하는 가운데, 마음이 조급해진 일부 고트족이 로마 측의 허가도 받지 않고 강을 건너려다가, 감시를 철저히 했던 강변의 로마군 주둔부대에 발각되어, 고트족 선발대는 다수의 사망자를 내고 격퇴당했다.

야만족 집단의 도하

그 사건이 있고 난 후, 마침내 칙명이 떨어져 고트족 전체의 다뉴브강 도하 작전이 개시되었다. 그러나 그것은 매우 어려운 일이었다. 부근의 다뉴브강은 폭이 1마일이 넘는 데다 계속된 비로 강물이 불어났기 때문에 무질서한 도강 중에 수많은 사람들이 급류에 떠내려가 익사했다. 크고 작은 배와 보트, 통나무배 따위로 구성된 대규모 선단이 준비되어, 연일 밤낮을 가리지 않고 양쪽을 오가며 건너편 기슭에 한 사람의 야만족도 남지 않을 때까지, 로마 측에서는 초인적인 노력을 기울여 그들의 도하를 도왔다. 이 야만족이 이윽고 제국을 뒤엎게 될 줄은 꿈에도 모른 채.

처음에는 그들의 인원수를 정확히 파악해야 한다고 생각했지만, 이 임무를 담당한 로마 측 관리는 곧 그 수에 압도되어 끝도 없이 이어지는 작업에 불만을 품고 도중에 작업을 중단했다.

다뉴브강을 건넌 야만족의 수는 거의 20만 명으로 추정되었다. 그러나 거기에 딸린 여자와 어린이, 그리고 노예를 더하면 남녀노소 합쳐서 거의 100만 명에 가까웠으리라고 생각된다. 어마어마한 대집단이 아닐 수 없었다.

고트족 어린이들과 적어도 높은 신분의 자녀들은 일반 야만족과는 별도로 즉시 원격지로 옮겨져, 그곳에서 주거와 교육을 제공받게 되었다. 이러한 볼모들의 행렬이 도시를 지나갈 때, 그들의 화려한 복장과 건장하고 씩씩한 모습을 본 속주민들은 놀라움과 함께 부러움마저 느꼈다.

고트족에게는 가장 굴욕적이고 로마인에게는 가장 중요했던 협정은 수치스러운 방법으로 실행되지 않았다.

야만족에게 있어서 전사의 영혼이며 안전의 보장이기도 한 무기를 넘기는 대신 다른 것을 제안한 것이다. 그것은 아내와 딸들을 하룻밤 제공한다는 것이었다. 이 제안을 들은 로마군 장교들은 아마 무척 기뻐했을 것이다.

이리하여 아름다운 처녀와 잘생긴 소년을 제공한 자들은 관대하게 눈감아주었지만, 검사관들은 그것만으로는 성에 차지 않았는지 술 장식이 달린 카펫이나 아마천으로 지은 옷에 눈독을 들였다. 자기들의 직무를 망각하고 자신의 농장과 집을 위해 가축과 노예를 빼앗으려고 했다.

마침내 무기를 소지한 채 승선이 허용된 야만족 전사들이 강 건너편에 집결했을 때는, 하(下)모이시아 속주의 넓은 평원과 언덕은 그들의 병영으로 가득 뒤덮이게 되었고, 전체가 적의 진영을 방불케 할 정도로 위협적이었다.

그러는 동안 동고트족의 두 지도자, 즉 어린 왕을 받드는 알라테우스와 사프락스가 다뉴브강 북쪽에 나타나, 안티오키아의 궁정에 즉시 사절을 보내 서고트족에게 허용한 것과 같은 처우를 요청하면서 그들과 똑같은 약속을 맹세했다. 그러나 발렌스 황제는 이 청원을 거절했다. 그리하여 동고트족의 서진은 한때 중지되었으나, 생각해 보면 이러한 조치가 바로 궁정의 후회와 위구를 여실히 얘기해 주는 것이었다.

규율을 갖지 못한 문란한 야만족을 다스리려면 단호한 의지와 뛰어난 솜씨가 필요했다. 100만 명에 달하는 사람들을 먹이려면, 날마다 끊임없이 물자가 공급되어야 했으며 여기에는 실수나 우발적 사고로 공급이 중단되는 일이 없어야 했다. 고트족이 만약 자신들이 공포와 경멸의 대상이 되고 있다고 느껴서 분노하면, 자포자기해서 극단적인 행동으로 나올지도 몰랐다. 따라서 국가는 발렌스 황제 휘하 장군들의 성실성과 신중함에 크게 좌우될 운명에 놓였다.

비열한 로마의 간신들

이 중대한 시기에 트라키아 속주의 군사권을 행사하고 있었던 것은 루피키누스와 막시무스였다. 그들은 조금이라도 돈벌이가 될 만한 일이 있으면, 언제라도 공익을 내팽개치는 자들이었다. 두 사람의 죄상을 조금이나마 덜어 주는 것이 있다면, 그것은 자신의 범죄적인 경솔한 행동이 초래할 결과를 예상하지 못할 정도로 어리석었다는 것 정도일 것이다.

그들의 행동은 이때도 마찬가지였다. 그들은 칙명대로 넓은 도량을 보여 고트족의 요구를 들어주지 않았을 뿐만 아니라, 그렇지 않아도 궁핍한 야만족에게 오히려 가혹한 세금을 부과했다.

지극히 형편없는 식품이 터무니없는 가격으로 팔려 나갔고, 시장은 개고기와 병들어 죽은 동물의 고기로 넘쳐났다. 야만인들은 1파운드의 빵을 사기 위해 소중한 노예를 팔지 않을 수 없었다. 고기 한 점을 손에 넣기 위해 10파운나 되는 비싼 값을 치르면서도 앞다투어 사가려 하다 보니 은화조차도 의미가 없는 금속에 불과했다.

재산을 탕진해도 식량은 사지 않을 수 없다. 결국 아이들까지 팔려 나갔다. 고트인은 모두 자유를 사랑했지만, 자유로워도 비참한 환경에서 삶을 마치는 것보다, 예속된 상태에서도 무사히 살아남을 수 있는 쪽을 선택했다.

악랄한 것이라 치면 은인으로 가장한 자들의 횡포보다 더한 것은 없을 것이다. 그들은 은혜를 베푼 뒤 나중에 취소하고는 처음의 자선에 대한 보답은 꼬박꼬박 강요한다. 야만족은 자신들은 의무를 다하고 있음을 로마 측에 호소했지만 그들이 들어주지 않자, 마침내 그들의 막사에서는 불만의 분위기가 팽배하여, 로마 측의 냉대에 불평하는 소리가 점점 높아졌다.

주위를 에워싼 비옥한 속주는 풍요로웠다. 그 한복판에서 그들은 인위적인 기아라는 견디기 힘든 고통을 겪고 있었다.

그런데 구출의 수단, 아니 복수의 수단이 그들의 손안에 들어 있었다. 왜냐하면 무기의 휴대와 사용만은 남겨져 있었기 때문이다.

감정을 숨길 줄 모르는 야만족의 아우성이 저항의 시작을 예고하자 자신의 죄를 자각하고 있던 루피키우스와 막시무스는 경악했다.

소심한 두 사람은 야만족을 제국 변경 부근의 위험한 장소에서 내륙 속주의 각 숙영지로 분산시키는 수단을 생각해 냈다. 각지에서 열심히 군대를 불러모아 그들에게 무위를 과시함으로써, 그 느릿한 이동을 어떻게든 서두르려는 것이었다.

그것은 다뉴브강 지역 방위 병력을 부주의하게도 해산해 버린 직후의 일이었다. 발렌스의 장군들은 오로지 서고트족에게만 신경을 쓰고 있었던 것이다.

이 치명적인 실수를 훈족의 추적으로부터 벗어날 기회를 엿보고 있던 알라테우스와 사프락스가 놓칠 리 없었다. 이 동고트족의 지도자들은 급히 뗏목과 배를 닥치는 대로 끌어모았다. 그리고 어린 왕과 군대를 별 어려움 없이 강 건너편으로 수송하여 제국의 영토 안에 독립적인 적대 진영을 설치했다.

심판하는 자를 의미하는 '판관'이라는 칭호를 지니고 있던 알라비부스와 프리티게른은, 전시와 평시를 불문하고 서고트족 지도자의 지위에 있었다. 가문에서 비롯되는 그 권위는 부족 전체의 인정을 받는 것이다.

평시에는, 두 사람 사이의 지위와 권한은 동등했을 것이다. 그러나 기아와 폭정에 의한 동족의 존망이 위기에 처해 있었다. 그래서 재능 면에서 훨씬 뛰어난 프리티게른이 군사권을 한 손에 장악하게 되었고, 그에게는 민족의 이익을 위해 그것을 행사할 수 있는 권한이 주어졌다.

단독 지도자가 된 프리티게른은 로마 측의 핍박과 모욕에 대한 고트족의 저항이 정당하다는 여론이 조성될 때까지 성급한 동포들을 억누르고 있었다. 그렇다고 공정함과 온건함 같은 이름뿐인 상찬을 듣기 위해 실익을 희생시킬 생각은 없었다.

그래서 모든 고트족의 힘을 결집하는 것의 이점을 잘 알고 있던 그는 은밀하게 동고트족과의 친선을 도모했다. 그런 한편, 로마군 장군에 대한 절대적 복종을 맹세하면서, 다뉴브강에서 약 70마일 떨어진 곳에 있는 하모이시아 속주의 수도 마르키아노폴리스를 향해 천천히 이동하기 시작했다.

바로 이 운명적인 도시에서 상호 간 증오라는 불길이 갑자기 무서운 큰불로 발전한다.

그때 고트족의 족장들은 루피키누스의 초대로 성대한 향연에 참석하고 있었고, 수행원들은 무장한 채 궁전 입구에 남아 있었다. 그러나 도시의 성문은 엄중하게 경비되고 있었고, 풍부한 물자가 쌓여 있던 시장으로의 접근은 금지되었다. 신민 또는 동맹자로서의 자격으로 이용할 수 있게 해달라고 요청했지만, 오만한 로마 측의 거절로 물자가 넘쳐나는 것을 알고 있으면서도 그것을 사들일 수가 없었다.

자신들의 간청이 조소와 함께 몇 번이나 거절당하자, 고트족은 더 이상 참을 수가 없었다. 이리하여 시민과 병사와 고트족 사이에 격렬한 논쟁이 벌어져, 그것이 분노의 비난과 그것에 대한 응수로 번지자 무분별한 주먹질이 오가고 급기야 칼이 번쩍이기 시작했다. 이때 흘린 최초의 피가 장기간에 걸친 격전의 도화선이 되었다.

소란 속에서 밀사가 루피키누스의 귀에 로마군 병사가 다수 살해되고 무기를 빼앗겼다는 보고를 올린다. 그런데 이 간신은 그때 마침 술기운이 올라 졸고 있었기 때문에, 프리티게른과 알라비부스의 호위를 학살하라는 명령을 내린다.

바깥의 소동과 죽어가는 호위병의 비명 소리에 위험을 감지한 프리티게른은, 영웅다운 침착성과 담대함을 잃지 않으며, 적에게 조금이라도 여유를 보였다가는 자신이 파멸할 것임을 알아차렸다.

"양 민족 사이에 하찮은 싸움이 일어난 듯하오. 하지만 우리의 안전을 보장하고 우리의 권위로 소란을 가라앉히지 않으면 위험한 사태를 초래하게 될지도 모르겠소."

의연하고도 온화한 목소리로 이렇게 말한 그는 부하들과 함께 궁전이고, 거리고, 성문이고 할 것 없이 곳곳을 가득 메운 군중 사이를, 칼을 들고 아무런 저항도 받지 않고 빠져나가 말에 오르더니 놀라서 망연히 서 있는 로마인들 앞을 순식간에 빠져나갔다.

자군의 막영에 도착한 프리티게른과 고트족 장수들은 우렁찬 환호로 환영받은 뒤, 즉각 개전을 결의했다. 고트족 진영에는 고대 관습에 따라 깃발들이 세워졌다. 뿔피리의 거칠면서도 서글픈 소리가 일대에 가득 울려 퍼졌다.

달아나는 로마군

강대한 적군을 노하게 하고, 그 제압에서는 나약하기만 했던 루피키누스는 일이 이 지경에 이르러서도 적에 대한 모멸을 그만두지 않았다. 모을 수 있을 만큼의 병사를 모아 이끌고 고트군을 토벌할 준비를 했다. 야만족은 마르키아노폴리스 시내로부터 약 90마일 떨어진 곳에서 로마군의 내습을 기다렸다.

이 전투에서는 병사의 무기와 규율보다 장군들의 재능이 승패를 갈라놓았다. 프리티게른의 능숙한 지휘하에 용감한 고트족 전사들이 밀집대형으로 맹렬하게 공격하여 로마군을 쓰러뜨렸다.

루피키누스는 무기와 군기, 자군 사령관과 용감한 병사들을 모두 전장에 남기고 혼자 줄행랑을 쳤다. 로마 병사의 용기는 오로지 지도자의 패주를 지원하는 데에만 급급하게 되었다.

"이 승리에 의해 야만족의 곤경과 로마인의 안전에 종지부가 찍혔다. 이 일을 계기로 고트족은 이방인, 유랑자라는 불안정한 신분에서 벗어나, 시민과 주인의 자격으로 토지 소유자에 대한 절대적 지배권을 주장하기 시작하였고, 마침내 다뉴브강을 경계로 하는 제국 북부 지방 속주를 장악했다."

이것은 서투르나마 동족의 영광을 찬양한 고트족 역사가 요르다네스의 말이다.

그러나 야만족이 주장한 지배권은 오직 약탈과 파괴만을 위해 행사되었다. 간신 루피키누스에 의해 평화롭던 트라키아의 농촌은 불바다가 되었다. 농민은 가족과 함께 학살되었고 살아남은 자들은 포로로 끌려갔다. 그것은 황제의 고위 관리에 대한 정책에 의해 공공복지의 혜택을 받지도 못하고, 사회생활의 정당한 교류마저 금지되었던 것에 대한 보복이었다.

고트족이 승리했다는 소문이 이웃 지방에 전해지자, 로마 측은 여기에 겁을 먹고 당황했지만 프리티게른의 세력을 더욱 키워 주어 속주의 재앙을 배가시킨 것은 로마인들의 성급함과 무분별한 대응이었다.

무훈을 서두르는 발렌스 황제

마침내 발렌스 황제는 군대와 궁정을 모두 안티오키아에서 콘스탄티노폴리스로 옮겼다. 그러나 그곳 주민들 사이에는 그를 국난을 초래한 장본인이라고 하는 비난의 목소리가 일고 있었다. 그들은 이 도시의 대경기장에 모여 발렌스에게 야만족과 싸우기를 촉구했다. 그 때문에 발렌스 황제는 궁정을 옮긴 지 열흘도 안 되어 야만족의 토벌에 나설 수밖에 없게 되었다.

현실적인 위험에서 멀리 떨어져 있을 때는 지극히 용감하기 마련인 시민들은 이때도 예외는 아니었다. 그들은 무기만 주어진다면 자신들의 힘만으로도 야만족을 몰아낼 수 있다고 큰소리쳤다.

무지에서 오는 이러한 시민의 비난이야말로, 로마제국의 와해를 앞당긴 원인이라고 할 수 있을 것이다. 그러한 시민의 모멸이 발렌스 황제의 자포자기적인 경거망동을 부채질했기 때문이다.

그 뒤 장군들의 전승을 본 발렌스 황제는 하드리아노폴리스(또는 아드리아노폴리스) 근교에 결집해 있던 고트군의 힘을 과소평가하게 된다.

그 이유는 용장 프리게리두스가 승리를 거두었기 때문이다. 그의 활약에 의해 타이팔리족의 진군이 저지되었고, 이 야만족의 왕은 이때의 전투에서 전사한다. 포로가 된 야만인들은 멀리 이탈리아 땅으로 옮겨져 정주지로 주어진 모데나와 파르마의 개간에 종사하지 않을 수 없었다.

또한 세바스티아누스는 보병대 총사령관으로서 활약을 보여 개인적인 명예를 세움과 동시에 국가에도 큰 공을 세웠다. 얼마 전까지 발렌스 휘하에 있던 이 장군은 군단마다 300명씩 병사들을 뽑는 별동대 편성의 허가를 얻자마자, 그것을 당장 실천에 옮겼다. 그리고 발렌스 황제 치하에서는 거의 잊고 있었던 규율과 무기의 취급법을 새 부대에 주입시킨 뒤, 그들을 이끌고 고트족 대군의 진영을 급습한다. 전리품으로 빼앗겼던 막대한 양의 물건들을 되찾아 그것으로 하드리아노폴리스 시내와 그 근교의 평원을 가득 메웠다.

그런데 자신의 쾌거를 전하는 세바스티아누스의 보고에, 궁정에서는 위대한 인재가 출현했다 하여 거꾸로 위기감을 느꼈다. 이 때문에 고트전의 어려움에 대해 신중한 말로 설명했음에도, 그의 무용은 찬사를 들었지만 그 건의는 채택되지 않았다.

측근 환관들의 아첨으로 쉽게 생각된 눈앞의 정벌전을 치르고 영광을 얻고 싶은 생각에 발렌스 황제는 마음이 조급해졌다. 그는 다수의 고참병을 추가하여 군세를 대폭 보강한 뒤 하드리아노폴리스를 향해 출발했다. 그 진군은 전술적으로 지극히 뛰어난 것이어서, 중간에 있는 골짜기를 장악함으로써 보급부대의 통과를 방해하려는 야만군의 행동을 사전에 차단할 수 있었다.

하드리아노폴리스 성벽 아래 진을 친 로마군은, 옛 전법대로 해자와 보루에 의해 주변을 요새화했다. 그러고는 군사회의를 열어 황제와 제국의 앞일에 대해 심의했다.

이 군사회의에서 전술 지연을 강력하게 주장한 것은 빅토르 장군이었다. 그는 오랜 교훈을 통해 사르마타이인 특유의 과격하고 저돌적인 성격을 알고 있는 사람이었다. 반면에 세바스티아누스 장군은 천하무적인 군주에게 승리를 의심하는 듯한 조언은 삼가라며, 교묘한 달변으로 아부를 늘어놓았다.

결국 발렌스 황제의 파멸은 프리티게른의 술책과 서방 황제의 조언에 의해 촉진되었다.

프리티게른은 전쟁을 진행하면서 다른 한편으로 협상하는 것의 이점을 잘 알고 있었다. 그래서 그리스도교 성직자를 로마군 진영에 평화 사절로 보내, 군사회의까지 접근시킨 뒤, 그 회의를 교란시키는 작전으로 나섰다.

사절은 로마 측에 고트 민족의 불행과 난관을 열심히 호소한 뒤, 지도자 프리티게른을 대신해 유랑하는 동족을 위해 정주지 이외에 충분한 곡물과 가축을 배급해 줄 것을 요구했다. 그 보답으로 당장 손에서 무기를 놓고 제국의 방위에 힘을 보태겠다고 표명했다.

그러나 그와 아울러, 친구로서 은근하게 다음과 같이 귀뜸했다. 야만족의 분노가 이만저만이 아니어서 이러한 온당한 조건이 채워진다 해도 불만은 여전할 것이며, 프리티게른도 로마군의 실제적인 후원이 없으면 조약의 체결 자체조차 성사되기 어렵다는 것이었다.

그 무렵, 리코메레스 장군이 서방에서 돌아와 알레만니족의 패배와 복종을 보고했다. 그와 동시에 조카 그라티아누스 황제가 구원하러 오는 것도 알리고,

서방 황제의 이름으로 두 황제가 합류하여 고트전을 확실한 승리로 이끌 때까지 단독 결전은 삼갈 것을 요청했다.

그러나 동로마 황제는 그것을 귀담아듣지 않았다. 오로지 질투와 자부심으로 움직이고 있었던 그는, 리코메레스의 간곡한 충고를 무시하고 그라티아누스 황제의 가세(加勢)를 굴욕적이라며 거부했다. 빛나는 업적이 부족한 자신의 치세와 풋내기 같은 서방 황제의 명성을 비교하며 그것을 은밀하게 질투하면서, 개선의 기회를 빼앗기기 전에 승리를 독점할 생각이었던 것이다. 발렌스 황제는 전쟁터로 황급히 말을 달렸다.

제국의 명운을 좌우한 하드리아노폴리스 전투

로마의 달력에서 최악의 날로 꼽힐 만한 이 8월 9일, 발렌스 황제는 하드리아노폴리스 시내에서 약 12마일 지점에 진을 치고 있던 고트군을 공격하기 위해 보급품과 재물을 남겨 두고 출발했다.

그런데 명령체계가 잘못된 건지 아니면 지형을 오인해서인지, 기병부대의 우익이 적이 보이는 곳까지 왔을 때 좌익은 훨씬 뒤처져서 아득한 후방에 있게 되었다. 여름의 뜨거운 태양 아래 강행군한 탓인지 전열에 큰 혼란이 빚어졌다.

이때, 고트군 쪽에서는 기병부대가 말에게 풀을 먹이기 위해 인접 지역에 나가 진영을 비우고 있었다. 프리티게른은 이번에도 전과 마찬가지로 적진에 사절을 보내 강화를 제안하고, 볼모를 요구하며 시간을 끌었다. 그늘도 없이 땡볕 아래에서 로마군이 굶주림과 갈증으로 지치기를 기다린다는 작전이었다.

마침내 발렌스 황제는 고트 진영에 사절을 보내게 되었는데, 이 위험한 임무를 맡겠다고 나선 사람은 리코메레스 한 사람뿐이었다. 그의 용기가 전군의 커다란 갈채를 받은 것은 말할 것도 없다.

그런데 권위를 나타내는 화려한 장식을 몸에 두른 리코메레스가 고트군 진영을 향해 로마군 진영에서 약간 멀어졌을 때 갑자기 전투 개시 경보가 그를 다시 불러들였다.

궁수부대와 방패부대를 이끌고 있던 이베리아인 바쿠리우스라는 지휘관이 성급하게 실수로 공격을 가한 것이다. 이 어처구니없는 공격은 즉각 로마 측에

고트인과의 격전 P. 노바노비츠 그림. 하드리아노폴리스 전투에서 고트족은 바람처럼 로마군을 덮쳤다.

큰 타격과 굴욕을 가져다주었다.

고트 측에서는 그 순간 기다리고 기다리던 알라테우스와 사프락스가 기병대를 이끌고 돌아와, 구릉지대에서 바람처럼 로마군을 덮치고 평원을 휩쓸며 야만족의 공세에 더욱 위력을 가했다.

발렌스 황제뿐만 아니라 로마제국 전체에 있어 매우 치명적이었던 이 하드리아노폴리스 전투를 간단하게 요약하면, 로마군 기병대의 패주에 의해 뒤에 남겨진 보병부대가 적군에 포위되어 철저하게 섬멸당한 거라고 할 수 있다.

보병부대가 평원에서 수적으로 우세한 적의 기병대에 포위당하면, 아무리 훌륭하게 대형을 전개하고 아무리 대담하고 침착하게 대응하더라도 그것을 구출하기란 어려운 일이다.

발렌스가 이끄는 로마군은 적의 공격과 공포심에 쫓겨 전개는커녕 손에 든 칼과 장창을 제대로 휘두를 수도 없는 좁은 공간에 몰리고 말았다.

이리하여 혼란과 살육과 당혹의 한복판에서 황제는 근위병에게마저 버림받고, 추측건대 화살을 맞은 듯한 중상을 입었다. 이제 의지할 것은 아직도 전열을 무너뜨리지 않고 버티던 란케아리 부대와 마티아리족뿐이었다. 발렌스 황제는 그들에게 보호를 청했다.

황제의 절체절명의 위기를 본 트라야누스와 빅토르는 황제가 쓰러지면 모든 것이 무너진다고 외치며, 황제를 구하기 위해 가까이 있는 병사들을 보냈다. 그러나 병사들이 목적하는 장소에 도착했을 때, 그곳에는 부서진 무기와 칼 맞은 시체가 산을 이루고 있을 뿐 황제의 모습은 사망자 속에서도 생존자 속에서도 전혀 보이지 않았다.

발렌스 황제의 죽음에 대해서 역사가들이 기록한 것이 사실이라면, 처음부터 수색에 성공할 가능성은 전혀 없었다는 얘기가 된다.

왜냐하면 황제는 시종들에 의해 싸움터에서 벗어난 가까운 농가에서 치료를 받고 있었기 때문이다. 상처를 치료하고 앞으로의 안전에 대해 의논하던 중 이 피난처도 적에게 발견되어 포위되고 만다.

적병이 문을 부수려 하자 지붕에서 그들을 겨냥하여 화살이 일제히 발사되었다. 격분한 고트군 병사는 짚 더미에 불을 붙였다. 오두막은 금세 불길에 휩싸여 로마 황제는 근시들과 함께 불에 타 죽고 말았다.

이때 간신히 창문으로 달아난 한 젊은 병사에 의해 적이 지른 불에 황제가 타 죽었다는 소식이 전해졌고, 이 사실은 동시에 고트 측의 귀에도 들어갔다. 야만족으로서는 성급함 때문에 둘도 없는 전과를 놓친 결과가 되고 말았다.

하드리아노폴리스 전투에서는 용감한 로마군 고급장교를 다수 잃었다. 이 전투의 손실은 일찍이 로마가 칸나에 평원에서 입었던 타격[2]과 비슷하다. 그러

---

2) 기원전 216년, 카르타고의 명장 한니발에게 패한 전투.

나 그것이 미친 영향은 그에 비할 바가 못 되었다.

전사자 중에는 기병대와 보병대의 총사령관 2명, 궁정 고관 2명, 거기에 사령관급까지 합치면 35명이 포함되어 있었다. 앞에 나온 세바스티아누스도 이 전투에서 희생되었다.

결국 이 싸움으로 로마군의 약 3분의 2가 괴멸당한 것이다. 패잔군은 밤의 어둠을 틈타 간신히 도주했다. 다만 빅토르와 리코메레스의 군대만이 로마군 전체가 혼란에 빠진 가운데서도 침착함을 보이며 질서 있게 퇴각했다고 한다.

동부 제국도 그라티아누스의 어깨에

로마군이 패배했다는 소식을 서부의 황제 그라티아누스가 들은 것은, 그가 하드리아노폴리스 평원을 향해 진군하고 있을 때였다. 그 소식은 확인되지 않은 풍문으로 전해졌다가, 얼마 안 있어 빅토르와 리코메레스의 정확한 보고로 전달되었다.

그라티아누스 황제로서는 로마군 3분의 2의 괴멸과 스스로 죽음을 부른 숙부 발렌스 황제의 어리석은 행동을 듣고 몹시 화를 내야 마땅하지만, 관대한 정신의 소유자였던 그는 이 슬픈 소식을 듣고 오히려 슬픔과 연민에 빠졌다. 그러나 공화국의 위기 앞에서는 그러한 연민의 정조차 금세 마음에서 사라져 버렸다.

자신의 불운한 공동 황제를 구원하기에는 이미 늦었고, 복수를 맹세하기에는 너무 힘이 약했다. 그라티아누스 황제의 가슴에는 이 침몰해 가는 제국을 자기 혼자서 지탱해야 하는 어려움과 불가능함이 절실하게 느껴졌다.

무서운 야만족의 대군이 지금이라도 갈리아 지방으로 밀려오는 것이 아닐까? 이렇게 생각하자, 서로마제국의 수비에 관한 문제가 황제의 뇌리에서 떠나지 않았다.

이러한 위기 속에서는, 동부 제국을 다스리고 고트전을 수행하기 위한 정치가일 수 있는 뛰어난 인재가 필수이다. 그렇다고, 중요한 지휘권을 부여받은 신하가 그것을 부여해 준 은인에게 영원히 충절을 다하는 것도 있을 수 없는 일이다. 하물며 멀리 떨어져 있으면 더 말할 것도 없다.

그래서 황제의 뜻에 따라 회의가 열렸고 참석자 전원이 다음과 같은 의견에서 일치를 보았다. 그것은 그러한 모욕을 감수하기보다는 책임을 다해야 한다는 것이었다.

덕망 있는 인물에게 제위를 물려준다는 것이 그라티아누스 황제의 희망이었다. 그러나 이때 그의 나이는 고작 19세였으므로 군주로서 교육을 받은 몸이라고는 하나 고관과 장군들의 진정한 인품을 파악하기에는 역부족이었다.

하지만 그는 야심가의 지나친 자신감을 배제하는 동시에 국가의 앞날을 절망적으로 보고 있는 신중파의 의견도 믿지 않고 스스로 후보자를 공정하게 평가하는 데 힘썼다. 시간은 시시각각 흘러갔다. 새롭게 선택될 동부 황제가 누구든 그에게 부여될 권력과 자원은 점차 사라져 가고 있었다. 언제까지 토론만 하며 시간을 허비할 수는 없었다.

동부의 황제가 된 테오도시우스

그라티아누스 황제는 즉각 옛 추방자 가운데 한 사람을 선택했다. 그는 바로 불과 3년 전에 그라티아누스 자신의 명령에 의해 부당하고 굴욕적인 죽음을 당한 인물의 아들이었다.

이리하여 로마사에 이름을 드날리고 가톨릭교회에서도 소중히 아꼈던, 그 위대한 테오도시우스[3]가 그 무렵 안전을 위해 트라키아 변경에서 시르미움으로 후퇴해 있던 궁정에 소환되었다.

발렌스 황제가 사망하고 5개월 뒤, 그라티아누스 황제는 전군을 모아놓고 새로운 공동 황제로서 그들의 주군이 될 인물의 이름을 발표했다. 지명된 본인은 아마도 충심에서였겠지만 처음에는 극구 사양하다가 모든 병사들이 환호로 동의하자 결국 정제의 칭호를 받아들이게 되었다.

발렌스 황제가 다스렸던 트라키아, 아시아, 이집트의 속주들이 그에게 이양되었고, 특별히 고트전을 지휘해야 하는 입장 때문에 일리리쿰 행정구가 분할된 외에 다키아와 마케도니아의 2대 관구도 동부 제국에 편입되었다.

나는 여기서 참으로 유감스럽지만 동시대 사람들에게 일반적으로 영향을

---

3) 부자가 같은 이름.

미치게 마련인 편견과 감정에 치우치지 않고 자기 시대의 역사를 기술한 정확하고 성실한 인도자에게 작별을 고해야겠다. 암미아누스 마르켈리누스는 발렌스의 패전과 사망을 끝으로 펜을 놓으면서, 이어지는 영광의 시대들을 후세의 떠오르는 젊은 학자들에게 맡겼다. 하지만 후세의 학자들은 그의 충고를 받아들이지도 않고 그의 선례를 따르려 하지도 않았다. 따라서 테오도시우스 시대를 설명하기 위해 우리는 어쩔 수 없이 조시무스의 편파적인 기술을 중심으로 여러 가지 단편적인 사실과 연대기에 대한 애매한 암시, 공덕을 기리는 시에 나오는 비유적 문장 그리고 교파적 열정으로 인해 성실함과 중용 등 속세적인 미덕을 경멸하기 쉬운 교회학자들의 불충분한 도움 따위에 의존할 수밖에 없다. 나는 로마제국의 쇠망기 안에서 꽤 오래 이어지는 이와 같은 불편함을 의식하며 앞으로 조심스런 발걸음을 내딛고자 한다. 다만 과감하게 밝혀 둘 것은 테오도시우스는 단 한 번도 야만족에 대한 결정적인 승리로 하드리아노폴리스 전투의 패배를 설욕하지 못했다는 것이다. 그리고 돈에 눈이 먼 그의 웅변가들이 이 문제에 관해서만은 침묵을 지켰다는 것은 그 무렵 상황과 사정을 기록한 글을 통해 확인할 수 있다.

원래 실제의 재앙이 공포심에 의해 과장되지 않는 한, 몇 세대에 걸쳐 땀 흘려 쌓아 온 강대한 국가가 불과 하루의 불운한 사건 때문에 와해되는 것은 거의 있을 수 없다.

하드리아노폴리스 전투에서 패한 로마제국의 경우도 마찬가지였다. 비록 4만 명의 병사를 잃었다고는 하지만, 수백만 주민을 거느린 인구가 조밀한 동방의 속주에서 모병을 하면 그 자리에서 얼마든지 결원을 보충할 수 있었기 때문이다.

군인의 용기라는 것도 어디서나 볼 수 있는, 인간의 매우 일반적인 성품일 뿐이다. 또 그만큼 기강이 해이한 적에 대항하는 기술쯤은 살아남은 백인대장이 새로운 부대에 금방이라도 가르칠 수 있었을 것이다.

나아가 만약 야만족에게 군마와 갑옷을 빼앗겼다 해도 카파도키아와 에스파냐에는 엄청난 수의 종마가 있고, 이들에 의해 기병부대는 언제든지 새로운 군마를 공급받을 수 있었다. 더욱이 제국의 34곳에 이르는 병기고에는 공격과 방어에 필요한 병기가 넘쳐나고 있었다. 또 전비만 해도 아시아의 부(富)만으로도 쉽게 조달할 수 있었다.

그러나 하드리아노폴리스 전투가 야만족과 로마인에게 미친 심리적 영향은 단 하루라는 시간적 테두리를 훨씬 넘어서서, 야만족에게는 그 승리를, 로마인에게는 그 패배를, 각각 실제보다 훨씬 크게 생각하는 결과를 가져왔다.

어느 고트족 족장은, 살육에 지쳤을 뿐만 아니라 양 떼처럼 달아나면서도 뻔뻔스럽게 재물과 속주의 소유권을 여전히 주장하고 있는 것에 놀랐다고 하는 얘기가 있다.

힘을 되찾은 로마군

훈족이라는 이름이 고트족에게 공포를 불러일으켰던 것과 마찬가지로 이번에는 고트족이라는 이름이 로마제국 전체를 전율하게 했다.

만약 이때 테오도시우스가 패잔병을 그러모아 싸움터로 나가는 경솔한 행동을 취했더라면 로마군은 자신들의 공포심에 의해 틀림없이 멸망했을 것이다.

그러나 테오도시우스는 '대제(大帝)'라는 자신의 존칭에 걸맞게 이 중요한 시기에 공화국의 수호자로서 응당한 행동을 취했다. 함부로 군의 선두에 서지 않고 마케도니아 관구의 수도 테살로니카에 본영을 두고, 그곳에서 야만족의 움직임을 주시하면서 하드리아노폴리스 성벽 밑에서 아드리아 해안까지에 걸쳐 작전을 지시한 것이다.

이러한 테오도시우스 황제의 지휘하에 얼마 되지 않아 도시마다 방벽과 수비대가 강화되고 군대도 다시 기강을 회복하게 되었다. 이윽고 안전에 대한 확신이 들고부터는 점차 대담하게 그 일대에 출몰하고 있던 야만군을 자주 공격하게 되었다.

지세(地勢)나 병력의 수에서 압도적으로 우세하지 않는 한 교전은 허락되지 않았다. 그래서 실제로 교전했다 하면 대부분 승리를 거두었다. 그리고 이러한 상황의 변화에 따라, 로마군 병사들 사이에는 야만족을 격파할 수 있다는 자신감이 퍼져 갔다.

그와 아울러, 흩어져 있던 각 수비대도 점차 몇 개의 소군단으로 통합되어, 전체가 통일된 지휘체계 아래, 위와 같은 신중한 작전이 계속해서 채택되었다.

로마군은 하루가 다르게 전력이 강해지고 사기가 높아졌다.

테오도시우스 황제는 교묘하게 승리의 소식을 잇달아 선전함으로써, 야만족의 자부심을 꺾는 한편 로마인의 마음에 희망과 용기를 불러일으켰다.

이상은 참으로 막연한 설명에 지나지 않지만, 만약 그 네 번의 전투에서 보여 준 이 황제의 전략과 행동을 실감나게 묘사할 수 있다면, 모든 군사 전문가들은 하나같이 아낌없는 찬사를 보낼 것이다. 그만큼 훌륭한 것이었다.

로마 공화국은 이전에 파비우스의 지연술 덕분으로 한니발과의 제2차 포에니 전쟁에서 승리한 일이 있었다. 그 무렵 자마 평야에서 거둔 스키피오의 승리가 후세인들의 주목을 끌었지만, 캄파니아 언덕에 있던 독재관 파비우스의 진영과 행군 역시 파비우스 자신이 운이나 병사들의 도움 없이 독자적인 확고한 명성을 주장하기에 손색이 없다. 테오도시우스의 공적도 마찬가지였다. 그는 때마침 지병으로 몸이 불편했음에도 굳건한 정신력으로 활기를 잃지 않고 국정을 이끌었다.

그 무렵 제국 속주를 구출하여 로마에 평화를 되찾아 준 것은 무용이라기보다 뛰어난 지혜였다. 테오도시우스 황제의 경우에는 여기에 행운까지 곁들어 있었다. 그는 행운이 가져다준 기회를 하나도 놓치지 않았다.

다시 맞서는 야만족들

프리티게른의 뛰어난 재능으로 굳게 결속하여 협조체제를 유지하는 한, 야만족에게 대제국의 정복은 어쩌면 꿈은 아니었다. 그러나 그들의 지도자였던 이 영웅이 죽자, 그의 권위에 눌려 있던 야만족은 대부분 나아갈 방향을 잃고 마음 가는 대로 행동하고 있었다. 옛날의 대군대가 수많은 집단으로 갈라져 도둑 떼로 전락하여 맹목적으로 격정을 채우게 된 것이다. 그것은 적보다 오히려 자기 자신들에게 더 해로웠다.

그들의 광포한 성향은 약탈할 수 없는 것이나 누릴 수 없는 것에 대해서는 철저하게 파괴한다는 그들의 무분별한 행위에도 잘 드러나 있다. 조금만 기다리면 그들 자신에게도 필요하게 될 수확물이나 곡식 저장고까지도 순간적인 분노 때문에 닥치는 대로 파괴했다.

그때까지 느슨하나마 동맹을 유지했던 부족들 사이에는 서서히 불화가 싹

트기 시작했다. 훈족과 알라니족은 이러한 상황을 보고 고트족이 모처럼 얻은 행운을 지키지 못했다고 비난했다. 그것은 참으로 당연한 비난이었다.

동고트족과 서고트족 사이의 오랜 반목이 다시 고개를 쳐들고, 그들이 다뉴브강을 건너기 전에 주고받았던 비난과 그때의 피해가 다시금 머릿속에 떠올랐다. 이처럼 내부의 분열이 깊어짐에 따라 그때까지 양쪽의 마음속에 있었던 로마에 대한 적개심도 빠르게 식어 갔다.

책략가 테오도시우스

이 기회를 혜안을 가진 테오도시우스가 놓칠 리가 없었다. 그는 부하들에게 푸짐한 선물과 약속으로 야만족 내부의 불만분자를 퇴각시키거나 제국 편으로 돌아서도록 노력하라는 지시를 내렸다.

이리하여 아말리족 왕가를 이어받은 모다레스를 끌어들임으로써 로마 측은 충실하며 담대한 용사를 한 사람 얻게 되었다. 아니나 다를까 그들이 기대한 대로, 이 야만족 왕자는 이내 군사령관이 되어 중요한 직책을 부여받고, 커다란 전공을 세웠다. 고트족의 군대가 술에 취해 잠든 틈을 노려 다수의 동족을 살해하고, 엄청난 전리품 외에 4000대에 이르는 마차를 가지고 황제의 진영으로 돌아온 것이다.

무릇 자유자재한 책략가의 손에서는 정반대되는 수단이 같은 목적을 위해 쓰일 수도 있는데 바로 이때가 그러했다. 지난번에는 야만족의 분열에 의해 확보되었던 제국의 평화가 이번에는 재통합에 의해 확보된 것이다.

앞에서 설명한, 기이하다고 할 수 있는 사태의 진전을 신중하게 지켜보던 아타나리크가 마침내 싸울 때가 되었다고 판단했는지 카우칼란드의 깊은 숲속에서 모습을 드러낸 것이다.

이 야만족의 지도자는 주저 없이 다뉴브강을 건넜다. 프리티게른의 부하였던 자들은 대부분 지도자 부재에서 오는 재앙을 통감하고 있었으므로 출신과 재능에 모두 이론이 없는 아타나리크를 그 자리에서 고트족의 '판관'으로 인정했다.

그러나 이 야만족 왕은 이미 노년기에 들어서 있었으므로 왕년의 패기는 더

테오도시우스 황제(재위 379~395) 오벨리스크의 받침대. 390년 무렵, 콘스탄티노폴리스의 전투 경기장. 테오도시우스 황제는 사르마타이인과 서고트족을 토벌하였으며 디오클레티아누스 황제 이후 분할 통치하고 있던 제국을 재통일하였다.

이상 찾아볼 수 없었다. 그는 자국민을 이끌고 싸움터로 향하는 대신 로마 측의 제안에 귀를 세웠다. 그 조약 내용은 야만족에게는 명예롭고 유익한 것이었다.

테오도시우스 역시 새로운 동맹의 중요성을 잘 알고 있었다. 그래서 콘스탄티노폴리스에서 7마일 떨어진 곳까지 몸소 나가 아타나리크를 영접하고 제국의 수도로 안내하여 친구에 대한 신뢰와 황제로서의 위엄을 갖추어 환대했다.

눈에 보이는 온갖 경관과 사물에 감탄하며 호기심과 찬탄에 어린 눈으로 주위를 관찰하던 야만의 왕은 이윽고 감격하여 다음과 같이 고백했다.

"나는 지금 이 놀라운 수도의 영광을 눈으로 보면서도 도저히 믿을 수가 없다! 이 도시가 차지하고 있는 절경의 위치, 견고하고 아름다운 성벽과 공공건축물, 수많은 배들로 가득 찬 드넓은 항구, 먼 나라와의 끊임없는 왕래, 군대의 무기와 훈련, 진정 로마 황제는 지상의 신이다. 이에 대항하는 불손한 자가 있다면 그자는 자신의 피로 그 죄를 씻게 되리라."

그러나 테오도시우스 황제의 융숭한 접대가 오래 계속되지는 않았다. 얼마 안 있어 아타나리크가 병을 얻어 이 도시에서 숨을 거두었기 때문이다. 야만족 사이에서는 절도가 미덕이 아니었던 것에서 미루어 보건대 어쩌면 연일 이어진 향응에서 기인한 것이 아닌가 하고 생각된다.

하지만 테오도시우스 황제가 이 동맹자의 죽음으로 얻은 이익은 그의 충실한 봉사에서 얻을 수 있는 이익을 크게 웃돌았다. 로마 황제가 아타나리크의 장례를 동부의 수도에서 성대하게 거행한 데다가 고인을 추모하는 기념비까지 세워 주자 이에 감복한 서고트군 전군이 스스로 로마제국군에 투항했기 때문이다.

이처럼 야만족의 대부대가 로마 측에 귀순한 효과는 큰 것이었다. 강압을 바탕으로 한 설득과 매수공작에 의해 그 범위는 날이 갈수록 확대되었다. 이제 각 족장이 앞다투어 로마와의 맹약을 맺기 위해 달려왔다. 혼자 고립되어 황제로부터 보복이나 제재를 받지 않을까 하는 두려움에서였다.

이리하여 발렌스 황제의 패배와 죽음으로부터 4년 1개월 25일 만에, 고트족은 전체적으로 또한 최종적으로 투항하기에 이르렀다.

제국의 방위 임무와 맞바꾸어

고트족의 정주와 특권을 인정하고 그 의무를 정한 처음의 강화조약은 테오도시우스 황제와 그 후계자들의 정치사를 잘 말해 준다. 그러나 남겨져 있는 이 시기의 자료에서 그 내용과 정신을 파악하기란 어렵다.

우선 농사를 마다하지는 않을 거라는 판단에서 전쟁과 폭정 탓으로 놀리고 있던 넓고 비옥한 땅이 야만족에게 할당되었다. 서고트족의 대집단은 트라키아 속주에, 동고트족의 잔류 집단은 프리기아와 리디아에 저마다 정주하게 되었고 당장 필요한 곡물과 가축을 분배해 주었으며 공납을 한동안 면제해 줌으로써 노동 의욕을 북돋았다.

만약 야만족을 여러 지역에 분산시켰더라면 그들은 로마에 대해 원한을 품었을 것이다. 그러나 실제로 그들은 정주지로 지정된 마을과 토지의 독점 소유권을 요구하여 이를 얻었고 독자적인 습관과 언어를 유지하였으며 나아가서 이를 전파하는 것도 허락받았다. 또 행정 면에서도 황제의 주권은 인정하긴 했으나 하급 법령이나 행정관에게는 복종하지 않았고, 평시에는 물론 전시에도 세습 족장들이 저마다 부족을 다스리는 자치도 인정되었다.

　다만 왕족의 권위만은 인정되지 않고 폐지되었다. 그리고 고트족 장군의 임명도 오로지 황제의 권한이었다.

　동부 제국의 방위를 위해 4만 명의 고트 전사로 구성된 군대가 상비군으로 설치되어, 동맹군이라는 호칭하에 황금빛 옷깃을 비롯하여 많은 봉급과 파격적인 특권을 누렸다. 또한 로마식 무기 사용법과 엄격한 규율을 익힘으로써 야만족이 타고난 무용이 더욱 강화되었다.

　요컨대 그때까지와는 달리 상황이 완전히 바뀐 것이다. 이제 야만족의 칼에 제국의 방위가 달리게 되면서 로마인 속에 희미하게 남아 있던 군사적 관심의 불씨가 여기서 완전히 꺼지고 말았다.

　테오도시우스 황제가 야만족에게 제시한 강화의 조건은 사실은 필요에 쫓긴 결과였다. 그러나 역시 책모가답게 그는 이것을 고트족에 대한 자신의 우정의 표시라며 설득했다.

　물론 굴욕적인 데다 위험하기까지 한 이러한 양보에 대해 불만과 비난이 들끓었음은 말할 것도 없다. 이에 대해 전쟁의 폐해를 생생하게 묘사하며 융화책만이 질서와 번영을 가져다주는 것이라는 등 다양한 변명과 해명이 이어졌음은 물론이다.

　테오도시우스 황제를 옹호하는 사람들은 고국을 잃고 실의에 빠진 이 수많은 부족을 섬멸하는 것은 불가능하며, 그보다는 오히려 새로운 병사와 농민의 유입으로 인해 전화로 황폐해진 땅에 활기를 되찾게 될 것이라고 설명했다. 이 의견에 납득하는 자들도 일부 있었다.

　게다가 야만족은 아직도 로마에 적대적인 모습을 보이고 있지만 지난날의 경험으로 보면 근면함과 복종의 습관을 익힐 게 분명하고 또 그들의 관습과 교육도 그리스도교의 영향으로 개화되어, 그 자손의 시대가 되면 로마제국의 신민에 점차 동화될 가능성도 크지 않겠느냐는 의견도 들려왔다.

그럴듯한 논리와 낙관적인 예측이긴 했으나 안목이 있는 사람들에게는 고트족이 앞으로도 여전히 적이라는 사실에는 변함이 없고, 경우에 따라서는 당장이라도 제국을 정복할 수 있는 위험성을 가지고 있는 것이 명백해 보였다.

야만족의 거칠고 거만한 행동은 로마 시민과 속주민에 대한 모욕의 표현이었음에도 불구하고, 아무런 징벌도 받지 않았다.

물론 야만족의 용맹함이 테오도시우스 황제의 승리에 크게 기여하긴 했지만, 그들의 협력은 불안정하고 위험한 것이었다. 사실 그들은 협력이 가장 필요한 순간에 황제 휘하에서 이탈하는 신뢰성 없는 행동을 종종 보여 주었다. 이를테면 막시무스를 토벌할 때 다수가 도주하여 마케도니아의 늪지대로 숨어들어가 테오도시우스 황제에 의해 진압될 때까지 근린의 여러 속주를 유린한 적도 있었다.

존재의 위험성

이러한 사건들은 단순한 일시적인 충동에 의한 것이 아니라 미리 계획된 책략에 의한 것이 틀림없다는 생각이 로마인의 불안을 더욱 부채질했다. 고트족이 강화를 맺은 것도 다른 속셈이 있었기 때문이며 겉으로는 우의와 충성을 보여 주고 있지만 실은 약탈, 심지어는 정복의 기회를 노리고 있는 것이라고 사람들은 생각했다.

그러나 야만족에게도 감사하는 마음이 있어서, 제국에 대해, 아니 적어도 황제에 대해서는 진심으로 충성하고 복종하는 족장들도 있었다. 고트족 전체는 점차 서로 맞서는 두 진영으로 갈라져 갔다. 양자 간에 처음 조약과 두 번째 조약에 관해 논쟁이 벌어지게 된 것에서도 그것을 엿볼 수 있다.

이 두 파 가운데 로마를 지지하는 온건하고도 정의로운 일파는 프라비타가 이끌고 있었다. 이 청년 지도자는 우아한 행동과 사람을 접할 때의 온후함, 그리고 사물에 대한 관대함 따위에서 단연 돋보이는 인물이었다. 이에 비해 다른 한쪽인 다수파는 호전적인 부하들을 충동질하여 독립을 주장하는, 거친 성격의 프리울프가 우두머리였다.

어느 엄숙한 축제일, 양쪽의 족장이 황궁에 초대받아 테오도시우스 황제의 환대를 받고 있었을 때의 일이다. 분위기가 무르익고 술기운이 오르자 두 족장은 평소의 예의와 자제심을 잃고, 황제 앞에서 내부 대립을 폭로하고 말았다.

테오도시우스 황제는 그들의 격렬한 논쟁을 잠시 묵묵히 듣고 있다가 내심 느낀 두려움과 불쾌감을 애써 감추며 곧 산회를 선언했다.

여기서 프리울프의 불손한 태도에 놀라고 분개한 프라비타는 이대로 헤어지면 내전을 피할 수 없다고 보고 대담하게도 논적의 뒤를 쫓아가 단칼에 그를 죽이고 말았다.

뜻밖의 사태에 양쪽의 부하들은 순간적으로 무기를 들었다.

그러나 아슬아슬한 순간에 황궁 근위대가 개입하여 그 이상의 큰일로 발전하지는 않았다. 만약 근위대가 개입하지 않았더라면 아마도 프라비타는 수적으로 우세한 적에게 쓰러졌을 것이다.

이리하여 혈기로 치닫는 고트족의 난동은 테오도시우스 황제의 단호한 태도에 의해 간신히 제압되었다. 이렇게 제국에 불온한 공기가 감돌게 되자 그 안전은 오로지 황제의 생존과 재능에만 의존하게 되었다.

칼럼 로마의 복식

남성의 복장

공화정 시대 내내, 그리고 제정 시대에 들어와서도 얼마 동안 로마 시민의 고유 복장은 에트루리아에서 계승한, 입기에는 매우 까다로우나 위엄이 느껴지는 토가(toga)였다. 이것은 비시민이나 추방형에 처해진 자들에게는 사용이 금지되었으며, 로마 시민을 하층사회로부터 구별하는 데 도움이 되었다.

노예나 해방노예는 모두 튜니카(tunica)라고 불리는 간편한 옷을 입었다. 그것

평화의 제단 아우구스투스 황제가 이스파니아와 갈리아에 승리한 후, 로마 세계의 평화를 기리어, 기원전 13년 원로원에서 건조하기를 결의하여 기원전 9년 준공하였다. 기단(基壇)에는 아우구스투스 황제와 신관·집정관·황제 일족 등이 조각되어 있다. ①집정관 ②아우구스투스 ③집정관 ④4인의 신관 ⑤선도관리 ⑥아그리파 ⑦가이우스 카이사르 ⑧율리아 ⑨티베리우스 ⑩소(小)안토니아 ⑪게르마니쿠스 ⑫드루수스 ⑬도미티우스 ⑭대(大)안토니아 ⑮도미티아 ⑯도미티우스 아헤노바르부스

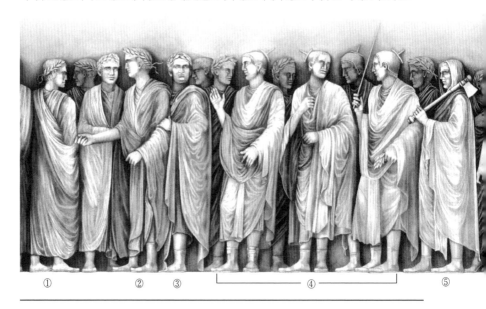

① ② ③ ④ ⑤

은 두 장의 천으로 되어 있는데 목을 통과시키는 구멍이 있었고 허리를 띠로 묶어 주름지게 했다. 이에 비해 토가는 한 장의 백색 울이나 비단 천으로 만들어졌다. 신장의 3배 길이에 달하는 긴 원형 또는 반원형이었으며, 주름을 잡아내어 어깨에서 늘어뜨리고 왼팔은 드러냈다. 16세 전후의 아직 성인식을 치루지 않은 미성년 남자의 토가는 자주색 테두리가 있었고, 성년이 되면 어른용 흰색 토가로 바꿔 입었다. 공식 선거에 입후보하는 자는 조갯가루로 토가를 더 하얗게 만들어 입었다. 종려나무 잎을 수놓은 토가는 다소 축제 기분이 나는 것으로 개선장군이 개선식 때 착용했다.

제정기 사람들은 일반적으로 토가 아래에 튜니카를 입었다. 카이사르는 처음으로 손목 부분에 장식 술을 단 긴소매 튜니카를 착용하기도 했다. 긴소매 튜니카는 원래 나약한 자들이 입는 것으로 여겨졌으나, 콤모두스 황제 시절에 이르러 받아들여지기 시작해 제정 후기에는 보편화되었다. 기사 신분인 자는 폭이 좁은 자주색 테두리가 있는 튜니카를 입었다. 원로원 신분인 자는 테두리 폭이 넓었다. 자주색 토가는 황제만이 입을 수 있었다.

⑥ ⑦ ⑧ ⑨ ⑩ ⑪ ⑫ ⑬ ⑭ ⑮ ⑯

로마인은 비나 추위로부터 몸을 보호하기 위해 라케르나(lacerna)나 팔리움(pallium) 같은 겉옷을 착용했다. 라케르나는 어두운 색 울로 된 외투로 토가는 행동하기에 불편했기 때문에 병사들은 보통 이것을 입었다. 황제가 경기장에 자리할 때 사람들은 특별히 흰색 라케르나를 몸에 걸쳤다. 구멍에 목을 통과시켜 입는, 소매 없는 울 외투 파에눌라(paenula)는 남미의 판초와 비슷한 모양이었는데 여행할 때 이용했다.

제정 후기에는 복잡하게 주름을 잡아야 하는 토가가 너무 불편하다고 느껴 간단한 형태의 옷을 만들기를 궁리했다. 토가는 매우 장식적인 옷으로 여겨져 결국 의식 때에만 입는 호화로운 예복 역할로 물러났다. 그리고 일상생활에서는 간편한 형태의 팔리움이 보급되기에 이르렀다. 팔리움은 폭이 넓은 간단한 겉옷으로, 몸을 감싼 다음 스코틀랜드의 플래드(plaid)처럼 어깨에 모아 브로치로 고정했다.

여성의 복장

공화제 시대를 거슬러 올라가 보면 로마에서는 여성도 일찍이 남성과 마찬가지로 토가를 입었다. 하지만 제정 시대에 이르자 그것은 더 이상 여성들의 기호에 맞지 않았다. 그녀들은 그리스의 키톤(chiton)이라고 불리는 의복의 영향을 받아 모양이 단순한 '튜니카 내의(tunica interior)'를 입고 그 위에 스톨라(stola)라는 짧은 튜니카를 입었으며 다시 그 위를 팔라(palla)로 덮었다. 팔라는 어깨에서 우아하게 주름을 잡아 늘어뜨리는 숄이었다. 또 로마의 기혼 부인들이나 베스타 여신의 성녀는 베일을 쓰기도 했다. 희생의식 외에 종교적인 의식이 집행되는 동안은 머리를 덮는 습관이 있었기 때문이다. 또한 남성의 경우와 마찬가지로 여성도 외출이나 여행을 할 때는 앞에서 말한 라케르나나 파에눌라로 몸을 보호했다.

여성의 머리매무새

로마의 여성이 아침에 화장을 하면서 가장 신경을 쓴 부분은 바로 머리 손질이었다. 메살리나로부터 시작되는 공들인 머리 손질은 제정기 여성들의 머리형의 향방을 결정했다. 중앙에서 좌우로 갈라서 땋은 머리를 시뇽(chignon)으로 정리하는 리비아나 옥타비아의 간단한 머리형은 유베날리스의 풍자시에 종종 등장하는 머리 묶는 여인(ornatrix)의 손이 필요할 정도로 한층 신경 쓴 컬이나 웨이브로 대체되었다. 18세기가 발명한 장대한 머리형과 매우 비슷한 높이 묶어 올린 그 스타일은 솜씨 좋게 물들인 가채나 부분 가발을 사용해 정돈되었다.

이와 같은 머리형을 좋아하지 않았던 여성은 머리를 단순히 빨강이나 자주색 머리끈으로 묶거나 벌집형으로 틀어 올렸다. 또 결혼식 전날 밤에는 빨간 네트로 머리를 감쌌으며, 결혼식 날에는 테두리 없는 튜니카의 허리를 매듭이 이중으로 된 울 허리띠로 단단하게 묶고 그 위에 사프란색 외투를 입었다. 그리고 같은 색 샌들과 금속 목걸이를 걸치면 단장이 끝나는데, 머리에는 불꽃같은 오렌지색 베일을 뒤집어써 얼굴 윗부분을 가렸다. 베일은 6개의 부분 가발을 꼬아 만든 다발로 지탱되었다. 카이사르나 아우구스투스 시대에는 마저럼과 버베나, 이후에는 도금양과 오렌지 꽃잎을 올렸다. 그리스도교 시대에는 이 베일은 모두 결혼식에서 쓰이게 되었다.

남성의 머리형

로마에서는 남성도 외모에 신경을 쓰는 습관이 있었다. 그들은 필요하다고 생각되면 얼굴에도 화장품을 발랐고 여러 곳에 안료를 발라 눈에 띄게 했다. 또한 몸에 향유를 바르고 머리도 그 시기 황제의 모범을 따라 다듬었다. 여성의 경우와 마찬가지로 남성의 머리형도 처음에는 단순하고 자연스럽게 정리하는 고상한 형태였다. 그러다가 하드리아누스 황제 시대에 이르러 인두로 머리카락에 컬을 만들기 시작하면서 이발사의 손길이 필요해졌다. 그들은 저녁이 되면 연회에 참석하기 위해 목욕을 했다. 콧수염은 기원전 2세기부터는 더 이상 유행하지 않게 되었으나 하드리아누스 황제 시대부터 인기를 되찾았다.

신발

가장 평범한 신발은 샌들인데 그것은 솔레아(solea)의 형태를 취했으며, 바닥 가죽이 끈으로 발등에 고정되어 실내에서의 일상생활에 사용되었다. 이 샌들 중 가장 오래되고 간단한 형태는 카르바티니아(carbatinia)로 쇠가죽으로 만들어 졌고 가죽끈으로 복사뼈 위와 발등에 묶여 있었다. 로마 시민의 외출용 신발은 단화였다. 그것은 무두질이 되지 않은 가죽으로 만들어졌으며 바닥 가죽을 통 과시킨 가죽끈으로 발등 및 종아리 부분을 묶었다. 이 신발은 로마 시민만 신 을 수 있었고 노예는 신는 것이 금지되어 있었다.

시골 사람들이 신는 신발은 가벼운 장화였다. 이것은 가죽끈을 엮어 올려 종 아리까지 오게 한 것이었다. 캄파구스(campagus)도 이 계통으로, 발등을 덮는 부 분이 비치는 형태로 되어 있는 점을 빼고는 형태가 흡사하다. 이 신발들 중 가 장 복잡한 것은 원로원 의원용 칼케우스(calceus senatorum)로 다리를 덮는 부분은 안쪽이 열리도록 되어 있어 내피가 살짝 보였으며 장식이 달린 가죽끈으로 엮 여 있었다. 이 신발은 제정 초기에는 일반적으로 검은색, 제정 후기에는 흰색 이 쓰였다. 빨간 끈의 사용은 황제의 특권으로 그 이외는 쓰지 못했다.

모자

초상화를 그릴 때는 관습상 사람들에게 모자를 씌우지 않지만, 그럼에도 불 구하고 로마에는 갖가지 모자가 있었다. 예를 들어 갈레루스라는 머리에 딱 달 라붙는 모자와 페타수스라는 차양이 넓은 밀짚모자가 있었는데 이것은 그리스 에 기원을 두지만 로마에서도 아우구스투스 황제 시대에 특히 여성이 애용했 다. 원로원 의원은 카라칼라 황제 이후 경기장에서 이것을 쓰는 것이 허용되었 다. 그리고 필레우스라는 펠트로 된 테두리 없는 둥근 모자는 남성이 널리 썼 다. 마지막으로 쿠쿨루스라는 후드, 이것은 그대로도 쓸 수 있었으나 외투에 붙 여서 쓸 수도 있었다.

보석, 장신구

보석 등의 장식품은 여성과 남성 모두 몸에 걸쳤으나 유달리 여성들에게 사랑받았다. 목걸이, 펜던트, 자잘한 장신구, 팔찌, 발찌, 반지 등이 있었다.

벨트는 남녀 모두 튜니카나 페플로스[1]의 기장을 조절하기 위한 허리띠로 썼다. 그 세공은 정밀함이 절정에 달했으며, 은이나 금 때로는 수정이나 상아를 박아 장식했다. 보석류 또는 보석류를 넉넉히 사용한 장식품들 중에는 동양의 영향을 받은 것들도 많았는데 이러한 것들은 제국의 부를 반영했다.

지중해 세계 정복 시대[2] 로마 경제의 광대함은 로마시를 제국 전체에서 가장 중요한 제조업의 중심지로 만들고, 작업의 질을 안티오키아나 알렉산드리아의 장인이나 기술자와 경쟁하게 만들었다. 보석을 박아 넣은 화려한 상감세공품을 제작하기 위해 동방의 공예와 비슷한 금은의 줄세공과 알세공 기술을 유입시켰다. 호화찬란함을 목표로 했던 이와 같은 경향은 우아한 생활의 부흥을 원했던 신고전 시대에 특히 두드러졌다. 이 시대의 보석세공품은 크고 늘어지는 장식이 달린 귀걸이나 뱀이 휘감긴 형태의 팔찌처럼 꽤나 무게 있는 시리아풍으로 만들어졌다는 데 주목할 만하다.

---

1) 느슨한 주름의 숄 형식 겉옷.
2) 기원전 3세기~1세기.

고트족의 이동에 따라 다뉴브강 유역에서 북유럽으로 전파된 룬 문자의 기사 그림이 새겨진 석관. 스톡홀름 역사박물관 소장. 고트족은 타키투스 황제 시대 (55~120 무렵)에 비스와강 하류에 정주하던 동게르만계의 부족으로, 410년엔 서고트족 왕 알라리크가 로마시를 점령, 약탈하였다.

제10장
(398~410년)
고트족의 반란
고트족의 그리스 약탈
스틸리코 장군의 활약
알라리크의 이탈리아 침입
원로원과 민중의 상황
고트인에 의한 세 번째 로마 포위와 약탈

고트족의 반란

로마제국이라는 허약한 골격의 건조물이 위대한 테오도시우스의 힘에 의해 그때까지 얼마나 안간힘을 다해 지탱되어 왔는지 아무리 국민들이 깨닫지 못했다 하더라도, 그 사실을 절실히 깨닫기까지는 그다지 긴 시간이 걸리지 않았다. 테오도시우스 황제는 1월(395년)에 죽었는데, 그해 겨울이 가기도 전에 고트족이 궐기의 움직임을 보였기 때문이다.

로마군의 일익을 담당하게 된 야만족 부대가 바야흐로 독립된 군기를 내걸고 오랫동안 감춰 두었던 저항의 의도를 드러내기 시작했다. 강화조약으로 어쩔 수 없이 잠자코 노역 생활을 해야만 했던 동족의 야만인들도, 높이 울려 퍼지는 나팔 소리를 듣자 농장을 뛰쳐나가 그동안 마지못해 버려두었던 무기를 다시 손에 들었다.

다뉴브강의 장해물은 이미 제거되었고, 스키타이의 숲에서 용맹한 전사들이 속속 그 모습을 드러냈다. 그때의 일을 어떤 시인은 이렇게 적고 있다. 즉 유난히 추운 한겨울, "그들의 육중한 짐마차가 대하의 두꺼운 얼음 위를 계속해서 나아갔다."

이리하여 고트라는 이름을 빛내며 수많은 야만족군이 달마티아 연안에서 콘스탄티노폴리스 성벽 아래까지 저마다 마음껏 군마를 달리는 사태가 벌어졌다. 지난 20년 동안 다뉴브강 이남의 여러 속주에는 일상적인 일이었던 야만족의 위협이 드디어 현실이 되어 버린 것이다.

그때까지 관대한 테오도시우스 황제로부터 후하게 받고 있었던 보조금이 중단되거나 삭감된 것을 반란의 구실로 삼았으나, 그것은 표면상의 이유에 지나지 않았다. 반란의 이면에는 이 대제가 사망한 뒤 보게 된 그의 두 아들의 나약함에 대한 경멸과, 특히 아르카디우스 황제를 모시는 측근 루피누스의 배신에 대한 분노가 있었다.

고트족은 더 이상 여러 족장들의 맹목적인 충동에 사로잡히지 않고, 이제는 알라리크라고 하는 용감하고 재능이 뛰어난 수장의 지휘에 따라 행동했다. 이 유명한 지도자는 아말리 왕가 다음으로 고귀한 가계인 발티 가문 출신이었다.
알라리크는 로마군의 지휘를 청했지만 황실은 어리석게도 이를 거부하는 실수를 저지르고, 이후에야 그의 중요성을 깨닫게 되었다. 알라리크는 큰 전과를 올릴 가능성이 있었던 콘스탄티노폴리스 정복을 꿈꾸기도 했지만 결국 비현실적인 시도라고 판단하고 깨끗이 포기했다.
궁정 내에서는 대립이 일어나고 민심에도 불만이 고조되고 있었던 만큼 아르카디우스 황제는 고트족 군대의 변절에 겁을 먹었다. 그러나 지혜와 용기의 결여는 다행히 견고한 성벽으로 보완되어 바다와 육지, 어느 쪽도 야만군의 화살 같은 건 아랑곳도 하지 않았다.
트라키아와 다키아는 피폐할 대로 피폐해져 있었으므로 알라리크는 이 지방을 더 이상 유린하는 것은 이롭지 않다고 여기고, 표적을 새로운 속주로 돌려 그곳을 공략함으로써 명성을 더 쌓고자 마음먹었다. 고트족 지도자는 누구의 저항도 받지 않고 테르모필라이(테르모필레)에서 스파르타까지 나아갔다.

스틸리코 장군의 활약
자신들의 군대와 신들, 그리고 군주에게 더 이상 의지할 수 없게 된 그리스인들은 이제 스틸리코에게 마지막 희망을 걸었고, 이 서부의 장군은 마침내 야만군의 징벌에 나서게 되었다.

다수의 선박이 이탈리아의 각 항구에 의장을 갖추고 집결했다. 대선단은 그리스를 향해 이오니아해를 순항하여 폐허가 된 코린토스 부근의 반도에 군대를 무사히 상륙시켰다.

말하자면 깊은 숲으로 둘러싸인 아르카디아의 산악지대 이른바 목양신 판과 나무의 요정 드리아드가 사는 땅을 무대로 로마와 고트의 두 명장 사이에 싸움이 시작된 것이다.

싸움의 자웅은 좀처럼 결정되지 않다가 마지막에 스틸리코의 전략과 대담함이 주효하여 마침내 로마 측에 승리가 돌아갔다. 패배한 고트 측은 질병과 탈주도 대부분의 병사를 잃고, 페네오스강 수원 가까이에 있는 나라 엘리스—그 옛날 전화를 면했던 성스러운 지역—와의 국경지대인 폴로이 산악지대로 퇴각한다.

그러나 야만족의 진영은 이내 로마군에게 포위되었다. 로마군은 근처의 강줄기를 막아 강의 흐름을 다른 방향으로 돌렸다. 야만족의 군대를 굶주림과 갈증이라는 마지막 궁지에 몰아넣으려는 작전이었다. 그리고 적의 도주를 저지하기 위해 깊은 참호를 파서 강력한 포위망을 깔았다.

스틸리코는 이 작업이 끝나자 승리를 자신한 나머지 병사들을 후방으로 후퇴시키고 연극과 춤으로 승리를 축하했다. 그 뒤 병사들의 대부분은 본거지를 떠나 그리스 전역에 흩어져서 야만족이 아직 손대지 않은 재물들을 모조리 빼앗는 만행을 저질렀다.

로마 측의 이러한 상황을 절호의 기회로 여긴 알라리크는 대담한 작전에 나선다. 이때 그가 보여 준 장수로서의 재능은 치열한 전투에서보다 훨씬 더 빛을 발했다.

펠로폰네소스반도에서 적의 포위로부터 빠져나오려면 그 포위망을 뚫고 코린토스만(灣)까지 30마일의 난관을 헤쳐 나간 뒤 다시 반 마일 정도이긴 하지만 군대와 포로 그리고 전리품을 싣고 바다를 건너야 한다.

알라리크의 이 작전은 아마도 신중하고 은밀하게 또한 매우 신속하게 이루어졌음에 틀림없다. 고트족이 로마군의 포위망을 돌파하여 중요한 에피루스 속주를 완전히 점령했다는 보고에, 유능하기로 이름난 스틸리코도 당혹했기 때문이다.

당혹감으로 로마 측이 머뭇거리는 사이에 알라리크는 은밀하게 동부 제국의 고관과 내통하여 조약을 체결했다.

사태가 여기에 이르자 내전의 발발을 두려워한 스틸리코는 경합자들의 위압적인 요구에 따라 아르카디우스 황제의 영토에서 철수할 수밖에 없었다. 그리고 로마의 적이었던 인물이 이제는 동부 황제의 동맹자이자 신하라는 명예로운 지위를 얻게 되었음을 인정하지 않을 수 없었다.

야만족의 타도가 시민들의 화젯거리가 되고 있던 바로 그때 콘스탄티노폴리스에서 칙령이 내려와 알라리크는 동(東)일리리쿰의 총사령관으로 승진했다.

그가 그리스와 에피루스를 파괴한 장본인이었음에도 불구하고 그 상대에 대해 이렇게 이례적인 특별대우를 한 것이다. 로마 여러 속주와 강화조약을 준수하고 있었던 동맹국들이 분노했음은 말할 것도 없었다.

얼마 전까지 제국 여러 도시를 공략했던 고트족 지도자가 반대로 그러한 도시를 다스리는 장관이 된 것이다. 아들을 잃은 아버지, 아내를 빼앗긴 남편, 모든 남자들이 이제 알라리크의 권위에 복종하지 않으면 안 되게 되었다. 한편 외인 용병부대의 대장들은 이러한 야만족 수장의 성공과 출세를 보면서 평소의 야심을 더욱 불태웠다.

총사령관으로서 알라리크가 새로이 지휘권을 행사한 방식은 그의 깊은 생각과 확고한 태도를 보여 주고도 남는다. 마르구스, 라티아리아, 나이수스, 테살로니카, 이 네 무기고 겸 제조창에 명령하여 놀랍게도 자기 군대에 방패와 투구, 칼, 창 따위를 공급하게 하고, 속주민들에게는 자신들을 파괴하는 무기를 만들게 하여 지금까지 무용만으로는 어떻게 할 수 없었던 야만군의 결함을 보완했다.

알라리크의 출신과 지난날의 위업, 그리고 장래의 계획에 대한 신뢰감, 이러한 이유에서 고트족 전체가 이미 그의 휘하에 들어가 결속을 다졌다. 그리고 마침내 족장회의에서는 그를 서고트족의 왕으로 추대했다. 이때의 의식은 참으로 엄숙하여 왕은 전통적인 의식에 따라 방패 위에 올려졌다고 한다.

이리하여 이중의 권력을 장악한 알라리크는 동서 양 제국 사이에서 아르카디우스 황제와 호노리우스 황제의 두 궁정에 번갈아 가며 거짓 약속을 하다가 마침내 서부 제국에 침략을 선언하고 즉시 실행으로 옮겼다.

동부 제국에 속해 있는 서유럽 속주들은 이미 피폐해진 상태였다. 한편 아시아의 속주들은 공격해 들어가기가 쉽지 않았는데 특히 콘스탄티노폴리스의 경우에는 이미 그 견고한 성벽 앞에서 포위공격은 실패로 돌아가고 있었다.

그러나 일찍이 두 번 이탈리아를 방문하여 그 풍요로움과 아름다움에 강하게 매료되었던 알라리크의 가슴에는, 로마의 성벽 위에 고트군의 깃발을 꽂고 300회에 이르는 전승으로 축적한 전리품으로 자신의 군대를 살찌우겠다는 은밀한 야심을 품고 있었다.

알라리크의 이탈리아 침공

확실한 방침도 없이 우왕좌왕하는 상대에 대해 알라리크는 전장에서와 마찬가지로 교섭의 장에서도 압도적인 우위의 입장을 고수했다.

그러는 한편, 이탈리아 국경에 둔 진영에서 궁정의 상황을 살피며 내부 동정과 불만을 가진 자의 동태를 지켜보았다. 또 지난날의 명장 스틸리코도 이제는 무서운 존재가 아니라 진심 어린 찬탄과 유감의 뜻을 표현할 수 있는 상대가 되어 있었기 때문에, 침략자의 인상을 지우기 위해서라도 이 위대한 장군의 맹우로서 세상으로부터 좋은 평가를 얻으려 했다.

이탈리아 침략을 끊임없이 요구하는 불만분자들의 재촉 외에 알라리크에게는 자신도 피해자라는 원망 어린 마음이 있었다. 그것은 그 대가로서든 아니면 분노를 달래기 위한 것이든, 아무튼 원로원이 그에게 약속한 4000파운드의 지불이 아직도 이행되지 않고 있을 뿐 아니라, 오히려 그것이 무시되는 듯한 인상마저 들었기 때문이다. 이러한 상황에 대해 알라리크는 의연한 태도 속에 온화함을 교묘하게 섞어 가면서 실리를 취하는 방법을 택한다.

그는 어디까지나 공평하고 타당한 성과를 요구하면서 그것을 얻으면 그 자리에서 즉시 철수하겠다고 분명하게 보장했다. 그리고 성의의 표현으로서 두 사람의 고관의 아들인 아에티우스와 이아손을 각각 볼모로 제공하도록 요구하고, 이에 대해 자기 쪽에서도 고트족 최고위에 속하는 집안의 젊은이 몇 명을 로마 측에 맡기겠다고 제안했다.

그러나 호노리우스 황제 측은 알라리크의 이 온건한 태도를 약세 때문이라고 해석하고 조약의 교섭과 군대 소집을 경시하며 실시하지 않았다. 대란의 절박함도 모르는 채 강화냐 전쟁이냐를 결정해야 하는 그 중요한 시기를 아깝게도 허비하여 돌이킬 수 없는 사태를 부르고 만 것이다.

라벤나 궁정의 고관들은 모두들 입을 다물고 그저 야만족이 이탈리아 국경에서 떠나 주기만을 기대했다. 그러나 알라리크는 그들의 바람과는 반대로 이내 진군을 개시했다. 알프스를 넘고 강을 건너 악티움, 콩코르디아, 크레모나 등의 각 도시를 차례차례 약탈했다. 도중에 3만의 군세를 증강했음에도 한 사람의 적도 만나지 않고 서부 로마 황제가 살고 있는 난공불락의 거성을 에워싼 늪지 가까이까지 도달했다. 그 후에는 난공불락의 라벤나 공격을 피하여 대신 아드리아해 연안을 휩쓸고 다니다가 마침내 고대 세계 제1의 도시 로마의 공략을 생각하기에 이른다.

고트군은 약탈을 할 수 있다는 희망에 사기가 충천하여 플라미니아 도로로 달려들었다. 무방비 상태의 아펜니노산맥의 관문을 점거한 뒤 풍요로운 움브리아 평원으로 물밀듯이 밀려와 클리툼누스강 변에 진을 쳤다. 그리고 로마 진영이 오랫동안 개선을 축하하기 위해 키우고 있던 우윳빛 암소를 다수 희생시켜 먹어치웠다.

소도시 나르니는 고지에 위치한 데다 때마침 천둥번개를 동반한 폭풍이 불어닥쳐 난을 피할 수 있었다. 알라리크는 그런 작은 도시 따위는 거들떠 보지도 않고 의기양양하게 전진을 계속했다. 그리고 전리품으로 장식된 개선문을 지나 로마시 성문에 이르러 마침내 그 앞에 진을 펼쳤다.

그 무렵 로마시와 원로원 의원의 수입

테오도시우스 황제 시대에 작성된 로마시의 정밀한 안내서에 의하면 부유층의 저택이 1780채에 이르렀다. 게다가 그 가운데 적지 않은 수의 저택이 시인의 과장에도 수긍이 갈 만큼 장엄한 규모였다고 한다.

시내에는 수많은 궁전이 있었는데 저마다 시장과 경마장, 사원과 분수대, 목욕탕과 주랑, 그 밖에 수목이 무성한 오솔길과 대규모 조류사육장 등 온갖 실용적이고 사치스러운 시설이 다수 갖춰져 있어서 마치 하나하나의 궁전이 하나의 도시에 필적할 정도였다.

또 로마시가 고트군에 포위되었을 때의 시내의 모습을 전한 올림피오도루스에 의하면, 부유한 원로원 의원 중에는 자신의 영지에서 해마다 올라오는 수입이 금화 4000파운드,[1] 영국 화폐로 16만 파운드가 넘는 자가 여러 명 있었다.

여기에는 일정하게 지급되는 곡물과 포도주는 포함되어 있지 않다. 따라서 그것을 매각할 경우에는 위 금액의 3분의 1에 상당하는 추가 수입을 기대할 수 있다.

이상과 같은 엄청난 수입에 비하면, 1000파운드나 1500파운드 정도의 수입으로 과시적인 의미의 공적 지출이 적지 않은 원로원 의원이라는 지위를 유지하는 데 틀림없이 상당한 어려움이 있었을 것이다.

그러한 지출의 좋은 예로서 호노리우스 황제 시대에 법무관으로 취임할 때 영국 돈으로 10만 파운드를 쓰면서 7일 동안 축제를 열었던 허영심 강하고 대중적인 인기를 얻은 귀족이 여러 명 있었다는 기록이 남아 있다.

원로원 의원들의 영지는 이탈리아뿐만 아니라 이오니아해와 에게해를 너머 변경의 속주에까지 이르렀다. 현대에서 말하는 부의 개념을 훨씬 넘어서는 것이었다.

이를테면 악티움 해전에서의 승리를 영원히 후세에 전하기 위해 아우구스투스가 건설한 니코폴리스 악티아는 신앙심 깊은 파울라의 개인 자산이었다. 또

---

1) 약 1814킬로그램.

세네카에 의하면 과거 여러 개의 적의 나라를 흐르던 하천 중에는 이제는 개인의 사유지만을 흐르게 된 것도 적지 않았다고 한다.

막대한 부를 자랑하는 귀족들에게는 군사적 영예 같은 것은 아무런 의미도 없었고 또 문관직도 그다지 매력이 없었기 때문에, 그들은 극히 자연스럽게 여가를 실업이나 향락에 할애했다. 그 무렵 상업은 천한 직업으로 간주되었지만 이미 로마의 초창기부터 모든 원로원 의원이 고리대금에 의해 자산을 늘렸고, 또 빌려주는 자와 빌리는 자 사이의 사정도 있어서 법률은 있어도 없는 것이나 다름없었다.

로마에서는 항상 제국 통화나 금괴와 은괴의 형태로 막대한 재화를 비축했던 것 같다. 이를테면 플리니우스[2] 시대에는 스키피오[3]가 카르타고에서 약탈해 왔던 양을 훨씬 웃도는 금은을 보관한 수많은 찬장이 있었다고 한다.

귀족의 대부분은 사치와 낭비로 인한 빈곤을 경험했으며 그럼에도 낭비를 자제하는 기색은 보이지 않았다.

그러한 그들의 욕망을 충족시켜 주기 위해 수천 명의 일꾼 외에도 엄청난 수의 가내노예가 주인의 분노를 두려워하며 열심히 일하고 있었고, 여기에 모든 분야의 기술자와 상인들이 큰 돈벌이를 위해 열심히 드나들고 있었다.

부유층의 생활
산업의 발달로 오늘날 우리가 누리게 된 상품의 대부분은 로마 시대에는 존재하지 않는 것이었다. 따라서 당시의 로마 원로원 의원의 생활이 아무리 호사스럽다 해도 유리와 아마포 같은 오늘날의 유럽인이 만끽하고 있는 쾌적함에 비한다면 그 쾌적함은 매우 빈약한 것이었다.

그들의 사치스런 생활과 그 밖의 관습에 대해서는 지금까지 상세한 연구가 진행되어 왔다. 그러나 그러한 사항을 상세하게 설명하는 것은 이 책의 주제에서 벗어나므로, 여기서는 특히 고트족이 내습한 당시에 한해 제국의 실태를 소

---

2) 23~79년.
3) 기원전 237~183년.

개하는 데 머물기로 하겠다.

로마가 일하기에 가장 적합한 장소였다고 말했다는 역사가 암미아누스 마르켈리누스는 수많은 공적 사건을 적은 그 기록 속에서 자신이 잘 알고 있었던 정경을 멋지게 묘사했다.

물론 독자 여러분은 그의 가혹한 비난이나 상황 선택 그리고 문장 표현 같은 것에 반드시 동의하지 않을지도 모른다. 또 그중에는 감정의 손상에 의한 개인적인 원한이나 심지어 그의 가슴에 깃들어 있는 편견까지 느끼게 될지도 모른다. 그렇지만 그가 기록한 로마 시민의 풍습은 참으로 흥미진진하다. 독자 여러분도 거기서 반드시 철학적인 호기심을 자극받게 될 것이다.

이 역사가는 그의 저서 《역사》에 이렇게 쓰고 있다.

"로마의 위대함은 희귀하고도 믿기 어려운 미덕과 행운의 결합에 기초한 것이었다. 초기에는 오랫동안 이탈리아 전역의 각 부족 및 근린도시들과 패권 다툼을 일삼으며 수많은 싸움을 치렀다. 로마는 청년다운 힘과 열의로 전쟁의 폭풍을 견뎌냈고, 기세가 오른 군대는 산과 바다를 건너 이 세상 곳곳을 정복하여 승리의 월계관을 가지고 돌아왔다. 마침내 노령기에 접어들자 오직 그 이름만으로 평화를 유지할 수 있게 되었다.

흉포한 야만족을 강제로 복종시키고 정의와 자유를 영원히 확립하기 위해 그곳에 법제를 시행해 온 이 도시국가는, 이제 노련하고 돈 많은 아버지처럼 그 막대한 유산의 관리를 사랑하는 아들들, 즉 초기 황제들에게 맡기는 것으로 만족했다."

"그러나 이러한 타고난 광채에 그림자를 드리우는 무리가 있었다. 그 무리는 자기의 체면이나 자국의 위엄 같은 건 개의치 않고, 악덕과 어리석음에 끝없이 몸을 맡긴 어떤 귀족의 일부를 말한다. 그들은 레브루스와 파브니우스, 파고니우스와 타라시우스 같은, 민중이 들으면 깜짝 놀라 땅에 넙죽 엎드릴 만큼 거룩한 이름과 경칭으로 서로를 불렀고 또한 그러한 호칭을 많이 만들어 내기도 했다.

그뿐만 아니라 자기 이름을 후대에까지 영원히 남기기 위해 청동과 대리석으로 자신의 조각상을 만들게 하고, 게다가 일찍이 지모와 무력으로 셀레우코스 왕조의 시리아 왕 안티오코스를 굴복시킨 아킬리우스에게 처음으로 허락되었던 명예로운 특권, 즉 조각상에 금박을 입히는 것까지 하게 했다.

해가 뜨는 곳에서 해가 지는 곳까지 소유하고 있던 모든 속주 땅에서 올라오는 소작료를 보란듯이 공표하거나 때로는 부풀려서 말한 그들의 허세는 늘 이기기만 했던 우리의 조상들이 실생활에서는 호의호식은커녕 가난한 병사의 생활과 진배없었다는 것을 아는 자들의 분노를 샀다.

참으로 최근의 귀족은 그 지위와 명예를 화려한 마차와 복장으로 드러낸다.

자락이 긴 보랏빛 의복이 바람에 나부끼다가 이따금 우연인지 아니면 고의에서인지, 말려 올라가기라도 하면 온갖 동물들이 수놓인 사치스러운 속옷이 드러난다.

대로를 지나갈 때는 50명이나 되는 종을 거느리고 전령이 말을 타고 질주라도 하듯이 빠르게 달려간다. 더욱이 나이를 불문하고 아가씨부터 귀부인까지 그러한 원로원 의원들의 소행을 흉내 내며 덮개를 씌운 마차로 시내와 교외를 구석구석 쉬지 않고 돌아다니는 것이다.

이러한 지체 높은 사람들이 공중목욕탕에 들를 때는 반드시 문간에서 큰 소리로 호령을 하고 안에 들어가서는 모든 로마 시민들을 위해 건설된 설비를 독차지했다.

온갖 사람들이 다 모여드는 그런 장소에서 어쩌다 쾌락에 봉사하는 악명 높은 무리를 만나면 친근하게 포옹한다. 그러면서도 동포 시민들의 호의적인 인사는 완전히 무시하거나 기껏해야 손발에 입을 맞추도록 허락해 주는 정도이다.

목욕을 끝내고 기분이 상쾌해지면, 여러 개의 반지 외에도 권위를 나타내는 장신구를 몸에 지니고, 10인분 이상은 되어 보이는 사치스러운 아마포가 들어 있는 옷장에서 가장 마음에 드는 옷을 골라 입는다. 그리고 그곳을 떠날 때까지 시라쿠사를 함락한 위대한 마르켈루스에게나 어울릴 거만한 몸짓을 계속한다."

"이러한 높으신 양반들은 이따금 더욱 대담한 행위를 할 때가 있다. 이탈리아 각지의 영지로 나가 많은 노예들이 땀을 뻘뻘 흘리며 몰이를 하는 동안 사냥을 즐기는 것이다. 특히 무더운 날에는 형형색색의 갤리선을 타고, 루크리누스 호수에서 푸테올리와 카이에타의 해안에 있는 아름다운 별장을 방문하기도 한다. 그들은 이렇게 한 번씩 멀리 나갈 때마다 마치 자기가 카이사르나 알렉산드로스 대왕이라도 된 듯한 기분이 드는 모양이었다.

바로 그런 때 금실로 영롱하게 수를 놓은 비단 양산에 파리가 한 마리라도 앉거나 햇살이 극히 미세한 균열을 통해 들어오기라도 하면, 그 견딜 수 없는 고통을 호소하며 영원한 어둠의 나라인 킴메리오이인의 나라[4]에 태어나지 않은 것을 과장스러운 말로 탄식한다.

게다가 이러한 여행에는 고용인을 포함한 집안의 모든 식솔들이 주인을 따라나선다. 이때는 마치 기병대와 보병대가 행군할 때 중무장, 경무장한 선봉대와 후위대 등 온갖 부대가 지휘관의 통솔하에 움직이는 것처럼, 일가의 집사들이 권위의 상징인 홀을 들고 수많은 노예와 머슴들을 배치하고 정렬시킨다.

이리하여 옷장과 그 밖의 짐이 앞장서고 그 바로 뒤에 요리사와 급사들이 따른다. 행렬 가운데 가장 많은 수를 차지하는 것은 여러 노예들로 여기에 여행 도중에 합류한 놀이꾼과 식객 같은 평민들이 있다.

후미에는 주인의 총애를 받는 환관들이 나이순으로 늘어서 있다. 구경꾼들은 그 많은 환자들이 모두 불구자라는 것 때문에 분노하면서 자연의 섭리를 배반하여 어린 시절에 미래의 생식의 희망을 잘라버리는 잔인한 기술을 발명한 세미라미스[5]를 저주하며 두려워 떤다."

"로마의 귀족들이 법을 시행하는 태도를 보면, 자신의 개인적인 피해에는 극도로 민감하지만 다른 인종이 받는 피해에 대해서는 참으로 무관심하다. 만일 더운물을 가져오라고 했는데 노예가 조금이라도 늦으면 즉시 300대의 태형에 처한다. 그러나 같은 노예가 타인을 고의적으로 살해해도 주인은 그저 어리석은 놈이라고 꾸짖고, 또다시 그런 짓을 하면 그때는 반드시 벌을 주겠다고 말할 뿐이다.

예부터 손님 접대가 로마인들의 미덕이어서 낯선 사람이 도움을 청하면 관대하게 돌봐주었지만 지금은 그렇지 않다. 이를테면 신분이 높은 외국인이 지

---

4) 호메로스의 《오디세이아》에 나오는 나라.
5) 그리스 전설 속의 여왕.

체 높은 원로원 의원에게 소개되면, 처음 만났을 때는 참으로 따뜻하게 환영하고 친절하게 안부를 묻기 때문에, 돌아갈 때는 이 저명인사의 상냥한 태도에 매료되어 제국의 수도이자 세련미의 본고장인 로마에 왜 진작 찾아오지 않았던가 하고 후회한다. 그러나 계속 따뜻한 환대를 해주리라고 기대하고 다음 날 다시 찾아가면, 상대는 벌써 이름과 출신은 말할 것도 없고 얼굴조차 까맣게 잊어버리는 것이다. 그래도 마음속의 굴욕감을 억누르고 방문을 거듭하는 동안, 그는 점차 식객의 대열에 끼어, 그가 있든 없든, 떠나든 다시 오든, 거의 관심조차 보이지 않고 진정한 감사와 우정 따위는 눈곱만큼도 없는 오만한 주인에게 그저 혹사나 당하는 신세가 될 뿐이다."

"부자들은 성대한 여흥을 준비하거나 호화로운 연회를 베풀기라도 할 때는 초대객의 선정에 심혈을 기울인다. 엄격한 자, 절도 있는 자, 학식 있는 자가 초대되는 일은 별로 없었고, 연회의 좌석 담당이 자신의 이해관계에 따라 초대객 명단에 가장 비천한 인간들의 이름을 교묘하게 끼워 넣어 초대하는 경우가 종종 있다.

그러나 유력인사들의 주변에는 항상 가장 쓸모 있는 기술, 바로 아첨에 능한 자들이 꼬이게 마련이다. 그들은 자기들의 영원한 보호자의 일거수일투족에 온갖 찬사를 보내고, 주인집의 대리석 열주와 다채로운 바닥을 넋을 잃고 쳐다보며, 눈에 들어오는 주인의 화려하고 우아한 겉치레와 행동을 하나하나 거의 필사적으로 찬양한다.

로마인의 식탁에는 어마어마한 크기의 새고기와 다람쥐고기, 생선들이 차려지는데 손님들은 그런 것들을 진기한 듯이 감탄하며 바라본다. 이윽고 천칭이 나오고, 물건 하나하나의 무게가 정확하게 측량된다. 양식 있는 자에게 이렇게 끝없이 되풀이되는 광경만큼 견디기 힘든 것은 없다. 그러나 주최자는 진지함 그 자체, 이 진기한 구경거리의 진실을 믿을 수 있도록 기록으로 남기기 위해 공증인까지 부르는 것이다.

아첨 외에 또 한 가지, 유력인사들의 집이나 사교계에 초대받을 수 있는 방법이 있다. 그것은 도박, 좀더 품위 있게 말하면 오락이다.

그러한 도박꾼들은 우정이 아니라 공모심(共謀心)으로 결속되어 있는데 그

관계는 상당히 엄격하다. 그러나 이 테세라리아[6]의 기술이 뛰어나면 부와 명성이 보장되고 달인이라도 되면 연회와 집회에서 주인 바로 다음 자리를 차지한다.

게임 중 이따금 그들의 얼굴에는 카토가 일찍이 변덕스러운 민중의 투표 때문에 법무관 선거에서 낙선했을 때의 표정이 바로 이렇지 않았을까 싶은, 벌레 씹은 표정이 떠오른다."

"이러한 귀족들은 지식에 거의 관심을 보이지 않는다. 지식의 획득에 수반되는 고통을 싫어하는 데다 면학이 가져다주는 것을 그지없이 경멸하고 있기 때문이다. 그들이 시선을 주는 것이라 해야 고작 유베날리스의 《풍자시집》이나 또는 마리우스 막시무스의 장황한 역사책 정도이다. 실제로 대대로 이어져 내려오는 귀족들의 서재에는 음산한 무덤처럼 햇빛도 들지 않는다.

이에 비해, 연극 설비와 악기—거대한 하프와 물오르간도 있다—종류는 모조리 갖춰져 있다. 시내의 어느 궁전에서나 이러한 악기의 연주와 노랫소리가 그칠 줄을 모른다. 그곳에서는 지성보다 음악이 사랑받고 정신보다 육체를 더 배려한다.

또 그들은 조금이라도 상대에게 전염병의 의심이 있으면 아무리 친한 친구라도 방문을 거절한다. 그것을 건전한 처세술의 하나로 여겼다. 그건 자신뿐만 아니라 하인에 대해서도 마찬가지이다. 의례적으로 안부를 물으러 심부름을 보낸 하인이 돌아왔을 때도 몸을 깨끗이 씻기 전에는 집 안에 들이지 않는다."

"그러나 돈벌이에 대한 이야기가 되면 사정은 달라진다. 그때는 탐욕으로 불타오른다. 부유한 원로원 의원조차 아무리 통풍을 앓고 있더라도, 그것을 위해서라면 스폴레토[7]까지라도 간다. 즉 유산과 유증(遺贈)의 기대 앞에서는 평소의 오만과 위엄은 완전히 꼬리를 감춰 버린다. 따라서 자식이 없는 자산가만큼 기세등등한 자는 없다.

로마인은 유언서에 서명을 하게 하거나 그러한 행위를 서두르도록 하는 기

---

6) 주사위 놀이.

7) 로마 북방 60마일에 있는 도시.

술은 누구보다 뛰어나다. 실제로 같은 저택에서, 물론 다른 방에서겠지만, 어떤 부부가 각각 상대를 따돌리고 변호사를 따로따로 불러 서로 상반되는 내용을 동시에 대변시킨 한 예도 있다."

"정도를 넘어선 사치의 결과 궁핍에 빠지면, 귀하신 나리들도 때로는 비굴한 수단에 호소한다. 빚을 얻는 것이다. 그렇게 되면 희극에 등장하는 노예처럼 비굴한 태도로 나온다.

그러나 정작 돈을 갚아야 할 때가 되면 헤르쿨레스의 후예처럼 위엄 있고 비장한 변론을 늘어놓으며 사정을 봐달라고 간청하고, 그래도 재촉이 거듭되면 이번에는 비열한 아첨꾼을 고용하여 채권자에게 독약을 먹이거나 마술을 걸게 한다. 아니면 부채를 탕감해 줄 때까지 감옥에서 풀려나지 못하도록 함정에 밀어넣는다.

로마인들의 도덕심을 타락시키는 이런 악랄한 행위에는 그들의 이성을 어지럽히는 유치한 미신이 크게 영향을 주고 있다. 그들은 산 제물의 창자를 보고 길흉을 점치는 장복술(臟卜術) 점쟁이들의 예언을 확고하게 믿었다.

그 밖에 점성술을 믿는 사람도 적지 않았다. 수성의 위치와 달의 모양을 상세하게 알아보기 전에는, 목욕과 도박 또는 외출조차 하지 않는다.

이런 종류의 미신을 믿는 것은 하늘의 힘을 의심하거나 부정하는 불경한 회의론자들에게서도 종종 볼 수 있었으니 참으로 기이하다고 할 수밖에 없다."

—이상은 암미아누스의 말이다.

평민의 생활

무릇 상공업이 발달한 대도시에서 가장 큰 활약을 했으며 그로 인해 주민으로서 가장 어깨에 힘을 줄 수 있는 계급은, 자신의 기능과 노동력으로 생계를 꾸려가는 중간계층이었다.

그러나 그렇게 한곳에 앉아서 하는 일을 경멸한 로마의 평민들은 오래전부터 빚에 의존하는 일이 많았고, 따라서 고리채에 시달리고 있었다. 또 농부도 군대에 복무하는 동안 농사를 지을 수가 없었다.

이탈리아 각 지역은 원래 그 지방의 자유민들이 토지를 소유하고 있었다. 그

후 점차 탐욕스러운 귀족들에게 매수되거나 빼앗기게 되어, 공화제 말기에 이르러 사유재산을 가진 시민은 불과 2000명에 지나지 않는 상황이 된다.

그래도 그들은 국가 고위직과 군대 지휘권 그리고 속주 통치자 결정에 관련된 투표권을 가지고 있었기 때문에, 그 자부심으로 인해 생활의 고통은 어느 정도 달랠 수 있었다. 또 그러한 곤궁한 형편도 로마의 35부족과 백인조 선거에서 매수를 해서라도 당선하고 싶어 하는 입후보자들의, 표를 의식한 선심으로 나아져 갔다.

그러나 방탕해진 평민들은 권력 행사뿐만 아니라 어리석게도 그 계승마저 포기했다. 그로 인해 제정 시대에 들어서면 완전히 가련한 대중으로 전락하였다. 그 처량한 모습은, 만일 노예 해방과 외국인 유입이 없었더라면 몇 세대 뒤에는 이 계급도 지상에서 완전히 자취를 감추었을 것이다.

하드리아누스 황제 시대에 이르자 로마 시민들 사이에서 로마가 세계의 악덕을 모두 끌어모으고, 다른 나라들의 이질적인 풍습을 받아들이고 있다는 탄식의 목소리가 높아지고 있었다.

사실 로마에는 절조 없는 갈리아인, 교활하고 경박한 그리스인, 거칠고 완고한 이집트인과 유대인, 노예근성을 지닌 아시아인, 나약하고 퇴폐적인 시리아인 등 다양한 인종들이 넘쳐났다. 더욱이 그들은 자신이 로마 시민이 되기라도 한 것처럼 참으로 오만하게, 이 '영원한 도시'에서 멀리 떨어져 있는 동포들은 물론이고 고국의 주군에게까지 경멸의 감정을 품었다.

제국의 수도 로마라는 이름은 여전히 존경의 대상이었다. 민중은 그 변덕스러운 기질로 종종 소동을 일으키기는 했지만, 특별히 처벌당하지는 않았다. 콘스탄티누스 황제의 후계자들도 민주제의 흔적을 군사력으로 없애려 하지 않고, 아우구스투스 황제가 보여 준 관용의 정책을 이어받아, 인민을 빈곤에서 구하고 나아가서는 그들의 게으른 생활에 의욕을 북돋으려고 노력했다.

'빵' 배급
평민들은 그때까지 매달 지급되고 있던 곡물을 매일 빵으로 배급받게 되었다. 시민들은 정해진 시간에 배급표를 들고 지정된 배급소 계단 위에 서서 무상 또는 매우 싼값에 한 가족당 3파운드의 빵을 받았다. 이 새로운 배급체제를 위해 다수의 빵 굽는 화덕이 국비로 건립되었다.

고기는 값이 싸고 위생적인 데다가 양도 푸짐했다. 가난한 시민에게는 해마다 5개월간 베이컨도 지급되었다. 로마에서의 그 소비량은 로마의 권력이 매우 약해졌음에도 불구하고 연간 약 362만 파운드에 상당했음을 발렌티니아누스 3세의 칙령으로 알 수 있다.

로마인들에게 기름은 등불이나 입욕에 없어서는 안 되는 필수품이었다. 이 때문에 로마가 아프리카에 부과한 세금은 무게로 쳐서 300만 파운드, 즉 약 30만 영국 갤런이었다고 한다.

로마의 주민에 대한 곡물 배급은 아우구스투스 황제의 노력에 의해, 필요한 범위 안에서 충분히 지급되고 있었다.

한때 포도주가 부족하여 가격이 급등하자 민중이 불만을 품고 소란을 일으킨 적이 있었는데, 이때 거기에 대응한 강경한 개혁자 아우구스투스 황제는 포고문을 발표하여 아그리파의 수도교를 통해 로마 전역에 깨끗한 물이 충분히 공급되고 있으므로 목마르다고 불평하는 것은 온당치 않다고 주장했다.

한편 포도주에 대한 당국의 정책은 점차 완화되어, 아우렐리아누스 황제 시대에는 이 황제의 관대한 계획으로 대량으로 배급되기에 이른다.

국영 지하 술 저장고의 관리는 고위 관리에게 맡겨져, 혜택받은 일부 로마 시민에게는 캄파니아산 포도주가 상당량 할당되었다.

공중목욕탕과 빈둥거림

공공시설로는 원로원 의원이고 대중이고 구별 없이 일정한 시간에 누구나 이용할 수 있는 호화로운 공중목욕탕이 시내 곳곳에 있었다. 그곳에는 아우구스투스 황제 자신이 극찬했던 것으로 알려진 수도시설에서 물이 나왔다.

그 유명한 카라칼라 황제의 공중목욕탕은 대리석 좌석이 1600석, 디오클레티아누스 황제가 지은 공중목욕탕은 3000석이나 되었다고 한다.

목욕탕 내의 방은 모두 천장이 높았으며 벽면에는 붓으로 그린 듯한 풍부한 색채와 세련된 무늬의 모자이크가 붙여져 있었다. 진기한 누미디아산 녹색 대리석이 보석처럼 박힌 이집트산 화강암으로 만든 커다란 욕조에는 눈부시게 빛나는 은제의 수많은 수도꼭지에서 끊임없이 더운물이 흘러나왔다.

아시아 제국의 왕들까지도 부러워할 만큼 화려한 분위기를 로마에서는 최하층 시민들까지 작은 구리 동전 하나로 맘껏 누리고 있었던 것이다.

목욕을 마치면 사람들은 거기서 썰물처럼 거리로 나와 맨발에 망토도 없이 더러운 옷만 걸친 채 길모퉁이와 광장에서 빈둥거리며 온종일 소문을 귀동냥하고 말다툼을 벌이면서 시간을 보냈다. 또 처자에게 약간의 수입이라도 있으면 그것을 도박에 다 써버리고, 밤이 되면 어김없이 어두컴컴한 술집이나 사창가에서 관능의 열락에 빠졌다.

대경기장에서의 공연

그러나 이 게으른 민중들에게 가장 큰 오락은 자주 열리는 경기와 흥행물 같은 공공 행사였다. 그중에서도 경건한 그리스도교도 황제들은 비인도적이라 하여 종종 금지했던 검투사 시합이 특히 인기가 있었다. 로마인들은 대경기장은 자신들의 집이고, 교회이며, 또 공화국의 중심이라고 여전히 생각했기 때문이다.

성급한 군중은 새벽부터 달려와 자리를 잡기 바빴고, 가까운 건물의 주랑에서 뜬눈으로 밤을 새운 사람들도 많았다. 아침부터 저녁까지 날씨를 개의치 않고 때로는 40만 명[8]에 달하는 관중들이 말이나 전차를 모는 선수들을 유심히 지켜보았다. 자기가 택한 선수의 승패에 일희일비하는 모습은, 마치 로마 전체의 운명이 시합의 결과에 달려 있기라도 한 듯했다.

야유든 갈채든, 야수 사냥이나 극장 공연을 구경하면서 열광한 나머지 군중들은 우레와 같은 함성을 질렀다. 오늘날 이런 종류의 공연을 즐기는 것은 우아한 취미, 아니 어쩌면 교양이 넘치는 취미라고 생각될지도 모른다. 그러나 그무렵의 로마인들은 그리스의 천재들을 모방하는 데만 열중했다. 특히 공화정

---

8) 이 숫자는 과장이다. 실제 수용 인원은 최대 약 5만 명.

이 붕괴한 뒤에는 비극에서나 희극에서나 학예의 신 무사(Mousa)는 침묵만 지키고 있었다. 그리고 그것을 대신하여 음탕한 광대극이나 나약한 음악, 화려한 야외극 같은 것이 성행했다.

야만족에게 포위당한 영원한 도시

바로 이때 고트족 왕 알라리크는 돌격의 순간만을 기다리는 부대를 교묘히 배치하여 성벽 주위를 에워싸고 중요한 12성문을 장악한 뒤, 주변 지역과의 모든 통로를 차단했다. 그리고 로마시에 풍부한 양식을 공급하는 티베리스강의 배들을 감시했다.

이에 대해 로마시의 귀족과 시민들이 보인 첫 번째 반응은 비열한 야만족이 감히 세계의 수도를 모욕했다는 데서 오는 경악과 분노였다. 그러나 그들의 오만한 자세는 곧이어 겪게 되는 재난에 의해 이내 수그러들었고, 나약한 그들은 비겁하게도 무장한 적군이 아니라 무고한 희생자를 상대로 비열한 분노를 터뜨렸다.

무방비 상태에서 희생자가 된 것은 테오도시우스 황제의 조카딸로 현 황제의 숙모이자 양모인 세레나였다. 그런 그녀를 로마인이 존경했을 수도 있겠지만, 또한 스틸리코의 과부로서 증오하기도 했다. 따라서 사람들은 그녀가 적과 몰래 내통했다는 중상모략에 쉽게 넘어갔다.

원로원은 민중의 격분에 선동되고 압도되어 심문도 하지 않고 즉각 사형선고를 내렸다. 세레나는 굴욕 속에서 교수형에 처해졌다. 그런데도 야만족이 퇴각하는 기색이 없자, 예상이 빗나간 민중은 놀라고 어리둥절했다.

로마시에는 점차 물자가 부족해지고, 얼마 안 있어 기아가 사람들을 덮쳤다. 하루 3파운드였던 빵 배급은 반으로 줄었고, 3분의 1이 되더니, 이윽고 그것마저 나오지 않게 되었다. 그동안 곡물 가격은 천정부지로 치솟았다.

가난한 계층은 매일매일의 필수품조차 구하지 못하고, 신뢰할 수 없는 부유층의 자선을 기대했다. 그러한 가운데 로마에 자리를 잡고 있던 그라티아누스 황제의 과부 레타가 해마다 지급되고 있던 상당액의 연금을 희사하여, 잠시 민중의 굶주림을 달래주기도 했다.

그러나 그러한 개인적이고 일시적인 노력으로 엄청난 수의 민중을 구할 수는 없었다. 그뿐만 아니라 기근은 마침내 원로원 의원들의 화려한 저택에도 마수를 뻗기에 이르렀다.

오랫동안 안일과 사치에 빠져 있던 부자들은, 남녀를 불문하고 얼마나 적은 것으로 자연의 욕구를 채울 수 있는지를 알고 놀랐으며, 이전 같으면 거들떠보지도 않았을 초라한 음식을 얻기 위해 더 이상 쓸모없게 된 금은보화를 아낌없이 내다 팔았다. 그러나 그래도 손에 들어오는 것은 극히 적은 양에 불과했다.

이러한 상황 속에서 민중은 보기에도 구역질이 날 것 같은 비위생적이고 유해하기까지 한 식품을 두고 서로 다투었고, 요행히 손에 들어오면 그것을 게걸스럽게 먹었다.

그뿐만이 아니다. 동료나 이웃을 살해하고 그 시체를 먹었다든가, 심지어 식욕은 모성 본능마저 이기는 것인지 어떤 어머니들은 자기 아기를 죽이고 그 고기를 먹었다는 기막힌 소문이 나돌기도 했다!

이리하여 수천 명의 민중이 기아 때문에 목숨을 잃었다. 그러나 성 밖의 공동묘지는 적의 수중에 있었기 때문에, 매장하지 못한 채 썩어가는 수많은 시체들에서 발생하는 악취가 공기를 오염시켰고, 그 결과 기아의 참상은 뒤이은 전염병의 발생으로 더한층 악화되었다.

이제 로마인들에게는 고트족 왕의 자비 또는 적어도 관용에 기대하는 수밖에 남아 있지 않았다.

그래서 비상시에 통치권을 행사할 수 있는 원로원은 적과 협상을 시작하기 위해 2명의 사절을 임명했다. 한 사람은 속주 통치에서 두각을 나타냈던 에스파냐 출신의 원로원 의원 바실리우스, 또 한 사람은 일찍이 알라리크와 친교가 있었을 뿐 아니라 사업에서도 성공한 수석 서기관 요한네스였다.

고트족 왕 앞에 나아간 두 사람은 아마 자신들의 비참한 상황에 어울리지 않게 지나칠 만큼 고압적인 태도로 다음과 같이 말했다.

"강화든 전쟁이든 로마가 그 위엄을 견지하고자 하는 결의에는 변함이 없다. 따라서 우리에게 공정하고도 명예로운 강화를 인정하지 않을 생각이라면, 당장 나팔을 불어 우리의 수만 명에 이르는 무장 시민을 상대로 싸울 준비를 하는 것이 좋으리라."

이에 대해 알라리크는 "풀이 많을수록 베기는 더 쉬운 법이지"라는 촌철 같은 대답을 던진 뒤, 기아가 아니더라도 그 전에 이미 사치로 인해 비겁해진 자들의 협박 따위 가소롭기 짝이 없다며 폭소를 터뜨렸다.

이어 그는 호탕한 태도로 자신이 로마에서 철수하는 대가로 배상 내용을 제시했다. 국유, 사유를 불문하고 시내에 있는 모든 황금과 은, 모든 귀중품, 그리고 야만족 출신임을 증명할 수 있는 모든 노예를 내놓으라는 조건이었다.

원로원 사절들은 갑자기 애원조로 조심스럽게 물었다. "그렇게 요구하신다면, 오, 왕이시여! 우리에게는 무엇을 남겨 주시는 것입니까?" "목숨을 남겨 주지." 두려움에 떨며 애원하는 두 사절에게 정복자는 더욱 고압적인 태도로 이렇게 대답했다.

그러나 그들이 물러가기 전에 며칠간의 휴전을 허락하여 온건한 협상의 여지를 약간 남겨 주었다. 그리고 흥분이 가라앉자 자신이 제안한 가혹한 조건 가운데 많은 부분을 완화해 주었다. 그리하여 마침내 황금 5000파운드, 은 3000파운드, 비단옷 4000벌, 고급 주홍색 천 3000장, 후추 3000파운드를 즉시 인도하는 조건으로 포위를 풀겠다고 승낙했다.

하지만 로마의 국고는 비어 있었다. 이탈리아와 속주들의 대농장에서 올라와야 할 지세가 전쟁으로 중단되었고, 귀금속과 보석류는 기근 중에 양식을 구할 목적으로 처분해 버렸으며, 남아 있는 재산은 소유자의 탐욕으로 은닉되어 있었기 때문이었다.

그리하여 로마시를 함락으로부터 구할 유일한 희망은 교회에 헌상된 얼마 남지 않은 전리품뿐이었다.

그 물품으로 알라리크의 욕구를 충족시켜 준 후 로마는 어느 정도 평화와 여유를 찾게 되었다.

몇몇 성문이 조심스럽게 열리고 다시 이전처럼 티베리스강과 주변 지역으로부터 물자가 흘러들었다. 교외에서는 고트군의 방해 없이 자유시장이 사흘 동안 열리자 시민들이 몰려와 상인들에게 막대한 이익을 안겨주었다. 또 공사의 구별 없이 창고에 곡물이 넘치듯 가득 쌓여 로마시가 필요로 하는 식량도 확보되었다.

알라리크의 강력한 요청에 따라 포로 교환과 조약의 체결을 위해 원로원 의원 3명이 라벤나 궁정에 사절로 파견되었다. 그 협상에서 제시된 알라리크의 제안은 그 진의가 의심스러울 정도로 그때의 권세에 어울리지 않는 것이었다.

그가 열망한 것은 서부 제국에 배치된 전군의 총사령관의 지위, 곡물과 금전으로 납부하는 매년의 교부금, 그리고 자신의 본거지로 삼고자 하는 이탈리아, 다뉴브강 사이의 교통 요충지인 달마티아, 노리쿰, 베네치아의 세 속주, 이것뿐이었다.

더구나 알라리크는 이것조차 거절당할 경우에는 금전 요구는 철회하고, 할양지에 대해서도 끊임없는 게르만인의 침입으로 피폐해 있는 노리쿰 속주 하나로 만족할 생각이었다.

그러나 소심함에서 오는 완고함 때문인지 혹은 이해관계가 얽힌 생각 때문이지 올림피우스 대신이 이 협상의 가능성을 깨고 말았다. 원로원의 충고에 귀를 기울이지 않고 특사들을 쫓아 버린 것이다.

그래도 알라리크는 이에 분개하지도 않고 다시 특사를 급파한다. 일의 중대함을 강조하고 또 위엄을 더욱 갖추기 위해 이번에는 로마시의 인노켄티우스 주교를 참여시키고, 거기에 고트족 분견대를 호위대로 딸려 보냈다.

황제와 그의 측근들이 라벤나의 요새와 늪지대를 난공불락의 철벽으로 삼고 거기에 안주하는 동안 로마는 거의 무방비 상태에 놓여 있었다. 알라리크는 여전히 분노를 겉으로 드러내지 않고 플라미니아 도로를 따라 진군했다. 그는 도중에 잇달아 이탈리아 각 도시의 주교를 특파하여 평화 제안을 계속하면서, 다른 부족 다른 민족의 유린으로부터 로마를 구하는 임무를 맡겨달라고 요청했다.

야만족 왕 압력에 의한 새 황제 추대

현명한 고트족 왕의 자비심 덕분에 눈앞에 임박했던 재앙은 당분간 피할 수 있게 되었다. 그 대신 고트군의 창끝은 로마인의 가장 웅장한 업적으로 손꼽히는 토목공사의 하나인 오스티아 항구로 향하게 되었다.

이 항구는 겨울철마다 해난 사고로 로마시에 대한 식량 공급이 불안정해지자, 천재적인 대카이사르가 건설을 구상하고 클라우디우스 황제 시대에 완성한 인공 항구였다. 바다로 튀어나와 파도를 막아주는 방파제 사이의 좁은 입구로 들어가면, 거대한 선박이 몇 척이나 정박할 수 있는 커다란 만이 셋이나 있었다. 그곳으로는 티베리스강의 북쪽 지류가 흘러들고 있었다.

개항한 뒤 점차 발전하여 주교를 둘 규모로까지 성장한 이 항만도시에는 제국의 수도에 공급하는 아프리카산 밀이 수많은 대형 창고에 저장되어 있었다. 알라리크는 이곳을 점거하자마자 로마에 무조건 항복을 요구하면서, 만일 이를 거절하거나 지연시킬 경우에는 로마 주민의 생명이 달린 곡물창고를 즉각 파괴하겠다고 분명한 목소리로 선언했다.

시민들의 불평 소리와 기아에 대한 공포심 앞에 자존심 강한 원로원도 결국 알라리크의 제안을 받아들이지 않을 수 없었다. 쓸모없는 호노리우스 황제를 폐하고 대신 로마 시장 아탈루스를 추대한 것이다.

은혜를 입은 새 황제는 감사의 표시로 알라리크를 서부 제국의 총사령관으로 임명하고, 아돌푸스에게는 궁정 내 근위대장으로서 자신의 신변 경호를 맡겼다. 이렇게 오랫동안 적대했던 두 민족은 가장 긴밀한 친선과 동맹으로 굳은 유대 관계가 형성된 것처럼 보였다.

로마의 성문이 활짝 열리고 새 황제 아탈루스는 고트군에 둘러싸인 가운데 대행렬을 지어 아우구스투스 황제와 트라야누스 황제가 거처했던 궁전으로 나아갔다.

새 황제는 총신과 추종자들에게 군사와 행정의 관직을 분배한 뒤 원로원 회의를 소집하여 격식을 갖춘 엄숙한 연설을 통해 로마의 위엄을 회복하고, 나아가서는 동로마제국와 이집트 속주를 다시 서부 제국에 병합하겠다는 굳은 결의를 표명했다.

이 화려한 공약을 들은 사람들 가운데 이성적인 자들은 누구나 한 번도 무공을 세운 적 없는 이 제위 찬탈자에게 경멸의 눈길을 보냈다. 이러한 시민의 반응은 당연한 것이었다. 무례한 야만인들에게서 받은 굴욕 가운데 이번의 황제 즉위보다 더 굴욕적인 것은 없었기 때문이다.

그러나 일반 민중은 평소의 경박함으로 이번에도 황제 교체를 박수로 환영했다. 새 황제 쪽에서도 그들의 불만은 환영하는 바였다.

한편 전 황제의 가혹한 포고에 의해 몇 번이나 박해를 당했던 이단 신앙자들은 이 황제에게 어느 정도 묵인과 관용을 기대했다. 왜냐하면 그들은 이교의 고향 이오니아에서 교육을 받고 아리우스파 주교한테서 세례를 받았기 때문이다.

아탈루스 황제 시대는 지극히 순조롭게 출항했다. 심복 장교가 소규모 군대를 이끌고 가 아프리카를 복속시켰고, 이탈리아도 대부분이 고트군의 공포 앞에서 무릎을 꿇었다. 또한 밀라노 쪽도 호노리우스 황제의 부재를 불만으로 여기고 있었던 때문인지 원로원이 새 황제를 선출한 것에 대해 크게 환영했다.

대군을 이끌고 아탈루스 황제를 라벤나 성문 근처까지 데리고 간 알라리크는 성안에서 근위대장 요비우스, 기병대 겸 보병대 사령관 발렌스, 재무관 포타미우스, 그리고 제1서기관 율리아누스 등의 주요 고관들을 고트 진영에 초빙했다.

회의석상에서 호노리우스 황제 측 중신들은 주군의 이름으로 아탈루스 황제 선출의 합법성을 인정하고, 두 황제 사이에서 서부 제국과 이탈리아 속주들의 분할을 제안했다.

그러나 이 제안은 냉소와 함께 일축되었다. 그뿐만 아니라 아탈루스는 거기에 모욕적인 내용의 조건을 제시했다. 호노리우스 황제가 그 자리에서 퇴위한다면, 먼 섬에서 여생을 편안하게 지낼 수 있도록 허락해 주겠다는 것이었다.

호노리우스 황제의 운명이 완전히 절망적으로 보이자 민정과 군정의 우두머리였던 요비우스와 발렌스가 주군의 신뢰를 저버리고 경쟁자 쪽으로 돌아섰다.

이 예기치 않은 모반에 경악한 호노리우스 황제는 이제 시종의 발소리에도 전령의 도착에도 겁을 먹고 로마에, 궁정에, 침실에, 어디에나 적이 숨어 있다고 믿고 전전긍긍했다. 라벤나 항구에 여러 척의 배를 정박시켜 만일의 경우에는 언제라도 어린 조카가 황제[9]로 있는 동로마제국으로 달아날 수 있도록 준비해 두었다.

---

9) 테오도시우스 2세.

그러나—적어도 역사가 프로코피우스에 의하면—죄 없는 자, 어리석은 자를 지켜보는 신의 뜻 같은 것이 있어서인지 신에 대해 특별한 배려를 바라는 그의 소망만은 배신당하지 않았다.

호노리우스 황제가 이러지도 저러지도 못 하고 그저 달아날 궁리만 하고 있을 때, 4000명의 정예로 구성된 증원군이 라벤나 항구에 상륙했다. 참으로 뜻밖의 구원이었다.

그는 곧바로 이 원군에 성벽과 성문의 경호를 맡기고 내부의 위험에서 해방되자 오랜만에 편안히 잠을 이루었다.

그리고 때맞춰 아탈루스 황제가 이 땅에 보낸 로마군이 패하고 전 장병이 전사했다는 사태를 일변시키는 길보가 아프리카에서 날아들었다.

한편 호노리우스 황제 측의 헤라클리아누스는 분전하면서 부하들과 함께 주군에 대한 충성심을 지켜 내고 있었다. 호노리우스 황제는 이 아프리카 총독이 보낸 자금으로 근위군의 충성을 확보하게 되었다. 한편 아프리카에서의 물자 공급이 끊긴 성벽 안에서는 소란과 기근이 확산되고 있었다.

아탈루스 황제 측은 아프리카 원정의 실패로 인해 내분이 일기 시작했다. 알라리크의 마음은 통솔할 기개도 복종심도 찾아볼 수 없는 이 황제한테서 점점 멀어지고 있었다.

또 이 고트족 왕의 충고를 듣지 않고 무모하기 짝이 없는 정책을 실행했으며, 그것을 위한 원정군의 출항 때 고트 병사 500명을 같이 승선시키리라는 것도 거부했다. 그러한 결정을 내린 원로원의 태도는 고트인에 대한 로마 측의 불신을 폭로한 것이나 다름없었다. 그것은 당시 그들이 처한 입장에서 보면 관대하지도 현명하지도 못한 처사였다.

알라리크가 이에 분개한 것은 말할 것도 없다. 그리고 그 분노에 기름을 부은 것은 귀족의 반열에 오른 요비우스였다. 아탈루스 황제를 실각시키기 위한 묘책으로 겉으로만 호노리우스 황제를 배반한 척 행동한 것이라고 뻔뻔스럽게 공언했기 때문이다.

이리하여 아탈루스 황제는 리미니 근처의 넓은 들판에서 수많은 로마인과 야만인들이 지켜보는 가운데 제관과 보랏빛 옷을 박탈당했다. 황위의 상징인 그 물건들은 평화와 우정의 표시로 라벤나에 보내졌다.

즉시 직무에 복귀한 관리들은 복직되었고 복귀를 주저하던 자들도 결국 관대하게 받아들여졌다. 한편 제위에서 축출당한 황제는 목숨이 아까워 부끄러운 줄도 모르고 고트군에 종군하게 해달라고 간청했다.

분노에 휩싸인 알라리크의 로마시 약탈

아탈루스 황제를 몰아냄으로써 평화의 장애물이었던 유일한 실질적인 장해가 제거되자 알라리크는 라벤나에서 3마일도 떨어지지 않은 지점까지 말을 달려, 되돌아온 행운으로 다시 오만해진 호노리우스 황제 측근들의 뜨뜻미지근한 태도에 압력을 가했다.

그런데 이때 발티 집안의 숙적이었던 사루스가 라벤나의 궁정에 들어갔다는 소식이 전해져 고트족 왕을 또다시 격분시켰다.

이 대담한 야만인은 즉시 300명의 병력을 이끌고 라벤나 성문 밖으로 나가 고트족 대군을 기습하여 적지 않은 타격을 가한 뒤 의기양양하게 성안으로 다시 들어오는 전공을 올렸다. 이 공으로 그는 상대방에게 전령을 보내 알라리크가 황제의 우정과 맹약에서 영구히 배제되었다는 것을 전할 수 있는 자격이 인정되었다.

그러나 이러한 라벤나 궁정의 배신과 어리석음은 로마에 세 번째 재앙을 가져다주는 결과를 초래했다. 고트족 왕은 더 이상 약탈과 보복으로 불타는 욕망을 숨기지 않고, 군대를 이끌고 로마 성벽 앞으로 들이닥쳤다.

놀란 원로원은 로마를 구원할 가능성이 전혀 없는 상황에서, 다만 조국의 붕괴를 잠시나마 늦춰 보기 위해 필사적으로 노력했다. 하지만 혈연과 이해관계에서 적에게 마음이 기운 노예와 하인들의 은밀한 이적행위에 대해서는 속수무책일 수밖에 없었다.

한밤중에 살라리아 문[10]이 조용히 열렸다. 시민들은 난데없는 고트족의 나팔 소리에 잠을 깼다.

이렇게 건국한 지 1163년 만에, 인류의 대부분을 정복하고 개화시킨 이 대제국의 수도는 마침내 게르만, 스키타이 부족들의 분노에 유린되고 말았다.

---

10) 로마의 관문.

고대 로마의 사회와 생활

　로마 사회에도 유산 상속에 얽힌 사회악이 존재하였다.

　유산을 상속받으려고 미리 마음먹고, 달콤한 말과 친밀한 태도로 부자를 농락하는 유산사냥이 횡행했다.

　유산사냥꾼으로서 비난받는 사람들을 보면 실제 신분이나 성별과는 관계가 없었다. 그들은 대개 친구나 애인, 신관과 정무관, 해방노예들이었다. 이들의 공통점은 목표로 삼은 부자들의 유산에 대해 상속권을 갖지 못한 사람들이라는 것이다. 한편 목표가 된 사람은 대체로 자식이 없는 부자로 노인이거나 병자였다. 로마인들은 상류층일수록 아이를 갖고 싶어 하지 않았기 때문에 유산사냥꾼으로서 로마는 최고의 사냥터였음이 틀림없다.

　페트로니우스는 소설 《사타리콘》에서 아이가 없다는 것만으로 주위로부터 융숭한 대접을 받는 악습에 맞추어 아이를 기르려고 하지 않는 남이탈리아의 크로톤 사람들을 비난하고 있다.

　우선 마을 사람들을 2개의 무리로 나눌 수 있다는 것을 이해해 두는 것이 좋다. 즉 유산을 노리는 사람들과 쫓기는 사람들. 그 마을에서는 아무도 아이를 기르지 않는다. 자신의 상속자를 기다리는 사람들은 모두 향연에도 서커스에도 초대되지 않았다. 하지만 아내를 한 번도 가진 적이 없는 사람과 친척이 없는 사람은 최고의 영예를 손에 얻는 것이다.

　유산사냥꾼의 실례로 카이사르의 정적인 소(小)카토의 에피소드가 흥미롭다.

　기원전 50년대 중반의 일이지만 소카토는 친구 퀸투스 호르텐시우스의 부탁으로 자신의 아내 마르키아와 이혼하고 그녀를 호르텐시우스에게 주었다. 그리고 호르텐시우스가 사망하자 소카토는 과부가 된 마르키아를 다시 아내로 맞이한다. 이리하여 마르키아가 호르텐시우스에게서 상속받은 거액의 유산은 소카토의 것이 되었다.

이 일화를 소개하고 있는 플루타르코스는 소카토의 이러한 행동은 진정한 친구이기에 가능한 것이라고 해석하고 있지만, 소카토의 정적인 카이사르는 이 것을 유산을 노린 것이라고 비난하고 있다. 예를 들어 키케로의 친구 아티쿠스, 대부호 철학자 세네카, 제위에 오른 전 안토니누스 피우스에게도 들어맞는다. 그들이 취한 행동은 그들에게 호의적인 사람의 눈에는 정이 많은 사람으로 보이고, 적의 눈에는 유산사냥꾼으로 보이기 마련이다.

로마에서는 유언에 따른 유산 처분은 자유가 원칙이고 실제 대부분의 부유한 사람들은 사회적 예의로서 생전에 친했던 사람들에게 유산 상속의 형태로 보답했다. 또 상류층일수록 아이를 낳아 기르지 않는 경향이 있어서 외부인이 상속받는 경우가 많았다. 이런 사회 방식은 선의를 가진 사람조차 유산사냥꾼으로 오해받도록 만들었다.

로마인들의 타락　토마 쿠튀르(1875~1879) 그림, 오르세 미술관 소장. "이제 로마인 스스로는 제국을 지탱할 힘이 없다. 호화로운 생활에 의한 상류계급의 퇴폐는 물론이려니와, 민중 또한 '빵과 서커스'에 의하여 타락하고 있다."

제11장
서로마제국 멸망의 길
그래도 인류는 진보한다

멸망의 원인은 어디에

그리스인은 자국이 이미 로마의 일개 속주로 전락해 버렸기 때문에 이 신흥 민족의 융성을 오로지 운명의 여신에게 돌리고 있었다. 어떤 표현에 의하면 무분별하게 은혜를 베풀고는 다시 빼앗아 가는 변덕스러운 여신이 티베리스강변에 내려와 그곳에 영원한 옥좌를 두었다는 것이다.

자기 시대의 역사를 철학적 정신으로 기록한 그리스의 현인 폴리비오스는 로마의 위대함을 지탱하고 있는 견고한 기반을 자국민에게 보여 주어 그들의 헛된 자부심을 분쇄했다.

교육과 신앙의 영향으로, 로마 시민은 국가와 동포에 대해 말할 수 없이 견고한 충성심을 지니고 있었다. 성인 시민은 개선의 명예를 얻기 위해 열심히 노력했고, 젊은이들은 젊은이들대로 저마다 가정에 있는 조상들의 초상을 볼 때마다 경쟁심을 불태웠다.

그때까지 귀족과 평민 사이에 일어난 온화한 투쟁을 통해 정치체제로 평등해졌다. 이후 자유의 정신을 대표하는 민중집회, 권위와 지혜의 상징인 원로원, 행정을 관장하는 군주적인 관리, 이 3자 사이에서도 강한 일체감을 볼 수 있었다. 즉 집정관이 국기를 내걸면 누구나 몸을 던져 국방에 임할 것을 선서의 예로 엄숙하게 맹세하고, 10년 동안 병역에 복무함으로써 그 의무를 다했던 것이다.

이리하여 로마는 후세 자유민과 병사를 끊임없이 전장에 내보냈고, 나아가서는 병력을 이탈리아 여러 도시의 호전적인 시민들로 충분히 보강할 수 있었다.

일찍이 소(小)스키피오를 가르쳤고 또 카르타고의 폐허를 실제로 목격했던 폴리비오스는 로마인의 병제와 징병, 무기와 조련, 행군과 막영, 그중에서도 특히 알렉산드로스 대왕의 마케도니아식 밀집대형보다 뛰어나던 로마의 군단제를 구체적으로 소개했다. 그에 의하면 두려움이라는 것과는 인연이 없고 지칠 줄 모르는 이 국민의 패기와 성공은, 전쟁과 평화 양쪽에 대응하는 이 모든 제도에 의한 것이었다.

때맞추어 전 민족이 결탁하여 대항하지 않았더라면 좌절되었을 수도 있는 웅대한 계획이 과감히 실행되었고, 이것은 끝내 성공을 거두었다. 그리고 정의를 해치면서까지 완수된 그러한 정복사업 뒤에는 늘 지혜와 용기에 바탕을 둔 훌륭한 정치가 이어졌다.

로마군은 전투에서는 져도 전쟁에서는 언제나 이겼다. 그들은 이민족의 금상과 은상 그리고 청동상을 철권으로 잇달아 파괴하면서 유프라테스강, 다뉴브강, 라인강, 나아가서는 대서양까지 도달한 것이다.

팽창과 붕괴

제국으로까지 팽창했던 한 도시의 융성은 매우 놀라운 일로서 철학자의 탐구심을 유혹할 만한 주제다. 그러나 그 쇠퇴의 원인에 대해서는 의문의 여지가 없다. 그것은 바로 비정상적인 팽창의 필연적인 결과였다.

번영이 쇠망의 스위치를 움직이자 쇠망의 요인이 정복의 확대와 함께 여러 가지로 늘어났다. 이윽고 시간과 사건에 의해 인공적인 기둥이 제거되자, 이 엄청난 구조물은 자신의 무게를 감당하지 못하고 스스로 무너진 것이다.

로마제국의 쇠망 과정은 지극히 단순하고 명백하다. 오히려 놀라운 것은 어떻게 이다지도 오래 존속할 수 있었는가 하는 점이다.

승리한 로마군은 원정지에서 이방인과 용병의 폐풍을 배웠다. 변한 로마인들은 먼저 자유의 정신을 억압했고 마지막에는 황제의 권위를 침해하기에 이르렀다. 아니, 애초에 역대 황제들 자신이 군기를 황폐하게 만든 주역이었다. 자신의 안전과 국가의 평화만 생각한 나머지, 군대를 적에 대해서뿐만 아니라 자기 자신에게조차 무서운 존재로 만들어 버린 것이다.

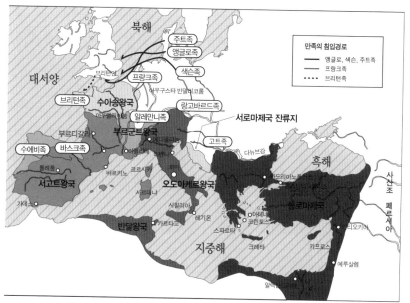

서로마제국 멸망 당시의 상황

시간이 흘러 콘스탄티누스 황제의 시대가 되자, 이 황제가 채용한 제도에 의해 군정 자체의 정신이 해이해져서 이윽고 사라지고 말았다. 그 결과 마지막에는 야만족의 대침입에 의해 로마 세계 전체가 위협을 받았다.

로마제국이 쇠망한 원인으로 흔히 제정부(帝政府)의 천도를 드는 경우가 많다. 그러나 이미 살펴본 것처럼 정권이 옮겨 갔다기보다 정권이 분할되었다는 편이 더 알맞은 표현일 것이다. 동부에서는 콘스탄티노폴리스가 제국의 수도가 되었지만 서부에서는 여전히 이탈리아가 황제의 상주지였다. 그들은 군대와 속주에 대해서도 세습적 권리를 주장했다.

그래서 신민을 억압하는 기구들이 늘어났고 테오도시우스 황제의 후계자들은 사치를 다투는 헛된 경쟁심을 불태우는 등 이중 통치의 이점은 사라지고 결점이 조장되었다.

역경과 마주하면 아무리 내리막길에 접어든 나라라 해도 자유민은 대체로 내부 대립을 그만두고 단결하는 법이다.

하지만 이 경우 아르카디우스 황제(동)와 호노리우스 황제(서)의 총신들은 함께 로마를 공통의 적에게 팔아넘겼다. 한편 비잔틴(동로마) 궁정 쪽에서도 로마시의 굴욕과 서부 제국의 재난을 냉담한 눈으로 바라만 보고 있었을 뿐이다. 아니, 아마도 속으로는 회심의 미소를 짓고 있지 않았을까.

그 후 두 제국 사이에 동맹이 성립되었지만 동로마 사람의 지원은 효율적이지 못해서 한때는 동맹 자체가 위험해 보이기도 했다. 또 성립이 되어도 실효가 거의 없었다. 그리스인과 라틴인 사이의 민족적 대립은 양쪽 사이에 존재하는 언어, 풍속, 권익, 종교 같은 항구적인 차이에 의해 더욱 심각해져 갔다.

그러나 콘스탄티누스 황제의 판단은 옳았다는 것이 그 뒤에 전개된 사건에서 분명해진다. 긴 쇠퇴의 과정에서 이 동부의 수도는 야만족의 공격을 물리치고 아시아의 부를 지키면서, 전시와 평시 어느 때에도 지중해와 흑해를 잇는 중요한 해협을 항상 장악했기 때문이다.

그러므로 콘스탄티노폴리스 건설은 본질적으로 서부 제국의 멸망을 초래했다기보다도 동부 제국의 존속으로 이어졌다고 해야 할 것이다.

그리스도교의 영향

내세의 행복이 종교의 큰 목적이라는 점에서 보면, 그리스도교라는 종교의 도입 또는 남용이 로마제국의 쇠망을 어느 정도 부채질했다는 것은 그리 놀라운 일이 아니다.

이교도의 눈에 소심하게 비친 그 인내의 가르침 때문에 애국심이 저해되고, 전투 정신의 마지막 흔적도 수도원에 묻혀 버리는 결과가 되었다. 또 공사(公私)의 재산이 자선과 헌금이라는 그럴듯한 명분을 위해 바쳐지고, 군인의 봉급까지 머릿속에 금욕과 정결밖에 들어 있지 않은 다수의 남녀를 위해 아낌없이 사용되었다.

시간이 흐르자 신앙심과 호기심뿐만 아니라 원한과 야심 같은 세속적인 감정까지 끼어들어 종교적 대립에 불을 붙였다. 그때부터 항쟁은 장기화하여 때로는 유혈 사태를 일으키는 가운데 교회뿐만 아니라 나라 전체가 종교 대립 문제에 시달렸다.

황제의 눈길은 갈수록 군대에서 공의회로 옮겨 갔고 로마 세계에 새로운 폭정이 태어났으며, 그 영향으로 박해받은 종파가 국내에 숨어 있는 자국의 적이라는 양상을 드러내기 시작했다.

당파심은 그것이 유해하든 불합리하든 분열을 불러일으키는 동시에 단결을 촉구하는 법이다.

약 1800개에 이르는 설교단에서 정통파 군주에 대한 복종의 의무를 역설했다. 각 주교가 참석하는 빈번한 공의회와 그들 사이의 끊임없는 교신에 의해 멀리 떨어진 교구 사이에도 연락이 유지되었고, 그리스도교도들의 일체감에 의해 복음의 박애적인 측면이 강요되었다.

나약해진 국민들은 수도승의 무위도식 또는 비활동성을 침이 마르도록 찬양했는데, 만약 이런 그럴듯한 은둔 생활이 허락되지 않았으면 그들은 더 비열한 이유를 대고 병역을 면하려 했을 것이다.

어느 시대에나 신도들은 자신들의 자연스러운 욕구를 인정해 주는 가르침이라면 즉각 받아들이게 마련이다. 그러나 그리스도교가 참된 의미로 좋은 영향을 미친 것에 대해서는 논의의 여지가 없으며, 이 종교로 개종한 북방의 야만족에게서 그 사실을 엿볼 수 있다.

말하자면 설령 콘스탄티누스 황제의 개종이 로마제국의 쇠망을 앞당겼다 해도, 그가 선택한 종교는 제국이 멸망할 때의 참상을 완화하고 정복자들의 맹위를 누그러뜨리는 데 기여했다고 할 수 있다.

로마사가 주는 교훈

이 위대한 변천사는 우리 현대인에게도 유익한 교훈이 될 수 있다. 그런 의미에서는 모든 민족이 문화와 세련이라는 분야에서 거의 같은 수준에 도달한 이 유럽 전체를 하나의 위대한 국가로 간주할 수 있을지도 모른다.

물론 국가 간의 세력 균형은 앞으로도 변동해 갈 것이고, 우리나라와 근린 제국의 번영도 성쇠를 되풀이하지 않을 거라고 장담할 수는 없다. 그러나 오늘날 이 지역의 총체적인 행복, 즉 유럽인과 그 식민지의 주민을 다른 인종보다 훨씬 돋보이게 해주는 법률과 학예, 풍속 등으로 이루어진 사회 형태가 그러한 국부적인 사건들에 의해 근본부터 뒤바뀌는 일은 없을 것이다.

지구상의 야만국들이 문명국의 잠재적인 적이라는 것을 생각하면, 우리로서는 조심스런 호기심으로 그 옛날 로마제국을 괴롭힌 재앙이 현대의 유럽에도 과연 일어날지 어떨지에 대해 자문해 볼 수 있을 것이다. 그리고 경우에 따라서는 이러한 성찰이 그 대제국이 거친 멸망의 과정을 밝혀 주는 동시에, 오늘날 우리가 누리고 있는 안전의 근거를 설명해 줄지도 모른다.

로마인은 다가오는 위험의 심각함이나 적의 수에 대해 전혀 알지 못했다. 그러나 실은 라인강과 다뉴브강 저편에 뻗어 있는 유라시아 북방의 나라들에는 근로의 열매를 약탈하려고 날뛰는, 가난하고 욕심 많으며 용감한 민족이 무수히 있었다.

창과 방패 소리는 그 야만족들을 자극했다. 그래서 멀리 중국에서 일어난 변동이 점차 퍼져와 갈리아와 이탈리아를 야만족의 침략 위협에 시달리게 했다.

전쟁에 진 훈족이 서진을 시작했고, 그 세력은 진군 과정에서 포로와 동맹자를 휘하에 끌어들여 팽창했다. 그들에게 굴복한 부족들도 정복욕을 채우려 로마제국을 향해 물밀듯이 쇄도해 왔고 선진이 쓰러지면 새로운 부대가 그 자리를 즉시 메워 주었다.

그러나 평화 상태가 오래 유지된 탓에 오늘날 그러한 가공할 민족이 북방에서 침입할 가능성은 거의 없다. 그 원인은 지금까지 인구 감소 탓으로 알려졌지만 실은 기술과 농업의 발달이 가져다준 성과라고 해야 할 것이다.

옛날에는 삼림과 늪지 사이에 외딴 마을이 흩어져 있었을 뿐인 게르마니아 땅에 이제 성벽으로 에워싸인 도시가 2300개나 들어서 있다. 근세에는 덴마크, 스웨덴, 폴란드 같은 그리스도교 왕국도 잇달아 건국되었다. 또 한자동맹의 상인들이 튜턴족 기사들과 함께 발트해 연안과 핀란드만(灣)까지 식민지를 확대했다.

더욱이 그 핀란드만에서 동방의 바다에 걸쳐서는 러시아가 강대한 국가를 형성하고 있다. 이 나라에서는 이제 가래와 직기, 용광로 같은 문명의 이기가 볼가강, 오비강, 레나강 등의 대하 지방에까지 들어와 있고 가장 용맹한 타타

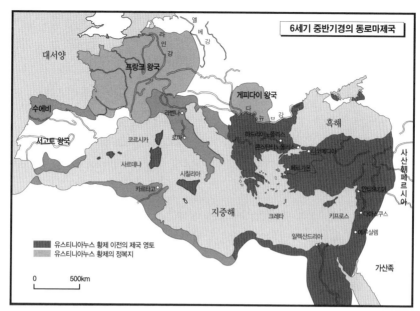

6세기 중반의 동로마제국

르 부족마저 두려움과 복종을 배웠다.

오늘날에는 독립한 야만족 국가가 매우 좁은 지역에 한정되어 있다. 이를테면 칼무크족과 우즈베크족도 군대의 규모가 작아서 유럽 전체에 위협을 주진 못한다.

그렇지만 얼핏 평화롭게 보인다 하여 세계 지도에서 빠뜨리기 쉬운, 미미한 인종에게서 새로운 적, 미지의 위험이 생길 가능성이 있다는 것을 잊어서는 안 된다. 인도에서 에스파냐까지 정복한 아랍인들도, 무함마드가 등장하여 그들에게 종교적 열정을 불어넣기 전까지는 빈곤과 멸시에 시달리며 민족적 고난에 신음했다.

로마제국의 기반이 튼튼했던 것은 그 구성원의 결합이 특이하게 견고했다는 점에서 이유를 찾을 수 있다. 정복당한 민족은 독립에 대한 희망은커녕 그러한 기대조차 버리고 로마 시민이 되는 것을 기뻐했다. 시대가 내려와서 서부의 속주들이 야만족에 의해 로마에서 분리되었을 때는 속주 사람들 사이에서 탄식하는 소리가 들려왔을 정도였다.

그리하여 속주 형태로 제국 내에 편입된 피정복민에게서는 민족적 자유정신과 군사적 야심이 사라졌다. 그들은 먼 궁정에서 전달되는 명령으로 움직이는 용병과 총독에게 자신들의 안전을 기대했다.

1억 인구의 행복이 타락한 한두 사람의 능력에 좌우되는 상황이 되었다. 게다가 그러한 통치자 가운데 미성년자도 적지 않았다.

제국이 가장 큰 타격을 받은 것은 바로 테오도시우스 황제의 후계자들이 미성년이었던 시기였다. 하기는 그들이 성년에 도달한 시기 이후에도 사태가 특별히 개선된 것은 아니다.

왜냐하면 그 시대에 교회는 성직자의 지배를 받았고 국가는 환관에게 좌지우지되었으며 속주도 야만족에게 유린당했기 때문이다.

오늘날 유럽은 크고 작은 12개 강대국들과 3개의 훌륭한 자치국, 그리고 다수의 독립한 소국으로 나눠져 있다. 또 그 통치자의 수만큼 왕으로서 또는 고관으로서 그 재능을 펼칠 기회도 늘어나고 있다. 따라서 북방에서도 율리아누스와 세미라미스 같은 인물이 나오지 말라는 법은 없다. 한편 남방에서도 황제 아르카디우스와 호노리우스 같은 인물이 다시 옥좌에 올라 무위도식할 가능성도 있다.

지금은 국가 간의 상호 견제와 명예 때문에 여간해서는 쉽게 폭정을 휘두를 수가 없다. 공화국에서는 질서와 안정을, 또 군주국에서도 자유의 정신, 적어도 온건한 정신을 볼 수 있다. 그리고 결함이 많은 정치체제에서도 어느 정도 정의와 명예의 관념이 널리 퍼져 있기 때문이다.

평화로울 때에는 활발한 경쟁에 의해 학문과 산업이 점차 발전하는 한편, 전시에도 작은 마찰 정도의 교전이 있을 뿐 그 수준은 군사조련 정도에 지나지 않는다.

따라서 만일 타타르의 초원에서 사나운 정복자가 갑자기 나타난다면 과거와 똑같은 사태가 일어날 것이다. 즉 러시아의 건장한 농노든, 독일의 대군이든, 또는 프랑스의 장려한 기사단이든 브리튼의 용감한 자유민이든, 공동방위를 위해 아무리 연합해도 결국 또다시 격파될 것이라는 얘기다.

그러나 만약 승리한 야만족이 굴복시키거나 폐허로 만드는 지역을 대서양 연안까지 확대한다 해도, 살아남은 문명국 국민은 그들의 추적을 피해 1만 척의 선박을 타고 이미 식민지 주민과 새로운 제도들로 넘치고 있는 아메리카라는 신세계로 가서, 그곳에서 유럽 세계를 부활시켜 또다시 번영을 이루게 될 것이다.

굶주림, 추위, 피로, 신변의 위험 등은 야만족의 심신을 강화해 준다. 그들은 어느 시대에나 이러한 자연의 힘에 군사 기술로 대항하는 일을 게을리한 문명국, 이를테면 중국, 인도, 페르시아를 괴롭혀 왔다.

한편 고대의 호전국(好戰國)인 그리스와 마케도니아, 로마 같은 나라는 군인들을 길러내 육체를 단련하고 담력을 기르고, 손에 드는 철기를 강력한 무기로 바꾸는 동시에 기동성을 늘려 공격력을 배가했다.

그런데 법률이 발달하고 풍속이 세련되어질수록 이 군사적 우위성은 점차 줄어들었다. 그러다가 콘스탄티누스 황제와 그 후계자들의 나약한 시대에 이르러, 사납고 용감한 야만족 용병에게 무기를 쥐여주고 군사교련을 시켰다. 참으로 어처구니없이 자멸의 씨앗을 뿌린 셈이다.

화약의 발명은 군사 기술에 큰 변화를 가져왔다. 인간은 자연의 가장 강력한 요소인 불과 공기를 통제하게 되었다. 또 수학과 화학, 공학과 건축학 같은 다양한 학문을 전쟁에 이용함으로써 교묘한 수단으로 서로 대항하기 시작했다.

포위공격에는 막대한 비용이 드는데 그만한 비용이 있으면 거대한 식민시를 건설하고 유지할 수도 있다. 역사가들은 그 사실을 분연히 지적했다. 그러나 도시 공략이 막대한 비용과 어려움이 뒤따르는 사업이라는 사실과, 지난날의 무용 대신 군사 기술로 국민을 보호하는 것이 우리에게 반드시 불리한 일은 아니다.

오늘날 타타르족에게는 대포와 요새가 공격하기 어려운 장벽이 되고 있다. 그들은 정복에 성공하기 전에 오히려 스스로 개화될 것이 분명하다. 그렇다면 앞으로 유럽이 야만의 침략에 시달릴 가능성은 더 이상 없다고 봐도 좋다.

러시아의 예에서도 알 수 있듯이, 군사학의 발달에는 항상 거기에 상응하는 평화와 문치(文治)의 발전이 뒤따른다. 그리고 그 결과 야만족 자신이 상대 국가, 즉 자신이 정복한 문명제국에 흡수되어 동화될 것이다.

만일 이러한 견해가 이치에 맞지 않거나 불확실한 것이라 해도 위안과 희망을 주는 소박한 근거는 여전히 남는다.

옛적과 오늘날 항해자들에 의한 발견 이야기나 개화한 나라들의 역사와 전승을 읽어 보면, 육체뿐만 아니라 정신까지 헐벗고 법과 예술은 물론 관념, 아니 거의 언어조차 제대로 갖추지 못한 야만인 이야기가 반드시 나온다.

그러나 세월이 흐르면서 그들은 동물을 길들이고 농사를 짓고 바다를 건너고 천체를 관측하게 되었다. 그러한 인간의 활동은 처음에는 발걸음이 불규칙하고 한없이 느리지만 그 뒤 가속도가 붙어 장족의 발전을 보이면서 상승한다. 그리고 정점에 도달하면 갑자기 다시 추락한다. 그렇게 세계의 다양한 지방이 빛과 어둠의 변전을 거듭해 왔다.

그러나 그 4000년의 경험을 통해 우리는 오히려 불안을 떨치고 희망을 키워야 한다. 왜냐하면 인류가 어느 정도의 완전성을 지향해야 하는지 밝히는 것은 어렵다 해도, 자연이 완전히 뒤바뀌지 않는 한 어떠한 국민도 다시 원래의 야만적인 상태로 돌아갈 가능성은 없다고 단언할 수 있기 때문이다.

인류의 진보
일반적으로 사회의 진보는 다음 세 가지 측면에서 고찰할 수 있다.

(1) 시인과 철학자는 자신이 태어난 시대와 나라를 좋은 방향으로 이끌려고 심혈을 기울인다. 그러나 이처럼 뛰어난 이성과 상상의 힘은 바로 자연의 희귀한 소산이다. 만약 호메로스와 키케로 또는 뉴턴 같은 천재가 군주의 의지와 교사의 지도에 의해 만들어질 수 있다면 우리는 그들에게 그토록 찬사를 보내지는 않을 것이다.

(2) 법치, 상공업, 학예 등이 가져다주는 혜택은 지극히 견고하고 불변한다. 교육과 훈련을 통해 그러한 기술을 터득한 수많은 사람들은 각 분야에서 사회의 이익에 기여할 수 있다. 그렇지만 이 일반 원칙은 노동과 숙련의 소산일 뿐

이다. 바꿔 말하면 공동체라는 이 복잡한 기구가 시간에 의해 동화하거나 폭력에 의해 손상을 입을 수도 있다.

(3) 인류는 다행히도 매우 유용한 기술, 적어도 필수 기술은 탁월한 재능과 국민 전체의 예종이 없어도 발휘할 수 있다. 다만 각 마을과 가정, 개인에게 불과 금속의 사용, 가축의 증식과 사역, 고기 잡는 방법, 항해술의 기초 지식, 곡물과 그 밖에 양분이 있는 낟알의 재배, 단순한 공예 등을 영원히 전하려는 생각과 그럴 능력만 있으면 된다.

개인의 재능과 사회의 노력은 사라질 우려가 있지만, 앞에서 말한 이른바 튼튼한 식물 같은 존재는 폭풍도 견디며 척박한 토양에도 강하게 뿌리를 내리고 영원히 살아남는다.

아우구스투스 황제와 트라야누스 황제 시대에 빛났던 광채는 이윽고 무지(無知)의 구름으로 뒤덮였고, 야만족은 로마의 법제와 궁전을 뒤엎었다. 그러나 이탈리아에서는 해마다 작물의 수확에 농경신 사투르누스의 발명품이자 그 상징이기도 한 낫을 계속 사용했고, 그 결과 캄파니아의 해안지대에서는 일찍이 라이스트리곤족[1]이 열었던 향연은 두 번 다시 볼 수 없게 되었다.

갖가지 기술이 발견된 이래 그러한 인류의 귀중한 유산은 전쟁과 교역 및 종교적 열정에 의해 신구 양 세계의 야만족 사이에도 점차 전파되었다. 이는 그 보급도를 보아 앞으로 사라지는 일은 결코 없을 것이다.

그러므로 전 세계는 인류의 부와 행복, 지식, 어쩌면 도덕까지 그 시대마다 끊임없이 증대시켜 왔을 뿐만 아니라, 오늘날에도 그러한 전진이 계속되고 있다는 행복한 결론을 받아들이는 것도 좋을 것이다.

---

1) 호메로스의 《오디세이아》에 나오는 식인 거인.

칼럼 로마의 세제

로마 시민은 전쟁 비용의 명목으로 소유 재산에 따라 전시부담금을 내야 했다. 이것이 로마 시민에게 부과된 유일한 직접세였다.

그런데 기원전 167년에 이 전시부담금은 폐지되었다. 지중해를 정복하는 과정에서 패전국으로부터 받은 배상금과 속주들로부터 징수한 세금 수입으로 국가 재정이 거의 조달되었기 때문이다.

로마 시민들에게 부과되던 직접세는 사라졌지만, 피지배자인 속주 사람들에게는 다양한 세금이 여전히 부과되었다.

또한 속주의 세금제도에 대해 로마는 정복 이전의 세제를 그대로 따랐기 때문에 세제의 방식도 다양했다. 예를 들면 시칠리아나 아시아에서는 수확고의 10분의 1을 세금으로 거두는 '10분의 1세(데쿠마나)' 방식을 따랐고 에스파냐나 갈리아에서는 수확고에 관계없이 일정한 금액을 납부하도록 한 '정액세(스티펜 다리움)' 방식을 따랐다.

공화정 때에는 그 외에도 관세, 노예 해방세[1] 또한 국유의 광산이나 염전, 삼림이나 방목지 등의 사용에 대한 세금이 부과되었다.

아우구스투스 황제는 그때까지 속주에 적용시켰던 개별적인 징수 방식을 통일시키려고 시도했다. 황제는 호구조사를 부활시키고, 인두세와 지세로 정리해, 황제 관할 속주에는 황제의 관리관이, 원로원 관할 속주에는 재무관이 세금 징수의 책임을 맡도록 했다.

원수정치기에는 간접세로 항상 2~2.5퍼센트의 관세[2]와 노예 해방세를 부과했고, 공공사업 청부인에 의해 징수되는 경우가 많았다. 또한 본래는 개선식 비

---

1) 노예 가격의 5퍼센트.
2) 변경 국경지대에서는 25퍼센트.

용에 쓰이던 '왕관세'라는 목적세가 이전부터 있었으나 원수정치기에는 황제가 필요에 따라 적절히 과세하였다.

3세기에 정치, 경제의 혼란을 수습한 디오클레티아누스 황제는 290년쯤부터 새로운 세제 도입을 시도했다. 그는 인두세는 금으로, 지세는 현물로 납부하도록 했다. 한 해가 끝나기 2개월 전에 다음 해의 과세액이 미리 고지되었고, 먼저 촌락 단위로 징수되고 나면 각지의 도시참사회로 모이게 되었다. 징세에 관해서는 도시참사회 회원이 책임을 지고 부족분을 채워 넣을 의무가 있었다.

콘스탄티누스 황제는 거기에 두 가지 세제를 더 도입하였다. 하나는 5년마다 부과한 갹출금으로, 군대 유지를 위해 상인에게 부과되던 일종의 상업세였다. 또 하나는 토지에 관여하는 갹출금으로, 원로원 의원과 같이 부유한 사람들의 토지가 과세의 대상이 되었다.

콘스탄티노폴리스 시가 조감도. 1520년의 목판화. 위쪽은 콘스탄티노폴리스의 성벽, 마르마라해(왼쪽)와 할리치만(오른쪽) 쪽도 굳건한 성벽으로 둘러싸여 있다. 325년 콘스탄티누스 황제가 이곳을 로마제국의 수도로 정하고 콘스탄티노폴리스라고 개칭하여, 십자군이 점령한 1203년까지 번영하였다.

제12장
(동로마제국의 융성)
유스티니아누스 황제 시대
황후 테오도라
대경기장의 당파와 콘스탄티노폴리스의 소란

유스티니아누스(1세)가 처음으로 제권을 행사한 정책은, 자신의 애인 즉 부녀자의 미덕과는 인연이 없는 이례적인 인생길을 걷다가 황후가 된 테오도라와 제국을 공동 통치하기로 한 조치였다.

때는 아나스타시우스 황제 시대로 거슬러 올라간다. 그 무렵 시민들이 녹색파와 청색파로 나뉘어 대립하고 있던 제국의 수도 콘스탄티노폴리스에 키프로스섬 출신의 아카키우스라는 남자가 있었다. '녹색파'의 맹수를 관리하고 있었던 그는 '곰 조련사'로 불리며 이 명예로운 직업에 종사했다.

아카키우스가 죽자 그의 아내는 남편의 좋은 일자리를 놓치지 않으려고 서둘러 재혼해 새 남편을 후계자로 내세웠다. 그러나 그녀의 노력에도 불구하고 죽은 남편의 일은 다른 사람에게 넘어가고 말았다.

아카키우스에게는 코미트, 테오도라, 아나스타시아라는 세 딸이 있었다. 그가 죽었을 때 그녀들은 매우 어렸다. 장녀도 겨우 7세에 불과했다.

어느 엄숙한 축제가 벌어지던 날이었다. 곤궁에 허덕이던 어머니는 딸들에게 거지 옷을 입혀 극장으로 보냈다. 무대에 선 소녀들에게 그때의 녹색파는 멸시의 말을 던졌고 청색파는 동정을 보냈다. 이때의 인상이 테오도라의 가슴에 각인되어 훗날 제국의 정치에도 영향을 미치는 간접적인 원인이 되었다.

젊은 날의 테오도라
아름답게 성장한 딸들은 차례차례 비잔티움 시민의 공적·사적인 유흥의 자리에 두루 불려 다녔다.

처음에는 의자를 머리에 인 노예의 모습으로 코미트의 보조역을 했던 테오도라도 어느덧 독자적인 예능을 펼치게 되었다. 그녀의 예능이라는 것은 춤도 노래도 아니고 피리 연주도 아닌 그저 무언극이었다. 그러나 그 재주가 참으로 뛰어나서 그녀가 뺨을 잔뜩 부풀리며 익살맞은 동작으로 자신의 불행을 탄식할 때마다 극장 전체가 웃음과 갈채로 떠나갈 듯했다.

하지만 뭐니 뭐니 해도 테오도라가 지닌 최고의 무기는 미모였다. 그것은 찬사의 대상이었을 뿐만 아니라 쾌락의 대상이기도 했다.

우아하고 단정한 얼굴, 조금 창백한 느낌은 있지만 자연스러운 생기를 머금은 하얀 피부, 모든 감정을 교묘하게 발산하는 생동감 넘치는 눈빛, 손바닥 위에서도 춤을 출 수 있을 것만 같은 가벼운 몸놀림. 애인이나 추종자라면 그림으로도 도저히 표현할 수 없을 거라고 절찬했음에 틀림없는, 참으로 비견할 데 없이 아름다운 매력이 넘치는 여체의 소유자였다.

그러나 거리낌 없이 대중의 시선에 몸을 내맡긴 채 관능이 풍만한 쾌락을 제공하는 그 육감적 자태에서 품위는 찾아볼 수 없었다.

하룻밤의 즐거움을 기대하던 애인이, 자기보다 강한 상대나 부유한 상대의 손에 의해 동침의 자리에서 그녀를 빼앗기는 일도 비일비재했다. 그야말로 로마 시민이고 외국인이고 할 것 없이 실로 모든 계층, 모든 직업의 사람들이 그녀의 천박한 매력을 만끽하며 즐겼다. 그래서 추문과 유혹을 두려워하는 인사들은 그녀가 거리에 나타나면 즉각 고개를 돌려 피했다고 한다.

테오도라가 한 점의 부끄러움도 없이 극장에서 보여 준 노골적인 장면은 풍자적인 역사가(프로코피우스)가 적나라하게 소개한 바 있다.

그에 의하면 이윽고 모든 관능의 비술을 섭렵한 그녀는, 미의 여신의 인색함에 불평을 터뜨렸다고 한다. 하지만 그러한 불평뿐만 아니라 그녀의 향락과 성적 기예에 대해 오늘날 속어로 상세히 이야기하기는 좀 꺼림칙하다.

콘스탄티노폴리스 시민의 쾌락과 경멸의 대상이던 테오도라는 그 뒤 아프리카의 펜타폴리스를 다스리게 된 티루스 사람 에케볼루스라는 남자를 따라간다. 그러나 행실이 좋지 않아서인지 아니면 돈이 들어서인지, 아무튼 그녀는 이

내 버림받는다. 이렇게 둘의 관계는 눈 깜짝할 사이에 끝나고 말았다.

그리하여 거지꼴로 알렉산드리아에서 콘스탄티노폴리스까지 긴 여행길에 오른 그녀는 그래도 가는 곳마다 남자들에게 인기를 끌면서 그 노리개가 되었다. 아마 베누스섬의 여자라는 자신의 평판에 충실히 응한 것이리라.

이러한 테오도라가 두려워하는 것이 꼭 한 가지 있었다. 바로 어머니가 되는 것이었다. 복잡한 성관계와 극도의 조심 덕분에 결국 그러한 사태에 이르지는 않았지만 뒷날 실제로 단 한 번 그런 경험이 있었다.

태어난 아이는 아버지 밑에서 자라 아라비아에서 교육을 받았다. 이윽고 아버지가 죽기 직전에 남긴 말을 듣고 자신의 어머니가 황후라는 사실을 알게 된 그 젊은이는, 그 말을 믿고 기대에 가슴을 부풀리며 콘스탄티노폴리스의 궁전으로 달려가 테오도라와 대면했다.

그런데 그 직후 그의 소식이 끊긴다. 그래서 황후로서 오점이 되는 과거의 비밀을 자식의 목숨을 끊음으로써 지웠을 거라는 소문도 있었다. 사정이 사정인만큼 그런 풍문은 어쩔 수 없는 일이라 하겠다.

생활도 평판도 모두 최악이었던 무렵, 하루는 테오도라에게 꿈인지 생시인지 환영이 나타난다. 그 환영은 머지않아 위대한 군주의 배우자가 될 거라는 계시를 내린다.

행운이 눈앞에 다가온 것을 안 그녀는 당장 파플라고니아에서 콘스탄티노폴리스로 돌아갔다. 그녀는 연기에 뛰어난 여배우답게 조신하게 행동하면서 기특하게도 양털을 자아 생계를 유지하며, 뒷날 장엄한 사원이 되는 한 작은 집에서 정절과 고독을 꾸미는 생활을 보낸다.

우연인지 필연인지, 이윽고 그녀의 미모는 당시 나는 새도 떨어뜨린다는 세도를 자랑했던 귀족 유스티니아누스[1]의 눈에 들어 당장 그의 마음을 사로잡았다.

유스티니아누스는 그 무렵 자기 수련과 종교상의 이유로 밤을 새워 수양하면서 철저하게 금욕적인 생활을 하고 있었다. 그녀는 그런 그의 내부에 숨어

---

1) 유스티누스 황제의 조카.

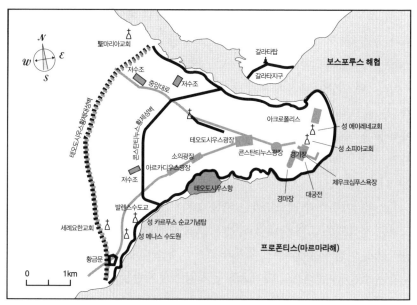

6세기의 콘스탄티노폴리스

있는 욕망을 처음에는 부끄러워하는 몸짓으로, 나중에는 관능적인 수법으로 교묘하게 부채질했다.

이윽고 최초의 흥분이 가라앉자, 그때부터 그녀는 인간미와 지성에 의한 견실한 방법으로 그의 마음을 계속 지배했다.

사랑하는 사람에게 부를 안겨 주고 지위를 높여 주고 싶은 것이 인지상정이다. 유스티니아누스는 동방의 재보를 아낌없이 그녀에게 쏟아붓고, 급기야 종교적인 배려 차원에서인지 이 애첩을 정식 아내로 삼으리라 결심한다.

그러나 그 무렵은 원로원 의원과, 하층민 여성이나 유흥을 직업으로 하는 여성의 혼인을 금지하는 법률이 있었다. 황후 루키피나[2]도 반대했다. 또 신앙심이 깊은 유스티니아누스의 어머니 비길란티아도 반대했다. 그녀는 테오도라의 미모와 지성은 인정했지만 그녀의 오만함과 방종한 몸가짐을 염려하여, 그녀와의 결혼에 의해 아들의 신앙심과 행복이 파괴되지나 않을까 몹시 걱정했다.

---

2) 별명 에우페미아.

위대한 인간은 기다릴 줄 안다. 유스티니아누스도 예외가 아니었다. 그는 황후가 죽을 때까지 기다리기로 결심하고, 그동안 그녀가 눈물 어린 목소리로 호소하는 애원도 물리쳤다.

이리하여 비탄에 빠진 황후가 죽자 이제까지 엄격한 규정을 고치는 법률이 백부인 유스티누스 황제의 이름으로 공포되었다. 이에 따라 그때까지 유흥장에서 몸을 더럽히고 있던 여자들에게 '명예로운 갱생'—포고문의 표현을 빌리자면—의 기회가 주어졌다. 즉 지체 높은 로마 시민과의 정식 결혼이 허용된 것이다.

유스티니아누스와 테오도라는 때를 놓치지 않고 결혼식을 올렸다. 이로써 그녀는 정식으로 그의 아내가 되었다. 그의 승진과 함께 그녀의 지위도 점차 올라갔고, 마침내 유스티누스 황제가 조카인 유스티니아누스에게 제위를 물려주자 콘스탄티노폴리스의 대주교도 두 사람에게 제관을 씌워 주었다.

그러나 두 사람은, 엄격한 로마의 관습에 따라 군주의 아내에게 주어지는 평범한 명예로는 만족할 수 없었다. 유스티니아누스는 그녀를 자신과 대등한 제국의 공동 통치자로서 옥좌에 앉히고, 각 속주의 총독들에게 두 사람의 이름으로 충성 서약을 요구했다.

이리하여 동부 제국 전체가 이 곰 조련사 딸의 재능과 행운 앞에 무릎을 꿇었다. 옛날에는 수많은 관중의 시선을 받으며 콘스탄티노폴리스의 극장을 더럽혔던 여자가, 이제는 정치 고관, 정통파 주교, 군사령관, 여러 나라 군주들로부터 동로마제국의 여왕으로 추앙받는 몸이 된 것이다.

한편 정숙하지 못한 여성을 타락한 여성으로 여기는 사람들은 그녀를 헐뜯는 소문에 열심히 귀를 기울였다. 사실 세상에서는 질투 또는 도덕심 때문에 그녀의 미덕이 무시되었고, 온갖 좋지 않은 품행만이 무성하게 화제가 되었다.

이례적인 황후

황후가 된 뒤의 테오도라는 환멸스러워서인지 부끄러워서인지 세속의 추종적인 찬사를 멀리했다. 그녀는 수도의 꺼림칙한 분위기에서 벗어나 1년의 대부분을 프로폰티스해와 보스포루스 해협에 있는 궁전과 장원들에서 쾌적한 나날을 보냈다. 아마 자신의 미모에 감사하면서 그것을 잘 가꾸고, 목욕과 미식

성 소피아 대성당 532~537년, 이스탄불. 바실리카형 교회에 돔을 올리는 그리스도교 건축의 꿈을 실현한 것이다.

을 즐기며 아침저녁으로 긴 낮잠을 취한 것 같다.

그녀는 외부의 시선이 닿지 않는 방에서 총애하는 시녀와 환관들에게 둘러싸여 시간을 보내며, 측근을 위해서는 정의를 무시하면서까지 그들의 색욕과 물욕 양쪽을 만족시켜 주었다.

그러한 그녀의 비도덕적인 대기실에는 연일 국가의 쟁쟁한 인사들이 찾아왔는데, 그들이 하염없이 오래 기다린 뒤에 허락된 일이라고는 여왕의 발에 잠시 입을 맞추는 것뿐이었다. 그러한 때에도 테오도라는 기분 내키는 대로 행동했다. 어떤 때는 침묵 속에서 황후로서의 오만함을 보여 주고, 어떤 때는 옛날 생각이 난 듯이 희극배우로서의 장난기 어린 모습을 보여 주기도 했다.

그녀는 축재에도 집념을 보였다. 그 점에 대해서는 남편이 죽은 뒤의 신분에 대해 불안을 느꼈을 심중을 생각하면 참작의 여지가 있다. 그 밖에 어느 두 장군에 대한 증오도, 그녀의 야심 때문이라기보다 불안으로 인한 행동이 아니었을까 하는 생각이 든다. 왜냐하면 그 두 사람은 유스티니아누스 황제가 병상에 누워 있었을 때, 수도의 의향에는 따르지 않겠다고 무분별한 선언을 했기 때문이다.

그리고 테오도라는 사소한 풍문에도 복수를 하는 잔혹성을 지녔다는 비난이 있었는데, 이것이 그녀에 대한 후세의 평가에 씻을 수 없는 오점을 남겼다.

그녀는 다수의 밀정을 풀어놓고 자기에게 해가 될 만한 행위나 풍문을 하나하나 보고하게 하여, 밀정이 혐의가 있다고 보고한 자들은 사법의 손길이 미치지 않는 특별한 감옥에 무조건 가두었기 때문이다. 그뿐만 아니라 용서를 구하는 간절한 목소리에도 눈썹 하나 까딱하지 않는 냉혹한 여제 앞에서 그들에게 채찍과 주리 등의 고문을 가했다는 소문도 나돌았다.

이러한 비극의 희생자 중에는 어둡고 불결한 지하 감옥 안에서 숨진 자도 적지 않았다. 한편 살아남아 감옥에서 나온 사람들도 대부분 팔다리와 이성 또는 재산을 잃어, 그녀의 복수를 경험한 살아 있는 증거물이 되었다. 심지어는 그들의 자식들에게까지 여파가 미쳤다고 한다.

사형이나 유배 선고를 받은 원로원 의원과 주교가 자신이 신임하는 형리에게 넘어오면 그 형리까지 그녀 스스로 협박했다. "명령을 신속하게 실행하지 않으면 온몸의 가죽을 벗겨 버릴 것이니 각오하라"고.

테오도라의 신념에는 이교 신앙의 그림자가 끼어 있었다. 그래서 그 무렵 사람들의 눈에는 그녀가 신앙심이 아무리 깊어도 그것으로 그녀의 모든 악덕을 씻을 수 있을 거라고는 생각하지 않았다.

그러나 만약 황제의 종교적 광신을 누그러뜨리려고 영향력을 행사했다면, 세월이 흐른 지금 우리는 그녀의 종교를 칭송하고 교리상의 잘못에 대해서는 어느 정도 용서해 줄 수 있을 것이다.

유스티니아누스가 신앙과 자선을 위해 시행한 모든 사업에서 테오도라의 이름은 동등한 명예로 기록되었다. 그중에서도 특히 자선적이었던 다음의 제도는, 사실은 매춘에 빠지지 않을 수 없었던 자신의 불행한 자매에게 보내는 그녀의 동정심에서 비롯되었을 것이다.

그것은 보스포루스 해협 동쪽에 있었던 별궁을 장려한 수도원으로 개조하여, 수도의 길거리와 사창굴에서 창녀 수백 명을 모아 상당한 부양비를 부담하고 그곳에서 생활하게 한 것이다.

　안전하고 신성한 이 피난처에 오랫동안 유폐되었던 여성들 중에는 절망한 나머지 바다로 몸을 던진 사람도 있었다고 한다. 그러나 그러한 풍문은 황후의 자비심 덕분에 죄악과 가난에서 구원받았다고 하는 갱생자들의 목소리에 묻혀 버렸다.

　테오도라의 지성에 대해서는 유스티니아누스 황제 자신이 높이 평가한 바 있다. 그는 그녀를 신의 선물이라고까지 생각했던 것 같다. 사실 그가 포고한 법률의 대부분은 테오도라의 현명한 조언에 의한 것이었다.

　그녀의 능력은 거기에만 머무르지 않았다. 민중의 폭동과 궁정 안에서의 사건에서도 볼 수 있듯이 그녀에게는 용기도 있었다. 또 유스티니아누스와 결혼한 이후로는 정절도 완벽하게 지켰다. 무자비한 적조차 그 완벽함에 침묵하지 않을 수 없었을 정도였다. 그것은 그녀가 사랑을 충분히 경험했기 때문이기도 하지만, 일부는 의무와 이익을 위해 쾌락을 희생할 수 있었던 극기심 때문이었다. 이 점에 대해서는 찬사를 보내도 좋을 것이다.

　그러나 아들을 낳고자 하는 염원은 끝내 신이 들어주지 않았다. 더욱 안타까운 것은 유스티니아누스와의 사이에서 태어난 단 하나의 딸도 어린 나이에 죽어 버렸다는 점이다.

　하지만 이러한 불행에도 불구하고 테오도라의 절대적인 권세는 흔들림이 없었다. 또 그녀는 황제의 애정도, 기교 덕분인지 정절 덕분인지 어쨌든 잘 붙들어 두고 있었다. 따라서 두 사람이 잠시 다투는 장면을 목격했다고 해서 둘 사이가 틀어졌다고 믿은 자들은 그 착각으로 인해 목숨을 잃는 경우도 적지 않았다.

　방종했던 젊은 시절 때문이었는지 테오도라는 곧 건강을 잃게 된다. 시의들은 그녀에게 델포이의 온천을 권유했다.

　치료가 목적인 이 여행에는 근위장관을 비롯하여 재무장관, 총독과 귀족 외에도 4000명의 신하들이 줄줄이 따라갔다. 황후를 위해 공공도로가 복구되고 그녀를 맞이할 궁전까지 건설되었다. 이렇게 비티니아를 통과하면서 그녀는 교회와 수도원, 병원 등에 거액을 희사하고는 자신의 건강 회복을 하늘에 빌라고 명령했다.

그러나 결혼한 지 24년, 즉위한 지 22년째 되던 해에 테오도라는 결국 암으로 삶을 마감했다.

유스티니아누스는 자기가 권력을 휘두르는 제국 안에서 가장 고귀한 처녀들을 얼마든지 취할 수 있었으나, 극장의 한 무희였던 사랑하는 아내를 잃고 끝없는 비탄에 잠겼다.

제국의 수도를 들끓게 한 경기

고대 그리스인과 로마인 사이의 경기에는 한 가지 큰 차이가 있었음을 알 수 있다. 즉 전자에서 유명한 사람들은 모두 연기자였지만, 후자에는 한결같이 관객이었다는 점이다.

그리스의 올림픽 경기는 부와 실력, 야심이 있는 자에게 활짝 열려 있었으므로, 자기 재능에 자신이 있는 자는 누구든지 디오메데스나 메넬라오스처럼 스스로 말을 몰아 경기에 참가할 수 있었다.

경주용 전차가 10대, 20대 또는 30대까지 한꺼번에 질주할 수 있는 규모였던 이 장려한 대경기장에서 승자가 된 사람에게는 부상으로 월계관이 수여되고, 그 이름이 가족과 출신국의 이름과 함께 칭송되었다. 또한 청동이나 대리석으로 만든 기념비보다 더 오래 남는 서정시를 통해 그 명예가 찬양되었다.

이에 비해 로마의 경우, 사람들은 대경기장에서 말을 타고 달리기는커녕 그곳에 모습을 보이는 것조차 수치스럽게 여겼다. 원로원 의원은 말할 것도 없고 시민들까지 꺼리고 있었다. 그것은 행사 내용 때문이었는데, 경기 비용은 국가와 황제, 행정관 등이 부담했으나 관리 및 운영은 하층민들이 도맡아 한 것에 기인한다.

경기 자체는 처음에는 전차 2대가 달리는 간단한 것이었는데, 선수는 붉은색과 흰색의 제복으로 각각 구별되었다. 이윽고 여기에 초록색과 파란색이 추가 되었다. 경기 회수는 하루 25회, 모두 합하면 100대의 전차가 날마다 이 대경 기장을 열광의 도가니로 만들었다.

얼마 뒤 이 네 당파는 합법적인 조직이 되었고 그 신비로운 유래도 밝혀졌다. 그 네 가지 색은 사계절에 볼 수 있는 자연의 색을 나타내는 것이었다. 붉은색 은 여름의 천랑성, 흰색은 겨울의 눈, 푸른색은 가을의 나무 그늘, 초록색은 봄 날의 초목에서 저마다 연유한 것이다.

또 사계절보다 4원소에 바탕을 두고 해석하는 이도 있었다. 그 해석에 의하 면 초록색과 파란색은 대지와 바다의 대비를 나타냈다고 한다. 따라서 초록색 이 승리하면 풍요로운 수확을 의미하고, 푸른색이 승리하면 해운의 순탄함을 의미했다.

어쨌든 이러한 농부와 선원의 대립도, 생명과 재산까지도 지지하는 당파의 승패에 걸었던 로마 시민의 맹목적인 열기에 비하면 그래도 점잖은 편이었다고 할 수 있다.

청색파 녹색파의 항쟁

역대의 현명한 황제들은 민중의 이런 어리석은 오락을 경멸하면서도 묵인해 주고 있었다. 그러나 칼리굴라, 네로, 비텔리우스, 콤모두스, 카라칼라, 엘라가 발루스 같은 폭군들은 스스로 녹색파와 청색파 중 어느 한쪽에 속하여 수없 이 마구간을 찾아가서는 응원하는 선수에게 말을 거는 한편, 상대 선수는 매 도했다. 이처럼 그들은 민중의 소행을 흉내 내면서 그것을 통해 민심을 사로잡 았다.

대경기장에서의 항쟁은 늘 유혈 사태로 번졌는데, 그것은 로마에서 이러한 구경거리가 사라질 때까지 축제 행사를 늘 혼란에 빠뜨렸다. 실제로 테오도리 크는 정의감에서인지 아니면 애정에서인지 모르지만, 청색파를 열광적으로 응 원한 집정관과 귀족의 횡포에 맞서 녹색파를 보호하기 위해 직접 개입하기도 했다.

콘스탄티노폴리스가 고대 로마로부터 계승한 것은 미덕이 아니라 어리석음 이었다. 일찍이 로마의 대경기장을 뒤흔들었던 두 당파가 그보다 더한 광란으로 동부 제국의 대경기장을 열광시킨 것이다.

그러다가 아나스타시우스 황제의 시대가 되자 거기에 종교적인 요소가 가미되었다. 그러자 싸움은 더욱 치열해졌다. 심지어는 과일 바구니에 돌과 단검을 숨긴 녹색파가 그 엄숙한 자리에서 약 3000명의 청색파를 학살하는 사건마저 일어났다.

이러한 민중의 고질병은 수도에만 머무르지 않았다. 지방의 각 도시에서도 두 파의 지지자가 각각 강력한 당파를 형성하여 서로 싸우며 지배체제의 취약한 기반을 뒤흔들었다.

격정에 휩쓸린 민중의 이 집요한 대립이 가장 심각했던 분야는 경제상의 이해관계와 종교상의 문제였다. 게다가 이 대립은 가정의 평화를 파괴하고 형제와 친구들도 서로 등을 돌리게 만들었다. 또 종종 여성을 유혹하여 마음대로 농락하거나 남편을 배신하게 했다. 그야말로 옥석 구별 없이 법이라는 법은 모조리 무시된 것이다.

승자가 된 당파의 행동에서는 개인과 사회를 배려하는 모습은 눈곱만큼도 볼 수 없었다. 안티오키아에서도 콘스탄티노폴리스에서도 방종의 극을 달린 그들의 모습은 '민주주의의 자유'니 하는 것과는 거리가 멀었다. 그러한 상황이었으므로 명예를 원하는 사람은 불문곡직하고 청색파 또는 녹색파, 어느 한쪽에 속할 수밖에 없었다.

녹색파에는 아나스타시우스 집안, 또는 그 종파의 은밀한 후원이 있었던 것으로 알려져 있었다. 이에 비해 정통 신앙과 유스티니아누스 황제를 열렬히 지지하는 청색파는, 각 도시뿐만 아니라 원로원과 궁정까지 종종 공포로 몰아넣으면서도 5년이 넘도록 공공연하게 황제로부터 보호받았다.

청색파는 이러한 후원을 등에 업고 훈족처럼 긴 머리를 휘날리며 소매가 짧은 헐렁한 웃옷을 입고, 거칠게 소리 지르며 거리를 활보하면서 그 이상한 외모로 상대를 위협했다. 그들은 낮에는 양날 칼을 가슴에 품고, 밤이 되면 대담하게 무장한 뒤 거리에 모여들어 늘 폭행과 약탈의 기회를 노렸다.

녹색파는 물론 때로는 당파의 항쟁과 무관한 시민까지 밤이면 청색파에게 몸에 지닌 것을 몽땅 털렸고, 심지어 살해당하는 자도 적지 않았다. 따라서 금단추와 허리띠를 착용하고 깊은 밤에 외출하는 것은 위험하기 짝이 없는 일이었다.

징벌을 면한 그들의 횡포는 갈수록 심해져서 마침내 사택에 침입하여 불을 지르고 범행을 지우려는 공작까지 했다.

이제 피난소든 성역이든 가리지 않았다. 그들의 탐욕과 복수심 때문에 수많은 무고한 피가 희생되었다. 교회는 살육의 피로 물들었고, 암살자들 사이에서는 단칼에 상대에게 치명상을 입히는 것이 자랑거리가 되는 상황이었다.

앞다투어 푸른 옷을 입고 있는 무뢰배 앞에서 법은 휴지나 다름없었고 사회질서도 사라졌다. 채무를 파기하는 채권자, 판결을 뒤집는 재판관, 노예를 해방하는 주인, 아들의 유흥비를 대는 아버지 등, 이러한 일들이 강요되었고 그대로 실행되었다. 그뿐만 아니라 하인의 욕정을 달래 주는 먹잇감이 되는 귀부인과 부모의 손에서 납치되는 미소년도 적지 않게 볼 수 있었다. 더욱 혐오스러운 것은 스스로 목숨을 끊은 경우를 제외하면, 아내가 남편이 보는 앞에서 능욕당하는 일도 드물지 않았다.

이러한 청색파의 공격 앞에서, 재판관으로부터도 외면당한 녹색파는 정당방위라기보다는 복수심에서 곧 반격에 나섰지만 승산은 없었다. 항쟁에서 살아남은 자들도 마지막에는 형장의 이슬로 사라졌다. 그러나 그중에는 운 좋게 숲이나 동굴로 피난한 자들도 있었다. 이 잔당은 자신들을 몰아낸 사회에 대해 그 뒤 가차 없는 보복을 가했다.

청색파의 범죄행위에 용감하게 대항한 사법계의 고관도 있었지만, 그런 사람들은 모조리 청색파의 광란에 희생되었다.

어느 수도 장관은 교회 묘지에 몸을 숨겼고, 어떤 총독은 채찍 형벌을 받는 모욕을 당했다. 그중에서도 특히 참혹했던 것은 2명의 암살자에게 마부가 눈앞에서 살해당하고 마침내 자신의 목숨까지 경각에 처한 킬리키아 총독의 사건이다. 암살자들을 단죄에 처한 이 총독은 나중에 테오도라의 명령으로 그 죄인들이 묻힌 묘지에서 교수형에 처해졌다.

야심가에게는 혼란이야말로 청운의 꿈을 이룰 수 있는 기회일지도 모른다.

그러나 군주에게는 법질서 유지란 의무이자 이익과도 직결되기 때문에 혼란은 반드시 수습해야 한다.

그래서 유스티니아누스는 칙령을 내려 당파와 색깔의 구별 없이 무고한 자는 보호하고 죄지은 자는 벌하겠다는 확고한 의지를 밝혔다.

그 뒤에도 같은 포고가 몇 번이나 내려졌고 때로는 실행에도 옮겨졌다. 그러나 황제의 개인적인 편애와 과거의 습관 및 위구심 때문에, 재판관의 저울은 여전히 청색파 쪽으로 기울었다. 유스티니아누스에게도 이런 상황에 대한 갈등이 없었던 것은 아니지만, 희극배우 시절의 굴욕을 잊을 수도 용서할 수도 없었던 테오도라의 원한에 황제가 진 셈이었다.

니카 폭동

이처럼 두 당파가 대립하고 있었지만, 그런 그들이 일단 항쟁을 멈추고 공모하여 제국의 수도를 초토화 직전까지 몰아넣은 적이 있었다.

유스티니아누스 황제가 통치한 지 5년째 되던 해 1월 이두스(Idus) 축제일, 대경기장에서는 끊임없는 녹색파의 볼멘소리로 이미 장내에 소란이 일고 있었다.

그 자리에 있었던 유스티니아누스 황제는 무겁게 침묵한 채 22번째 경주까지 지켜보고 있었다. 그러나 이윽고 더 이상 참지 못하고 전령을 통해 엄격한 제제를 하기에 이르렀다. 그것을 신호로 황제와 신민 사이에 한 번도 전례가 없었던 전대미문의 응수가 시작되었다.

녹색파는 우선 침착하고 공손한 태도로 고충을 호소했다. 그들은 그저 정부 관리의 압정을 비난하고 황제에게는 장수와 승리를 기원하는 말을 했다.

그러나 이에 대해 유스티니아누스 황제는 분노하여 소리쳤다.

"무례한 자들이로다. 잘 들어라. 너희 유대인, 사마리아인, 마니교도들이여. 조용히 하라!"

그래도 그들은 여전히 황제의 동정을 구하며 애원을 그치지 않았다.

"저희들은 가난하고 죄가 없는데도 학대받고 있습니다. 대대적인 박해로 인해 이제 거리도 마음 놓고 다닐 수가 없습니다. 죽으라고 하신다면 죽는 것도 마다하지 않겠사오나, 황제 폐하시여, 죽더라도 폐하의 명령에 따라 폐하를 위해 죽게 해주십시오."

그러나 녹색파의 통절한 외침에도 유스티니아누스 황제의 편파적인 매도는 반복되었다.

그것은 위정자로서 취해야 할 태도가 아니었다. 이 태도를 보고 황제의 위엄이 땅에 떨어졌다고 판단한 녹색파는 정의를 거부하는 군주에 대한 충성을 마침내 거부한다. 녹색파는 그를 살인자, 어리석은 자, 거짓말쟁이 폭군이라고 부르며 욕설을 퍼붓기 시작했다.

그러자 유스티니아누스 황제는 더욱 분노하여 되받아쳤다.

"너희들은 살고 싶지 않은가!"

그때까지 자리에 앉아 있던 청색파가 일어났고 경기장은 함성과 소란의 아수라장으로 변했다.

새로운 사태에 형세가 불리하다고 본 녹색파는 장외로 나가 콘스탄티노폴리스 시가지를 미친 듯이 휩쓸고 다녔다.

이때 시내를 끌려다닌 뒤 페라 근교의 처형장으로 연행된 7명의 암살자가 있었다. 청색파와 녹색파, 양당 출신자들로 모두 유죄판결을 받은 악명 높은 자들이었다.

처형장에서는 7명 가운데 4명까지 즉각 참수되고 한 사람은 교수형에 처해졌다. 그런데 나머지 두 사람에게 같은 형이 집행되려는 순간, 갑자기 포승줄이 끊어지더니 그들은 지면으로 떨어졌다. 사람들은 달아나는 두 사람을 응원했다. 게다가 운 좋게도 인근 수도원에서 온 성 코논 교회의 수도사가 달아나는 그들을 목격하고 작은 배에 태워 교회로 데리고 갔다.

이 두 사람 가운데 한 사람은 청색파, 또 한 사람은 녹색파였다. 그리하여 압정자의 잔혹함 또는 수호자의 배은망덕에 저마다의 입장에서 양당 모두 분개하여, 양쪽 사이에 죄수를 해방하고 복수를 이룰 때까지 잠시 휴전하자는 협정이 맺어졌다.

내무장관의 궁전은 몰려온 두 당파의 폭도들에 의해 이내 불바다가 되었고, 막료와 호위병은 살해되었으며 심지어 감옥까지 파괴되었다. 자유를 남용하여 공공질서를 어지럽힌 무리에게 다시 자유가 주어진 것이다.

유스티니아누스 황제(재위 527~565)**와 조신 및 성직자들** 산비탈레 성당 모자이크, 라벤나, 547년. 유스티니아누스 황제는 옛 로마 서방의 영토 재정복의 꿈을 실현시키고 《로마법 대전》을 완성하였다.

장관을 구출하기 위해 군대가 파견되었지만 무장한 군중이 이를 습격했다. 폭도의 수는 갈수록 늘어나고 행동도 더욱 대담해졌다. 이윽고 경솔한 행동이기는 했지만 경건한 신앙심에서 유혈 사태를 방지하려고 이 일에 끼어든 성직자들을, 제국군으로 복무하고 있었던 헤룰리족이 살해하고 성유물을 파괴하는 사건이 일어났다. 그 결과 군중의 분노는 더욱 폭발했고 폭동은 마침내 하느님을 위한 저항으로 변했다.

집집마다 불을 지르려고 불화살을 쏘는 병사들의 머리 위로 여자들이 지붕과 창문에서 던진 돌들이 비 오듯이 쏟아지고, 시민과 이방인이 사방에서 불을 놓아 시가지 전체가 불길에 휩싸였다.

이 화재에 의해 성 소피아 성당과 제우크십푸스 목욕탕, 궁전의 정문에서 마르스 제단까지 이르는 부분, 그리고 그 궁전에서 콘스탄티누스 대광장의 긴 주랑에 불이 옮겨붙어 타버렸다. 그리고 큰 병원이 병자들과 함께 잿더미가 되었다. 교회와 장려한 건축물도 다수 파괴되고 막대한 금은재보도 녹아 버리거나 일부는 소실되었다.

그야말로 지옥이라고밖에 표현할 말이 없었다. 상류층과 분별 있는 자들은

성찬식에 참석한 테오도라 황후(508?~548) 산비탈레 성당 모자이크, 라벤나, 541년. 유스티니아누스 황제와 함께 여제로서 통치에 커다란 영향을 끼쳤다. '니카 폭동' 때 침착한 태도로 권위를 확고히 하였고 동방의 통일을 중시하였다.

보스포루스 해협을 건너 아시아로 달아났다. 제국의 수도는 그 뒤에도 닷새 동안이나 두 당파의 무차별적인 횡포에 떨어야 했다.

훗날 이 사건은 그들의 암호 '니카(승리하라)'에 따라 역사적으로 '니카 폭동'이라고 명명되었다.

청색파는 승리하고 녹색파는 통한의 눈물을 흘렸지만, 어쨌든 대립이 계속되는 한 양쪽은 사회질서 따위에 신경 쓸 틈이 없었다. 그러한 가운데 그들은 한때 서로 결탁하여 정부의 부패한 사법·재정 활동을 비난하고 책임자였던 두 인물, 교활한 트리보니아누스와 탐욕스러운 카파도키아의 요한네스를 그 원흉으로 지목하고 격렬하게 규탄했다.

이것이 만약 온건한 비판이었다면 무시되었을지도 모른다. 그러나 시가지가 불길에 휩싸이는 마당에 황제로서도 민중의 목소리에 귀를 기울이지 않을 수 없었다. 유스티니아누스 황제는 재무관과 내무장관을 당장 경질하고, 대신 청렴한 두 원로원 의원을 각각의 자리에 앉혔다.

그는 이렇게 양보한 뒤, 대경기장으로 가서 자신의 잘못을 인정하는 한편 민중의 회오를 받아들이려고 마음먹고 있었다. 그런데 그들은 성서를 두고 약속한 황제의 말을 믿지 않았다. 이것을 보고 유스티니아누스 황제는 위협을 느껴 도망치듯이 궁전으로 돌아간다.

끈질기게 이어지는 이 폭동의 배경에는 야심적인 음모가 있는 것이 틀림없다. 만약 그렇다면 아나스타시우스 황제의 조카인 히파티우스와 폼페이우스가 폭도, 특히 녹색파 쪽에 자금과 무기를 제공하고 있는 것이 아닐까? 이런 의문이 황제의 뇌리를 스치고 지나갔다.

그 두 사람이 전 황제와의 관계를 공공연하게 표명하지 못하고 있었던 것은 사실이다. 유스티니아누스 황제는 기분 내키는 대로 그들을 신임하는가 하면 배척하고, 배척하는가 하면 다시 사면해 주기도 했다. 하지만 그 둘은 그러한 경위에도 불구하고 여전히 신하로서 충실한 태도를 보여 주고 있었기 때문에, 황제는 이번 폭동에서 두 사람을 단순히 중요한 볼모로서 닷새 동안 구금해 두었을 뿐이었다.

그러나 의심이 점차 깊어지고 공포까지 밀려왔다. 황제는 마침내 이 형제를 밀정, 아니 자객으로 간주하고 궁전에서 즉각 추방해 버렸다.

명령에 따르게 되면 반역이 일어날지도 모른다는 항변도 소용없었다. 결국 그들은 궁전에서 쫓겨났다. 아니나 다를까, 그 말 그대로 퇴거한 지 6일째 되는 날 아침, 민중들이 집을 포위하고 끝내 두 사람을 콘스탄티누스 대광장으로 끌고 갔다. 두 사람의 완강한 거부와 아내의 눈물 어린 호소에도 불구하고, 민중들은 왕관 대신 히파티우스의 목에 호화로운 목걸이를 걸어 주고 제좌에 앉혔다.

이리하여 어쩔 수 없이 황제로 즉위한 히파티우스는 나중에 자신은 거부했었다며 정상참작을 호소했다. 그런데 만약 그때 그가 자기편 원로원의 충고대로 군중의 분노를 부추겼더라면 처음 그 기세로 유스티니아누스 황제를 굴복시켰을지도 모른다.

왜냐하면 이때 유스티니아누스 황제는 공포에 떨고 있었기 때문이다. 사실 콘스탄티노폴리스 대궁전 정원의 계단에는 여러 척의 배가 정박해 있었고, 수도에서 적당한 거리에 있는 안전한 장소에 황제의 가족과 재보를 옮기려는 은밀한 계획까지 세워져 있었던 것이다.

황제를 구한 황후의 발언

용기 앞에는 운명도 고개를 숙인다. 만약 이때 테오도라가 여성으로서의 조신함뿐만 아니라 두려움까지 내버릴 수 없었더라면, 유스티니아누스 황제의 운명은 여기서 끝났을지도 모른다. 그런데 당시의 명장 벨리사리우스도 참석했던 어전회의에서 오직 그녀만이 의연한 태도를 보였다. 그로 인해 남편인 황제를 닥쳐올 위기로부터 구한 것이다.

"달아나는 것 외에는 살아남을 길이 없다 해도, 저는 달아나지 않겠어요. 삶에는 죽음이 따라다니게 마련이라고는 하지만, 왕의 자리에 있는 자가 권력과 위엄을 잃으면서까지 목숨을 연장하는 게 무슨 의미가 있을까요? 설령 단 하루라도 왕관을 벗고 황후의 옷을 입지 않은 모습을 신하들에게 보여 주거나 황후로서의 인사도 받지 못한다면, 삶은 저에게 아무런 가치도 없습니다. 폐하께서 달아나실 생각이라면 그러셔도 좋습니다. 폐하께는 재물이 있고 바다를 보시면 배도 있습니다. 하지만 비참한 방랑과 굴욕적인 죽음만이 기다리고 있다는 것을 잊지 마십시오. 저는 왕좌야말로 영광스러운 무덤이라는 고대의 격언을 지키겠습니다."

그녀는 이렇게 말했다.

참으로 굳센 의지가 아닌가. 이 한 여자의 발언에 의해 그 자리에는 잃어버렸던 생기가 되살아났다. 어전회의는 당장 협의를 재개하였으며 두 당파 사이의 대립을 또다시 부추기는 것은 득책이 아니라는 결론을 내렸다.

흥분이 가라앉자 제정신을 차린 청색파는 하찮은 일로 숙적과 손을 잡고, 자비롭고 관대했던 수호자를 공격한 어리석은 행위와 죄과에 깜짝 놀랐다. 그래서 청색파는 다시 유스티니아누스를 정통한 황제로 인정하고 대경기장을 떠났다. 대경기장에는 녹색파와 황제를 참칭한 히파티우스만이 남았다.

충성심이 의심스러운 상대의 근위군과는 달리, 유스티니아누스의 군대는 페르시아와 일리리쿰 전쟁에서 용맹을 쌓은 3000명의 정예로 구성되어 있었다.

이 부대가 두 패로 갈라져 은밀하게 궁전을 출발했다. 그들은 좁은 골목을 지나 타다 남은 불씨와 무너진 건물 사이를 누비며 나아가, 마침내 대경기장 양쪽 문을 동시에 부수고 장내로 돌입한다. 좁은 공간 속에서 허를 찔려 혼란에 빠진 녹색파의 군중들. 그들에게는 양쪽에서 엄습해 오는 정규군의 공격을 감당할 재간이 애초부터 없었다. 한편 청색파는 회오와 분노의 감정을 바로 이때다 하고 폭발시켜, 일설에 의하면 3000명이 넘는 군중을 무차별하게 살육했다고 한다.

제좌에서 끌려 내려와 동생 폼페이우스와 함께 유스티니아누스 앞에 연행된 히파티우스는 유스티니아누스에게 자비를 구했다. 그러나 죄상이 뚜렷한 데다 그 주장에 의심스러운 구석이 있었고, 무엇보다 앞서 느꼈던 공포 때문에 황제에게 용서할 여유가 있을 리가 없었다.

이리하여 아나스타시우스 황제의 두 조카는 18명의 원로 귀족과 집정관 신분의 저명한 공범들과 함께, 이튿날 병사들에 의해 은밀하게 처형된 뒤 시체는 바다에 던져졌다. 이어서 그들의 저택은 파괴되고 재산도 몰수되었다.

그 뒤 몇 년 동안 대경기장은 거상을 하느라 폐쇄되었다. 그러나 이윽고 상이 끝나 경기가 부활되자 또다시 소란이 일어났다. 결국 이 청색파와 녹색파의 항쟁은 유스티니아누스 황제 시대 내내 근절되지 않은 채 계속 동부 제국을 혼란에 빠뜨렸다.

로마인의 이혼에 대해서 이야기해 보자.

수권혼(授權婚)이라고 하는 로마의 오래된 결혼 풍습 아래에서 아내는 법률상 남편의 딸 취급을 받았다. 그렇기 때문에 이 입양과도 같은 부부 관계를 끝내는 권리는 남편 또는 남편 가계의 가부장에게만 있었다. 하지만 무수권혼(無授權婚)이 유행하면서, 늦어도 기원전 1세기 무렵부터는 아내 쪽에서도 이혼을 신청할 수 있게 되었으며 결혼과 마찬가지로 이혼도 비교적 자유롭게 할 수 있게 되었다.

그러나 로마에는 이혼 사실을 증명하는 공식 기록은 존재하지 않으며, 사적으로 그러한 기록이 작성되었다고 해도 실제 문서가 남아 있지 않기 때문에 로마에서 얼마만큼 이혼이 이루어졌었는지는 알 수 없다. 그 무렵부터 저명한 인물로서 카이사르나 안토니우스처럼 전기가 남아 있는 일부 정치 엘리트의 이혼력이라면 알려져 있지만, 그 밖의 일반적인 원로원 의원이나 기사의 이혼에 대해서는 기록이 거의 없다. 더구나 서민층에서 얼마만큼 이혼이 이루어졌었는지는 불명확하다고 할 수밖에 없다.

이처럼 어려운 사료 상황 안에서 트레지아리라는 연구자는 갖가지 데이터를 활용하여 평균적인 원로원 및 기사 계층의 이혼 빈도를 추측했다. 그것에 의하면 원로원 및 기사 계층의 부부 여섯 쌍 중 한 쌍은 결혼한 지 10년 이내에 이혼했다고 한다.

트레지아리는 또한 원로원 및 기사 계층의 부부 여섯 쌍 중 한 쌍은 결혼한 지 10년 이내에 사별했다고도 추정하고 있다. 아마도 로마처럼 사망률이 높은 사회에서는 결혼한 지 10년이나 15년쯤 세월이 흐르면 이혼보다도 사별의 가능성이 높았음에 틀림없다.

트레지아리의 산정 방식에 따르면 원로원 및 기사 계층의 결혼 중 30퍼센트 정도가 이혼 또는 사별에 의해 10년 이내에 끝난 것이 되는데, 이것은 제2차 세계대전부터 1969년까지의 영국 정황과 비슷하다고 한다. 참고로 적으면, 현대 미국의 이 수치는 50퍼센트 정도이다.

트레지아리가 제시한 이 수치를 많다고 볼지 적다고 볼지는 의견이 분분하다. 또한 이것을 전후 영국과 정황이 비슷하다고 하면 고대 로마 사회의 특질이라고는 할 수 없게 된다. 따라서 중요한 것은 30퍼센트라는 수치 그 자체가 아니라 로마 사회에서 이 30퍼센트라는 수치가 어떠한 의미를 가졌냐이다.

그렇게 생각할 때 우선 떠오르는 것은 로마의 상층사회에서는, 배우자와 이혼 또는 사별한 자가 독신으로 계속 남는 것이 어려웠다는 점이다. 특히 아우구스투스 황제 이후로는 결혼이 반쯤 의무화되어 있었기 때문에 이혼하거나 사별하면 반드시라고 해도 좋을 정도로 재혼이 이루어졌다. 그렇다면 원로원 및 기사 계층 가정의 30퍼센트 가까이가 10년 이내에 재혼에 의해 가족 구성원의 변화를 경험한 것이 된다.

최근에는 고대 로마의 가족이나 세대의 특질을 이해할 때 이러한 구성원의 변화에 주목해야 한다는 의견이 나오고 있다. 그와 관련한 흥미로운 사회 현상으로서 '심술궂은 계모'가 있다. 라틴어로 '계모'를 가리켜 '노베르카(noverca)'라고 하는데 이 말은 '새로운 것'이나 '모르는 존재'를 의미하는 '노부스(novus)'에서 유래한다. 흥미로운 점은 고대 로마 사회에서 이 노베르카라는 단어는 종종 부정적인 뉘앙스를 가졌으며 험담을 할 때 쓰이기도 했다는 것이다. 예를 들어 클라우디우스 황제의 재혼 문제가 등장했을 때 중신 나르키수스는 선황제 칼리굴라의 과부 파이티나를 추천하며 그 이유로 "그녀라면 (클라우디우스 황제의 친자식인) 브리타니쿠스와 옥타비아를 계모의 마음으로 대하는 일은 결코 없을 것이다"라고 했다. 또 로마 시대의 문학 작품이나 법정 변론에서도 종종 모친으로서의 소임이나 의무를 게을리한 여성을 "마치 계모와 같다"고 비난하고 있다.

이러한 설명은 로마의 계모라는 것이 재혼과 동시에 외계인처럼 외부로부터 찾아와 아이들에게 해를 입히는 존재라고 널리 의식되어 있었음을 암시한다.

이와 같은 정신 풍토 아래에서 노베르카라는 말은 원활한 인간관계 속에서는 되도록 사용되지 않는 경향이었다. 로마 시대의 묘비를 들여다보면 '계부'를 의미하는 '비트리쿠스(vitricus)'라는 표현은 쓰였으나 노베르카라는 표현은 거의 쓰이지 않았다. 다시 말해 로마에서는 '계부'라는 말에는 특별히 나쁜 의미도 좋은 의미도 없었으나 '계모'에는 부정적인 뉘앙스가 항상 따라다녔던 것이다. 계부도 계모와 함께 재혼에 의해 외부로부터 찾아온 외계인임에는 다를 바 없었건만 계모 쪽에만 악인의 이미지가 붙은 것은 역시 로마가 남성 중심의 가부장제 사회였기 때문이다. 아마도 유명한 저 신데렐라 이야기도 같은 배경에서 해석할 수 있을 것이다. 다만 신데렐라는 심술궂은 계모와 딸의 이야기이나, 고대 로마의 계모 이야기는 심술궂은 계모와 아들의 이야기가 많았다는 점만 덧붙여 두겠다.

무함마드(570?~632)의 승천. 무함마드는 이슬람교의 창시자이다. 이슬람교는 전지전능한 알라의 가르침이 대천사 가브리엘을 통하여 무함마드에게 계시되었으며, 유대계의 여러 종교를 완성시킨 유일신 종교임을 자처한다.

제13장
(이슬람 세력의 대두)
무함마드의 탄생
이슬람의 성격 및 교리
역대 칼리파의 영화

영광의 계보

그리스도교도는 무함마드의 비천한 출신을 흔히 들먹이곤 한다. 그러나 지극히 졸렬한 그 중상은 오히려 그의 장점을 강조하는 결과가 되었다.

국가적인 명예이자 전설이었던 이스마일로부터 시작된 무함마드의 계보는, 설령 거기에 의심스러운 점이 있다 해도 고귀한 인물을 다수 배출한 가계임에는 틀림없다. 사실 그가 삶을 얻은 쿠라이시족의 하셈 집안은 아랍에서 제일가는 명문가였고, 메카의 통치자이자 세습의 수호자이기도 했다.

무함마드의 조부 압둘 무탈리브는 도량이 넓은 하심이라는 부유한 상인의 아들이었다. 하심은 옛날, 자신이 취급하는 상품을 풀어 주민을 기근으로부터 구했다. 그리고 무탈리브 또한 그의 아버지와 마찬가지로 메카의 주민을 구한다. 더욱이 그는 그때 자신의 강인한 힘도 아울러 보여 주었다.

그 무렵 예멘 왕국은 그리스도교도인 아비시니아[1] 군주에게 복속되어 있었다. 그 왕의 가신인 아브라하라는 자가, 그리스도교의 명예를 더럽힌 메카에 복수하기 위해 수많은 코끼리를 거느린 아프리카인 부대를 이끌고 와서 이 성스러운 도시를 포위했다.

교섭하는 자리에서 무탈리브는 맨 먼저 가축부터 반환하라고 촉구했다. 그

---

1) 에티오피아의 옛 이름으로, 지금도 지리적 명칭으로 쓰임.

러자 아브라하가 물었다.

"왜 자비를 청하지 않는가? 너희들의 신전이 파괴되려 하는데."

무탈리브는 담대한 태도로 이에 답했다.

"가축은 우리의 것이고 카바 신전은 신들의 것이다. 따라서 만약 불경한 짓을 하는 자가 있다면 신들이 스스로 신전을 수호할 것이다."

결국 식량이 부족해서인지 아니면 쿠라이시족의 과감함에 압도되었는지, 아비시니아군은 수치를 무릅쓰고 허둥지둥 퇴각하지 않을 수 없었다.

그 뒤 그들의 패주는 수많은 새들이 이교도의 머리 위에 돌 세례를 퍼부었다는 기적으로 승화되어 전해졌고, 이때의 메카 해방은 상당히 오랫동안 '코끼리 시대'라는 이름으로 기념되었다.

무함마드의 탄생

영광의 생애를 보냈던 압둘 무탈리브는 가정적으로도 행복했다. 그는 110세까지 장수를 누리며 슬하에 6명의 딸과 13명의 아들을 두었다. 그 자식들 가운데 그가 총애한 사람은 나중에 무함마드의 아버지가 되는 압둘라였다.

압둘라는 매우 온후하고 뛰어난 미장부였던 모양이다. 그가 고귀한 자라이트족 출신인 아미나와 결혼한 첫날밤, 200명의 처녀들이 질투와 절망 때문에 목숨을 끊었다는 얘기가 전해지고 있다.

그러한 압둘라와 아미나 사이에 외아들 무함마드가 태어난 것은 유스티니아누스 황제가 사망한 지 4년 뒤의 일이었다. 또 그것은 하마터면 카바 신전이 그리스도교 신전으로 바뀔 뻔했던 그 아비시니아군 패주 사건으로부터 두 달 뒤의 일이기도 했다.

불행하게도 무함마드는 어린 시절에 조부뿐만 아니라 부모까지 여의었다. 친척은 많았고 저마다 힘도 있었다. 그래서인지 이 고아에게 남겨진 유산이라고는 겨우 낙타 5마리와 에티오피아인 하녀 한 사람뿐이었다.

평시와 전시, 국내와 국외를 불문하고 어린 무함마드를 보호하고 이끌어 준 것은 친척들 가운데 가장 유력한 백부 아브 탈리브였다.

성인이 된 무함마드는 25세 때 메카의 귀부인 하디자 밑에서 일하게 된다. 그는 열심히 일했다. 과부였던 하디자는 그의 성실한 성품에 끌려 마침내 그와 결혼한다. 무함마드와 하디자의 혼인계약은 고대의 간단한 양식을 취하고 있다. 하지만 그것에는 두 사람 사이의 애정이 여실히 드러나 있다. 그가 쿠라이 시족 가운데 가장 뛰어난 인물로 평가받고 있었다는 것과, 마음씨 좋은 백부가 제공한 황금 12온스와 낙타 20마리가 신랑이 신부한테 보낸 선물이었다는 것도 기록되어 있다.

이렇게 압둘라의 아들은 결혼을 통해 조상의 지위를 회복했다. 그는 40세가 되어 예언자로서 이슬람을 선언할 때까지 현명한 귀부인의 좋은 남편으로서 존경받는 행복한 생활을 보냈다.

예언자의 풍모와 인품

무함마드는 출중한 미남이었다. 그런 행운을 얻지 못한 사람을 제외하고는 거의 모든 사람이 칭찬할 만한 외견적 자질이 풍부했다. 아울러 공적인 자리나 사적인 자리에서도 입을 열기도 전에 모든 사람들의 이목을 끌 정도로 매력이 있었던 것 같다.

당당한 모습, 위엄에 찬 풍모, 날카로운 눈빛, 남자다운 웃음, 풍성한 턱수염, 영혼의 모든 감정이 솔직하게 드러나는 표정, 모든 말에 뒤따르는 절묘한 몸짓, 이러한 그의 모습은 동료들에게 찬사의 대상이 되었다.

일상의 사회적인 관습을 잘 지키며 예절도 흠잡을 데가 없었고, 상류계급이나 권력자에게는 그에 상응하는 경의를 표하는 한편 메카의 비천한 계층과도 가깝게 지냈다. 언행은 친절하고 억지로 자기주장을 내세우지 않으며, 언제나 개인적 우정과 만인에 대한 박애 정신으로 사람들을 정중하게 대했다.

또한 탁월한 기억력과 분위기를 부드럽게 만드는 재치 있는 유머, 고매한 상상력과 빠른 판단력, 과감한 사고력과 행동력 등 선천적인 자질을 많이 갖추고 있었다.

이러한 무함마드의 계획이 성공과 함께 점점 커져 갔을 가능성도 있다. 하기는 신의 소명으로서 그가 맨 처음 품은 생각 속에서 이미 독창적인 천재성을 엿볼 수 있었다.

자연을 교사로

가장 고귀한 부족의 품에서 자라 순수한 아라비아어를 사용하는 무함마드는 시원시원한 언설과 적절한 침묵으로 듣는 사람들에게 강한 인상을 주었다. 다만 글은 배우지 않았다. 그 무렵 사람들은 대부분 문맹이었으므로 그것은 부끄러운 일이 아니었다.

우리는 글을 통해 수많은 현인과 영웅들의 마음을 읽을 수 있다. 그러나 무함마드는 그러한 수단을 쓸 수 없었기 때문에 자연과 인간이 유일한 교사인 한정된 환경에서 성장했다. 그의 정치적 고찰과 철학적 고찰에 얼마간 공상의 흔적이 보이는 것은 그 때문일 것이다.

이윽고 세계 각국과 이 세상의 모든 종교에 대해 사색하게 된 무함마드는 페르시아와 로마의 쇠퇴를 깨달음과 동시에, 자국의 퇴폐를 탄식하게 된다. 그리고 마침내 아랍의 전통적인 미덕과 불굴의 정신을 하나의 신, 하나의 왕 아래 통일할 것을 결의한다.

그의 반생을 좀더 깊이 살펴보면, 그가 동부 제국으로 가서 궁정과 군영 또는 사원 등을 방문한 흔적은 없다. 그는 딱 두 번 시리아 여행을 했는데, 그것도 보스트라와 다마스쿠스 시장에 간 것뿐이었다. 그가 백부의 대상에 참여한 것도 13세 때였고, 그때도 하디자의 상품을 팔고는 즉시 돌아와야만 했다.

그러나 이렇게 황망하고 짧은 여행에서나마 무함마드는 천재적인 통찰력으로, 동료에게는 전혀 보이지 않았던 무언가를 보았을 가능성이 없지 않다. 그리고 그 경험은 옥토 같은 정신에 비록 미미한 양이나마 지식의 씨앗을 뿌렸을지도 모른다.

물론 그는 시리아어를 해독할 수 없었기 때문에 호기심에도 자연히 한계는 있었을 것이다. 다만 생애의 발걸음과 역사서, 그 밖의 자료를 봐도 그의 시야가 아랍 세계를 넘어 광범위하게 미쳤던 흔적은 없다.

신앙과 교역을 위해 세계 곳곳에서 해마다 많은 순례자가 메카를 찾아가서 현지인과 접촉했던 것을 생각하면, 아무리 자국어밖에 할 줄 모르는 보통 시민이라도 그러한 교류를 통해 각 부족의 성격과 정세 및 유대교도와 그리스도교도의 교리와 관습도 어느 정도 알 수 있었을 것으로 추정된다.

대화는 이해에 깊이를 더해 준다. 그러나 고독은 천재를 만든다. 또 작품의
통일성은 그것이 한 사람 손에 만들어진 것임을 얘기해 준다.

소년 시절부터 탐닉에 가까울 정도로 명상에 몰두했던 무함마드는 해마다
라마단이 되면 세상은 물론 하디자로부터도 떨어져서, 메카에서 3마일 정도

떨어진 곳에 있는 히라의 동굴에 틀어박혔다. 그는 그곳에서 천계가 아닌 예언자의 마음속에 있는 정념 혹은 기만의 영혼과 대화를 나눴다.

이리하여 그는 가족과 동포에게 이슬람이라는 이름으로 하나의 교의를 설하게 된다. 그러나 그 내용은 영원한 진실과 필요한 허구로 성립되어 있었다. 즉 "알라 외에 신은 없고, 무함마드는 신의 사도이다"가 교의였다.

이슬람의 교의(敎義)

무함마드의 가르침은 참으로 단순명쾌하다. 쿠란은 한마디로 유일신에 관한 빛나는 선언이다.

"떠오르는 것은 지고, 태어나는 것은 죽으며, 썩어야 하는 것은 썩는다." 참으로 이치에 맞는 말이 아닌가. 그는 이 생각을 토대로 인간이든 우상이든, 별이든 달과 해든, 이러한 것들에 대한 숭배를 철저하게 배척했다.

그는 합리주의적인 열정을 가지고 우주의 창조주 안에야말로 시공에 좌우되지 않고 그 자신의 필요성에 의해 존재하며, 또한 지적으로도 도덕적으로도 그 자신으로부터 완전함을 끌어내는 영원한 보편적 실체가 있다 하여 그것을 숭배했다.

이 예언자의 입을 통해 제시된 그러한 깊은 진리는 오늘날 그의 제자들이 계승했으며, 쿠란의 주해자들이 형이상학적인 정밀함을 가진 정의를 내렸다.

철학적 무신론자들은 인간의 지적 능력으로 감당하기에는 너무나도 숭고한 이와 같은 무함마드의 일반적 신조에 찬성할 것이다. 시간과 공간, 운동과 물질, 감정과 사고에 관한 모든 관념이 미지의 실체로부터 파악된다면, 인간의 상상력과 이해력의 대상으로는 과연 무엇이 남겠는가? 이성과 계시에 관한 제1원리는 무함마드 스스로의 목소리로 확정되었다. 현재 인도에서 모로코에 걸쳐 흩어져 있는 그의 신도들은 유일신론자로 불리고 있으며 우상숭배의 위험성을 방지하기 위해 모든 우상은 금지되고 있다. 무함마드 교도들은 하늘로부터의 영원한 생명과 절대적 예정을 굳게 믿고 있다. 아울러 그들은 신의 예지력과 인간의 자유 그리고 책임을 어떻게 조화시킬 것인지, 또한 무한한 권세와 선의 지배하에서 악의 허용을 어떻게 설명할 것인지 하는 일반적이며 어려운 문제들과 싸우고 있다.

자연물 속에 나타나 있는 신의 존재를 올바르게 인식하고 인간의 마음에 새겨진 그의 법칙을 합당하게 실행하는 것이, 그 진의 여부를 떠나 어느 시대에나 예언자의 목표였음에는 변함이 없다. 무함마드도 그러한 명예로운 임무를 너그럽게도 수많은 전임자들에게 허용해 왔다. 아담의 타락에서 쿠란 선포에 이르는 동안 이어져 온 영적 발현의 연쇄가 있었다는 것이다.

그동안 선택된 12만 4000명의 사람들 사이에는 공덕과 은총 면에서 차이는 있었다. 하지만 그들에 의해 예언은 전해져 왔다. 또 그 뒤에도 우상숭배와 타락에 빠진 사람들을 깨우치기 위해 313명의 사도가 이 땅에 왔다.

그리하여 성령을 통한 말씀이 기록된 책이 104권에 이르고, 초월적 예지를 갖춘 6명의 입법자 아담, 노아, 아브라함, 모세, 그리스도, 그리고 무함마드가 유일 불변의 종교에 입각한 6개 의식을 인류에게 잇달아 선포했다.

이 6명의 권위와 지위는 나중에 나타난 사람일수록 높아진다. 하지만 이런 차이는 있을지언정, 그들 가운데 한 사람이라도 받아들이지 않는 자에게는 불신자의 낙인이 찍혔다.

그 무렵에는 그리스어와 시리아어로 쓰인 성서 외전 외에 이러한 개조(開祖)들이 남긴 문헌이 없었다. 아담은 그 행위로 인해 자손의 감사와 존경을 얻지 못했으며, 하급계층의 유대교회 신도들만이 노아의 7개 계율을 지키는 상태였다. 아브라함의 경우도 이와 비슷했다. 그의 고향 칼데아에서 시바인이 그 이름을 그저 막연하게 숭배하고 있었을 뿐이다.

수많은 예언자 가운데 실질적인 생명력을 가졌던 것은 모세와 그리스도 두 사람뿐이고, 예언자들이 영감을 받아 쓴 글 가운데 남아 있는 것도 이른바 신약과 구약 두 가지뿐이었다.

모세의 기적 이야기는 쿠란에서도 다뤄졌고 과장도 되었다. 여기에는 포로의 몸이라고도 할 수 있는 유대인이 경멸해야 할 새로운 교의를 신봉하는 타국인에 대해, 자신의 신앙을 암암리에 강요함으로써 은근히 복수하고 있다는 느낌이 없지 않다.

이슬람교도는 무함마드로부터 예수 그리스도를 깊이 존경하라는 가르침을 받았다. 즉 "마리아의 아들 예수 그리스도는 하느님의 사도이고, 예수가 마리아에게 한 말과 그 몸에서 나온 성령은 현세에서나 내세에서나 똑같이 영광스러운 것이다. 또, 예수는 신 앞에 설 수 있는 자들 가운데 한 사람이기도 하다"
라는 것이었다.

성서와 성서 외전에는 기적 이야기가 그야말로 넘칠 정도로 많다. 성모 마리
아의 원죄 없는 잉태라는 개념도 실은 라틴교회가 쿠란에서 서슴지 않고 차용
한 것이다.

쿠란이란 무엇인가

개념의 전달에는 상호 간의 언어와 사상에 유사성이 없으면 안 된다. 철학자
의 고매한 학설은 농부의 귀에는 무의미하게 울릴 뿐이다. 그러나 이러한 양자
의 이해력의 차이도, 인간의 입이나 펜을 통한 하느님의 말씀을 매개로 한 무
한한 마음과 유한한 마음의 교섭에 비하면 별것 아니다.

유대인 예언자든 그리스도의 사도와 복음기록자든, 그들의 영감은 이성과
기억에 의한 것이라고 말하지 못할 것도 없다. 또 그들의 재능이 저마다 달랐
음은 신약과 구약 성서의 문체와 구성을 보면 명백하다.

그런데 무함마드의 경우는 단순히 한 편자로서의 역할에 만족하고 있지만
그 정신은 숭고하다. 그 자신이나 그의 제자들에 의하면 쿠란의 내용은 결코
창작물이 아니라고 한다. 그것은 신의 본질 속에 항상 존재하는 영원한 것이며,
빛의 펜으로 쓰인 영원한 포고라는 것이다.

말하자면 유대교에서 중요한 계시를 전하는 사자였던 천사 가브리엘이 비단
에 보석을 박은 두루마리를 지상에 가져와, 그 한 장 한 구절을 이 아랍인 예
언자에게 차례차례 보여 주었다는 것이다.

정말 그럴까? 아니, 쿠란은 신의 뜻을 완전히 저술한 것이 아니다. 그것은 무
함마드의 재량으로 창조된 것이었다. 그렇기 때문에 모든 계시가 그의 계획과
심정에 지극히 잘 맞아떨어지고, 또 앞뒤의 모순되는 점에 대해서도 후자의 내
용이 우선한다는 중요한 원칙을 통해 문제를 해결했다.

그러한 신과 사도의 말은 처음에는 제자들에 의해 야자 잎이나 양의 어깨뼈
에 기록되었다. 모든 기록은 특별히 정리되지도 않고 그의 아내 가운데 한 사
람이 관리하는 장 속에 거의 아무렇게나 보관되어 있었다.

쿠란, 오스만 튀르크 사본의 첫 부분 19세기 말, 이스탄불 튀르키예 이슬람 미술관 소장. 쿠란은 알라가 대천사 가브리엘을 통해 무함마드에게, 하늘에 있는 '경전의 모체'로 들려주었다는 계시를 사람들이 기억하여 기록한 경전이다.

    그것을 무함마드가 사망하고 2년이 지난 뒤, 그의 친구이자 후계자였던 아부 바크르가 편찬하여 세상에 소개한 것이다. 그 뒤 헤지라[2] 13년에 칼리파인 오스만이 그것을 개정했는데, 오늘날까지 쿠란의 모든 판은 서로 일관성을 갖는 책으로서의 특이성을 항상 보여 주고 있다.

    무함마드는 그 사명의 진실성에 대해 신앙심에서인지 허영심에서인지 자신이 저술한 책인 쿠란에서 설명하고 있다. 또 대담하게도 인간은 물론 천사를 상대로도 쿠란의 모방을 일체 금하고 있을 뿐만 아니라, 이 작품은 신이 직접 구술한 것이라고까지 단언하고 있다.

---

2) 이슬람 기원 원년.

세계사에서의 쿠란과 무함마드

원래 신심이 깊고 음악을 즐기며, 황홀경에 빠지기 쉽고 천재의 작품을 비교하는 데는 무지했던 아랍인들에게는 이러한 주장이 분명 큰 호소력을 발휘했을 것이다.

그러나 이교도인 유럽인으로서는 번역된 쿠란 문체가 가진 조화의 묘미를 알 수가 없었다. 사상과 정열을 자극하지 못하고 단지 끝없이 이어지는 일관성 없는 전설과 교훈, 시문 같은 것으로 구성된 열광적인 문장은 유럽인에게는 이해하기 힘든 것들이었다.

무함마드의 교설은 그 신성함 때문에 위엄은 있을지 모른다. 하지만 가장 숭고하다고 알려진 문장조차, 훨씬 옛날에 같은 나라에서 같은 언어로 쓰여진 욥기의 간결함에는 미치지 못한다. 그래도 여전히 쿠란의 내용이 인간의 이해력을 넘어선 것이라고 한다면, 호메로스의 《일리아스》나 데모스테네스의 연설 같은 것은 대관절 어떤 뛰어난 지성에서 나온 것이라고 해야 한단 말인가.

모든 종교에서는 성전에 빠져 있는 부분을 그 창시자들의 언행이 보충해 준다. 무함마드의 경우에도 그 말이 수많은 진실을 계시하고, 그 행동이 많은 미덕을 예시해 주고 있었다. 그래서 무함마드의 모든 언행이 그의 아내들과 동료에 의해 하나하나 기록되고 있었다.

그의 사후 200년이 지난 뒤, 알 보하리의 노력에 의해 순나, 즉 구전율법이 확정되었다. 그것은 30만이나 되는 지극히 의심스러운 얘기 가운데 실화로 여겨지는 7275편의 전승을 골라낸 것이다.

이 경건한 저자는 매일 메카의 신전에서 기도를 올리고 샘의 성수로 몸을 깨끗이 한 뒤 글을 적었다. 원고는 그때그때 사도의 무덤이나 신전 설교단 속에 넣어 두었다. 그 작품이 나중에 수니파의 정통적 4종파에 의해 정당성을 인정받은 것이다.

무함마드의 수많은 재능에는 분명히 찬사를 들을 만한 가치가 있다. 그러나 그의 위업은 지나치게 과대평가되는 경향이 있다.

열변을 토하는 광신자의 가르침을 수많은 사람들이 신봉하고 있는 것이 그다지도 놀라운 일일까? 그리스도교의 여러 이단파의 역사를 보면 사도의 시대부터 개혁자의 시대에 이르기까지 같은 일이 수없이 되풀이되었는데 말이다.

또 한 시민이 칼과 왕홀(王笏)을 양손에 쥐고 자기 조국을 정복하고, 승리한 군대를 바탕으로 하여 왕국을 세우는 것이 과연 그렇게 믿을 수 없는 사실일까? 동방 왕국들이 흥망성쇠를 되풀이한 과정을 보라. 비천한 신분에서 출발해 어려운 장애를 극복하여 왕국을 세운 뒤, 더욱 정복지를 넓혀 나간 사람이 적지 않다.

무함마드도 마찬가지였다. 그는 선교만이 아니고 정복 전쟁도 명받아서, 그 상반되는 성질의 사업을 함께 수행함으로써 자신의 자질을 높인 동시에 성공까지 거머쥐었다. 무력과 설득, 신앙과 위협, 이러한 것들을 교묘하게 활용하여 모든 장벽이 무너질 때까지 상대를 집요하게 공격한 무함마드의 호소는, 아랍인을 자유와 승리, 무력과 약탈, 현세와 내세에서의 욕망을 탐하도록 이끌었다.

그가 여러 가지 제약을 정한 것은 자신의 명성을 확립하고 민중을 복종시키는 데 필요했기 때문이다. 성공에 장애가 되었던 것은 오직 하나, 신의 유일성과 완전성에 대한 합리적인 신념뿐이었다.

이슬람의 지속성

이슬람교의 놀라운 점은, 그 포교 범위가 아니라 지속성이다. 즉 무함마드가 메카와 메디나에서 주창한 것과 같은 설교가 12세기라는 오랜 세월이 지난 오늘날에도 여전히 순수한 모습을 간직한 채로 인도, 아프리카, 터키의 모든 민족에 의해 유지되고 신봉된다는 사실이다.

그리스도교의 경우는 이와는 대조적인 양상을 보여 주고 있다. 예를 들어 지금 성 베드로와 성 바울이 바티칸을 방문한다면, 장려한 교회에서 매우 특이한 의식에 의해 숭배되고 있는 저 신은 과연 어떤 신이냐고 물을지도 모른다.

이에 비해 이슬람교의 경우는 완전히 다르다. 예를 들면 갈수록 위용을 떨치고 있는 터키의 성 소피아 성당은 원래 무함마드가 메디나에 만든 소박한 예배소를 상징한 것이다.

그들은 어느 시대에나 한결같이 예배의 대상을 인간의 감각과 상상의 산물로 보는 유혹에 저항해 왔다. "알라 외에 신은 없고, 무함마드는 신의 사도이다." 이것이 그들의 변함없고 단순한 신앙고백이다.

신의 개념이 눈앞에 보이는 우상으로 더럽혀지거나 예언자의 수많은 명예가 인간적 수준을 넘어선 적은 한 번도 없었고, 또 제자들의 감사의 마음은 스승인 무함마드의 살아 있는 교훈에 의해 이성과 신앙의 테두리를 결코 넘지 않았다. 분명히 알라의 신봉자들은 그들의 영웅과 그 처자를 내내 신격화해 왔다. 페르시아 학자들 중에는 신의 본성이 이맘이라는 지도자 속에 구현되고 있다고 말하는 자들도 있지만, 그들의 신앙은 수니파에서는 한결같이 미신으로서 배격한다. 그것은 이른바 성인과 순교자 숭배에 대한 경고에 지나지 않다고 해도 무방하다.

신의 속성과 인간의 자유에 관한 형이상학적인 문제에는, 그리스도교도들 사이에서는 말할 것도 없고 이슬람교도들 사이에서도 끊임없이 논의되어 왔다. 그러나 이슬람의 경우 그것이 민중을 선동하여 국내의 혼란으로 이어진 예는 없었다. 이 큰 차이는 아마 왕권과 신권, 즉 정치와 종교의 분리 여부에 기인하는 것이리라.

무함마드의 후계자이자 신도들의 지도자이기도 한 칼리파는 종교적으로 새롭고 기이한 것은 모두 억압하거나 저지했다. 그것은 보신책이었다. 또 성직자의 규율과 교육, 또는 영적인 것에 대한 어떤 야심도 이슬람교도와는 거리가 멀었다. 다만 이슬람법에 정통한 자가 신도의 양심과 신앙을 이끌어 온 것에 지나지 않는다.

오늘날 쿠란은 대서양에서 갠지스강에 이르는 광범한 지역에 퍼져 있다. 이는 신학의 근본 교의일 뿐만 아니라 민사법전이나 형사법전이기도 하여, 인간의 행동과 본질을 다스리는 법으로서 완전하고 불변한 신의 가호를 받고 있는 것으로 여겨지고 있다.

그러나 글을 모르는 입법자가 자기의 편견과 사회의 편견에 의해 정치를 잘못한 수많은 예에서 볼 수 있듯이, 이러한 종교적 예속 상태에는 약간의 결함이 따르게 마련이다. 더욱이 아라비아 사막에서 태어난 제도는 인구가 밀집한 이스파한이나 콘스탄티노폴리스 같은 도시에는 잘 맞지 않았다. 그래서 성전을 지극히 숭배하는 이슬람 법관도 그러한 상황에서는 시대의 관습이나 그때그때의 정책에 따라 교묘한 해석을 내렸다.

무함마드 다음의 아랍 세계

마지막으로 좋고 나쁨은 제쳐두고, 무함마드가 사람들의 행복에 준 영향에 대해 살펴보기로 한다.

편견으로 가득 찬 그리스도교도와 유대교도는 이슬람교를 자신들의 가르침에 비해 완전하지 않다고 여겼다. 그러나 무함마드가 가르침을 세상에 전파하기 위해 거짓된 소명을 자신에게 부과한 것 정도는 그들도 용납할 것이다.

분명히 무함마드는 일찍이 위의 두 민족에게 주어진 계시의 진실성과 신성함, 또 교조의 미덕과 기적 등을 종교의 기초로서 경건한 태도로 생각했다.

그리고 그러한 숙려 끝에 아랍의 모든 우상을 신의 제단 앞에서 파괴했다. 또 인신공양을 기도와 금식 또는 희사 등으로 대신하고, 나아가서는 내세에서의 보상과 벌을 무지하고 육욕적인 사람들이 이해할 만한 형태로 묘사했다.

무함마드는 자기 나라 사람들이 적용할 수 있는 도덕과 정치제도를 구현하는 데는 성공한 것 같지 않다. 그러나 그는 신앙심 깊은 사람들 사이에서 우애와 자선의 정신을 보여 주며 사회적인 미덕의 실천을 역설했다. 나아가서 자신의 계율과 모범을 통해 복수하는 관습을 없애고, 과부와 고아를 구제하는 데도 힘썼다.

그 결과 그때까지 적대하던 각 부족이 그때부터 신앙과 복종이라는 점에서 단결하기에 이르렀고, 그동안 내부 항쟁에 헛되이 소비되었던 투쟁 정신이 외부의 적으로 향하게 된 것이다.

아라비아는 국내적으로는 자유로운 사회인 한편 대외적으로는 위협적인 존재였다. 따라서 만약 이슬람교의 영향이 그 정도로 크지 않았더라면 이 나라는 역대 군주들 밑에서 크게 번영했을지도 모른다.

그러나 현실적으로는 신속한 정복지의 확대와 함께 주권을 잃어가고 있었다. 식민지가 동서로 뻗어 나감에 따라 개종자나 포로와의 혼혈이 진행되었다. 이윽고 칼리파가 3명 교체되자 수도는 메디나에서 다마스쿠스 골짜기와 티그리스강 변으로 옮겨 갔고, 그 뒤 이러한 성스러운 도시들은 신을 모독하는 전쟁에 의해 폐허가 되었다.

이런 몇 세대에 걸친 변천 끝에 사막의 민족 베두인은 지배의 꿈에서 깨어나 다시 외부와의 교류가 없는 옛날의 독립으로 되돌아갔다.

알리멘타 제도

　원수정치 체제에서는, 신생아 살해 유기가 일상생활 속에 깊이 뿌리박힌 반면 빈민 아이들을 부양하는 알리멘타[1] 제도도 존재했다.

　알리멘타 제도에는 황제 주도 아래 국가와 도시의 정무관이 행하는 공적 알리멘타와 부유한 사람이 사재를 들여 행하는 사적 알리멘타의 두 종류가 있었다.

　공적 알리멘타는 처음 로마시에서 아이들에게 곡물 무료 배급을 실시하면서 시작되었다. 이것은 트라야누스 때에 그 제도가 정비되고 전 이탈리아 규모로 실시되었다. 하지만 3세기 경제 위기로 제도는 파탄에 이르고 4세기에는 거의 행해지지 않았다.

　사적 알리멘타는 개인이 사재 일부를 알리멘타 기금으로 설정하고 거기에서 얻어지는 이자 수입을 빈민 아이들에게 배분하는 방법이 일반적이었다. 이탈리아 지방 도시에서는 부유한 지주가 자신의 땅 일부 또는 전부를 담보로 황제에게 돈을 빌리고, 해마다 갚아 나가야 할 이자를 빈민 아이들에게 배분하는 방법을 채택했다.

　알리멘타의 수혜 대상자는 남자 18세, 여자 14세까지의 자유 신분의 아이들이었다. 지급액이 결정되지는 않았지만 북부 이탈리아의 도시 베레이아의 사례에서는 본처에게서 낳은 남자아이는 192세스테르티우스, 여자아이는 144세스테르티우스, 서출 남자아이는 144세스테르티우스, 여자아이는 120세스테르티우스가 연간 지급되었고 다른 도시에서도 이 정도 금액이었을 것이다. 이것은 살기에 빠듯한 금액에 불과했지만 빈곤자들에게는 고마운 수입원이었다.

　얼마만큼의 아이들이 제도의 혜택을 받았는지는 확실히 알려지지 않았다.

---

1) alimenta는 '부양하다'라는 뜻을 지닌 고대 라틴어 ălo에서 유래함.

다만 공적 알리멘타는 거의 이탈리아 안에서 이루어졌다. 그즈음 이탈리아에는 400개 정도의 도시가 있었지만, 그중 알리멘타 제도가 실시된 도시는 100개도 안 되었을 것으로 추측된다.

사적 알리멘타는 이탈리아와 속주에서도 행해졌다고 알려져 있지만 어디까지나 독지가들의 호의에 맡겨지는 것이라 사회 보장제도로서 충분히 기능을 발휘했다고는 생각되지 않는다.

그러나 5현제(賢帝) 시대에도 신생아의 유기는 여전히 빈번히 일어났다. 이 사실은 구빈 정책으로서 알리멘타 제도의 한계를 여실히 보여 주고 있는 것이다.

larme du turc per mer

le pa del

콘스탄티노폴리스 포위전, 1456년, 파리 국립도서관 소장. 1000년의 역사에 걸쳐 수많은 민족들의 침공으로부터 지켜온 이 도시도 드디어 무너지고 만다.

par mer

la dor
garn

la chauie longe de .iij. e braçes

autre ront et pur
pieris .

la forterece

les couraumes

Japhe

la poste saint

la mer de jaffa

les fosses de la cite

les bastides

autre liegte
je de vij. ou le chemi
es uilles

제14장
(동로마제국의 멸망)
튀르크인의 콘스탄티노폴리스 포위와 최종 정복

공성(攻城) 개시

    콘스탄티노폴리스를 형성하는 삼각형의 세 변 가운데, 바다에 접한 두 변에서 이 도시를 공략하는 것은 불가능한 일이었다. 프로폰티스해는 자연의, 항만은 인공의 요해(要害)였기 때문이다. 삼각형의 밑변에 해당하는 육지도 이중 성벽과 깊이 100피트인 해자로 보호되고 있었다. 프란차의 말에 의하면 그 길이는 족히 6마일은 되었다고 한다.

    이슬람 공격군의 주력은 먼저 이 방위선에 배치되었다. 이에 맞서 동로마의 황제는 특히 위험한 지점에 저마다 지휘관을 보내고 임무를 할당하였으며 자신은 외벽의 수비에 임했다.

    농성의 처음 며칠 동안 그리스 병사는 이따금 해자로 내려가거나 광장으로 치고 나갔다. 그러나 곧 병력의 차이가 20배가 넘는 것을 알고 그때부터는 투석기 공격으로부터 보루를 방호하는 데에 주력했다.

    따라서 그들이 수비에만 전념한 것은 결코 두려움에서 나온 행위가 아니다. 확실히 동로마제국 전체가 도덕심과 패기를 현저하게 잃어버리고 있었던 것은 사실이었다. 그러나 이때 수도 공방전에서 콘스탄티누스 황제가 보여 준 행동은 영웅의 이름에 손색이 없는 것이었고, 의용군의 가슴에도 고대 로마의 미덕이 되살아나 있었으며, 나아가서 외국에서 온 원군도 서방의 기사도 정신을 유감없이 발휘했기 때문이다.

    쉴 새 없이 쏟아지는 화살과 창. 이어 구식 소총과 대포의 폭음이 귀청을 찢고 자욱한 화약 연기가 주위를 감쌌다. 소형 총기에서 발사되는 탄환은 한 번에 5발에서 10발. 호두알만 한 크기의 납으로 만든 것이었다. 위력은 대열이 밀집된 정도나 화약의 분량에 좌우되지만, 보통 한 발이 몇 사람의 갑옷과 몸통을 관통할 정도였다.

이슬람군의 교두보는 곧 참호 속으로 떨어졌고 어떤 것은 잔해로 뒤덮였다.

한편 그리스도교도 측도 날마다 새로운 전술 지식을 얻고 있었으나, 처음부터 화약의 양이 충분하지 않은 데다 그것마저 연일의 전투로 줄어들고 있었다. 게다가 그들이 가진 화포류의 규모와 수량은 모두 불충분했다.

농성 측에 중화포가 있었는지 어떤지는 분명하지가 않다. 그러나 설사 있었다 하더라도 그곳에 설치하기는 쉽지 않았을 것이다. 왜냐하면 발포의 충격에 의해 낡은 성벽이 무너질 우려가 있었기 때문이다.

이슬람군 측은 이미 그 사실을 알고 있었다. 그래서 그들은 사기와 재력, 통솔력이라는 모든 면에서 압도적 규모로 적의 이 약점을 찌르게 되었다.

길게 포열을 한 이슬람군 포병부대가 성벽에 조준을 맞추었다. 그리고 다음 순간 14문의 포가 가장 취약한 곳을 겨냥하여 일제히 불을 뿜었고 굉음과 함께 천지가 뒤흔들렸다.

이때 어떤 것은 130정의 총을 탑재하고 있었다느니 130발의 탄환을 발사했다느니 하는 지극히 애매한 기록이 남아 있다. 우리는 그러한 술탄의 병력과 전술에서 이 시기의 군사과학이 걸음마 단계였음을 알 수 있다.

촌각을 다투는 군주 앞에서라 해도, 이슬람군 측은 중포의 장전과 발사를 하루에 불과 7번밖에 할 수 없었다. 어떤 때는 과열된 금속이 폭발하여 포병이 여러 명 폭사하는 사고까지 일어났다. 그래서 발포 직후에 매번 포구에 기름을 부어 넣음으로써 이러한 사고를 예방하는 방법이 고안되었다. 이것을 고안한 기술자에게 이슬람 전군의 크나큰 찬사가 쏟아진 것은 말할 것도 없다.

공성 초기의 난사는 소리만 요란했을 뿐 큰 효과는 없었다. 그런데 이때 이슬람군 진지에 있었던 한 그리스도교도가 어떤 조언을 했다. 이슬람군이 그 조언에 따라 새로운 부위를 겨냥한 결과, 사격이었음에도 불구하고 강력한 화력의 거듭된 공격으로 성벽에 어느 정도 피해를 줄 수 있었다.

튀르크 병사들은 해자 가장자리까지 접근하여, 그 거대한 틈을 메워 돌격 통로를 확보하기 위해 무수한 나뭇단과 통나무, 심지어 커다란 나무통까지 채워 넣었다. 이 작업에 동원된 인원이 얼마나 많았던지, 맨 앞줄에 있던 힘이 약한 사람이 뒤에서 미는 힘에 밀려 깊은 해자 속에 추락하여 포개지면서 사람의 산을 이룰 정도였다.

기를 쓰고 해자를 메우려는 공성군과 적이 투입한 것을 필사적으로 제거하려는 농성군의 모습은 마치 낮에 생긴 거미줄이 밤사이에 제거되어 버리는 것과 같았다. 결국 그것은 이슬람군의 헛수고로 끝을 맺었다.

계속되는 공방

메흐메드는 다음 작전으로 굴을 뚫고 들어가라고 명령했다. 그러나 이것이 또 여간 어려운 일이 아니었다. 지면이 암반으로 이루어져 있어서 파내기가 어려웠기 때문이다. 그런 데다 시도해 볼 때마다 번번이 그리스도교도 공병대에 저지당하는 바람에 그는 사령관으로서의 체면을 잃고 말았다. 참고로 이때는 지하통로에 화약을 채워 모든 것을 한꺼번에 날려 보내는 방법이 발명되기 전이었다.

콘스탄티노폴리스 공성전에서 두드러진 특징 가운데 하나는, 신구 병기의 결합이었다. 꺼지지 않는 기름불(이른바 '그리스의 불')이 화약의 발견에 의해 폐기되는 일도 없었고, 화포와 함께 돌과 화살을 쏘는 장치도 여전히 활용되었으며, 탄환과 공성추가 같은 성벽을 동시에 때렸다.

이를테면 무기와 나뭇단을 실어 나른 나무 동루(動樓)가 그 좋은 예이다. 3겹의 쇠가죽으로 덮여 굴림대로 운반되는 이 움직이는 창고에서는 몸을 숨긴 채로 총구멍을 통해 끊임없이 일제사격을 할 수 있었다. 앞쪽에는 3개의 출입구가 있어서 병사와 작업자가 동시에 드나들며 언제라도 출격과 퇴각이 가능했고, 또 계단을 타고 꼭대기에 올라가 도르래로 사다리를 내리면 눈앞의 성벽에 안착할 수 있었다.

이러한 공성 기술 중에는 그리스인이 난생처음 경험하여 제대로 대처할 수 없었던 것도 적지 않았다. 그리하여 성 로마누스 교회의 탑이 마침내 무너진다.

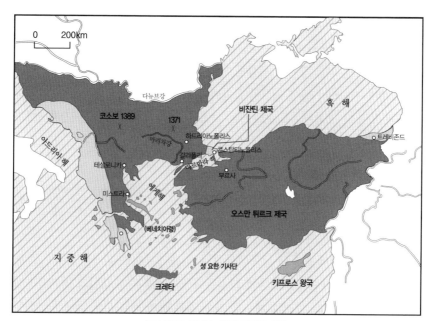

콘스탄티노폴리스 함락 직전의 상황

그러나 치열한 전투 끝에 튀르크 병사의 돌입은 격퇴되고, 이윽고 밤의 장막이 내려와 교전은 중단되었다.

그동안 이슬람군은 결정적인 재공격을 기하며 새벽을 기다린 데 비해, 그리스도교도 측은 황제와 주스티니아니가 밤을 새워 교회와 시가지의 안전을 확보하는 작업을 독려하는 등, 잠시도 쉬지 않고 응전 준비를 하느라 분주했다.

그리고 밤이 왔다. 마음이 조급해진 술탄의 눈에 놀라운 광경이 들어왔다. 아니, 자군의 동루는 잿더미가 되고, 낮의 전투에서 메운 해자는 원래대로 복구되었으며, 성 로마누스의 탑도 다시 우뚝 솟아 있는 것이 아닌가! 그는 작전 실패에 낙담하여 자기도 모르게 불경한 말을 입에 올리고 말았다.

"3만 7000명의 예언자가 뭐라고 말하든, 이만한 작업을 이토록 단시간에 이교도들이 해냈다는 건 참으로 믿기 어려운 일이다!"

제도(帝都)를 향하는 원군

그리스도교 각국의 반응은 냉담했고 원조는 늦어지고 있었다. 이슬람군의 공격 위험을 맨 처음 감지한 시점에 이미, 콘스탄티누스 황제는 에게해의 섬들과 모레아, 시칠리아 등에 필요한 물자의 공급을 최저한으로 요청하고 있었다. 따라서 북풍이 그치는 4월 초순에는 교역과 전쟁, 양쪽의 준비를 갖춘 5척의 대형 선박이 키오스 항구에서 출범할 예정이었다. 그런데 그것이 아직도 출범하지 못하고 있었던 것이다.

그 5척 가운데 하나에는 황제기가 걸려 있었지만 다른 4척은 제노바가 소유한 배였다. 모든 배에는 밀과 보리, 포도주, 식용유, 채소, 특히 제도의 방위를 위한 병사와 수병들이 가득했다.

오랜 기다림 끝에 이윽고 남쪽에서 미풍이 불더니 이틀 뒤에는 강풍으로 변했다. 선대는 이 바람을 타고 미끄러지듯이 헬레스폰투스 해협과 마르마라해를 통과할 수 있었다. 그러나 제도로 가는 길은 이미 해륙 모두 적에게 봉쇄당해 있었다. 이슬람 함대가 초승달 모양으로 전개하여 보스포루스 해협 입구를 장악하고는 그리스도교도 측의 이 대담한 원군을 붙잡거나 격퇴하려고 기다리고 있었다.

콘스탄티노폴리스의 지형을 마음에 떠올릴 수 있는 독자라면 이 장관에 탄성이 나올 것이다.

불과 5척에 지나지 않는 동부 제국 측 함대가 함성을 지르면서 300척으로 구성된 이슬람 함대를 향해 전진했다. 돛을 가득 펼치고, 모든 노가 젖 먹던 힘을 다해 물살을 헤쳤다.

성벽과 튀르크 진영뿐만 아니라 유럽과 아시아의 해안에도 구경꾼들이 수없이 줄지어 서서 마른침을 삼키며 이 광경을 주시했다.

얼핏 보면 의문의 여지 없이 물량 면에서 훨씬 우세한 이슬람군이 절대적으로 우위였다. 따라서 침착하기만 했으면 그들은 이 싸움을 완전히 뜻대로 이끌어 갈 수 있었을 것이다.

하지만 이슬람 함대는 민중의 힘이 아닌 술탄의 힘으로 급조된 함대라 불비한 점이 많았다. 그 점은 어느 시대에나 그들의 약점이었다.

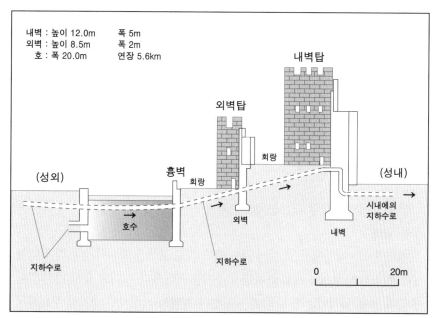

내벽 : 높이 12.0m   폭 5m
외벽 : 높이 8.5m   폭 2m
호 : 폭 20.0m   연장 5.6km

내벽탑

외벽탑

회랑

(성외)   흉벽   회랑

회랑

(성내)

시내에의
지하수로

호수

외벽

지하수로

지하수로

내벽

0   20m

테오도시우스 황제의 대성벽

　확실히 역사를 살펴보면, 튀르크인들은 위세가 막강했을 때조차 해전에서는 대체로 열세였다. 그래서인지 그들은 신이 자신들에게 땅을 주신 한편, 바다는 이교도들에게 맡기신 거라고 생각했던 것 같다. 특히 오늘날[1]에는 일련의 패배와 급격한 쇠퇴에 의해 이 겸허한 고백이 확고한 진실이 되어 있다.

　이슬람 함대는 어느 정도 큰 갤리선 18척을 제외하면, 나머지는 모두 갑판도 없이 허술하게 만든 소형선이었다. 대포 장비도 없고 조종하기도 힘든 배에 병사만 가득 태운 것에 지나지 않았다.

　용기라는 것은 자기 힘을 깨달을 때 비로소 생겨난다. 이 점을 생각하면 아무리 용감한 친위대 병사라 해도 난생처음 겪는 해전에서는 아마도 두려움에 떨었을 것이다.

　이에 비해 동부 제국 측의 소함대는 5척의 튼튼한 대형선으로 구성되어 있었다. 그것을 험한 바다에 익숙한 숙련된 조타수가 조종했고 전투원으로는 이

---

1) 18세기 후반.

탈리아, 그리스의 고참병이 승선해 있었다.

배들은 모두 앞길을 가로막는 작은 장애물에는 아랑곳도 하지 않고, 그 장애물을 거대한 몸체로 때로는 격침시키고 때로는 쫓아내면서 나아갔다. 대담하게도 이쪽 배로 옮겨 타려고 다가오는 적의 머리 위에는 그 액체의 불을 퍼부었다. 아울러 바람과 파도도 그 성질상 뛰어난 항해자를 편들게 마련이다. 황제의 함선이 한때 제압될 뻔했지만 제노바의 동료 선박이 아슬아슬하게 구해주었다.

이 전투에서 이슬람 해군은 접근전과 원거리전에서 두 차례 모두 막대한 손실을 입었다.

메흐메드는 해안에서 말 위에 앉아 큰 소리로 포상을 약속하거나, 적에 대한 공포보다 훨씬 무서운 위협을 하면서 용기를 북돋웠다. 그리고 흡사 자신이 싸우듯이 몸을 움직이다가, 나중에는 자신이 자연의 지배자인 것처럼 무모하게 말을 달려 바다에 뛰어들려고 하기도 했다.

이 메흐메드의 질타와 아군 진영의 야유를 들으며 튀르크 함대는 세 번째 공격을 시도한다. 그러나 그것은 앞선 두 번의 공격보다 훨씬 더 처참하게 끝났다. 믿기는 어려우나 그들한테서 직접 얘기를 들었다는 프란차의 증언에 의하면 이날 하루 튀르크인 전사자의 수는 1만 2000명이 넘었다고 한다.

뜻밖의 커다란 타격을 입고 유럽과 아시아 양쪽 해안으로 허둥지둥 흩어져 달아난 이슬람군에 비해 그리스도교도 측의 소함대는 의기양양하게 아무 상처도 없이 보스포루스 해협을 나아가 항만의 쇠사슬 안쪽에 안전히 닻을 내렸다.

마지막 불꽃

그리스도교도 측은 이 싸움으로 이슬람 해군을 완전히 굴복시켰다고 큰소리쳤다. 그러나 튀르크 함대의 제독은 눈에 입은 상처가 그토록 아프지만 않았더라면 이렇게 참패하지는 않았을 거라고 변명하느라 바빴다.

불가리아 왕족 출신 배교자인 이 지휘관 발타 오글리는 탐욕스러우며 악독한 성격 때문에 군인으로서 지극히 평판이 좋지 않았다. 하지만 설령 그가 홀

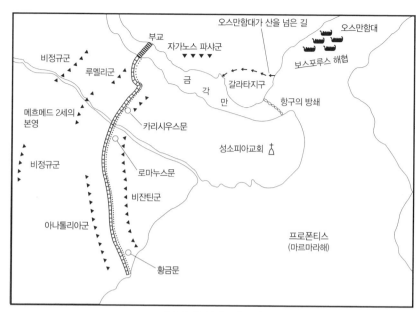

콘스탄티노폴리스의 공방

류한 군인이었더라도 전제국에서는 불운도 유죄가 되기 마련이었다.

　분노한 메흐메드는 그의 지위와 그가 세운 공훈을 무로 돌렸다. 술탄의 면전에서 바닥에 쓰러져 4명의 노예가 사지를 누르는 가운데, 황금 홀로 100대의 태형을 받았다. 그래도 사형만은 면하여 재산 몰수와 유형에 그쳤다. 그는 술탄의 자비를 칭송했다.

　물자를 보급받은 그리스인들은 다시금 희망을 품었다. 그리고 서방의 여러 동맹국의 태만을 맹렬히 비난했다. 그들은 근린의 해양국들에 조금이라도 원군을 보내 주면 고대 로마의 유적들을 구하고 이 도시를 지켜 낼 수 있을 것이라고 외쳤다.

　지금까지 수백만의 십자군 병사가 아나톨리아 사막과 팔레스타인 바위산에서 죽음을 무릅쓴 것을 생각하면, 이 싸움은 그나마 쉬운 싸움이었다. 왜냐하면 천혜의 위치에 자리 잡은 수도를 수비에만 주력하면 되었기 때문이다.

　그러나 콘스탄티노폴리스 해방 시도는 결국 이 작은 지원만으로 끝나고 말았다. 멀리 있는 나라들은 제국의 수도가 처한 위기에 싸늘한 반응을 보였다.

심지어 헝가리의 사절, 적어도 후녀디 야노시의 사절은 이슬람군 진영에 머무르면서 술탄의 불안을 제거해 주기 위해 노력했을 뿐만 아니라 작전 지도까지 했을 정도였다.

그리스인 쪽은 적의 군사회의 상황을 알 수 없었지만, 자신들의 완강한 항전 앞에 메흐메드의 끈기도 한계에 이르렀을 거라고 생각했다.

사실 술탄이 이 시점에서 퇴각을 생각한 것은 분명했다. 따라서 비잔틴 궁전과 은밀하게 내통하고 있던 할릴 파샤가 제안한 매국적인 건의를, 질투와 야망에 불타오르고 있었던 부대신이 강력하게 반대하지 않았더라면 포위는 이내 풀렸을 것이다.

해륙 양면에서 공격하지 않는 한 콘스탄티노폴리스 함락은 불가능해 보였다. 돌파할 수 없는 쇠사슬을 지금은 대형선 8척, 소형선 20여 척, 그리고 갤리선 몇 척과 호위함이 지키고 있었다. 그러므로 이슬람 측은 이 방어망의 돌파는커녕 적 함대의 출격과 두 번째 해전을 우려했다.

오스만 함대, 산을 넘다

이 같은 난국에서 대담하고 기발한 작전이 술탄의 뇌리를 스쳤다. 그것은 작고 가벼운 선박과 군수품을 보스포루스 해협에서 항만 안쪽 지역으로 육로를 통해 운반하는 것이었다. 이제껏 없던 매우 새로운 작전이었다.

행군 거리는 약 10마일. 지면은 울퉁불퉁하고 수풀이 가득 우거져 있었다. 또 갈라타 교외 후방에는 길을 새로 내지 않으면 안 되었다. 그 길을 자유롭게 통과하느냐 아니면 전멸하느냐는 오로지 제노바인들의 태도에 달려 있었다.

그러나 이 이기심 많은 상인들은 자기 안전에만 급급했다. 한편 메흐메드에게는 책략의 미흡함을 보완할 수많은 순종적인 신하들이 있었다.

그들은 지면을 고른 다음 평탄해진 길에 튼튼한 판자를 깔고 그 위에 잘 미끄러지도록 소나 양의 기름을 칠했다. 그 위로 보스포루스 해협에서 끌어올린, 50개 내지 30개 노가 딸린 가벼운 갤리선과 쌍돛대 중형 범선 80여 척을 굴대와 인력과 도르래를 이용하여 끌고 갔다. 배마다 선수와 선미에 2명씩 안내자를 세우고 돛은 모두 펼쳐서 바람을 받도록 했으며, 작업을 고무하는 노래와

루멜리히사르성과 보스포루스 해협　이 성은 동로마제국의 수도 콘스탄티노폴리스를 공략하기 위하여 1452년 오스만 튀르크제국의 메흐메드 2세가 건설하였다. 수많은 칸과 칼리파를 물리쳐 온 콘스탄티노폴리스도 마침내 메흐메드의 힘 앞에 완전히 굴복하고 말았다.

구령도 곁들였다.

단 하룻밤 사이에 이슬람 함대는 산을 넘고 평원을 지나 비탈을 달려 내려간 뒤, 마침내 흘수가 깊은 그리스 측 함대는 쫓아올 수 없는 항만의 얕은 수역에 배를 띄웠다.

이 사건에 비잔틴은 경악했고 이슬람은 사기충천했다. 그 모습은 참으로 대조적이어서 전국(戰局)에 크나큰 영향을 미쳤다. 여기에 대해서는 실제로 목격한 두 민족의 기록이 남아 있다.

분명히 그 전에도 고대인들이 비슷한 전술을 몇 번 사용한 적이 있었다. 그러나 이때 이슬람군의 갤리선은 대형 선박과 다름이 없었다. 따라서 전투의 규모와 거리, 장애와 수단을 생각하면 그들의 쾌거는 오늘날의 공업에 필적하는 거의 기적 같은 일이라고 단언할 만하다.

항만 안쪽을 병사와 함선으로 가득 채운 이슬람군은 가장 좁은 부분에 나무통과 커다란 술통을 늘어놓고 들보로 연결한 다음, 곳곳을 철로 고정하고 판자를 깔아 길이 100, 폭 50큐빗[2]의 다리를 만들었다. 아니, 정확히는 둑이라고 할까.

메흐메드는 이 위에 거포 1문을 앉힌 한편, 군인들과 공성 사다리를 실은 80척의 갤리선을 성벽에 가장 접근하기 쉬운 지점, 즉 일찍이 라틴족 해군이 급습한 지점으로 보냈다.

적의 이러한 공사를 미완성 단계에서 파괴하지 않은 실책 때문에 그리스도교도 측은 그때 이후 큰 비난을 받아 왔다. 사실 그것을 시도하고 싶어도 아군의 화력은 적의 우세한 화력 앞에 침묵할 수밖에 없었다. 그들은 술탄의 다리뿐만 아니라 적의 모든 함선을 야습하여 불태우는 것도 생각하고 있었다. 그런데 이 역시 술탄의 엄중한 경계에 가로막혔다. 오히려 선두의 소형 갤리선이 격침당하거나 나포되고, 심지어는 이탈리아와 그리스의 용맹한 청년 40명이 술탄의 명령에 의해 참살당했다. 이에 대한 보복으로 황제는 튀르크인 포로 260명을 참수하여 그 목을 성벽에 내걸었다. 하지만 그것으로도 울분을 달래지 못했다.

낙성 전의 성안

공성을 시작한 지 벌써 40일이 지났다. 바야흐로 제도의 운명은 바람 앞의 등불이었다. 소규모의 수비대는 적의 양면 공격에 시달려 피로가 극에 달해 있었고, 몇 세대 동안 외적에 항거해 온 성벽도 이슬람군의 화포 앞에 여기저기 입을 크게 벌리고 있었다. 성 로마누스 문 근처의 4개의 탑은 이미 완전히 무너진 뒤였다.

이러한 상황에서 수비대의 반란을 염려한 황제는 병사의 봉급을 마련하기 위해 4배로 돌려주겠다며 교회의 성물을 징발했다. 그러나 이 신성모독적인 행위는 내부 분열을 노리는 자들에게 오히려 새로운 비난거리를 제공하는 결과를 낳았다.

성안 가득 불화의 공기가 퍼져 남아 있던 마지막 힘까지 꺾고 만다. 제노바

---

2) 1큐빗은 팔꿈치에서 손끝까지의 길이로, 약 18인치 곧 45.72센티미터.

와 베네치아에서 온 원군이 군역에서 서로 공적을 다투었고, 주스티니아니와 야심가인 노타라스 대공이 서로를 각각 배신자, 비겁자라고 부르며 비난했다.

이러한 공방 가운데 벌써 여러 번 강화와 항복이라는 말이 나왔고 사절들이 군영과 성곽 사이를 수없이 오갔다. 역경을 겪으면서 이미 굴욕을 맛본 황제로서는 국교와 제권의 존속만 인정해 준다면 어떠한 제안도 받아들일 각오였다.

한편 술탄도 자군 병사의 유혈은 이제 피하고 싶었고, 또 그 이상으로 자기 자신을 위해 제국의 보물을 수중에 넣고 싶었다.

사실 물욕만 놓고 본다면, 메흐메드는 연공 10만 두카트[3]로 만족했을지도 모른다. 그런데 커다란 야망이 이 동부의 수도를 붙들고 놓지를 않는 것이었다. 그는 이곳을 자신이 소유하는 대신 그리스 황제에게 충분한 대가를 주고, 또 그리스 국민에 대해서는 종교의 자유와 안전한 출국을 보장하겠다고 말했다.

그러나 술탄은 한동안의 협상 끝에 아무런 성과도 없다는 것을 깨달았다. 그는 콘스탄티노폴리스 성벽 아래에 옥좌를 놓거나 무덤을 만들거나, 어느 한 쪽으로 결말이 날 때까지 싸울 것을 선언한다. 그러자 콘스탄티누스 팔라이올로구스 황제도 명예심과 세상의 비난에 대한 공포 때문에 성문을 열지 못하고 차라리 깨끗한 죽음을 맞기로 결심한다.

결전을 향해서

술탄은 점성술에 따라 5월 29일을 운명의 날로 정했다. 그는 며칠 동안 공격 준비를 하는 한편 병사들에게는 잠시 휴식 시간을 주었다. 그리고 27일 저녁에 최종 명령을 내려 전군의 무장들을 소집하고, 전령을 보내 병사들에게 이 어려운 사업의 목적과 그것에 따르는 의무를 주지시켰다.

공포야말로 전제정치의 최고의 통치 원칙이라고 할까. 그는 자신의 위협을 동양적으로 표현했다.

"달아나는 자와 전선을 이탈하는 자는, 설령 날개를 가지고 있다 하더라도 반드시 붙잡아서 내가 직접 가차 없이 심판할 것이다."

---

3) 무게 약 3.5그램에 순도 98퍼센트의 금화.

총독과 친위대 병사의 대부분은 원래 그리스도교 집안 출신이었다. 그들은 여러 대에 걸친 양자 결연을 통해 영광스러운 튀르크 이름을 계승했고, 그러한 변천 속에서 모방과 훈련을 통해 하나의 군단, 하나의 연대, 하나의 소대로서의 정신을 꾸준히 이어 나갔다.

이 성전에 참가한 이슬람군 병사에게는 기도와 목욕재계로 심신을 정화하고 이튿날 저녁까지 단식하는 것이 권장되었다. 그 밖에 이슬람교 수도승들이 총출동하여 진영을 방문해 병사들에게 순교 의욕을 부추기며 돌아다녔다. 성전에 몸을 바친 자에게는 강물이 흐르는 낙원이 기다리고 있으며, 그곳에서는 검은 눈동자의 처녀에게 안겨 영원한 젊음을 누릴 수 있다는 것이었다.

그러나 병사를 움직이는 방법 가운데 메흐메드가 가장 신뢰한 것은 눈에 보이는 세속적인 대가였다. 그래서 그는 승리하는 부대에는 봉급을 배로 지급할 것을 약속했다.

"도시와 건물은 짐의 것이다. 그러나 포로와 약탈품은 무공의 대가로서 너희들에게 주겠다. 부를 얻어 마음껏 즐기도록 하라. 맨 먼저 성벽에 오른 용맹스런 자에게는 짐의 수많은 속주 중에서 가장 부유한 속주의 지사 자리로 보상하리라. 그러나 짐의 보답은 거기서 끝나지 않는다. 짐은 그자의 기대보다 훨씬 많은 명예와 부를 내릴 것이다."

이 강력한 장려책에 의해 병사들은 죽음도 두려워하지 않고 오로지 투쟁심에 불타올랐다. 이리하여 공격을 고대하는 열기로 가득 찬 군영에서는 "신은 신. 알라 외에 신은 없고, 무함마드는 신의 사도이다"라는 우렁찬 외침이 울려 퍼졌다. 밤이 되자 갈라타에서 7개의 탑까지, 바다와 육지 모두 이슬람군의 화톳불로 대낮같이 훤했다.

콘스탄티노폴리스 최후의 날

그리스도교도 측의 상황은 이와는 전혀 달랐다. 성안에는 죄를 회개해서인지 아니면 처벌을 두려워해서인지 소리 높여 외치는 비통한 절규로 가득 차 있었다. 성모 마리아상을 앞세운 장엄한 행렬도 펼쳐졌는데, 그들의 비통한 애원은 그 수호신의 귀에는 도달하지 않는 것 같았다.

사람들은 고집 부리다가 항복할 시기를 놓쳤다며 황제를 비난했다. 그리고 다가올 운명을 두려워하며 튀르크인에게 복종하면 얻을 수 있는 안전 또는 안식을 선망할 정도였다.

28일 밤, 적의 총공세에 대비하여 그리스 최고 귀족과 동맹군의 용사들이 궁정에 소집되었다. 그들은 저마다의 의무와 위험 사항에 관한 지시를 들었다. 그 자리에서 콘스탄티누스 황제는 마지막 신하들에게 여러 가지를 약속하면서, 자신의 마음속에서는 이미 사라지고 없는 희망의 불길을 신하들의 마음속에 다시 피우기 위해 노력했다. 되돌아보면 그 허무한 마지막 연설은 바로 로마제국의 추도사나 다름없었다.

나라를 위해 목숨을 바치는 영웅들에게 복음과 교회는 확실한 보상을 아무것도 제시하지 못했다. 황제가 보인 모범은 농성의 고통이 극에 달한 전사들에게 자포자기 비슷한 용기를 불어넣고 있을 뿐이었다. 그 자리에 모인 모두가 침통해했으며 위안거리 따위는 하나도 없었다.

그 비장한 광경에 대해서는 이 모임에 참석했던 역사가 프란차가 전해 주고 있다. 모두들 눈물을 흘리며 서로 끌어안고 집안과 빈부에 관계없이 수도 방위에 목숨을 바칠 것을 맹세한 다음, 저마다 부서로 돌아가 성벽 위에서 밤을 새워 철저히 경호했다고 한다.

황제는 측근과 함께, 몇 시간 뒤면 모스크로 바뀔 운명에 놓여 있었던 성 소피아 성당에 들어가 기도를 올리고 눈물을 흘리면서 성사를 했다. 그 후 비탄의 소리가 울려 퍼지는 궁전에서 잠시 휴식을 취한 뒤, 지난날 자기도 모르는 사이에 상처 주었을지도 모르는 자들을 찾아다니며 용서를 구했다. 그것이 끝나자 다시 말을 타고 호위병을 순찰하고 이어서 적의 동태를 살피기 위해 나섰다.

이렇게 마지막 황제 콘스탄티누스의 고난과 몰락은 역대 동로마 황제의 영화보다 훨씬 더 빛을 발했다.

전야(前夜)

소규모 공격이라면 야음을 틈타 성공을 거둘 수도 있다. 그러나 대규모 총공격의 경우는 사정이 다르다. 군사적 판단과 점성술 지식을 토대로 메흐메드는 5월 29일 아침을 역사적인 결전의 시간으로 정했다.

그들은 밤새 준비했다. 해자는 이미 많은 곳이 성벽의 무너진 부분에 이르는 평탄한 길로 변해 있었다. 이슬람 병사들은 그 가장자리까지 진출하여 대포와 나뭇단을 옮기고 있었다. 항만 쪽의 방비가 허술한 성벽에는 80척의 갤리선이 뱃머리에서 공성 사다리를 사용하여 오를 수 있는 거리까지 접근하는 등, 총공격 전야에는 일초를 아껴 가며 밤새도록 준비 작업이 진행되었다.

이 작업에 대해서는 엄격한 함구 명령이 내려졌으며 위반자는 사형에 처해졌다. 그러나 운동과 음향의 법칙이 군율과 위협에 굴할 리가 없었다. 설령 한 사람 한 사람은 목소리를 낮추고 걸음을 조용히 옮긴다 해도 전체적인 수천 명의 행군과 작업은 수상한 소음을 일으켰고, 탑 위에 선 보초병의 귀에도 들어가고 있었다.

총공격 개시

날이 새자 이슬람군은 정례인 호포(號砲)를 쏘지도 않고 해륙 양면에서 총공격을 개시한다. 빈틈없이 밀집하여 뒤에서 앞으로 끝없이 밀어붙이는 모습이 흡사 꼬아놓은 실과 같았다.

선두의 부대는 노약자와 농민, 부랑자, 그리고 약탈과 순교에 마음이 끌려 공격군에 가담한 자들로 구성되어 있었다.

이 오합지졸이라고밖에 할 수 없는 자원병들이 먼저 성벽을 향해 돌진했다. 무턱대고 성벽을 기어오르려고 시도한 자들은 곧바로 농성군의 화살과 돌을 맞고 나가떨어졌다.

그리스도교도 측에서는 화살 하나 탄환 하나도 낭비하지 않았다. 그러나 파도처럼 밀려오는 대군을 상대로 필사적인 방어전을 펼치다 보니 이윽고 정신력도 탄약도 떨어져 가고 있었다. 한편 이슬람군 측은 열광적인 선봉대로서 전사하는 것보다 더 훌륭한 전공은 없다는 듯이, 해자를 자신들의 사체로 채워 후속 병사들에게 좋은 돌격로가 되어 주었다.

이어서 오스만 튀르크제국의 각 행정구 장관 밑에 아나톨리아와 루마니아 군대가 잇달아 투입되었다. 그러나 전투를 시작해서 2시간이 지난 뒤에도 그리스군이 우위를 유지한 데다 오히려 전황을 더욱 유리하게 이끌고 있었다. 그러한 가운데, 조국 해방을 위한 마지막 노력을 호소하는 황제의 목소리가 여전히 들려왔다.

　무적의 정예군 예니체리가 거센 돌격을 감행한 것은 바로 이때였다.

　술탄은 말 위에 올라 한 손에 철퇴를 들고 그들의 전투를 주시했고, 그 주위에는 1만 명의 친위대가 대기하며 그리스도교도에게 마지막 선고를 내릴 순간을 기다렸다. 전투의 추이는 오로지 메흐메드의 판단과 지력에 달려 있었다.

　후방에는 독려, 제지, 처벌의 임무를 띤 수많은 사법관들이 늘어서 있었다. 그러므로 전방의 위험에서 달아날 수 있다 해도 후방에는 피할 수 없는 불명예스런 사형이 기다리고 있었다.

　율동적인 소리가 혈액과 정신력의 순환을 자극함으로써, 그에 따라 이성과 명예 같은 것보다 인체에 훨씬 강력하게 작용한다는 것을 우리는 경험을 통해 알고 있다. 이때도 공포와 고통의 외침은 크고 작은 북과 나팔로 구성된 장엄한 군악 소리에 묻혀 버렸다.

　육상의 포열, 갤리선, 물 위의 둑, 이러한 모든 장소에서 성벽 전체에 걸쳐 오스만군의 호포가 작렬하고, 군영과 성곽은 한꺼번에 포연에 휩싸였다. 이제 제도의 해방이나 함락 외에 그것을 없앨 방법은 아무것도 없었다.

　일반적으로 신화나 전설 속의 영웅들이 보여 준 일대일 대결이라면 재미도 있고 친근감도 느낄 수 있다. 또 멋진 전술의 전개는 인간의 심성을 고양시켜 필요악의 과학, 즉 군사학을 발전시킬지도 모른다.

　그러나 총공격이라는 것은 다르다. 그곳에는 유혈과 공포, 그리고 혼란 외에는 아무것도 존재하지 않는다. 따라서 필자로서는 그저 방관하기도 어렵고 또 행위자 자신도 적절한 판단을 내리기 어려운 이 상황을, 3세기와 3000마일의 시공을 건너뛴 지금 굳이 상세히 묘사하고 싶지는 않다.

지휘관의 전의 상실

　콘스탄티노폴리스가 급속히 함락된 직접적인 원인은 주스티니아니의 갑옷을 탄환 또는 화살이 관통한 사건에서 비롯되었다. 손에서 흐르는 피와 극심한 고통으로 인해, 제도 방위의 마지막 보루였던 이 제노바인 지휘관이 자기도 모르게 전의를 상실한 것이다.

불굴의 의지로 전투를 벌이던 황제는, 의사를 찾아 현장을 떠나려 하는 그를 보고 이를 저지했다.

"경의 상처는 깊지 않소. 위기가 닥쳐오고 있는 지금, 경은 이곳에 없어서는 안 되는 존재건만 도대체 어디로 가겠다는 것이오?"

주스티니아니는 몸을 떨면서 대답했다.

"신이 튀르크인을 위해 열어 주신 그 길을 지나 퇴각하겠습니다."

그리고는 내벽의 갈라진 틈새로 사라져 버린 것이다.

그는 갈라타 또는 키오스섬에서 며칠쯤 연명하는 동안 자책과 세상의 지탄 때문에 괴로워했다고 한다. 이 비겁한 행위로 인해, 그때까지 군인으로서 쌓은 수많은 명예에 오점을 남긴 것은 사실이었다.

지휘관 주스티니아니의 이 같은 행위는 즉각 라틴인 구원군 대부분에게 영향을 미쳤다. 그래서 방어 측은 더욱 세력이 커진 적의 맹공격 앞에 허점을 드러내기 시작했다.

이슬람군 병사의 수는 그리스도교도 수비병의 50배, 혹은 100배는 되어 보였다. 이중으로 된 성벽은 적의 화포에 의해 폐허가 되어 있었다.

아마 이 시점에서 둘레가 수 마일에 이르는 성벽 곳곳에, 접근하기가 지극히 쉬워진 곳과 수비가 매우 허술해진 곳이 생겼음에 틀림없다. 따라서 공격 측이 그곳에 병력을 집중하기만 하면 제도는 완전히 함락될 상황이었다.

마침내 성벽에 선 예니체리

술탄의 포상을 최초로 거머쥔 사람은 하산이라는 거구에다 괴력을 지닌 예니체리 병사였다. 그는 언월도와 둥근 방패를 양손에 들고 외벽을 기어올라 등정에 성공했다.

하산에게 뒤질세라 앞다투어 성벽을 기어오른 30명의 예니체리 가운데 18명은 그 대담한 모험으로 목숨을 잃었지만, 나머지 12명의 병사는 그와 함께 성벽 위에 설 수 있었다.

그 뒤 이 거인은 성벽 위에서 떠밀려 지상에 떨어졌다가 다시 일어서려는 순간, 비 오듯이 쏟아지는 화살과 돌 세례를 받는다. 그러나 새롭게 일어난 기운은 더 이상 저지할 방법이 없었다. 비록 제한적이긴 했으나 그의 성공에 의해 성벽을 오르는 일이 가능하다는 것이 밝혀지자, 튀르크 병사들은 성벽과 탑으로 구름처럼 몰려왔다.

이리하여 그리스 측 수비대는 점차 불어나는 대군에 압도되어 유리한 위치를 빼앗기고 후퇴하기 시작한다.

황제의 전사와 성의 함락

이 혼잡한 무리 속에서도 지휘관으로서 또한 병사로서 의무를 다하는 황제의 모습은 여전히 보이고 있었지만 얼마 안 가 그도 마침내 보이지 않게 되었다.

그를 둘러싸고 싸우던 귀족들은 숨이 끊어지는 순간까지 팔라이올로구스와 칸타쿠제누스의 명예로운 이름을 끝까지 지켜 냈다. "내 목을 쳐줄 그리스도 교도는 없단 말인가!" 하고 소리치는 황제의 비통한 목소리가 들려왔다. 살아 있는 몸으로 이교도의 손에 붙잡히는 것이 그에게는 가장 두려운 일이었다.

막다른 골목에 몰린 황제는 최후의 수단으로 입고 있던 황제의 옷을 벗었다. 그리고 혼란 속으로 돌진한 끝에, 마침내 누군가의 칼에 맞고 쓰러져 전사자의 시체 더미에 자신의 몸을 묻었다.

황제의 죽음을 경계로 그리스 측은 완전히 무너져 전원 시가지를 향해 달아났다. 그러나 그들은 성 로마누스 교회 문의 좁은 골목길에서, 수많은 사람이 한꺼번에 몰리는 바람에 넘어지면서 뒤따라오는 군중에게 밟혀 대부분 목숨을 잃고 말았다.

튀르크 병사는 내벽의 틈새로 몰려 들어갔다. 그들은 항만 측의 파나르 문을 돌파한 아군과 시가지에서 합류했다. 이 첫 추격전에서 약 2000명의 그리스도교도가 살해되었다. 이윽고 탐욕이 잔혹함을 이기게 되자 그때부터 약탈이 이어졌다.

이슬람교도는 본래부터 그리스인의 저항이 그다지 심하지 않으면 살육은 그 자리에서 중지할 생각이었다. 그러므로 이는 당연한 순서라고 할 수 있다.

이리하여 53일에 걸친 농성 끝에, 일찍이 수많은 칸과 칼리파를 물리쳐 온 콘스탄티노폴리스도 마침내 메흐메드의 힘 앞에 완전히 굴복하고 말았다.

역사상 이 도시가 점령된 적이 단 한 번 있었는데 그때는 그래도 상대가 라틴인이었다. 그러나 이번 상대는 이슬람교도였다. 즉 나라의 종교까지 짓밟힌 것이다.

성안의 혼란

비보에는 날개라도 있는 걸까. 나쁜 소식은 대체로 빠르게 전파된다. 그러나 콘스탄티노폴리스의 성안 넓이로 보아 반대쪽에 있는 주민들은 함락 사실을 한동안 몰랐을 수도 있다.

하지만 도시 전체로 확산된 혼란, 도시와 운명을 함께하는 데 대한 불안, 적이 습격해 오는 소리, 이러한 상황에서 편히 잠을 잔 사람은 아무도 없었으리라. 따라서 대부분의 여성들이 예니체리의 난입에 의해 비로소 편안한 잠에서 깨어났을 거라고 생각하지는 않는다.

도시가 함락된 것을 알자 사람들이 집과 수도원에서 거리로 쏟아져 나왔다. 그리고 약자도 한 덩어리가 되면 힘을 발휘할 수 있다고 생각한 건지, 또는 군중 속에 섞여 있으면 자기 한 사람쯤 눈에 띄지 않을 테니 안전하다고 생각한 건지, 겁먹은 짐승 떼처럼 모두 모여 두려움에 떨면서 거리를 가득 메우고 있었다.

주민들이 도시 곳곳에서 성 소피아 성당으로 몰려온 지 한 시간쯤 지나자 안둘렛간, 성가대석, 복도, 상하의 회랑 등 모든 장소가 일반 남녀노소를 비롯한 사제, 수도사, 수녀들로 가득 찼다. 모여든 군중은 모든 문에 안에서 빗장을 지르고, 바로 최근까지 이단의 건물이라며 피하기만 했던 이 대성당에서 열심히 기도하기 시작했다.

그것은 그들이 한 남자의 말을 믿고 있었기 때문이기도 했다. 이 광신자 또는 사기꾼은 이렇게 예언했다. 튀르크인은 제도에 돌입한 뒤 성 소피아 성당 앞 광장에 있는 콘스탄티누스 황제의 주랑까지 올 수는 있지만 거기까지 왔을 때 한 천사가 칼을 손에 들고 하늘에서 내려와 제국을 구한다는 것이었다.

그리고 "이 칼을 잡아라. 이것으로 주 백성의 원수를 쳐라"라고 말하면 그 말을 듣고 튀르크 병사들이 달아날 것이니, 로마인은 그들을 먼저 서방에서 쫓아 버리고 이어 아나톨리아에서 페르시아의 변경에 이르기까지 쫓아낸다는 것이다.

참고로 덧붙이면, 역사가 두카스는 이 일을 두고 그리스인의 불화와 완고함을 비난했다. 그의 말에는 약간의 환상도 섞여 있었을지 모르지만 대부분은 진실이었다고 할 수 있다. 그는 말했다.

"만약 그 천사가 나타나 당신들이 교회의 통일에 동의한다면 적을 물리쳐 주겠다고 약속한다 해도, 당신들은 그러한 절체절명의 순간에도 그 보호를 물리치고 신을 배신했을 것이다."

승자의 권리

그러나 내려오지 않는 천사를 그들이 기다리는 동안 문은 마침내 도끼로 부서졌고 튀르크 병사들이 쏟아져 들어왔다. 그들은 상대가 저항하지 않는 것을 알고, 손에 피를 묻힐 필요도 없어지자 즉시 자신이 포로로 데려갈 남녀를 찾기 시작했다. 선택 기준은 아름다움과 젊음, 또는 부유해 보이는 용모 등이었다. 소유권은 선점, 힘, 계급 등에 따라 결정되었다.

한 시간 만에 원로원 의원들은 노예들과, 고위 성직자들은 교회의 문지기들과, 또 평민층 젊은이들은 그때까지 태양이나 가까운 친척들에게도 얼굴을 보여 주지 않았던 고귀한 처녀들과 한 덩어리가 되어 남자는 밧줄로 여자는 베일이나 띠로 묶였다.

튀르크 병사들은 아버지의 신음도 어머니의 눈물도, 또는 자식의 울부짖는 소리도 철저히 외면했다. 이에 의해 사회적 지위는 혼란에 빠지고 자연스러운 관계는 단절되었다.

특히 비통한 목소리가 컸던 사람은 벌어진 가슴을 두 손으로 가리고 머리를 산발한 채 제단에서 끌려 내려오는 수녀들이었다. 물론 그들 중에 수도원에서의 철야 기도보다 하렘[4]에서의 하룻밤을 선택하는 자는 적을 것이라 믿고 싶다.

가축 떼처럼 이리하여 밖으로 끌려 나온 그리스인들은 재빨리 돌아와 다시

---

4) 이슬람 국가에서 부인들이 거처하는 방. 일반 남자들의 출입이 금지된 장소.

약탈하고자 하는 튀르크 병사들에게 매질과 위협을 당하면서 억지로 발걸음을 재촉했다.

이 같은 약탈은 콘스탄티노폴리스의 교회와 수도원, 궁전과 가택 등 도처에서 볼 수 있었다. 아무리 신성한 곳이나 격리된 곳이라도 튀르크 병사들의 난폭한 손길에서 벗어날 순 없었다. 그리하여 약 6만 명의 그리스인들이 시내에서 튀르크군 야영지와 함대로 잡혀갔으며, 멋대로 교환과 매각에 부쳐져 오스만제국 각지로 보내졌다.

이러한 운명에 처한 자들 중에는 저명한 인물도 적지 않았다. 이를테면 황제의 시종장이자 제1비서관이었던 역사가 프란차도 그 가운데 한 사람이었다. 그는 가족과 함께 이 재앙에 휩쓸려 노예의 고통을 4개월 정도 맛보았다. 그리고 해방된 그 겨울에 하드리아노폴리스로 가서 미르 바샤, 즉 마구간 우두머리에게 몸값을 지불하고 아내를 되찾았다. 그러나 한창 젊음과 아름다움을 자랑했던 두 자식은 이미 메흐메드에게 끌려간 뒤였다.

갈라타항(港)의 입구는 그 시점에도 여전히 이탈리아의 상선과 함선이 점거하고 있었다. 그러나 콘스탄티노폴리스가 함락될 때까지 용감하게 싸운 이 선단도, 적의 수병들이 시가지 약탈을 위해 흩어진 틈을 타서 탈출한다.

돛이 오르자 해안에 군중이 몰려와 한결같이 구조를 요청했다. 그러나 운반 수단이 거의 없었다. 간신히 구출이 시작되었지만 베네치아인과 제노바인은 자국민을 우선했다. 이때 갈라타 주민은 모두 집에서 뛰쳐나와, 술탄의 관대한 약속이 있었음에도 불구하고 귀중품과 필수품만 지닌 채 배를 향해 몰려갔다.

대도시의 몰락과 이어지는 약탈에 대해 기록할 경우, 역사가는 그 참상만을 되풀이해 얘기하게 마련이다. 같은 격정에서는 같은 사건이 일어나도록 되어 있다. 그러한 격정이 무한정으로 허락되었을 때 문명인과 야만인의 차이는 없어진다.

편견과 증오에 뿌리를 둔 격렬한 항의 가운데, 이슬람교도가 그리스도교도의 피를 마음껏 흘렸다는 비난은 들리지 않았다. 그들의 실천 원칙, 즉 고대의 법칙으로 치면 피정복자의 목숨은 정복된 단계에서 잃어버린 셈이다. 따라서 정복자는 합법적인 대가로서, 포로의 노역과 매각 등을 통해 재산을 얻는 것이 허용되었다.

술탄도 병사들에게 승리하는 날에는 콘스탄티노폴리스의 부를 주겠다고 약속했다. 생산성으로 따져 한 시간의 약탈이 여러 해 동안의 노동보다 더 큰 재산을 가져다주었음을 생각하면, 술탄의 이 약속은 전선의 병사들에게 큰 힘을 주었음에 틀림없다.

그런데 실제로는 전리품이 적절하게 배분되지 않았다. 애쓰지도 않고 위험을 피해 군영에만 있었던 자들이 포상을 가로채기도 했다. 그들의 강탈행위에는 그야말로 한 조각의 교훈도 재미도 없으므로 여기에 기록할 가치도 없다.

포위 공격 직전의 황폐했던 제국의 재산 가치는 모두 400만 두카트였던 것으로 평가되고 있다. 그 가운데 극히 일부는 베네치아인, 제노바인, 피렌체인, 그리고 안코나 상인의 재산이었다고 한다.

참고로 이들 외국인의 자본이 신속하고도 부단하게 유통되면서 불어나고 있었던 것에 비해, 그리스인의 재산은 호화 저택과 의상 등의 허례허식을 위해 사용되거나, 국토 방위 때문에 징발되는 일이 없도록 금괴와 옛날 화폐 형태로 깊이 묻어두었다.

침해된 성역

제도 함락에 뒤따른 수많은 비극 가운데, 교회와 수도원에 대한 신성모독과 만행만큼 그리스도교도들을 비탄에 빠지게 한 것은 없으리라. 지상 낙원, 제2의 옥좌, 천사의 가마, 신의 영광스러운 자리 등으로 불려 온 성 소피아 성당의 대사원까지 몇 세대에 걸치는 기증품들을 빼앗겼고, 그 금은보석과 진주, 꽃병과 성물 등은 모두 인간의 편의를 위해 남용되었다.

물론 성상도 예외가 아니었다. 불경한 자들의 눈에 가치가 있어 보였던 부분은 모조리 벗겨져 나갔을 뿐만 아니라, 그 뒤의 그림과 목판까지 찢어지고 불탔다. 또 어떤 것은 짓밟히거나 부엌 또는 마구간 같은 비천한 곳에 던져졌다.

이와 같이 성스러운 교회가 폐허가 된 것은 앞서 콘스탄티노폴리스를 정복했던 라틴인의 전례가 있다. 따라서 그때 그 악의 가톨릭교도가 그리스도와 성모 마리아와 수많은 성인들에게 가져다준 재난을, 이번에는 광신적 이슬람교도가 우상숭배의 기념물에 가했다고 할 수 있다.

철학자라면 이러한 경우 아마 세상의 소란과 거리를 두고 다음 사실을 관찰할 것이다. 예술의 쇠퇴기에는 작가의 솜씨와 작품의 가치가 역전되기 쉽고, 또 성직자의 술책과 대중의 가벼운 믿음에 의해 환시와 기적이 잇따라 일어난다는 사실이다.

콘스탄티노폴리스의 함락으로 잃어버린 것은 많다. 그 가운데 철학자들이 가장 탄식한 것은 비잔틴 제국의 수많은 문고 약 12만 점의 사본이 이 대혼란으로 인해 파괴되거나 반출되어 사라져 버린 일일 것이다.

장물의 가격을 보자면 10권이 불과 1두카트 정도에 거래되었다는 흔적이 남아 있다. 왜냐하면 이 하찮은 금액도 서가 하나 치의 신학서적 가격으로는 지나치게 비쌌던 모양으로, 이 돈이면 고대 그리스의 과학과 문학의 보고라 일컬어지는 아리스토텔레스와 호메로스의 전집을 구입할 수 있었던 것으로 전해지고 있기 때문이다.

정복왕의 입성

기억할 만한 이날, 1453년 5월 29일 제1시부터 제8시까지 무질서와 약탈이 콘스탄티노폴리스 시가지를 한바탕 휩쓴 뒤, 술탄이 대신과 총독을 거느린 가운데 친위대를 이끌고 성 로마누스 문에서 개선했다. 한 그리스인 역사가에 따르면 그들은 한 사람 한 사람이 헤르쿨레스 같은 체구와 아폴로만 한 기민함을 지닌, 보통 병사 10명과 맞먹는 전사들이었다고 한다.

메흐메드의 눈앞에 펼쳐지는 신기하고 장려한 사원과 저택. 그는 동양의 건축과는 완전히 다른 이 건물들을 이따금 만족스러운 눈길로 바라보았다. 그리고 더욱 걸음을 재촉하여 대경기장까지 오자, 세 마리 뱀이 뒤엉켜 있는 원기둥을 보고 그것을 이 도시의 수호신상이나 부적으로 생각했는지 손에 든 철홀 또는 도끼로 그 가운데 한 마리의 턱을 부수어 힘을 과시했다.

성 소피아 성당 정문에 다다른 그는 그 건물을 자신의 영광을 빛내줄 기념비로 삼으려고 굳게 결심했는지 문 앞에서 말을 내려 대성당으로 들어갔다. 안에서 한 광신적인 이슬람교도가 대리석 바닥을 깨고 있는 모습을 보고 술탄은 언월도를 휘두르며 그자를 엄하게 꾸짖었다. 그리고 포로와 전리품이 너희들 병사에게 주어지는 대신 건물은 모두 군주의 것이라고 하며 파괴행위를 훈계했다.

낙조에 물들어

그리스정교회의 대성당이었던 이 교회는 술탄의 명령에 의해 즉시 모스크로 개조되었다. 그러나 개조라고 해도 별것 아니었다. 반출할 수 있는 화려한 성물은 모두 약탈당해 버린 뒤였기 때문에, 십자가를 철거한 것 외에는 성상이나 모자이크로 뒤덮여 있었던 벽을 깨끗하게 씻은 뒤, 단순하고 소박한 흰 벽으로 되돌렸다.

그날 혹은 이튿날인 금요일, 전령이 가장 높은 탑에 올라가 신과 그 예언자의 이름으로 예배 참석을 촉구했다. 예배에서는 먼저 이맘이 설교를 했다. 이어서 메흐메드가, 최근까지 마지막 로마 황제 앞에서 그리스도교의 성사가 거행되었던 대제단으로 올라가 감사와 기도의 의식을 집행했다.

예배를 마치고 성 소피아 성당에서 나온 그는, 콘스탄티누스 황제 이후 역대 황제들이 거주한 궁전으로 향했다. 하지만 그곳에서 그의 눈에 들어온 것은 건물이 장려하기만 한 주인 없는 폐허였다. 몇 시간에 걸친 약탈로 인해 옛 군주의 영화를 말해 주는 것은 이미 아무것도 남아 있지 않았다.

아, 헛된 영화여—. 운명의 변화무쌍함을 느낀 정복자 메흐메드의 입에서 자기도 모르게 페르시아의 옛 시의 한 구절이 흘러나왔다.

> —제왕이 살았던 궁전에 거미가 집을 짓고
> 아프라시아브[5]의 탑에서는 올빼미가 우네—

---

5) 사마르칸트를 가리킴. 14~15세기 티무르제국의 수도.

칼럼 로마의 연극

　로마 연극의 역사는 리비우스가 전하는 바에 따르면 기원전 364년에 시작되었다고 한다. 그것은 에트루리아에서 불러온 무용수가 추는 무용이었다. 그것 이외에도 음란하고 천박한 내용으로, 번갈아 가며 즉흥적으로 노래한 페스켄니아 시(詩)[1]와 희극인 아텔라 극[2], 또는 무언극, 피리 반주에 의한 노래와 춤과 몸짓이 있는 촌극이었던 사투라 등의 예능이 열렸다.

　그러나 극장에서의 공연은 그리스극에서 큰 영향을 받아 발전했다. 기원전 3세기 후반에 리비우스 안드로니쿠스가 처음으로 줄거리가 있는 극의 대본으로 그리스극을 번역하여 상연했다고 전해진다. 희극은 아리스토파네스 등 오늘날 널리 알려져 있는 옛 희극이 아니라 기원전 4세기 말부터 그리스에서 인기를 모았던 새로운 희극이라 불리는 것이 큰 영향을 끼치고 있다. 특히 메난드로스의 작품을 로마 관객이 이해할 수 있도록 번안한 것이 인기가 있었다. 이것은 정치적 풍자나 그런 것이 아니라 어떤 종류의 정형화된 웃음이다. 대표적인 작가로는 기원전 3세기에서 기원전 2세기에 걸쳐 활약했고, 작품이 현존하는 플라우투스와 테렌티우스를 들 수가 있다. 이들 그리스풍의 희극은 그리스인이 착용하는 겉옷 팔리움에서 이름을 따서 팔리움 극(fabula palliata)이라고 불렸다. 이 극들은 르네상스 시기에 셰익스피어와 몰리에르 등의 극작가에게 지대한 영향을 끼쳐 서양 연극사에서의 의의는 높게 평가되고 있다.

　이에 반해 로마인의 삶을 취재하고, 무대도 로마나 근교인[3] 로마풍 극도 기원전 2세기 후반에는 성행했다. 이것을 로마인이 입는 겉옷 토가에서 이름을 따서 토가 극(fabula Togata)이라고 한다. 하지만 기원전 2세기 이후에는 별로 쓰이지

1) 에트루리아의 도시 페스켄니움에서 유래함.
2) 캄파니아의 도시 아텔라에서 유래.
3) 팔리움 연극의 대부분은 아테네가 그 무대였음.

않게 되어 좀더 비속화한 무언극이 그 자리를 대신하게 된다. 그러나 그것의 단편을 들여다볼 수 있는, 현존하는 작품은 없다.

비극에 관해서도 그 단서는 리비우스 안도로니쿠스가 된다. 이것도 그리스 비극을 바탕으로 한 것으로서 크레피다 극이라고 한다.[4] 그러나 신작보다는 기원전 5세기의 비극작가 아이스킬로스, 소포클레스, 에우리피데스의 작품이 사랑을 받았다. 또한 로마만의 독특하고 역사적인 사건을 제재로 한 프라이텍스타 극[5]도 있었는데, 많은 인기를 모으지는 못했던 것 같다. 공화정 후반에는 비극에 대한 관심은 낮아졌지만 제정으로 들어서자 다시 부활한다. 세네카는 네로 황제 시대에 작품을 쓰기는 했으나 상연할 의도는 없었던 듯하다. 비극 작품도 세네카의 것을 제외하면 거의 현존하지 않는다.

팔리움 극의 경우, 상연은 아테네와 마찬가지로 축제 때 이루어졌다. 로마 축제, 평민 축제, 메갈렌시아 축제[6]가 유명하다. 대체로 관람극을 할 수 있는 기간은 연간 20일에서 25일로 기원전 5세기의 아테네를 웃돈다. 장소는 처음에는 임시로 만든 목조무대에서 이루어지고 관객석도 없었지만, 나중에는 목조 가설 관객석이 만들어지게 되고, 다시 1세기가 되면 석조로 된 항구적인 극장이 세워진다. 공연 제작비는 공금이나 유복한 자의 기부로 충당하고, 입장료는 받지 않았다. 관객은 남녀노소, 원로원 의원에서 윤락녀, 노예에 이르기까지 모든 층을 망라했으나, 이미 공화정 때부터 대중에게 인기가 있었던 것은 연극보다는 무언극이나 팬터마임, 또는 다른 구경거리(그물 건너기, 검투사나 권투사의 경기)였던 것 같다.

배우는 원칙적으로 남자만 가능했다. 그들은 가면을 쓰고 연기를 했다. 배우들의 출신은 여러 설이 있지만, 사회적으로는 멸시당한 직업으로서 해방노예나 외국인이었을 것으로 짐작된다. 그러나 매우 인기가 있는 배우도 있었고, 황제의 보호 아래 높은 명성을 얻는 경우도 있었다. 또 개중에는 황후의 총애를 받는다는 이유로 죽임을 당하는 자도 있었다.

---

4) crepida는 발끝이 없는 반장화로 비극배우가 신었음.
5) praetexta란 로마의 고관이 입었던 비단으로 가장자리를 댄 웃옷.
6) 매년 4월 4일. 키벨레 여신을 위한 축제.

팔라티누스 언덕 기슭의 저지에 펼쳐진 포로 로마노.
포로 로마노는 수세기에 걸쳐 로마 시민 생활의 중심
지였다. 수많은 신전·공화당·개선문·기념주의 잔해
가 흩어져 있다.

제15장
에필로그
위대했던 로마를 돌아보며

시간 현상 자연 소멸

위대한 로마제국의 몰락은 역사상 장대한 한 편의 비극처럼 인류에게 강한 공포와 슬픔을 심어주었다.

나는 세심히 연구한 끝에, 1000년이 넘는 오랜 세월 동안 번영했던 로마 몰락의 주요 원인 네 가지를 밝혀냈다. 첫째 시간과 자연 현상으로 인한 내부 손상이다. 둘째 야만족과 그리스도교도들의 적의로 가득 찬 공격이다. 셋째 자원의 남용이며 넷째 로마인끼리의 내분 문제이다.

첫째 원인부터 살펴보자. 사람은 기술을 이용해 오랫동안 살아남을 기념물을 만들어 낸다. 그러나 이런 기념물도 사람의 일생과 마찬가지로 시간이 흐름에 따라 점점 파괴되고 약해지게 마련이다. 그러므로 유구한 세월의 흐름 속에서는, 사람의 인생도 그가 남긴 성과도 결국 순식간에 사라져 버리는 허망한 존재에 지나지 않는다.

구조가 단순하고 튼튼한 건축물이라 해도 그 수명을 단정 짓기는 어렵다. 예부터 지금까지 수많은 사람들이 마치 가을 낙엽 지듯이 저마다 무덤으로 떨어져 내렸다. 파라오들, 프톨레마이오스들, 카이사르들, 칼리파들 등은 세상에 잠깐 나타났다가 사라져 갔다. 그러나 고대의 기적 가운데 하나인 피라미드는, 그들이 사라진 뒤에도 나일강의 홍수를 견디며 제자리를 꿋꿋이 지켰다.

실제로 로마도 지진 피해를 입은 적이 있다. 한번은 로마의 높은 탑이 기초부터 흔들리기도 했다. 그러나 로마의 일곱 언덕은 지구상의 위험한 지대를 피해서 솟아난 모양이다. 안타키아, 리스본, 리마 등을 파괴한 대지진이 이 도시를 덮친 적은 없었다.

그럼 불은 어땠을까. 불은 생사와 관련된 가장 커다란 힘이다. 고의든 실수든 간에, 불은 한번 붙으면 급속도로 번지며 활활 타오른다. 로마사의 모든 시대에 걸쳐 종종 일어난 화재만 봐도 이 점을 확실히 알 수 있다.

네로 황제 시대에도 역사에 남을 만한 대화재가 일어났다. 이때 불길은 꺼졌다가 다시 살아났다가 하면서 장장 아흐레 동안이나 계속 타올랐다. 구불구불한 거리에 빽빽하게 들어선 건물들이 그 불꽃의 무한한 연료가 되었다. 불길을 겨우 잡았을 때에는, 로마시 14구역 가운데 화마를 피한 곳은 고작 4군데에 불과했다. 나머지 10구역 중 3구역은 완전히 불탔으며, 7구역은 그을린 건물들의 잔해로 가득해서 예전 모습을 찾아보기 어려웠다. 다행히 이 무렵 로마제국은 전성기를 맞이하고 있었으므로, 수도 로마는 잿더미에서 일어나 아름다운 새 도시로 다시 태어났다. 그러나 나이 든 사람들은 그리스 미술품, 수많은 전승 기념품, 전설을 간직한 옛 로마 유물 등 소중한 유산들을 많이 잃어버렸다며 비탄에 잠겼다.

나라가 가난하고 혼란스러운 시대에는 작은 상처도 모두 치명상이 된다. 한번 상처를 입으면 예전 상태로 돌아갈 수는 없다. 정부의 공권력으로도, 개인의 이해에 따른 활동으로도 손해를 만회할 수 없다.

그런데 화재는 쇠퇴기보다는 번영기에 들어선 도시에 더 큰 피해를 입힌다. 그 까닭은 크게 두 가지다. 첫째 번영기 도시에는 쇠퇴기 도시보다 탈 것이 많다. 화재가 나면 벽돌, 목재, 금속 등 타기 쉬운 재료가 가장 먼저 용해되거나 불타게 마련이다. 그래서 번영기 도시는 큰 손해를 본다. 그러나 이미 쇠퇴기 도시의 헐벗은 건물이나 거대한 아치가 불타 봤자 큰 손해야 있겠는가? 둘째로 위험한 불티가 커다란 불꽃으로 자라나기 가장 쉬운 장소는, 일반 서민들의 거주지이다. 물론 이 지역은 쇠퇴기 도시보다 번영기 도시에 많다. 이 지역 가옥들이 전부 타버리면, 그때까지 버텨 온 큰 건물들은 군데군데 띄엄띄엄 남는다. 즉 그 건물들은 불길로부터 고립된 안전한 지역에 남게 된다.

로마시는 위치상 홍수의 위협에 노출되어 있었다. 아펜니노산맥에서 로마로 흘러 들어오는 하천이 테베레강을 비롯하여 많았기 때문이다. 그런데 이 하천들은 흐름이 짧고 불규칙적이었다. 여름에는 가뭄 때문에 실개천이 되었으며, 봄·겨울에는 비와 눈 녹은 물 때문에 갑자기 급류로 변했다. 강의 흐름이 격렬해지면, 강바닥은 그 엄청난 물의 양을 감당하지 못한다. 결국 흘러넘친 강은 강둑을 넘어 자유롭게 범람하여 평지나 도시로 흘러든다.

제1차 포에니전쟁 끝나고 호우가 쏟아지는 바람에 테베레강이 범람하여 전대미문의 대홍수가 로마를 덮쳤다. 이때 로마의 여러 언덕에 세워져 있던 모든 건물들이 파괴되었다. 피해 유형은 각 지방마다 지형에 따라 달랐다. 탁류가 한꺼번에 밀려드는 바람에 유실된 건물도 있는가 하면, 오랫동안 서서히 침수되면서 토대가 붕괴된 건물도 있었다.

아우구스투스 황제 시대에도 비슷한 재해가 일어났다. 테베레강이 또다시 범람하여 강가에 있던 호화 저택 및 신전을 덮친 것이다. 강바닥에는 깨진 기왓장과 벽돌이 잔뜩 쌓였다. 아우구스투스 황제는 강바닥을 깨끗이 청소하고 확장하도록 지시했다. 그 뒤 황제들은 비슷한 재난을 겪으면서, 강바닥 관리 계획을 수행하며 재해 대책 경험을 쌓았다. 테베레강 자체 및 지류에 새 수로를 만든다는 거대한 사업 계획도 세워졌다. 그러나 이 사업은 갖가지 미신과 지역이기주의의 벽에 부딪쳤다. 게다가 만약 불완전하게 실행해 봤자, 그에 필요한 노력과 비용을 생각하면 수지 타산이 맞지 않았다.

강을 제압하는 것, 그것이야말로 사람이 자연의 의지와 싸워서 얻는 가장 숭고하고 중요한 승리다. 하지만 강력하고 활동적인 로마 정부조차 테베레강을 다스리진 못했다. 그러니 서로마제국이 몰락한 뒤, 로마시를 덮친 홍수에 사람들이 어떻게 대처할 수 있었겠는가. 어느 누가 그 피해의 심각성을 짐작하겠는가.

로마시를 이런 홍수의 위협으로부터 구해 준 것은 아이러니하게도 바로 홍수였다. 홍수 피해를 입은 언덕에서 흘러 내려온 모래나 진흙이 점점 쌓이면서 로마시가 차츰 높아진 것이다. 로마시의 표고는 고대보다 14~15피트나 더 높아졌다. 그 덕분에 근대에 들어와서, 로마시가 테베레강의 습격을 받는 일은 예전에 비해 줄어들었다.

야만족과 그리스도교도들의 공격

이번에는 로마의 몰락을 이끈 둘째 원인을 보자. 세계 각국의 수많은 역사가들은 고트족과 그리스도교도들이 고대 로마의 기념물을 파괴했다고 말한다. 그러나 고트족이나 그리스도교도가 얼마나 적대적으로 행동했는지, 로마에 대한 적의를 만족시킬 만한 수단과 시간을 얼마나 가지고 있었는지를 연구한 사람은 많지 않다. 나는 이 책《로마제국쇠망사》에서 야만족과 종교의 승리를 그려냈다. 그 승리와 고대 로마의 몰락 사이의 실제적 연관과, 상상력에 바탕을 둔 연관은 무엇일까. 나는 지금부터 그 연관을 개괄할 것이다.

우선 어떤 상상이 가능할까? 고트족과 반달족은 북유럽 신화 최고신인 오딘의 도주에 대한 복수심에 불타, 인류를 하나로 잇는 사슬을 파괴하고 억압자들을 징벌하기 위해 스칸디나비아반도에서 내려왔는지도 모른다. 아니면 그들은 고전문학을 불속에 던져 넣고, 토스카나 양식이나 코린토스 양식 기둥의 잔해 위에 그들의 민족적 건물을 세우고 싶었던 것일지도 모른다. 이처럼 우리는 상상력을 발휘해 유쾌한 이야기를 만들어 낼 수 있다.

그러나 실제로는 어떨까. 사실 북방에서 온 정복자들은 그런 파괴와 복수를 꿈꿀 정도로 철저한 야만족도 아니었고, 세련된 문명인도 아니었다. 스키타이와 게르마니아 사람들은 로마제국의 군대에 근무하면서 전쟁 기술을 배웠으며, 로마군의 규율을 몸에 익히고 그 약점도 파악했다. 로마의 군제(軍制)에 따라 그들은 라틴어를 익히고 사용했으며, 로마라는 이름 및 여러 칭호를 존경하는 법을 배웠다.

물론 그들은 로마인과 우열을 겨루고 싶었는지도 모른다. 그러나 그들은 빛나는 시대의 예술이나 학문을, 파괴하기보다는 찬미하고자 하는 마음이 강했다. 알라리크나 게이세리쿠스가 이끄는 병사들이 부유한 수도 로마를 손에 넣었을 때, 승리한 군대의 특권인 열광에 사로잡혔던 것은 사실이다. 그러나 그들이 잔혹하고 탐욕스럽게 날뛰며 찾아다니던 대상은 운반할 수 있는 부(富)였다. 그들은 로마의 역대 집정관이나 황제가 달성한 위업을 파괴하는 행위로부터, 쓸데없는 감상(感傷)이나 자부심 또는 쾌감을 느끼거나 하지는 않았다.

사실, 그들에게 있어서는 한 순간 한 순간이 귀중했다. 410년 고트족은 6일째에, 455년 반달족은 15일째에 로마로부터 철수했기 때문이다. 파괴하는 것보다 건설하는 것이 훨씬 어렵다고는 하지만, 그들의 성급한 공격은 고전고대의 굳건한 대전당에 작은 상처밖에 낼 수 없었다.

알라리크도 게이세리쿠스도 수도의 건물을 손상시키지 않으려 했고, 그 건물들은 테오도리크의 경사스런 치세에도 견고함과 아름다움을 잃지 않았다. 그리고 토틸라[1]의 일시적 분노조차, 그 자신의 성격과 친구나 적의 조언에 따라 창끝을 무디어지게 하였다. 우리는 이 점을 마음에 새겨두어야 할 것이다.

그들 순진한 야만족보다는 로마시의 그리스도교도를 비난하는 것이 옳다. 이교의 신들의 조상, 제단, 누각은 그들의 눈에는 증오의 표적 이외에 아무것도 아니었다. 로마시를 완전히 지배 아래 둔 그들은, 선조들의 우상숭배를 말살하기 위해 열렬하고 집요하게 노력을 기울였다. 동방의 신전 파괴는 그들에게는 행동의 범례가 되었으나, 우리들에게는 신앙의 공죄(功罪)를 둘러싼 논란의 씨앗이 되고 있다. 그러므로 공죄의 원인이 로마의 새 신도들에게 돌아가도 틀리지 않을 것이다. 그렇지만 그들의 혐오 대상은 이교의 미신을 상기시키는 사물에 한정되어 있으며, 실무나 오락에 관계한 시민 생활용 건물은 그들의 손에 손상되거나 반감을 사는 일 없이 존속할 수 있었다.

종교 혁명은 민중의 소동에 의해서가 아니라, 황제들의 칙령과 원로원의 결의 및 시대가 명하는 바에 의해 달성되었다. 그리스도교의 권위도 보통 로마의 주교에 의해 가장 엄숙하게 지켜졌다. 또한 저 위용을 자랑하는 판테온 건물을 용도를 변경하여 보존한 그 공적을 구태여 비난할 이유는 없을 것이다.

자원 남용 약탈 파괴

셋째 원인은 자원의 남용이다. 인간의 욕망과 쾌락에 대응하는 모든 사물의 가치는 실질과 형태, 소재와 가공이 어우러져 결정된다. 그 가격은 반드시 그것을 획득하여 사용하는 사람들의 수, 시장의 규모, 상품의 질이나 그 소재지, 그때 상황에 따른 원거리 운송의 난이도 등으로 좌우된다.

로마를 정복한 야만족은 여러 해에 걸친 노동의 결실과 재보를 한 순간에 차지했다. 그러나 곧바로 소비할 수 있는 사치품을 제외한 나머지는 고트족의 짐수레 혹은 반달족의 선단으로 로마시 밖으로 실어 나갈 수 없었다. 그들은 그것을 욕심 없이 바라보기만 했다. 맨 처음 그들이 탐욕스럽게 획득한 것은 금과 은이었다. 금과 은은 어느 나라에서나 마찬가지로, 최소한의 양으로 최대

---

1) 동고트 왕, 재위 541~552년. 유스티니아누스 황제의 이탈리아 재정복 사업에 대항하여, 두 번에 걸쳐 로마시를 포위하고 점령했다.

한의 사람들의 노동과 재산을 지배하기 때문이다. 이러한 귀금속 항아리나 상(像)은 어느 야만족 우두머리의 허영심을 부추겼을 것이다. 그러나 더욱 야만스러운 무리는 겉모습에는 무관심하고 실질에만 급급했다. 그것을 녹여서 황금덩어리로 만들어 버리면 쉽게 나누어서 제국의 통화로 쓸 수 있었다. 두 야만족만큼 민첩하지도 못하고 행운도 따르지 않았던 도적 떼는 놋쇠, 납, 철 및 동 따위의 가치가 떨어지는 약탈품으로 만족했다.

고트족과 반달족의 손아귀를 벗어날 수 있었던 것은 무엇이 되었건 동로마제국의 지배자에게 약탈당했다. 콘스탄스 2세 황제[2]는 로마 행차[3] 때 약탈도 함께 행하여 판테온의 지붕을 덮는 청동기와를 벗겨 가지고 떠났다. 로마의 건축물은 거대하고 다양한 광산이라고 여긴 것이다.

재료를 채굴하는 일은 이미 이루어지고 있었다. 금속은 정련되어 주조되었고 대리석은 잘라내져 연마되었다. 적이 만족스럽게 약탈을 끝낸 뒤에, 로마시의 폐허는 사줄 사람만 발견하면 여전히 팔려나갔다. 고대의 유적은 귀중한 장식이 벗겨져 나간 모습으로 방치되었다. 그러나 로마시의 주민은 만약 그 노력이나 유출 경비를 메우고도 남는 이익이 생긴다면, 스스로 개선문이나 성벽을 파괴했을 것이다. 만약 카롤루스 대제가 그가 부흥시킨 서로마제국의 수도를 이탈리아로 정했더라면, 황제의 천부적인 재능은 로마 황제들의 업적을 손상시키기보다 부흥시켰을 것이다. 하지만 정치적 이유가 카롤루스를 게르마니아의 숲에 가두었다. 그는 오직 파괴에 의해서만 즐거움을 느껴서, (현재 독일 서부에 위치한) 아헨의 새 궁전은 라벤나와 로마에서 가져온 대리석으로 장식되었다. 카롤루스 대제로부터 500년이 지난 뒤, 그 무렵 가장 총명하고 자유주의적인 군주였던 시칠리아 왕 로베르는 카롤루스 대제와 같은 재료를 테베레강과 지중해의 항로를 거쳐 손쉽게 조달했다. 페트라르카[4]는 노여워하며, 세계에서 가장 훌륭한 옛 도시가 자신의 내부를 헐어 게으른 나폴리를 장식하는 일을 개탄했다. 하지만 이러한 약탈이나 매매도 암흑시대로 접어들면서 자취를 감추었다.

---

2) 재위 641~668년.
3) 663년. 단기간의 로마시 체재 후, 이 황제는 시라쿠사에 궁전을 두었다.
4) 이탈리아의 시인·학자. 1304~1374년.

그리고 로마 시민들은 고대의 폐허가 도시나 주민에게 조금이라도 보탬이 되었다면, 누구의 부러움도 사는 일 없이 오직 자신들만의 공적·사적 용도로 사용했을 것이다. 아우렐리아누스 황제가 쌓은 로마시의 방벽은 지금도 과거 로마시의 경계를 그대로 드러내고 있지만, 로마 거리는 7개의 언덕에서 내려와 그 외부에 위치한 마르스의 들판에 있었다. 그리고 시간의 사나운 위세와 싸워 살아남은 가장 숭고한 건축물들 중 몇 개는 사람이 사는 거리에서 멀리 떨어진 황야에 남겨져 있었다. 원로원 의원들의 저택은 그들의 가난한 자손들의 풍습이나 재산과는 더 이상 어울리지 않았다. 공중목욕탕이나 주랑을 사용하는 사람도 사라졌다. 6세기에는 극장, 원형경기장에서의 행사는 중지되었다. 몇 개 안 되는 이교 신전은 새 시대의 종교에게 자리를 내주었다.

한편 그리스도교회는 신성한 십자형 도면을 즐겨 썼으며, 수도원의 독실이나 사무실은 유행 또는 합리적인 계획에 의한 특수 양식에 따라 배치되었다. 교회의 지배 아래에서 이러한 경건한 목적의 건물들은 매우 증가했다. 로마시에는 40개의 남자수도원과 20개의 여자수도원, 60개에 달하는 성당 참사회나 사제 양성 신학교가 생겨났는데,[5] 이것들은 독신제도를 부흥시켜 10세기 인구 감소를 해소하기는커녕 오히려 악화시켰다. 하지만 고대 건축 양식이 그 효용성과 미의식에 둔감한 사람들에게 무시되었다고 해도, 풍부한 소재 그 자체는 필요나 미신의 어떠한 요구에도 적용되었다. 그 결과 파로스섬이나 누미디아산의 훌륭한 대리석으로 만들어진 이오니아식이나 코린토스식의 더없이 아름다운 기둥들이 무참하게도 수도원이나 마구간을 떠받치는 꼴이 되었다. 그리스나 소아시아의 여러 도시에서 튀르크인이 밤낮없이 자행한 파괴행위가 그 슬픈 사례를 구체적으로 입증한다.

로마의 기념적인 건축물은 점차 이렇게 심하게 파괴되어 갔다. 그러나 로마 교황 식스투스 5세가 '7성궁(Septizonium)'의 석재를 가져다 영광스러운 성 베드로 대성당의 건축에 사용한 것만은 용서받을 것이다.

하나의 파편, 하나의 폐허는 아무리 잘리고, 아무리 더럽혀졌다 하더라도 희비가 교차하는 감정으로 바라볼 수 있을 것이다. 하지만 대리석은 그 대부분

---

5) 기번의 원주에 의하면 988의 숫자.

이 유실되어 과거에 있던 장소도 크기도 가늠할 수 없게 되었다. 그것은 불타 석회가 되어, 시멘트로 쓰였기 때문이다. 이탈리아의 고전학자 포조[6]가 로마에 나타난 뒤에도 콩코르디아 여신의 신전과 그 밖의 많은 1급 건축물이 그의 눈앞에서 모습을 감추었다. 그 무렵 교황 피우스 2세의 〈에피그램〉에는, 이 같은 상태가 계속되면 머지않아 고대의 유물이 모두 괴멸할 것이라는 정당하고 경건한 두려움이 나타나고 있다.

로마시 주민의 욕구와 약탈행위를 유일하게 억제해 준 것은 로마의 인구가 적었다는 사실이었다. 페트라르카는 로마에 강대한 민중의 존재를 상정했을지도 모른다. 14세기가 되어도 겨우 3만 3000명의 주민밖에 없었다고 믿기에는 주저가 된다. 교황 레오 10세 시대[7]에 와서 인구가 8만 5000명까지 증가했다고 하는데, 그러한 인구의 급격한 증가는 옛 도시에 있어서는 적잖은 위험이었을 것이기 때문이다.

로마인에 의해 파괴되는 로마

넷째 원인을 보자. 나는 로마 붕괴의 가장 유력한 원인으로 로마의 내분 문제를 마지막으로 남겨 두었다. 그리스인과 프랑크인 황제 치하의 로마시의 평화는 우발적이고 빈번한 반란으로 깨지고 말았다. 10세기 초 프랑크인 황제 세력이 쇠퇴한 이후 무질서한 사투가 시작되었다고 생각해도 좋을 것이다. 그야말로 법전과 복음서의 계율로도 어쩔 수 없는, 군주의 존엄도 그리스도 대리인의 존재와 인격까지도 존경할 줄 모르는 세상이었다. 500년에 걸친 암흑시대에, 로마는 끊임없이 귀족과 민중의 피맺힌 전투—겔프(교황파)와 기벨린(황제파), 콜론나 가문과 오르시니 가문—로 고통을 당해야 했다.

그것은 모든 것이 검으로 해결되던 시대였다. 법은 무력했으며 누구도 법에 자기의 생명과 재산을 맡길 수 있다고 생각하지 않았다. 유력한 시민들은 자국 내에 존재하는 적, 증오하는 적으로부터 몸을 지키고 상대를 해치기 위해 무기를 준비했다. 베네치아를 제외한 이탈리아의 모든 독립국이 이 위험에 노출되어 있었다. 귀족들은 자기의 집을 요새화하거나 갑작스런 적의 습격에 저항하

6) 1380~1459년.
7) 재위 1513~1521년.

기 위해 탑 건설에 대한 권리를 제멋대로 행사하였다. 각 도시들은 적의 공격을 대비한 건조물로 채워졌다. 예를 들면 루카는 300개의 탑을 소유했다. 시 당국은 탑의 높이를 80피트 이내로 제한하였다. 하지만 훨씬 부유하고 인구도 많은 도시에서는 이러한 제한 숫자는 지켜지지 않았다. 평화와 정의의 확립을 위해 브란칼레오네가 취한 첫 시책은 로마에 있던 140개의 탑을 붕괴시키는 것이었다. 평화와 무정부 상태가 끝이 났을 무렵—교황 마르티누스 5세의 치세[8]—로마의 13~14구역 중 하나에는 44개의 탑이 세워져 있었다. 탑의 건설이라는 재앙과도 같은 목적을 위해 고대 유적이 이용되었다. 신전이나 아치는 벽돌과 돌로 만들어지는 새로운 구축물에게, 폭이 넓고 견고한 토대를 제공하였다. 우리들은 율리우스 카이사르 티투스 황제, 두 안토니누스 황제(피우스 황제와 마르쿠스 황제)의 전승 기념물 위에 세워진 탑의 이름을 예로 들 수 있다. 극장, 원형경기장, 황제의 영묘는 아주 조금만 수리해도 견고하고 웅대한 성채로 모습을 바꾸었다. 하드리아누스 황제의 영묘가 '천사의 성(산탄젤로성)'이라는 이름을 얻게 된 것도 굳이 말할 필요가 없을 것이다.

셉티미우스 세베루스 황제의 '7성궁'은 신성로마제국 하인리히 4세가 1084년에 공격해 왔을 때 왕자의 군대에 대항하여 잘 유지되었다. 아피아 거리에 지금도 남아 있는 메텔라 부인의 묘는 13세기 말부터 교황 보니파키우스 8세 일족의 성채로 개조되어 그 안에 매몰되었다.

폼페이우스 극장[9]과 마르켈루스 극장[10]은 사벨리가(家)와 오르시니가가 점거하였다. 조잡한 성채는 멋을 더하게 되었고, 이탈리아 궁전의 영광과 우아함을 드러내게 되었다. 교회당조차 무기와 방벽으로 둘러싸이게 되었으며, 성 베드로 대성당 옥상에 있었던 중무기는 바티칸을 위협적인 존재로 만들어 그리스도교 세계의 치욕으로 불렸다. 수비되던 것은 모두 공격당하게 되었고 공격당하던 것은 모두 파괴될 가능성이 있었다. 로마시 주민들은 시민의 결의에 의해 만약 '천사의 성'을 교황으로부터 빼앗게 되면 이 예종의 기념비를 파괴하기로 결정했다. 방위를 위한 모든 건조물은 공격당할 위험에 처하게 되었다. 모든

---

8) 재위 1417~1431년.
9) '마르스의 들'에 있었으나 지금은 남아 있지 않음.
10) 테베레강 근처.

포위공격에서 파괴를 위한 기술과 도구가 조금도 거리낌 없이 이용되었다.

교황 니콜라우스 4세[11]가 죽은 뒤, 로마는 군주도 원로원도 없는 6개월간의 내란의 폭풍우에 휘말리었다. 그즈음 추기경이자 시인이었던 인물의 말을 인용하면 이렇다. "무겁고 거대한 돌이 작은 돌처럼 떨어져 집들을 부수고, 성벽은 파성추로 뚫리고, 탑은 불과 연기에 휩싸였다. 공격해 오는 적은 약탈과 복수로 제정신이 아니었다." 이탈리아의 모든 당파는 번갈아 가며 적에게 맹목적이고 무차별적인 복수를 가하고는 주민이나 성채를 흔적도 없이 파괴하고 떠나갔다. 외적과 싸우는 나날과 국내의 적과 싸우는 나날들을 비교할 때, 우리들은 후자가 로마시에 훨씬 많은 피해를 주었다고 단언할 수 있다. 이러한 우리들의 의견을 확인해 주는 것은 페트라르카의 증언이다. 이 계관시인은 이렇게 말했다.

"보라, 로마의 유적을. 옛 로마의 위대함의 잔상을! 시간도 야만족도 이 놀라운 대파괴를 이룬 공적을 자랑하지 못할 것이다. 이 파괴는 로마 시민 그들 스스로에 의해, 그 가장 저명한 자손들에 의해 이루어진 것이다. 당신의 선조인 예전의 카르타고의 영웅 한니발이 검으로는 얻지 못하던 것을 파성추를 가지고 이루었다."

이상의 네 가지 로마 몰락의 주요 원인 중, 마지막 두 가지는 내용상 서로를 보강한다. 왜냐하면 내란에 의해 파괴당한 집이나 탑을 복구하려면 고대 유적들의 건축 자재가 끊임없이 필요했기 때문이다.

콜로세움과 함께 무너지는 로마

이상으로 개관해 본 네 가지 모두는 티투스 황제의 원형경기장에도 적용된다. 이 투기장은 그것이 거대했기 때문인지, 근처에 네로 황제의 거상이 세워져 있었기 때문인지 콜로세움이라고 불리었다. 그것은 시간과 자연에 고스란히 맡겨졌더라면 영원히 존속되었을지도 모르는 건조물이었다. 호기심 많은 고대연구가는 수용 인원과 좌석 수를 계산한 결과 둥근 형태의 석조좌석 위에는 다시 몇 단의 목조좌석이 세워져 있었을 것이며, 이 목조 부분은 몇 번에 걸친 화

---

11) 재위 1288~1292년.

재로 손실되었지만 황제들에 의해 복구되었을 것이라는 생각으로 기울고 있다. 어찌 되었건 고가의 물건, 실어 나를 수 있는 것, 신을 모욕하는 것, 다시 말해 신들이나 영웅상, 놋쇠 혹은 금박, 은박으로 덮인 고가의 조각 장식은, 정복자와 광신자 즉 야만족과 그리스도교도의 탐욕의 마지막 먹이가 되었다. 콜로세움의 거대한 석재에서는 많은 구멍이 발견되고 있다. 가장 가능성이 높은 두 가지 억설은 이 유적의 쇠퇴와 더불어 많은 가능성을 떠올리게 한다. 이들 석괴는 놋쇠와 철 같은 견고한 연결구로 이어져 있었다. 약탈자의 눈은 이 비(卑)금속의 가치를 놓치지 않았다. 아무도 없는 공간은 시장과 달랐다. 어떤 오래된 기록은 콜로세움의 직인(職人)들에 대해 언급하고 있다. 석괴의 틈은 뚫리고 넓혀져 직인들의 가게나 텐트에 기둥을 끼워 넣는 구멍이 되었다. 적나라한 모습을 드러낸 '플라비우스 원형극장'을 북방 순례자는 공포와 찬탄의 마음을 가지고 우러렀다. 그들의 열광하는 모습은 격조 높은 명시구로 표현되어 8세기의 존자(尊者) 베다의 단편 속에 전해 내려오고 있다.

"콜로세움이 서 있는 한 로마도 서 있을 것이다. 콜로세움이 쓰러지면 로마도 쓰러질 것이다. 로마가 쓰러질 때 세계도 쓰러질 것이다."

근대였다면 콜로세움이 세워진 3개의 언덕—팔라티누스, 카일리우스, 비미날리스—사이에는 전쟁을 위한 요새를 세우지 않았을 것이다. 그러나 콜로세움의 벽과 아치의 견고함은 중무기의 공격에도 끄떡하지 않았고, 그 건물 안에서 수많은 수비군들이 머물러 있을 수도 있었다. 한쪽 당파가 바티칸과 카피톨리누스의 언덕을 점거하면, 다른 한쪽의 당파는 라테라노 성당과 콜로세움을 점거했다.

로마시에서 고대 경기의 폐지는 약간의 폭을 두고 이해되어야 한다. 로마시의 남서부에 있는 테스타초나 아고날리스 경기장에서 행해지던 사육제 경기는, 로마시의 법과 관습으로 규제되었다.

원형경기장은 특별 제전이 있을 때에만 이용되었다. 원로원 의원이 근엄한 태도로 경기를 주최했으며, 승리자에게는 금반지와 옷감 또는 비단 팔리움이 상품으로 수여되었다. 유대인에게 부과되던 세금으로 이러한 지출이 조달되었다. 경주, 경마, 전차경기는 72명에 달하는 젊은이들의 시합에 의해 그 빛을 더하였다.

건설 자재에 대한 수요는 항상 있는 일이고, 시민들은 바라는 대로 양심의 가책을 느끼는 일도 없이 그 수요를 채울 수 있었다. 14세기에는 악명 높은 평화 조약 협상이 체결되고 두 당파가 콜로세움을 공동의 자유로운 채석장으로 하는 특권을 가지게 되었다. 포조는 석재의 대부분이 어리석은 로마인에 의해 불타 석회가 된 것을 슬퍼한다. 이 악폐를 저지하고, 음침하고 눈에 띄지 않는 곳에서 밤마다 일어나는 악행을 막기 위해 교황 에우게니우스 4세[12]는 콜로세움을 벽으로 둘러싸고 이 땅과 건물을 근처 수도원의 수도사들에게 주었다. 에우게니우스가 죽자 벽은 시민들의 소동으로 붕괴되었다. 만약 그들이 선조들이 남긴 가장 숭고한 기념물에 존경의 마음을 품었다면, 그들은 두 번 다시 사유 재산물로 격하되지 않도록 결의하는 것이 옳다고 생각했을 것이다. 내부는 파괴되었지만 16세기 중반—취미와 학문의 시대였지만—1612피트에 달하는 외벽은 아직 손상되지 않고 3층 80개의 아치는 108피트의 높이를 유지했다. 폐허가 된 것은 교황 바오로 3세[13] 일가에 책임이 있다. 그리고 '이 교황이 건설하게 한' 파르네세 궁전을 본 여행자는 누구라도 이 교황의 사치를 몹시 비판할 것이다.

이 같은 비난은 바르베리니 일가에도 향한다. 이 비행이 반복되어 일어나는 것을 모든 교황이 두려워했는데 결국 가장 중립적인 교황 베네딕토 14세[14]가 콜로세움을 종교의 보호 아래에 두어 이 불상사는 끝났다. 이 교황은 박해로 많은 순교자의 피가 흘렀던 이 장소를 성스럽게 만든 것이다.

로마제국의 쇠망 역사는 어떤 식으로 말해도 이 성지를 방문한 순례자들 그리고 모든 독자들의 주의를 불러일으킨다. 로마의 쇠망은 아마도 인류 역사에 있어서 가장 위대하고 가장 두려운 광경일 것이다. 장기간에 걸쳐 자유로운 국가라는 이름과 이미지를 지속했던 로마 황제들의 교묘한 정책, 3세기의 군사 독재의 혼란, 그리스도교의 흥륭과 여러 종파, 콘스탄티노폴리스의 건설, 로마 황제권의 분열, 게르마니아와 스키타이 야만족의 침입과 정착, 《로마법 대전》의 편찬, 무함마드의 성격과 종교, 교황들의 세속적 지배, 카롤루스 대제에 의

---

12) 재위 1431~1447년.
13) 또는 파울루스 3세. 재위 1534~1549년. 본명 알렉산드로 파르네세.
14) 또는 베네딕투스 14세. 재위 1740~1758년.

한 로마제국의 부흥과 쇠퇴, 라틴인의 동방 십자군 원정, 사라센과 튀르크인의 정복사업, 동로마제국의 멸망, 중세 로마시의 상황과 그 혁명, 그야말로 온갖 원인과 그에 따른 현상이 이토록 흥미진진하고 다양한 형태로 나타난 역사는 달리 없을 것이다.

역사가는 자신이 다룬 주제의 중요성과 다양함을 자찬할 수 있다. 하지만 그는 스스로 불완전함을 자각하면서 동시에 불안정한 사료를 비난하지 않을 수 없다. 나의 반생 20년 이상에 걸쳐 나를 즐겁게 해준 이 책을 처음으로 구상한 것은 카피톨리움 폐허 한가운데서였다. 이 작품은 내가 바란 것보다 많이 부족하지만 나는 그 평가를 현명한 모든 독자들의 호기심과 판단에 맡긴다.

1787년 6월 27일
로잔에서

칼럼 로마인의 이름

통상 로마 시민의 이름은 어머니에게서 자녀가 아니라 아버지에게서 자녀로 승계되고 있었다. 이름의 수도 남성시민이 기본적으로 3개의 이름을 가졌던 데 반해 여성시민은 공화정 말기 무렵부터 아버지의 씨족과 집안의 2개 이름을 갖는 사례가 보이는데, 그때까지는 아버지의 씨족명만을 갖는 것이 기본이어서 이름만 가지고 따지면 노예와 똑같은 취급을 받았다.

또한 노예는 대개 하나의 이름만 가졌는데, 노예 해방에 의해 자유를 부여받고 나자 소유주의 개인 이름과 씨족 이름을 받고, 노예 시대의 이름을 가문명처럼 썼다. 예를 들면 마르쿠스 툴리우스 키케로의 노예였던 틸로는 자유를 얻고 나서 마르쿠스 툴리우스 틸로라는 이름을 갖게 되었다.

이에 반해 여성의 이름이 증가하는 경우는 없었다. 다만 여성은 결혼을 하면 남편의 이름을 속격형으로 변화시킨 것을 추가하는 경우가 있었다. 예를 들면 Metellus의 아내 Clodia는 Clodia Metelli라고 했는데, 이것은 '메텔루스 소유의 클로디아'라는 뜻이다.

공화정 전기까지는 로마의 남자시민은 개인 이름과 씨족 이름 2개를 갖고 있었는데, 이윽고 이 2개의 이름에 집안 이름이 추가되어 이름 3개를 표기하는 것이 일반적이 되었다. 가이우스 율리우스 카이사르의 예로 보자면, 가이우스가 개인 이름, 율리우스는 씨족 이름, 카이사르는 집안 이름에 해당한다.

공화정 때 남자의 99퍼센트가 17개의 개인 이름 가운데 하나를 썼다. 극히 소수이기는 하지만 특정 귀족 가문에서만 쓰이는 개인 이름도 있었다. 예컨대 아피우스는 클라우디우스 씨족, 카이소는 퀸크티우스 씨족만이 사용할 수 있었다. 또한 클라우디우스 씨족의 루키우스, 안토니우스 씨족의 마르쿠스처럼 하나의 씨족의 수치(羞恥)가 된 조상의 이름은 사용이 금지된 예도 있었다.

로마사 연표

서기	로마	서기	세계사
		800~700	고조선 수도를 요하 왕검성에 둠
753	로물루스, 로마를 세움		
		722	중국 춘추시대 시작
		700~500	한반도에 철기문화 시작. 고조선에 팔조금법 시행
		557	인도, 석가 탄생
		552	중국, 공자 탄생
509	왕정 폐지, 공화제 시작		
494	성산사건, 호민관·평민회 창설		
		469	그리스, 소크라테스 탄생
453	로마, 그리스에 시찰단 파견	450	송화강 상류 부여, 남부에 진국 성립
		431	그리스, 펠로폰네소스 전쟁 시작
449	최초의 성문법인 12표법 채택		
		403	중국, 전국시대 시작
		400(?)	진국(삼한)의 이주민, 서일본에 진출
390	켈트족 침입, 로마 점령		
367	리키니우스법—로마의 과두정치를 결정. 정부의 모든 요직을 평민에게 개방		
358	라틴동맹 경신		
338	이탈리아 중남부로 진출, 라틴동맹 해체, 로마 연합 성립	331	그리스, 알렉산드리아시 건설, 페르시아 멸망
		300(?)	한반도에 철기가 광범위하게 사용
287	호르텐시우스법 제정		
264~242	제1차 포에니 전쟁	221	진시황, 중국통일
218~202	제2차 포에니 전쟁		
218	한니발의 이탈리아 침공		
216	칸나에 전투		
214	제1차 마케도니아 전쟁		
205	스키피오 집정관으로 선출됨	206	진(秦)나라 멸망
		202	한(漢)왕조 세움

서기	로마	서기	세계사
200	제2차 마케도니아 전쟁		
		194	고조선 왕검성을 공격한 위만이 새 왕조 세움(위만조선)
171~168	마케도니아 전쟁		
149	제3차 포에니 전쟁	146	카르타고 멸망
133	티베리우스 그라쿠스 호민관에 취임. 농지 개혁에 착수		
119	마리우스 호민관에 취임		
		108	위만조선 멸망, 한사군 설치. 고구려족의 국가 형성
		102	사마천의 《사기》 완성
		82	고구려족의 소국, 일부 한사군 공격
			한나라, 한사군 중 진번군·임둔군 없앰
73	스파르타쿠스 반란	75	고구려족의 소국, 현도군 공격
78	폼페이우스 등장		
71	크라수스 스파르타쿠스 반란 진압		
70	크라수스와 폼페이우스 집정관에 직접 취임		
60	카이사르·폼페이우스·크라수스 제1차 삼두정치 결성		
59	카이사르 집정관 취임	57	신라시조 혁거세 즉위(국호는 서나벌)
53	크라수스, 파르티아 원정에서 전사		
46	로마에 율리우스력 도입		
44	카이사르 암살됨		
43	옥타비아누스·안토니우스·레피두스 제2차 삼두정치	37	고구려 건국, 동명왕 즉위
31	악티움 해전		
30	옥타비아누스 이집트 정복. 안토니우스와 클레오파트라 자살		
29	로마에 원형경기장 설립		
27	공화정제도 복귀를 선언. 옥타비아누스, '아우구스투스'라는 칭호를 부여받음. 로마 제정 성립	20	파르티아, 로마에게 시리아 양도
19	로마의 국민시인 베르길리우스 사망		
		18	온조, 위례성에서 백제 건국
4	예수 그리스도 탄생		
		2(?)	불교가 중국에 전래됨

서기	로마	서기	세계사
		3	고구려, 국내성으로 천도
		8	왕망, 전한(前漢) 멸망시키고 신(新)나라 건국
9	로마, 토이트부르크 싸움에서 게르만인에게 패배		
		25	후한(後漢)왕조 세움
30	예수 그리스도 십자가에 못 박힘, 이즈음 그리스도교 성립		
41	칼리굴라 암살됨		
54	네로 즉위		
64	로마시의 대화재. 네로 황제의 그리스도 박해	66	팔레스타인에서의 유대인 대반란(제1차 유대 전쟁)
68	네로 황제 자살	68	중국 최초의 불교사원 백마사를 세움
79	베수비오 화산 폭발, 폼페이시 매몰		
80	로마의 콜로세움 낙성식		
96	네르바 황제 즉위, 5현제 시대 개막		
98	트라야누스 황제 즉위		
105	타키투스 《역사》 출판	105	후한 채윤, 종이제조법 발명
115	유대인 폭동, 이집트 키프로스 등지로 확산		
117	하드리아누스 황제 즉위		
120	《영웅전》《윤리론집》의 저자 플루타르코스 사망		
127	수학·천문학·지리학의 학자 프톨레마이오스 활약		
		132	백제 북한산성 쌓음. 제2차 유대 전쟁
135	스토아학파 철학자 에픽테토스 사망		
138	안토니누스 피우스 황제 즉위		
161	마르쿠스 아우렐리우스 황제 즉위		
162	파르티아인이 아르메니아에 침입		
168	제1차 마르코만니 전쟁. 출전 중 마르쿠스 황제 《명상록》 집필 시작		
178	제2차 마르코만니 전쟁 일어남		
180	콤모두스 황제 즉위	184	황건적의 난
193	셉티미우스 세베루스 황제 즉위, 로마시를 쇠퇴의 길로 이끈 장본인		
194	셉티미우스 세베루스 황제, 니게르 황제를 치고 메소포타미아 침공. 제1차 페르시아 원정	194	고구려, 진대법 실시

서기	로마	서기	세계사
197	세베루스 황제 제2차 페르시아 원정		
		205(?)	요동의 공손강, 대방군 설치
		208	후한, 손권과 유비의 연합군, 적벽에서 조조군 대파
		209	고구려, 국내성에서 환도성으로 천도
212	카라칼라 황제 〈안토니누스 칙령〉 제국 내, 전 자유민에게 로마 시민권 부여		
218	카라칼라, 목욕장 완성	220	후한왕조 멸망. 신(新)나라 세움
		225	인도 쿠샨왕조 멸망
		226	파르티아 멸망. 사산조 페르시아 건국
235	군인황제 시대 시작(3세기의 위기)		
	세베루스 알렉산데르가 자군에 의해 살해		
250	데키우스 황제, 그리스도교 박해	252	오나라 왕 손권 죽음
257	발레리아누스 황제의 그리스도교 박해		
260	갈리에누스 황제, 그리스도교에 대한 관용령 발표	260	백제 고이왕, 율령 반포, 16관등 및 공복 제정
		265	사마염, 위(魏)나라 멸망, 서진(西晉) 건국
268	아우레올루스 밀라노 점령		
274	아우렐리아누스 황제, 통화개혁 단행. 로마 시내에 태양신 신전을 세움	272	흉노, 진(晉)나라에 항복
284	디오클레티아누스 황제 즉위, 전제군주제(dominatus) 시작	285	백제 왕인, 일본에 유교경전 전함
		289	선비족, 진나라에 항복
293	디오클레티아누스 황제에 의한 4분할 통치제(tetrarchy) 시작		
301	디오클레티아누스 황제 최고가격령 시행		
302	디오클레티아누스 황제 마니교 금지령		
303	디오클레티아누스 황제, 재위 20주년 기념, 로마에서 개선식 거행. 그리스도교도 대박해(~304)	304	진(晉)나라, 이웅이 성도왕, 유연이 한왕(漢王)을 칭함
305	디오클레티아누스 및 막시미아누스 황제들 자진 퇴위		
306	콘스탄티누스대제 서방 황제(부황제)로 즉위	308	한왕 유연이 황제에 오름
311	갈레리우스 황제가 그리스도교 관용령을 내림	311	고구려, 요동의 서안평 점령
	동방에서의 그리스도교 박해가 사라짐		
313	밀라노 칙령으로 신앙의 자유를 공인	313	고구려, 낙랑·대방군 격파

서기	로마	서기	세계사
		315	한사군 멸망
		316	유요가 서진(西晉)을 멸망시킴. 5호16국 시대로 들어감
		319	인도 굽타왕조 시작
325	니케아 공의회를 소집 교회 내 분쟁을 조정함. 삼위일체설을 정통으로 인정. 아리우스파는 이단이 됨		
330	콘스탄티누스대제, 수도를 콘스탄티노폴리스(이스탄불)로 옮김		
335	티로스공회의에서 아리우스파(同類論) 부활, 이후 아리우스파 논쟁 전개		
337	콘스탄티누스대제 죽음. 세 아들에 의한 제국 분할 통치		
340	콘스탄스 1세 황제 서방의 단독지배자가 됨		
341	아리우스파 그리스도교 포교	352	전연(前燕) 모용준, 위나라를 멸하고 초대 황제 오름
361	율리아누스 황제 즉위, 이교도의 부흥을 꾀함	366	제1차 나제동맹 맺음
		370	전연 멸망
		371	백제, 고구려의 평양성 공격
		372	고구려, 불교 전래, 태학 설치
		373	고구려, 율령 반포
376	게르만 민족 대이동, 로마 관리의 부정, 식량 부족 등으로 폭도화		
379	테오도시우스 1세 황제 즉위		
380	테오도시우스 1세 그리스도교를 국교로 함		
381	제1차 콘스탄티노폴리스 공의회, 니케아 공의회의 내용 결의, 아우리스파 논쟁 종식	381	신라 내물마립간, 전진(前秦)에 사신 파견
		384	백제, 불교 전래
		385	서연·서진(西秦) 건국. 전진(前秦) 멸망
		386	북위(北魏) 성립
391	테오도시우스 1세, 기독교 이외의 종교 금지	391	고구려 광개토왕 즉위
395	테오도시우스 1세 사망 후 로마제국, 동서로 분열(동로마는 맏아들 아르카디우스, 서로마는 둘째아들 호노리우스가 황위를 계승함)	394	서연 멸망
	게르만 민족 서로마령으로 이동 후 정착		

서기	로마	서기	세계사
401	서고트족 로마 약탈	398	아프리카에 길드의 반란
406	게르만계 반달족, 수에비족, 알라니족이 갈리아에 침입 정착	405	백제, 일본에 한문문화 전래. 일본, 한제이(反正)천황 즉위
409	반달족, 알라니족, 수에비족 갈리아에서 에스파냐로 이동	409	풍발, 북연(北燕) 세움
410	서고트족 왕 알라리크, 로마 점령 약탈		
418	서고트족 이베리아반도에 왕국 건설		
420	게르만족, 동로마령으로 이동 후 정착	420	유유, 송(宋)나라 초대황제 오름
429	반달족 북아프리카를 정복하여 왕국 건설	427	고구려, 평양성 천도
		433	제2차 나제동맹 맺음
438	《테오도시우스 법전》 성립	439	북위(北魏) 양쯔강 이북지역 통일. 남북조시대 시작
		441	훈족, 아르메니아와 시리아 등에 침입
452	훈족 왕 아틸라, 이탈리아 침공		
453	아틸라왕 사망 후 훈족의 위협이 사라짐		
455	반달족의 습격, 로마를 이주일 동안 약탈, 점령		
468	서고트족 에스파냐 침공		
476	로물루스 아우구스툴루스 황제를 게르만인 용병대장 오도아케르가 폐위시킴. 서로마제국 멸망	475	백제, 웅진(공주) 천도
481	프랑크에 메로빙거왕조 세움		
493	테오도리크, 이탈리아에 동고트왕국 세움	502	신라, 우경법 처음 실시
		520	신라, 율령 반포. 백관의 공복 제정
527	유스티니아누스 1세 즉위. 로마 영토 회복에 힘씀. 제국의 전성기를 누림	527	신라, 불교 공인
529	《로마법 대전》 편찬, 아테네의 아카데메이아를 폐쇄시킴.		
532	콘스탄티노폴리스에서 니카의 난 발생, 테오도라 황후의 용단으로 진압		
533	벨리사리우스, 반달족을 격멸시킴	534	북위 멸망
		536	신라, 연호 처음 사용
538	성 소피아 성당의 재건	538	백제, 사비성 천도
		545	신라, 거칠부 등이 국사 편찬
553	제2차 콘스탄티노폴리스 공의회, 네스토리우스파의 3헌장을 이단으로 선언	552	백제, 일본에 불교 전함. 고구려, 왕산악 거문고 제작
565	유스티누스 2세 즉위	562	신라, 대가야 통합, 가야 모두 망함

서기	로마	서기	세계사
572	페르시아·비잔틴(동로마) 제국 간 전쟁	570	무함마드 출생
580	아바르인 슬라브인, 그리스 내 도시들을 파괴	581	수(隋)나라 건국. 중국 재통일
584	라벤나에 동로마 총독을 둠	586	고구려, 평양성으로 천도
		587	수나라 최초로 과거제도 실시
		598	고구려, 요서지역 공격, 수나라군 1차 침입 물리침
		600	고구려 이문진, 역사서 《신집》 편찬
610	카르타고의 헤라클리우스, 포카스 타도 후 황제가 됨. '동로마제국'의 '비잔틴제국' 시대 개막. 7세기 이후는 그리스어가 공용어화됨	610	고구려 담징·법정, 일본에 종이·먹·수레 등 기술 전함
		612	고구려 살수대첩 승리
618	콘스탄티노폴리스 시민에게 빵 배급제 폐지	618	당(唐)나라 세움
622	무함마드가 메카에서 메디나로 이동	623	무함마드, 메디나로 향함(헤지라력 원년)
626	페르시아·아바르·슬라브군, 콘스탄티노폴리스 포위 공격	624	고구려, 당나라에 도교 전래
		627	당태종, 정관의 치(貞觀—治) 시작
		631	고구려, 천리장성 쌓기 시작
636	야르무크강 연안 전투에서 비잔틴군, 아랍군에게 패배	642	사산조 페르시아 멸망
		645	당태종, 고구려 원정에서 패배
		647	신라, 첨성대 건립
655	비잔틴해군, 아랍해군에게 패배	660	백제 멸망
		661	이슬람 옴미아드왕조 세움
663	콘스탄스 2세 로마 방문. 동로마 황제의 마지막 로마 방문		
		668	고구려 멸망
		669	당나라, 평양에 안동도호부 설치
674	아랍군, 콘스탄티노폴리스 포위 공격	676	신라, 당나라군 물리치고 삼국통일 완성
680	제3차 콘스탄티노폴리스 공의회	682	신라, 국학 설치
		687	신라, 9주5소경 설치, 9서당 편성
		690	측전무후, 황제 오르며 국호를 당(唐)에서 주(周)로 고침
		692	설총, 이두 정리
		699	대조영, 진국(발해) 건국

서기	로마	서기	세계사
		702	신라, 무구정광대다라니경 목판인쇄
		711	서고트왕국 멸망
717	레오 3세 즉위, 아랍군 콘스탄티노폴리스 포위		
726	레오 3세, 성상 금지령 발포	727	혜초, 당나라에서 《왕오천축국전》 씀
		732	프랑크, 사라센군 물리침
		739	사라센제국, 동로마에 패해 쇠약해짐
		740	서돌궐 멸망
		747	당나라 장군 고선지, 북인도 소발률국 정벌
		750	아바스왕조 세움
751	라벤나, 랑고바르드인에게 점령됨	751	중국 종이제조법이 이슬람권에 전달. 신라, 김대성 불국사·석굴암 창건
		755	당나라 안록산의 난 일어남
		756	후옴미아드왕조 일어남
		762	바그다드 건설 시작
		766	일본 도쿄(道鏡), 법왕에 오름
787	제2차 니케아 공의회, 성화상(聖畫像) 숭배를 공식 선언	788	신라, 독서삼품과 설치해 관리 선발
797	이레네 즉위(비잔틴제국 최초의 여제)		
800	카롤루스대제 교황 레오 3세에 의해 황제로 대관	800	바이킹, 아일랜드 지배
815	제2차 성상숭배 금지운동 개시	828	신라 장보고, 청해진 설치
843	주교회의에서 성상숭배의 부활 선언. 프랑크왕국 3분할됨		
		875	당나라 황소의 난 일어남
		888	신라 향가집 《삼대목》 편찬
		900	견훤, 후백제 건국
		901	궁예, 후고구려 건국
		907	당나라 멸망. 오대십국시대 시작
		918	고려 건국. 이듬해 개성 천도
		926	발해 멸망
		935	신라 멸망. 이듬해 후백제 멸망(고려 통일 완성)
947	콘스탄티누스 7세 궁정에서 마케도니아 왕조의 르네상스 시대 맞음		
955	러시아에 그리스 정교가 수입됨	956	고려, 노비안검법 실시

서기	로마	서기	세계사
		958	고려, 과거제 설치
		960	송(宋)나라 건국
962	오토대제 로마에서 대관식. 신성로마제국의 기초를 마련		
976	비잔틴제국 최고의 전성기	976	고려, 전시과 실시
		982	고려, 중앙·지방관제 정비
		992	고려, 국자감 설치
		993	고려, 거란의 1차 침입 물리침
996	바실리우스 2세, 반귀족적 신법을 발포	996	고려 성종 건원중보 주조
		1000	헝가리 건국
1018	제1차 불가리아제국 멸망	1019	고려, 강감찬이 귀주대첩 승리
		1038	셀주크 튀르크왕조 건국
1042	콘스탄티노폴리스에 법과대학, 철학대학 설립		
1054	동서 교회의 분열(가톨릭—정교)		
1071	만지케르트 전투, 로마누스 4세, 셀주크 튀르크군의 포로가 됨	1075	혁련정, 《군여전》 지음, 향가 11수 수록
		1087	고려, 《초조대장경》 완성
		1096	제1차 십자군 시작. 고려 의천, 《속장경》 완성
		1102	고려, 해동통보 주조
		1107	고려 윤관, 여진 정벌
		1126	고려, 이자겸의 난 일어남
		1127	송 고종, 남경 즉위(남송 시작)
		1135	고려, 묘청의 난
		1145	고려, 김부식 《삼국사기》 편찬
		1147	제2차 십자군 시작
1155	비잔틴군, 이탈리아반도 동부를 점령		
1171	비잔틴제국, 베네치아와 단교	1170	고려, 정중부 등 무신의 난
		1189	제3차 십자군 시작
		1196	고려, 최충헌 정권 탈취(~1256)
1204	제4차 십자군, 콘스탄티노폴리스 점령, 라틴제국 수립, 니케아 망명정권 성립	1206	몽골제국 세움. 칭기즈칸 즉위
		1215	영국 마그나카르타 제정
		1219	몽골 칭기즈칸 서역정벌 시작
		1231	고려, 몽골의 제1차 침입받음

서기	로마	서기	세계사
		1232	고려, 강화 천도. 몽골의 제2차 침입
		1234	몽골, 금나라 멸망시킴. 고려, 금속활자로 《상정고금예문》 간행
		1236	《고려대장경》 새김(~1251)
1261	니케아 망명정권, 콘스탄티노폴리스 탈환, 라틴제국 붕괴, 비잔틴제국 부활	1258	몽골군 바그다드 점령, 아바스왕조 붕괴 (사라센제국 멸망)
		1270	고려 삼별초의 대몽 항쟁
		1271	몽골, 국명을 원나라로 고침
		1274	고려·원나라군, 일본 정벌(실패)
		1285	고려, 일연 《삼국유사》 완성
		1297	중국 남송 멸망
		1299	오스만 튀르크왕조 세움
1332	오스만 튀르크군, 니케아 점령		
		1359	홍건적 고려 침입(~1361)
		1363	고려 문익점, 원에서 목화씨 들여옴
		1368	명(明)나라 건국
		1370	티무르제국 설립
1378	가톨릭교회 분열, 로마와 아비뇽에 교황청 함께 설치	1377	고려, 최무선 화약 발명(화통도감). 금속 활자로 《직지심경》 간행
		1388	고려, 위화도회군. 이성계 실권 장악
		1389	고려 박위, 쓰시마섬 정벌
		1391	고려, 과전법 제정
		1392	고려 멸망, 조선왕조 세움
1396	오스만 튀르크군, 콘스탄티노폴리스 포위	1394	조선, 한양 천도
1399	마누엘 2세, 서유럽에 구원 요청 여행		
1400쯤	아랍권을 통해 종이제조법이 서유럽에 전달됨	1402	조선, 호패법 실시
		1413	조선, 8도 지방행정조직 완성
1422	오스만 튀르크군, 콘스탄티노폴리스 포위		
		1434	조선, 4군 6진 완성
		1443	한글(훈민정음) 창제
1453	콘스탄티노폴리스 오스만 튀르크군의 공격을 받고 동로마제국 멸망	1453	조선, 계유정난(수양대군 집권). 영국·프랑스, 100년 전쟁 끝남

에드워드 기번의 생애와 《로마제국쇠망사》

어린 시절

영국의 역사가, 에드워드 기번은 1737년 서리(Surrey)주 한 부유한 집안에서 태어났다. 할아버지 에드워드는 상술에 뛰어나 재산을 많이 모은 거상이었다. 아버지 에드워드도 경제적 어려움을 겪지 않고 사회생활과 의정(議政) 활동을 했으며 독일계 가문 제임스 포르텐의 딸 주디스를 아내로 맞았다. 그러므로 당연히 에드워드 기번도 평생 먹고사는 데 걱정하지 않아도 되었던 행복한 사람이었다.

유년기를 보낸 곳은 퍼트니의 라임 그로브였다. 그가 열 살 때, 어머니는 여섯 번째 동생을 낳다 죽었다. 일곱 자식 중 장남인 기번만이 유일하게 살아남고, 나머지 형제들은 어린 시절 모두 죽고 말았다. 모성을 잃어버린 기번은 병약하고 쓸쓸한 유소년기를 보내야만 했다.

기번은 자연스럽게 이모 캐서린의 각별한 보살핌 속에서 자랐다. 병약한 소년을 양육하고 그에게 독서에 대한 정열을 심어 준 사람이 바로 이 이모이다. 기번은 그녀를 '내 마음의 어머니'라고 불렀다.

기번은 어려서부터 닥치는 대로 책을 읽는 독서광이었다. 그는 자주 앓아 제대로 된 정규교육을 받을 수 없었기 때문에, 독서 취미에 더욱 깊이 빠질 수 있었다. 특히 역사책은 그가 가장 즐기는 독서물이었다.

1751년 윌트셔주 스투어헤드 하우스를 방문했을 때, 기번은 도서실에서 에처드(Echard)의 《로마사》를 보고 매료되었다. 그는 뒷날 다음과 같이 쓰고 있다.

"콘스탄티누스의 계승자들의 치세는 나에게는 정말 새로운 것이었다. 식사를 알리는 벨소리가 나를 이 제전에서 억지로 떼어 놓을 때까지 나는 고트인의 다뉴브강 이야기에 빠져 있었다."

기번은 아버지를 따라 시골의 여러 집을 방문했으며 오래된 책들로 가득 찬

도서관들을 즐겨 드나들었다. 그
는 12세 때, 지식이 가장 많이 성
장했다고 하며 이때 이미 자기에
게 '꼭 맞는 음식', 즉 역사를 발견
했다고 그의 《자서전》에 쓰고 있
다. 일찍이 14세 때 그는 호라티우
스, 베르길리우스, 테렌티우스, 오
비디우스 등을 탐독했고, 그즈음
영어로 번역된 동양사를 모두 섭렵
했으며, 포코크의 《아불파라기우
스》와 같은 방대한 라틴어 책을 독
파하기 시작했다. 또한 고대의 지
리와 연대에 대해서도 관심을 기
울여 히브리의 구약성서에 나오는
연대와 그리스의 연대가 맞지 않
으면 이를 일치시키기 위해서 며칠
밤이라도 뜬눈으로 새우곤 했다.

에드워드 기번(Edward Gibbon, 1737~1794)
영국의 역사가. 1763년 유럽 대륙 여행을 시작하였는
데, 로마 카피톨리누스의 폐허를 보고 로마사 집필
을 구상하였다. 1776년 《로마제국쇠망사》 제1권을 내
고, 1788년까지 전6권을 완성하였다.

기번은 사춘기가 시작되면서 갑자기 건강이 좋아져서 더욱 독서에 몰두할
수 있었다. 그는 힘이 세거나 활동적이지는 못했고 작은 키에 마른 체격이었으
며 나이가 들어서는 뚱뚱해졌다. 이렇게 건강해지자 아버지는 그가 옥스퍼드
의 모들린 칼리지에 들어가도록 갑작스럽게 결정했다.

기번은 15세 생일 3주 전인 1752년 4월 3일 학교에 들어갔다. 기번의 말을 빌
리자면 그는 "박사도 놀랄 만한 학식과 아이도 얼굴을 붉힐 만한 유치한 성격
을 가지고" 옥스퍼드에 도착했다.

모들린 칼리지에서 그는 사실상 대학 당국의 관심을 받지 못하고 무시된 채
젊은이다운 호기심과 탐구심에서 신학 관련 서적에만 빠져 지냈다. 그리고 옥
스퍼드 대학 재학 중인 1753년 6월, 로마가톨릭으로 개종한다.

이것은 고결하지만 성급한 판단이었다. 18세기 영국은 가톨릭에 적대적이었
으며 확립된 영국교회의 질서는 매우 탄탄했다. 영국에서는 성공회가 국교이

고, 그즈음은 심사율(審査律)이라는 법(1637년 영국의 관리, 의원은 반드시 국교도여
야만 한다고 규정한 법률. 1828년 폐지)이 있어서 국교도 이외의 사람에게는 일체
공직에 취임할 수 있는 길이 막혀 있었다.

그 때문에 기번의 결단은 심각한 결과를 초래했다. 그의 아버지는 격노했으
며, 아들의 정치가로서의 출셋길이 영영 막힐까 봐 기번을 스위스 로잔으로 보
냈다. 엄격한 칼뱅파 신교 목사에게 그를 맡긴 것이다. 기번은 여기에서 1753년
7월부터 1758년 봄까지 머무른다.

기번은 로잔에서 칼뱅파 목사 파비야르 박사의 현명한 지도 아래 프로테스
탄트 교회로 돌아오는 것을 공식적으로 허락받았다. 그곳에서 그는 생애에서
가장 실속 있는 5년을 보냈다.

환경이 완전히 변했고, 엄격한 감시 아래 자유로운 시간을 거의 갖지 못한
채 매우 괴로운 마음으로 지냈지만, 기번은 나중에 이 시기에 대해 고마운 마
음으로 이야기했다. 그는 파비야르에게서 친절하고 훌륭한 지도를 받아 규칙
적으로 공부하는 습관을 키울 수 있었으며 방대한 분량의 라틴 고전 문학을
완벽하게 익히고 수학과 논리학을 공부했다. 또한 프랑스어와 프랑스 문학에
정통하게 되었는데 이는 그에게 지속적인 영향을 미쳤다. 이런 공부를 통해 기
번은 상당한 학식을 갖춘 사람이 되었을 뿐만 아니라 명문장가가 되어 갔다.
로잔에서 기번은 뜻하지 않았던 지적인 생활을 발견한 것이다. 이 지식은 뒤에
그에게 많은 도움을 주었다.

젊은 나날

로잔에서 보내던 시절, 그는 일생에서 가장 중요한 의미를 지니는 두 가지
인간관계를 맺는다. 하나는 스위스 학자 조르주 데베르댕과의 지속적인 우정
이었다. 데베르댕은 《로마제국쇠망사》의 저작에 귀중한 협력자가 되었다. 또 하
나는 그 일생에 유일한 로맨스인 수잔 퀴르쇼와의 인연이다.

바야흐로 스무 살 청춘이 꽃피던 때이다. 기번은 신교파 목사의 외동딸이며
동갑내기인 매력이 넘치는 지성적인 소녀 퀴르쇼와 사랑에 빠진다. 그러나 아
버지 에드워드 2세는 그녀와의 결혼을 극렬하게 반대했다.

스무 살의 감수성 짙은 청년 에드워드는 고민에 빠지지만, 결국 아버지의 명

령을 따르기로 한다. 그는 만년에 《자서전》에 이렇게 유명한 문구를 남기고 있다.

"나는 연인으로서 탄식했고 아들로서 복종했다."

그러나 시간이 흘러 서로 만나지 못하고 새로운 생활이 전개되면서, 마음의 상심도 차츰 아물었다. 기번과 퀴르쇼의 관계는 얼마 동안 서먹서먹했지만 그들은 일생 동안 친구로 지냈다. 수잔은 약혼이 파기된 뒤에도 오랫동안 독신생활을 계속하다가 1764년 말, 27세가 되어서야 네케르와 결혼하였다. 네케르는 프랑스 대혁명 직전 루이 16세 치하에서 재무총감을 몇 번씩 지낸 은행가이자 재정가였다. 수잔은 뒷날 여류 문학가로 활동했는데, 프랑스 낭만주의의 2대 선구자 중 한 사람인 자유주의적 여류문학가이자 한때 파리 살롱의 꽃으로 불리던 스탈 부인은 바로 그녀의 딸이다.

수잔 퀴르쇼와의 연애사건은, 일생 동안 독신으로 살면서 염문 같은 화제는 전혀 뿌리지 않았던, 기번의 57년간의 생애에서 찾아볼 수 있는 유일무이한 핑크빛 에피소드이다.

기번이 그녀를 사랑한 것은 틀림없다. 하지만 그 뒤, 그는 모든 정력을 일에 쏟아부었다. 그는 결혼과 같은 깊은 관계가 두렵다고 했다. 2년간 부모님 집에서 문인으로서 생활하던 그는 《문학 연구에 관한 에세이》로 문단에 등단하게 된다.

카피톨리누스 언덕에서 《로마제국쇠망사》 구상

1763년 1월 25일, 기번은 영국을 떠나 파리에서 얼마 동안 지내면서 드니 디드로, 장 르 롱 달랑베르 등 몇몇 철학자들과 사귀었다. 그해 가을과 겨울에는 로잔에서 연구도 하고 생활을 즐기기도 하면서 나중에 셰필드 경이 된 존 베이커 홀로이드와 친구가 되었다. 셰필드 경은 뒤에 기번의 유저(遺著) 관리자가 된다.

1764년 가을 기번은 마침내 로마에 도착했다. 그의 《자서전》은 그즈음의 감동을 잘 나타내고 있다.

"내가 처음 이 영원한 도시에 들어섰을 때 벅찬 감격이 치밀어 올라왔으며, 나는 며칠 동안 얼떨떨한 도취 상태에서 헤매고 나서야 냉정을 되찾을 수 있었다."

다음은 그 시절 아버지에게 보낸 편지의 내용이다.

"……저는 정말 꿈을 꾸고 있는 기분입니다. 여러 책들이 우리에게 로마인의 위대성을 인식시켜 주었다고 하더라도, 로마의 폐허의 모습을 보여 주는 것만으로는 로마의 최전성기를 결코 설명할 수 없습니다. 저는 과거에 이 같은 나라가 결코 존재한 적이 없다고 확신하며 또 인류의 행복을 위해서 앞으로 다시는 그러한 나라가 나타나지 않기를 바랍니다."

기번은 로마에서 고대의 제도와 풍습을 철저히 연구했다. 그해 10월 15일, 로마 카피톨리누스 언덕의 폐허에서 생각에 잠겨 있는 동안 로마의 쇠퇴와 멸망에 관해 글을 써야겠다는 영감이 기번의 머릿속에 떠올랐다. 그러나 로마제국의 역사를 쓰기로 결정하기까지는 상당한 시간이 지나야 했다. 기번은 그때의 상황을 이렇게 쓰고 있다.

"그것은 1764년 10월 15일, 로마에서였다. 맨발의 탁발 수도사들이 유피테르 신전에서 찬양을 하는 가운데, 카피톨리움 폐허의 중간에 앉아 생각에 잠겨 있던 내 마음에 로마의 쇠망사를 기록해야겠다는 생각이 처음으로 일어났다."

영국으로 돌아와 지낸 그다음 몇 년간은 기번의 생애에서 가장 불만족스런 기간이었다. 그는 아버지에게 의존해 있었고, 나이가 30세가 다 되었는데도 이루어 놓은 것이 거의 없었다. 역사 서술에 마음이 기울어 있었지만 명확하게 주제를 결정한 것도 아니었다. 프랑스 문명이 유럽에서 지배적인 위치를 차지하고 있는 사실을 깨닫고, 프랑스어로 스위스 자유의 역사를 쓰기 시작했지만 중도에서 그만두었다.

1770년 아버지가 유언을 남기지 않은 채 세상을 떠나자 2년간의 지루한 뒤처리를 마친 기번은 런던의 벤팅크 집에 정착해 로마사 연구에 몰두했다. 원래 1768년경부터 진지하게 집필 준비에 들어갔던 《로마제국쇠망사》는 1772년 봄이 되어서야 겨우 저작에 착수할 수 있었다. 집필은 순조롭게 진행되어 갔다. 그런데 기번은 집필 기간 중에 그 내용에 관해서 이야기하기를 몹시 꺼렸다. 그는 편지에서도 이 문제에 대해서 언급하지 않았고, 제1권을 식자공에게 넘길 때까지는 계모에게도 자기가 정확히 무슨 일을 하고 있는지 알려주지 않았다. 런던에 있는 친지들은 막연히 그가 어떤 역사책을 쓰고 있다고 짐작할 뿐이었다.

그의 사회적, 문화적인 위치는 《로마제국쇠망사》 제1권이 출판되기 1년여 전에 존슨 박사(사무엘 존슨)가 1765년에 설립한 유명한 '문학 클럽' 회원으로 선출되었다는 사실로 충분히 입증된다. 기번이 회원으로 활동한 기간 중에 이 클럽에는 존슨 외에도 기번과 적대적인 제임스 보즈웰, 화가인 조슈아 레이놀즈 경, 올리버 골드스미스, 에드먼드 버크, 배우인 데이비드 개릭, 거물급 야당 정치인인 찰스 폭스, 극작가 겸 정치가 리처드 셰리든 그리고 기번과 절친한 친구였던 애덤 스미스 등이 가입해 있었다. 기번의 사회적, 문학적 교제 범위가 이 클럽의 범주보다 훨씬 넓었음은 두말할 필요도 없다.

드디어 1776년 2월 17일, 《로마제국쇠망사》 첫 권이 세상에 탄생한다. 놀랍게도 3쇄까지 나왔다. 기번은 흥분하여 이렇게 적고 있다.

"저자의 명예욕이 얼마나 채워졌는지를 제쳐두고 이 책의 성공을 말하려니 말문이 막힌다. 1쇄는 며칠 만에 모두 팔리고 2쇄, 3쇄도 수요에 미치지 못해 출판사 판권은 해적판으로 두 번이나 침해당했다. 나의 책은 만인의 책상과 모든 화장대 위에 놓여졌다."

그즈음 《국부론》을 출간한 애덤 스미스가 기번에게 말했다.

"내가 사귀거나 편지를 주고받는 각계각층 사람들은 이구동성으로 당신을 현 유럽 전체 문단의 선두주자로 올려놓고 있습니다."

《로마제국쇠망사》는 출간되자마자 훌륭한 저서라는 평가를 받았다. 기번이 성공을 거둔 이유는 뛰어난 문체, 구상의 건축학적인 질, 특히 그가 서술 대상에 동화한 결과 생겨난 작품의 심오함 등 여러 요소에 의한 것이다. 하지만 기번을 18세기 최대의 문인 중 한 사람으로 만든 것은 특히 그 문체이다. 교묘한 형용사의 사용은 모든 페이지를 주옥같은 문구들로 채워, 책을 놓은 뒤에도 글의 아름다움이 마음에 남는다. 그는 살아 있는 표현과 선명하고 산뜻한 문장의 표현을 할 줄 알았다. 그의 평상적인 집필 방법은 '긴 단락을 하나의 틀에 넣어 귀로 음미해 보고 기억 속에 넣어두되 마지막 손질을 하고 나서야 펜을 움직이는' 식이었다. 그래서 기번의 문장은 묵독을 하더라도 그 화려한 격조가 귀에 낭랑하게 울렸다.

기번은 이 한 권의 책으로 거의 데이비드 흄이나 윌리엄 로버트슨과 더불어 그 시대 영국 3대 사학자로까지 찬양되기에 이르렀다.

데이비드 흄은 이 저서를 아주 경쾌하게 칭찬했다. 흄이 기번에게 보낸 편지에 나오는 말은 이렇다.

"당신의 저서는 품위 있는 문체는 물론, 광범위한 학식에서도 칭송받을 만하다고 생각합니다."

하지만 초기 그리스도교와 교회에 대한 기번의 설명, 특히 그리스도교의 역사를 학문상의 문제로서 논한 그의 설명은 교회 성직자들의 분노를 불러일으켰다. 그로 인해 기번은 복음서의 교의를 경멸하고 우롱하는 이교 철학자로 선고받았다.

기번은 그리스도교에 대한 태도를 비난받은 것보다 역사가로서 기술의 신빙성을 의심받는 것에 화가 나서 《변명》(1779년)으로 이에 반론한다. 이 점에 대해서 그는 뛰어난 고전학자 리처드 포슨의 도움을 받는다. 포슨은 기번의 사료 인용과 추론은 결코 부정확하지 않다고 단언했다.

기번의 그리스도교에 대한 냉정한 태도는 그의 불가지론(不可知論)에서 유래한 것이기도 하고, 또 그가 교회로부터 공격당했던 지난날의 종교 체험에서 비롯되었다는 것은 의심할 여지가 없다. 그리스도교회의 일부 귀의자에 대한 기번의 공격이 내포하는 빈정거림, 특히 수도원 운동에 관계된 공격의 경우는 이러한 각도에서 보아야 할 것이다. 다만 깊은 마음속에 있는 종교적 신념을 그가 완전히 이해하지 못했다는 것—그것이 그의 편견이다—이 사실임에도, 그는 성실하고 공평한 판단을 내렸다.

1781년 서로마제국의 멸망까지 다룬 《로마제국쇠망사》 제2권과 제3권을 간행했다. 이때 기번은 잠시 저술을 멈추고 로마사 연구를 계속할 것인지 여부를 깊이 생각했다. 그러나 1782년 노스 경의 내각이 해산되고 그의 감독관직도 곧 폐지되어 수입이 상당히 줄어들자 영국을 떠나 로잔에 있는 한 집에서 데베르댕과 함께 살게 되었다. 아름답게 펼쳐진 설경 속에 잔물결이 반짝이는 레만호가 바라보이는 문자 그대로의 한거(閑居)로서, 공부하고 또 집필하는 데는 그 이상 더 좋은 환경이 없었다.

2년간의 구상과 공부로 뜸을 들인 다음의 집필 속도는 예상외로 빨랐다. 1784년에는 벌써 제4권을, 2년 뒤인 86년에는 제5권을 끝내더니 다음 해인 87년

《로마제국쇠망사》 전6권 1776~1788년, 에드워드 기번 지음. 계몽주의 역사학의 대표적 저서. 트라야누스 황제 시대로부터 비잔틴제국의 멸망까지 약 1300년간의 역사를 썼다. 그리스도교의 확립, 게르만 민족의 이동, 이슬람의 침략, 몽골족의 서정(西征), 십자군 원정 등 드넓은 지역에 걸친 사건을 다루어 고대와 근세를 잇는 교량적 역할을 시도한 저서이다.

6월 27일에는 드디어 마지막으로 제6권을 탈고했던 것이다. 마지막 한 줄을 쓰고 난 그날의 회상은 그의 《자서전》에서 볼 수 있는 백미 중의 하나이다.

"마지막 페이지의 마지막 한 줄을 나의 정원에 있는 정자에서 쓰고 난 것은 6월 27일, 밤도 깊은 11시에서 12시 사이였다. 붓을 놓은 다음 얼마 동안 아카시아 가로수 밑을 산책하였다. ……밤공기가 상쾌할 뿐만 아니라 하늘은 맑고 밝은 은빛 달이 잔잔한 호수 면에 떠 있었다. 주변은 완전히 정적에 잠겨 있었으며, 드디어 해방된 자유, 그리고 이로써 나의 명성도 확립되리라는 것을 생각하니 그 기쁨을 굳이 감출 생각은 없었지만, 또한 오랜 세월에 걸친 나의 둘도 없는 벗(로마사를 말하는 것)과도 이제 영원히 결별해야 한다는 생각, 나아가서는 앞으로 내가 쓸 역사 글들의 운명은 어떻게 될까, 대체로 사학가의 생명이란 매우 단명하고도 불안정한 것임을 생각할 때, 나의 자부심은 금세 위축되면서 깊은 우울이 나의 마음을 꽉 덮었다."

기번은 곧 원고를 들고 영국으로 돌아왔다. 이 세 권은 1788년 5월 8일 그의 51세의 생일에 출판되었으며 이 대작의 완성은 모든 사람들의 갈채를 받았다.

다시 로잔으로 온 기번은 주로 《자서전》을 쓰는 일에 매달렸다. 그러나 1789년 데베르댕이 죽고 곧이어 프랑스 혁명이 일어났으며 그에 따라 스위스가 침공을 받으리라는 우려가 일어나 그의 행복한 생활은 깨졌다. 게다가 그는 매우 살이 쪘고 건강도 나빠지고 있었다. 1793년 셰필드 부인의 사망 소식을 듣고 기번은 곧바로 영국으로 돌아갔다. 이 여행으로 병이 악화되어 런던의 성 제임스 가에 있는 어떤 집에 잠시 머물렀다. 이 잠깐 동안의 유숙은 영원한 안식처로 이어져, 1794년 1월 16일 오후, 기번은 한 사람의 육친도 곁에 없이 쓸쓸히 57년 간의 생애를 마감하였다. 그의 절친한 친구인 셰필드 백작조차 그의 임종을 지켜보지 못했다고 한다. 유해는 서식스주 플레칭 교회에 있는 셰필드 경의 집안 봉안당에 안치되었다.

기번의 역사의식

기번의 《로마제국쇠망사》는 제국을 몰락으로 이끈 제국 내부의 쇠퇴와 다른 기본적인 모든 요인을 매우 강력하게 그려냈다. 이 주제는 전편을 통해 끊임없이 반복된다. 그 자신의 말을 빌리면 이렇다.

"(로마제국의) 쇠퇴의 원인에 대해서는 의문의 여지가 없다. 그것은 바로 비정상적인 팽창의 필연적인 결과였다. 번영이 쇠망의 스위치를 움직이자 쇠망의 요인이 정복의 확대와 함께 여러 가지로 늘어났다. 이윽고 시간과 사건에 의해 인공적인 기둥이 제거되자, 이 엄청난 구조물은 자신의 무게를 감당하지 못하고 스스로 무너진 것이다."

로마의 역사는 요컨대 불멸의 성공을 거듭 쌓아올리는 듯하다가 세계를 정복한 뒤, 마침내 자신과 자신의 문명을 파국으로 몰아넣은 주목할 만한 제국의 이야기이다.

즉 제국의 번영과 평화 그 자체가 제국의 생명력 및 정신력, 그리고 애국심의 활력을 갉아먹은 셈이다. 동시에 콤모두스, 카라칼라와 같은 전제 지배자의 타락과 그들이 요구했던 무거운 세금은 제국을 경제적으로 멸망시키고 심각한 국내 무질서를 촉진시켰다. 그리하여 기울어지는 운명을 제지하려는 모든 노력에도 불구하고 로마제국은 내부에서부터 해체되었다. 야만족의 침략에 의한 로마의 불명예스러운 패배는 이미 쓰러져 가는 건물을 마지막으로 한 번 더 미는 것에 불과했다. 모든 것은 급속도로 진행되었다. 서기 300년의 로마는 아직 강력한 제국이었지만 100년 뒤 사실상 제국은 분열되었다.

로마 몰락의 비극은 기번에게 강한 인상을 주었다. 그러나 그는 휴머니즘의 한 대표로서 인류의 진보와 야만에 대한 문명의 최종적인 승리를 믿었다. 그리고 이러한 비극은 두 번 다시 일어나지 않아야 한다는 결론에 이르렀다. 그는 독자에게 보증한다.

"유럽의 미래는 야만족 침입이라는 사태에서 지켜지고 있다. 왜냐하면 야만족이 유럽에 침입하기 위해서는 야만적인 행동부터 그만두어야 하기 때문이다."

그러나 그의 결론은 18세기 인간의 윤리를 반영한 것으로 현대인의 눈에는 너무나 낙관적으로 보인다.

로마제국 정도의 거대한 복합체의 멸망을 단순한 '주요 원인'의 결과라고만 말할 수는 없다. 기번은 로마의 분열과 최종적인 몰락을 초래한 원인을 12개로 세분하고 특정 짓는다. 그중에는 오로지 한 사람의 지배자에게 권력이 집중되는데 이 지배자를 선거에서 뽑는 제도가 없었다는 것, 빈부 차의 확대, 군대의 사치와 증대, 무거운 세금이 징수되었는데도 방위선이 축소되고 군사력이 저하됐다는 것, 게다가 이 군대가 책임을 다하지 않았다는 것, 중산계급이 압박당하고 부유층이 사치만 추구하며 통치 책임을 회피한 것, 관료제 중앙정부가 민중과 멀리 떨어지고 법과 질서가 붕괴한 것 등이 포함된다. 외적에 대한 로마의 저항력을 약하게 한 것은 바로 이러한 제국 내부의 약체화였다. 어떠한 사회도 내적 갈등을 면할 수는 없게 마련이다. 그러나 이러한 갈등이 도를 넘어서면 모든 사회조직을 붕괴시킨다. 이것이야말로 로마에 드리운 운명이다. 현대 서구 문명과 몰락의 가능성을 로마와 비교해 생각하는 사람이 있는 것도 이런 까닭이다.

그러나 그러한 우울한 비교를 위해 《로마제국쇠망사》를 읽을 필요는 없다. 그가 그린 영광스러운 제국의 모습이 우리들에게 주는 기쁨만으로도 이 책의 존재가치는 충분하다.

지적 자유의 옹호는 역사가로서 기번이 지닌 목표 가운데 큰 부분을 차지한다. "나는 이 책에서 야만족과 종교의 승리를 그려냈다." 책의 끝부분에 이렇게 쓴 것은 로마 세계의 쇠퇴 원인들에 대한 그의 견해를 풍자적으로 표현한 것이다. 로마 세계의 쇠망은 도덕적 타락에 그 원인이 있다는 그의 지적은 논박할 여지가 거의 없다. 그러나 로마의 멸망을 진보라고 보아야 하는가 또는 퇴보라고 보아야 하는가에 대해서는 의문이 있다. 기번은 18세기 중반의 '철학자'로서 글을 썼기 때문에 이를 퇴보라고 보았고, 그의 이런 평가는 계속 관심을 끌고 있다.

에드워드 기번의 《로마제국쇠망사》는 학술 연구사상 하나의 큰 기념물이다. 간행된 지 200여 년이 지난 지금도 여전히 2세기부터 1453년 콘스탄티노폴리스가 함락되기까지의 약 1300년간의 로마제국을 알기 위한 기본적 문헌으로서 지위를 지켜 내고 있다.

이 책의 특징은 한마디로 표현하면, 상세한 기술, 해박한 고증, 정확한 사실로 알려진 고전적 역사서라는 점이다. 그래서 여러 곳에서 앞다투어 번역 보급하고 있다. 프랑스의 루이 16세는 손수 제1권을 번역하였다. 인도의 네루 수상은 처음 옥중에서 《로마제국쇠망사》를 읽고, 그 흐르는 듯한 선율을 지닌 문장을 어떤 소설보다도 열중해서 즐겨 읽었다. 또한 윈스턴 처칠은 《로마제국쇠망사》를 숙독하고 영감을 얻어 그 장엄한 명구들을 창조했다. 그런가 하면 제2차 세계대전 중 주 소련 대사였던 미국의 외교관 조지 케넌은 전쟁이 끝나고 어려운 국제 문제에 직면할 때마다 자주 《로마제국쇠망사》를 생각해 내어 문제 해결의 지혜를 얻었다.

또한 영광에 찬 아우구스투스 시대부터 디오클레티아누스 치하의 제국 분할 통치, 로물루스 아우구스툴루스 대제 시대부터 서로마제국의 멸망을 거쳐 유스티니아누스 1세에 의한 동로마제국의 부흥, 제국의 영광스러운 최후까지 상세하게 기록된 이 역사서는 명백한 역사 연구 자료들로 분명히 뒷받침되어, 근대 역사학자들의 사료 분석 작업을 선도하기도 했다.

베르길리우스는 유작인 《아이네이스》 제1권에서, 위대한 신 유피테르가 여신 베누스(로마의 시조 아이네이아스의 어머니)에게 들려주는 예언을 다음과 같이 적었다.

"암컷 늑대의 젖을 먹고 자란 로물루스가 새로운 도시를 만들 것이다. 그는 자신의 이름을 그 도시에 주어 로마라 부를 것이다. 나는 이 도시에 무한한 확장성과 영속성을 부여하고, 끝없는 지배권을 부여하리라."

시인 호라티우스는 밑바닥까지 떨어져도 더욱 찬란한 빛을 발하며 다시 일어서는 로마의 운명을 찬양했다.

시도니우스는 455년 반달족의 로마 약탈 이후, 서로마제국의 제위에 오른 장인 아비투스에게 시를 지어 바쳤다. 그 시에는 다음 구절이 나온다.

"로마는 세상이 창조될 때부터 역경을 딛고 성장하는 운명을 부여받은 도시다. 로마는 수많은 역경을 딛고 일어서 다시 찬란한 빛을 발할 것이다."

독서를 좋아하던 한 병약한 영국 소년이 자라 문장가가 되었고, 1764년 10월 15일, 로마 카피톨리누스 언덕에 올라 폐허를 바라보며 떠오른 한 줄기 영감이 몇 년 뒤 그로 하여금 대제국 로마의 역사를 쓰게 했다. 그 쇠퇴와 멸망의 대서사시가 인류 문화사에 길이 남게 되었다. 성실한 천재였으며, 비록 그리스도교에는 공감하지 않았지만, 성품이 공정하고 결백하여, 끊임없이 사료를 정확하고 올바르게 읽어 간 한 젊은 역사가의 위업이었다.

이 위대한 저작의 텍스트는 에브리맨스 라이브러리(Everyman's Library) 전6권, 무라야마 유조 옮김 이와나미판(版) 전10권, 데로 손더스(Dero A. Saunders) 편집 전1권, 요시무라 타다스케 편집 전1권, 히와키 히로토시 편집 전1권을 오랫동안 연구하여 한국어판 1권으로 엮어 옮겨 1판 2판 수정·보완하여 펴낸다.

강석승

단국대학교 행정학과와 같은 대학원 행정학과를 졸업. 인하대학교 대학원에서 행정학박사 학위를 받았다. 인천대학교 경기대학교 겸임교수 역임. 통일부 통일교육원 연구개발과장, 통일부 정보분석본부 정세분석팀장을 역임했다. 지은 책 《북한학개론》《국제사회와 북한》《북한총람》《북한대사전》 근간 《조선민주주의인민공화국쇠망사》 등이 있다.

세계사상전집023
Edward Gibbon
THE HISTORY OF THE DECLINE AND
FALL OF THE ROMAN EMPIRE
로마제국쇠망사
에드워드 기번/강석승 옮겨 엮음
동서문화사창업60주년특별출판
1판 1쇄 발행/2016. 6. 9
1판 4쇄 발행/2024. 8. 1
발행인 고윤주
발행처 동서문화사
창업 1956. 12. 12. 등록 16-3799
서울 중구 마른내로 144 동서빌딩 3층
☎ 546-0331~2 Fax. 545-0331
www.dongsuhbook.com
잘못된 책은 구입하신 곳에서 바꾸어드립니다.
＊
사업자등록번호 211-87-75330
ISBN 978-89-497-1431-8 04080
ISBN 978-89-497-1408-0 (세트)